跌荡一百年

中国企业
1870－1977

十年典藏版·下

吴晓波 著

中信出版集团·北京

图书在版编目（CIP）数据

跌荡一百年：中国企业：1870-1977：全2册 / 吴晓波著 . -- 3版 . -- 北京：中信出版社，2017.12（2024.1重印）
ISBN 978-7-5086-8251-8

I. ①跌… II. ①吴… III. ①企业史－中国－1870-1977 IV. ① F279.297.3

中国版本图书馆CIP数据核字（2017）第255582号

跌荡一百年：中国企业 1870—1977

著　　者：吴晓波
出版发行：中信出版集团股份有限公司
（北京市朝阳区东三环北路27号嘉铭中心　邮编　100020）
承 印 者：北京盛通印刷股份有限公司

开　　本：880mm×1230mm　1/32　　印　　张：24.75　　字　　数：594千字
版　　次：2017年12月第3版　　印　　次：2024年1月第12次印刷
书　　号：ISBN 978-7-5086-8251-8
定　　价：116.00元（全2册）

目 录

第四部 1938—1948
抗战与挣扎

1938 怪乱的“孤岛” / 003

企业史人物 | 江村经济 | / 022

1941 大后方 / 027

企业史人物 | 李氏难题 | / 043

1944 此消彼长的中国 / 048

企业史人物 | 定县实验 | / 069

1945 接收之乱 / 074

企业史人物 | 孔宋模式 | / 103

1948 最后的“打虎” / 108

第五部 1949—1958
沸腾的开局

1949 两陈治沪 / 131

企业史人物 | 相纸之父 | / 152

1950 改造的浪潮 / 155

企业史人物 | 英东“走私” | / 180

1953 “156 工程” / 185
企业史人物 | 工厂 798 | / 210
1956 “绝种” / 213
1958 “超英赶美” / 236

第六部 1959—1977 以“革命”的名义

1959 最苦难的三年 / 265
企业史人物 | 单干专家 | / 289
1964 秘密的三线 / 293
1966 造反与浩劫 / 313
1972 最后的冰期 / 339
1976 转折的前夜 / 360

致 谢 / 375
人物索引 / 377

第四部

1938—1948

抗战与挣扎

1938 怪乱的“孤岛”

为什么我的眼里常含泪水，
因为我对这土地爱得深沉……

——艾青：《我爱这土地》，1938 年

1938 年的上海被称为“孤岛”，这是一个十分贴切的隐喻。

上海是当时世界第七大城市，人口仅次于柏林、伦敦、莫斯科、纽约、巴黎和东京。在 1937 年年底的保卫战中，城市遭到毁灭性的重创，美国历史学家魏斐德（Frederic Wakeman）在《上海歹土》一书中认定：“上海乃是第二次世界大战中第一个被摧毁的世界大都会。”[①] 据《申报年鉴》记载，当时有 4 998 家工厂、作坊的设备被毁坏，上海丧失了 70% 的工业能力。大量难民涌进只有 10 平方英里的公共租界

---

① ［美］魏斐德著，芮传明译，《上海歹土》，上海：上海古籍出版社，2003 年版。下文魏斐德的话均引自该书。

和法租界，致使人口从150万猛增到400万，数万无家可归者流落街头。在最寒冷的冬季，上海街头发现了1.01万具尸体。

自战事爆发后，杨树浦、闸北、沪西、南市一带均被日军占领，但黄浦江沿岸的公共租界和法租界却遭包围而还未被进占，市政之权仍操在租界的工部局手中。这一区域，对外交通保持畅通，对内交通也逐渐恢复，进出口完全自由，形成自由商业市场，遂成一特殊的“孤岛”，其范围包括东至黄浦江，西至法华路（今新华路）、大西路（今延安西路），北至苏州河，南至肇家浜路的地区。著名的民国记者陶菊隐记录道：“苏州河一水之隔，一边是炮声震天，一边是笙歌达旦，每当夜幕降临，租界内彻夜通明的电炬，透过幽暗的夜空，与闸北的火光连成一片，映红了半边天。”[①] 这一状况维持了4年之久。

就这样，所有的人都被困在一个“孤岛”上。“岛”的面积只有机枪子弹的射程那么远，而危机却像东海般浩瀚可怖。整个上海城的日常生活都处于极其颓废的状态，即使是暂时掌握权力的那群人，也会感觉生活索

▲ 上海外白渡桥港口

---

① 陶菊隐著，《孤岛见闻：抗战时期的上海》，上海：上海人民出版社，1979年版。

然无味，根本不值得期待。所有的理想都显得那么的虚妄，只有绝望才是真实的。

在这么一个充满末世感的怪乱世界，每个人——包括企业家们却还不得不展开自己的生涯。

出乎很多人的猜想，“孤岛”时期的上海工商经济并不是一片萧条、满目疮痍，而竟有过一段空前的畸形繁荣时期。

就在炮火的硝烟还没有散尽的时候，繁荣的幽灵居然在废墟和尸体上很快复活。到 1938 年年底，租界内恢复生产和新建的工厂总数达 4 700 多家，超过战前两倍以上，在 1939 年，又新设工厂 1 705 家。其中，传统的纺织业复苏最为迅猛。据布厂同业公会调查，至 1939 年，租界内新设织布、染织及手织厂 823 家，新增布机 2.32 万台，日夜运转每月可产棉布 142 万匹，而工厂的利润是战前的 2~3 倍。

这主要是源于下述原因：其一，人口激增，生活资料需求加大，消费品市场也就相应扩大；其二，人口集中又为租界工业提供了充足的廉价劳动力，从而有利于工业的复工生产，而生产规模的扩大，反过来又使原料市场得到刺激；其三，也是最特殊的一点，租界是中国东南沿海唯一的“非战争地带”，人流和商流自然向这里汹涌汇聚，从而激发出别样的热闹。

租界是弹丸之地，所有生产的原料需外来，而所有制成的商品需外出，因此其繁荣完全依赖亚洲乃至全球政局的变幻。

先看国民政府的态度。上海沦陷后，国民政府当即颁布了《禁运资敌物品条例》，将沦陷区货物出口“概以仇货论”，对国统区物资运沪也予以严格限制。但是，这一政策很快转向，因为大后方经济需要租界工商运作的支持。首先，这里是工业原料和设备进口的唯一合法通道。其次，大后方经济完全服务于战争，以重工业为主体，民生产业十分薄弱。张赛群在《上海“孤岛”贸易研究》一书中指出，到 1941 年前后，大后方人口已经由战前的1.8亿急增到2.3亿，所需棉纱须有160万枚纱锭开工生产，而实际运转的纱锭最多时也只有17.5万枚，每年缺少的棉纱和棉布分别为12万件和400万匹，这些物资大都依赖上海方面的供应。因而，国民政府不久便解释称，凡沦陷区内未受日方利用或控制之出品，如上海租界区域内各国货工厂之出品不能算作日货，仍应准其运销各地。偏据重庆之后，国民政府仍然在上海专设国货运输管理处，主持贸易事宜，并继续对租界供应外汇，继续维持“孤岛”的外汇交易，这使得进口商可以不受外汇配给的限制，自由进口紧缺物资以谋利。

日方对租界经济的放松也出于自己的需要。一方面，中日开战的时候，第二次世界大战还没有爆发，日本仍与英美维持着外交关系，所以对租界不敢公然攻击；另一方面，日本经济也需要上海“孤岛”的支援。日本是一个战争资源基本不能自给的国家，其重工业所需的石油、铁砂、铜等全数依赖进口，即使棉花、木浆、硫酸等工业原料也大多需要进口。在这种情形下，上海“孤岛”成为日本获取、转运战略物资以及套取外汇的中转市场。日军对租界实行的是“和平封锁”，即只禁止中国船舶的海上交通运输，对第三国船只虽时有阻拦，但并不完全禁止进出。在太平洋战争爆发前，进出上海港的轮船吨位中有将近六成属于中日以外的第三国。当然，日本人也知道其中有相当部分是挂着外国国旗的中国船只。

“孤岛”还成为欧美各国在远东地区的商品交易中心。进入20世纪30年代中期之后，随着欧洲局势的紧张，各国均在某种程度上对进出口贸易实行了统制政策，敌对国之间更是开展了经济战。特别是1939年第二次世界大战爆发后，德国对英国海上运输线处处加以破坏，而且对中立国船只进入英伦三岛进行严密封锁。相应地，英法集团及北欧诸国也对德国进行了贸易封锁或限制。在这种博弈中，英国将上海当成了原材料和动物产品的市场来源。而德国也通过各种渠道，将颜料药品、五金机械、化学产品等商品运送到沪，以换取其急需物资。

正是因为这种微妙而独特的因缘际会，“孤岛”被容忍存在。就在中日开战后的1937年年底，各欧美轮船已经恢复了南北洋和长江航线的航运，到第二年的6月，上海重开至伦敦、马赛等欧洲城市的直达班轮，至10月基本恢复至战前水平，国内航线也相继重新开通。上海很快恢复了全国贸易中心的地位。据朱斯煌主编的《民国经济史》记载：在进口方面，1937年的进口总值为5.08亿元，1938年因战争降至3.76亿元，但随即很快大幅度回升，其后三年分别达到14亿元、29.76亿元和34.1亿元；出口的数字也类似，1937年为4.04亿元，1938年降至2.22亿元，其后三年上升为3.92亿元、13.67亿元和19.29亿元。战后出口在全国所占比重已高于战前。在1942年之前，英美两国在上海租界区的投资占它们在华投资总额的72.6%和64.9%。

“孤岛”经济的复苏速度是惊人的。1938年1月，租界内各工厂的雇工为3.19万人，到4月就增到13.07万人，到年底更增到23万人。大大小小的针织厂、面粉厂日夜加班，仍不能满足市场的需求，利润因而高得吓人。以针织业为例，线袜的利润为37.2%，丝袜为43.4%，羊毛袜为62.6%，卫生衫为79.2%，羊毛衫为54%。这种高额的工业利润为各企业带来了大量的盈余。以荣家为例，在租界内有申新二、九厂两家纺织厂和福新二、七、八厂三家面粉厂，其赢利远远超过战前，仅申新九厂一家在1939年的盈利就高达1 000万元，荣家一举偿清战前所有巨额积欠，荣德生还在1939年发起组织广新银公司，投入银行业务，成为沪上名副其实的巨富。当时的一项调查表明，由于“孤岛”时期各行业新设工厂增加，所需机器数量十分可观。加上外汇暴缩，外国机器价格太高，各厂不胜负担，于是原来向国外进口机器的企业无不改用国产机器。各机器厂出品有限，而需要日增，于是造成供不应求的局面，加上钢铁和机价步步暴涨不息，故各厂无不市利三倍，营业鼎盛，获利亦厚，成为机器工业发展史上的又一个“黄金时代”。

工业的繁荣自然带动商业和金融的兴旺。由于周边地区战火不断，江浙地区的商贾地主和银行家纷纷将公司和业务搬迁到租界内。整个1938

年，租界内新增491家商号和160余家银行机构，年终结算，全市所有银行和钱庄除了一家之外，竟统统赢利。

由于租界与国外的海运通航无阻，加上与内地交通的恢复，各地的豪门富户携带大批钱财来沪避灾后，过着骄奢淫逸的寄生生活，更给市场造成了虚假繁荣的景象。上海的百货业主既供应中、低档适合广大市民日常生活需要的商品，又有适合“富豪避难者”所需要的高档奢侈品，所以整个零售商业空前兴旺。小百货业原集中在南京东路、广东路、金陵东路一带，这时发展到霞飞路（今淮海中路）、西藏路、静安寺路（今南京西路）、同孚路（今石门路）等。这些地段的小百货商店比战前增加了1~3倍。据估计，1939年零售同业共有千余户，比战前增加了1倍左右。租界内的几条商业街上新店林立，招牌如云，其中，金陵路商号277家，西藏路商号242家，静安寺路商号378家。零售的小百货市场，几乎天天早晚顾客盈门，人如潮涌。

▲ 20世纪30年代，上海时尚女性的打扮

当时上海的六大百货公司营业空前兴旺，商家为进一步招徕吸引顾客，大肆装修门面。金陵东路的小吕宋百货商店把商场的地面全部翻新，采用厚玻璃内装电灯，每晚灯火辉煌，进店堂宛如步入水晶宫。著名的永安公司在1939年前后每天平均营业额达

百万元以上。据商店老职工回忆，当时天天生意兴隆，“每天从开门到打烊，顾客始终络绎不绝。下午更是拥挤，商场内人如潮涌，柜台旁挤满了顾客。平均每个职工一天内要接待顾客五六十人，忙得连吃饭的时间都没有，还经常要加晚班”。永安公司 1941 年的营业额较 1938 年增长了 5 倍半，利润额更增长 11 倍以上。

据魏斐德的记录，“至 1941 年年初，上海出现了奇特的繁荣，人们几乎无法预订到一个房间，以至若要看一场周末电影也得预先订票，夜总会则鳞次栉比”。一个名叫瓦尼娅·奥克斯（Vanya Oakes）的旅行家描述了当时租界内外国人的生活：“美国人与英国人的生活似乎与 1937 年以前的模式完全相同，而且其饭局、跳舞以及饮酒的次数均比以前更多了。大部分人受雇于大公司，其薪水则用美元或英镑结算，所以随着中国货币的贬值，他们的美满生活又回来了，至少当时是如此。”[①] 不过，这位作家接下来写道：“然而，上海人在暗中却饱受着不断蔓延的毒气之害，正如一个家庭中有人生了病，便预示着整个家庭的大混乱一样。”

奥克斯的观察是准确的，“孤岛”的所有繁荣都是畸形和糜烂的，甚至是令人绝望的。财富只与极少数人有关，其余的都是待宰的羔羊。“孤岛”时期，物价长期上涨，投机活动猖獗。1939 年前后，尽管生产迅速恢复，效益好于战前，但是很多工厂还是借种种理由将工人工资按战前的 70%~80% 发放，劳工阶层的境况实际上趋于恶化。[②] 据日本学者岩间一弘在《1940 年前后上海职员阶层的生活情况》一文中披露，在战前，上海工人生活费支出中，食物和房租分别占 53.2% 和 8.3%，而到 1940 年，由于物价高涨而实际收入停滞，食住开支占到了总支出的 82% 以上。如果

---

① 转引自［美］魏斐德著，芮传明译，《上海歹土》，上海：上海古籍出版社，2003 年版。下文奥克斯的言论均引自该书。

② 这样的状况在日占区和国统区同时存在。据张公权在《中国通货膨胀史》中记载，1944 年重庆的香烟和玻璃制造业劳动者的实际工资约为战前的 57%，而公用事业、机器设备制造业和印刷业劳动者的工资尚不及战前的 40%。

▲ 1939 年苏州河两岸的高楼

说，1936 年上海工人的生活费用指数是 100，那么到 1941 年 3 月，食品价格是 774，房租是 385，燃料是 636，日用杂品则是 599。奥克斯说："以前花 100 元买的物品，如今得花 365 元，与物价的上涨相比，工资的涨幅是极为微小的。"钱锺书的《围城》写道："物价像吹断了线的风筝，又像得道成仙，平地飞升。公用事业的工人一再罢工，电车和汽车只恨不能像戏院子和旅馆挂牌客满。铜元镍币全搜刮完了，邮票有了新用处，暂作辅币，可惜人不能当信寄，否则挤车的困难可以避免。生存竞争渐渐脱去文饰和面具，露出原始的狠毒。廉耻并不廉，许多人维持它不起……"①

因为是唯一的"和平区"，又缺乏适当的管制，租界内的投机活动到了近乎疯狂的地步。从 1939 年起，上海的股市就失去了控制，投机者们将战争概念股炒到不可思议的高价，货币兑换率随着每一个谣言而上蹿下跳。沪上流行一句顺口溜："工不如商，商不如囤。"1939 年 9 月，纳粹德国悍然进攻波兰，第二次世界大战爆发。1940 年 5 月，德国全面进攻荷兰、比利时与法国，欧洲时局大震，上海投机客乘机以每大包 1 000 元的价格

① 钱锺书著，《围城》，北京：人民文学出版社，2007 年版。

购买了大量棉花，储存在仓库里，以致阻滞了国内市场以及正想将棉花运往欧洲的外国贸易公司，当月底，价格上涨到 2 000 元一大包。然而，投机客没有料到德法交战那么快就有了结局，他们仍然持货不放。6 月 25 日，法国被迫与德国签署停战协议，日本迅速迫使法国维希当局向中国船舶关闭口岸，人为上涨的棉花市场应声崩溃，50 多家进出口公司一夜破产，股市行情更是一落千丈，前几日还在外滩的楼顶花园举杯狂欢的商人，现在则从那里跳楼自杀。

奥克斯很感慨地评论说："骗局！大骗、小骗、巨骗，犹如棉纱事件一样，剥夺了人们的必需品，危及了整个城市的生活。"而左翼作家夏衍描述的情形则更残酷，在他看来，上海的情况是"24 层的高楼底下还有 48 层的地狱"①。

接下来讲"孤岛"上的政商恩仇，那是另一部更精彩、更血腥的黑色电影。

日本入侵中国后，分别在北京和上海扶植了两个傀儡政府。1938 年 12 月，国民党的二号领袖人物汪精卫出走重庆，发表"艳电"公开投敌，接着在南京成立了"维新政府"。从此，重庆的蒋介石政府、南京的汪精卫伪政府以及西北的共产党武装，遂成为中国政坛的三大势力。表面中立的上海租界就成了各种政治势力角逐斗力的主战场——日本人、重庆国民党人、共产党人、汪精卫伪政权以及欧美各国混杂一堂，局面交错复杂，宛如一个"间谍公园"。在这个远东最大的冒险场上，企业家则是一个摇摆不定和面目模糊的群体。在今后的十多年里——1938—1949 年——即将发生的事实证明了一个简单的道理：在国家政权不稳定的前提下，财富的持续性积累是不可能的，工商经济成为一种被动性工具，企业家将从此"隐身"为一个不再重要、缺乏话语能力的群体。

---

① 夏衍著，《包身工》，北京：人民文学出版社，1978 年版。此语并非夏衍自己所言，而是转引《立报》上刊载的一个读者给编者的报告上的话。

在“孤岛”时期，绝大多数企业家对日本占领者采取的是消极和冷漠的不合作态度，他们为此甘冒财产和生命危险。穆易是上海一家中型造船企业——兴中机器造船厂的总经理，毕业于东京帝国大学的船舶工学科。早在1932年淞沪战役时，穆易就加入了由商人和文人组成的抗日救国会，并是执行委员之一。抗战爆发后，日本占领了江南造船所，欲请技术出众的穆易出任所长，遭到他的拒绝。穆易的大学学长、日本造船局局长重光亲自登门劝说，他很不解地问：“为什么在日本留过学的中国学生回国后总是要抗日？你看抗日救国会的委员中，除了一人是留学英国之外，其余都是日本帝国大学毕业生。”穆易正色答道：“日本精神教育向以忠君爱国为中心，中国民犹存，国犹在，你是大学教授，教本国学生要忠君爱国，如果要我做汉奸，也是你们的耻辱。”重光一时结舌，无言以对。

1937年12月初，日本人找到了一个名不见经传的苏锡文，在浦东成立“上海大道市政府”。此外，日军还物色一批商人，在外滩正金银行楼上成立了“上海市民协会”，委员名单中有当时滞留沪上的21个知名企业家，包括纺织大王荣宗敬、南市水电公司总经理陆伯鸿、杂粮业同业公会主席顾馨一、南京自来水公司总经理姚慕莲、知名商人尚慕姜等。据《大美晚报晨刊》报道，12月24日，“上海市民协会”的第一次准备会议召开，会后，委员们“将其宣言及协会章程，送达日本驻沪陆海军当局，请求谅解”。

这一消息发布后，当即震动沪上，很多人视之为汉奸行为。有记者问荣宗敬，市民协会为什么不报备国民政府，却向日军当局呈送，荣宗敬答：“此事如呈请中国政府当局，势必不能成立，吾人必须勇往直前，做减少人民痛苦之举，无须惧怕，只需宗旨纯正，可不问其结果如何。”荣宗敬的解释是软弱的。在“市民协会”成立后，上海市商会、总工会、教育会、农会等20多个团体联合集会并发表声明，宣布该协会为“非法组织”，并“劝告全市同胞，勿与该组织合作。忠告报载之参加分子，切莫自绝国人，自毁人格”。

紧接着，更激烈的惩罚行动出现了。12月30日，陆伯鸿由吕班路（今重庆南路）寓所外出，被一个化装成水果小贩的国民党特务开枪打死，顾馨一的家中则被投掷了一颗手榴弹，荣宗敬也遭到死亡威胁，后被迫在报纸上公开声明退出“市民协会”，接着避走香港。1938年4月15日，“大道市长”苏锡文乘车外出，被人投弹未中，有五名路人遭池鱼之殃。

暗杀仍在进行中，但汉奸还是屡出不绝。

1938年10月16日，前中国通商银行董事长、当过上海总商会会长的傅宗耀接受日本人的委任，出任“上海特别市市长”。如果说顾馨一、荣宗敬等人的委曲求全都是为了保全自己的家业，那么，傅宗耀的行为则令人不齿。早在11年前，他曾经因为不愿借钱给蒋介石而遭到通缉，后来他长期避难于日本人控制的伪满洲国，与日本人走动密切。他曾咬牙切齿地说：“我的身价5 000万元，但是我要把每一元都花在反蒋上。”此时，他投靠“敌人的敌人”，甘愿当一个汉奸。

▲ 傅宗耀

傅宗耀是“晚清商父”盛宣怀的义子，随着他的投敌，盛家子弟也相继投靠日本人。早在这一年的1月1日，日军就任命盛宣怀的外孙邵式军为“苏浙皖税务总局”局长，接收了国民党财政部税务署和江苏省税务局，接印视事。在陆伯鸿被杀、荣宗敬出走之后，盛宣怀的孙婿、台湾银行买办周文瑞成了“上海市民协会”的头脑，周文瑞的亲家尤菊荪则是“协会”的活跃分子。

作为清末民初最显赫的商业世家，盛门附逆，成为一件百死难赎的恨事。在八年抗战期间，邵式军成了上海首富。时人记载：“邵逆式军，在伪组织中，由统税局而税务署，联任首长，前后八年，缺最肥，时最久，故拥资亦最富。”[1]盛门仅有的抗日者，是被视为“花花公子”的邵式军胞弟邵洵美。在“孤岛”时期，他以美国情人项美丽的名义出版了两份宣传抗日的杂志《自由谭》（中文）和《公正评论》（英文），他还秘密翻译出版了毛泽东的《论持久战》（*Prolonged War*）。

与盛家子弟一起为日本人效力的还有沪上黑社会“三巨头”之一的张啸林。

上海沦陷后，青帮老大黄金荣闭门不出，拒绝为日本人做事。杜月笙则公开反日，他在“马当沉船”中表现勇敢，避居香港后，担任中国红十字会副会长、赈济委员会常务委员和上海党政统一工作委员会主任委员，从事收集情报和策划暗杀汉奸等活动。1940 年，他在重庆国民政府的支持下，组织人民行动委员会，实际上成为中国帮会的总龙头。“三巨头”中只有张啸林媚日投敌。他主办了一个名为“新亚和平促进会”的汉奸组织，公开投靠日本。他用日本人拨给的武器弹药，装备手下门徒，专门为日军强征粮食、棉花、煤炭等物资。他仗着关系多、地理熟，因而起了日本人所不能起的作用。他搜集物资的范围日益扩大，甚至从安南（越南）采购煤炭，运到上海，再转销华中一带，从中牟利。

投靠日本人，盛家子弟和张啸林得到的最大好处是全面接管了杜月笙原来的鸦片买卖和赌博业。美国财政代表尼科尔森早在 1938 年 12 月底就报告说：“日本人方面，始终要求保证与黑社会势力的长期合作。他们相信，这是保证控制上海外国人地区，即租界地区的最好办法，因为一旦他们得以调动这些黑社会力量，就能制造动乱、逮捕抗日分子和中国政府的代表、攻击中国政府的银行，以及破坏中国货币的稳定……而日本人保障黑社会分子与其合作的唯一武器，便是鸦片和赌博业。”[2]

---

① 佚名著，《汉奸丑史》，上海：大同出版公司，1945 年版。

② 转引自［美］魏斐德著，芮传明译，《上海歹土》，上海：上海古籍出版社，2003 年版。

苏锡文的“大道市政府”成立后的第一号布告就是公开征收鸦片烟税，烟民必须领取执照，执照分为三等，甲等纳税 5 元，乙等 3 元，丙等 0.6 元。傅宗耀当了“上海特别市市长”后，依然如法炮制。邵式军的父亲邵月如与盛宣怀的侄子、苏民银行董事长盛文颐合伙，组建了一个“宏济善堂”，它的职责就是控制上海市场上的鸦片进口和分配，厉行鸦片行和烟民的许可证管理以及负责征收烟税。“宏济善堂”在上海地区直接管辖的鸦片行就有 58 个，盛文颐还公然在南京的郊外购地种植罂粟。盛门和张啸林贩毒得到了日本人的公开支持，“宏济善堂”内有三名日本人为最高顾问，一个叫北冈的日军上尉甚至直接担任了一个“禁烟分局”的局长。

抗战时期，鸦片的产销以及税收成为日占区最大的经济收入。日本在东京成立了“亚洲发展会”，统一领导全亚洲的贩毒行动。日军在“满洲”的长春、奉天（沈阳）、旅顺以及哈尔滨都建立了工厂，日夜生产吗啡、海洛因及可卡因。它还控制了两条国际贩毒通道，一是从土耳其到“满洲”的陆路，二是从日本本土到大连的海路。在整个贩毒体系中，上海“孤岛”是最重要的消费和贸易集散地。

1939 年，在重庆国民政府向国际联盟递交的一份报告中，记录了日占区内毒品产业的繁荣：在苏州，鸦片业是税收的主要来源，据报有 500 家烟馆；在北平则有 314 家官方认可的公共鸦片馆；汉口有 32 家鸦片批发铺、340 家鸦片馆以及 120 家经营鸦片的旅馆，每天向 5.5 万个烟民销售 4 000 盎司的鸦片；整个南京城内，注册从事毒品销售的贩子多达 2 400 人，其中许多是警察，他们将毒品卖给 6 万成年人乃至儿童，而这占到南京总人口的 1/8。而在广东的某些地区，据说米贩子和毒品贩子的人数比例为 1 ∶ 3 或 1 ∶ 4。汪精卫伪政府每月可从安徽、浙江和江苏的鸦片销售中征得 300 万元的税收，占据总税负的 1/3，而日本宪兵队和特务机构还可得到 300 万元的销售分成。据魏斐德的计算，“在 1938 年，日占区的鸦片销售额占了日本政府总预算收入的 28%，足以支付整支侵华军队的军饷”。

▲ 抽鸦片的上海女子

自陆伯鸿事件后，政治暗杀一直是“孤岛”上的一种生死方式。那是无比黑暗的岁月，没有一个人的明天是确定会到来的。

1939 年 2 月被称为“恐怖月”，短短一个月中，租界内发生 18 件政治凶杀案，死者 21 人，被打伤 10 人。2 月 19 日为春节，汪精卫伪政府“外交部长”陈箓被军统特务射杀，两天后，李鸿章的孙子、曾当过轮船招商局董事长的“安徽首富”李国杰也在新闸路寓所被打死。

1940 年 8 月，投靠日本人的张啸林被杀。8 月 11 日，张啸林公开接受汪精卫伪政权与日本特务机关联合颁发的“浙江省省长”委任状。三天后，张啸林在华格臬路（今宁海西路）张公馆接待客人，正谈得十分热闹时，院子里突然传来贴身保镖林怀部和司机的吵架声，张啸林把身子探出窗口，训斥道：“吵什么！你们活得不耐烦了！”就在这时，林怀部突然抬手就是一枪，子弹从张啸林的嘴里打了进去，又从后脑勺钻出。林怀部打死张啸林后，将手枪往旁边一放，点起一支烟吸着，从容地坐在大门口的一条板凳上，等着法国巡捕房来抓他。

张啸林被杀两个月后，10 月 10 日晚上，“上海特别市市长”傅宗耀在熟睡之际，被人用菜刀砍下头颅。

在过去几年里，傅宗耀一直是国民党特务追杀的第一目标，而主其事者就是杜月笙。日本军部为了保护傅宗耀，专门在虹口圈了一所花园洋房作为他的官邸，家中仆从如云，雇有 23 名心腹保镖，层层守卫，戒备森严。击杀傅宗耀的，是他最亲信的“两代义仆”朱升源。朱升源是傅宗耀的专职炊事员，从他的父亲开始跟随傅家达数十年之久。杜月笙将之成功策反。10 月 10 日是“双十节”，傅宗耀在虹口“六三花园”设置盛大筵席，招待日本驻沪军政头目、伪市府官员。傅宗耀喝得酩酊大醉，朱升源把他扶回官邸卧室后，用菜刀将之劈死，然后像往常一样，拿了买菜的篮子，从走廊推了自行车，在岗哨的眼皮底下缓缓走出官邸。[①]

如果说，刺杀傅宗耀、张啸林是对汉奸集团的政治震撼，那么，接下来发生的银行互杀案就是一种妄杀无辜的政治恐怖活动了。

上海沦陷后，国民政府虽退到重庆，但仍在上海留有办事处，对上海的工商金融等业尽其所能地加以管理。1938 年，日商与法、意商人均拟在沪设立证券交易所，以图操纵市面。国民政府经济部与财政部电饬上海各同业公会，严厉禁止他们参与其事，同时，会函上海特区法院，指摘这是一种违法行为。在国民政府的干预下，整个“孤岛”时期，上海的各类交易所均未正式恢复营业。重庆国民政府一直没有放弃对上海租界的金融管制和渗透，中国银行、交通银行、农民银行等坚守上海，法币是最重要的流通货币。

1941 年 1 月 5 日，南京汪精卫伪政府成立带有中央银行性质的“中央储备银行”，发行的钞票被称为中储券。汪伪政府限令，江浙沪等八省

---

① 刺杀汉奸的林怀部和朱升源居然都得生还。林怀部被租界法院判有期徒刑 15 年，抗战胜利后，国民党政府奖励给他 1 万元，新中国成立后，他在上海市房管局工作，一直到年迈退休。朱升源则在军统安排下辗转到了重庆，在那里，他领到了 5.2 万元奖金。

▲ 中储券

居民必须在三个月内将法币全部兑换成中储券，其兑换币值为 2 ∶ 1。这意味着法币一下子被人为贬值了一半，并在沿海诸省彻底出局。1 月 20 日，汪伪政府在外滩 15 号——原国民党中央银行的旧址成立中储行上海分行。

中储券的出现让重庆方面万分恼怒，一个叫谢芝庭的银行家据传将出任中储行上海分行行长，军统特务当即把他枪杀在热闹的大都会舞厅，制造了一起轰动一时的血案。国民政府财政部还专门在上海设立“中央特种宣传处”，举办“拒用中储券宣传周”活动。租界当局也支持国民政府，巡捕房出面召集商界开会，如发现使用中储券者，将立即送法院惩处。汪精卫方面当然不甘示弱，派人到中国银行强迫存储，然后与租界方强势交涉。中储券渐渐在市面上开始流通，这时候，重庆方面决定采用更为极端的做法。

2 月 20 日上午 10 点半，6 名穿着中式长衫的男子走进外滩 15 号，其中 1 人直奔 2 楼的经理办公室。这些人拔出手枪四处乱射，随后扔出 4 颗自制炸弹，其中两颗爆炸，把大厅的玻璃震碎一大片。1 名警卫前来阻击，被当场击毙。双方枪击，从大厅打到门外。下午，军统特务在街头、医院接连打死 5 个中储行的科长和职员。如此一来，中储行的职员吓得不敢上班，外滩 15 号前门可罗雀。3 月 21 日，又一名中储行的科长被打死。担任汪伪政权“行政院副院长”、中储行行长的周佛海气急败坏地从南京赶到上海，写下手令：“中、中、交、农（即中国、中央、交通和农民四大银行），一律枪毙。”

22日凌晨，8名汪系特务冲到霞飞路（今淮海中路）1412弄10号的农民银行职员宿舍，敲门谎称是巡捕房查户口，房门一开就冲进屋子，先是打灭电灯，然后对准正在熟睡的人一阵扫射，当场打死7人，重伤5人，然后扬长而去。几乎同时，另一批特务冲进极司菲尔路（今万航渡路）96号的中国银行宿舍区，持枪挨家挨户把人们唤起，掳去128人，几小时后再次扑来，又绑走70人。到了一个关押地后，以抽签方式拉出3人，当场枪毙。24日，汪系特务又绑走交通和农民银行的3名职员，再用炸弹袭击中央银行的两个办事处，炸死8人，炸伤36人。这样一来，四大行只好宣布暂停营业。

4月22日，蒋系特务以牙还牙，派出3名特务冲进大华医院的病房，用利刀劈死1名在那儿看病的中储行业务科长。汪系当即报复，医院血案发生一个半小时后，特务就再次到极司菲尔路抓走9人，枪杀其中3人（其中1人重伤未死），其控制的《中华日报》在第二天报纸的头版标出大字标题——“以三抵一，信守诺言”。

汪蒋双方如此滥杀无辜，沪上顿时风声鹤唳。3个月间，社会秩序大乱，银行不敢开门，职员不敢上班，富人争相转移财产，穷人疯抢粮米油盐，连花旗、大通等外资银行也停止开立美元支票存款户头，随时准备撤离上海。证券公债的行情更是剧烈动荡，狂跌狂涨，一日之间的高低价差之大前所未有。后来，在一些老银行家的居中斡旋下，上海总商会和上海银行公会分别上书重庆和南京，双方才勉强答应停火。

发生在1941年春天的银行互杀案，充满了末日的血腥气息。正是在这样的恐怖中，“孤岛”走进了它最后的时光。那是一连串的暗杀、绑架与抢劫的混响。

自开年以后，不负责任的、荒唐的政治暗杀或经济犯罪就此起彼伏。

春节那天，沪上最大的8家歌舞厅遭到炸弹袭击，其中5家是在夜间的一个小时内同时发生的。1月27日，10名劫匪公然登上闹市区的一辆公共汽车，强迫乘客们交出外套和节日礼服。在3月份，多名商人被绑架，其中包括上海金业交易所的副总裁、崇美化工厂总经理、义泰兴煤号老板以及华商纱厂联合会的一个负责人，“古怪和外国类型的恐怖活动成了本市的时尚”。在4月的最后一周，“歹徒暗杀了4个银行雇员，日本宪兵试图接管纳税人华人协会，警察向他们开枪，结果误杀了上海警察局局长的保镖，暴徒还向江苏高等法院的法官家里扔了炸弹……虹口‘小东京’地区最大的两家戏院引爆了定时炸弹，伤了16个日本人”。5~6月，租界内发生3件轰动的暗杀案，一个名叫印占卿的华籍探长、上海年纪最大的法国籍律师达商男爵和名叫赤木亲之的日本警务处长被杀死。7月，两枚威力惊人的定时炸弹分别炸毁了沪宁线的铁轨和静安寺路上的《国报》报社。8月，又是一个恐怖的月份。汪精卫控制的《中央日报》大楼发生了爆炸和火灾，一名叫稽鲲生的银行家在一家夜总会门口被杀死，黄浦江渡轮“潮州丸”在外滩码头发生大爆炸，沪光大戏院和金城大戏院被炸，煤炭进口公司和中一信托公司的总经理分别在家门口被绑架，大舞台剧院的老板差点被刺客打死，日本三菱公司的一个仓库被烧毁。9月，《申报》图书馆的工人从书架上拿下一本书，却发现竟是一颗炸弹，它被粘在3本书的空心封面里，幸好打开的时候引爆电池已经没电了。

1941年的整个秋冬，上海仍然在绝望中沉沦。对普通人来说，自1937年抗战以来，物价已经上涨了10倍，生活像一个空气日渐稀薄让人窒息的死屋。连最起码的秩序也不存在了，乞丐和小偷肆无忌惮地从大街的货摊上盗窃食品，直至摊主无货可卖为止，警察却熟视无睹。瓦尼娅·奥克斯在游记中以厌倦的口吻写道：“上海是邪恶与暴力的城市，是富裕和令人难以置信的贫困并存的城市，是轮盘赌的轮子飞旋、枪声频频和乞讨声充斥各处的城市。它如今生活在永久性的恐慌和飘忽不定之中，爆炸和破坏、不正常的贸易、通货的混乱、日本狡猾的渗透、难民的涌入、物价无休止的上涨、欧洲战争的爆发以及它在静安寺路上的反响使上海成了难民与歹徒的俗气之城。”

1941 年 12 月 8 日，日军偷袭珍珠港美军基地，炸沉炸伤战舰 40 余艘，击毁飞机 260 架，美军死伤 3 600 人。美国随即对日宣战，太平洋战争爆发。几乎同时，日军进攻中国当时最重要的两个商业中心，上海与香港。是日凌晨，驻沪日本海军向黄浦江中仅剩的两艘英、美炮舰发出最后通牒，勒令它们在两小时内投降。美舰“韦克”号很快就挂出了白旗，英舰“彼得烈尔”号则在日机的轰炸中沉没。

破晓时分，日本陆军在细雨中从苏州河各桥开进公共租界，中午即占领整个租界。上海海关，英商汇丰、麦加利、沙逊、有利等 6 家银行，美商大通、花旗等 5 家银行及大批企业全被日军看管。英、美领事馆人员被迫集中于英国领事馆和华懋饭店（今和平饭店），几同囚禁。1942 年 1 月 6 日，日本对租界的工部局董事会进行改组，由日本大使馆参事冈崎胜男任总董，汉奸袁履登为副总董。董事中只有两名欧洲人，其余不是日本人就是汉奸。万国商团被解散，158 名军官和 1 491 名士兵全部自谋生路。就这样，开始于 1845 年的上海租界历史，十分讽刺性地在日本刺刀下终结了。日军在上海实行了严格的保甲制度，从此结束了混乱不堪的“孤岛”时期。

日后的“孤岛”研究者常常被这个命题所困扰：当日本军队冲进租界的时候，为什么没有引起人们的反抗？上海这座具有革命传统的中国最大城市，为什么如此“温顺”地接受了屈辱的统治？瓦尼娅·奥克斯也注意到了这个细节，她在 1939 年的报道中记录了上海人与侵略者决一死战的决心，但是当她于 1941 年年底回到上海时，却感觉到了“中国精神的崩溃”。她疑惑地问中国朋友，为什么他们变得如此消极，竟接受了日本人的占领？

部分事实可能是，在过去的 4 年里，人们已经绝望于现有的境况，特别是恐怖活动的随意性和失控性，导致了人们对于秩序的极度渴望——不管这种秩序以何种方式进行，以及来自何方。

1938年春，一个28岁的中国学生费孝通（1910—2005）在英国伦敦政治经济学院完成了他的博士论文，并在第二年以“江村经济”为名出版。此书日后被奉为中国人类学的奠基之作，费孝通还是世界上第一个指出乡村也能发展工业经济的经济学家。

其实没有“江村”这么一个村庄，它的原型叫开弦弓村，在距离“孤岛”上海100公里的江苏省吴江县震泽区（现在的吴江市七都镇）。

这本书的诱因是一个让人心碎的青春悲剧。就在几年前的1935年秋天，燕京大学社会系学生费孝通与新婚妻子王同惠前往广西大瑶山做瑶寨实地调查。在翻山越岭中，费孝通误入瑶族猎户为捕捉野兽而设的陷阱，王同惠为了救他独身离去寻援，不慎坠渊身亡。第二年开春，为了疗伤和平抚丧妻之痛，费孝通来到他姐姐费达生居住的开弦弓村。在这里，他拄着双拐，带着一颗破碎的年轻的心，开始了一次细致的田野调查，《江村经济》就是这次调查的成果。

苏南的苏州、常州一带自明清以来就是江南蚕织业最发达的地区之一，晚清，欧洲的机织技术引进中国后，这里的纺织工业就开始萌芽，费孝通无意中找到了观察中国乡村工业的最佳试验点。当时流行的经济观点认为，工业的发展必须集中于城市，乡村最多是原料和劳工的来源地。费孝通则不这样认为，他说：“若都市靠了它的技术的方便，代替农村来经营丝业，使本来可以维持生活的农民成了饥民，成了负债的人，结果是农民守不住耕地，都向都市集中。在农村方面，是经济的破产，在都市方面是劳动后备队伍的陡增，影响到都市劳动者的生机……所以，我们想达到的就是把丝业留在农村，使它成为繁荣农村的一种副业。在农村设厂，规模就要受到人口的限制，所以我们寻求最小规模、最大效率的工厂单位。”[①] 费孝通的这种观察超出了同时代的所有人，不独在中国，即便在

① 费孝通著，《江村经济》，北京：商务印书馆，2001年版。

全球学界也是独步一时。它完全不同于亚当·斯密和大卫·李嘉图的大工业设想，而是一种来自中国的经济思想灵光。事实上，开始于 1978 年的中国经济大改革，由乡镇企业为“预料之外”的突破口，正是从这里发芽的。

开弦弓村在 1929 年 1 月就购进了先进的缫丝机，办起了生丝精制运销合作社丝厂，它被认为是现代企业史上第一个农民自己办的丝厂。村里还成立了民间银行性质的信用合作社，费孝通的姐姐、毕业于东京高等蚕茧学校制丝科的费达生正是这一事业的重要倡导者。这些新事物的出现让费孝通好奇不已。他把开弦弓村当成“中国工业变迁过程中有代表性的例子，主要变化是工厂代替了家庭手工业系统，并从而产生社会问题”。而他最终得出的调查结论是这样的：“由于家庭工业的衰落，农民只能在改进产品或放弃手工业这两者之间进行选择，改进产品不仅是一个技术问题，也是一个社会再组织的问题……因此，仅仅实行土地改革、减收地租、平均地权并不能最终解决中国的土地问题。最终解决的办法，不在于紧缩农民的开支，而应该增加农民的收入。因此，让我再重申一遍，恢复

▲ 开弦弓村的工厂

农村企业是根本措施。”

1938年春，费孝通在伦敦政治经济学院完成了博士论文并出版《江村经济》——这本书一直到1986年才被翻译成中文在中国出版，它被看作人类学中国学派的代表作，是人类学的研究对象从“异域”转向“本土”，从“原始文化”转向“经济生活”的崭新尝试。不过，它的经济学意义从未被发现。因为从20世纪40年代到70年代，从来没有一个国家尝试在农村培植自己的工业基础，因为这是反大工业的，是可笑的。

费孝通一直以来被看作一个社会学家，他当过中国社会科学院社会学研究所所长和中国社会学学会会长，而他的观点在经济学界受到关注是从批判开始的。1957年，他重返20多年未归的开弦弓村做调研。在那里，他又从田野里拾回了30年前长出来的那个疑惑：“农民为什么还是那么穷？”他在《重返江村》一文中大胆地设问：“现在土地制度变了，每个农户都拥有了土地，怎么还是缺粮食呢？”他走村串户，盘账计算，得出的结论是：“问题出在副业上。”①

他写道：“我提出这个主张和当前的趋势是不合的。至少过去几年里，似乎农业社只搞农业，所以加工性质的生产活动，都要交到其他系统的部门，集中到城镇去做，甚至像砻糠加工这样的事都不准在农业社里进行。在开弦弓村我就看到有个砻谷机，可以把砻糠加工成为养猪的饲料。但是镇上的砻谷厂不准他们这样做，宁可让村里大批砻糠当燃料烧掉。以蚕茧说，烘茧过程也要划归商业部门去做，结果实在不很妙。但是看来国家遭受损失事小，逾越清规却事大。”

费孝通重申了他在年轻时得出的那个结论：“在我们国内有许多轻工业，并不一定要集中到少数都市中去才能提高技术。以丝绸而论，我请教过不少专家，他们都承认，一定规模的小工厂，可以制出品质很高的生丝，在经济上打算，把加工业放到原料生产地，有着很多便宜。”他更

---

① 费孝通著，《重返江村》，载《新观察》，1957年，连载未结束便被中断。

大胆地用数据说明乡村工业的倒退："总的看来，副业方面现有的水平是没有21年前高了。做一个大约的估计，1936年，副业占农副业总收入的40%多，而1956年，却不到20%。"

这样的观点理所当然地受到了猛烈的批判，费孝通被指责"在副业上大做攻击共产党的文章""反对社会主义工业化"。在随后开展的"反右"运动中，他被划为著名的大"右派"，在其后的20年中凄惨度日，自称"连一张书桌都没有"。

1978年，费孝通始得平反。谁也没有料到的是，他在1935年所期望的"农村企业"竟成了日后中国经济改革的突破口。1981年，费孝通第三次访问开弦弓村，他看到家庭工业开始复苏，家庭副业的收入占到了个人平均总收入的一半，而在吴江一带，乡镇工业遍地开花，甚至跟城里的大工厂争原料、争能源和争市场。1983年年底，费孝通写出《小城镇再探索》一文，认为"农民充分利用原有的农村生活设施，进镇从事工商业活动，在当前不失为最经济、最有效的办法"[①]。正是在这篇文章中，他第一次提出了"苏南模式"。他写道："从西方工业革命发展的历史经验看，苏南的乡镇工业是不伦不类、难以理解的东西，而从中国农村的家庭经济结构上看去，乡镇工业却是顺乎自然的事情……与西方工业革命的历史相对照，草根工业无疑是中国农民的一个了不起的创举。"

▲ 青年费孝通与开弦弓村儿童

1986年，已经是全国政协副主席的

① 费孝通著，《小城镇再探索》，载《新华日报》1984年5月2日第四版。

费孝通在一篇新闻报道中看到，在浙江南部的温州出现了一种有别于苏南模式的民间工业，他当即以 76 岁的高龄亲赴温州考察。陪同者描述：“在乡镇政府的接待室里听介绍，四周窗子的玻璃是残缺不全的，冷风丝丝吹进，我虽然穿着呢大衣，可清鼻涕仍不由自主地淌下来，双脚也冻得难受，有点坐不住。”[①] 不过，在温州看到的景象还是让这个睿智的老人很兴奋。在当时，国内对温州私人经济的批判和讨伐之声不绝于耳，而开明的费孝通则认为，“用‘割’的方法是不能奏效的，割了还会长出来”[②]。他撰写的长篇调研报告《温州行》被广为传播，后来他又提出了“温州模式”的概念。苏南模式和温州模式成为中国民营经济最引人注目的两大成长模式，竟然都出自费孝通之观察，斯人贡献，以此为大。1990 年之前，每逢宏观调控，乡镇企业都成了被整顿的对象，费孝通一直是最坚定和大声的捍卫者。

费孝通长寿，逝于 2005 年，晚年名满天下。他年轻时英俊清瘦，入中年后则胖硕开朗，能写一手好律诗，做起学术文章来却是妇孺能懂，举重若轻。面对后辈小生，他总是不厌其烦，耐心以对，反复说的一句话正是：“农民和农村的问题解决了，中国的问题就解决了。”

遥想 1936 年的那个开春，从青年费孝通拄着拐杖，好奇地走进开弦弓村的那一天起，他就是一个小心翼翼的改良主义者。在他看来，“社会是多么灵巧的一个组织，哪里经得起硬手硬脚的尝试？如果一般人民的知识不足以维持一种新制度，这种制度迟早会蜕形的”[③]。

---

① 朱通华著，《费孝通先生提出“温州模式”的前前后后》，载《南京医科大学学报》，2005 年 5 月。

② 费孝通著，《温州行》，载《瞭望》1986 年第 20~22 期。

③ 费孝通著，《复兴丝业的先声》，载《大公报》第 9 期，1934 年 5 月 10 日。

1941 大后方

让无聊的敌机来肆扰吧！我们还是在割稻子，
因为这是我们的第一等大事。
食足了，兵也足；有了粮食，就能战斗，
就能战斗到敌寇彻底失败的那一天！

——王芸生:《我们在割稻子》，1941 年

1941 年 8 月中旬，中国最重要的新闻评论家、《大公报》主笔张季鸾病重弥留，接替他主持笔政的王芸生在重庆郊区的张宅日夜相陪。在过去的两年多里，陪都重庆几乎都是在空袭的惊恐中度过的。从 1939 年到 1941 年，这座山城被日军飞机轰炸了 268 次，几乎每周平均两次，城市大部被毁，其中 1939 年 5 月的两次大轰炸就造成了 4 400 人死于非命。然而，炸弹并没有把中国人炸垮。

当日，日机再次对重庆实施日夜不息的“疲劳轰炸”，已奄奄一息的张季鸾对王芸生说：“我们应该想个说法打击敌人。”王芸生说：“敌机来了毫无

▲ 重庆轰炸

抵抗，我们怎么可以用空言慰国人打击敌人呢？”言及此处，萎靡弥留中的张季鸾忽然拥被而起，呼道：“今天就写文章，题目叫‘我们在割稻子’。”

下面就是王芸生发表于 1941 年 8 月 19 日的新闻名篇《我们在割稻子》：“就在最近的十天晴明而敌机连连来袭之际，我们的农人，在万里田畴间，割下了黄金之稻……所以我们还是希望天气晴朗，敌机尽管来吧，请你来看我们割稻子！抗战至于今日，割稻子实是我们的第一等大事，有了粮食，就能战斗……3 年来的经验，已使重庆人学会怎样在敌机空袭中生活，人们既不曾因空袭而停止呼吸，而许多工业照样在防空洞中从事生产。就拿本报的情形来说，在我们的防空洞内，编辑照常挥笔，工友照常排版，机器照样印报，我们何尝少卖了一份报？话说回来，让无聊的敌机来肆扰吧！我们还是在割稻子，因为这是我们的第一等大事。食足了，兵也足；有了粮食，就能战斗，就能战斗到敌寇彻底失败的那一天！”①

此文流传大江南北，大大鼓励了国人斗志。半个多月后的 9 月 6 日，张季鸾离开了这个苦多乐少的世界。

正是凭着这股“割稻子”的精神，中国人开始了艰苦卓绝的抗战。其

① 原文刊载于《大公报》。

中，企业家群体不甘人后。

范旭东的精盐、纯碱和铔厂相继落入敌手，但是，他还是和同事们把部分设备搬迁到了四川。1938 年 9 月 18 日，也就是"九一八"纪念日当天，新的久大盐厂在自贡宣告成立。次年，永利和黄海也在五通桥重新建成。为纪念天津塘沽本部，范旭东将五通桥改名为"新塘沽"。70 多年后的今天，五通桥山崖的陡壁上还刻着"新塘沽"3 个大字。在重庆久大、永利联合办事处的墙上，挂着一张塘沽碱厂的照片，范旭东亲自在上面写了"燕云在望，以志不忘"8 个字。他常常在照片前伫立，并对同事说："我们一定要打回去的。"

然而，范旭东的事业终于没有重现战前的面貌，他的盐碱公司历经诸多困难和阻挠，一直没有真正打开局面。

几乎所有内迁到西部的民营企业都不复当日风光。刘鸿生是当时的著名企业家，他的大中华火柴公司占据火柴市场的大半壁天下，此外还涉足水泥、煤炭、纺织等多个产业。他在上海滩上叱咤风云，曾经与虞洽卿一起被选为租界工部局的五位华董之一。抗战爆发后，日本军部胁迫刘鸿生出任上海商会会长之职，他拒绝接受委任，漏夜乔装出走，在沪的十多家工厂被日军以"敌产"没收，财产损失 1 000 万元以上。刘鸿生辗转到重庆后，当即受到蒋介石的宴请，并承诺只要刘鸿生在大后方发展工业，国民政府将给予原料和资金的极大扶助，刘鸿生大受激励。

▲ 刘鸿生

刘鸿生决定筹建中国毛纺织厂和中国火柴原料厂。办厂需要机器设备，他派儿子刘念智潜回上海，拆迁浦东章华毛纺织厂的机器，其前后经历宛若一部惊险电影。刘念智重金雇用一个瑞士籍的犹太人，先是买通了一个日军少将，将机器从浦东偷运至浦西，再运进租界。接着他花了 50 万元代价，把 500 吨纺织、印染设备及器材陆续运抵缅甸仰光。与此同时，刘氏企业内的数百纺织工、挡车工和机修工等也出于爱国热诚，千里跋涉，来到大后方。可是，机器设备到了仰光后，就再也无法运到重庆。刘鸿生通过蒋介石侍从室弄到“予以紧急启运”的委员长手谕，可是孔祥熙和宋子文家族控制的西南运输公司忙着发国难财，就是腾不出手来。刘念智只好购买了 12 辆美国道奇卡车，自行搬运。从仰光到重庆路途艰险，关卡林立，车队日夜兼程总算到了中缅边境的战略要地腊戍，云南边城保山已是遥遥在望，可是西南运输公司以私运物资为由，就是不让进境。这一拉锯交涉，竟然就过了两年，到 1943 年 4 月，日军进击缅甸，占领腊戍，数百吨设备顿时成了炮灰。随车的刘念智逃进野人山原始森林，九死一生才逃回重庆。

刘鸿生惊魂一场，落得个财亡人疲，无奈之下，只好投靠孔祥熙，当了官办火柴烟草专卖局的局长。据《实业家刘鸿生传略》记载，过惯了洋派生活的刘鸿生在重庆已与常人无异，“他当时住的已经不是豪华的洋楼，而是简朴的普通宿舍。他住在长江南岸的弹子石，每天要到北岸重庆市区办公。两岸崖峭坡陡，上下石阶约达三百级之多。他步行往来，从不坐滑竿……他经常在小食店里吃碗阳春面和一碟生煎馒头，有时只吃几块糕点，当作一顿午餐”[①]。后来，刘鸿生在西南和西北诸地办起了毛纺织厂、洗毛厂、火柴厂以及氯酸钾厂，但是其个人股本都只有 20% 左右，其余皆为国营或官僚资本，而重要决策均须仰人鼻息。因此，这位当年上海滩的风云大亨曾经十分沮丧地抱怨说：“在上海，我是大老板，到重庆，变成小伙计了。”

杨小凯在《百年中国经济史笔记》中以 1937 年的抗战爆发作为中国

---

① 刘念智著，《实业家刘鸿生传略》，北京：文史资料出版社，1982 年版。

近代经济的转折点，把其后的12年称为“经济的崩溃时期”：本来就发育不良的中国民族资本在战争中饱受摧残，而国营资本以及官僚资本的地位都得到空前的强化，这种结构性的变化使中国经济过早地结束了自由竞争时代而加速步入以国家资本为主体的垄断时代。

战前的中国西部基本上没有什么近代工业，用蒋介石的话说，“欲于此广大区域，为工业建设，即不啻要无中生有”。随着工厂的西迁，西部经济进入了一个发展期，至1941年，各地内迁企业数增至639家，涉及机械、纺织、化学、教育用具、电器、食品、矿业、钢铁等行业，分别迁入四川254家、湖南121家、陕西27家、广西23家，其他省份有214家。而其产业及资本格局呈现出如下特征：一是为战争服务的重工业成为投资重点，民生产业几乎被完全忽略，二是国营资本的分量持续加重。1938年3月，国民政府重申：“实行计划经济，凡事业之宜于国营者，由国家筹集资本，从事兴办。”在第二次世界大战期间，由英国经济学家约翰·梅纳德·凯恩斯提出的经济理论统治了全球经济界，他于1936年出版的《就业、利息和货币通论》一书几乎成为当时各国政府的教科书。凯恩斯主义反对“自由放任”和“无为而治”的传统做法，主张国家通过财政政策和货币政策对经济生活进行积极干预和调节。蒋介石政权的经济政策是凯恩斯主义与德苏集权模式的“混合体”，

▲ 战后重庆卖布商贩

并将国家控制的成分推到了极致。这在战争状态下，固然有一定的必然性，但是，由于政策设计和执行能力的低下以及官僚资本的乘机强大，使得国民经济越来越畸形，而富有活力的民营资本力量则被完全放弃。

1941 年 12 月，英国《经济学人》杂志在评论中国的经济体制时就认为："政府事业的章鱼状势力结构，正在变得自我固化并富有扩张性。"颇有自由主义经济思想的章乃器——请记住这个名字，他将在以后的一个章节中担任主角——曾经在战时一再批评说："不要盲目地借用凯恩斯理论，凯氏理论是死板和机械的，用在产业落后的中国更加是时地不宜，应尽量鼓励民营而避免政府直接经营。"[①] 但这些声音，在隆隆的炮火声中显得非常微弱。陈真主编的《中国近代工业史资料》显示，到 1942 年，不包括军工生产和国营与民营合资的企业，仅以国营、公营、省营等方式存在的国有资本，大致已占到国民党统治区内工业资本总额的 69.58%。

基于上述事实，便很自然地衍生出了另外两个现象：一是国家资本与官僚资本的勾结达到前所未见的程度，最终形成了独立于一切社会阶层之上的特权阶级，他们成为妨碍工商进步的最反动的势力；二是因民生物资短缺和金融政策的失控，通货膨胀空前恶化，民不聊生，国民经济呈现为"最坏的状况"。

正如我们在 1934 年的"孔张之役"中看到的，国营资本对国家经济的渗透及最终控制，始于金融，并终于金融。一国经济的市场化程度，完全可以从这个国家的金融市场化来进行评估，此律百年不爽，迄今有效。抗日战争爆发后，国民政府对金融的控制进一步增强。1939 年 9 月，蒋介石签署法令，"特派中国农民银行理事长蒋中正为中央、中国、交通、中国农民银行联合办事处总办主任"；同时发布《巩固金融办法纲要》，规定"四行办事总处，负责办理政府战时金融财政有关各特种业务"。从此，

---

① 转引自赵兴胜著，《传统经验与现代理想：南京国民政府时期的国营工业研究》，济南：齐鲁书社，2004 年版。

国营的四大行再次强化垄断，“四联总处”成为国家金融的唯一权力机构，蒋介石拍着胸脯把自己任命为主任，而常务理事、副主任就是孔祥熙。

此时的孔祥熙正处在一生最风光的时刻。自国府迁至重庆之后，他相继当上了行政院院长、财政部部长、中央银行总裁，权势熏天，仅在蒋某一人之下，现在又一举统领四大银行，做起任何事情来自然是得心应手。

先说他理财治国的表现。

自太平洋战争爆发后，大后方的国民经济就日渐滑向崩溃的边缘。由于日军对重庆进行了严密的封锁，物资极端短缺，据张公权的记录，“连正常的工业生产也维持不了，由于五金、金属制品、化学原材料的供应短缺，绝大多数工厂减产，其余少数工厂竟关闭停工。1940—1944 年间，各种基本粮食的供给量仅及 1939 年的 10%，衣着类物品的供给量在整个中国都低于战前的水平。工业生产的消费品，1944 年的供给量低于 1938 年的 10%。而与此同时，大量人口涌进大后方，更是加剧了总需求的不断扩张”①。

一方面是需求远远大于供应，另一方面则是政府治理的无能。孔祥熙的治国水平并没有随着时间的延续而有任何提高，他唯一的办法还是印钞票，反正四大银行的印章全部在他手上。国民政府的战时支出中，约 75% 是靠印制新纸币来弥补的，一度因为用钞量实在太大，中央银行只好委托中华书局、商务印书馆和大东书局来帮忙印钞票。就这样，空前恶化的通货膨胀不可避免地爆发了。据杨格、张公权等人的研究，零售价格的年上涨率分别为：1938 年 49%、1939 年 83%、1940 年 124%、1941 年 173%、1942 年 235%、1944 年 231%、1945 年 8 月前（抗日战争结束前）251%。美国学者费维恺（Albert Feuerwerker）的计算是，从 1940 年至 1946 年，中国大后方的物价每年平均上涨 300% 以上。《剑桥中国史》认定，通货

① 张公权著，杨志信译，《中国通货膨胀史》，北京：文史资料出版社，1986 年版。

膨胀的基本起因是金融性的，8 年抗战期间，平均零售物价指数上涨了 2 600 倍。

除了高高在上的特权阶层之外，全国几乎所有国民都是通货膨胀的受害者。以两个中产阶层——公务员和大学教师的境况为例，到 1943 年，政府公务员的实际工资只有 1937 年的 1/10，公务员几乎处在“赤贫”之中。大学教师则生活在“饿死的边缘”，当时国内教授中，薪资最高的是历史学家陈寅恪。在战前，他的月薪是 460 元，这笔钱可以在北京购置一座四合院，而在 1942 年，他的月薪涨到 1 360 元，由大学和教育部同时支薪，却只能买 320 斤大米，陈氏因此有诗云：“淮南米价惊心问，中统钱钞入手空”，“日食万钱难下箸，月支双俸尚忧贫”。用张公权的话说，“劳动者从国民总值中所取得的份额是减的，而对不断膨胀的国防费用的负担却超越了其应负担的份额。公务员、教师在战争时期竟成了一个被压迫阶层”。

接着再看孔祥熙理财治家的表现。在这方面，这位山西票商的后代充分展现了他惊人的才干。史料证明，在抗战期间，孔家赚到了比之前更多的钱。

孔氏在统管四大国营银行的同时，一直没有忘记经略自己的钱库——裕华银行。它是大后方最活跃的私人金融机构，在重庆黄金市场上，它是实力最强的交易客，被尊称为“西帮老大”。有媒体记载：“西帮是黄金最大的买主，它要买就是整砖（400 两），资本大，势力厚，买来之后转运西安，再用牲口驮到沦陷区出售。西帮要买，金价就涨，西帮要放，金价就跌。”孔祥熙专门在中央银行为裕华开了透支户，到 1941 年透支额就达 3 000 万元。战前裕华的注册资本是 200 万元，迁到重庆后增为 2 000 万元，到 1945 年，已增资到 1 亿元。

以裕华为龙头，孔祥熙的生意做到了无数产业。据信，列在他名下的公司不少于 28 家，仅出名的商号就有祥记（综合性贸易和投资公司）、庆记纱号（专营棉纱买卖）、强华公司（从事运输贸易）、大元公司（专营五金电料）、恒义公司与升和公司（这两家是做洋杂百货的）、广茂兴公司

（经营参茸药材）等，此外，他投资办过《时事新报》、《大晚报》、英文《大陆报》及申时通讯社，俨然大后方的一个“报业大亨”。1941年，当时国内第二大出版机构中华书局发生危机，他乘机将之揽入怀内。

孔祥熙还把手伸到了实业界，他采取的办法是暗抢明夺，其中最著名的是染指民生和控制华西两个案例。

抗战初期，卢作孚的民生轮船公司承担了转运战略物资的主要任务。在这一过程中，善于经营的卢作孚通过兼并及“以运费投资”等办法，迅速扩大了自己的产业。民生的大小客轮从战前的48艘，最多时增加到115艘，旗下还有了纺织印染、机器和钢铁工厂，成为大后方最显赫的民营企业。孔祥熙对民生颇为眼热，在一次邀约去民生演讲的时候，他向卢作孚提出，希望由中央信托局对民生投资200万元。当时民生的总股本为700万元，孔祥熙一旦进入，无疑将成一个不小的股东。卢作孚大骇，急忙求救时任交通部长的张公权，后者又转托交通银行董事长钱新之，婉转向孔祥熙陈情：“民生是一个纯粹的民营企业，由纯粹官办的中央信托局大量投资似非所宜。如果民生需要财务上的帮助，也应有商股性质的中国银行及交通银行适当投资为宜。”孔祥熙知道这是婉拒之词，卢作孚在四川的人脉很深，民望甚高，他

▲ 战后从重庆开往上海的货船

也不敢强弓硬上马，只好暂时作罢。

不过，从此之后，民生要到银行贷款却变得很难。据当过民生总公司财务处襄理的王世均回忆，当他去各行“跑头寸”的时候，每每有人暗示，“如果要彻底解决民生财务上的困难，最好找孔先生投资和出任董事长”。有一次，孔祥熙设法弄到了民生主要股东的名录及占股表，便暗中派人去上门收购，卢作孚得悉后，马上通知财务处对股票过户严加注意，此计又没有得逞。孔祥熙没法从民生那里得到好处，总是心有不甘，重庆中央银行的隔壁是民生总公司财务处的办公地，为一栋四层大楼，建筑很是气派。孔祥熙便要求卢作孚把大楼让给央行，卢作孚提出能否给予适当的代价，让民生另选一地造楼。孔祥熙大大地不高兴，下令财政部和央行将到期应付民生的差运费及拨款全数扣下，还四处对人说“卢作孚太不够朋友”。卢作孚百般无奈，只好将大楼拱手让给了孔祥熙。这一回合下来，孔祥熙才算赚到了一点面子钱。

如果说卢作孚从孔祥熙的铁爪下侥幸逃生，那么，四川的另外一个民营大企业华西兴业公司则没有这样的好运气了。

华西兴业由胡仲实、胡叔潜两兄弟于1932年创办，旗下有机器厂、炼钢厂、木厂、砖瓦厂、汽车修理厂等多家企业，并有自营铁矿、煤矿、耐火材料矿和一家专科学校。在战前，华西承建了西部众多的电力厂、水泥厂和自来水厂，是西部规模最大的重型工业联合体，其中的华联炼钢厂是西部最大的钢铁企业。国府入川后，拟定了优先发展重工业的国策，提出“群策群力，建设大西南”。胡氏兄弟很想借此东风，依赖政府的“扶植与奖励西南实业”政策，把华联炼钢厂进一步扩建。他们想尽办法与孔祥熙搭上了线，后者亲率众多亲信到华西视察。接下来发生的故事就是一个如假包换的“引狼入室”。

胡氏兄弟的想法是将华联扩建成日产30吨钢的炼钢厂，全部建厂资金为300万元，胡氏可筹一半，另外一半希望得到政府的贷款。孔祥熙派人前去试探，希望投资合办，胡氏担心后患，坚持申请贷款，与官僚资本建立“企业外部关系”。孔祥熙表示同意，不过，中央信托局给出的第一期贷款额只有60万元。胡氏以到账的200多万元启动了扩建工程。当基建动工及国外订购设备相继到来的时候，中信局却以种种借口再不肯贷款，华西顿时陷入进退维谷的境地。当胡氏兄弟再度找到孔祥熙的时候，他明确提出官商合办的办法。他更威胁利诱，如果胡氏顺从，投资以及未来的政府采购订单毋庸担心，如果不从，后果将不堪设想。最后，他很有深意地说：“钢铁、电业、矿业均属重工业，与抗战建国息息相关……（合组）此举深荷总裁（指蒋介石）赞许。”

话语至此，胡氏兄弟除了极度惊恐之外，已别无选择。然而，当谈及具体的入股条款时，孔祥熙的居心还是让他们大感意外。他提出的股本总额一下子提高为1 200万元，胡氏把华西体系内所有的工厂、矿场和现金折合起来，也不过200多万元。而孔祥熙最不愁的就是资本，他以“西南经济建设为中央急需进行之政策”为由，由行政院指示财政部命令四大行联合投资，他自己的裕华、祥记也顺搭入股，双方资本得以合并。1939年7月，一家“中国兴业实业股份有限公司”成立了，国营及官僚资本占到了81%，胡氏股本仅19%。到1942年春，孔祥熙再出新招，提出将资本额再增至6 000万元，商股表示反对，认为扩建工程大体快告完成，已没有必要增资。孔祥熙亲自主持股东大会，以绝对大股东的身份通过了增资决议案，并要求在10天内所摊认的资金都要到位。胡氏兄弟当然无法一下子拿出数百万元的现金，只好放弃，至此，商股比例下降到了11%。又过了一年半，孔祥熙第三次提出增资要求，中兴资本额翻倍为1.2亿元，情景再度重演，商股放弃，官股增持，股权比例调整为5 ∶ 95。胡氏近乎出局，兄弟两人先后黯然离开了企业。

官僚资本控制中兴后，如果真能把企业搞好，倒也是一件利国之事，然而，情况正好相反。中兴公司的董事会阵容可谓空前强大，孔祥熙亲自出马担任董事长，常务董事10人，其中包括经济部部长、财政部次长、央行副总裁、中国银行经理、交通银行经理、中央信托局理事长、大学校长等。可是到了具体的经营层面，却是一团乱麻，用一个叫宁芷村的见证人的话形容，是“既垄断又虚弱，在企业管理上十足衙门化，腐朽透顶，在企业内部争权夺利，相互倾轧”①。钢厂的扩建工程拖拖拉拉，到1943年才告完成，开炉炼出了几百吨的低碳工具钢，却因质量不佳没有销路，孔祥熙只好下令由他儿子孔令侃担任理事长的中央信托局全部购下。从此以后，中兴再没有炼出新钢，到1945年11月遣散工人，宣告停工。“重工业之霸”的梦想就此鸡飞蛋打。

在孔祥熙等人的治理下，大后方的工业一直萎靡不振，不但没有建成新的、值得称道的大企业，连内迁工厂的生产都让人沮丧。易劳逸教授在《剑桥中国史》中评论说：“迁移机器总共约12万吨，相对于当时拥有的工业设备和国民党中国的战时需要，实际上都是无足轻重的。更为重要的，假如政府事先就筹划了这次工业内迁——因为政府早已预料到要发生这场战争，它本可轻而易举地做到——这项工作或许会更加安全和更加广泛地完成。实际上，工业内迁非但不能作为中国人民爱国主义的丰碑，反而十足暴露谋图私利达到令人痛心的程度。”②

孔氏贪腐跋扈，耽误国政，到1941年年底终于因为一起“飞狗事件”③而成举国皆曰可杀的国贼。

这一年的12月7日，日军偷袭珍珠港，随即进击上海和香港，18日，驻港英军1.5万人宣布投降。当天，国民政府派出最后一班飞机抵达

① 转引自寿充一编，《孔祥熙其人其事》，北京：中国文史出版社，1987年版。

② ［美］费正清等编，杨品泉等译，《剑桥中华民国史》（下卷），北京：中国社会科学出版社，1994年版。

③ 后有研究者称有资料证明《大公报》总编王芸生在之后的1942年1月的社论中言明，“飞机载狗之事，已经交通部张部长来函声述，据确切查明系外籍机师所为，已严予申儆，箱笼等件是中央银行的公物”。指出此事为报载谣传，虽经肇事报媒迅速澄清，但仍被强悍地写进了历史，成了定案。

香港机场，困等在机坪上的有众多政府要员和文化名人，其中包括国民党中常委和一级陆军上将陈济棠、国民党元老廖仲恺遗孀何香凝、国民政府检察院副院长许崇智以及郭沫若、茅盾、陈寅恪等。然而，这架飞机却被孔祥熙的二女儿孔令俊和她的十多个保姆、保镖、宠物狗和随带的马桶塞满了。陈济棠登机，孔二小姐把宠物狗放在座位上，不让他落座。陈上将大怒叱责，谁料孔二小姐竟拔出一支左轮手枪，顶着陈济棠的额头喝令他下机。当这架飞机降落重庆的时候，国民党中央正在召开五届九中全会，会议鼓掌通过了《增进行政职能，厉行法制制度以修明政治》决议案。与会要员前往机场迎接陈济棠、何香凝等人，谁知从机舱里钻出来的却是孔二小姐和她的宠物狗、保镖及保姆，在场诸人目瞪口呆。4 天后，《大公报》披露了这条新闻，举国哗然。西迁到重庆、昆明的大学生上街游行，西南联大学生在“讨孔宣言”中写道：“今日，我国贪污官吏有如恒河沙数，而其罪大恶极者莫如国贼孔祥熙……嗟夫，铜臭冲天，阿堵通神，用全一已之私，足贻举国之害。此贼不除，贻害无穷，国事危急，奚容缄默。”

在声讨怒吼中，声音最响的人是历史学家、时任政府参议员、后来当过北京大学代理校长的傅斯年教授。此人五短身材、体壮如牛、脾气暴烈，人称“傅大炮”，在 20 多年前的五四运动中，是北大学生的总指挥，至今尚留存一张当年照片，他手擎一面大旗带队冲在游行队伍第一列。“飞狗事件”曝光后，他大呼“杀飞狗院长以谢天下”。

▲ 傅斯年

其实，早在几年前，他就千方百计搜集孔氏贪赃枉法的罪证，把所有材料装在一个箱子里，藏在枕头底下，寸步不离。他给自己的老师胡适写信说："我一读书人，既不能上阵，则读圣贤书所学何事哉？我于此事，行之至今，自分无惭于前贤典型……至少可以说，他（指孔祥熙）以前是个taboo（禁忌），无人敢指名，近则成一溺桶，人人加以触侮耳。"有一次，蒋介石为了替孔祥熙缓颊，专门请傅斯年吃饭，席间，蒋介石问："孟真（傅斯年的字）先生，你信任我吗？"傅斯年答："我绝对信任。"蒋介石说："你既然信任我，那么，就应该信任我所用的人。"傅斯年闻言当即脸涨得通红，说："委员长我是信任的。至于说因为信任你也就该信任你所用的人，那么，砍掉我的脑袋，我也不能这样说。"见傅斯年欲作拼命状，蒋介石一时默然。

1943 年，重庆召开献金大会，孔祥熙担当主持，在发表了言辞堂皇的演讲后，当场有商绅高呼："请孔院长先拿出来点，给我们做做样子。"孔祥熙笑嘻嘻地说："我哪里有钱，我是一个穷公务员，财政部长的薪水才 800 元，我捐一点，也超不过 800 元。"满场众人哄笑。

尽管孔祥熙因"飞狗事件"而弄得声名狼藉，但是扳倒孔祥熙还是花了两年多时间。

1944 年，傅斯年披露了孔祥熙倒卖美金公债的丑闻。1942 年，美国国会宣布将贷款给民国政府 5 亿美元，孔祥熙随即宣布提取 1 亿美元为准备金，发行"同盟胜利美金储蓄券"，规定 20 元购买 1 美元储蓄券，抗战胜利后凭券兑换美金。当时，美元的黑市价为 110 元兑换 1 美元，因此，储蓄券一出，就受到黑市的追捧。后来随着通货膨胀的严重，储蓄券的保值性更是凸显，到 1944 年年初，市场的公债价格为每美元兑换 273 元。孔祥熙私令手下将 350 万美元的储蓄券按官价购进，然后在黑市以 10 倍价格抛出套利，另外还有 799.5 万美元则由中央银行的其他大小官员购进私分。这起贪污案，呈现出了系统作案的特征：首先，中央银行的相关机构在处理账务时，不按常规的会计准则和责任程序操作，在各个环节都做了手脚；其次，购买储蓄券的价格已是极低，而即使如此，也是由中央银行垫支，而不是孔祥熙等高官们自己拿出来的。这一化公为私的官僚行为模式具有很强的典型性。

▲ 蒋介石和他的美国顾问

傅斯年在参政会上公开揭发此事，引起举国公愤。1944 年年底，孔祥熙被迫辞去行政院院长、财政部部长及央行行长等职务。

孔祥熙祸国，难以例数，其罪之大，要在两则：其一，他以山西票商后人的娴熟财技，一手掐断了民营金融业的千年血脉，中国自先秦以降就有民间经略钱庄的传统，孔氏断脉，遗祸百年；其二，他把官商模式运作到了极致，以至于在乱世中形成了一个游离于一切社会阶层之外的特权集团，它让国民经济陷入低迷，更令民众对政府丧失信任、无比厌恶。

被免职后的孔祥熙退出了政坛，开始专心打理自己的财产，把能带走的东西尽量转移到香港和国外。1947 年夏天，他回了一次老家山西太谷，在那里大宴各路亲戚本家，然后与他们揖手告别。到了秋天，他让夫人宋霭龄先赴美，几天后，向蒋介石及国民党中央发出一电，以“忽接家人自美来电，谓夫人染患恶病，情况严重”为由，不等批准，就飞往美国，从此不归。1962 年，思乡心切的他到台湾住了三年多，随后又回到了美国。1967 年 8 月，孔祥熙病逝于纽约，时年 88 岁。此人到底从中国带走多少财产，一直是个谜，1951 年，他对人说：“我在中国大陆丢掉的，比我在这里有的，多了千倍以上。”

话说傅斯年掀翻孔祥熙之后，蒋介石只好放眼全国，重新寻找“经济舵手”。他找到的那个人，大家既不意外，也不陌生。

1942 年 11 月，李约瑟（Joseph Needham，1900—1995）从伦敦出发，长途旅行 4 个月，由昆明辗转抵达陪都重庆，他的身份是“中英科学合作馆”馆长。这是一个四肢发达、长得十分英俊的英国剑桥大学的生化学家，他对中国的兴趣以及一口生硬的、“带南京普通话腔”的中文，来自他的学生兼中国情人鲁桂珍小姐的培育——他们在 1989 年才结为夫妻，当时，李约瑟 89 岁，鲁小姐 85 岁。

▲ 李约瑟

年轻的生化学家李约瑟还是英国工党党员，热衷于参加各类政治活动，是一个热血沸腾的左翼青年。他很向往东方的革命，同时又对中国的文化十分好奇。有一次，他问三位在英国留学的中国学生：“我只见中国人来英国留学，没听说欧洲人去东方学习，是不是你们中国没有科学？”被问及的学生告诉他，中国的天文学家张衡观测气象的“相风铜鸟”比欧洲的“候风鸟”早了 1 000 年，中国医生华佗早在 1 700 年前就发明了“麻沸散”和懂得如何切除阑尾来治疗阑尾炎，而 1 400 年前数学家祖冲之就把圆周率的值计算了出来，这又比欧洲人早了整整 1 000 年。这次对话是李约瑟对中国真正产生兴趣的开始。1940 年，李约瑟起草了一份《剑桥宣言》，表达了对中国抗战的支持，以及希望促进欧洲与中国的文化和科技交流，这篇《宣言》寄达中国后，很是鼓舞了战时的中国政府和知识界。这也最终促成了他的中国之行。

从 1943 年到 1946 年，李约瑟先后在中国做了 11 次长途考察，路程长达 3 万里左右。他在一篇以第三人称撰写的自传性文章《一个名誉道家的成长》中写道："在那个十分混乱的时期，中国人十分忙碌、贫困及散漫，无暇注意闲逛的外国人。因此他能独自闯入往往是废弃的孔庙、僧院、道观，充分欣赏古树丛中和荒园里传统建筑的壮丽景色。他自由地体验了中国家庭和市集的生活，亲眼看到了一个社会在崩溃中等待即将来临的黎明时所经受的苦难。"[①] 李约瑟形容自己是一个"圣诞老人"，一次次把试管、放大镜、小型发电机、望远镜及科学实验用的各种化学药物分送给隐蔽在西部的、工作条件十分恶劣的中国科学家们。他还在敦煌发现了第一本印刷的《金刚经》，在地震后的都江堰见识了中国古代水利工程的精妙先进。就是在这个过程中，他提出了日后十分著名的"李约瑟难题"（Needham's Grand Question）。

据他的观察，16世纪之前的中国是世界上科技最先进的国家：中国人在公元868年印刷出了第一本标明出版日期的图书，在公元1088年，发明了"磁力导向"的指南针，在公元1161年发明了能够抛出炸弹的投石机，管子对月亮周期的潮汐现象与亚里士多德的观察完全一致。可是，李约瑟的疑惑是："为何中国在科技发展上长期领先西方，而现代科学竟出现于西方而不是中国？在最近的数百年里，中国的科技为何停滞不前，以至于成了一个备受欺辱的衰老帝国？"

这个"难题"改变了李约瑟此后的人生，他从一个生化学家成了举世闻名的中国科学史专家。他在1954年出版了《中国科学技术史》第一卷，到去世前的1995年共出版了七卷。在西方的学术世界，他与美国人费正清是研究中国问题的两座让人仰止的高峰。

李约瑟在研究中发现，由于中国关于技术的发明主要起于实用，往往知其然而不深究其所以然。若与西方相较，中国这许多技术发明的后面，缺少了西方科学史上那个特殊精神，即长期而系统地通过数学化来探求宇宙的奥秘。所以中国史上虽有不少合乎科学原理的技术发明，但并未发展

---

① 李约瑟著，《李约瑟文录》，杭州：浙江文艺出版社，2004年版。

出一套体用兼备的系统科学。

李约瑟把西方科学界所形成的“现代科学”看作大海，一切民族和文化在古代和中古所发展出来的“科学”则像众多河流，最后都归宿于此大海，他还引用“百川朝宗于海”这一生动成语来比喻此现象。很显然，他将“科学”从文化的整体脉络中抽离了出来，作为一种特殊的事象来处理。不但如此，他基本上认为中国和西方的科学传统走的是同一条路，今天已会聚在“现代科学”之中。李约瑟相信，中国科学的“殊途”并不妨碍将来“同归”于“现代科学”。

李约瑟还从政治制度的层面对中国科学的落后进行了审视。他认为，中国是世界上仅有的中央集权超过 2 000 年的国家。自秦统一六国之后，就形成了一套严密的“封建官僚制度”，这种制度的正面效应是，使中国非常有效地集中了大批聪明的、受过良好教育的人，他们的管理使得中国井然有序。而这种制度的负面效应是，新观念很难被社会接受，新技术开发领域几乎没有竞争。在中国，商业阶层从未获得欧洲商人所获得的那种权利，历代的“重农抑商”政策造成商业活动的压抑与滞后。

“李约瑟难题”跟所有历史难题一样，其实是一个没有结论的开放性假设。它的提出，既让人们从一个崭新角度审视中国文明的价值，同时也“意外”地产生了两种效应。一是激发了“老子祖上很厉害”的民族自恋情结，二是为本轮现代化的滞后找到了一个历史性借口。这一代人犯了错误，却总喜欢从前人的“遗传”中去寻找理由，这往往是历史悠久民族的一个通病。

此外，“李约瑟难题”的命题本身还遭到了不少学者的质疑。华裔文化学者余英时便指出，所谓“李约瑟难题”只能是一个“假问题”。他认为，中西对自然现象的探究自始便“道不同，不相为谋”。我们可以用“科学”一词指所有关于自然现象的探究，但事实上，中、西这两种“科学”同名而异实，二者并不能用同一标准加以衡量或比较。余英时还打比方说，这好像围棋和象棋虽同属于“棋”类，却是完全不同的两套游戏，中、西“科学”之间无从发生“领先”与“落后”的问题。“中国科学”如果沿着自己原有的轨道前进，无论如何加速，也不可能脱胎换骨，最后和以“数学化”为特征的西方“现代科学”融合成一体。

美国宾夕法尼亚大学的中国科学史教授席文（Nathan Sivin）的观点与余英时相似。他认为，关于历史上未曾发生的问题，我们恐怕很难找出其原因来，因此我们与其追究“现代科学为何未出现在中国”，不如去研究“现代科学为何出现在西方”。

事实上，进入20世纪之后，对“科学”的认识与反思正是中国现代化的主要命题之一。在1919年的五四运动中，青年学生高举的两面“大旗”，一是德先生（民主，Democracy），一是赛先生（科学，Science）。1923年，胡适说：“近30年来，有一个名词在国内几乎做到了无上尊严的地位；无论懂与不懂的人，无论守旧维新的人，都不敢公然对它表示轻视或戏侮的态度。那个名词就是‘科学’。”[①] 而林语堂则在《吾国与吾民》中写道：“希腊人奠定了自然科学的基础，埃及人发展了几何学与天文学，连印度人都发明了自己的语法学，这都以分析性思维为基础，但中国人却未能发展自己的语法学，数学与天文学的知识大多是由国外引进的……他们只喜欢道德上的陈词滥调……缺乏的正是这样一种科学的世界观。”[②] 李约瑟的工作正是对这些思考的历史性延续，他给出的结论也许并不重要，重要的正是问题本身。

李约瑟一生勤勉，获誉无数，他创建了剑桥大学李约瑟研究所，英国女王授予他“御前顾问”（CH）的称号，1990年，中国紫金山天文台将一颗小行星命名为“李约瑟号”，1994年，他成为中国科学院的首批外籍院士之一。在去世前的大半年里，他的一只眼睛已失明，另一只也几乎不能

① 引自胡适1923年11月29日为《科学与人生观》（上海亚东图书馆）一书所写的序言。

② 林语堂著，《吾国与吾民》，北京：外语教学与研究出版社，2000年版。

视物，但他的思维仍然十分清晰，每天清晨，仍象征性地坚持去研究所上班。他最后一次离开办公室是1995年3月23日傍晚，第二天，他在宁静中告别人世。

在37岁之前，李约瑟不认得一个汉字，是一个顶级的生化专家，甚至被称为“化学胚胎之父”，而后来的经历则让他成了中国科技史的权威。正是1942年的中国之行，让他真正走进了中国。他不喜欢别人叫他Joseph Needham，或是叫他“倪德汉”，而坚持“李约瑟”的叫法。他睡前与早起时，不穿西式睡衣，而是蓝布长衫，一位听过他讲演的学生回忆说，他是“一个结实的人，个性非常活泼，穿着咔叽布料的长衫，上装戴着中央研究院和北平研究院蓝白的牌子……他喜欢别人叫他李先生，谈话明白而快捷”。

1944 此消彼长的中国

时代的车轰轰地往前开，我们坐在车上，经过的也许不过是几条熟悉的街衢，可是在漫天的火光中也自惊心动魄。

——张爱玲:《烬余录》，1944 年

1944 年 12 月 18 日，最新一期的美国《时代周刊》以宋子文为封面人物，他的照片下的文字是："中国的宋子文：通往胜利的道路在峭壁之上。"宋子文的个人声望在此时达到顶峰。

在两周前，他刚刚被蒋介石任命为行政院代理院长，此外，他还同时兼任财政部部长、外交部部长，权力更大于他下台的大姐夫。傅斯年对此的评论是："与其说是宋的人望，毋宁说是对孔的憎恨。"[①]

---

① 傅斯年，《这个样子的宋子文非走开不可》，载《世纪评论》，1947 年 2 月 15 日。

傅斯年说得一点也不错，人们将很快发现孔宋原来真是同路人。

自抗战爆发之后，宋子文一直以蒋介石私人代表的身份争取美国人的援助，与他并肩努力的是中国知名度最高的知识分子胡适和最杰出的银行家——上海储蓄银行的陈光甫。胡适时任驻美大使，陈光甫则被委任为国府贸易委员会中将衔主任委员。他们竭尽所能，奔走斡旋，为国家争取了最宝贵的金援。胡适当时自比是一个“过河的卒子”，唯有为国拼命往前。1938 年 10 月，他将一张自己的照片送给陈光甫，背面附有自题诗，诗云：“偶有几茎白发，心情微近中年。做了过河卒子，只能拼命向前。”

陈光甫是 1934 年之后硕果仅存的大银行家，他之所以“存活”下来，很大的原因是他在美国政经界的亲密人缘。他与美国财政部长摩根索私交甚好，被后者认为是唯一值得谈判的中方专业人士。早在 1936 年 5 月，陈光甫就受国民政府委托，赴美签署了《中美白银协定》，确定了中美两国在国际银价上的价格同盟，这为控制白银外流以及巩固法币的地位起到了关键性的作用。1938 年 9 月，他再赴华盛顿寻求支持，在半年后以中国桐油为交易物，获得了 2 500 万美元的贷款，这笔钱全部换购为军用车辆、汽油和无线电材料等战备物资。当时美日还未断交，所以，罗斯福总统对华援助很是谨慎。“桐油计划”名为商业贷款，实际上几乎全部用于抗日，因此很多外交家将之视为“罗斯福当局转变东亚政策，开始实施遏制日本的第一步”。日本果然向美方提出强烈的抗议，并封锁桐油运输干线，陈光甫的工作变得更加困难。1939 年 12 月 6 日，他再访摩根索苦恳长谈，后者表示十分为难。这时，陈光甫告诉摩根索，那天是他 59 岁的生日，如果能够得到些许的允诺，实在是最好的生日礼物，摩根索听后大为感动。1940 年 4 月，美国终于答应再给 2 000 万美元贷款，中方以云南锡矿为代价。陈光甫为了桐油和滇锡能按期运抵美国，还顶着日军轰炸危险亲自赴前线考察中缅公路。

弱国无外交。陈光甫以银行家的身份为国周旋，其艰难辛酸可以想见。他曾在日记中记录了当时的心境：“余在此接洽事宜，几如赌徒场中掷注。日日揣度对方人士之心理，恭候其喜怒闲忙之情境，窥伺良久，揣度机会已到，乃拟就彼方所中听之语词，迅速进言，藉以维持好感。自1938年9月以来，无日不研究如何投其所好，不敢有所疏忽。盖自知所掷之注，与国运有关。”[①]胡适也在1939年的一篇日记中评价他的这位好友：“光甫办银行三十年，平日只有人求他，他不消看别人的脸孔，此次为国家的事，摆脱一切，天天仰面求人，事事总想不得罪美国财政部，这是他最大的忠诚，最苦的牺牲，我很佩服他这种忠心。”[②]

▲ 宋子文与胡适

跟胡适、陈光甫一样，冲在最前面的宋子文自然也是使出了浑身解数。1940年6月，宋子文赴美接洽美国援华事宜。美国历史学家巴巴拉·塔奇曼对他当时在美国的游说活动这样评述：“宋子文是他那个时代最不知难堪、不怕疲倦的游说家。他运用了一切可以想象的接近罗斯福总统的渠道……这些人被他令人难忘的说服力所打动，答应把他关于各种形势无可挽救的信件转交给罗斯福总统。”[③]1940年10月，中美签署2 500万美元的“钨砂借款”，1941年2月4日又签署5 000万美元的“金属借款”。在宋子文等人的奔走下，罗斯福正式发表军火《租借法案》适用于中国的声明，同时宣称：“保卫中国即是保卫美国的关键。”宋子文与美方达成军事援华的三个重点：第一，由美国提供训练与技术援助，帮助中国建立现代化空军；第二，训练并装备中国陆军30个师；第三，帮助中

① 陈光甫著，《陈光甫日记》，上海：上海书店出版社，2002年版。

② 胡适著，《胡适日记》，太原：山西教育出版社，1997年版。

③ 吴景平、郭岱君编著，《宋子文与他的时代》，上海：复旦大学出版社，2008年版。

国建设滇缅铁路和公路，并提供运输车辆等。宋子文的外交努力还大大提高了中国的国际地位，使英美列强把中国当成亚洲最重要的盟友和大国。1943年11月，蒋介石赴开罗出席美、英、中三国首脑会议，与罗斯福总统和丘吉尔首相并坐论政，因此被国际舆论视为世界级领袖。

整个8年抗战期间，中国获得美国借款8次，共7.478亿美元及大量物资援助——据《美国与中国的关系（白皮书）》显示，美国在战时约向中国提供了价值35亿美元的物资，这对抗日起到了很大的作用。宋子文、胡适及陈光甫的游说之功，实不可没。因此，《时代周刊》在那期封面报道中赞许说："亚洲人纷纷谈论起宋子文，说他是亚洲最有前途、最能干的，也是脾气最暴躁的政治家。"这家与宋子文私交甚密、影响巨大的刊物——《时代周刊》的创办人亨利·卢斯是宋子文最好的美国密友——甚至将他比作"中国的亚历山大·汉密尔顿"。它描述说："作为财政的监管者和对贿赂的坚决反对者，宋子文对众多衣着华贵的官员十分反感，气恼地打翻过数不清的茶杯。他对托人说情和当面吹捧的做法嗤之以鼻。他喜欢坦率交谈，尽量减少繁文缛节。他具有美国人讲究效率的理念。"

这一切，无疑为蒋介石"以宋替孔"创造了很好的舆论环境。

还有一个需要记录的细节，是宋子文在人格上对蒋介石的"投降"。自1932年辞任行政院副院长之后，蒋宋的个人关系一直很冷淡。1943年年底，宋子文的机要秘书邓勉仁因为走私被判处死刑。宋子文向蒋介石说情当场遭拒，场面十分尴尬。宋子文问计于外交部次长吴国桢，吴国桢推荐"才子"陈芷町代他写悔过书，这篇"陈情表"很有一点功夫，其中一句话是"文与钧座，情同骨肉，谊实君臣"，据说蒋介石读信至此，颇为愉悦，双方的龃龉一时烟消。

不过，《时代周刊》的赞叹之词，是正在发生的事实的阳光一面。宋子文还是过去十多年来我们所熟悉的那个大官商，在忙碌国事的同时，他一点也没有耽误自己的敛财事业，在这方面，他同样具有超人的效率。

那些援华美金成了宋子文等人倒卖外汇的重要资源，斯特林·西格雷夫在《宋家王朝》一书中描述了倒卖的细节："外汇进入中国是按 20 元法币换 1 美元的官方汇率兑换的，而物价及服务费则是由黑市确定的。1 美元在重庆黑市上可以换取法币 3 225 元。按官方汇价，一包美国烟在重庆值 5 美元，但在黑市上，5 美元可以买 162 包。因此，用于救济中国的上千万捐款，按官方汇价兑换后就几乎没有什么价值了。按照汇价，在中国建一个公共厕所要花 1 万美元，这就是重庆式的笑话。但中国的官员们把救济金拿到黑市上去倒卖而大发横财，就不是开玩笑的事了。"①

除了在黑市大肆倒卖美金之外，美国援华的相当部分是以物资援助的方式展开的，这也成为宋氏赚钱的好渠道。宋子文和他的两个弟弟宋子良、宋子安在美国成立了"环球贸易公司"和"中国国防物资供应公司"，它们承担了物品采购和起运的业务。宋氏兄弟在这中间上下其手，中饱私囊，手段之黑暗无以复加。很多物资到华后就由他们控制的贸易公司转入黑市销售，有不少甚至没有离开美国就已经被倒卖了。西格雷夫描述说："西南运输公司拥有 600 辆卡车装运租借物资，物资到达中国，有时不出两小时就出现在黑市上出售，有时候，物资索性不再出现。"他还引用一位英国外交官的推测认为，"宋氏兄弟把几十亿美元转入自己的腰包，许多钱根本没有离开美国"。

宋氏兄弟另外一个重要的发财生意是，与孔祥熙一起控制了大后方通往境外的唯一运输线。自战事爆发后，香港成为中国南部仅存的海运港口，国民政府在这里设立了两个运输机构：一个是军事委员会辖下的西南物资运输处（对外以西南运输公司的名义运作），总经理是宋子良；另一个是中央信托局运输处，负责人是孔祥熙的长子、时任中央信托局常务理事的孔令侃。这两个机构控制了国内外各地通往大后方的所有运输业务。

① ［美］斯特林·西格雷夫著，《宋家王朝》，北京：中国文联出版公司，1986 年版。该书新版由中信出版社于 2017 年出版，书名为《宋氏家族》。

太平洋战争爆发之后，香港沦陷，孔宋转而开辟了滇缅公路运输线。抗战8年，这两个垄断性的运输公司承担所有流通业务，无论是公私贸易还是非法走私，都是雁过拔毛，赚到手软。孔宋甚至因为分赃不均而闹得翻脸杀人。1942年，宋子良与蒋介石的表弟俞飞鹏联起手来，宣布由西南运输公司统一节制滇缅公路上的所有运输业务，孔令侃当然不服，偷偷把一批价值3 000万元的走私物资运到了重庆。俞飞鹏向蒋表哥哭诉，孔令侃手下的经理林世良被抓起来，判了死刑。孔宋一时撕破了脸。

▲ 香港海运港口

宋氏兄弟鲸吞美援的手段极为隐蔽，但还是被外界察觉。早在1942年，美国财政部就开始秘密调查宋氏在美国的财务状况。这年2月11日，宋子文以外交部公文的方式给胡适下了一个很奇怪的命令："请求美国财政部通过国务院不要冻结我在下列银行的账目……"其中所列6家银行，就是他洗钱的渠道，胡适对此大为光火，却也无可奈何。1943年1月，美国驻中国的观察员杰克·谢伟思在给联邦调查局的报告中指出：宋氏三兄弟“一直是金钱狂，他们一切行动都是受其聚敛钱财的欲望所驱使……他们正在进行一个诈骗中国人民的巨大阴谋——骗取中国人通过《租借法案》所应正常收到的物资，并把其中很大一部分钱财转移给宋氏家族”[①]。

在当上行政院院长之后，宋子文对振兴大后方经济的兴趣一直提不起来，这位金融家对发展实业从来不放在眼里。曾经当过国民政府财政部钱币司司长的戴铭礼在口述回忆录中讲了这么一个细节：有一次，经济部提出了一个投资兴建电炉的项目，报到宋子文处后，他说，“中国要什么东西，一个电报打到美国，一两个月就可以运到，比什么都方便”。这个计划就此告吹。

▲ 战时大后方

在战时的大后方，所有崇尚自由市场精神的企业家们都已奄奄一息，沦为官商资本集团下的“小伙计”。此时，唯存一支“孤军”还有一定的话语力量，他们就是孤悬海外、尚不为政府所控制的华侨富商们。

1940 年 3 月 26 日，由南洋华侨总会主席陈嘉庚率领的南侨回国慰问团一行 50 人，乘飞机抵达

① 转引自［美］斯特林·西格雷夫著，《宋家王朝》，北京：中国文联出版公司，1986 年版。该书新版由中信出版社于 2017 年出版，书名为《宋氏家族》。

重庆珊瑚坝机场。抗战期间，华侨的无私捐献是除了美援之外最重要的外援。当时，国民政府为支撑财政不断发行救国公债，国内民众虽出全力却自救不暇，1940 年的公债认购仅得 800 万元，可谓杯水车薪。在这样的情形下，华侨成为被寄予厚望的一个群体，从 1937 年至 1942 年，南洋华侨认购公债达 11 亿元，可谓居功阙伟。而在南洋诸国日夜奔波、总其事者，就是 67 岁的陈嘉庚。此次，慰问团冒着被日机击落的危险归国，当然是大大激励国民士气。当日，200 多个团体的上千人到机场热烈欢迎。

慰问团抵重庆后，自蒋介石以降所有的党国政要纷纷宴请。谁料，正是这份热情让陈嘉庚的担忧一日盛过一日，他在这里看到的景象竟是歌舞升平，官贪将骄，民不聊生。

慰问团一行下榻的是当时重庆最豪华的饭店嘉陵宾馆，有人告诉陈嘉庚，这是孔祥熙的私人财产，他十分惊讶不敢相信。在孔祥熙前来拜访时，他当场问及真假，孔祥熙坦然承认，陈嘉庚在当晚日记中写道："余至此乃深讶我国政治，与外国相差甚远。英国政府公务员，不但不得私设营业，亦不得买卖公司股份，虽地皮业产，银行及政府债券亦然，防弊甚严，违者立即开革科罚……"陈氏的这段感慨很发人深省，自李鸿章、盛宣怀办洋务以来，官商身份纠缠，国事私事不分，一直是众所周知的积弊，这也是中国改革常常变形和倒退的重要根源之一。傅斯年等人

▲ 陈嘉庚回国慰问抗日将士

“打孔”，大多在人格和道德上展开，却很少有人从制度层面上进行反思并加以杜绝。唯有像陈嘉庚这种在英美制度下熏陶日久的人，才会深及于此。可惜的是，百年以来，这种状况一直没有得到坚决的杜绝。

陈嘉庚在重庆 60 多天，无日不被邀请赴宴，常常一天要赶两场，因而有“前方吃紧，后方紧吃”之感叹。有一次，他去参观成都武侯祠，却看到旁边正在为死去的前任四川省主席刘湘建造硕大的坟墓。他很天真地问：“试问刘湘后人款自何来，是否民脂民膏？”陪同者无人敢应。他还听说，四川农民的钱粮税竟已经征收到了民国七十年（1981 年），不由大为咂舌。在全国经济学社的年会上，陈嘉庚做演讲，对国内政局表达了忧虑：“光复之后，军阀劣绅，土豪盗匪，欺凌抢劫，甚于满清，华侨几于视家乡为畏途，空身回省庐墓尚不自安，奚敢言及投资祖国哉？”在他演讲之后，经济学家马寅初上台继续控诉：“现国家不幸遭强敌侵略，危险万状。而保管外汇之人，却不顾大局，盗窃外币，贪利无厌……”坐在陈嘉庚旁边的四川平民银行总经理周季梅悄悄对陈嘉庚说：“这种话除了马寅初，已无人敢说。”

在大后方观察近两个月后，陈嘉庚的笑容日渐消失，最后竟心事重重。他在后来出版的《南侨回忆录》中写道：“那些国民党中央委员，都是身居要职，但都假公济私，贪污舞弊，生活奢华。那些人都是四五十岁，既不能做好事，又不会早死，他们至少还要尸位二三十年，中国的救星不知在哪里，即使出世了，或者还在学校读书，恐怕还要三几十年才能出来担当国家大事，国家前途深可忧虑。”[①] 正是在失望之下，陈嘉庚把目光投向了西北。5 月底，他辗转抵达陕西延安。

他受到了与重庆一样热烈的欢迎，自毛泽东以降的中共高层全数接待了慰问团。当时国内外舆论对中国共产党和它的部队很感好奇与神秘，所谓“共产共妻”的传言并不罕闻。陈嘉庚在延安参观了 7 天，他看得十

---

① 陈嘉庚著，《南侨回忆录》，长沙：岳麓书社，1998 年版。

分细致，特别是关于商业的部分。

延安城外1里路，有一条百米长的小街，当地军民称它为“新市场”，是唯一的商业街。陈嘉庚专门前往观察。这里有百多家商铺，还有一家照相馆，土特产不少而工业品奇缺。陈嘉庚问一个店主：“政府有没有存货公卖？”答：“没有，都是我们自行经营的。”又问：“这里大商店大概有多少资本？”答：“大商店很少，听说有十万和二三十万的，大多是收买土产生意的。”回到招待所后，陈嘉庚遇到从南洋归国投奔延安的女学生，又悄悄问：“这里有没有国家经营的店铺？”女学生答：“没有国营的，所有的店铺都是民营的。”

▲ 延安军民亲密融洽

正是经过这样的观察，南洋侨商一行对共产党的观感为之大改。最让陈嘉庚感慨的是延安军民的亲密融洽，他亲眼看到总司令朱德杂坐在勤务兵的人群中，狼吞虎咽地吃同样的杂粮。他与毛泽东闲聊南洋趣闻时，很多人都跑来围听，顷刻座位告满。有个勤务兵就往毛泽东所坐的长板凳上挤，毛泽东扭头看他一看，自己移开一些，让他坐了下来。这些细节让人印象深刻，恰与重庆的官气森严形成了鲜明对照。客观地说，20世纪40年代中期之前的中国共产党并没有形成自己的经济政策，因为身处在野，没有任何的包袱和既得利益，因而，所有经济关系均十分简单和原始。也正是这种清明简快的状态，使很多到过延安的人顿时有了深刻的印象和好感。

▲ 毛泽东与周恩来在延安

延安之行后，陈嘉庚对国共两党形成了新的看法。回到南洋，他随即发动商人捐献了一批药品和医用器材运到延安。而他在大陆做的最后一件事情，就是带头驱赶了家乡福建省的国民党大员。

当时的福建省主席是蒋介石留学日本士官学校时的同学陈仪，他在福建大搞“统制经济”，分别组建了企业公司、贸易公司和运输公司三大国营企业，垄断全省经济的命脉。为他操持运作的则是辛亥先烈徐锡麟的侄子徐学禹，他身兼三大公司董事长、福建省银行董事长等 12 个职务，俨然是福建版本的孔祥熙。在陈、徐的治理下，福建财经十分萧条和紊乱。据陈嘉庚的记载，货物“平时商家自行雇运三四天可到者，统制机关代运六十天尚未交到”，结果是运费倍增，货物则损坏腐烂严重，物价暴涨。如涵江出产的虾米，每担成本 170 元，运到泉州可卖至 400 元，民间运输三天，国营的运输公司两个月才能到，虾米大半臭坏。南靖盛产木材，自由运输每百斤运费 0.25 元，统运后涨到 1.05 元，而且运转迟滞，南靖木材堆积如山，而几十公里外的漳州城则柴价高昂。泉州米价由每市斤（13 两）1 元升至 60 多元。政府垄断闽江运输，还在陆地设立众多检查所，百姓携带20斤米入城，即遭查禁没收。福州城外设立了12处检查所，带10斤米立即拘捕。当商脉被牢牢掐死后，官僚资本应运而旺，“公务人员与奸商大发财利，多则百余万，少者数十万元”。福建百姓则陷入水深火热之中。福州通往苍前山有一闽江大桥，统制运输后，很多百姓跳江自杀，不到一年就有900多具尸体被捞起。陈、徐等人还控制言论，对任何负面报道均予查禁。

陈嘉庚目睹惨状怒不能遏，他分别给蒋介石和陈仪写信，恳请“迅速下令撤销统制，免贫苦人民数十百万人，饥饿疾病死亡之惨”。陈仪的答复是：“战争时代运输必须政府统制，此乃各国通例，唯不识政治之人故有反对。”蒋则回电曰：“闽省田赋系中央意旨。闽事可电我知，切勿外扬。”陈嘉庚彻底绝望，他行走福建各地，每到一处就大声疾呼，号召各地的商会、同乡会一起抗争。陈仪暗令福建媒体绝不能刊登陈嘉庚的“反动言论”，陈嘉庚就自费印刷了“陈仪祸闽”的罪状在东南和西南各省广为散发。回到南洋后，他又将罪状装订成册，印刷上千份投递到国内政界各要人、各省主席、各战区司令长官以及南洋各报馆、福建同乡会手上。1941年1月，在中华总商会组织的全新加坡闽侨大会上，他再次上台控诉陈、徐祸闽的12条罪状。

正是在这种不要命般的攻击下，时任民国政府主席林森将陈嘉庚的投诉交给行政院提案讨论，国民参政会也有议员签名提案，院会组成一个五人委员会到福建调查。4月，日军进攻福建长乐，陈仪不战而逃，福州很快沦陷，蒋介石不得不免了陈仪的省政府主席一职，徐学禹也被调离。

“驱陈救闽”一事，是企业家阶层在整个20世纪40年代最有标志意义的议政行动，而且几乎是唯一成功的一次。陈嘉庚因身份特殊而侥幸“惨胜”，不过，他与国民党的缘分也断绝于此，蒋介石对他再不理睬，甚至还暗中派人阻挠他连任南洋华侨总会主席。陈嘉庚在回忆录中酸楚地写道：“因救闽事生恶感，不意深恨见绝若此也。”

正当陈嘉庚在福建驱赶陈仪的时候，中原地区爆发了一场大饥荒。

从1941年起，河南省开始出现旱情，农作物收成大减。到第二年，旱情持续不缓，爆发了罕见的“中原大饥荒”，草根几乎被挖完，树皮全被吃光，出现“人相食”的惨状，河南、河北共500万人死亡，惨绝人寰。

白修德是当时美国《时代周刊》的驻华记者，他在报道中详尽描述了当时河南发生的种种惨状。在从潼关到洛阳的路上，他看到大批饥民生命垂危，还“不时看见血肉模糊的僵尸从过往列车上掉下来”。在他骑马从洛阳到郑州的路途中，“绝大多数村庄都荒无人烟，即使那些有人的地方，听到的也是弃婴临死前的哭声，看见的也只是野狗从沙堆里掏出尸体并撕咬着上面的肉”。然而，到了郑州后，白修德却看到了另一番景象：省政府官员们花天酒地的生活。在热情招待他的宴席中，就有各种高档菜肴。白修德在他的报道中称：在一个“人吃人，狗吃狗，老鼠饿得啃砖头”的年代，这是他“吃过的最好宴席之一”。因而，白修德认定：灾害固然是大自然所造成，但导致老百姓大量死亡的却是政府及其官员们的腐败和失职。

另外一个也到灾区采访过的美国记者杰克·贝尔登与白修德得出了完全相同的结论。他在《中国震撼世界》一书中写道：“每天走在路上，但见原野空旷，土地荒芜，十室九空，残破不堪，十分凄凉。当时许多地方的旱情并不很严重，所以我很奇怪，为什么土地会如此荒废。农民告诉我，他们背井离乡去逃荒，是因为国民党税吏、蒋军征粮官横征暴敛，田赋超过了实际的产量，既然全部劳动果实都要被抢走，交不出捐税还要挨打坐牢，谁还种地呢？农民在官府衙门外的田野里掘野菜草根果腹，而我却在一个又一个国民党将领的宴席上享受着山珍海味，不禁感到十分羞愧。”[1]

---

① ［美］杰克·贝尔登著，邱应觉译，《中国震撼世界：饥饿之国的崛起》，北京：北京出版社，1980年版。

杰克·贝尔登还同时进行了对比：“华北共产党区的气候同样恶劣，同样缺雨，却没有死这么多人。此中的差别在哪里？为什么这边的人挨饿，而那边的人却有饭吃？”他得出的结论是：“蒋管区的人民并不是因为老天爷不下雨而死的，他们是被捐税逼死的。”他甚至举了一个十分极端的例子：“1942 年，日军打到豫北的时候，成千上万的农民配合民族敌人攻击汤恩伯的部队，这是很可以理解的。为什么这么干呢？难道蒋军会比日军更坏吗？”[①]杰克回到重庆后，据实写出了报道，而重庆政府的国际宣传局却以“消息不符”为由，扣下了他的稿子。

▲ 中原大饥荒时水田里耕作的农夫

此后的半个多世纪，对“中原大饥荒”的反思一直是国际经济学界的一个课题。获得 1998 年诺贝尔经济学奖的印度学者阿马蒂亚·森在著述中多次引用此案，证明“贫困不单纯是一种供给不足，而更多的是一种权利分配不均，即对人们权利的剥夺”。他以大量资料和经验研究论证，现代

① 抗战初期，国民党将领汤恩伯据守河南抗击日军，屡有战功，却也扰民甚重，被河南人并列为“水、旱、蝗、汤”四害之一。因重税暴敛而造成民变的事件在抗战时并不仅见，《剑桥中国史》记载：“1943 年在湖北，一位中国司令官抱怨说：‘乡民……偷偷地穿越战线，把猪、牛肉、大米和酒送给敌人。乡民情愿让敌人统治，却不想在自己政府下当自由民。’”

以来虽然饥荒与自然灾害有密切关系，但客观因素往往只起引发或加剧作用，权利的不平等、信息的不透明、言论自由的缺乏、政治体制的不民主才是导致贫困和饥饿、导致大规模死亡的饥荒发生的主要原因，在粮食问题的后面是权利关系和制度安排问题。因为只有在民主自由的框架中，信息才有可能公开，公众才有可能就政策制定进行公开讨论，大众才有可能参与公共政策制定，弱势群体的利益才能得到保障，政府的错误决策才有可能被迅速纠正而不是愈演愈烈。在没有重大灾害的承平时期，人们对民主的作用和意义往往并不在意；或许只有面对灾害的严重后果时，人们才能意识到民主的重要。阿马蒂亚·森的观察适用于近当代中国的几次大饥荒，从 1942 年的“中原大饥荒”到我们将在后面讲述的“三年自然灾害”时期（1959—1961）。

与国统区的混乱和悲惨形成鲜明对比的，是共产党治理地区的清明景象。

1942 年，在目睹了“中原大饥荒”之后，杰克·贝尔登辗转来到共产党的根据地西北，他看到了另外一个中国，军队纪律严明，官员清贫精干，民众安居乐业。他采访了刚刚当选为晋冀鲁豫边区政府副主席兼财政厅厅长的共产党干部戎伍胜（1906—1999，又名戎子和）。

在访问戎伍胜之前，杰克带着很深的疑惑。与蒋统区和汪统区相比，延安的工业状况只能用原始来形容，用杰克的话说，“边区 80% 以上的工业是在家庭里办的，90% 的布是农家织的”。这里几乎没有一家现代企业，唯一稍稍像样点的工厂是位于延安以北 90 里的安塞县茶坊机器厂。它在一个隐蔽的石洞里，这里的十来台机床是一个叫沈鸿的工程师在 1938 年从上海偷运来的，沈鸿因此被毛泽东赞许为“延安工业之父”。

杰克如实地写道：“在这个落后的地区，若不依靠多印钞票，多收捐税，又如何能筹款支援战争？这是一个大问题。”他看到，戎伍胜的财政厅一共只有 16 个人，但是却进行着编制预算、征收赋税、发放农业贷款、发行货币、指导银行业务等多项工作，控制着 3 000 万人口的财政事务。

而戎伍胜的财政知识仅限于过去在省城学校里所学的、现在几乎忘光了的那一点经济学课程，他从未管过一家大银行或一家大商号。杰克问：“你是怎样做这项工作的？”

戎伍胜（他在1958年担任过财政部代部长）的回答是：“我也想弄明白这问题呢。”据他的介绍，边区的年度收入中，70%来自田赋，10%来自工商业税，5%来自商品出售和关税，其余的来自烟酒税、公营事业收入和印花税。而支出部分，50%用于军费，20%用于政府人员薪俸和行政支出，10%用于教育，8%用于工业建设，5%用于公共保健，4%用于司法公案，剩余的留做储备。

杰克又问：“仅靠那么点收入怎么打仗？这似乎是不可能的。你们一定是靠没收地主的财产来支持这场战争吧？”戎伍胜笑了：“不，那是当年红军在苏区用的办法，我们能够靠这么小的预算来进行战争，是有其特殊原因的。”

戎伍胜的原因有如下五条：第一，大多数在这里工作的干部是自愿来的，大家都能几乎不要任何报酬而工作，有一点吃的就行了；第二，我们的政府很精干，我们没有臃肿的官僚机构，负担小，开支和捐税自然就少一些；第三，我们全体人员从政府干部到普通士兵，除了本职工作以外，还必须参加一定的生产劳动；第四，我们不像国民党那样，不因贪污受贿、营私舞弊而损失巨额金钱，贪污几乎是不可能的；还有，我们是在为一种理想而斗争，这一条是最重要的。要是我们从国民党统治的贪污腐化的社会跑出来，到这里又搞那一套，那有什么意思呢？

杰克接着提出自己的疑问：既然干部那么少，征税时一定碰到不少困难吧？难道老百姓不以谎报收入来欺骗政府吗？戎伍胜答：“当然啦，一开始我们发现许多农民少报田亩，工商业主则少报利润。因为税务稽查人员太少，我们就用简单的民主办法来解决这个问题。各村每年要开一两次民主评议会，自耕农、佃农、地主都必须在会上自报收入。开会时村里的评议员就站在群众当中，分别向每一个农民询问其产量，对方回答后，他就向其邻居问，报得对不对。由于村里的人都互相知道底细，所以如果报得不对，当场就能加以纠正。对企业主和商贩的办法也类似，把他们召集起来，自报盈利。这个办法基本上是成功的，政府不需庞大的税务机构，也不会损失太多的税款。”

杰克在边区亲眼看到，这里的农民一般只向政府缴纳其收成的8%~15%，而在国统区，佃户要缴50%~90%的田赋，另外还被迫缴纳多如牛毛的各种杂捐。杰克写道：“这并不是哪一个边区官员告诉我的，而完全是我亲自观察到的。令人有些难以置信的是，可以看到妇女和儿童经过簸筛把最饱满的粮食交给政府。有些人家把邻居请来鉴定自己要交到村公所去的粮食，如果邻居说粮食的成色还不够好，他们就再簸筛一遍。”杰克还看到：“农民被征去修路，在联合国善后救济总署的拖拉机耕出来的地里集体播种，出大车骡马运输公粮、开垦荒地以及为各种公共工程出力。我觉得他们为共产党出的工可能比在国统区为国民党官员出的工多一些。但是，这种摊派同国民党地区搞得截然不同：第一，出劳力总是为了公益，而不是为了任何人的私利；第二，没有人因为出劳力而变穷，所有人都是平均分摊的；第三，也是最重要的一点，就是农民认为这种摊派制度是公平合理的。至于农民是不是被宣传愚弄了，那就请道德家们去研究吧。”

杰克还饶有兴趣地描述了边区的银行。他说：“我在解放区看到的一种最奇特的事业就是银行。那里的银行是在极原始的条件下营业的，其经营办法之简单，会使西方银行家们为之瞠目。”

共产党部队的银行是从放款的合作社开始的。1938年前后，共产党在一些巩固的根据地创办了银行，一开始，它并没有得到人民的信任。有一家在山西上党地区（今长治、晋城市）创办的上党银行，因为谐音被称为“上当银行”，所以遭到不少人的嘲笑和拒绝，国民党的政府和部队更是把它妖魔化。杰克·贝尔登讲述了一个他听来的故事。国民党部队禁止士兵使用上党票，长官命令士兵用它擦屁股，有一个模范士兵，严格执行了这个命令，当真用一张5元的上党票擦了屁股。后来，他到一个小镇的铺子里买香烟，掏出一张 10 元的法币给老板，使他大为惊讶的是，老板没有法币小票而对他说，“我只能找你上党票”。这位俭省的士兵什么都不想丢，就回去捡起自己那张擦过屁股的 5 元上党票，细心地洗干净，拿到那个铺子去花了。杰克记录道，后来，那里的人就流传说，上党票擦了屁股还能买东西，那一定真顶用。

1941 年，晋冀鲁豫边区政府成立，上党银行等几家地区银行合并为“冀南银行”，它有权发行钞票，因此具有“中央银行”的地位。从流传后世的冀南票可见，它的纸质很劣，印制粗糙，有很多钞票流通不久就磨损严重，连票面数额都无法辨认。当地工农多不识字，常常把半张 1 元法币与半张两元冀南票粘在一起，银行碰到这样的票子，就按 1 元 5 角收兑。因为这种政策，冀南票的信用渐渐提高。

冀南银行为了支持自己的钞票，也需储存相当的黄金白银为储备金。对于时常处在游击状态的边区政府来说，保卫这些金银是一件很冒险的事情，戎伍胜为此伤透了脑筋。他对杰克说：“我本人主张把金银埋到偏僻的山顶上，埋藏金银的行动是秘密的，而且只能在夜间进行，经过驴骡的长途驮运，才到达埋藏点，承担这项任务需要三个人：可靠的银行经理、出纳和一个党员，他们要把地点牢牢默记在心而不能留下任何字据。”听了戎伍胜的这种描述，杰克因此把边区的银行戏称为“月光下的银行”。他问：“只有这三个人知道银行的财宝在何处埋藏，如果他们被杀了怎么办？”戎伍胜答：“如果三个人都死了，财宝就等于丢掉了。”一直到 1949 年内战结束，冀南银行只丢过一笔 1 500 两银子，原因是两个人牺牲了，活着的那个把确切的地点忘掉了。

通过陈嘉庚、白修德以及杰克·贝尔登等人的经历以及目击素描，我们大抵可以看到当时国民党和共产党政权的表现，以及后者得到民众——特别是农民拥护的原因，它与国民党政权形成了鲜明的对比，这也是日后它们各自结局的根源所在。

战争进入1944年，局势日渐明朗，德意日轴心国败象渐现。

在中国战区，国共军队牵制了100多万日本军队。地处西北的共产党尽管实力弱小，但是却已经积聚起逐鹿天下的雄心，国民党的腐败成为共产党人崛起的最大的政治资本。

1944年3月19日，著名文学家郭沫若在重庆《新华日报》上发表《甲申三百年祭》。300年前的这一天，农民武装李自成攻陷北京城，崇祯皇帝自缢煤山，明朝灭亡。郭沫若在文中写道："其实崇祯这位皇帝倒是很有问题的。他仿佛是很想有为，然而他的办法始终是沿着错误的路径。他在初即位的时候，曾经发挥了他的'当机独断'，除去了魏忠贤与客氏，是他最有光辉的时期。但一转眼间他依赖宦官，对于军国大事的处理、枢要人物的升降，时常是朝四暮三，轻信妄断。"熟悉中国国事的人，都知道他讽指的"今日崇祯"是为何人。国民党的《中央日报》发表社论，对郭沫若文章大加抨击。而延安的毛泽东则号召全党学习该文，思考如何避免李自成式的"胜利后的骄败"。两党之明暗，识者一目了然。

4月，日军作困兽挣扎，发动"一号作战计划"，先是进击河南，继而攻陷长沙、围猎衡阳、占领桂林，兵锋直指贵阳和重庆，国军损失惨重。蒋介石召开秘密会议，一度想放弃重庆，把政府迁往甘肃西昌。这几乎是抗战8年最凶险的时刻。然而，天佑中国，到年底，麦克阿瑟率领的美军在太平洋海战中取得决定性胜利，日军被迫停止前进，终于成强弩之末。1945年4月30日，盟军攻陷柏林，希特勒自杀，德国投降。8月6日和9日，美国向日本广岛、长崎投放原子弹。8月8日，苏联对日宣战，150万苏联红军分三路向中国东北的日本关东军发起进攻。

8月15日，就在宋子文当上行政院院长3个月后，日本在"密苏里"号战列舰上签订无条件投降书，至此历时8年的全面抗战取得了胜利。

第二次世界大战的结束，意味着全球政治和经济秩序的重建。在过去200年里不可一世的"日不落帝国"英国终于让出了第一强国的地位，新崛起的美国和苏联取而代之，而形同水火的意识形态对立让这两个国家各自为营，世界迅速进入两强对立的冷战年代，这一状态将长达半个世纪之久，直到 1990 年苏联解体。[①]

对全球经济而言，战后最重要的事件有两件。

第一是布雷顿森林货币体系的确立。早在战争即将结束的 1944 年，同盟国就开始讨论战后经济重建的命题，7 月，44 个国家的特使聚集在美国新罕布什尔州的布雷顿森林，通过了《国际货币基金协定》。战后的 1945 年 12 月底，22 个国家签署《布雷顿森林协定》。这个协定最重要的结论是确立了美元与黄金的对价关系，美元直接与黄金挂钩，各国货币则与美元挂钩，从此，美元代替英镑成为新的国际储备货币——这也是“美金”这个名词的由来。此外，成立了三个国际性的经济组织，它们就是日后的世界银行、国际货币基金组织和世界关税贸易总协定组织，其中，前两个机构的总部均在美国纽约。战败的德国被分裂成联邦德国、民主德国[②]，日本则从废墟中重新起步，这两个国家将在 30 年后重新回到世界经济强国的序列之中。

第二个重大事件是“马歇尔计划”（又称“欧洲复兴计划”，European Recovery Program）的提出和实施。这个战后最大的经济重建计划启动于 1947 年 7 月，美国以金融、技术、设备等各种形式，向西欧各国提供 130 亿美元的援助。这个计划既拉动了欧洲的复兴，又让美国在战争时期形成的以武器制造为目标的重工业产业得以向民用领域转型。“马歇尔计划”还消除，或者说减弱了历史上长期存在于西欧各国之间的关税及贸易壁垒，因此也被认为是促成欧洲经济一体化的重要因素之一。

在经济学界，一个人的去世和一个人的“到来”，同样充满了寓意。

---

① “二战”后，很多英属殖民地纷纷谋求独立。1947 年 6 月，英国将印度分为印度和巴基斯坦两个自治领地，同年 8 月 15 日，印巴分治，印度独立。

② 第二次世界大战之后，德国首都柏林被一分为二。1961 年 8 月，民主德国政府在分界线上筑起了一道“柏林墙”，它成为冷战最著名的标志。1990 年 10 月 3 日，德国重新统一，柏林墙被拆除。至此，美苏对抗的时代结束。

1946 年 4 月，当世最伟大的英国经济学家凯恩斯在落寞中去世。尽管他创立的“凯恩斯主义”统治了世界，但是他的祖国却正在没落。在离世前的一年多里，他一直试图捍卫英国的战后利益。在布雷顿森林会议上，他反对美元与黄金挂钩，因而提出了超主权货币 Bancor（世界货币）的主张，这个方案遭到了美国人的嘲笑和否决。一个伟大的经济学家终究无法阻挡一个伟大帝国的诞生。

也是在 1946 年，37 岁的美国咨询公司顾问彼得·德鲁克（1909—2005）出版了让他名留青史的著作《公司的概念》，这是他对美国通用汽车公司进行了 18 个月的调研后写成的。在书中，德鲁克首次提出“组织”的概念，他建议企业应该培养“有管理能力”的、有“责任感”的工人和一个“自我管理的工厂社区”。德鲁克日后被认定为现代管理学的奠基人，是“大师中的大师”，他所代表的美国式管理思想从此将取代亚当·斯密和凯恩斯，成为新的流行风尚。

在过去的 8 年时间里，中国的经济建设被彻底打乱，全国的非正常死亡人口约为 1 500 万 ~2 000 万，难民总数超过 6 500 万人，75% 的工商业城市陷于战火。据中国社科院近代史研究所卞修跃提供的数据，整个抗日战争期间，中国遭受的直接经济损失高达 620 亿美元，间接损失 5 000 亿美元，延缓中国现代化进程可能达半个世纪之久。据中央党校周天勇教授的计算，从 1931 年“九一八”事变到 1945 年 8 月日本投降的 14 年里，按 1937 年的币值计算，日本侵略给中国造成的直接经济损失达 1 000 多亿美元，间接经济损失达 5 000 多亿美元，掠夺煤炭 5.86 亿吨，木材 1 亿立方米。外资在华损失约为 8 亿美元。

当昭和天皇宣布无条件投降的声音从电台里传来的时候，所有的中国人都喜极而泣。这是一场猝不及防的胜利，人们在漫长的黑暗绝望中突然看到了和平的刺眼曙光。

然而，接下来发生的现实却比梦想要残酷一万倍。

1943 年 11 月，当时全球发行量最大的美国杂志《读者文摘》刊登专文介绍晏阳初，内文引用晏阳初的话说，“没有任何一国能超越其民众而强盛起来。只有这许多大众——世界上最丰富的尚未开发资源，经过教育而发展，且受教育而参加他们自己的建设工作，否则将没有和平可言”。

晏阳初是四川省巴中市人，早年在成都的美国教会中学读书，23 岁时以第一名的成绩考入香港圣保罗大学（香港大学的前身）。按当时规定，他如加入英国国籍，就可获 1 600 元奖学金，晏阳初婉拒，理由是“这对中国人说来，代价太高了”。三年后的 1916 年，晏阳初赴美国耶鲁大学深造，攻读政治学与经济学，后又入普林斯顿大学，获硕士学位。

就是这位喝了一肚子洋墨水的中国青年，在后来的 70 多年里把全部生命都献给了贫穷而苦难的祖国同胞。早在 1918 年 6 月，他就飞赴法国战场，为那里的华裔劳工服务，替他们写家信和提供最起码的医疗服务。他还创办了一份《驻法华工周报》，在一篇社论中他认为：“今日最急需的，不是练兵，不是开学，不是开矿，也不是再革命，我们全国上下人民所急需的，就是革心。把那自私自利的烂心革去，换一个公心。把那老心老肠革去，换一个新心。有新心而后有新人，有新人而后有新社会，有新社会而后有新国家。”

▲ 晏阳初

1920 年，晏阳初归国，开始实验他的“革心”理想，而其下手之处，就是最艰难、最漫长而难出成效的平民教育。他以长沙、烟台、嘉兴三地为试点，发起了“除文盲，做新民”的识字运动。1923年秋，他在古都北平发起成立“中华平民教育促进会总会”（简称“平教总会”），任总干事。

1929年，晏阳初带领数十位大学教授、博士举家迁往贫困地区河北定县的翟城村，开始了日后非常著名的“定县实验”。当时的一家报纸称：这是迄今为止中国历史上最宏大的一次知识分子迁往乡村的运动。清朝时的科举出身者、大学院长以及许多留洋的博士和硕士们不畏艰苦，纷纷离开城里的职位和舒适的家，来到偏僻农村，寻找中国人民古老落后生活方式的复兴途径。

在定县，晏阳初等人摸索出一套以教育、生计、卫生、自治为主题的四步方案，提出了治“愚、贫、弱、私”的农村改革理论。晏阳初身住农家，衣着粗布，在黑板上一个字一个字地教农民。他还亲自担当村保健员，为农民治疗沙眼和皮肤病，布种牛痘及猩红热预防针。他深情地写道：“中国的农民负担向来最重，生活却最苦：流汗生产是农民，流血抗战是农民，缴租纳粮的还是农民，有什么‘征’，有什么‘派’也都加诸农民，一切的一切都由农民负担！但是他们的汗有流完的一天，他们的血有流尽的一日。到了有一天他们负担不了而倒下来的时候，试问：还有什么国家？还有什么民族？所以，今天更迫切地需要培养民力、充实民力的乡村建设工作。”①

晏阳初在定县扎根10年，兴办了一场轰轰烈烈的堪称平民教育与社会改造壮举的大实验。平教总会在这里组织扫盲、改良农作物与畜牧品种、兴建剧场与广播电台、兴办产销合作社和实验银行，还创办《农民报》、组织同学会与“公民服务团”。

平教总会在定县实施的卫生保健项目，为中国农村建立公共卫生体系进行了极具开创意义的尝试。据晏阳初的记录，他初到定县时调研发现，

---

① 詹一之编，《晏阳初文集》，成都：四川教育出版社，1990年版。

全县无一家合格医院，220个村无任何医药，250个村只有当地中医自制自售的土产药材，每家每年医药费平均1.5元，一村所能负担的卫生基本组织费用一年不过50元。从这样的基础条件出发，平教总会确定了推行农村卫生计划的三项基本原则，以最经济的组织，推行最简单的事业，但须注意透彻实行。先是组织学员到各村展览、演讲、放电影，作预防与诊疗示范，通过卫生宣传引起农民的注意与兴趣。实行“预防重于治疗”的方针，比如针对当地肠胃病与传染病流行的主因，指导居民改善饮用水质，增加井盖与围圈，适时消毒灭菌，以减少病源。平教总会从平民学校毕业生中选出男女各一人经过训练后分别担任各村诊所的护士与公共卫生护士；训练公立师范学生与平民学校学生，为同学与村民种痘；训练助产士代替旧式产婆，训练旧式产婆洗洁手、剪短指甲，改善妇婴卫生；建立各区保健所，培训合格医生。尤为难得的是，平教总会还在乡村推广节制生育运动，走访家庭劝告节育。日后的研究者认定，晏阳初实际上摸索出了一套符合中国国情、覆盖全国城乡的公共卫生体系建设办法，这些经验甚至适用于很多发展中国家。

晏阳初的实验，鼓励了一代知识分子，受其启迪，北大教授梁漱溟在山东邹平县也展开了平教实验。自晚清、民国以来，中国的知识界和实业界对农村的现代化改造有几套思路，其中最值得纪念的是晏阳初和费孝通两位先哲。晏阳初的平教运动以“革心”为主轴，试图通过国民素质的整体提升以实现消灭贫困的目标，费孝通则在对家乡苏南的观察中获得灵感，认为发展乡村工业才是摆脱贫穷的捷径。“平民教育派”和“乡村工业派”的理念或有不同，但温和渐进、反对暴力革命的改良思想却如出一辙。

抗日战争爆发后，华北沦陷，晏阳初辗转到重庆，创办乡村建设学院。这时候，平教总会已发展为中国规模最大、最具影响力的非政府组织，全国近百个市县有它的分会。1945年11月，联合国教科文组织（UNESCO）在巴黎举行首次会议，平教总会的骨干瞿世英是中国代表之一。该组织在发展中国家推行基本教育的计划，明显地受到了晏阳初的启发，晏阳初本人则受邀担任特别顾问。1948 年，美国国会在通过“援华法案”时特列“晏阳初条款”，指定以经援经费的 1/10 作为平教总会的农村复兴活动之用。

1950 年，晏阳初移居美国，继续在亚洲和南美洲地区推广平民教育，他先后协助菲律宾、泰国、危地马拉、哥伦比亚、加纳等国建立了乡村改造促进会。20 世纪 60 年代，他在菲律宾创办国际乡村改造学院，着重向来自第三世界 50 多个国家的学员推广定县经验，促进大规模的群众教育运动。学员把晏阳初的思想同当地文化特点结合起来，回国从事乡村建设运动，收到了良好效果。1985 年，95 岁高龄的晏阳初受邀回国重访河北定县和重庆，他兴致勃勃地与重庆社会科学院共同拟定了建立“中国乡村建设研究中心”的初步方案。1989 年，美国总统布什在给晏阳初的生日贺词中说：“通过寻求给予那些处于困境中的人以帮助，而不是施舍，您重申了人的尊严与价值。”

晏阳初常说：“三 C”影响了他的一生。“三 C”即孔夫子（Confucius）、基督（Christ）和苦力（Coolies）。他说：“我是中华文化与西方民主科学思想相结合的一个产儿，我有使命感和救世观；我是一个传教士，传的是平民教育，出发点是仁和爱；我是革命者，想以教育革除恶习败俗，去旧创新，却不主张以暴易暴，杀人放火……我相信‘人皆可以为尧舜’。圣奥古斯丁说：‘在每一个灵魂的深处，都有神圣之物’。人类良知的普遍存在，也是我深信不疑的。”晏阳初还说：“我们都希望有一个更好的世界，但其确切含义是什么？世界最基本的要素是什么？是黄金还是钢铁？都不是，最基本的要素是人民！在谈及一个更好的世界时，我们的确切含义是需要素质更好的人民。”①

百年以来，中国精英阶层对农村改造的热诚投入与远见卓识，无人超

① 晏阳初著，《晏阳初全集》（卷二），长沙：湖南教育出版社，1992 年版。

过晏阳初。在亚洲地区，“定县实验”与孟加拉国“穷人银行家”尤努斯（2006年诺贝尔和平奖获得者）的“乡村银行”是两个最富创意和最有成效的实践。

晏阳初在世之时，从来没有被称为“企业家”。不过，进入21世纪之后，有学者将他这样的社会活动者定义为“社会企业家”。戴维·伯恩斯坦在《如何改变世界》一书中提出了这个新概念，他认为，相对于“商业企业家”，“社会企业家”是那些为理想驱动、有创造力的个体，他们质疑现状、开拓新机遇、拒绝放弃，最后要重建一个更好的世界。在这个意义上，既有远大理想又有经营管理才干的晏阳初无疑是“社会企业家”的典范。

晏阳初以百龄善终，应验了“仁者寿”的格言。晚年，他的传记作者吴相湘问他：“长者今已有志竟成，但六十多年中是否也有失败的地方？”晏阳初沉吟良久，答：“失则有之，败则未也。”①

晏阳初是虔诚的基督徒，他的回答其实应和了《圣经·雅歌》中的这句话：“爱如死之坚强，沉默里有超越一切的持守。”

① 吴相湘著，《晏阳初传——为全球乡村改造奋斗六十年》，长沙：岳麓书社，2001年版。

1945 接收之乱

念往犹来无限感，喜心题句又成悲。

——陈寅恪:《闻日本乞降喜赋》[1]，1945 年

胜利来得实在是太突然了，似乎所有的人都没有做好准备。

一个叫斯凯伦德（Eskelund）的美国记者描述了 1945 年 8 月上海的景象："重庆的军队进城了，欢呼的人群排起了长龙，向抗战的英雄们致敬。海港恢复了活力，飞机在上空盘旋，机声轰鸣，下方则爆竹连连……日本的士兵和平民从大街上消失了，其店铺也多关闭了，他们退出了。使团撤离，他们将要离开，日本人回日本去了。美国小伙子、英国小伙子、上海姑娘们，尽到你们的责任吧！他们确

---

① 这是陈寅恪在听到日本投降当日写下的诗赋。全诗：降书夕到醒方知，何幸今生有此时。闻讯杜陵欢至泣，还家贺监病弥衰。国仇已雪南迁耻，家祭难忘北定时。念往犹来无限感，喜心题句又成悲。

实是这样干的。每个夜总会都挤满了人，美好的生活从黄昏开始，无休无止，谁还顾及宵禁时间？战争取得了胜利，和平可能保持下来！在一个世纪里，发生两次世界大战，已经足够了。”

但是，真的足够了吗？至少在中国不是。即将发生的事实是，混乱的和平仅仅维持了短暂的10个月，紧接着是3年的惨烈内战。

我们先来看看战后中国的经济格局。

在过去8年里，一些新的变化出现了。在战前，上海是中国唯一的、世界级的工商业大城市，在以它为中心的长江三角洲地区聚集了绝大部分的华资银行、半数以上的工厂，并承担了超过六成的对外贸易。战后，东北的重工业赫然崛起，南方的广东和香港成为新的贸易和金融中心，由此，“东工西农、南轻北重”的经济格局悄然成型，此局在半个多世纪之后仍然未改。

▲ 毛泽东与蒋介石在庆祝日本投降的宴席上

在1945年前后，东北是中国乃至亚洲最重要的重工业基地。如我们在之前已经讲述过的，早在20世纪20年代张家父子（张作霖、张学良）治理东北的时候，就已经打下了一定的工业基础，形成了以钢铁、煤炭为中心的重工业体系和以粮食加工、纺织、食品工业为中心的轻工业体系。沈阳的兵工厂是唯一的大型军工企业，哈尔滨则是东北亚最大的国际大都市。1928 年，以出超实际利益比较，哈尔滨滨江海关已超越上海海关和粤海关，稳坐全国六大海关头把交椅，成为全国最大的面粉生产和出口基地、酒精和啤酒生产基地。张家父子甚至建成了当时中国最强大的海空军。自 1931 年“九一八”事变之后，日本人控制东北，扶持成立了伪满洲国。自此，日本对东北进行了持续的大量投入，将之建成亚洲扩张的“工业发动机”。从 1933 年到 1942 年，伪满当局详尽规划了大大小小 109 个城市的建设。其中，长春是建设最快的大城市之一，它建成亚洲最大的无线电台——新京无线电台，和最大的电影厂——株式会社满洲映画协会（即长春电影制片厂的前身），是亚洲第一个全面普及抽水马桶、管道煤气和中国第一个规划地铁的城市。1945 年，东北铁路里程达到 11 479 公里，为全国铁路总里程的一半。1943 年，东北公路总里程近 6 万公里，而到了 1949 年，中国含东北在内公路总里程仅为 8.09 万公里。

据统计，日本在中国企业的投资，1930 年为 8.9 亿美元；1936 年为 16.29 亿美元，其中东北为 13.24 亿美元，关内为 3.05 亿美元；1944 年日本在华投资达到最高峰时总额达到 61.63 亿美元，其中东北为 52.79 亿美元，关内为 8.84 亿美元。

到 1945 年，东北工业规模不仅大于上海地区，甚至还超过日本本土，位居亚洲第一。从沈阳到大连的沈大线两侧工厂烟囱林立，城市连成一片，成为举世闻名的“绵长工业区”，沈阳铁西区被誉为“东方鲁尔”[①]。东北工业化水平迅速提高,1943 年，东北以占中国 1/9 的土地和 1/10 的人口，生产了占全中国 49.4% 的煤，87.7% 的生铁，93% 的钢材，93.3% 的电，69% 的硫酸，60% 的苏打灰，66% 的水泥，95% 的机械，形成了庞大的精细化学、特种钢等当时领先世界的科技企业。据曲晓范在《近代东北城

① 鲁尔工业区位于德国西部的鲁尔河流域，是欧洲著名的工业带，占德国全国面积的 1.3%，实现全国工业产值的 40%。

市的历史变迁》一书中的计算，1945 年抗战结束时，全中国的工业总产值中，东北占 85%，台湾占 10%，连年内战的其他地区只占 5%。

大战结束后，东北率先遭遇一场空前的“接收之劫”。

从 1945 年 9 月到 1946 年 5 月，苏联军队把东北的工厂、矿山、电站等物资绝大多数拆运回国。从 9 月起，其后的 7 个月间，火车日夜不停，甚至连长春市政府的办公家具都不放过。1945 年 11 月 15 日前，仅从沈阳每天就有 200 辆货车开往苏联。到 1946 年年初，沈阳 90% 以上工厂都成空壳，连门窗都被拆走。东北铁路机车的 75% 和货车的 93% 被运走。著名地质学家、吉林人张莘夫在试图阻止苏联工程师运走工厂里的机器时被害。

安格斯·麦迪森在《中国经济的长期表现：公元 960—2030 年》中认定：“当苏军占领东北时，他们拆走了东北地区工厂里大多数可以运输的机械装备。”[①] 曾经当过中共东北财经委员会副主任的邵式平在 1948 年 5~12 月的日记中记录了他目睹的情况：“大连铁工厂，这是一个最大的机器工厂，可惜破坏得太厉害了。首先是苏联人破坏，搬走了许多好机器。我看这也是一种掠夺行为……去沈阳参观军工厂，该厂系日寇建设的，据说当时有工人万余，日本投降以后，苏联把一部分精造机器运走了……沈阳兵工厂，据说是目前中国第一大兵工厂，现有各种机床 7 000 台，能有效使用的约 5 000 台，较好的都叫苏军运走了……我们参观了沈阳住友工厂，这个厂专做车轮，实际是炼钢、翻砂并做机器、车辆等。机器、厂房都很大很新，但全部机器都被苏军搬走了。真不应该呀！”[②] 邵氏在日记中真实秘记这些细节，在当年是十分冒险的事情。据《鞍钢史》记载，日军投降后，鞍钢遭受了极其严重的破坏，从 1945 年 9 月下

---

① ［英］安格斯·麦迪森著，伍晓鹰、马德斌译，《中国经济的长期表现：公元 960—2030 年》，上海：上海人民出版社，2008 年版。

② 邵式平著，《邵式平日记》，南昌：江西人民出版社，1983 年版。

旬起，仅 40 天，发运货车 60 列，鞍钢的机器设备就被苏军拆走了 2/3，连同其他被运走的物资共达 7 万余吨，其中以各种关键性的设备损失、破坏最为严重。1957 年，当过中共上海市政府第一任财税局局长的顾准去苏联共青城考察时还看到，在一家造船厂和一家机械厂的机床铭牌上，有大量的日文标志，这都是当年从中国东北拆迁去的。

1946 年 1 月，国民政府宣布，凡东北境内的一切敌产均归中国政府所有。苏联驻华大使彼得罗夫却对蒋介石说，苏联政府认为这一声明“既无根据，且无效力”。蒋介石只好转求美国帮助，5 月，美国新任总统杜鲁门对苏联提出交涉[①]，苏军才开始停止搬运工作并班师回国。杜鲁门还派出考察团对这一事件进行了两个月的调查。据初步估算，苏军拆走的工业设备价值共约 8.5 亿美元。费正清在《美国与中国》一书中记载：“日本在东北的工业设施在 1945 年苏联人搬走半数以上的资本设备后受到削弱，当时估计恢复原来的设备所需的费用至少要 20 亿美元。”[②]1947 年 1 月 29 日，莫斯科《消息报》报道，苏军此举是为了得到出兵作战的补偿，而它运走的设备价值约 9 700 万美元。

苏军对东北工业设备的野蛮拆迁，是中国经济在战后遭到的第一个打击。如果说，这是一次外来的灾难，那么，重庆国民政府对沦陷区敌产的接收，则更让人哀叹。

在日本宣布投降之后，对日占区和汪统区[③]的财产进行接收成为当务

---

① 领导美国走出 1933 年经济危机并打赢“二战”的富兰克林 · D · 罗斯福总统已于 1945 年 4 月去世。这位美国历史上唯一任期超过两届的总统是一个小儿麻痹症患者，他最著名的格言是，“我们所不得不畏惧的唯一东西，就是畏惧本身”。

② [美] 费正清著，张理京译，《美国与中国》，北京：世界知识出版社，2000 年版。

③ 汪精卫已于 1944 年 11 月在日本去世，接替他担任南京伪政府“首脑”的是周佛海。

之急，狂喜之中的国民政府立刻拟定了《行政院各部会署局派遣收复区接收人员办法》，“接收委员”顿时成为重庆最炙手可热的肥缺。接下来发生的接收故事，无论从政治、经济、社会秩序还是道德而言，都是一场不折不扣的浩劫。从 8 月开始，各路“抗日英雄”就从地下天上蜂拥而出。

上海无疑是接收大战中竞争最激烈的城市之一。一向崇洋的上海滩突然开始流行吃川菜，一个人“能不能吃辣”成了一道政治考试题，表明他在四川坚持了多久的抗战。在这里一下子冒出了四个“市党部”。第一个是关在提篮桥监狱里的国民党三青团[①]成员，当他们从电台里一听到日本天皇投降的声音，马上通知狱方，“我们今天就要出狱展开工作”。很快，这些人以“苏浙皖税务局”局长邵式军在余庆路的一栋洋楼为据点，挂出了“国民党上海特别市党部”的招牌。第二个是在浦东打游击的国民党“忠义救国军”，他们在金神父路（今瑞金二路）盛文颐的一个宅所里，也

▲ 上海发往共产党控制区域的货物被扣押

① 三青团，即三民主义青年团，国民党的青年组织。

成立了“国民党上海市党部”。第三个是陈立夫CC系[①]的“地下工作者”，他们的据点在亚尔培路（今陕西南路）上。当这三个“当地帮”正为谁是正宗闹得不可开交的时候，从重庆飞来的接收大员就到了，于是第四个“党部”又出现了。

如同恶狗抢肉一般，这些党部人员围绕着庞大的事业、产业和经费展开了激烈的争夺，完颜绍元在《大接收》一书中讲述了沪上一家报纸几天内连改4个报名的“黑色幽默”故事：CC系的市党部接收了一家《新中国报》，一天后，就被重庆派来的人抢走了，改名为《正义报》。新报纸在8月16日隆重创刊，谁知到了第二天，突然又改成了《革新日报》，原来是被金神父路上的人以军事委员会宣导委员的名义夺走了。可是仅仅7天后，订户拿到的报纸又改成了《前线日报·沪版》，新的接收者是第三战区司令长官的驻沪办公处。汪系官员金雄白在狱中交代说：“从8月中旬到9月初的上海，只要与重庆的大员沾亲带故的，就以地下工作人员自居。有人自认为中统，也有人自认为军统，但谁也不知道他们身份的真假与职位的高下。”[②]

上海的4个“市党部”并立的景象还不是最混乱的，在北平，竟同时出现了8个“市党部”，尤其可笑的是，这些党部需要等待接收的汪伪华北政务委员会支付开办经费，后者谁也不敢得罪，于是索性就给8家全都发钱。

最热闹的是天津。蒋介石委派的接收代表是当过北洋政府内阁总理的老政客靳云鹏，他刚刚要把“军事委员会委员长驻津代表办公室”的牌子对外悬挂，就有人挂出了“军事委员会抗战建国工作团天津总站”。接着，“天津市党部”“三青团天津市支团部”“中统天津站”“军统天津站”“军

① 国民党内部的一个派别，它的英文名称是“Central Club”（中央俱乐部），首脑是长期控制国民党人事及组织体系的陈果夫、陈立夫兄弟。

② 转引自完颜绍元著，《大接收》，上海：上海远东出版社，1996年版。

统天津特别站”“军统驻天津华北特别通讯站”等都雨后春笋般冒了出来，而它们唯一的工作就是满天津城寻找接收资产。最后，弄得日军驻津特务机关也傻了眼，只好登报请所有在津各系统的人员都来市府礼堂开联席会议。开会那天，竟一下子来了十几个系统的几百号人，大家闹哄哄一阵乱吵，最后也没有理出一个头绪。受到蒋委员长亲自委任的靳云鹏知道自己身份虽高，但远不如各路小鬼跟重庆方面的关系亲密，无奈之下，只好宣布不开张了。

沪京津的乱象，是接收大战中的一个缩影，其他省会及中小城市的混乱有过之而无不及。在杭州，居然先后出现了 28 个“市党部”，有几个竟是汪系官员“就地反正”的。最具讽刺性的是任职汪系浙江省省长的丁默村，他曾经长期出任南京伪政府特务首脑，捕杀过很多国民党特工，此时居然也一转身成了军事委员会特派的“浙江军事专员”，加入了火热的接收事业中。曾经当过军统局少将总务处长的沈醉在回忆录中记下了一首流传很广的“接收民谣”：“河里飘来的，不如地里滚来的；地里滚来的，不如天上飞来的；天上飞来的，不如地下钻出来的；地下钻出来的，又不如坐着不动的。”沈醉注释说：“所谓坐着不动的，指摇身一变的汉奸，自劫自收比什么都快。”①

情况实在是太混乱了，蒋介石只好改变直接向各地委派接收代表的办法，让行政院副院长、经济部部长翁文灏马上拿出了一个新的接收法令。翁文灏带着一群专家连夜研究，总算制定出了一套“接收大法”，中央成立“党政接收计划委员会”，对工矿事业、财政金融机构的接收以及资产处理进行了规定。根据办法，金融资产由财政部、四大国有银行、中央信托局和邮政储金汇业局负责接收，工矿企业则归经济部、交通部、农林部、粮食部、军政部、联勤司令部、海军司令部等单位分工负责。有意思的是，根据蒋介石的亲自规划，这个“党政接收计划委员会”挂在陆军总

① 转引自完颜绍元著，《大接收》，上海：上海远东出版社，1996 年版。

部下面，于是，党务人员、政务人员与军人混杂一堂，谁也不服谁，翁院长辛苦拟出来的“大法”很难被严格地执行。

早在9月14日，《大公报》主笔王芸生发表社评《收复失土不要失去人心》。文章警告说：“我们现在不但要收复失土，而且要抚慰受创的心……收复失土，接收敌伪所攫取的财产，迎接我们受苦的同胞，把他们从水深火热中拯起，登之衽席，这是抗战的一项任务，既庄严，又神圣。肮脏的手，漆黑的心，都请远远离开，不要污染这一庄严神圣的任务。”为此他提出：“我们希望政府派至收复区的工作人员，要特别注意操守。洁己奉公，是当前第一官箴。”可惜，这些忠言都成过耳之风。到9月27日，王芸生再撰社评说：“京沪的情况兴奋极了，也乱极了。在热烘烘、乱嚷嚷中，这二十几天时间，几乎把京沪一带的人心丢光了。有早已埋伏在那里的，也有由后方去的，只要人人有来头，就人人捷手先抢。一部汽车有几十个人抢，一所房子有许多机关争；而长长的铁路，大大的矿场，却很少人过问。”王芸生以他一贯锐利的笔调写道：“可怜收复区同胞，他们盼到天亮，望见了祖国的旌旗，他们喜极如狂，但睡了几夜觉之后，发觉他们多已破家荡产。”他的这篇社评有一个十分震撼的标题——“莫失尽人心”。

这种情形，连国民党内部的有识人士也看不下去了，蒋介石的“文胆”陈布雷将一首《重庆客》的七绝悄悄抄给蒋介石，其中一句是“谁知汉室中兴业，流语民间是劫收”。蒋介石只好第三次更改接收办法，他采纳宋子文的意见，在行政院内成立“行政院收复全国性事业接收委员会”，除了有关军事系统的接收由陆军总部主持外，其他接收工作统归这个委员会。

在短短两个多月里，中央连续三次变更接收办法，朝令夕改，可见当时的手忙脚乱。而日后的事实是，各地军人的劫收从来没有受到有效的限制，混乱一直在持续中。

后世流传了很多类似沈醉、陈布雷收集的“接收民谣”，譬如：“盼中央，望中央，中央来了更遭殃”；“躲在后方装孙子，下了飞机变兔子，市上一转变骡子”；“等了八年半，来了一群王八蛋”；“烧错爆仗，拍错巴掌，迎错老蒋”；“宁愿鬼子烧杀，不愿国军驻扎”等。有人在海南岛的海口接收总部门口贴了一副对联曰：“海内众奸凶，屏之国外；乾坤有邪气，在此馆中。”更有人总结了所谓的“接收八法”，是为“抢占盗偷，吞漏诈咬”。其中，流传最广的一个新名词是“五子登科”[①]。五子者，金子、银子、房子、车子、女子也。

天津市的接收总部就设在市长张廷谔的家里，整个接收期间，他只开了两次会，而且与会者都是亲属和部下。在不到两个月时间里，他一口气接收了 400 多家企业，商店和医院 400 多处以及住宅百余所。这些大多从前门收进，从后门卖出，变成了张家的一根根金条。日军在海南的工矿设备和储存物资基本被全部盗卖，政府最后收进的只有 200 多条没人愿要的烂船。

经济部被指定为接收的主管部门，但是这个部门里的人是一群手无缚鸡之力的公务员，无论是跑路还是抢东西，怎么也比不过政客和军人，他们甚至连办公的地方都被抢走。专门负责南京地区接收的经济部特派员董赞尧回忆说：“到南京后，我们去找经济部，可是原址已为别的机关抢先占用，经济部无法接收。”更让他惊骇的是，“我们到了这里，除了档案外，其他已没有什么东西可接收了”。他还回忆道：“经济部主管的范围很广。例如煤矿和煤应归经济部接收，而铁路局则强调运输急需用煤，强要接收。又如面粉厂和一些食品工厂，粮食部说这些厂是搞粮食加工的，应由粮食部来接管。对于纺织厂，军政部军需处的被服厂强调军需，也要来

---

① 民国作家张恨水以接收丑闻为题材，于 1947 年出版章回小说《五子登科》。何为“五子”的版本有多个，如“帽子、位子、房子、票子、婊子”，“房子、车子、女子、票子、金子”，“金子、儿子、房子、车子、女子”等。

接收。当时，我作为经济部的接收人员，感到这种情况太乱太糟，而且忙着接管的部门来头大，有的拥有枪支和军队，对之确实毫无办法。”[①] 各地情况类似，据当过经济部次长的何廉回忆，在湖北，应由经济部接收的工矿企业有 365 个、矿场 45 个、公司行号 82 个、电气事业 26 个，总计 518 个，最终被接收的只有 40 个，其余均被别的单位或个人“劫收”了。武汉市有 180 多座工厂，劫收过后，能开工的只有 30 多座。

▲ 1945 年上海遣返日侨

“房子登科”以北平和上海为最。战争结束时，日汪转交的上海房产有 8 500 栋，其中被军方和党政接收人员占了 5 000 多栋，房屋内的财物都被一并收下，这些大多成了私产。北平有敌伪房产 14 000 余所，被接收的只有 380 余所。南满铁路公司在沈阳房产 1 200 栋，最后只剩下两栋。

为了隐瞒私分事实，各路接收大员都有两本“物资清册”，一本是真，一本是假，可笑的是，就连那本假的也因为层层克扣，最后不得不一次次地修改。投降的日本人也很熟悉国民党的这些套路，他们在交出资产时故意留下一些不入册，另以副册交给接收人，做“买路钱”。日军第 6 方面军总司令冈部直三所部，在武汉投降后，留下大批现金、鸦片、军粮、食盐、轮船、汽车，另行呈缴给第 6 战

① 转引自完颜绍元著，《大接收》，上海：上海远东出版社，1996 年版。

区副长官郭忏。这位接收委员会主任将大部变卖归己，其余的用轮船装运南京，“赠送”上层官员。汪系官员金雄白说了一个极端可笑的例子：上海的日本驻军有7个师团的实力，人数不少于20万，可是，接收过来的枪却只有6万支，难道有14万日军是用菜刀或长矛的吗？“这真是一件令人难以索解的事情。”

因各省接收专员的素质有高下，最后的结果天差地别。以华东为例，被委派到江苏的接收专员比较清廉，而且动作较快，趁火打劫的人没有来得及下手，于是汇总到的敌产总额为123亿元，而浙江省上报的数字是2.88亿元，安徽为1.33亿元，放在一起简直让人难以相信。

最具讽刺意味的是，各部委为了制止私分资产的现象，还专门制定了一个密报制度，对检举者进行重奖悬赏。谁知这又成了某些官员大发横财的机会，很多非法行为遭密报检举，而主持密报工作的人则利用这些物资无底可查，再以清理为名拖延，最后将之隐匿吞没。仅以第三方面军为例，该军在上海办理密报物资，受理密报案1 600多起，价值2 000多亿元，最后移交的仅74案，价值300亿元，其余都被私吞了。

至于“女子登科”则是腐败的绝对寄生物，敌伪的妻妾、女秘书等都成了被接收的财产。这股歪风甚至是从最高层往下刮的。傅斯年就曾记述了一个细节：行政院院长宋子文第一次到北平，就“时常在某家，一日，大宴会，演戏，文武百僚地方绅士毕集，他迟迟而来，来时带着某家之某人，全座骇然”。傅斯年继而说，“此为胜利后，北平人士轻视中央之始”。[①]

10月24日，《大公报》登载了南京特派员张鸿增的通讯《休说重庆来！》。通讯开篇就说：“‘重庆人’在收复区老百姓眼里在跌价，江东父老对这些凯旋的人最初是刮目相看，再而是冷眼静观，现在差不多已经摇头蹙额了……冷眼的江东父老观察了近两个月，得了一个结论：‘重庆人’到了收复区，第一件工作是做衣服、找房子，第二件是弄汽车，第三件是

① 傅斯年，《这个样子的宋子文非走开不可》，《世纪评论》，1947年2月15日。

买黄金，第四件是女人。他们原希望这些凯旋的英雄一来，地方秩序渐趋安定，物价逐次平复，从此脱离苦海。谁知这帮人却是拼命享受，成了抬高物价的因素，一开始工作就是把邮资加了10倍，铁道客运加了9倍，水电加了10倍。南京城内公然白昼抢劫，拘留所人满为患，一般物价在跳涨。或者是由于妒忌作祟吧？收复区人开始恨‘重庆人’。”最后，作者给出了一个无比激愤的忠告：“所以，我劝朋友们到了南京休说重庆来。‘重庆人’的风头叫这帮先遣人员出尽了，你来抢白眼吧。”

▲ 1947年上海国民党警察

蒋介石到后来也意识到“接收之乱”的严重后遗症。1948年7月，在南京召开的军事会议上，他总结国民党军队在军事上失败的教训时说：“由于在接收时许多高级军官大发接收财，奢侈荒淫，沉溺于酒色之中，弄得将骄兵逸，纪律败坏，军无斗志。可以说，我们的失败，就是失败于接收。”

资料显示，在各收复区等待接收的日伪产业约为4万亿元，这几乎是当时中国的九成家产。可是，群魔乱舞的接收大战让原本很有希望的战后重建变得前途叵测。而这还不是最糟糕的。国民政府在1945年执行的三大经济政策——货币兑换、外汇开放与产业国营化更是让上亿民众和民营公司陷入集体破产的绝境。

战时，在中国市场流通的货币主要有两种，一是重庆蒋政府的法币，一是南京汪伪政府的中储券，两者的对价关系波动很大，互有涨跌。早在1942年，法币与中储券的流通比值一度在1∶2、1∶3左右。日本一投降，法币身价顿时大涨，8月初，每两黄金兑换法币20万元，到8月11日就跌到17万元，数日后更到14万元。而中储券则大幅贬值。到9月中旬，以重庆、上海两地物价为参照，法币与中储券的比率大体是1∶50，法币更有持续上涨的迹象。沦陷区的民众和企业呼吁重庆方面马上公布官定兑换率，以安定市场和民心。

在行政院的专门会议上，经济学家、经济部次长何廉提出的方案是1∶50，至多不超过1∶60，他在一块黑板上详细对比了重庆与上海的粮食、燃料和公用事业费用的物价状况，还画出了一张批发物价指数图表。而以宋子文、陈行、徐堪为首的财政部则坚持1∶200，理由是，“法币的价值在上升，有人在用继续贬值的伪币兑换正在升值的法币”。当何廉再三表示反对的时候，以“不堪”闻名的徐堪竟以政治挂帅的理由来反击。他说：“对法币币值的乐观估计，也就是对党国前景的信心表示。”耶鲁大学毕业的何博士只好闭嘴。

11月1日，官定兑换率开始实行，比值正是1∶200。此案一出，两亿人齐声惨叫。

何廉在回忆录中认为：“高估法币币值的原因，部分由于政府对国家未来过分乐观，部分由于交通所受的破坏，使法币难于和延缓进入收复区。”[①] 但是，无论如何，中储券被恶意贬值的事实是难以否认的。除了当时渝沪两地物价的现状之外，还可以从这两种货币与国际货币的对价来看。战时，日元与中储券的比值是1∶5.55。战后，美国规定日元与美元的比值是1∶15。到法币与中储券的兑换办法出台后，1日元约值70法币，也就是相当于1.4万元中储券。如此计算，1945年一年前后，中储券

① 何廉著，《何廉回忆录》，北京：中国文史出版社，1988年版。

的贬值幅度竟高达254.5倍。当时全国总人口4.5亿，其中2.57亿为沦陷区人民，这些家庭几乎在一夜之间集体破产。上海流行民谣曰："昨天放炮（爆竹），今天上吊。"

此次兑换政策的失误后患无穷，它不但让数亿人对蒋介石政权咬牙切齿，信心大失，而且直接推动了全国性的通货膨胀，货币政策变得弹性顿失，为日后宏观经济的破灭埋下了一个重重的伏笔。张公权在《中国通货膨胀史》一书中也分析说，"兑换政策的后果是不幸的"。[①] 在1945年8~12月间，中国人民的心情为之轻松愉快，物价一度猛烈下跌，出现了短暂的稳定，上海的物价指数从43 200下降到34 508，可是，到12月，持有中储券的民众害怕继续贬值，纷涌抢购货物，物价指数反弹到88 544，竟比8月增加了1倍。

除了货币政策之外，宋子文的金融开放政策也被证明是一个重大的决策失误。

战后的政府金融储备曾经处在十多年来最好的状况，央行的黄金储备达568万盎司，计8.5亿美元。敌占的苏浙沪皖地区接收了大量的物资，其中棉纱4万件、棉布454万匹、黄金51万两、白银857万两、住宅2 424幢等，仅上海在1946年变卖的物资收入就达6 698亿元。宋子文自以为重金在握，足以稳定物价和刺激进出口，所以，实行了金融开放政策，即将法币汇率改为随市场供应而自由浮动，并由中央银行操控买卖市场。

殊不知，金融开放政策的顺利实行，需依赖人们对市场预期的信心和政治的稳定。在政局前景不定的1945年，这种开放政策极易波动，引发投机，不但不能平抑物价，反而成为通货膨胀的领头羊。后来的事实正是如此，1946年3月，央行开放外汇市场，法币与美元的兑换价格为2 020 ∶ 1，市场看淡法币，狂炒美元，由此造成市场恐慌，黄金和美元持

---

① 张公权著，杨志信译，《中国通货膨胀史》，北京：文史资料出版社，1986年版。

续上涨。在整个1946年，法币发行额平均每月增加11%，物价指数平均每月上涨17%，已接近失控状态。财政部的美国顾问杨格说："从来未有通货膨胀像中国现在膨胀的情况，而能避免财政崩溃的。"

1947年2月1日，金价涨至每两40.6万元，美元兑换法币的黑市价格已突破1万元，较上年上涨了将近5倍。2月8日，黄金价格一日五涨，最后收盘价每两突破55万元，2月10日更涨至96万元。法币币值惨跌带动了其他民生必需品价格上扬，日用洋货普遍上涨1倍，米价腾升。据此，由上海引发的金融狂潮迅速向全国蔓延，先是天津、南京等大城市，人们大量抢购黄金美钞，如痴如狂，继而镇江、嘉兴、淮安等中小城市也纷纷效仿，时称"黄金风潮"。到2月16日，国防最高委员会不得不通过《经济紧急措施方案》，决定从当日起禁止黄金、外币买卖及流通，将法币与美元比价调高为12 000 ∶ 1。同日，监察院举行全体监委紧急会议，决定派员彻底清查"黄金风潮"酿成的严重后果与责任者。

在实行金融开放政策的一年多里，央行的外汇储备减少了4.53亿美元，黄金减少了331万盎司，较原先的数量都少了一半。经过这番折腾，法币的市场信用开始丧失，为日后的中央财政破产埋下了伏笔。

如果说，鲁莽、霸道而不计后果的货币及金融政策让普通民众大受其伤，那么，国民政府对于战后产业政策的制定，则给了原本就摇摇欲坠的民营资本以致命性的打击。

一开始，局势似乎在朝市场化的方向推进。战后，以翁文灏、何廉为首的经济部迅速拟定了一份《第一个复兴期间经济事业总原则》的方案，它制订了"战后中国第一个经济建设五年计划"，而其基本的原则是实行"混合经济"模式，按何廉的表述是"在混合经济中的有计划的发展"，就是提倡国营、私营和积极引进外资投入的多种经济成分共存。《总原则》还特别强调把国营企事业的范围限定在军工、造币、主要铁路和大规模的能源动力经营以及邮政电讯等若干重要公用事业方面。鼓励私营企业在政府经济建设总计划的指导下发展，并由政府在财政、运转设施等方面给予援助，且在实际经营中，享有与国营企业平等竞争的地位、权利和义务。在引进外资方面的开放度也有所增加，规定在任何中外合资企业中，除了董事长一席必须由中国人担任外，不必对外资所占百分比做出限定。此外还特别强调，在政府供职的人员禁止经营和管理任何在其监管职能范围内的企业。《总原则》在最高国防委员会上表决通过，并公告天下。

以今读之，这份《总原则》的精神与30多年后中国改革开放的思路很有神似之处，甚至在一些表述上都几乎一致。这是1934年之后，中央政府提出的最具市场化精神的纲领性文件。当时的中国经济，百废待兴，确实出现了一个改革的大好时机，美国学者费维恺在他的研究中便认为："政府在收复沦陷区时，其间间隙的时间虽然短暂，本可以实行彻底而公正的税收改革，以抵消通货膨胀的影响，但政府并没有抓住这个机会……收复中国工业较发达的省份，对解决商品供应不足的问题，可能有些希望，但这种希望被事实残酷地粉碎了。"[①]

希望之所以被粉碎，一是顽固的国家主义理念仍是主流，若非决策者的决心，很难被一纸《总原则》否决；二是官僚资本集团已经与国营垄断体系形成了一个制度性的共犯结构，他们成为市场化改革的最大反动力量。经济部里的那些书生当然无法与行政院和财政部的宋子文等官商抗衡。

总而言之，看上去很美的《总原则》自出台之后，就变成一纸废文，徒给后人留下长长的叹息。

在宋子文的主导下，一连串以"中国"或"中华"为名号的国营垄断企业纷纷挂牌诞生：中国盐业公司、中国蚕丝公司、中国植物油料公司、中国造纸公司、中国纺织建设公司、中国茶叶公司、中国石油有限公司、

---

① ［美］费正清等编，杨品泉等译，《剑桥中华民国史》（下卷），北京：中国社会科学出版社，1994年版。

中国渔业有限公司、中华水产公司、中华烟草公司……它们以划拨的方式无偿得到了数以千计质量最好的资产。据经济部统计，到 1946 年 6 月，已经接收的 2 243 个工矿企业中，作“拨交”处理的就高达 1 017 个，标卖给民营的只有 114 个，还不到接收工厂总数的 5%。

这些“中”字号企业中，最典型的是宋子文直接控制的中国纺织建设公司。自晚清以来，纺织业就是中国最重要的民生产业，而且长期为民营资本所掌控。在这个领域出现了张謇、荣氏兄弟等众多企业家，它可以说是民营资本集团的最后一块阵地。此次，宋子文利用接收的天赐良机，来了一个大抄底。他接收了日资在华的所有纺织工厂，还将上海、天津等地的众多大型华资纺织厂收入囊中，官僚和国营集团分文未出，一举拿下全国总纱锭的 37.6% 和全国织布机的 60.1%，几乎完全垄断了中国的纺织工业。

据何廉的回忆，他曾与宋子文就纺织业的国营化问题展开过激烈的争论。他以《总原则》为根据，认为政府应该立即把接收的轻工业交给私营企业经营。他还提出了具体的方法：“我们可以把敌产作为政府股本搞联营形式，或者规定条件出租，或者干脆估价后出售给私营企业，以充分利用他们在这方面的管理经验，也有益于市场竞争。”宋子文的回答是：“纺织工业的管理并不十分困难。而且，政府需款孔急，轻纺工业非常有利可图，为什么要让私营企业家获利，而不让政府这样做？”1946 年 6 月 23 日，上海市商会特别电请南京政府行政院，认为“自政府接收敌伪工厂物资之后，耽于近利，不惜以此为弥补赤字财政之不合理计算，设立中国纺建公司、中国蚕丝公司、台湾糖业公司等，于显然违反经建原则之下，展开与民争利之压迫，以致与此有关之民族工业，危如累卵”，提出为“维护民族工业，已经国营之中纺、中蚕、糖业等公司，迅予改归民营”。此电没有得到回复。

在民国企业史上，孔祥熙对银行业的突袭以及宋子文对纺织业的收网，是两次具有决定意义的“经济战役”，两个数百年间均由民间经营的生机勃勃的重要产业从此被彻底国营化。国民政府把接收的敌产归为国有，使资本国家化，进一步充实了国家资本的力量。从产量计，国家资本从此控制了全国煤的33%，钢铁的90%，石油和有色金属的100%，电力的67%，水泥的45%，纱锭的37%，织布机的60%。此外，铁路和银行早已被完全掌握，一个强大而垄断的国家资本主义格局全面形成。统计显示，到1948年上半年，国家产业资本已经占全国产业资本总额的80%以上。

杨小凯在他的经济史笔记里评论说："不幸的是，抗战胜利后，这些日本私人资本大多被转化为中国的官僚资本，不但在接收过程中因贪污和不同单位争夺资产而受损，而且以后成为官商不分、制度化国家机会主义的工具……这个国营化也是中国后来制度化国家机会主义的基础，它成为经济发展的主要制度障碍之一。"①

1945年10月4日，范旭东突发急病在重庆去世。

在过去的一段时间，他一直在为工厂的复兴忙碌着。早在上年的9月，他与陈光甫、卢作孚等人参加了在美国召开的工商国际开发会议，所有的人都看到了抗战胜利的曙光。范旭东连夜拟订了战后复兴计划，其中包括扩充天津的永利碱厂、修复南京厂、完成四川的铵厂和硫酸厂工程，以及在湖南新建炼焦厂、玻璃厂、水泥厂等，扩建和新建工厂总数为10个。这是一个雄心勃勃的计划。为此，范旭东向美国进出口银行申请贷款1 600万美元。1945年年初，在陈光甫的居中帮助下，美方同意了他的申请，不过要求国民政府居中担保。范旭东郑重地向行政院上递了借款报告。数月下来，杳无音信。范旭东数次催促，竟得到宋子文托人传来的转

① 经济学家杨小凯应朱学勤之请，给《百年中国史》写一章"中国百年经济史"。为了累积背景材料，他写下了读史笔记《杨小凯：百年中国经济史笔记》，首发于爱思想网杨小凯专栏 http://www.aisixiang.com/thinktank/yangxiaokai.html。

告之词：“如果宋先生出任永利董事长，借款合同可立即由中国银行指令纽约分行签署担保。”范旭东愤而拒绝，他对永利老臣、宋子文的哈佛同学孙学悟说：“近因胜利，看见我们许多高官厚禄的老友，伸长手臂向空中乱抓，实在不过意，但若辈乐此不疲，民族休矣。”

不久，行政院正式批复，对永利的担保申请“不予批准”。范旭东愤极攻心，一病不起，终于黯然弃世，终年只有 61 岁。在逝前，昏迷中的他用手拼命向空中抓去，嘴中大喊“铁链……”，其临终遗言是，“齐心合德，努力前进”。

范旭东毕生致力于中国化工业的振兴，生为此虑，死不瞑目，实在是本部企业史上顶天立地的大丈夫。他以书生意气投身商业，日思夜想，全为报国，数十年间惨淡经营，无中生有，独力催孕出中国的化工产业。在他的周围环绕着侯德榜、陈调甫、李烛尘、孙学悟等诸多科技精英，他们或出身欧美名校，或就职跨国大公司，原本都有优厚舒适的事业生活，全是被范旭东的精诚感动，毅然追随他四海漂泊，在残败苦寒中尝尽百难。后来的 30 年里，这些人一直是国家化工业的领导者。“商之大者，为国为民”，说的正是像范旭东这样的人。

范旭东的多年同事侯德榜回忆：“先生当公司总经理三十余年，出门不置汽车，家居不营大厦，一生全部精神，集中于事业，其艰苦卓绝，稍知范先生为人者，胥能道之。”据他的儿子范果恒回忆，即使在生意顺利的天津时期，家里的生活也还是比较拮据的。那时候家里日常食用的大米都是从老家湖南乡下运来的，因为这样比在北京、天津购粮要便宜一些。重庆时期，范旭东的收入经常不够养家，就靠妻子的一些陪嫁首饰帮补家计。范旭东逝后，重庆 20 多个团体组织追悼会，国共两党领袖都送了挽联，毛泽东写的是“工业先导，功在中华”，蒋介石写的是“力行致用”。

范旭东是不是被宋子文“逼死”的，后世说法不一。不过，在 1945 年的经济复兴中，民营企业家被彻底边缘化乃至遭到利益剥夺，却是不争的事实。

再看卢作孚和荣德生的遭遇。

卢作孚的战后扩张计划也很庞大。当时，加拿大政府为了防止战后生产萎缩，通过了一个《输出信用保险法案》，由政府为外商担保，向加拿大银行贷款，用以订购该国的工业产品。卢作孚向加拿大订购 6 艘大型客货轮和 12 艘中小型客货轮，并因此申请到加拿大三家银行的贷款 1 500 万加元。这一贷款同样需要得到民国政府的担保。因为卢作孚的声望实在很高，蒋介石在他的申请报告上亲笔签字批准，可是行政院和交通部却提出了条件，要求民生将所订购的轮船抵押给政府，在偿清贷款之前这些轮船归政府所有，由政府租给民生使用。这一额外的条件显然埋有伏笔，在日后，政府很可能利用经济危机或信贷紧缩的办法，逼迫民生还钱，进而控制其股份。这一手法并不鲜见，卢作孚当然不从。他转而向美国买了十多艘退役军用船只，这些船虽然售价便宜，但是改装费是船价的几倍，卢作孚迫于无奈，也只好退而求其次。他还跟民营的金城银行合资成立了一家轮船公司，用银行的钱购进三艘新船。民生的加拿大贷款案一拖再拖，后来还是达成了，但是，等这些船交付的时候，已经是兵荒马乱的 1948 年年底了。

▲ 国民党时期的招商局

民生公司无法从政府那里得到支持，国营的轮船公司却格外滋润。政府控股的轮船招商局成为接收大战中的唯一赢家，它把日伪的所有轮船及码头设施全数吃下。抗战时，民生船只近3万吨，官营轮船招商局只有2.3万吨，其中实际航运的不过0.18万吨。到1947年，轮船招商局的吨位已跃升到了34万余吨，完全垄断长江下游和沿海运输业务，而为抗战付出巨大牺牲的民生公司只有5万余吨。此时担任招商局经理的正是几年前与陈仪一起祸闽被陈嘉庚驱走的“先烈侄子”徐学禹，他竟扬言要“吃”掉民生。这一次，从不发火的卢作孚也无法控制愤怒，他在一个公开的场合当面痛斥徐学禹。他还通过23位参政员在参政会上提案，“招商局应加入民间资本，改组为民营轮船公司，使能与其他民营轮船公司平等分配航线范围，以发展我国航业”。此议理所当然地被宋子文否决。为了表达对民生的“尊重”和补偿，政府拨了几艘登陆艇给卢作孚，卢作孚不无怨气地说：“其实，这东西男不男、女不女的，改装都不好改，现在还放着没动。”

荣家碰到的情况更荒唐。战争一结束，被压抑了8年的荣家顿时觉得翻身之日到了。1945年10月，荣德生的二儿子荣尔仁向行政院递交了《接收日本纱厂及人造纤维厂的建议书》，提出在中国的日本纺织厂应予接收，“分配给在战时受到损失并在后方做出贡献的厂，按损失的程度，给以赔偿”。他还拟出了准备接办的日商纱厂名单，纱锭总数约30万锭。谁知在那时，宋院长正一门心思地筹建他的中国纺织建设公司，荣尔仁的建议书当然不被采纳。仅仅一个月后，行政院就决定所有敌伪纱厂全部改为国营。荣德生以老资格实业家的身份向政府上书，他忧心忡忡地写道：“日本纱厂接收后，全部改为国营，亦是与民争利，以后民营纱厂恐更将不易为也。若论国家经济，统治者富有四海，只需掌握政权，人民安居乐业，民生优裕，赋税自足……若措施一差，误入歧途，虽千方百计，终难平稳。因知富强非难事，只在用之当与不当耳。能用民力，不必国营，国用自足。不能使用民力，虽一切皆归官办，亦是无用。因官从民出，事不切己，徒然增加浪费而已。余近见政府措施孽谬，有失民心。”荣德生的这段表述可圈可点，至今仍是普世道理，可惜不为当政者闻。

可笑的是，荣家想从接收大战中分一杯羹的梦想落了空，而他们原有家产的收回也费尽了心力。申新一厂、八厂在战时被日本人强占，很多设备被拆装到了日商丰田纱厂。国民政府在接收时全当敌产没收，并入中纺建，再不返还荣家。福新三厂、六厂也同样被日本人占有，接收乱景期间，其粉麦粮仓被粮食部特派员全部接收散卖，到返还时只剩下两个空荡荡的厂房。申新四厂在战时迁移到汉口，日军陷城后未及搬走，在那里留有 2 万纱锭和 400 台织布机。当荣家派人前去收回时，发现联勤总部的第二修理厂已经在那里开工了，厂房里的所有纺机早被当作敌产没收。荣德生很感慨地说：“接收手续之烦，过于创建……层层推诿，官说官话，不顾民瘼，比之日人，不相伯仲。数年之间，变质至此，大可慨叹。”其失望之情跃然纸上。

这段时间还发生了一桩对荣家来说更惊心的事情，那就是 70 岁高龄的荣德生遭到了绑架。事发 1946 年 4 月 25 日，荣德生在去江西路总公司的路上，被 3 个冒充为淞沪警备司令部的绑匪掳走，绑匪开价 100 万美元。荣德生被绑票，新闻轰动全国，蒋介石震怒，下令限期破案，淞沪警备司令李及兰因此引咎辞职。34 天后，荣德生以 50 万美元被赎回。又过了 37 天，警备司令部宣告破案，15 人被捕，其中 8 人被判处死刑。荣家为救老爷子四处打点，先后又花去 60 万美元。荣德生还亲自登门向指挥破案的军统局老牌特务毛森致谢，送上金表一只、金笔一对。毛森因本案声名大噪，后来当上了上海市警察局局长。数十年后，根据淞沪警备司令部稽查处有关人士的回忆，荣案幕后的主导者不是别人，正是毛森自己。

企业家在战后的遭遇宛若一部辛酸史。8 年前，从东南沿海随国民政府千山万水迁至大后方的企业大多成了无人照顾的“弃儿”。1945 年 8 月，因为实在不堪压迫，130 名内迁工厂代表集体到行政院请愿，要求给予贷款、协助复员。宋子文在接见他们时轻描淡写地说：“中国以后的工业，希望寄托在美国的自动化机器上，你们这批废铜烂铁，济得什么事呢？”闻者顿时手脚冰凉。到 1946 年的 5 月，368 家迁到陪都重庆的企业只有 3 家迁回了东部，却有 349 家已经歇业。那些被国营化的企业也是复苏乏力。经济部承认，到 1947 年，从日伪接收过来的 2 411 家工业企业，只有 852 家实际上恢复了生产。

工业萧条导致了两个严重的后果，一是失业人口大量增加，二是通货膨胀持续高烧。国民党政权自执政以来，就对农村改革缺乏热情和经验，其支持者主要来自城市，而现在，城市工人也站到了这个政权的对面，工人罢工此起彼伏。苏珊娜·佩珀教授在《剑桥中国史》中披露，在抗战开始前的 1936 年，全国有记载的罢工及劳资争议为 278 起，可是 10 年后的 1946 年，光上海一地所记载的罢工及劳资争议总数即达 1 716 起，到 1947 年，这个数字更上升到 2 538 起。佩珀教授进而写道：“国民党政府经常指责工人闹事是共产党职业鼓动家促使的，然而，这些争论问题是现成的，任何人都可有效地加以利用。”①

1946 年 5 月 5 日，国民政府从重庆还都南京，蒋介石的声望在此刻达到巅峰，可是，随着治理无度以及种种政策的失误，很快让人大失所望。

在种种景象中，最让人诟病和愤怒的，是官僚资本集团的暴富。人们发现，赶走了一个贪婪的孔祥熙，等来的却是一个更霸道的宋子文。民怨郁积，终成沸腾之势。1947 年一开春，全国就爆发了一场“驱宋运动”，冲在最前列的仍是那个脾气暴烈的“五四老青年”傅斯年。

1947 年 2 月 15 日到 3 月 1 日，傅斯年连续在《世纪评论》和《观察》杂志上发表三篇讨宋文章，国内舆论为之激荡。这三篇文章分别是《这个样子的宋子文非走开不可》《宋子文的失败》《论豪门资本之必须铲除》。

① ［美］费正清等编，杨品泉等译，《剑桥中华民国史》（下卷），北京：中国社会科学出版社，1994 年版。

傅斯年痛骂说："古今中外有一个公例，凡是一个朝代，一个政权，要垮台，并不是由于革命的势力，而是由于它自己的崩溃。有时是自身的矛盾、分裂，有时是有些人专心致力，加速自蚀运动，唯恐其不乱，如秦朝'指鹿为马'的赵高，明朝的魏忠贤，真好比一个人身体中的寄生虫，加紧繁殖，使这个人的身体迅速死掉。"在历数了宋子文的种种恶行后，傅斯年表示自己"真愤慨极了，一如当年我在参政会要与孔祥熙在法院见面一样，国家吃不消他了，人民吃不消他了，他真该走了，不走一切垮了。当然有人欢迎他或孔祥熙在位，以便政府快垮。'我们是救火的人，不是趁火打劫的人'，我们要求他快走……不然，一切完了……国人不忍见此吧？便要不再见宋氏盘踞着"。

傅斯年对宋子文式的官商进行了深刻的挞伐，他称宋子文有着"无限制的极狂蛮的支配欲"，通过中国建设银公司，经营或收买下戚墅堰电厂、首都电厂、既济水电公司、淮南煤矿、鄱乐煤矿等厂矿，变"国营"为"宋营"。他尖锐地指出，不能说宋子文身上一点儿没有"都市性、现代性、民主性和世界性"，但他明显多了些虚伪、自私和霸道。傅斯年写道："他的中国文化，请化学家把他分解到一分子，也不见踪影的。至于他的外国文化，尽管英国话流畅，交些个美国人（有美国人说，看他交往的是些什么美国人，便知道他是什么人）是绝不登大雅之堂的……说他不聪明吧，他洋话说得不错，还写一笔不坏的中国字（我只看到报载他的签名），说他聪明吧，他做这些事，难道说神经有毛病吗？"他因而认定，在宋子文的身上更集中地反映了旧中国"官僚阶级与资产阶级的共生现象"。

傅斯年这三篇充满了火药味的战斗性文章，让后人十分震撼，其用词之尖刻趋于极致。他甚至直接把孔宋二人比作蒋介石的"胯下之物"——"虽皆为介公之'老二'，是胯下的'双扇活宝贝'，然而却又是对头"。这几乎是连"最高领袖"也一锅骂了进去。他还生动地比较了这两个当世最大的官商，说"两家的作风不尽同。孔氏有些土货样色，号称他家是票号'世家'，他也有些票号味道，尤其是胡作非为之处。但'世家’二字，我曾打听他的故人，如严庄监察使，那就真可发一笑了。这一派是雌儿雏儿一齐下手，以政治势力，垄断商务，利则归己，害则归国，有时简直是扒手”。而宋氏作风又不一样，“他的作风是极其蛮横，把天下人分为两类，非奴才即敌人。这还不必多说，问题最重要的，是他的无限制的极狂蛮的支配欲，用他这支配欲，弄得天下一切事将来都不能知道公的私的了……这还不能算完，今天我们要觉得晋惠帝不愚，因为他听到公园里蛤蟆声，他问是公的私的。今天一切事都引不出公的私的”。

傅斯年写道：“孔宋失败的一个原因，由于他们的‘清廉’程度，孔则细大不捐，直接间接；宋则我生你死，公私一齐揽络来把持。前者贪欲过于支配欲，后者支配欲过于贪欲。虽然形状这样不同，而有好多相同之点，我今天只说一件，就是两个人绝对是以买卖为灵魂的，绝对相信他所相信那一种形态的自由买卖，尤其显著的色彩是自由在己，买卖在公……孔宋二氏这样一贯的做法，简直是彻底毁坏中国经济，彻底扫荡中国工业，彻底使人失业，彻底使全国财富集于私门，流于国外……唐朝的秕政，是和黄巢相辅而行的，明朝的秕政，是和张（张献忠）李（李自成）相辅而行的。今天孔宋二氏之流毒，是共产党莫大的本钱。还是先检讨一下自己吧！”

傅氏坚决主张由政府公开没收或征用孔宋两家吞公营私的非法财产，“总而言之，借用两家财产，远比黄金拢回法币多，可以平衡今年预算。所以要征用，最客气的办法是征用15年，到民国五十一年还他们本息，他们要的是黄金美钞，到那时都可以的”。

就在傅斯年猛烈炮轰宋子文的时候，上海正爆发“黄金风潮”，而孔宋家族也爆出一个天大的丑闻。如前所述，在实行金融开放政策的一年多里，国库的外汇和黄金储备都少了一半，可是，这些财富中的大部分都以曲折的方式进入了孔宋家族的钱库中。在这期间，央行以稳定市场为理由，向市场抛出3.81亿美元，而孔宋家族背景的孚中公司、扬子公司和中国建设银公司竟结汇 3.34 多亿美元，占了总额的近 88%，其中大量用于炒卖黄金和进口奢侈品，抢夺市场暴利。监察院在事后调查的报告书中披露："关于政府机关申请外汇案件，以当时政院主管外，审核工作既无一定审核机构，又无详细法规，核准时或由政院行文，或由宋前院长个人决定，以便条手谕央行拨售外汇，其未经正式程序，显有未合之处甚多。"宋子文以经济学博士的学养和对英美体制的追捧，当然知道制度设计的重要，可是，他却罔视国纲，以自己的一支笔掏空了半个国库。

3 月 1 日，就在《观察》刊登傅斯年第三篇文章的当日，宋子文在巨大舆论压力下，不得不即刻提出辞职。为了平息民愤，在这年秋天的国民党中央常务委员会上，宋子文当场宣布将他在中国建设银的股权全部捐献给政府。当他说出这些股权的价值时，全场大官们还是被吓了一大跳，是 1 800 亿元。①

回望 1945 年 8 月之后的中国，是一个让人兴奋而备受煎熬的时刻，正如历史学家陈寅恪在日本投降当日所预感的那样，真正是"喜心题句又成悲"。

从抗战结束的那一刻起，蒋介石的眼睛就一直死死地盯着中国西北角那个叫延安的地方，这位坚信"攘外必先安内"的政治家即便在国家最危难的时候，也从来没有放松对共产党的打压。现在，"最后的解决时刻"终于到了，他把军事以外的所有国政都交给了妻兄宋子文，自己则集中精力于这个缠绕了他将近 20 年的心头大患。

再来看延安方面在战后的行动。在上一章节，我们透过杰克·贝尔登和陈嘉庚等人的眼睛看到了一个高效、亲民和简单的新生政权。抗战结束

① 1946 年 10 月，延安的共产党理论家陈伯达出版《中国四大家族》一书，将蒋介石、宋子文、孔祥熙和陈立夫、陈果夫兄弟并称为官僚资本主义的代表，"四大家族"一词从此风行。

后，毛泽东一方面抓紧军事上的战备，派遣林彪等人赴东北，整编那里的抗日武装，并与苏联红军结成联盟，另一方面则酝酿开始土地改革运动。从1946年起，各解放区开始了以“反奸、清算、减租、减息”为主题的土改运动，直接从地主手中获得土地，分配给失地农民，以实现耕者有其田。这一土改涉及解放区的1.6亿农村人口的利益，它成为广大农民拥护共产党最主要的动因之一。于是，当国民党在城市和农村日渐失去所有社会阶层的支持时，共产党人则从土地改革里赢得了人心。①

1945年8月28日，毛泽东率领中共代表团飞抵重庆，与国民党和平谈判，举国屏神瞩目。毛泽东以9年前的旧作《沁园春·雪》书赠词人柳亚子，词曰：“江山如此多娇，引无数英雄竞折腰。惜秦皇汉武，略输文采；唐宗宋祖，稍逊风骚。一代天骄，成吉思汗，只识弯弓射大雕。俱往矣，数风流人物，还看今朝。”这首词豪气冲天，倾倒众生。10月10日，双方签署《双十协定》，承认了和平建国的基本方针，海内一时欢腾，各城烟花燃放，以为和平指日可待。

▲ 1945年毛泽东在重庆与蒋介石、美国大使合影

① 土地改革中也出现了暴力现象，一些地主被当众杀死，东北和河北地区因为忙着斗地主、分浮财，土地无人耕种，以至于发生了春荒。此外，千百年来，维持中国基层公共事务的乡绅阶层基本上被消灭，宗族社会体系开始瓦解。

谁知，烟花终是一个幻觉。就在重庆谈判期间，国共军队已经在河北、山西开打。10 月初，刘伯承、邓小平的部队歼灭了阎锡山的 3.5 万人。1946 年 6 月 26 日，蒋介石以 193 个旅、158 万兵力，向各解放区发动了全面进攻。

在 8 年抗战仅仅结束了 10 个月后，内战爆发了。

傅斯年称宋子文“着实是100年不遇的怪物”——作为显赫的宋氏家族的长子，曾在哈佛大学接受了最先进的文化教育，思想、说话和写字时都喜欢用英文而不喜欢用中文，唯独对权力和财富的贪婪是中国式的。因此傅斯年说：“在今天宋氏这样失败之下，他必须走开，以谢国人。”①

宋子文“走开”半年后，又被蒋介石任命为广东省政府主席。他到任后的第二天就接见美国石油大王洛克菲勒，跟他商谈在广东开矿的事宜，接着跟潘宜公司接洽黄埔港的建设工程，决定把海南的铁矿石卖运日本。以他过往的行为来看，实在分不清这些到底是公事还是私事，或者根本就是“公私事”。

1949年，国民党政权的覆灭已成既定事实。1月24日，宋子文辞掉省政府主席之职，逃往香港，6月10日远遁美国。蒋介石到台湾后，多次电催他回台“共济时艰”，他予以拒绝。1952年10月，国民党召开第七次代表大会，通过“党内重大整肃案”，开除了一批“不忠贞”的重要党员，名单之中，孔祥熙位居第一，宋子文位居第二。而在3年前中国共产党公布的国民党战犯名单中，排第一的是蒋介石，第二也是宋子文。在国共两份名单中，他居然能同时出现，而且都高列次席，这大概是宋子文式人物在中国政治舞台上的一个象征性定位。

宋子文赴美后完全淡出政坛，1958年，他到香港一游，1963年去了一次台湾。据《宋家王朝》记载，宋氏三兄弟在余生“疯狂地从事石油股票、商品期货和新技术交易”。他的女儿冯宋琼颐在2008年的一篇回忆短文中则描写说：“他每天在纽约中央公园散步，午后小憩，与朋友共品美味小吃，观看美式足球，打牌，和外孙们一起捉迷藏。先父既对医学津津

① 傅斯年，《论豪门资本之必须铲除》，载《观察》第二卷第一期，1947年3月1日。

乐道，也会为证交所的新上市公司兴奋不已。”[①]1967 年，孔祥熙在纽约去世，他没有去参加葬礼。西格雷夫认为：“在晚年岁月里，他们之间没有什么感情可言。”1971 年 4 月 25 日，宋子文在美国旧金山的友人家中用晚餐，因进食导致窒息，突然摔倒，未等到送至医院抢救就辞世了，时年 77 岁。

跟孔祥熙一样，宋子文到底有多少资产，至今是一个谜。《不列颠百科全书》称，“据说他是地球上最富有的人”，《亚洲华尔街日报》则把他列入人类历史上曾经最富有的 50 人之一，并认为“20 世纪 40 年代宋子文可能已是全球首富了”。美国总统杜鲁门对宋子文侵吞美援的行径一直耿耿于怀，在接受作家默尔·米勒采访时，他曾破口骂道：“他们全都是贼，没有一个不是贼……他们从我们送的 38 亿美元中，偷了 7.5 亿美元。他们偷了这笔钱，把它投资在圣保罗的房地产中，有些就投资在纽约这里。”[②]

而他的后人则对此全盘否认，据他们提供的宋子文档案，1940 年左右宋子文的财产为 200 万美元，到 1971 年宋子文去世时，加上房产等变卖，他的总资产是 800 万美元，扣除 200 多万美元税款后，宋子文留给夫人张乐怡的遗产为 500 多万美元。

后人研究宋子文这个“大怪物”，不仅仅好奇于他到底弄走了多少钱，更在于他是一个怎样的“制度性产物”。

在中国的舆论界和经济思想界，对孔宋式人物的批判往往趋于道德化谴责，而很少从制度层面进行反思和杜绝。汉娜·阿伦特在《极权主义的起源》一书中指出，事实上，在中西方的哲学传统中，思想家们从来不相信有一种“彻底的恶”。中国儒家认为“人之初，性本善”，而在西方神学里，魔鬼也是天使出身。康德用“反常的恶意”来描述恶行背后、可理

① 摘自冯宋琼颐为《宋子文与他的时代》一书写的序言。吴景平、郭岱君主编，《宋子文与他的时代》，复旦大学出版社，2008 年 3 月版。

② 转引自 2003 年 10 月 25 日的《纽约时报》报道，《Madame Chiang Kai-shek, a Power in Husband’s China and Abroad, Dies at 105》。

解的动机。因此阿伦特认为，“只有一件事情似乎是可以辨别出来的，我们可以说，彻底的恶与一种制度同时出现”①。对官商文化以及模式的思考，也必须建立在对经济制度的研究上。

曾经当过国民政府上海市市长、台湾省省长的吴国桢在《吴国桢的口述回忆》一书中谈及孔宋模式与制度的互动。他说，按照政府的有关法令来说，孔宋的豪门资本所做的一切确实没有问题，一切都是合法的，因为法令本身就是他们自己制定的。比如，当时没有人能得到外汇（因申请外汇需要审查），但他们的人，即孔祥熙的人是控制财政部外汇管理委员会的，所以就能得到外汇。每个人都得先申请进口必要的货物，但他们却有优先进口权，因此，尽管他们的确从中国人民的血汗中发了大财，但一切仍然是合法行为。吴国桢是普林斯顿大学的哲学博士，他的话很平实，却刨到了官商模式的根子——在中国式的贪腐行为中存在两种模式，即“非法性贪腐”与“合法性贪腐”，后者是结构性和制度性的，因而更隐蔽，并对国家机器构成更大的危害。再以宋家为例，宋子文长期担任官职，而他的两个弟弟宋子良和宋子安则在商界服务，兄弟联手再加上亲信密布，制度对他们来说只是一块遮羞布或可利用的工具。在1946年3月的国民党六届二中全会上，有人援引《公务员服务法》中“公务员不得兼营商业或公司银行的董事长总经理”之条款，批评宋子文既是行政院院长，又担任南洋烟草公司、香港广东商业银行及中国建设银公司的董事长。宋子文答：“到我做了官，所有董事长职务都已经辞掉了，所以说我提倡官僚资本，实在不敢当。”而事实上，他把这些职务都让给了他的两个兄弟。

在近现代的百年企业史上，出现了三个很典型的官商，一是胡雪岩，二是盛宣怀，三是孔宋家族。他们均为当时的“中国首富”，他们的身份亦官亦商，是为“红顶商人”，其财富累积都与他们的公务事业有关。若

---

① ［美］汉娜·阿伦特著，林骧华译，《极权主义的起源》，北京：生活·读书·新知三联书店，2008年版。

要进行比较，我们可以看到五个特点：

第一，胡雪岩在资产关系上还是比较清晰的，他的财富大多来自为左宗棠采办军购，在这期间上下其手，暗吃回扣。到了盛宣怀就官商难分了，官股私股交错在一起，用当时人对他的议论便是“挟官以凌商，挟商以蒙官”，“害则归公，利则归己”。而至孔宋一代，则是公开分立，私下自肥，甚至以国家名义收购，以私人身份瓜分。

第二，他们在国家事务中担任的重要性日渐持重。胡雪岩不过是一个从二品顶戴的挂名道员，盛宣怀已是实授的一品大臣，孔宋更是一国行政之首脑，两人主管国家财政的时间前后整整20年。胡、盛及孔宋的资产，一个比一个庞大，而且敛聚的效率越来越高。

第三，制度化特征越来越明显。如果说胡雪岩的化公为私还是盗窃式的，那么，盛宣怀就已经演进到股份化了，而到孔宋手上，则是手术刀式的精致切分。他们更善于利用宏观经济制度的设计和执行为自己谋私，每一次经济危机、重大经济政策变革、重要发展机遇，往往都是他们获取财富的最佳时机。官僚资本的累增还有一个特点，那就是，无论经济景气的高涨或暴跌，都是它进行扩张的机会点，它似乎只与动荡有关，孔宋财富最暴涨的时候正是国难民困的八年抗战期间。

第四，资产的增加呈金融化趋向。胡、盛的财富大多以实业的形态呈现，特别是盛宣怀，包括稍晚于他的周学熙等人，在办实业上都很有经验。在某种意义上，他们的财富来自社会增量。而孔宋则对实业毫无兴趣，他们以金融家的手段直接从存量的社会资产（无论是国有资本、民营资产还是国际援助）中进行切割，因此，他们对经济进步的贡献更小，正当性更差，民愤也更大。

第五，所得财富均“一世而斩”。因为资产积累的灰色性，这三大官商家族的社会名声毁大于誉，在其晚年以及身后往往面临重大的危机。胡雪岩一旦失去左宗棠的庇荫马上财尽人亡，盛宣怀的财产在清朝灭亡后遭到查封，孔宋两人更成为人人喊打的“国贼”。

通过胡、盛及孔宋这三个案例的递进式暴发，我们不得不说，自晚清到民国，中央政权对经济的控制力不是在减弱，而是在逐渐加强，国营垄断力量的强化以及理性化构建成为一种治理模式，也正因此，与之寄生的官僚资本集团也越来越成熟和强悍。所以，如果不能从制度根本上进行清算，特别是加强经济治理的市场化、法治化和民主化建设，那么，官商模式的杜绝将非常困难。

还有一个十分隐秘、必须警惕的现象是，每一次对官僚资本集团的道德性讨伐，竟可能会促进——或者被利用来进行——国家主义的进一步强化。因为人们在痛恨官僚资本的时候往往是以国有资产的流失为对照的，所以在痛批中往往会忽略两者的互生结构。如果制度没有得到根本性的改革，那么，一个官僚资本集团的倒台往往意味着另外一个官僚资本集团的崛起。在20世纪40年代中后期，孔宋集团被清理后，国民政府的贪腐现象并未被改变，甚至有变本加厉的趋势，最终成为政权覆灭的重要诱因之一，所以，何廉曾哀叹，孔宋下台，官僚资本“未伤毫末”。

在某种意义上，对孔宋模式的反思与清算，迄今尚没有真正破题。

1948 最后的“打虎”

列车轧在中国肋骨上，
一节接着一节社会问题；
比邻而居的是茅屋和田野间的坟，
生活距离终点这样近。

——辛笛：《风景》，1948 年

1948 年春天，《国史大纲》的作者、无锡籍历史学家钱穆回到家乡，应邀在荣德生创办的江南大学任教。他住在荣宅的楼上，每到周六下午，荣德生夫妇都会从城里来，住在楼下，周日下午离开。晚饭后，他们必定会在楼上或楼下畅谈两小时左右。

钱穆问荣德生：“毕生获得如此硕果，有何感想？”荣德生答：“人生必有死，两手空空而去。钱财有何意义，传之子孙，也没有听说可以几代不败的。”接着，荣德生提到他在南通修建的一座大桥。早在 1934 年，荣德生 60 大寿，他发愿在无锡、常州一带，造桥百座以惠乡里，历数年建成大小桥梁

88 座，其中一座宝界桥，全长 375 米，宽 7.6 米，60 个桥墩（以示 60 大寿），时称“江南第一大桥”。荣德生对钱穆说：“一生唯一可以留做身后纪念的就是这座大桥，回报乡里的只有此桥，将来无锡人知道有个荣德生，大概只有靠这座桥。”[①]

就在他们促膝交谈的那段时间，申新纱厂的经营正让荣德生焦头烂额。他连维持生产的流动资金都无法凑齐，向国有银行申请购棉贷款手续繁杂，不仅缓不济急，而且得贷很难。在这种情况下，荣家只好靠抛售期货来换取部分现金，可是栈单抛出后，棉花不易及时补进，花价却天天上涨。所以空头栈单抛得越多，亏得越大，而且到期客户来提货，很多不能兑现，所谓“生意”，已是穷途末路。

所以，荣德生的悲观，并不仅仅因为对生命无常的感叹，更是对当时经济和国事的茫然。对于企业家群体而言，那真是一个没有未来的春天。

自从内战开打以来，国民党的局势江河日下。开战之初，国共军队的兵力对比是 430 万比 127 万，前者的装备远远优于后者。更重要的是，它拥有整个国家机器以及得到了美国政府的支持，所以，蒋介石曾预言：“在 3~6 个月内，就可以消灭共产党。”可是，国军几乎每战必败，节节溃退，美国顾问巴大维将军的观察是：“自我到任以后，没有一仗是由于缺乏军火装备而被

▲ 国民党的装甲部队

① 钱穆著，《师友杂忆》，北京：生活 · 读书 · 新知三联书店，2005 年版。

打败的。”[1] 到 1947 年秋天，解放军已经控制了东北和中原的大部分地区，国共兵力对比改变为 365 万比 249 万，国民党人的乐观气焰荡然无存。

1948 年的中国，是真正意义上、最混乱的国家。它符合一个“坏时代”的所有特征——让人回想起 1910 年前后的晚清：人人知道这样下去是不行的，甚至很多人都明白好的道路、好的办法应该是怎样的，然而，就是无法改变现状，于是，只能眼睁睁地看着自己和这个时代一起沉沦下去，终而同归于尽。在这种泥沙俱下的坏时代里，越是激烈的变革越容易导致局面的进一步恶化。

早在战事初起的 1946 年 9 月，《大公报》主笔王芸生就在《中国时局前途的三个去向》一文中描述了当时的经济现状：“一面倒地靠洋货输入，国家的财政又一面倒地靠通货膨胀。物价狂涨，工资奇昂，人民憔悴，工业窒息，独独发了官僚资本与买办阶级。政府天天在饮鸩止渴，人民天天在挣扎呻吟，如此下去，则洪水到来，经济崩溃，已经不是太意外的事了。”《观察》的创办人储安平则在 1947 年 3 月的社论中对社会各阶层进行了分析：“现政权的支持层原是城市市民，包括公教人员、知识分子、工商界人士。现在这一批人，没有人对南京政权有好感。国民党的霸道行为作风使自由思想分子深恶痛绝；抗战结束以来对公教人员的刻薄待遇，使他们对现政权赤忱全失；政府官员沉溺于贪污作弊，他们进行种种刁难，使工商界人士怨气冲天；因财政金融失败以及内战不停而造成的物价暴涨，使城市居民怨声载道。”

王芸生和储安平所描述的景象，在后来的两年里一点也没有得到改观。接替宋子文出任行政院院长的是蒋介石的长期幕僚长张群，他虽然也力图变革经济，但是，却始终成效甚微，不得其法。随着战事的推延，财政状况变得越来越恶劣，国库收入仅占支出的 5%，军事开支的比重高到

---

① 据巴大维将军在 1948 年 11 月 16 日给美国政府的报告。

惊人，仅东北军费就占了支出总额的40%，政府财政实际已经破产。

市场的表象，反映出来的就是无法控制的通货膨胀。国统区的物价如同一匹脱缰的野马。

1947年7月24日美联社发了一条电讯，它给出了一个很具讽刺意味的物价比较：法币100元可买的物品，1937年为两头牛，1938年为一头牛，1941年为一头猪，1943年为一只鸡，1945年为一条鱼，1946年为一只鸡蛋，1947年则为1/3盒火柴。

据《大公报》1948年8月16日的统计，以战前的生活指数为比较，8月上半月的食物价格上涨了390万倍，住房价格上涨77万倍，衣着价格上涨652万倍，比7月下半月平均上涨90%。为了表达具象化，当天报纸用花边新闻的方式圈出一条短讯："大饼油条，每件10万元。"《观察》杂志在《7个月来的中国经济情势》一文中也给出了相同的数据分析："8年多的长期抗战，物价不过涨了2 400倍。胜利迄今还不满3年，上海物价较之民国三十四年（1945年）却已涨了1.4万倍。尤其今年以来，更是惊人。7月第三周的物价总指数为战前的478万倍，较之去年12月最后一周上涨30倍。纺织、燃料、食物这些主要必需品价格的剧烈上涨，是人民生活负担加重，造成人心恐慌的由来。"①

以今视之，1948年的恶性通货膨胀是由下述四个原因综合造成的：

第一，也是最重要的一条，就是财政收支不平衡。入不敷出，财政只好全靠发行新钞票支撑。1947年，法币发行量达30多万亿元，为上一年的10倍，比1945年则增加25倍。到1948年第二季度，法币已发行660万亿元，相当于抗战前夕发行额的47万倍。乱发钞票的结果当然只有一个，那就是诱发通货膨胀。

第二，全面内战破坏了生产力，工农业的生产衰落自然导致税源枯竭。为了支持战争，国民经济仍以重工业为主，民生领域百业萧条，因此

① 见《观察》1948年第4卷第23~24期。

催动消费类物价的持续上涨。而在农村地区，大量农田成为战场，劳动力被成批成批地征兵入伍，粮食产量持续下滑，农村生产力被破坏到了极点。

第三，吏政败坏，官僚及军阀趁火打劫。各地政府的苛捐杂税加剧了官民矛盾。在河北省，一亩地要出一石捐税，最低的也要五六斗，赋税竟超过了收成。国民党军队每到一地，即由其党政军一体组成“军民合作站”，向各村以低于市价一半的价格强征军需日用品，人民因此把国民党改称为“刮民党”，并高喊“国民党万税”。金融家资耀华在回忆录中记载说：“中央银行包机向各地运送现钞支付军费，各地军政长官则马上将之转换成黄金美钞，然后又各自私包飞机运回上海投机套卖。中央银行向北运送钞票的专车，有时竟出现行至半途即掉转车头南开的怪事。”[①] 国共军队在江苏徐州一带曾长期对峙，这里本非工商业码头，却因成为军事重镇，银行钱庄相继增开分行，套买金钞。

第四，市场分裂，导致原料紧缺。东北和华北平原地区是中国最主要的粮食、原棉和矿物产地，自从这些地区被解放军夺取后，国统区工厂的原料供应顿成难题。据《中共冀鲁豫边区党史资料汇编》显示，当时的边区政府实行了严格的商品禁运出口名单，其中最重要的就是粮棉、牲畜和铜铁金属。1947 年，全国的棉花产量为 1 100 万担，国统区的企业能收到的只有 30%，纺织业因此减产两成，其他如橡胶工业和制药工业，停工均达三成，钢铁工业的 70% 陷入半停产泥沼。像济南这样的大城市，四面都是解放区，形同孤岛。到了 1948 年年底，随着东北全境和河北唐山被解放，上海的钢铁和煤炭供应全数停摆。为了拯救上海，1949 年 2 月，国民党政府只好委托杜月笙以全国轮船业联合会理事长的名义致电毛泽东、周恩来，请求允许上海轮船到北方港口，以面粉换煤炭。毛、周复电同意，

---

① 资耀华著，《世纪足音：一位近代金融学家的自述》，长沙：湖南文艺出版社，2005 年版。

杜月笙把30万吨面粉拉到秦皇岛港，换走10万吨开滦煤，这才解了上海的断煤之虞。由此事可见，强弱易位已成不可逆转之事实。

▲ 1948年，女工因纺织厂暴动事件接受搜身

通货膨胀导致民不聊生，怨声载道，国民政府不但在治理上束手无策，而且还打压民主人士和报刊，试图钳制言论。1946年7月11日和7月15日，民主教授李公朴和闻一多在昆明被国民党特务杀害。1947年5月20日，南京爆发6 000名学生大游行，高喊“反饥饿、反内战、反迫害”口号，军警武力弹压，《文汇报》《新民报》和《联合晚报》不顾禁令如实报道，上海警备司令部以“连续登载妨害军事之消息及意图颠覆政府破坏公共秩序之言论及新闻”为由，下令查封三报，一日封三报，创民国首例。到1948年，几乎所有的自由知识分子都已经心灰意冷，《观察》主笔储安平在这年7月的社论中写道：“我们愿意坦白说一句话，政府虽然怕我们批评，而事实上，我们现在则连批评这个政府的兴趣也已没有了……说了又有什么用处？我们替政府想一想，一个政府弄到人民连批评它的兴趣也没有了，这个政府也就够悲哀的了！可怜政府连这一点自知之明也没有，还在那儿抓耳挠腮，计算如何封民间的报纸刊物，真是可怜亦复可笑！”

一个组织——无论是国家或企业——濒临崩溃的边缘，一定会出于本能，主动地寻求变革突围，这时候，激进或渐进成为两条可选择的道路。耐人寻味的是，在晚清和民国晚期，统治者都选择了激进道路，而最终的结果就是加快了灭亡的速度。1948 年 3 月 29 日至 5 月 1 日，国民党召开“行宪国大”，宣布“还政于民”，蒋介石当选为中华民国行宪后的第一任总统。为了展示改革决心，他改组内阁，由清誉较高的地质学家、当过经济部部长的翁文灏出任行政院院长。

翁文灏很快组成了一个空前豪华的“博士内阁”，其成员绝大多数是毕业于国际顶级名校的博士，翁文灏本人是比利时鲁文大学博士，其他如外交部长王世杰是伦敦大学经济博士和巴黎大学法学博士，教育部长朱家骅、社会部长谷正纲和粮食部长关吉玉都是柏林大学博士，司法部长谢冠生和最高法院院长谢赢洲是巴黎大学博士，交通部长俞大维是哈佛大学博士，司法部长王庞惠是耶鲁大学博士，上海市市长吴国桢是普林斯顿大学博士。唯一的“土鳖”是财政部长王云五，他是原商务印书馆总经理、大名鼎鼎的“四角号码检字法”发明者。就是这个由博士精英组成的内阁很快吹响了改革的号角，他们推出一套让人炫目的经济改革“组合拳”，从财政货币政策、产业市场化和治理腐败三个方向同时出击，试图挽大厦于既倒。

这是一个无比大胆的、绝地反攻式的改革冲锋，其过程和结局都是可悲和可笑的。在后世的国际金融史上，它已经成为一个最典型的反面教案。

翁内阁选中了货币改革作为冲锋的战略突破口。他们认为，几年来的无度发行和通货膨胀已经让法币走到了尽头，因此必须进行坚决的币制改革。王云五提议以中央银行所存的黄金证券作保证，发行金圆券以代替法币，实施的办法是以各地行政力量来收兑或收存民众手中持有的黄金、外币，进一步强化管制经济。这个重大方案很快得到蒋介石的同意，在未作任何可行性分析的前提下，就匆忙出台了。

大改革是从 1948 年 8 月 19 日开始的。这一天，国民党召开中央政

▲ 1948 年，上海工人蹲在地上数钞票

治会议，通过由行政院提出的金圆券改革方案，当晚即由蒋介石以总统名义发布《财政经济紧急处分令》，先是通过电台向全国广播，第二天，全国各大报刊均予刊登。该令宣布：“从即日起，以金圆券为本位币，发行总限额为 20 亿元，限 11 月 20 日前以法币 300 万元折合金圆券 1 元、东北流通券 30 万元折合金圆券 1 元的比率，收兑已发行之法币及东北流通券；限期收兑人民所有黄金、白银、银币及外国币券；限期登记管理本国人民存放国外之外汇资产。”全国物价一律冻结在 8 月 19 日水平，是为“八一九限价”。决策者深知此次改革的重要性，20 日的《中央日报》刊发社论说，“要知道改革币制就像割去发炎的盲肠，割得好则身体从此康强，割得不好，则同归于尽”。

与货币改革配套同时推出的，是国营企业的市场化改革。这一议题已经被反复讨论了 20 多年，早在 1947 年 2 月，为了平息因“黄金风潮”而引发的物价、金融风波，政府颁布了《经济紧急措施方案》，首次正式提出了国营事业出售以及国有股份减持的政策方案。但是，具体的实施办法却始终没有出台，此刻大厦将倾，国有股出让才被当作救命的药方开了出来。就在金圆券改革的同时，行政院宣布对中国纺织建设公司、国营招商局、台湾糖业公司、台湾纸业公司以及天津造纸纸浆公司等五家大型国有企业进行股权的市场化改组，首先将之改造成股份有限公司，然后向公众出售 30% 的股份。这五家企业是当时国内规模最大，影响力也最大的国营企业。由于形势急迫，五大公司的改组在短短一周的时间内就匆匆宣告完成，再次显示国家力量的高效与粗糙。

在翁文灏等人看来，出售五大公司的国有资产将达到两个战略目标，一是推动国有企业的市场化改造，二是作为金圆券改革的配套措施。根据他们的计算，五大公司的股份转让总金额是金圆券 5.64 亿元，折合成法币为 1 700 万亿元，这几乎相当于金圆券发行总额的 1/4。以这些实体资产为“实物性储备金”再加上国库里的黄金，足可以保证金圆券的成功以及提升民众的收兑信心。

翁文灏和王云五等人深知，无论货币或产权改革，能否获得成功，关键在于吏治的改革，也就是能否遏制全国的投机力量，把物价真正控制在“八一九限价”上。这时，翁文灏的“博士内阁”得到了一个强大的支持者，他就是蒋介石的大儿子、时年 38 岁的蒋经国。就在 8 月 20 日当天，他以上海经济管制区副经济管制督导员的身份抵沪（督导员由中央银行总裁俞鸿钧兼任），督战全国最大工商业城市上海。举国皆知，改革成败，全系于蒋大公子的上海一役。

蒋经国——这位后来的台湾经济奇迹缔造者对党国腐败已是深恶痛绝，在他的身边团结了一批国民党内部的青年精英。他以青年革命者的姿态出现在上海滩，其意气风发让人想起 21 年前那个骑着高头大马来到这里的黄浦军人蒋介石，他似乎要在这里重现父辈的光荣，并由此确立在中国政坛的地位。蒋经国在兆丰公园（今中山公园）举行了 10 万青年大检阅，宣告成立由 3 000 人组成的“行政院戡乱建国大队”和“大上海青年服务总队”，会后举行了声势浩大的示威游行，100 多辆摩托车开路，几十辆轻型装甲车和 1 000 多匹战马紧随，后面是数万人的游行队伍，沿路高喊“严格执行八一九限价”“不准囤积居奇”“打倒奸商”“只打老虎，不拍苍蝇”。几天后，他两次率领上海 6 个军警单位，全副武装地到全市的商品库存房、水陆交通场所进行搜查。为了掌握真实的物价，他微服私访小菜场，抄录当日的蔬菜鱼肉价格。他还成立了 11 个“人民服务站”，专门接受告密举报。

▲ 蒋经国

上海已经多年不见这样的整肃阵仗，而且，“只打老虎，不拍苍蝇”的口号又实在让人眼亮心动。蒋经国“打虎”是为了达到两个目标，一是控制通货膨胀，以稳定时局，二是打击官僚资本集团，以挽回民心。他自己也深知改革的对象到底是谁，他在日记里写道：“自新经济方案公布之后，一般市民对币制的改革以及经济的管制，多抱乐观的心理，而政府人员则多抱怀疑态度。两天来，日用品的价格涨得很厉害。扰乱金融市场的并不是小商人，而是大资本家和大商人，所以要开刀就要从‘大头’开始。”

果然，落到他手上的，每只都是“老虎”。

就在《财政经济紧急处分令》颁发的第二天，8 月 21 日的《大公报》刊出记者季崇威的新闻稿《豪门巨富纷纷搜购金公债，隐名之人曾大批抛售股票》，文称：“19 日上午，有某匿名之人从南京乘夜车抵沪，下车后不洗面不吃东西，匆匆赶到某熟悉证券号，一个上午向市场抛售 3 000 万股永纱（永安纱厂），照昨天股票惨跌的行市计算，此人大约可获利四五千亿元。”

此文一出，市场哗然，币制改革为国家核心机密，竟然有人抢先得悉倒卖获利。蒋经国用枪逼着交易所交出账目，查出19日抛售股票的两个大户，一个名叫李国兰，是财政部机要秘书陶启明之妻。陶启明供出自己是从财政部主任秘书徐百齐处获悉机密消息的，三人迅即被捕，陶启明被处决。另一个大户名叫杜维屏，竟然是中国黑社会老大、蒋介石多年老友杜月笙的儿子。蒋经国居然也不手软，下令逮捕杜维屏，以金融投机罪交特刑庭公开审理，判刑8个月。

小蒋连小杜都敢打，算是动了真格。在随后一个多月里，64名参与投机的商人被关入监狱，舞弊勒索的上海警备司令部稽查处处长张亚民、第六稽查大队大队长戚再玉、囤积居奇的林王公司经理王春哲被公审枪决。蒋经国决心与投机官商血战到底，他发表《上海何处去》的演讲，说：“我们相信，为了要压倒奸商的力量，为了要安定全市人民的生活，投机家不打倒，冒险家不赶走，暴发户不消灭，上海人民是永远不能安定的……上海许多商人，其所以能发横财，是由于他们拥有本店制造的两个武器：一是造谣欺骗，二是勾结贪官污吏。做官的如与商人勾结，政府更加倍地惩办！”

在蒋经国的铁腕打击下，上海的物价一度稳定在“八一九防线”之内，市民们乖乖地排队将手中的黄金、美钞换成金圆券。蒋经国在自己的办公室里，日夜轮番接见沪上企业家，一一奉劝他们把硬通货拿出来，否则，一旦发现，严惩不贷，此时在上海的刘鸿生就被他生生“劝”出了800根金条和250万美元。到10月份，上海共收兑黄金114万两、美钞3 452万元、港币1 100万元、银子96万两，合计价值2亿美元。各商业银行也在9月底前将存留的外汇储备向中央银行做了申报。在整个币制改革过程中，上海是收兑成效最好的地区。

蒋经国每打掉一个“老虎”，就好像是在奄奄一息的“党国躯体”上实施了一次电击，他希望有奇迹出现。可是，接下来的一个“老虎”终于是他打不动的了。

9 月底，蒋经国在浦东大楼召集沪上的工商业代表开会，重申“打虎”宗旨。与会的杜月笙发言说：“犬子维屏违法乱纪，是我管教不严，无论蒋先生怎样惩办他，是他咎由自取。不过，我有一个请求，也是今天到会各位的一致要求，就是请蒋先生派人到扬子公司查一查。”全场目光齐聚在蒋经国身上，蒋经国当即朗声回应：“扬子公司如有违法行为，我也一定绳之以法。”

扬子公司的董事长是孔祥熙的长子孔令侃。蒋介石的夫人宋美龄没有生育，对这个大外甥视如己出，最是宠爱。在过去的几年里，扬子公司一直是倒卖外汇、走私商品的最大官倒企业，自金圆券改革以来，它又是上海最嚣张的囤积大户。10 月 7 日，蒋经国终于对扬子公司动手了，他下令搜查扬子公司上海总部并查封该公司的所有仓库。第二天，国内各大报争相报道“扬子公司囤积案”，“清算豪门”之声陡起。

公司被查，孔令侃向宋美龄哭诉。宋美龄专程到沪，把两人约到永嘉路孔宅面谈和解，蒋经国不从，姨表兄弟大吵一场，不欢而散。宋美龄只好去搬最后一张王牌。蒋介石当时正在北平前线主持军事会议，被夫人紧急电召，连夜乘飞机赶回处理家事。他将蒋经国痛骂一通，父子交谈不到半个小时，小蒋就垂头丧气地走出办公室。第二天，上海警察局召开新闻发布会，宣布“扬子公司所查封的物资均已向社会局登记”。而积极报道“扬子案”的《大众晚报》《正言报》被勒令停刊。蒋经国的老部下贾亦斌登门质问蒋经国，扬子案究竟办还是不办了。蒋经国黑着脸，十分消沉地说，我是尽孝不能尽忠，忠孝不能两全啊。

就这样，轰动天下的“扬子案”以如此荒唐的方式落幕，这也意味着蒋经国上海“打虎”行动的戛然终结。扬子公司被“放生”后，蒋经国辛苦建立起来的整肃权威顿时冰散，市场信心瞬间崩溃，从 10 月起，上海物价再度飞扬。《申报》报道称：“黄牛党无缝不钻，长蛇阵随处可见，绒线香烟西药等物无一不被抢购，药房门外占地待顶更属闻所未闻。”民国著名记者、蒋经国的朋友曹聚仁记载，那些日子蒋经国“几乎天天喝酒，喝得大醉，以至于狂哭狂笑。这显然是一场骗局，他曾经呼吁老百姓和他合作，老百姓已经远远离开他了……有的人提起经国，就说他是政治骗子。有人原谅他，说这都是杨贵妃不好，害了他，蒋先生的政治生命，也就日薄西山了”。

“打虎”行动的半途搁浅意味着货币改革的流产，而翁式改革的另外一翼，五大国有企业的产权出让也进行得很不顺利。出乎决策者意料的是，这些“香喷喷”的资产也成了无人认领的“弃物”。

从9月10日到11月初将近两个月的时间里，五大企业股票出售情况相当不理想。总共售出的数额是784.43万元，不到向社会计划出售总数的2%。其中，最多的台湾糖业股份有限公司出售了377万元，但也不到计划向市场出售总数的8%。轮船招商局的股票，仅仅出售了5.4万元，不到计划出售总数的0.02%。而天津纸业股份有限公司可供出售的股票甚至只卖出了4 000元，用当时媒体的描述是“景象颇为凄惨”。

9月27日的上海《商报》发表社论《国营事业股票为何不受欢迎？》，认为“原因不关发售的技术，而在事业组织的本身……不是意料之外，而在意料之中”。因为，“国营事业既把一部分让给人民”，就“绝非名义上改为公司组织就可引起人民对于投资的兴趣，人民所愿投资的对象，是一有前途有利益的事业”。接着，这篇社论从三个方面进一步分析了售股遭冷遇的原因。

其一是政府出尔反尔，没有信用。“招商局创设的时候本是国营的，后来改为官商合办，最后又收回国营。而现在又要改回官民合营了。”并且，“每次改变都是政府所主动而民股不能参加意见”。“通商、四明、中实、国货所谓小四行者也，本来都是民营银行，政府参加后改为官商合营，现在要把官股收回再改为民营。如此一再更张，投资者觉得毫无保障”，因此怎么可能“踊跃参加”？

其二是国营事业效率差，与民营事业无法相比。“国营事业的行政效率，往往比不上民营事业，这是尽人皆知的事实而不容否认的。国营事业既是事业，事业就要讲求效率。而政府偏偏从种种手续上使国营事业不便讲求效率，岂不是事业本身的损失？至于因此而浪费人力物力财力，更非民营事业所能想象……公司组织的事业，而有官僚化的制度，投资者当然要望而却步了。”

其三是中国的国营事业获得政府的协助少，而为政府尽义务多，改为官商合营企业后，投资者也要跟着赔累。“例如中纺公司对于布的供应，台糖公司对于糖的供应，招商局对于军差的供应，都是民营事业所轮不到的”，但“政府一纸命令，国营事业便首当其冲”。而且，“据说现在的国营事业为了替政府服务，赔累甚多，而对于社会的服务往往顾此失彼，现在改了公司组织，大权仍在政府手中，若是还要公司赔累的话，那投资者岂非也要受累在内”？投资者有了顾虑，对于国营事业的投资当然会“踌躇不定了”。

这一番分析基本上反映了当时企业家及普通投资者对改革的判断，其背后其实就是两个字——“失望”，对过去失望，对现在失望，对未来失望。从一项重大变革的推出时机，可以清晰地判断出主政者的改革诚意与决心，也从而决定了它的成败。此案对后世的启发在于：其一，任何改革都必须建立在信心、信任和信托的基础之上；其二，涉及国有资产的市场化改革宜在宏观景气上扬及政策稳定的前提下进行，如果等到经济危机总爆发或时局发生大动荡，则成效甚微，甚至会产生致命的负面效应。

至此，轰轰烈烈的经济改革全盘惨败。

11 月 1 日，行政院无奈之下只好同意开放粮食价格，限价政策全面瓦解。第二天，翁文灏公开承认经济改革失败。他表示，政府在平衡收支、阻止资金外流、取缔高利贷、增加银行存款等所有方面均无建树，他

▲ 1948 年上海街头排队用纸币兑换金条的人群

和王云五分别引咎辞职。同日，蒋经国在上海做告别演讲，他说："检讨七十来天工作，深感新的力量尚未成熟，而反动势力已结成一条战线，狼狈为奸。我们有高度的情绪，坦白的胸怀，但尚缺乏斗争经验，不足以对付老奸巨猾的经济敌人。"言罢，蒋经国黯然离沪。他后来施展自己的抱负，创造了"东亚四小龙"的台湾经济奇迹，不过这已是整整 30 年后的事情了。

金圆券改革失败的后果是灾难性的。翁内阁倒台后，经济重新陷入混乱，通货膨胀呈现报复性上涨的态势，物价狂涨速度甚至超过改革前。以上海的食品为例，在 8 月 23 日，每袋大米（计 171 磅）售价 20 元金圆券，每袋面粉（计 49 磅）售价 7 元金圆券，食油每 22 加仑售价 58 元金圆券，到 11 月 6 日，已分别上涨到 240 元、73 元和 550 元，升高 10 倍左右。《申报》报道，上海正泰新棉布店，最多一天换了 16 次牌价，职员一个月的工资只能买一块肥皂。11 月 10 日，首都南京发生了大规模的抢米风潮，警察开枪都不能禁止疯狂了的市民，当日有 22 家米店遭劫。金圆券以无与伦比的贬值速度，成为中国乃至世界货币史上的一则笑话。[①]

以经济治理的角度客观分析翁内阁的此次激进改革以及蒋经国在上海70多天的“打虎”，可以说，这是一场注定要失败的理想主义式挣扎。让人意外的仅仅是，它竟以如此快速而无耻的方式完结。

以当时财政收入的羸弱，试图用金圆券替代法币的办法来稳定物价和人心，根本就是异想天开的“豪赌”，再加上国民党军队在战场上的节节溃败，改革失败只是时间和方式的问题而已。张公权日后便分析认为：“政府孤注一掷地把它的政治威信和前途押在那次短命的货币改革，即实行金圆券方案上。这只足以说明，政府的政治力量已不复存在，人民对它的信心已扫除净尽，从而加速其最终的垮台。”[②]

蒋经国在上海的“打虎”，是国民党系统内的青年精英拼力拯救政权和经济的最后一战，在操作层面上，它有很多可以商榷的地方。最重要的一点是，管制有力而供应不足。蒋经国用口号、冲锋枪和“打老虎”强制性地压住了物价的上涨，但是，却没有在增加供应上下功夫。而他逼着工厂和商店把商品拿出来销售，事实上转嫁了改革的成本，造成企业家或陷入停产或阳奉阴违。锦江饭店创始人董竹君在自传《我的一个世纪》中描述了她的应对之策：“当时我的办法是，借进金圆券囤积货物，一等金圆券贬值、崩溃，我再将存货卖出少许，就能够还清欠款。这样决定后，就断然采取冒险挽救锦江的紧急措施，到处拉借友人换来的金圆券，冒险囤货，但又怕别人走漏消息，只好偷偷地将买进足够一年用的存货存放别

① 20世纪40年代的货币泛滥和通货膨胀是十分夸张的。《上海解放前后物价资料汇编》一书有过一个统计：若1937年6月（“七七事变”前）的货币发行额为100，1945年8月的发行额就为2.82万，1948年8月为4 707万，1949年5月则为14.45万亿；上海的物价指数若1937年6月为100，1945年8月的指数为864万，1948年8月为5.64亿，1949年5月为36.3亿 ×100万。国家混乱，无以复计。

② 张公权著，杨志信译，《中国通货膨胀史》，北京：文史资料出版社，1986年版。

处，又偷偷在半夜做好两套账目，以防万一税务局查账。”[①] 董竹君的做法在当时非常普遍，这显然违规，如果被抓住一定遭到法办，但却让她在大灾害中劫后余生。我们在下一章节即将看到，一年多后，陈毅和陈云在整肃上海时便汲取了蒋经国的教训。

货币改革的唯一“建设性后果”，是意外地促使了人民币的诞生。金圆券的滥发导致全国金融市场极不稳定，11 月 6 日，中共冀鲁豫边区下令严禁金圆券的使用与入境，并停止金银自由买卖。同时，中共中央决定改变各解放区各自发行货币的办法，成立中国人民银行，发行统一的货币，它被定名为人民币。

11 月 6 日，储安平在《观察》上发表社论《一场烂污》，算是给这场荒唐不经的经济改革撰下了墓志铭，他写道：“在全国空前骚动、朝野争战多日之后，政府终于放弃了他那‘只许成功不许失败’的限价政策……过去一个月真像是一场噩梦！在这一个月里，数以亿计的人民，在身体上、在财产上，都遭受到重大的痛苦和损失。人民已经经历到他们从未经历过的可怖的景象。他们不仅早已丧失了人生的理想、创造的活力，以及工作的兴趣，这次，又丧失了他们多年劳动的积储，并更进一步被迫面临死亡。每天在报上读到的，在街上看到的，无不令人气短心伤。饥馑和恐怖、愤怒和怨恨，笼罩了政府所统治着的土地。地不分东南西北，人不分男女老幼，没有一个人相信这个‘金圆券’。抢购抢购逃卖逃卖，像大洋上的风暴，席卷了整个社会的秩序。抢购是一种‘贞言的反叛’，这是 20 年来中国人民受尽压迫、欺骗、剥削，在种种一言难尽的苦痛经验中所自发的一种求生自卫的行为……

“严格地说来，要以改革币制来解放中国当前的经济危机，本来是个幻想。发行法币的是这个政府，发行金圆券的也是这个政府，这同一个政

① 董竹君，《我的一个世纪》，上海：生活 · 读书 · 新知三联书店，2008 年版。

▲ 1948 年，舞厅女招待抗议从业费提高

府，法币的信用既然不能维持，难道金圆券的信用就能维持了吗？有人认为这次的改革币制和最近的放弃限价，都是为了人民。实际上真是如此吗？老实说，无非因为当前的经济情景实在不太像样，有点可怕，假如不改，恐怕政府要站不住了！改吧，改吧，乱七八糟先改它一下，暂时麻醉一下人民；后来弄到全国抢购，乖乖不得了，看上去可能要出什么乱子，威胁政权，所以只好放弃限价。这一切，说得漂亮是解除人民的苦痛，骨子里还不是要安定自己的政权？

“而在改革币制时，政府命令人民将平时辛辛苦苦积蓄的一点金钞，一律兑成金圆券；政府只要印刷机器转几转，可是多少老百姓的血汗积蓄，就滚进了政府的腰包里去了。政府拿这些民间的血汗积蓄，去支持他的战乱，使国家所有的一点元气，都送到炮口里轰了出去！上海的老百姓都在回想他们在敌伪时期所经过的一切，日本人管得再凶，也没有弄到连饭都没有吃，连买大便纸也要排队的程度；日本人逼得再紧，也没有把民间的金银收完——就靠这点元气，胜利后各地慢慢恢复各种小工商业的活动。现在呢，一切完了，一切完了，作孽作孽，每一个吃亏的老百姓心底里都在诅咒，有一肚皮眼泪说不出来！

“70 天的梦是过去了，在这 70 天中，卖大饼的因为买不到面粉而自杀了，小公务员因为买不到米而自尽了，一个主妇因为米油俱绝而投河了，一个女儿的母亲因为购肉而被枪杀了，还有不知多少悲惨的故事报纸上没有传出来。我相信这些人都是死难瞑目，阴魂不散的。许多良善的小市民，都听从政府的话，将黄金白银美钞兑给了政府，可是曾几何时，现在的金圆券已比‘八一九’时期打了个对折了！惨啊！惨啊！冤啊！冤啊！一个只要稍微有点良心的政治家，对此能熟视无睹，无疚于中吗？”

最后，储安平用决裂般的口吻给出了结论，这既是对金圆券改革的盖棺之论，也是对南京国民政府执政 20 年来的一次总清算：“70 天是一场小烂污，20 年是一场大烂污！烂污烂污！ 20 年来拆足！烂污！”

如储安平所言，国民党在 1948 年的经济总失败，其实是政治和军事总失败的一部分。那是一个缺乏承诺感的年份。政党对民众、军队对平民，甚至国家对国家，一切关系都显得那么虚伪和脆弱。

国共对决到了最后的关键时刻。

从入秋以来，国共进行了三次具有决定意义的大决战，世称“三大战役”，分别是：9 月 12 日到 11 月 2 日的辽沈战役，东北全境解放；11 月 29 日到 1949 年 1 月 31 日的平津战役，华北基本解放；11 月 6 日到 1949 年 1 月的淮海战役，长江以北地区基本解放。三大战役，共歼俘国民党军队 154.7 万人。蒋介石政权大势已去。

1948 年 11 月 11 日，也就是金圆券改革宣告失败 10 天后，追随蒋介石 20 多年的“文胆”陈布雷在日记中写道：“不但怕见统帅，甚且怕开会，自己拿不出一些主意，可以说我的脑筋已油尽灯枯了……”第二天晚上，陈布雷写下 11 封遗书，吞服安眠药结束生命。《观察》在评论中写道：“陈布雷敢于在自杀之前，以‘停止戡乱，放弃独裁，绝交孔宋’三事直言相谏，谏之不从，以死明志。”[①]

陈布雷死后一个多月，12 月 17 日，是北京大学 50 周年校庆日和胡适 57 岁生日，蒋介石夫妇在南京黄浦路官邸专门设寿宴款待胡氏夫妇。耳热酒酣之间，有人奉蒋介石之意恳请胡适“替政府再做些外援的工作”，胡适当场板下脸来说：“这样的国家，这样的政府，我怎样抬得起头来向外人说话？”酒席热情顿时冷到零下。

1949 年 1 月 9 日，空前惨烈的淮海战役结束，华东战局抵定。14 日，解放军用 29 小时攻下天津，接着和平解放北平。1 月 21 日，蒋介石宣布下野。4 月 21 日，解放军百万雄师过长江，占领国民政府首都南京。毛泽东赋诗一首，电传江南前线，最后两句曰：“天若有情天亦老，人间正道是沧桑。”[②]5 月 25 日，中国最大的工商业城市上海解放。

年底，蒋介石和他的国民党政权逃遁台湾。他带走了 277 万两国库黄金和故宫里的大部分国宝，此外还开出一张长长的名单，其中包括当时中国最重要的知识分子和企业家。

可是，很多知识分子选择了留下。以 1948 年 9 月中央研究院选出的第一届 81 位院士为例——他们是当时中国最具标志意义的知识分子和科学家，跟着国民党到台湾去的只有 9 人，去美国的 12 人，留在大陆迎接解放的达 60 人，如冯友兰、郭沫若、陈寅恪、李四光、马寅初、梁思成等，占院士总数的 74%。后世的台湾史家李敖一言以蔽之，曰：“蒋介石想搬知识分子，但信誉破产，知识分子不跟他了。”[③]

---

① 见《观察》第 5 卷 16 期，1948 年 12 月 11 日。

② 这首《七律·人民解放军占领南京》是毛泽东写于 1949 年，纪念南京解放、庆祝革命胜利的诗篇。全诗内容为“钟山风雨起苍黄，百万雄师过大江。虎踞龙盘今胜昔，天翻地覆慨而慷。宜将剩勇追穷寇，不可沽名学霸王。天若有情天亦老，人间正道是沧桑”。

③ 李敖著，《李敖议坛哀思录》，李敖出版社，2007 年版。

很多企业家也选择了留下。卢作孚留下了。荣德生和荣毅仁留下了。刘鸿生留下了。简玉阶留下了。

10 月 1 日，中华人民共和国成立，改北平为北京，定为首都。时年 56 岁的毛泽东在天安门广场上对世界宣告："中国人民从此站起来了。"

第五部

1949—1958

沸腾的开局

1949 两陈治沪

一切愿意新生的
到这里来罢
最美好最纯洁的希望
在等待着你！

——胡风：《时间开始了》，1949 年

国民政府上海地方法院在停止运作前的最后一个被告，是荣德生的四子荣毅仁。1949 年 5 月 25 日，该院公开审理荣毅仁“军粉霉烂案”。也就在这一天，解放军攻进了上海城。

荣案是一个“乌龙案件”。从 1946 年 11 月起，荣家为粮食部代购代储军粮，并负责运输到北方战场。在辗转运输过程中，各经手官员上下其手，优劣杂混，到士兵手上，有的已成霉烂的面粉。1949 年 4 月，国民政府监察院以“侵占公有财物”“不计调换折扣的耗损，侵蚀利己”等罪名起诉荣毅仁，指责他把霉烂的大米卖给政府，结果导致了东北战场的失败。荣家百口难辩，只好等待法庭审理。

解放军进城，荣案不了了之。

上海解放。一个叫范因克（Finch）的美国记者报道了他看到的景象：法租界内的大世界歌舞厅，本城最大的娱乐场所，竖起了一幅巨大的毛泽东画像，人们花了好几个星期才制作成功。建筑物顶上出现了红旗，并在店铺门外飘扬。而在22年前，同样热情洋溢地悬挂着的是国民党的旗帜。有些热情的市民一时间找不到合适的旗帜，就急忙将“青天白日满地红”撕去青天白日，制成红旗。欢呼雀跃、轻松舞蹈的学生们在大街上扭起了秧歌，这种粗犷的西北舞蹈正风靡大江南北。范因克最后说：“整个景象

▲ 解放军官兵与市民扭着秧歌欢庆解放

就如同带有马克思主义烙印的好莱坞电影翻版。”[1]

3天后，第三野战军司令员、率军攻克南京的陈毅到达上海。这位比蒋经国年长10岁的大将军刚刚被任命为上海市市长，他将承担安定中国最大工商业城市的重责。几乎同时，毛泽东将陈云从东北调进北京，出任中央财政经济委员会主任，主管全国经济的重振与规划，7月17日，履新不久的陈云抵沪。两陈并肩，开打新中国的第一场经济战役。

当时，尽管全国性战事已经平息，但是物价上涨势头仍未遏制。以全国13个大城市1948年12月的批发物价指数为100计，1949年1月上升为153，4月为287，7月为1 059，11月达5 376。民间企业家对实业毫无信心，资本大多用于投机，北京、天津两市200家银行钱庄中96%的资金直接或间接从事投机活动，资本规模极为庞大。全国经济混乱的“龙头”，自然就是上海，其规模、人数、实力远非京津所能相比。就在1949年5月前后，上海24个商品交易市场和30多个茶会市场，也都被利用来大搞投机活动，全市200多家私营银行、钱庄全部在从事金银外币、证券股票等投机买卖，加上金号、证券号、银楼、钱兑业，以及地下钱庄和职业性的金钞贩子、银圆贩子等，全市的金融性投机活动者竟达30万人之众。

在疯狂的投机中，不但原来的国统区物价乱涨，连解放区也受到通货膨胀的困扰。1949年，新政府全年支出军政费用、救灾费用及抢修铁路等经费共达567亿斤小米，而当年财政收入仅303亿斤小米，财政赤字达264亿斤小米。刚性支出庞大，也只好靠发行钞票来解决，人民币的发行额直线上升。一年之内通货增加160倍，到1950年2月则增加270倍。

全国要稳定，首先物价要稳定，而物价稳定的关键，无疑就是上海。

两陈与上海都有渊源。陈毅早年赴法国勤工俭学，就是从上海离国

---

① 转引自［美］魏斐德著，芮传明译，《上海歹土》，上海：上海古籍出版社，2003年版。

的。抗战期间他长期在华东一带坚持游击战，鏖战间歇，还能写出一手豪情四溢的古体诗，是共产党内出了名的儒将，他的长兄陈孟熙曾担任国民党上海警备区政治部主任。陈云更是上海青浦人，早年在张元济的商务印书馆做过学徒，也在这里练出了一手叮当作响的打算盘功夫，号称党内第一算盘手。①

全中国的工商业者都盯着这两位会写诗和打算盘的中共将领，上海考验着共产党人的治理能力和治理模式。

在当时的国内外舆论里，有一个声音似乎是共识：共产党打仗是第一流的，治理经济恐怕不入流。日后，荣毅仁回忆说，他当时便认为“共产党军事 100 分，政治 80 分，经济打零分”。美国国务卿艾奇逊在写给杜鲁门总统的信中也说：“中国人口在 18~19 世纪增加了一倍，因此使土地受到不堪负担的压力。人民的吃饭问题是每一个中国政府碰到的第一个问题。一直到现在，没有一个政府使这个问题得到解决。”

两陈此时面临的上海经济局面，与一年前蒋经国“打虎”时完全相似，是恶性通货膨胀前提下，货币市场与商品市场的两重混乱。蒋经国的办法是，用金圆券换法币，然后用口号和冲锋枪强行弹压商品投机交易，而其结局是惨败。这一回轮到陈毅和陈云来展现治理才干了。

从 1949 年 5 月进城到 1950 年年初，“两陈”与上海的投机商人围绕货币和商品，面对面地打了三次场面激烈的攻防战。

第一仗是银圆大战，金融投机商在此役中全军覆没。

上海解放当日，陈毅就颁发布告：自即日起，以人民币为计算单位，人民币与金圆券的兑换比例为 1 ∶ 100 000，在 6 月 5 日前，暂准金圆

① 1981 年，长期担任中国佛教协会会长的赵朴初曾赋诗描述陈云的算盘功夫，曰：“唯实是求，珠落还起。加减乘除，反复对比。运筹帷幄，决胜千里。老谋深算，国之所倚。”

券在市面上流通。因为金圆券已成废纸，所以兑换的工作进行得很顺利，到 6 月 3 日，收兑的金圆券已堆满了所有的银行库房，装运的汽车从外滩沿九江路排到了四川路。可是，金圆券收上来了，人民币却下不去。

多年的恶性通货膨胀，使得市民对纸币失去了信心，投机商乘机炒作“黄白绿”——黄金、银圆和美钞，其中银圆俗称“袁大头”或“孙大头”，指民国期间铸造的两种银圆，分别因印有袁世凯和孙中山的头像而得名——成为主炒对象。在 5 月底和 6 月初的 10 天里，银圆价格暴涨了将近两倍，受此影响，上海的批发物价指数随之上涨两倍多，大米和棉纱涨了一倍多，南京路上的四大百货公司开始用银圆标价，其他商店闻风而动，相继仿效，拒用人民币。

解放军进了上海城，可是人民币却进不了南京路，这自然成了国际笑话。一开始，军事管制委员会采取了抛售银圆的办法，可是，10 万银圆抛

▲ 解放军某部行经上海国际大饭店

出去，马上被投机商吃进，如泥牛入海。此时还坐镇北京的陈云意识到，我们“在金融上所遇到的敌人，已不是软弱的金圆券，而是强硬的银圆”。他判断，如果用正常的抛售办法对抗，势必牵动全国的货币市场，造成全国游资围攻上海，形成决战的态势，不要说我方未必有那么多的银圆可以攻防，即便足量抛售，局面也是大乱。所以，他与陈毅商量，决定采取断然的军事手段。

6月8日，军管会通过报纸、电台进行阵前喊话，敦促投机商停止对银圆的炒卖，要求商家接受人民币。10日上午，上海市警备司令部司令员宋时轮亲自出动，带领全副武装的军警分五路包围了设在汉口路422号的上海证券大楼。此楼建于1934年，高八层，曾是远东最大的证券交易所，抗战结束后，经国民政府批准登记的证券字号有234家，在全国证券金融市场上的地位极其显赫。

证券大楼被攻占的经过是这样的：早在9日，公安局已派人化装进入大楼，了解情况，熟悉地形，并确定了一批应予扣押审查商家的名单。10日上午8点，200多名便衣警察按预定部署进入证券大楼，随后分5个组控制了各活动场所和所有进出通道。两个小时后，一个营的警卫部队乘十辆大卡车到达大楼，对整个建筑物实行军事包围。同时，分布在楼内各场所的公安人员亮出身份，命令所有人员立刻停止交易活动，就地接受检查。当时大楼内共2 100多人，

▲ 1949年，上海黑市投机商被处决

从上午到午夜 12 点，公安人员分头搜查了每一个字号，并登记了所有封堵在大楼内的人员名单及财物；然后命令全部人员到底层大厅集中，听政府代表训话；会后，当场扣押 234 人，移送人民法院审判，其余 1 800 多人被陆续放出。

在当时报纸上，一个叫张兴银的金融业主成了“奸商”的典型：“他的办公室在 4 楼 265 号，外挂招牌寿昌金号，屋内单是电话机就有 25 部，密密麻麻的电话线像蜘蛛网一样，从门外沿着天花板伸到屋外。房间内还藏着许许多多的暗号和密码，同四面八方联系。墙壁上挂着一个证明书，是由国民党财政部部长俞鸿钧签署的。在旁边则挂着一个红纸表格，好像军用地图用来指挥作战，上面写着 4 个项目 8 个大字：黄金、美钞、袁头、孙头，每个项目下面，都用白粉水笔注明买进卖出的价格。”在进行了如此详细的现场描述之后，记者肯定地说：“这显然是金融战线上一座奸商的前线指挥所。”①

上海证券大楼被突袭，所有的银圆炒卖活动顿时停止。随后，全国各地的证券交易场所全数遭查封，“资本市场”从此退出了中国的经济舞台。而对上海来说，民间的金融活动被彻底取缔，意味着上海作为亚洲金融中心的功能被摘除，香港取代了它的地位。在此后半个多世纪的时间里，它成了单纯的轻工业和商业中心，证券交易所重新回到上海滩，将是整整 41 年后的事情。

银圆大战打完后，接着上演的是纱布大战，这又关乎上海最重要的实体产业。

“战事”的起端还是因为全国物价的动荡。根据陈云给中央的报告，1949 年的前 8 个月，关内（除东北地区外）的货币发行额从 185 亿元增加到了 4 851 亿元，增加了 25 倍，四季度还要再发行 8 000 亿元，其中

① 转引自孙业礼、熊亮华著，《共和国经济风云中的陈云》，北京：中央文献出版社，1996 年版。

4 000 亿元用于收购棉花和纱布等物资。因此，制止物价上涨是不可能的，而且有“剧烈跳跃之可能”。果然如他所料，物价在开国大典前后，稍稍稳定了一下，从 10 月 15 日起，沪津先导，华中、西北跟进，人民币大幅贬值，物价猛烈反弹。不出一个月，京津涨 1.8 倍，上海涨 1.5 倍。在所有上涨商品中，最具指标意义的就是政府收购的纱布，而主战场便在上海。

上海从来就是全国棉纱和棉布的生产和交易中心，与 1937 年相比，上海棉纱字号从 60 家发展到 560 家，棉布字号从 210 家发展到 2 231 家，此次，贸易投机商集中攻击纱布，上海的棉纱价格在不到一个月的时间里上涨了 3.8 倍，棉布上涨 3.5 倍，因此，拉动了其他商品价格的上扬。

棉纱与银圆不同，无法用查封全部交易行的方式来解决。陈云用的办法是增加供应，举全国之力解决上海问题。

从 11 月 13 日起，已从北京南下坐镇上海的陈云给各地密发 12 道指令。他命令长江中游的棉花和纱布中心汉口将纱布囤积并秘密东运，西北地区将陇海路沿线的纱布尽速运到西安，华北的纱布则聚集在京津；各地由政府控制的贸易公司，暂时停止交易，将纱布调集到中心城市待命；各工矿投资及收购资金全数暂停支付，由中财委统一掌握；同时，电令人民银行总行及主要分行，除特殊许可外，一律停止所有贷款。陈云的这些指令都在第一时间上报中央，周恩来在电报上批示：“如主席未睡，请即送阅，如睡，望先发，发后送阅。”毛泽东历来有晚睡习惯，对此事十分关注，每件必复，宛若在指挥一场决定生死的军事战斗。

经过一段时间的紧张准备，大量物资集结完毕，两陈掌握了充足的纱布，于是开始发动总攻击。陈云在战前还告诫说：“如出现市场大乱的情况，只要我们确已紧缩货币发行，物价指数已涨达两倍则不必恐慌。那时，粮、油、盐等照正常门售量售出是需要的，但过多的抛售则不必要。”[①]

---

① 陈云著，《陈云文选》（第二卷），北京：人民出版社，1995 年版。

11月25日，陈云命令全国采取统一步骤，在上海、北京、天津、武汉、沈阳和西安等大城市大量抛售纱布。

▲ 陈云

开始时，上海等地的投机商一看有纱布售出，即拿出全部资金争相购入，甚至不惜借高利贷，在过去的20年里，几乎没有人因为囤积物资而吃过亏。当时上海的借贷甚至出现了以日计息的现象，号称“日拆”，几乎陷入疯狂。然而，这一次他们碰到了真正的对手，各地的国营花纱布公司源源不断地抛售纱布，而且一边抛售，一边降低牌价。投机讲究的是买涨不买跌，投机商眼看国营公司的纱布汹汹然地抛出，似乎下定了死战的决心，便先有了怯意，而他们又是一盘没有组织的散沙，如何与一个强悍的国家机器对抗？于是，有人预感到大事不妙，开始悄悄抛出手中的纱布，这消息立刻以瘟疫传播的速度散发开来，市场局面顷刻间发生可怕的反向翻转。纱布抛得越多，市场行情就跌得越惨，如大江东流不可抵挡，上海的纱布价格竟在一天之内腰斩了一半。

▲ 陈毅

两陈仍然穷追不舍，他们又发出三道指令，规定所有国营企业的钱一律存入国营银行，不得向私营银行和民营企业家贷款；规定私营工厂不准关门，而且要照发工人工资；同时在这几天里加紧征税，税金不能迟交，迟交一天，就罚税金额的3%。有人跟陈云说，这些招是不是太狠了？陈云说，不狠，不这样，就天下大乱。

数招并下，投机商两面挨打，资金和心理防线同时崩塌，顿时溃不成军，不得不派出代表要求政府买回他们吃进的纱布，两陈乘机以极其低廉的价格购进。经过这番交手，上海的商人元气大伤，有人血本无归，有人因应付不了“日拆”而跳楼自杀，有人远遁香港。

两陈在纱布大战中表现出来的战略能力，让国内外舆论颇为惊艳，他们采用的战法来自毛泽东屡战屡胜的军事思想，即“每战必集中绝对优势兵力，打歼灭战”，“不打无准备之战”。目睹此役的荣毅仁说：“6月银圆风潮，中共是用政治力量压下去的，此次则仅用经济力量就能稳住，是上海工商界所料不到的。”[①] 两陈的策略运用还让很多原来看不起共产党的经济学家心悦诚服。当时也在上海的民主人士章乃器在《投机商人赶快洗手》一文中写道：“在那紧要关头，像我们这班知识分子就难免要犯主观主义的急性病。我那时曾经一再建议早点下手，对市场施用压力。然而，财经工作的负责人却是那样的沉着、坚定，认为依据通货膨胀数量和物资数量的对比，时机尚未成熟。应该再多准备一些实力。同时，不妨再从市场阵地撤退若干步，以便争取主动，进行反攻。事后的检讨告诉我们，这种策略是完全正确的。经济上的反攻从11月中旬开始，以五福布为例，11月13日的行市是每匹12.6万元，比较10月31日的5.5万元，已经涨起一倍多。那就是说，倘使反攻提早半个月，两匹布吸收货币回笼的能力，就抵不了半个月以后的一匹。譬如用兵，在敌人深入到达了于我绝对有利的地形之后，一师兵就可以发挥出来两师兵的力量，就有把握可以克敌制胜了。”[②]

纱布大战刚刚鸣金收兵，两陈很快转入第三战，粮食大战。

---

① 转引自陈云著，《陈云文选：一九二六—一九四九》，北京：人民出版社，1995年版。

② 章立凡选编，《章乃器文集》（第一卷），华夏出版社，1997年版。

1949 年秋季，华北粮区遭天灾，庄稼歉收，原本就紧绷的粮食形势变得更加严峻。在筹划纱布大战的时候，陈云就非常担心北方的投机商集中攻击粮价，如果布粮同涨，南北一起开战，将两面受敌，局面难以收拾。他想出一计，在 10 月 20 日急电东北，要求每天发一个列车的粮食到北京，在天坛建仓存粮，而且每天必须增加席囤。这一计谋果然非常有效，北方的粮贩子们看到政府手中有粮，而且日渐增多，便不敢轻举妄动。等到纱布战事抵定，陈云转头专攻粮食。

当时上海的存粮只有 8 000 万斤，仅够市民 20 多天的口粮，防守力量非常脆弱，各大城市也都面临粮荒。粮食交易市场历来在春节休市，正月初五开盘后会有一波行情，俗称“红盘看涨”。上海的粮商们都把眼睛盯在那个开盘日，在整个 12 月，他们大量囤进粮食，把全部资金都压了上去，眼看，这将是一场最后的豪赌。

12 月 12 日，中财委召开全国城市供应会议，对全国范围内统一调度粮食进行具体部署。在上个月，陈云已经要求东北每天往京津地区车运粮食 1 000 万斤，此次更是命令从四川征集 4 亿斤支援上海，同时要求华中、东北在短期内运粮济沪以应急用。他担心这些粮食还不足以应战，又向中央报告，准备向国外增购 4 亿斤大米。很快，他在上海周围完成了三道防线的部署，第一道是杭嘉湖、苏锡常一线现有的存粮，第二道是从江苏、浙江和安徽急速运粮，第三道由东北、华中、四川组织抢运。据他的计算，这三道防线合在一起，政府掌握的周转粮食大约有十几亿斤，足够上海周转一年半，同时，京津、武汉等大城市的粮食也得到了大量的补充。

正月初五一到，粮食交易市场上“红盘”开出，出乎所有投机商的预料，粮价不涨反跌，而且连续数日下跌。上海广泛开设国营粮店，持续抛售两亿多斤大米，投机商不得不跟进抛出，损失前所未见。

经此三役，上海的物价开始日渐企稳。自 1937 年抗战开始以来，困扰了中国经济 12 年的恶性通货膨胀终于被陈云遏住。到 1950 年春夏之交，全国的物价基本上稳定了下来。毛泽东对上海的经济战役评价很高，认为它的意义“不下于淮海战役”。中财委副主任薄一波回忆说，有一次，他向毛泽东汇报工作，毛泽东说：“陈云同志有这样的能力，我在延安时期还没有看得出来，可称之为能。”接着，他顺手在纸上写下了一个“能”字。毛泽东熟读古书，这次他借用的是三国诸葛亮的一个典故。诸葛亮在《前出师表》里评价爱将向宠时说，“将军向宠，性行淑均，晓畅军事，试用于昔日，先帝称之曰能”。

比较两陈治沪与经国“打虎”，可以看到两个政权的不同：一是政局稳定，事有可为；二是全国一盘棋，以集中供应来打击投机；三是行政效率超高，绝对没有官倒贪腐。

银圆、纱布和粮食三战打下来，两陈打出了威风，也牢牢地握住了上海经济的主动权。与此同时，如何恢复经济以及如何管理这座城市的工商业成为新的关注焦点。

当时面临的局面十分棘手：上海工业陷入半解体状态，1.2 万家工厂中只有 1/3 维持开工，机器业工厂停工八成以上，面粉业由于北运通路不畅，产量只是内战爆发前的 1/10。占上海工业产值 74% 的轻纺业，既缺原料又无销路，陷于半瘫痪状态。实业家们更是人心惶惶，骑墙观望，谁也不敢扩大再生产。工商矛盾空前激烈，工人视业主为“反动派”，有人甚至认为，应该像土改一样，把工厂的资产直接分发给当家做主的工人们。

7 月 24 日，就在陈云抵沪一周后，上海遭到 30 年未遇的特大台风袭击，海堤被冲毁，黄浦江江水倒灌，市区受淹，连市政府大厦都水深过膝，大量档案、税票和凭证被水浸毁。在市政大厅里，一个 34 岁的青年共产党干部带着一群人，用脸盆和木桶把水清倒出去，然后将浸湿的档案一份份地晾晒烘干。与所有身着黄土布军装的同事们不同，他穿着一条吊带裤，这在朴素而农民气质很重的共产党干部中非常刺眼。他叫顾准，是新上任的上海市财政局兼税务局局长。

这是一个瘦高个儿、戴一副深度黑框眼镜的上海本地人，他出生在南市区顾家湾的一个小商人家庭，父亲开过一家棉花行。他 12 岁就进了中国第一家会计师事务所立信当练习生，在这里一干就是 13 年，成了一个娴熟的会计学专家，他编写的《银行会计》一书被商务印书馆列入“大学丛书”出版，并被之江大学、沪江大学聘为会计课教授。顾准于 1935 年加入共产党，曾任中共上海职业界救国会党团书记，1940 年他离开上海到苏南抗日根据地工作，担任过江南行政委员会秘书长、山东财政厅厅长等职，上海解放后，他回家乡出任重要的财税局长一职。据当时的上海市民回忆，1949 年前后，沪上最出名的共产党干部有三个人，除了陈毅市长之外，一个是公安局局长杨帆，还有一个就是顾准，原因是“大街小巷到处可以看到他们贴出来的治安和征税布告”。

如果说对投机商人的清算遏制住了通货膨胀的势头，那么，要真正解决经济问题，则有待于实业的恢复，它的难度一点也不逊于前者。顾准采取的办法是“尽快扶植民族工商业，恢复生产，发展经济培养税源，打击偷税漏税不法行动”。他在两年任期内，完成了三项很重要、对全国工商业治理起到了试验性效果的工作。

第一项是重建征税制度。

自晚清到国民政府时期，税制管理一直十分混乱，偷逃现象很严重，逃税越多，税率越高；税率提高，逃税更厉害，形成了恶性循环。顾准实行的是“轻税重罚”办法。为了避免大的动荡，他基本上延续了国民政府的税制体系，同时废除了一些民愤很大的苛捐杂税，譬如保卫团费、保安特捐、新兵安家费等，取消了有重复征收性质的 11 项捐税，此外陆续颁布了开征货物税、营业税、印花税等 9 种地方性税种的暂行办法。由于数年的通货膨胀，工厂的账面资产与实际值发生了严重的背离，为合理征税带来了严重的困扰。10 月，顾准公布了一项规定，允许私营企业按当时人民币物价重估全部财产价值，从而改正账面资本额，使之接近实际状况。这个办法一公布，受到实业界和会计界的欢迎。

▲ 顾准

为了保证税收的征缴，他借鉴苏联的经验，创造性地设计了财税专管员制度，用他自己的描述是，“全市组织若干个分局，每一个区分局下按地段建立稽征组（后改称税务所），稽征组的每一个税务员专管若干个纳税户”[①]。他对上海的纳税户进行了普查，共查出漏户2.1万个，实得工商纳税户10.78万个，全市设20个区税务局，建立96块专户管理区域。顾准设计的这套税务专管员制度一直沿用至今。

顾准在上海的征税工作很有成效。1949年5~12月，全市的财政收入只有498万元，处于严重赤字状态，根据上级命令，上海必须在1950年的第一个季度通过发行公债和征税的办法收上3 000万元。顾准采取了严查重罚的手段，他回忆说：“这种逃税处罚和公债征募同时进行，即使确有税法根据，也可以把逃税户弄得破产。于是，上海资产阶级一方面通过工商联、协商会议等大提抗议，一方面也进行非法抵抗——这一两月中，我收到一大堆匿名恐吓信，以致公安局为保护我的安全起见，给我配备了两名警卫员。”

顾准所说的抗议者中就包括实业大王刘鸿生。他留在上海的过程颇为曲折，他的第六个儿子刘公诚是共产党员，一直劝告自己的父亲留在上海。1949年4月，就在南京被攻克的日子里，刘鸿生在解放区电台里听到了一则专门针对他的广播：“请刘鸿生先生留在上海，不要走。解放军保证按照‘发展生产，繁荣经济，公私兼顾，劳资两利’的政策，保护刘

① 顾准著，《顾准自述》，北京：中国青年出版社，2002年1月版。以下顾准的叙述基本引自该书，不再一一注明。

氏所有工矿企业……”当时，刘鸿生的居所已被国民党上海社会局监控，他被强行胁持到香港。上海解放后，刘鸿生父子避开国民党特务监视，深夜乘太古邮轮离港，先是在北京受到周恩来的接见，得到“共产党将保护民族工商业者的私人财产、民族工商业者可以保留过去生活”的承诺，接着回到上海重新管理所有家业。他的回国在全国工商界引起了很大的震动。他被任命为华东军政委员会委员、华东财政经济委员会委员。此次，顾准的查账重罚还是让他颇有点吃不消，他直接给陈毅写信发牢骚说，公债买了十几万元，现要交款，还要纳税、补税、发工资，存货卖不动，资金没法周转，干脆把全部企业交给国家算了，办不下去了。

尽管遭到部分商人的抵制，顾准的强制手段还是收到了效果，据《上海市财政税务志》记载，1950 年全市的税收收入达到 6 416 万元，比上年增加 12.8 倍，为舒缓全国财政的紧张做出了重大贡献。①

顾准的第二项重要试验，是在中财委的统一指导下，重构了上海的产供销体系。

对私人工商业进行国有化改造，是一个既定的目标，也是社会主义经济体的特征之一，但是，如何改造，从哪里切入，却是一个很有技术性的命题。陈云的思路是，从流通入手，通过垄断生产资料供应和产成品销售的方式对制造业进行控制。从 1949 年 10 月起，中财委就着手建立三个全国性的贸易公司：一是全国性的纺织公司，负责纺织原料和产成品的供应与销售；二是全国性的土产公司，负责各地特产的产销；三是将华北贸易总公司改组为 11 个专业公司，其中以内地调剂为主的有粮食、花纱布、百货、煤铁和盐业，出口为主的有猪鬃、土产、皮毛、油脂、蛋品，此外设立一个进口公司，各专业公司均按经济区划与交通要道在中小城市设立分支公司，资金和干部统一调度。

① 1953 年 3 月 1 日起，新版人民币发行，新旧币的比价为 1 元比 1 万元。此处用的是换算过的新币值。

对每一个重要的原料领域均进行国营化垄断，私人企业均不得从事流通业，违反者被视为“投机倒把”。据曹锦清的研究，江浙一带从1950年4月起，在各县成立供销合作社，统一代理春秋茧的收购业务，私商被禁止向村民收购，从此截断了上海各私营纺织企业的原料供应渠道，迫使它们只能接受国家的加工订货业务。

当原料供应、产品销售被卡住，再加上金融业的彻底国营化，两头一夹，中间的制造企业自然就无法动弹，成了一块被压扁了的“夹心饼干”，计划经济的宏大构架因此胚胎初成。陈云认为，对流通的控制——包括商品流通和金融流通，“是逐步消灭无政府状态的手段，通过这种办法，把他们夹到社会主义”①。这个庞大的商品供销体系一直运作了几十年，它在早期对共和国经济的重建起到了重要的作用，而随着时间的延续，其内在的体制障碍也最终成为经济运作低效率的根源。事实上，开始于1978年的改革开放就是从流通领域的突围开始的，也即对这一体系的瓦解，“投机倒把”这个罪名在1997年从《刑法》中取消②。

陈云认为，要稳定物价和牵住全国产业的牛鼻子，关键是抓住“两白一黑”，也就是纱布、大米和煤炭，其中就工业而言，最受关注的当然就是纺织业。它的产值占到当时全国工业总产值的一半左右，而且在这个领域中，民营资本的力量最为强大。所以，在对全国流通市场实施计划管制的时候，它成为第一个对象。早在9月24日，也就是上海纱布大战前的一个多月，中财委召开了全国棉花收购和调配会议，这是新中国成立后的第一个大宗商品计划调配会议。会议对全国各地当年的棉花种植面积、年成、收获量，各地区公私纱厂纱锭数、粗细锭子的比例、全年需棉量，群众自用及手工纺织全年需棉量，各地区当年收购棉花的具体计划及

---

① 见陈云在1950年6月6日党的七届三中全会上的发言。

② 历史的经验告诉人们，一个完全的市场经济体系必须建立在生产资料市场和金融市场开放的前提之下。在这个意义上，一直到2009年，中国的市场化改革仍在艰难进行中。

部署情况，现有收花机构之组织状况及干部数量，私人棉商及小贩收棉花的情况，各地区棉纱棉布全年需要量等情况进行了一一的排查、分析和计划。这样的棉花大会形成了一个每年必定召开的制度。到 12 月，中财委又组织召开了全国第一次粮食会议，新华社对此进行报道的电讯标题是——“中国粮食史上”的创举。

在全国的粮棉源头被控制住后，各大城市随即建立起相应的计划管理体系，上海的带头效应当然最受关注。顾准很快行动起来，他成立国营的花纱布公司，私营纱厂不得再自购棉花，自销成品，所有产品均实行统购统销。为了与花纱布公司配套，他自下而上建立了大批国营的供销合作社，还把全市的私营运货车全部取缔，新组成了一个上海搬运公司，它成为交通运输局的前身。他在自述中写道：“国营商业控制了重要物资在全国范围内的流通，使得煤炭、建筑材料、粮食等项的私营零售业无法照旧继续下去，国营商业不得不扩大到零售商业范围中去，华东商业部分出一部分力量，组织了几个零售公司，交给上海市管理。以上趋势，还在急速发展，不久就扩大到建筑业范围中去了。”

据计泓赓在《荣毅仁传》中的记载，全国性的棉纱统购政策是在私人企业家的参与和配合下制定出来的。1950 年年底，纺织工业部在北京开会，会议期间，商业部副部长姚依林和全国工商联的沙千里、吴雪之邀请赴京开会的荣毅仁在南河沿全国政协俱乐部吃饭，席间，荣毅仁说自己正在琢磨一个问题，他说：“我正在想，搞工业的最好让他专心搞工业，着眼生产，贸易的事由国家来搞，比如商业部吧，就专门搞商业。”谈着谈着，你一句，我一言，就谈出了一个统购棉花的主张，大家认为这是个好主意，一时兴起，就喝起酒来，荣毅仁很有酒兴，一杯又一杯地下肚。这次闲谈后的第三天，陈云约见荣毅仁、刘靖基、王建等 5 名上海私营棉纱厂的老板们谈话，听取具体的意见。在纺织工业部的会议闭幕式上，陈云说：“工商界人士提出棉纱统购的意见很好，我们赞成。”1951 年 1 月 4 日，中财委颁布《关于统购棉纱的决定》，凡公私纱厂自纺的棉纱及自织的棉布，均由国营花纱布公司统购。商业部为此规定了棉纱的分配、销售、加工办法，这样，私营棉纱厂的生产就完全纳入了国家计划的轨道。

当这一严密而广泛的国营计划管理体系建立起来之后，所谓的纱布大战、粮食大战便成绝迹。

顾准的第三项重要试验，是创造性地驱赶了所有的外资公司。新中国成立后，在华外资企业显然成了新经济体制的“不适应者”，它们将如何退出是一个广受关注的事情。

顾准用的办法是提高土地使用的税率，把外资公司一一逼走。他这样描述自己的做法：“1949 年上海接收后，我们利用 1945 年以后国民党政府搞起来的地价税，加重税率，对私有土地按估定地价比例征税，国有土地当然是不征税的。征收地价税，谁都提不出反对理由，可是严格征收的结果，凡是地价昂贵土地上的房产收入，都抵不上应付的地价税。仅仅一年多，即到 1950 年冬至 1951 年春，许多外国资本家都宁愿把房地产抵交欠税，自己则悄悄溜走了。”他举例说：“上海有名的沙逊[①]，把南京路外滩的沙逊大厦（现在的和平饭店）和旧租界的华懋饭店（现在的锦江饭店）抵交欠税后离开了上海。许多外商银行、地产公司、重要洋行，上海才解放时还赖在上海不走，经过 1950 年春的罚款和一年多的地价税，也纷纷关门溜走了。”

他最后总结说：“我们没有采用任何没收政策，却肃清了帝国主义在上海的残余经济势力。”

顾准独创的“逼走法”很快被推广到全国各城市，外资企业相继离开中国，在这一过程中，尽管外资企业颇不情愿，但仍是以和平的方式进行的。以当时最大的烟草企业英美烟草为例，它的资产通过协定计算的方式被转让给中国政府。根据这一协定，英美烟草的资产价值与其未支付的捐

---

① 沙逊：晚清至民国期间，与汇丰、麦加里（渣打）、太古齐名的四大英资集团，由英国沙逊家族创建，1949 年之前是上海最大的地产商。

税和债务相等，也就是说，它离开中国的时候，没有带走一台设备。据该公司估算，这一转让在公司账目上损失了 5 000 万英镑。另据美国学者高家龙的计算，在半个多世纪里，英美烟草在中国获利不少于 3.8 亿美元。

那是一个激情荡漾的革命者的年代。上海自开埠以来，百年以降，从租界的英法洋人到清帝国大臣，从蒋介石政府到汪精卫伪政府及日本占领军，从来没有出现过这样的管理者。

他们年轻，风华绝代，充满破坏和重建一切秩序的勇气。他们夜以继日地工作，所有的热情都是为了无比热爱的国家。他们从来没有考虑自己的私利，因而根本不可能被任何利益收买。年轻的财税局长顾准就是他们中的一个典型，他每天奔波于上海的各个角落，不断地拟定各种各样的布告和公文，与大大小小的私营业主周旋协商。他在立信会计事务所时的老同事严松龄回忆说："他还是那个瘦长个子，穿一套不甚合身的黄土布军服，桌上放一只大公事包，一罐香烟，说话态度极其谦和诚恳。"[①] 所有的市民和工商业者对这样的革命家既敬又畏。

不过，事实的真相比表面上看到的要复杂得多。在当时的新上海管理者中，还是有人对即将生成的新经济制度产生了微妙的疑惑，而更让人难以置信的是，这个人居然不是别人，竟就是顾准。这是一颗悲剧的种子。

顾准是一个忠诚的、充满理想主义情怀的革命者，同时也是顶级、冷静的会计学专家。早在山东解放区当财政厅长的时候，他就发现国营企业存在的一些弊端，而让他头痛的正是他的专业所在。他说："国营企业财务管理是我们财政工作中尚未解决的问题。"也就是说，在一开始，他就对国营企业可能存在的管理弊端产生了警惕性，这成为顾准反思国营企业制度乃至整个计划经济体制的起点。

此外，他在上海采取的一些务实的治理措施也遭到了质疑。譬如，他

① 转引自罗银胜著，《顾准传》，北京：团结出版社，1999 年版。

公布的“按人民币物价重估私营企业资产”的办法，尽管受到工商界的欢迎，但是却遭到了中央财政部的严厉批评，被认为是给上海资产阶级开辟了合法逃税的门路。这也成为顾准在两年后被免职的重要诱因之一。他在1969年的《顾准自述》中写道：“我对此没有作过什么申辩……如果不允许私营企业重估资本，累进税率的所得税客观上是行不通的。因此，我现在还认为这一措施是必要的。它不是一项政策性的措施，它不过是改进经济计算的必要技术措施，也没有开辟什么合法逃税的门路。”

顾准对“政策”与“技术”的理解是天真的，在一个革命的年代，任何一项“技术”事实上都服务于以及被解读为一种意识形态，他将长期地困顿于这种逻辑之中，并为之付出生命的代价。

事实上，类似顾准式的困惑并非仅见。计划经济理念与市场的矛盾从一开始就存在，它一直无法化解，而终成“体制之痼”。

曾担任中国人民银行专门委员的冒舒諲回忆过一则往事。1950年年初，上海缺粮缺煤，整个城市一度面临瘫痪的危险，陈云邀集章乃器、千家驹、沈志远等一批财经专家，专门研究解决粮煤运输等问题。专家们认为粮食可用铁路南运，而运煤量大，需要海运，因而，力主利用外商的轮船运煤，并认为这是能够解救上海等南方大城市“燃煤之急”的唯一方法。但利用外船运煤，当时是有争议的，有些人认为这样做有“卖国”之嫌，陈云一时下不了决心。专家们进一步解释说，这些船的船东有不少是中国人，挂的不是英美国旗，而是巴拿马等小国的国旗。时任中财委商业处处长的姚依林在会议室内来回徘徊，他对陈云说道：“我们就‘卖’一回国吧！船还是中国人的船，钱也是中国人赚。”这样，陈云才把用外国轮船运煤的事确定下来，上海之急稍解。

在改朝换代的大时刻，顾准式的疑窦及是否用外轮运煤的徘徊，是微不足道的。因为，革命正面临更严峻的挑衅和困难。上海还是一块不平静的土地，1950年2月6日中午，从台湾飞来的战机四次轰炸上海闹市区，1 000多间房屋被炸坏起火，500多名市民被炸死，杨树浦发电厂被炸毁，全市停电。在这一年的春季，尽管通货膨胀的“野马”被驾驭住了，但工商业的萎缩迹象仍然在加剧，4月份大米和棉纱的批发市场交易量比1月份下降了83%和47%，大百货商店的营业额减少一半，中小商号少了90%。也是在这个月，全市倒闭的工厂有1 000多家，停业的商店2 000多家，出现了20万失业工人。陈毅市长六次致电中央，呼吁紧急支援。而全国的情形与上海相似，14个大城市在整个春季倒闭工厂2 945家，16个较大城市半停业的商店合计9 347家。尽快恢复生产成为当务之急。

与此同时，在中国北方，新的战争变数发生了。

1950年6月，朝鲜战争爆发，美国为了维护其在亚洲的地位，立即出兵干涉。9月，美军在仁川登陆，并很快把战火烧到中朝边境的鸭绿江边。10月初，中国政府做出“抗美援朝、保家卫国”的决策，组成中国人民志愿军入朝参战。就这样，才诞生一年的新中国与新晋的全球第一强国直面交战。这场战争持续了两年9个月的时间，它最终改变了亚洲地区的政治和经济版图。

1949年6月2日，中国第一张原始性氯素相纸在广东汕头市德兴路86号一间简陋的化学实验室里研制成功，研制人是时年28岁的林希之（1921—1969）。

林希之原名林应熙，又名林驰，出身富商家庭，他的祖父曾代理英商太古公司船务，在汕头市创建“太古南记行”。1946年，林希之就读于上海圣约翰大学化学系，在念书的时候，有一个外籍教师曾在他面前讥诮过中国工业的落后，这件事一直刺痛着他的心。他说：“外国人能做的事，难道中国人就不能做吗？我一定要在感光材料方面为中国人争一口气。”1948年，林希之回到家乡汕头，专心致志地开始了感光化学实验工作，他的追奉偶像是伟大的美国企业家乔治·伊士曼——他在1886年发明了卷式感光胶卷，从而彻底地改变了人类照相的历史。林希之和几个行业爱好者因陋就简地筹办起“公元实验室”。“公元”这个名称带有创世纪的气质。实验室没有经费，林希之就制作一些西药卖给药房，以补充时需。

上海解放后，林希之的不少亲戚都外逃出国，他却决定留下来，报效新中国。1952年10月，公元实验室制成中国第一张性能接近进口相纸的感光印相纸，半年后的4月1日，我国第一家感光企业——汕头公元摄影化学厂建立，林希之任副厂长、总工程师。最初，这个厂只有15人。后来，他们把汕头市永安街的一段共53间民房全部买下来，在里面曲曲弯弯地安装了1.1米宽的相纸涂布机，60米长的挂杆式干燥道，又安装了钡地纸涂布机、超级压光机、压花机等设备，年产照相纸35万盒。

1954年7月，私营的公元厂第一批参加公私合营，林希之设计研制成功“空气调理干燥法”生产工艺，取代了简陋的“石灰吸湿干燥法”。1955年4月，中国第一张人像胶片试制成功。1956年，林希之组织研制成功了黑白胶卷、黑白电影正负片、黑白高速照相胶片、X光胶片、印刷制版系列胶片和水溶性正型彩色电影正片。正是在林希之和公元厂的努力下，我国靠进口照相感光材料的局面从此逐步扭转，不久便有相纸、胶卷出口远销国外。林希之还先后倡办了职工业余学校和汕头感光化学专科学校。1959年，轻工业部主持召开了第一次全国感光材料专业会议，宣告我国照相感光材料工业的形成，生产列入国家计划。

林希之身体羸弱，早年患上了肺结核病，繁重的科研和经营工作更是让他的健康状况非常不好。他的夫人回忆，林希之每天骑自行车上下班，由于右臂无力，经常会从车上跌下来，他从地上爬起来，又继续赶路。这在汕头，竟成一景。由于长期用脑过度，他还经常失眠，有一段时间竟常常整夜无法入睡，尤其当他正在攻克一项科研项目的时候，根本无法安眠，每天都得靠安眠药强制休息，后来安眠药服量逐日增加，他只好从国外进口了一架电子催眠机帮助他获得短时间的睡眠。

1966年"文化大革命"爆发，既有外侨关系又是"反动权威"的林希之从一开始就遭到残酷迫害。他被关进"牛棚"，一次又一次被抄家，科技资料被销毁，器材被砸烂。那时候，生在他喉头的一颗恶瘤日渐增大，后来竟大至鸡蛋一般，使他难以进食，他时常吐血、盗汗、痉挛、昏迷……

1969年6月，看守的人怕他死在"牛棚"里，就把他放了出来。林希之一回到家里，就忍着剧痛，又埋头工作。他把家中的几个收音机拆成零件重新组合，拆了又装，装了又拆，开始研究一种提高软片感光度的新技术。妻子不忍，林希之说，"活着就要工作。让我干吧，我能工作的时间已经不多了"。

10月，48岁的林希之去世于自家老宅楼梯下一个没有阳光的小黑屋里，他的生命与事业一样都走到了最黑暗的尽头，他留下的最后一句话是："我没有完成任务。"

至20世纪80年代，汕头公元的主要产品已发展至黑白相纸、人相胶片、胶卷、X光胶片和印刷制版胶片等五大类42个品种，相纸产量居全国首位。1986年，国家投入9亿多元巨资，公元引进日本富士胶片公司彩色感光材料生产线，由于种种因素的影响，彩色线投产不到一年就陷入停产、半停产困境。到20世纪90年代初，公元负债高达48亿元。1994年，国务院做出决策，公元以1.8亿美元的价格将彩色生产线转让给美国柯达公司。柯达的创始人正是林希之的偶像——乔治·伊士曼。2005年8月，柯达因连年亏损，宣布永久关闭公元厂。

2003年，财经作家袁卫东受柯达邀请，撰写一本关于柯达在中国的书籍。他到汕头公元采访，意外地“发现”了久被遗忘的林希之。他在《跨越》一书中写道：

“在木棉花盛开的初春，穿过脏乱的露天市场来到民生路24号，这是公元创始人林希之的故居。我们几乎难以辨认，因为那里几乎是废墟，是一座残破的民国建筑……林希之的遗孀高婉卿和他的后人接待了我们。30多年的岁月后，林希之的气息还在。在二楼的墙壁上，有一幅相框裱起来的遗照：林希之风华正茂，穿白色衬衫，挺直的鼻梁上架着一副秀气的眼镜，正在专心致志地做着笔记。这堪称是隐藏在历史深处，追寻‘中国梦’的人物最逼真的素描。林希之在黑暗动乱的岁月，以‘反动人物’的身份被批斗，被革命群众占领住宅，最终在楼梯下一个没有阳光的小黑屋里，忧郁病痛而终。据80多岁的林夫人忆及，他们批斗他的时候，用竹竿捅他，林希之咯血。我亲眼目睹了那个小黑屋，以及林希之最后的遗物，装在一些破旧肥皂盒里布满灰尘的电子元器件。这是当年林希之躲在小黑屋里，琢磨航拍感光材料留下的东西。”[①]

袁卫东继续写道：“我想起一个月前，在罗切斯特飘雪的清晨，一行中国记者参观乔治·伊士曼故居的情景。传记中关于伊士曼故居的描述，都静静躺在那里，仿佛时间还停留在一个世纪前，充满风琴声的日子。而在房间里静静绽放的白色康乃馨和雏菊，让我莫名地感动。在那里，我感到的是对缔造者的感激、尊重。而在这里，是苦涩，是对历史惊人的遗忘和冷漠，甚至践踏……我深深悲情于这个梦的苦涩，它不是来自几乎30年后，公元被柯达收购，而是来自林希之所受的伤害。这是一代中国人的悲情。”

后来的中国人，不应该忘记林希之。尽管以成败而论，这个性情温和、命运悲惨的客家人什么也没有留下。

---

① 袁卫东著，《跨越——柯达在中国》，北京：中信出版社，2005年版。

1950 改造的浪潮

时刻准备，建立功勋，
要把敌人，消灭干净，
为着理想勇敢前进，
为着理想勇敢前进，前进。

——郭沫若:《中国少年先锋队队歌》，1950年

1950年8月10日，北京。四川船王卢作孚与交通部部长章伯钧签署了《民生实业公司公私合营协议书》，这是新中国第一家公私合营企业。毛泽东说，公私合营“要学习民生公司的榜样”。

有关资料显示，民生的“公私合营”是卢作孚主动提出来的。早在1949年，卢作孚一度避居香港观望，他带走了价值达5 000万美元的18艘轮船，他的去留成为一个很微妙的焦点。在那段时间，民生公司的经营陷入了困境，公司亏空达170亿元，举步维艰，连发职工工资都极为困难。总公司主任秘书郑璧成被拘押，原因是“因不得已之原因，保存战犯杨森（曾任国民政府四川省省长）衣物”。卢作孚思量再三，决意回到内地，3月24日，他通过公司驻北京代表何乃仁向周恩来第一次提出了“公私合营”的议题。

6月10日，他离港赴京，作为特邀代表，出席了全国政协第一届第二次会议。在京期间，周恩来总理和陈云多次约见他，就经济建设问题、交通和航运问题进行长谈。有一次，凌晨两点钟，周总理给他打来电话，要立即约见，接着便派车来接，一直谈到东方既晓。卢作孚还两次参加毛泽东主席举行的便宴。宴上，他都与毛主席同席，并且紧挨毛主席。

卢作孚主动提出“公私合营”，与当时的形势和他一贯的理念有关。一方面，他希望以合营的方式让民生走出困境。在协议书中，政府投资作为公股，帮助民生公司渡过难关，公股代表只参加董事会，并不直接参加公司具体运作。另一方面，他一向有为社会办企业的思想。从投身实业到经略北碚，他始终抱持着乌托邦式的实业理念，而这与公有制的基本精神是一致的。

协议书签署后，周总理曾两次力邀卢作孚留在北京担任交通部的负责工作，他则执意回川。在过去的20多年里，他从来只是一个本色而寡言的企业家。

卢作孚的归国与民生的“公私合营”，在当时是一个标志性的事件。我们接下来要讲述的正是新政权对民族工商业的基本判断与做法，这需要从三个方面来观察，一是政治上的定义，二是接收的办法，三是政策的设想。

根据马克思主义的经典表述，在阶级属性上，企业家是有产阶级——更多的时候被称为资产阶级，它与无产阶级是对立的，是需要被革命和改造的对象。早在1921年，中国共产党建党的第一份《党纲》中就明确写道：“消灭资本家私有制，没收机器、土地、厂房和半成品等生产资料，归社会公有。”不过，如何进行革命和改造，则有不同的路径。斯大林时期的苏联，采取的是坚决消灭资本家的做法。[①] 中国的做法与之不同。

早在1934年，担任中华苏维埃共和国主席的毛泽东就撰文认为："对于私人经济，只要不出于政府法律范围之外，不但不加阻止，而且加以提倡和奖励。"他认为根据地的国民经济应该由国营经济、合作社经济和私人经济三方面组成。1940年，毛泽东在《新民主主义论》一文中指出，新民主主义共和国的经济构成的正确方针是："在无产阶级领导下的新民主主义共和国的国营经济是社会主义的性质，是整个国民经济的领导力量，但这个共和国并不没收其他资本主义的私有财产，并不禁止不能操纵国民生计的资本主义生产的发展，这是因为中国经济还十分落后的缘故。"1945年，在《论联合政府》一文中，毛泽东又进一步发展了这一思想："没有新民主主义的国家经济的发展，没有私人资本主义经济和合作经济的发展……要想在殖民地半殖民地半封建的废墟中建立起社会主义社会来，那只是完全的空想……有些人不了解共产党人为什么不但不怕资本主义，反而在一定的条件下提倡它的发展。我们的回答是这样简单：拿资本主义的某种发展去代替外国帝国主义和本国封建主义的压迫，不但是一个进步，而且是一个不可避免的过程。它不但有利于资产阶级，同时也有利于无产阶级，或者说更有利于无产阶级。"

1948年9月，在中国共产党即将取得全国政权之际，毛泽东的观点依然与上述的阐述保持一致。他指出，在革命胜利之后，"中国内部的主要矛盾就是无产阶级与资产阶级的矛盾"，随后他认为，私人资本主义经济将成为新中国的5种经济成分之一，但这种经济成分并不是可以无限制发展的。资产阶级迟早会被"消灭"掉，不过在他看来，这个过程需要5年左右的时间。在1948年12月的一次会议上，中共领导层达成共识，认

---

① 对比苏联与中国的经济改革，可以发现，前者比后者要激进得多，在建立计划经济体制时，是一步到位式的"彻底革命"，对资产阶级从企业组织到肉体进行彻底的消灭，在向市场经济转型时（1990年前后），也是一步到位的"休克式疗法"。中国的经济改革则有鲜明的渐进特征。

为“过早地消灭资本主义的观点，要犯‘左倾’的错误”。毛泽东说：“到底何时开始全线进攻？也许全国胜利后还要15年。”

新中国成立前夕的1949年6月，毛泽东在《论人民民主专政》一文中明确地表述说：“我们现在的方针是节制资本主义，而不是消灭资本主义。”1950年4月，他更指出了新中国当前的“三大敌人”：“今天的斗争对象主要是帝国主义、封建主义及其走狗国民党反动派残余，而不是民族资产阶级。”在同年6月的七届三中全会上，他说：“有些人认为可以提早消灭资本主义，实行社会主义，这种思想是错误的，是不适合我们国家的情况的。”这一系列讲话表明，在1950年前后，民族资本主义被看成是一个需要团结和利用的阶层。后来我们将看到，随着形势的演变，他一步步地改变了这样的观点。

正是基于清醒的政治判断，共产党在夺取了政权之后，对民族资本的接收采取了相对温和的办法。据新中国成立初期与陈云一起负责全国财经工作的薄一波回忆，在攻克天津、和平解放北平之后，毛泽东专门同他进行了一次很重要的谈话。他嘱咐，城市接收工作主要是接收官僚资本，对民族工商业要好好保护，接收工作要“原封原样，原封不动”，让他们开工，恢复生产，以后再慢慢来。毛泽东主要警惕的有两点：一是不能变成300年前的李自成，因狂欢贪腐而自我毁灭；二是不能变成抗战胜利后的国民党，把接收变成“劫收”，得了天下的同时就失了民心。

当时军队进了大城市，的确出现了一些混乱的景象，如哄抢物资、破坏设施、任意处置有产者等，毛泽东在一份报告中严厉地批示，在城市或乡镇破坏工商业“是一种农业社会主义思想，其性质是反动的、落后的、倒退的，必须坚决反对”[①]。中财委据此规定了“十六字”接收办法：“各按系统，自上而下，原封不动，先接后分。”对于民族工商业的基本做法是：

① 见毛泽东1948年4月在晋绥干部会议上的讲话。

"当我们还没有能够定出一套更合理更有效的制度来代替旧制度中某些不合理或过时了的东西时，宁肯不轻举妄动，以免影响生产组织，发生无政府状态。"这显然是一种务实的工作策略，因此，与4年前的国民党"接收大战"相比，新中国的进城接收要有序和有成效得多。

再说进城接收之后的政策设想。其基本的逻辑是，迅速确立国有化为主体的计划经济治理模式，同时兼顾民族资本集团的利益诉求。

以所有制区分的方式来治理产业经济，这种独特的模式从一开始就被确定了下来。1949年5月，在中共中央《关于建立中央财政经济机构大纲(草案)》的文件中，就对中央财政经济委员会的建制进行了规划，其中要求，在中财委内分别设立中央计划局、私营企业中央事务局、合作事业中央管理局、外资企业中央事务局，这些机构的职责便是对不同所有制的企业给予不同的政策管制，这是一种非常独特的政策安排。

1950年年初颁布的《全国税收实施要则》，充分体现了不同所有制的政策区别，譬如，国营工商业总分支机构内部调拨货物不需纳税；委托私营企业加工只就工缴收益按工业税率纳税，私商为国营企业代购代销产品，按实际所得的手续费征税；新成立的供销合作社免纳一年所得税，营业税按2%的税率征收，并打八折；新成立的手工业生产合作社免纳营业税和所得税三年等。在今后的60年里，这一模式虽经数次微调，机构设置及治理权限多有变化，但是国营优先的总体逻辑一直延续未改。

在这样的宏观政策环境中，私有化资本已经处在一种被边缘化的尴尬境地。如何安抚民族资本家，以及让激进的工人阶级认同这种过渡，是一个很艰巨的工作。这方面，早年就与李立三、张国焘等人从事工人运动、时任中央人民政府副主席的刘少奇发挥了很重要的作用。在1948年9月召开的政治局会议上，刘少奇分析认为，在当时的工业体系中，国营经济的成分比重仅占34.7%，私营工商业还有很大的比重，因此，恢复和发展生产，不容忽视后者的能量。为发展整个国民经济，对于那些不危害国计民生的资本主义工商业还要允许其发展。为了建设新民主主义经济，我们

▲ 1950 年国庆节的外滩

与民族资产阶级至少“可搭伙 10~15 年”，如果过早消灭了，“消灭了以后你还要把他请来的”。

1949 年，天津解放后，一些工人和店员像农民分土地一样地开始分商店、分工厂，在短短一个月里发生了 53 次清算斗争，私营业主大为惊恐，企业开工不足 30%，全城因此有上百万人失业。天津当时是仅次于上海的全国第二大工商业城市，此城一乱，波动整个北方地区。于是，刘少奇亲赴天津做思想工作。他列举当时的不正常情况时说：“进城了，敌人看不见了，就把眼睛盯准大肚皮的工商业家，把子弹朝他们打来，像农村分田地一样，要分工厂、汽车、洋房、机器；或向他们提出过高的工资要求；或强令资本家不准辞退工人；或在报纸上只说资本家的坏，不说他们的好；干部、工人不敢接触资本家，否则就是立场不稳。总之，只强调斗争的一面，不强调联合和利用，以利于发展生产的一面。这是一种只顾眼前利益，不顾长远利益的行为。”刘少奇明确表示：“中国不采取苏联、东欧推翻资产阶级的流血方式，而采取民族资本家与我们一起走入社会主义的方式。”

5 月 2 日，刘少奇邀请天津的 128 位民族资本家座谈，发表了日后很出名，也引起巨大争议的“天津讲话”，在这次讲话中，他提出“剥削有功”。他说：“从发展生产力看，资本家阶级剥削是有其历史功绩的，没有一个共产党员抹杀这个事实。骂是骂，而资产阶级这个功绩还是有的。从推动人类社会向前发展说，是功大罪小。今天的中国资本主义还在年轻时期，还可以发挥它的历史作用，尤其是当前我们要求工商界发挥积极性来发展生产力，建设新中国，这正是你们为国建功的机会，你们应该努力，不要错过机会。今天资本主义的剥削不但没有罪恶，而且有功劳。封建剥削除去之后，资本主义剥削是进步性的。今天不是工厂开得太多，工人受剥削太多，而是太少，有本事多剥削，对国家和人民有利，恢复和发展生产，除国家之外，还有私人的；国营与私营之间，可能有竞争，但政府的方针是使国营和私营合作配合。既要发展国营生产，也要发展私营生产，要采取限制政策，以避免旧资本主义前途。公私兼顾是限制，劳资两利也是限制。”

他还指着东亚毛呢纺织股份有限公司总经理宋卿说：“你现在只办了两三个厂子，将来你办 8 个、16 个厂子。到社会主义的时期，国家下命令，你就把厂子交给国家，或者由国家收买你的工厂，国家一时没有钱，发行公债也行。然后，国家把这 16 个工厂还是交给你办，你还是总经理，不过是国家工厂的总经理，因为你有功，国家再交 8 个厂子给你办，——共 24 个，薪水不减你的，还要给你增加，还要相应地给你高的地位。可是你得要办好啊！你干不干呢？”宋卿应声回答说：“那当然干。”

刘少奇在天津的这番讲话，确实起到了安定人心的作用。企业关闭数急剧下降，开工率上升。到 6 月份，天津新开张的厂店达 1 160 户，而停业的只有 27 户，该月的财政收入比前一个月增加 1.5 倍，到 9 月，天津的进出口总值达到了新中国成立前的最高水平。

刘少奇在天津初步形成了“合营过渡，和平赎买”的观点，也成为 1956 年之前的一个政策方向。

新中国成立初期，民族资本集团受到了比较温和的待遇。在国家治理团队中，共产党外的民主人士也拥有相当的比例，在第一届政务院（即后来的国务院）的 34 个部长级名单中，党外人士占了 14 人，其中，涉及经济的部门首长有一大半来自党外，譬如轻工业部部长黄炎培、邮电部部长朱学范、交通部部长章伯钧、农业部部长李书城、林垦部部长梁希、水利部部长傅作义等，1952 年新建粮食部，部长是章乃器。

尽管没有被彻底“消灭”，但是，随着证券交易市场的取缔、商品流通领域的国营化管制、税收上的所有制倾斜，再加上意识形态上的矮化，民营资本集团早在 1950 年就已经非常虚弱了。

薄一波在《若干重大决策与事件的回顾》一书中讲述了一个细节。1950 年 2 月，也就是上海的粮食大战平息之后，中财委曾担心民间商人会展开一轮新的攻击，便召开全国财政会议商议对策，拟定了“四路出兵”的策略，即加紧征收税款和公债款，督促企业主发放工人工资而且不准关厂，公营企业现金一律存入国家银行，不准向私营银行和私营企业贷款。薄一波回忆说，当时“估计可能会遇到资产阶级的抵抗，要打几个回合。实际上，他们已无力再较量，三四月份，我们看到势头不对（市场过紧），收兵回营，已经来不及了”[①]。来不及的后果是，因供应和需求的同时锐减而出现了全国性的市场萧条。上海市长陈毅向中央报告，上海人心浮动，匪特乘机活动，市面上发生了吃白食、分厂、分店、抢糕饼、打警察、聚众请愿和捣乱会场等事件。

5 月，华北局对石家庄、大同和张家口等 14 个城市的企业情况进行调查，在专门报告中概括了 8 个方面的问题，从中可以看到当时公私企业的实际状况。

其一，国营商店和合作社经营的商品范围过宽，数量过大，有垄断一切的现象。在粮食、棉花、纱布、煤炭、煤油、食盐等几种主要商品上，

---

① 薄一波著，《若干重大决策与事件的回顾》，北京：中共党史出版社，2008 年 1 月版。以下薄一波的相关回忆基本引自本书，不再一一注明。

国营的营业额高达80%左右。有的商品在某些城市甚至达到100%，其他日用品，国营商店和合作社也广泛经营，抢夺私商的阵地。

其二，在价格政策上打击私营工商业，表现在批发价格与零售价不分，私营零售商无利可图；地区差价小，私人长途贩卖赔钱；代销手续费低，代销商不满意；原料与成品的差价小，工业利润低，造成一些私营工厂倒闭。

其三，税收重，税目多，手续繁，加上认购公债的任务也重，私营工商业难以承受。①

其四，在金融政策上，公营贷款一般占80%~90%，私营贷款则比重过低，而且还款时间限得过短，资金周转不过来。

其五，在原料采购、分配上，对私商的限制多。天津私营纱厂采购原棉，花纱布公私只准它买次品的棉花，并限制采购数量。太原私营铁厂需要的钢筋，不允许在市场上自由选购，必须以高价从国营单位进货。

其他的问题还包括，不允许遇到困难的私营工厂降低工资，在商品已经滞销的情况下，国营贸易只吐不吞，放弃调节市场的责任，在加工、订货和成品收购上条件苛刻，私商得到的利润低，有时公方还不守信用。

薄一波在回忆录中说："华北如此，其他地区也同样存在这类问题。我们工作中发生的这些缺点、错误，使民族资产阶级产生了疑惑和不安，一些从香港回到上海的资本家，这时有的又跑回香港去了。湘鄂赣和武汉市的工商业者说，你们的贸易公司、合作社一起挤我们，我们还有什么前途？"

就在5月20日，刘少奇重申了他的宽容政策。他说："在今天及以后

---

① 各地私营企业税负有不同，不过，偏高偏重是一个存在的事实。中国社会科学院的档案显示，1951年对天津10家大私营工厂的调查表明，所得税占盈余总额的39.4%。在江苏常州，染织业的所得税占其总收入的60%。上海市1951年对18家典型户的调查发现，其实际盈余为2 006亿元，缴纳的所得税为1 127.29亿元，占实际盈余的56%。

一个相当长的时期内，合作社和国家商业是不能完全代替私人商业的。私人商业在相当广大的范围内还会长期存在，大量的商品还要经过商人的手送给消费者和生产者。因此，这些直接间接经过了商人的生活资料与生产资料的获得者，就还不能免除或不能完全免除商人的中间剥削。而在目前，企图用国家商业与合作社商业去全部代替私人商业的思想，那就是一种错误的‘左’的思想，这在新民主主义阶段中是不可能的，也不应该的。”①

时间到了 1950 年的秋天，随着朝鲜战事的展开，全国民众一致对外，国内矛盾缓解。这场战争共消耗各种物品 560 多万吨，开支战费 60 万亿元，在经济领域产生了刺激生产的强大效应。②

12 月，政务院颁发了《私营企业管理条例》，这从法律上起到了安定私营工商业者、提高他们投资和生产经营积极性的作用。据统计，1950 年下半年，上海、武汉、北京、天津等 10 个大城市私营工商业达 3.2 万家，是该年第二季度开业户的 5.5 倍；1951 年同 1950 年相比又增加了 11.9% 以上，生产总值增加 39%，零售总额增加 36.6%；私营工业发展也较快，1953 年同 1952 年相比，私营工业的职工增加了 8%，总产值增加 25%，资金增加 10%，利润的增加更是惊人，同比增长达到 146%。

全国民众以无比的热情支持抗美援朝，据 1952 年 2 月《进步日报》报道，截至 1951 年年底，全国捐款 5.02 万亿元，折合战斗机 3 349 架。海外华侨的捐助总额超过 1 亿美元。

在广大的农村地区，土地改革全面展开。1950 年 6 月 30 日，中央人民政府正式公布《中华人民共和国土地改革法》，决定从 1950 年冬季开始，用两年半或三年左右的时间，在全国分期分批地完成土地改革。土改的基

① 刘少奇著，《刘少奇论合作社经济》，北京：中国财政经济出版社，1987 年版。

② 1951 年年末的物价水平：1 斤豆油的零售价格为 3 500 元，1 斤大米为 1 270 元。

本内容是，没收地主的土地分给无地少地的农民，把封建剥削的土地所有制改变为农民的土地所有制。各地政府派出土改工作团深入农村，发动农民，建立农会，组织农民向地主阶级开展斗争。到1952年年底，全国大约有3亿多无地和少地的农民分得了大约7亿亩土地和其他一些生产资料。

从1951年12月开始，一场席卷全国的“三反”“五反”运动开始了，这是新中国成立后第一次大规模的政治运动。它的起因有两个，一是中央对党内腐败的警惕，二是为了增加税收。

“三反”“五反”是两个领域的斗争：“三反”运动是在共产党和国家机关内部开始的反贪污、反浪费、反官僚主义的运动，“五反”则是在资本主义工商业者中开始的反行贿、反偷税漏税、反盗窃国家财产、反偷工减料、反盗窃国家经济情报的运动。它们前后跟进，互为勾连。

率先展开的是“三反”运动，它以打击党内腐败分子为主题，也称

▲ 土改时农民批斗土地主

“打老虎”。贪污1亿元以上的被叫作“大老虎”，1亿元以下到1 000万元的叫作“小老虎”，在一年多时间里，查出大小“老虎”10万多人，贪污总金额6万亿元，其中，判处有期徒刑9 942人，判处无期徒刑、死缓和死刑者分别为67人、9人和42人。其中最为轰动的，是在1952年2月公审枪毙了中共石家庄市委副书记刘青山（时年35岁）和中共天津地委书记张子善（时年37岁）。刘、张两人都是30年代初就入党的老党员，战争期间功勋卓著，新中国成立之后迅速蜕变。据调查，两人共盗用公款171亿元，勾结奸商倒卖钢材，使国家财产损失21亿元，克扣建塘民工的口粮获利22亿元，此外还贪污挥霍了3.7亿元，总计217.7亿元。他们在保定市召开的两万人大会上被公开审判，然后执行枪决。曾有人为“刘、张”向毛泽东主席求情，毛主席答：“是要他俩，还是要新中国？”

就在党内展开“三反”运动后不久，中央又决定在大中城市的资本主义工商业者中开始“五反”运动。

“五反”的目的，毛泽东在一次谈话中有明确的表述。他说：“资产阶级过去虽然挨过一板子，但并不痛，在调整工商业中又嚣张起来了。特别是在抗美援朝加工订货中赚了一大笔钱，政治上也有了一定地位，因而盛气凌人，向我们猖狂进攻起来。现在已到时候了，要抓住资产阶级的‘小辫子’，把它的气焰整下去。如果不把它整得灰溜溜、臭烘烘的，社会上的人都要倒向资产阶级方面去。”①

如果说，1949年年底发生在上海的3次“经济战役”，是新政权对民间资本的一次战略性反击的话，那么，两年多后的这次“五反”运动则是全面的主动出击。毛泽东在3月指出了运动必须达到的一些具体目的：“彻底查明私人工商业的情况；清除资产阶级在工会中的走狗，争取中间分子；控制同业工会与工商联合会；解散资本家秘密结社；建立工人店员监

① 见1952年1月毛泽东为中央起草的《关于在城市中限期展开大规模的坚决彻底的“五反”斗争的指示》。

▲"五反"期间，上海米厂工人揭发老板的违法行为

督生产和经营的制度；追回国家的大部分经济损失；在大中型企业建立党组织。"这充分表明，"五反"并不是一场单纯的经济运动，更是一个阶级对另一个阶级的斗争，是对私人资本集团在国民经济中的一次"刨根"。

当时的报纸对资本家的"五毒"有铺天盖地的报道。据京、津、沪等9大城市被审查的45万多户私营工商业统计，犯有不同程度"五毒"行为的占总户数的76%，其中上海为85%，北京90%。另据抽样调查，天津1 807家纳税户中，偷漏税者占82%，上海351家纳税户中，偷漏税者占99%，其偷漏税额一般占应付税款的50%，有的高达80%。一些被披露出来的事实很是让普通公众气愤，如天津40多家私营铁工厂用废料、次料为志愿军制造的17万多把镐、锹，运到前线后，一用就坏，影响了工事修筑。武汉福华药棉厂奸商李寅廷承制志愿军急救包时，把从国家领来的好棉花换成烂棉花，使受伤的志愿军战士致残致死。

在运动中，各地纷纷采取了清算大会、批斗大会等形式，普遍出现给资本家戴"高帽子"和进行体罚的现象。薄一波记录说："有些工厂商店的工人、店员在诉苦中大声痛哭，检查队女同志亦跟着流泪，群情激奋，和日本投降后华东农民诉苦复仇运动的情形有些相像。经过诉苦后，一个工厂一个商店的统一战线即可形成，即可迅即转入‘五反’。”

中国社会科学院的档案中有一份上海市的总结报告显示，当时投入运动的上海职工达 72 万人，占私营企业职工总数的 96%，它还较详细地记录了“五反”运动的具体做法。一是从诉苦运动着手，充分发动群众，这种激发阶级对立的做法在农村的土地改革中屡试不爽；二是争取高级职员是取得胜利的关键，“这些人平时媚上欺下，手面亦不干净，是突破重点与取胜关键”；三是“对资本家充分利用矛盾，多方实行分化。上海的资本家虽颇狡猾，但因损人利己的天性，往往矛盾重重，同行之间，股东之间，帮派之间，当权与不当权之间，甚至夫妻、父子、兄弟之间，均有不少矛盾。只要高度运用机动灵活的策略，实行分化，则往往容易攻破”；四是利用资本家的子女，他们不少是党员、团员，可充分利用，进行劝说检举等工作，4 月 12 日这一天，复旦大学就有 1 146 名学生被动员回家进行劝说工作。为了鼓励检举，上海市政府还专门公布规定，“只要店员、职

▲ 1951 年沈阳铁路工人绘制镇压反革命分子的宣传画

员、工人们积极检举不法资本家巨大非法行为，政府保证这些已归店员、职员、工人的利益，一律仍归自己所有，也不作任何追究与处分”。

这些办法的成效是明显的，在很多资本家留存下来的回忆残片中，强大的群众运动所造成的震撼和恐惧心理是他们最终屈服的重要原因。从中国社科院的《全国“五反”运动中对违法工商户判刑统计表》可见，参加“五反”的工商户总数为 99 万户，被判刑的 1 526 人，只占总户数的 0.15%，其中死刑犯 32 人，无期徒刑 20 人。也就是说，真正被处以刑罚的人数非常之少，但这并不妨碍运动的巨大成功。

胜利者与失败者的名誉都取决于胜利者如何书写，这句罗马谚语在本轮运动中得到了验证。在暴风骤雨般的群众怒吼下，资本家成为被鄙视、被彻底妖魔化的族群，甚至连他们都对自己产生了厌恶，这种心理反应是前所未见的。经济学博士桂勇在《私有产权的社会基础》一书中引用了一位资本家的口述，称：“‘五反’时工人开始看不起老板了，我们自己也觉得做老板不好。做老板有什么意思呢？冒着这么大的风险，要坐牢的。有人被抓，有人被枪毙，这对我们的影响是非常大的。尽管我周围的老板没有直接坐牢的，但我听到过很多人的事，这使我很害怕。今天钱没了，明天老婆跑了，后天自杀了，那老板还有什么心来搞好这个企业？”[①]正是在这样的恐惧下，大多数人心理崩溃了。

在开展揭发批斗运动的同时，税务部门开展大规模的清查“五毒账”，要求私营业主补纳罚缴。上海、天津许多违法资本家被认定的盗窃国家财产，已经接近或超过企业资产总值。有资本家对桂勇回忆说：“工人检举了些什么，我们一直不知道，只好拼命地坦白。不过，我们坦白的与工人所揭发的差距很大，所以关总是过不去。到最后过了关，人的精神状态已经崩溃了。你讲的所有东西都是不对的，如果再争论下去是要坐牢的，因为你抗拒了。关键在于对待运动和坦白的态度，只要承认了，签了字，就

① 桂勇著，《私有产权的社会基础》，上海：立信会计出版社，2006 年版。

可以过关了。这样，过关时他们说多少就是多少，我签了字，不过自己也不知道五毒究竟是怎么一回事。”①

在“五毒账”中，最普遍的一条是资本家擅自购买原材料和倒卖物资。上海兴中造船厂是沪上最大的私人造船企业，老板就是当年不肯与日本人合作的穆易，在“五反”运动中他遭到清算，一份揭发材料记录了这样一件事：“拖轮上应用铜料，原规定全部由国营航运处供应，但当时因政府手中存料不多，一时供应不上。本厂资方即在市场上乘机收购，当时以每吨150美元左右购得五六十吨垫用于工程上，一面仍继续向航运处要求供给。航运处因存货不多，收购困难，致延迟甚久，尚无法全部供给，价格亦扶摇直上。至1951年1月，本厂资方趁此时机以每吨市价600美元，结售于航运处，计垫用钢板64吨，获得非法利润2.88亿元，严重地危害了国家利益。”由这份揭发材料可见，在当时的政策环境下，私营业主已经失去了自主购买原材料的权利，而利用价格变动来获取利润的市场交易行为更被认定为可耻的违法。

▲“三反”运动展开后，各级人民政府都设立人民检举接待室，普遍设置检举箱

在声势浩大的运动中，大量私营工厂歇业、停工，私人工商户停业、半停业，经济活动出现严重的堵塞现象，基本建设项目纷纷推迟，军事订货减少，商品货币流通遇到了障碍。在华北地区，1952年2月份的税收比1月份减少了一半。天津市新歇

① 桂勇著，《私有产权的社会基础》，上海：立信会计出版社，2006年版。

业的私营工商户有 4 000 家，影响到 40 万人的生计。西南地区，据时任西南局第一书记的邓小平报告，问题也相当严重：第一季度的税收减少了一半，重庆一个区有两万人失业，占该区总人口的 1/3。不少农村地区还出现了因不准私商做买卖、合作社无法包揽城乡之间的物资交流、农产品卖不出去、农民砸合作社牌子等严重问题。

1952 年 6 月，主管全国经济工作的陈云就处理公私关系发表讲话，他说："现在我们算资本家的'五毒账'，是不是算多了一点，是否有点像在农村曾经有过的那种苛刻的算法：一只老母鸡下了很多蛋，蛋又孵了鸡，鸡里面又有多少公鸡多少母鸡，母鸡又下了多少蛋，蛋又孵了多少鸡……我看是有的。"他举例说：蚌埠有 150 家工商户，资本只有 1.5 万亿元，要退补的税收就达 3 万亿元。浙江省有几个工厂，"五毒账"超过了加工订货的全部收入。

陈云的担忧成为事实，"五毒账"查补了很多，可是正常的税收却减少得更多。在运动进行得最火热的 1952 年第一季度，税收比上年同期减少了 5 万亿元。陈云因此算账说："退补大概能收到 4 万亿元，税收要收到 70 万亿元。只要把小的放松一下，把大的收起来，等市场活了以后，那 4 万亿元也就可能收起来了。如果先补后收，很可能因小失大。"①

1952 年 10 月，中央宣布"三反"和"五反"运动胜利结束。据计算，"五反"运动中查补的"五毒账"达 30 多万亿元，为援朝战费的一半有余。

私营经济的整体下降非常显著，据汪海波在《中国经济年鉴》中的统计：在工业产值方面，全国私营工业占总产值的比重从 1951 年的 38.4% 下降为 1952 年的 30.6%，从商业方面来看，上海私营商店的零售总额和批发总额在 1951—1952 年间，分别下降了 24.3% 和 34.6%。另据对北京、武汉等 18 个大城市的统计，1952 年的私营工商户开业总户数减少 64.7%，而歇业总户数则增加 19.2%。从利润上看，对上海市 123 家较大规模私营

---

① 陈云著，《陈云文选：一九二六—一九四九》，北京：人民出版社，1995 年版。

企业的调查表明，1951 年盈余户为 119 家，亏损户 4 家，总体净盈 1.006 万亿元，到 1952 年，亏损户增为 76 家，总体净亏 228 亿元。相对应地，国有经济得到了强化和扩大，据《剑桥中国史》记载，到 1952 年年底，70%~80% 的重工业和 40% 的轻工业为国家所有，国营贸易机构和合作社的营业额占总营业额的 50% 以上。

“五反”运动在企业史上具有转折性的意义，对民营资本来说，这是一个“失去的年代”的开始。一方面，它彻底摧毁了私有经济在中国的产业基础和产权基础，为四年后的全面国有化扫除了障碍。事实上，在此次运动之后，民间资本集团已全面分崩瓦解，其消亡已是一个时间和方式问题。另一方面，它以群众运动的方式，从公众道德层面将资本家塑造成一个不劳而获、“五毒俱全”的反进步阶层，甚至让资本家也对自身的存在价值产生自卑和羞耻感。这种意识形态上的塑造影响深远，以至于在后来的数十年中，为自己谋求财产以及从事商业活动成为一种不道德的、无耻的行为。对这种畸形的社会共识的修正，要到 1978 年才悄悄开始，而其真正瓦解则是在 1992 年前后。此外，需要记存一笔的是，在这场不容置疑的运动中，没有任何资料显示，有一个公共知识分子发出过一声辩护。

从 1952 年冬天起，在刘少奇、陈云等人主持下，政策有适度的放松，工商业又开始渐渐复苏。

1952 年 2 月，就在“三反”“五反”运动进入高潮的时候，在四川和上海发生了两件事情，一是卢作孚自尽，一是顾准被撤职，这两件事看上去毫不相干，却是这场大运动中共同的悲剧。

2 月 8 日，卢作孚在重庆民国路 20 号家中服用过量安眠药物自尽。在过去的一年多里，民生公司在长江的航运已全部恢复正常，由上海到华北和东北的沿海航线陆续恢复，留在香港的 18 艘轮船也全部回到了国内。十多天前的 1 月 28 日，他还飞往北京，商讨任务。当时，尽管经营已上正轨，但是财务上还是极其困难，政府对私营企业停止了一切贷款，民生的工资发放都成了问题。据卢作孚之子卢国纶的回忆，在周恩来的亲自安排下，中央曾决定给民生公司特殊对待，破例出贷1 000亿元，并指示西南军政委员会将这一决定转告民生公司。让人不解的是，卢作孚至死没有获悉这个消息。屋漏偏逢连夜雨，2月5日，民生公司的川江主力船“民铎”轮在丰都附近水域发生事故触礁沉没，卢作孚亲赴现场善后。有传言说这个事故是潜伏特务在搞破坏，公司里人心惶惶。

就在这样的混乱时刻，公司内的“五反”运动也正如火如荼。民生公司的很多高级干部都被揪出来斗争了。每次开批斗会，组织者都在最前排、最中间的地方给卢作孚放一把藤椅，与其他职员隔开一两米，看起来是给他享受特殊待遇，实际上的感觉就像审犯人。卢作孚就这么坐着，看自己的老部下在台上被批斗，斗完了，有人判刑，有人枪毙。2月8日上午，民生公司召开“五反”动员大会，会议主题是揭发资方腐蚀国家干部问题。从丰都匆匆赶回的卢作孚又被特别安排在第一排的正中间，会场上有大幅标语——“欢迎卢总经理老实交代”。

会上，公股代表张祥麟带头作检查，内容是与卢作孚一道赴北京出差时，曾和他一起去吃饭、洗澡、看戏等。张祥麟检查后，卢作孚的贴身秘书关怀突然跳上台去，揭发说张祥麟在北京时，接受卢作孚请吃饭、请看戏是受了“糖衣炮弹”的袭击，是受了“资本家”的拉拢腐蚀，他并严厉追问张祥麟还有什么问题没有交代，其间会场多次高呼口号，气氛十分紧张。关怀是卢作孚一手拉扯大的苦孩子，曾让他住在自己家里，亲自教他文化。可是现在，卢作孚不再是一个慈父式的人物，他的面目是可憎的，他在道义和阶级属性上，是应该深感耻辱和忏悔的。甚至在某些激进者看来，这样的罪恶是无法洗刷和赎清的。

动员大会上，卢作孚一言未发，当晚服药自尽，终年59岁。他留给妻子的遗书只有简单的四条：“第一，借用民生公司家具，送还民生公司；第二，民生公司股票交给国家；第三，今后生活依靠儿女；第四，西南军政委员会证章送还军政委员会。”来去两空空。

他被葬在川江南岸民生村附近的一个小山坡上，墓碑上刻的名字是“卢魁先”，这是他祖谱上的曾用名。民生公司董事会决议：“卢作孚总经理身后萧条，由行政致送丧葬费人民币 1 000 万元。至抚恤办法，另案办理。”1 000 万元在当年可买大米 7 874 斤或豆油 2 857 斤。2 月 13 日，重庆《新华日报》头版醒目位置发表消息《卢作孚自杀》。新华社《内部参考》刊登报道，题为“私营轮船业民生公司总经理卢作孚畏罪自杀”。据称，毛泽东得知卢作孚自杀时说：“真可惜啊。”2005 年，卢国纶在《南方周末》发表《卢作孚之死》一文曰：“他只是接近完人……如果说他有弱点，那就是自尊心太强了。如果他自尊心不强，不会发生1952年那件事。”

世上再无卢作孚。[①]

在上海，财政局兼税务局局长顾准被撤职，事前毫无预兆。当时，过于激烈的运动气氛已经影响到了工商业的正常运作。华北地区 2 月份的税收比 1 月份减少了一半，天津有 4 000 家私营工商户歇业，影响到 40 万人生计，西南地区的月税收也减少了一半，百货商店的营业额只有原来的 1/3，很多私营工厂停业观望。而震动最大的正是“五毒”最集中的上海，在过去的两个月里，市委共收到检举材料 24 万件，200 多名企业主被抓，发生 48 起自杀事件，死亡 34 人。2 月中旬，中央紧急部署，决定在上海暂停发动“五反”运动，县以下的“五反”则推迟到春耕以后。

2 月 25 日，主管全国“三反”“五反”工作的中央节约检查委员会主任薄一波南下上海指导工作，28 日，顾准在电台里作广播讲话。29 日，上海市委召开党员干部大会，宣布对 8 个干部的处分决定，其中一人竟就是顾准。对他的处理决定是：“一贯地存在着严重的个人英雄主义，自以为是，目无组织，违反党的方针政策，屡经教育，毫无改进，决定予以撤

---

① 在“五反”运动期间去世的还有全国最大的资本家荣德生，他于 7 月在无锡病逝，终年 77 岁，他去世前做的最后一件工作是，为自己修定了一本《乐农自定行年纪事》。他的随葬品是一套线装的地舆学书和一只随身多年的镀金壳钢机芯打簧怀表。荣家事业交到了四子、34 岁的荣毅仁手上。

职处分，并令其深刻反省。”

顾准对自己被撤职“感觉十分突然”，日后来看，他被免职的原因有两条，一是他的“依法征税”政策不被采纳，二是“不服用”。

在当财税局长期间，会计师出身的顾准一直试图建立依法征税的体制。他主张依照税法所规定的税率查账征收，强调“依率计征，控制计算”，不同意用运动的方式来征税。他在自己主管的上海《税务通讯》中连续发表论文，对此进行论证和阐述。他的这些想法和做法，被认为是保守的。43 年后，经济学家戴园晨在一篇关于顾准的纪念文章中说：“这种依法还是不依法的争论，当时以顾准去职告终，而今，税收负担的随意性仍是经济工作的陋习。”[①] 另外一个原因就是“不服用”。顾准的办事能力和学养有目共睹，可是他的知识分子气质却让人讨厌。据他的弟弟陈敏之回忆，有一位大区负责人曾说，“像顾准这样的干部，我们这个大区内一个也找不到”，同时他又说，“如果顾准再不听说，饭也不给他吃”。1959 年，陈敏之在一次会议上遇到陈云，时任上海市委书记陈丕显介绍说，“这是顾准的兄弟”，接着他说，“顾准就是不服用”。

顾准被撤职后，连降数级，先是到筹建中的华东建筑工程部当了办公室主任，接着调至新成立的建筑工业部当财务司司长，随即再下放到洛阳工程局当副局长，1955 年，又被送进中央党校的普通班学习一年。正是在这样的颠沛流离中，一个精神独立的伟大思想家诞生了。在共和国历史上，顾准成为严肃反思计划经济的第一人。

如果说顾准在上海被排挤是发生在地方的一次理念分歧，那么，到 1952 年秋，在中央层面也出现了第一次风波。

9 月，就在“三反”“五反”运动接近尾声的时候，中财委在薄一波

---

① 戴园晨，《历尽艰困终不悔的经济学家——读 <顾准文集>》，载《经济研究》1995 年 01 期。

的主持下，研究修正税制的问题。他召集各大区财政部长开会，还听取了工商界人士的意见。经过3个月的酝酿，12月31日，《人民日报》颁发了《关于税制若干修正及实行日期的通告》并配发社论，决定于1953年1月1日起实行新的税制。新税制的两个目的一是保税，一是简化税制。在实施办法上，新税制取消了对国营企业的部分优惠，譬如，规定工业企业从生产、批发到零售要缴纳三道营业税，改变过去“相互拨贷不视为营业行为，不课征税”的做法，取消了对合作社征收营业税打八折的优待，取消成立第一年免纳所得税的规定。在批发环节的征税上，也改变了过去“只征私商，不征国营”的做法。

在这次新税制改革中，最引起社会关注的是《人民日报》社论中出现的一句话：“公私一律平等纳税。”正是这8个字掀起了惊天的波澜。薄一波回忆说，社论原稿中写的是“国营企业和私营企业都要按照修改的税制纳税”。他在修改时，简化为“公私一律平等纳税”。

就在《通告》颁发10天后，1月9日，山东省有干部联名上书中央，反映执行新税制引起了物价波动、抢购商品、私商观望、思想混乱等情况，两天后，北京市委也写信反映类似情况，接着各大区、省市财委也纷纷开始写信打电报。1月15日，毛泽东致信周恩来、邓小平、陈云等人，指出：“新税制事，中央既未讨论，对各中央局、分局、省市委亦未下达通知，匆率发表，毫无准备。此事似已在全国引起波动……此事我看报始知，我看了亦不大懂。”①2月10日，毛泽东的批评口吻更为严厉，他说：

---

① 修正后的税制公布后，在社会上引起了强烈反响和波动。各大区、各省市财委也纷纷写信、打电报给中财委，反映在执行过程中遇到的困难和问题。这件事引起了毛主席的重视。他于1月15日给周、邓、陈、薄写了一封信，全文如下：“新税制事，中央既未讨论，对各中央局、分局、省市委亦未下达通知，匆率发表，毫无准备。此事似已在全国引起波动，不但上海、北京两处而已，究应如何处理，请你们研究告我。此事我看报始知，我看了亦不大懂，无怪向明等人不大懂。究竟新税制与旧税制比较利害如何？何以因税制而引起物价如此波动？请令主管机关条举告我。”

"'公私一律平等纳税'的口号违背了七届二中全会的决议；修正税制事先没有报告中央，可是找资本家商量了，把资本家看得比党中央还重，这个新税制得到资本家叫好，是右倾机会主义的错误。"薄一波回忆说："当时听起来，不免感到震惊。"

新税制改革被强行中止，薄一波受到处分。不过，半年后财政部却坚持认为"新税制确实起到了保税、增税的作用"，根据它提供的数据，1953 年前 4 个月的工商各税完成全年计划的 29.64%，比过去 3 年的情况都要好。财政部副部长吴波在检讨中说："我们认为确是多收了税。犯了错误，不管受什么处分，我说，还是多收了税。"

事实上，此次新税制的触礁是经济治理者在计划经济与市场公平之间的一次挣扎，它所隐含的悖论将长久地困扰着人们。

1953 年 7 月 27 日，朝鲜战争结束。社会主义中国居然能够与全球最强大的国家打成平手，这是 1840 年以来的第一次，它大大地提高了共产党在全民中的威信，并让人坚信新制度的优越性。在过去两年多的惊涛骇浪中，东亚地区的政治和经济格局发生了微妙的变化。

首先，中美交战极大地刺激了日本经济的复苏。日本自投降之后，全民陷入绝望，一度认为无法重新站起来。1945 年的《芝加哥论坛报》曾经刊登一则逸事，该年 8 月 30 日，驻日盟军最高司令、美国名将麦克阿瑟将军叼着玉米棒芯烟斗抵达东京，幕僚建议他去拜见裕仁天皇，将军说："过几天，天皇会亲自来见的。"果然 10 天后，天皇亲自到美国大使馆拜会麦克阿瑟，后世留下一张两人合影照片——"麦克阿瑟选择了土黄色军服，开着领口，没有表示军衔的装饰或徽章。他直盯着镜头，脸上毫无表情；一只手随意地插在口袋里，另一只手搭在臀部。裕仁在他身旁，只有将军的肩膀那么高，他穿着燕尾服，笔直而僵硬地站着"。[①] 在天皇转身离

---

① ［美］约翰·内森著，周小进译，《无约束的日本》，上海：华东师范大学出版社，2005 年版。

去之时，麦克阿瑟看着他的背影，对《芝加哥论坛报》记者说："日本已沦为第四流的国家。再也不可能东山再起、成为世界强国了。"①

谁也没有想到，麦克阿瑟的预言在日后竟然成为一个让人笑出眼泪来的笑话。在战后的前 4 年里，日本经济曾经陷入物资短缺和通货膨胀的恶性周期之中，全国船舶的 80% 被炸沉，工业机械损失 34%，战后前两年的生产率只有战时的 1/3，1946—1949 年间甚至爆发了三位数的通货膨胀。朝鲜战争爆发后，美军以日本为战略锚地，对其进行了巨额的援助。大野健一在《从江户到平成：解密日本经济发展之路》一书中写道："这场战争对日本经济来说是极大的强心剂，美军将日本作为补给基地，筹备大批的军需和非军需物资，在日本产业界看来，这次机遇可以与第一次世界大战时曾经经历过的国外需求激增相媲美。经济萧条一扫而光，日本经济再次呈现出发展的趋势。到战争结束时，通货膨胀几乎为零。"② 时任首相吉田茂在《激荡的百年史》中也透露，美国最初并不支持日本经济复兴。幸运的是，朝鲜战争刺激了日本军需出口，经济复苏突然间获得契机。1951 年美国与日本媾和，允许日本重整军备，构筑美日共同防御体系，无形中又推动了日本经济持续发展。换句话说，日本战后经济起飞缘起于美国地缘政治的博弈。

到 1953 年，日本国民的生活已超过了战前水平，电视机、电冰箱、洗衣机开始进入普通人的家庭，被称为家庭的"三种神器"，标志着日本成为第一个进入消费革命时代的亚洲国家。与此相伴的是，大量以生产日

---

① 1968 年，日本经济总量跃居世界第二。1970 年 3 月，日本首次承办世界博览会，它史无前例地拿出 20 亿美元举办这场空前的商业盛会，全球 77 个国家蜂拥而至，这成为日本复兴的象征性事件。同样是在刊登过"麦克阿瑟预言"的《芝加哥论坛报》上，未来学派创始人之一赫尔曼·康教授首次预言："日本已经进入世界经济强国的行列，21 世纪将是日本的世纪。"

② [日] 大野健一著，臧新远译，《从江户到平成：解密日本经济发展之路》，北京：中信出版社，2006 年。

用电器为主业的日本公司集体崛起，松下、三洋、丰田、索尼等公司以及他们的领导者松下幸之助、井植熏、丰田喜一郎和盛田昭夫，将成为亚洲商业界最响亮的名字。

另外一个从战争中得益的地区是台湾。蒋介石逃遁台湾后，吸取教训，推动了以“农民获地，地主得利”为方针的土地改革，它使得台湾的粮食产量从 1953 年到 1968 年保持了令人吃惊的、长达 16 年之久的持续增长。朝鲜战争爆发后，美国为了遏制中国大陆，重新对蒋介石政权进行援助和扶持，与日本相似，台湾的机械制造业、纺织和面粉业获得了发展的机遇。

从 1953 年开春之后，朝鲜战事已趋明朗，国内的“三反”“五反”运动也告结束，中国领导人的注意力开始专注于经济建设。这时候，“老大哥”的手伸了过来。

抗美援朝战争期间，美国对中国沿海实施严密封锁。在美国的主导下，联合国大会通过了对中国实施全面封锁禁运的决议，内地物资空前短缺。香港作为比邻内地的唯一自由港，尽管受到英国政府的严厉监控，但仍然是一条最可能的渠道。余绳武、刘蜀永在《二十世纪的香港》一书中记录道："朝鲜战争给予香港人一个机会，就是暗中供应中国内地急需的物资，有些人就因走私而起家，今天可以跻身于上流社会之中。"[①] 这些人中，最出名的是霍英东。[②]

与绝大多数东南亚华商一样，霍英东出身贫寒。在 20 世纪 20 年代，香港还是一个偏僻的小渔港。霍英东出生在一艘逢雨必漏的小渔船上，父母终日以捕捞为生。幸运的是他 13 岁的时候被送进了当时香港英国政府开办的第一家公立学校，在那里，他受到了全英式的教育。语言与文化的熏陶，使他成为第一批与西方思想对接的华人少年。他的创业史也是从最底层开始的，他当过铲煤工、机场苦力、地下机车司机，稍稍有了一点积蓄以后，办起了一家名叫"有如"的杂货店。他赚到的第一桶金便与倒卖有关，抗战胜利后，政府拍卖战时剩余物资，霍英东借了 100 元参加投标，拍中一套 1.8 万元的机器，一转手就赚了 2.2 万元。从此，他的人生就与贸易勾连在了一起。

霍英东崭露头角正是在朝鲜战争时期。为了打破美国人的封锁，中国政府在香港和澳门分别设立了贸易机构"香港华润公司"和"澳门南光公

---

① 余绳武、刘蜀永编，《二十世纪的香港》，香港：香港麒麟书业有限公司，1995 年版。

② 早在朝鲜战争之前，美国就对中国实施了经济封锁。1949 年 12 月，美国国务院警告美国船主如果驶往中国港口，其航行许可证将会丧失效力。1950 年 2 月，美国要求英国禁运战略物资至中国。3 月，美国商务部宣布"战略物资管制办法"，公开要求所有接受美援的国家禁运物资到中国，这是美国对华全面禁运的正式开始。

司”，它们采购铁皮、橡胶、药品等物资，然后由香港的民间商人转运到内地。早在战事初起的1950年年底，霍英东即以一艘风帆船，从香港运输柴油至澳门，卖给“南光公司”。一年之后，霍英东已经拥有总吨位约1 000吨的十几艘机帆船。据他的回忆：“当时全香港大概只有我有这么多船，还有一批伙计，而且我自己是水上人，熟悉港口情况和水情。所以他们找上了我，要求我用船把那些物资运到内地……我们几乎晚晚开工，没有一天停止过。白天要联络、落货，晚上开船，每天只睡三四个小时。为了避开缉查人员的骚扰，每次装船都必须在一个小时内完成，就像打仗一样。”①

当时，黑铁皮是主要的禁运物资之一。正因为中国没有装载汽油的黑铁皮油桶，大批汽油积压在中苏边境，无法运往前线。霍英东的船队加班抢运，6 000吨黑铁皮只用了两个星期就全部运到蛇口，“一天都没有耽误过”，霍英东回忆说。

在接下来的近3年时间里，霍英东不仅承担了在港澳和内地间运输军用物资的主要任务，他还组织了精密的侦察队伍，监控港英当局缉私艇的动向；他的船队每天半夜都从英国海军的军舰旁悄悄绕过，驶向公海；而为了摆脱当局的监视，他甚至一天之内换了3个不同的地点，作为整个运输系统的“指挥部”。每运一船货，霍英东大约可以得到相当于货值20%的运费。

那段历史一直笼罩在迷雾之中，当过中国侨办主任的廖承志曾说：“数十万志愿军，要盘尼西林、止血药棉、汽油、轮胎……哪里来？还不是靠上中下、三教九流、八方神圣帮的手？”②一个可以确定的事实是，当年有众多东南亚华商，或因为爱国或出于谋利，都积极地从事过向中国大陆偷运物资的活动。印尼的林绍良是最大的肥皂和布匹贩运商，而香港的包玉刚

---

① 冷夏著，《霍英东全传》，北京：中国戏剧出版社，2005年版。

② 李敏生著，《患难之交：抗美援朝霍英东历史解密》，北京：中国社会科学出版社，2003年版。

和霍英东则因此被美国政府列入“黑名单”。也许正是因为这一段战火情义，这些商人与中国政府结下了深厚感情，为日后的商业往来奠下了基石。

霍英东的这段经历在很长时间里都是秘密，港英当局对此进行过长期的调查，霍英东本人则守口如瓶，一直到1995年，他才对自己的传记作者冷夏第一次亲口委婉承认，不过他始终认为，“我没有偷运军火”。

20世纪50年代后期，香港步入繁荣期，人口急剧膨胀，商业超级发达，房市、股市“枝繁叶茂”，老一辈的港九巨商，其起家大多与两市有关。新鸿基的创始人郭得胜在当年就有“工业楼宇之王”的称号，恒基的李兆基人称“百搭地王”，李嘉诚靠造楼神奇发达的故事更是广为人知。霍英东是最早入楼市的商人之一，他是第一个编印“售楼说明书”的地产商，也是“卖楼花”——分期付款的发明者，正是有了这种销售方式，房地产才变成了一个普通大众都可以参与的投资行业。在这个迅猛成长起来的大市场里，霍英东纵横驰骋，出入从容，成为盛极一时的“楼市大王”，据称极盛之时，港九70%的住宅房建设与霍家有关。

1978年，中国改革开放之后，大小港商如过江之鲫涌入大陆，成为经济复兴中最为耀眼和活跃的一支，其初战之功，不可抹忘，其中又可见霍英东的身影。他在广州盖了新中国成立后的第一家五星级宾馆——白天鹅宾馆。此外，他大力投资于慈善和体育事业。据计算，他先后投入了40亿元用于各类慈善事业。为了激励中国运动员在奥运会上夺金，他专门设立基金会，宣布向每名金牌选手馈赠一枚重达1公斤的纯金金牌，单是在2004年雅典奥运会，就颁出奖金3 259万港元。2001年，北京申奥成功，年事已高的霍英东竟激动得夜不能寐，深夜索性跳进游泳池里去“降温”。

霍英东一代人的财富敛聚，大多历经惊险，为时代左右，受时间煎熬，如火中取栗。因而，其进退往往慎独有序，眼光敏锐而在于长远，其一生所染指的行业，往往只有一两项而已。及至晚年，桑梓情结日重，便把大量精力和大笔金钱投注于家乡的建设。自20世纪80年代中期之后，霍英东把很大精力放在了番禺南端的一个叫南沙的小岛开发上。

这是一个面积为21平方公里的小岛，若非霍英东，至今仍可能沉睡于荒芜之中。从1988年开始，霍英东就发誓要将之建成一个“小广州”。这位以地产成就霸业的“一代大佬”显然想把自己最后的商业梦想，开放在列祖列宗目力可及的土地上。这也许是老一辈华人最值得骄傲的功德。据称，在十多年里，只要身体状况许可，每逢周三他必坐船到南沙，亲自参与各个项目的讨论。资料显示，从1988年到2004年8月，霍英东参加的南沙工作例会就多达508次。他修轮渡、建公路、平耕地，先后投入40多亿元，以霍家一己之力硬是把南沙建成了一个滨海花园小城市。

霍英东的南沙项目在商业上曾被认为是一个“乌托邦”，十余年中，只有支出没有收入，在一些年份，甚至还有“霍英东折戟南沙”的报道出现。他与当地政府的合作也颇为别扭，霍英东基金会顾问何铭思曾记录一事：某次，讨论挖沙造地项目，南沙方提出挖沙费用需每立方米20元，霍英东一愣说：“你们有没有搞错？”他知道，如果请东莞人来挖，是每立方米8元，请中山人来挖，是每立方米10元，政府的人嬉笑着说：“是呀，我们是漫天要价。”何铭思记录说：“霍先生咬紧牙根，似乎内心一阵愤懑，兀自颤动不止。我跟霍先生40年，从未见他对人发脾气，当日见他气成那样，可见受伤之重。”霍英东也曾对人坦言：“自己一生经历艰难困苦无数，却以开发南沙最为呕心沥血。”但是，尽管如此，这位号称“忍受力全港第一”的大佬却始终不愿放弃。在2003年前后，霍英东更是大胆提出以南沙为依托，打造粤、赣、湘“红三角”经济圈的概念。其视野、格局之大，已非寻常商人所为。

这些庞大的设想，到霍英东去世都未成型。[①]“南沙情结”可能是这一代商人最后的传统。事实上，千百年间，每一代人都有各自的际遇，而

① 霍英东先生2006年10月因淋巴癌在京病逝，终年83岁。2013年，就在霍英东先生去世7周年之际，霍家子弟因遗产纠纷再次对簿公堂，其中的焦点竟然是霍老先生引以为傲的广东番禺“南沙项目”。目前，南沙项目地皮估值高达300亿元人民币，而霍英东先生生前占有其中25%的权益。

▲ 1984 年 1 月，邓小平在中山和霍英东交谈

所谓“江上千帆争流，熙熙攘攘，皆为名利往来”。名利场从来是一座偌大的锻炼地，人生百味杂陈，世态炎凉无常，待到金钱如流水从指缝间川川淌过之后，即便是再铁石的人都不会无所感悟。霍氏晚年执着于南沙，可能已超出了谋利的意义，而更多带有济世的情怀了。

在香港的巨商中，据称只有霍英东出行是不带保镖的。他对冷夏说：“我从来没有负过任何人。”[①]

2006 年 11 月，83 岁的霍英东在北京去世，遗下 289 亿港元的资产，他的官方职务是全国政协副主席，属“党和国家领导人”。他是所有香港商人中获得最高政治地位的人，也可能是中国内地知名度最高的香港商人之一，其得名并非因为财富之巨，而是因为他对国家的热爱与投入。

① 冷夏著，《霍英东全传》，北京：中国戏剧出版社，2005 年版。

1953
"156 工程"

我们的门前修了暗沟，院后要填平老明沟，一福。

前前后后都修上大马路，二福。

我们有了自来水，三福。

将来，这里成了手工业区，大家有活作，有饭吃，四福。

赶明儿个金鱼池改为公园，作完了活儿有个散逛散逛的地方，五福！

——老舍：话剧《龙须沟》，1953 年

1953 年 3 月 5 日，苏联领导人斯大林去世。也就在这一个月，北京与莫斯科就中国的第一个五年计划达成共识，苏方同意帮助援助中国 156 个大型工业项目，这就是中国企业史上影响深远、长期被神秘气氛笼罩的"156 工程"。

自 1949 年之后，西方世界就对中国持敌视的姿态，毛泽东则采取"一边倒"的外交策略。早在 1949 年 7 月，刘少奇就赶赴莫斯科会见斯大林，商谈新中国的经济建设问题，8 月，苏联派出以科瓦廖夫为团长的 200 人专家团。12 月，开国大典两月后，毛泽东平生第一次踏出国门，亲赴莫斯科谈判，苏联答应贷款 3 亿美元。1950 年 2 月，中苏签订《中苏友好同盟条约》和一系列资产移交协定，将苏联在东北的所有财产无偿移交给中方，其中包括旅顺军港、大连行政权、长春铁路公司以及 302 处不动产。从 1949 年年末到 1952 年 2 月，苏联援助中国建设项目 42 个，投资折合 40 亿元（按 1953 年的新版人民币计算，下同）。

在这里，我们有必要回顾一下 1949 年新中国成立前后中国的企业状况。

国民政府留下来的是一个满目疮痍的烂摊子。在蒋介石政权统治的 20 多年里，工业经济的高峰时刻是抗战爆发前的 1936 年。当时中国的生铁产量占世界第 12 位，钢占第 18 位，原煤占第 7 位，棉布占第 4 位，这 4 类产品与美国相比，分别是后者的 1/39、1/117、1/11 和 1/2。经过八年抗战和三年内战，到战火熄灭的 1949 年，国民经济已遭到毁灭性的打击，真正是江河日下，全国的重工业产值约比 1936 年降低 70%，轻工业产值降低 30%，粮食产量约降低 24.5%，经济作物产量约降低一半。

▲ 毛泽东赴莫斯科访问

其中，最具指标意义的钢铁产业，生产能力降低了90%，全国只有7座平炉，22座小电炉，发电能力仅剩下114.6万千瓦。生铁产量下降到了25.2万吨，竟不及英国1835年产量的1/4，生产出来的生铁只有一半能炼成钢，而轧钢能力又仅及炼钢的一半。另以石油工业为例，诞生于抗战时期的中国第一个油田——陕西省玉门油矿到1949年的原油产量仅区区9万吨，却占了全国产量的3/4。钢不会炼，油无处采，重化工业自然虚弱不堪。

1949年的中国，基本上是一个农业和手工业国家。国民收入的68.4%来自农业，工业仅为12.6%。在工业领域内部，手工业又占了工业产值的70%，机器制造业多为修配型企业，重工业门类大部分空白，不但体系未成，而且装备和技术水平低下。据上海机器同业工会的计算，在708家机器制造厂中，有制造兼修配能力的工厂只占四分之一，其余的都只能搞一些修配业务。

1949年，除了少数大城市之外，多数中小城市和广大农村基本无电力供应。受战争影响，全国交通运输通信等基础设施破坏殆尽，主干铁路无一条能够全线通车，勉强能通车的铁路只剩1.1万公里，而且大部分在东北地区。重要的“大动脉”京汉铁路已经有12年没通车了，一条从成都到重庆的成渝铁路从晚清修起，修建了半个世纪都没有完工。长途电信的线路支离破碎，互相不能衔接，以京津为中心的华北有线电网全面瘫痪。

人才培育的事业也十分落后。学龄儿童入学率为20%，全国人口80%是文盲。20年间高等学校毕业生加在一起只有18万人，只培养出了200多个硕士，博士数为零。从事科学研究的机构不到40个，研究和技术人员不过5万人，其中专门从事科研的仅600余人，现代科技几乎为一片空白。

这真是一个一穷二白的国家。基础薄弱，民智未开，国库里的黄金被蒋介石劫往台湾，再加上国际势力的封锁挑衅，可谓内外交困，矛盾重重，开国之难，好比另一次长征。

正是在这样的局面下，苏联对我国的援助显得如此之重要和宝贵，在某种意义上，这是共和国经济新建的唯一机会。

从1951年起，陈云等人开始编制第一个五年计划。这也是向苏联“老大哥”学来的经验——苏联从1923年开始设计“五年计划”，一直到1990年解体为止，以五年为一个周期，对全国的经济建设进行统筹计划，这一做法已经延续至今[①]。

据薄一波的回忆，“老实说，在编制‘一五’计划之初，我们对工业建设应先搞什么，后搞什么，怎样做到各部门之间的相互配合，还不大明白”。在这一过程中，苏联专家起到了关键性的作用，一些参与编制的人均回忆说，“一五”计划所有的表格都是苏联专家帮助做出来的。

“156工程”是一个统称概念，它的第一个项目实际上从1950年就开始动工了，到“一五”结束的1957年完成大半，其余延续到局势大乱的1969年，实际建成的项目是150个，前后历时19年，投资总额为196.1亿元。这些项目从工业布局、产业结构、技术水平、公司治理制度等方面，对当代中国经济的影响都是革命性的，甚至是决定性的。

先说工业布局。自晚清的洋务运动以降，中国工业的发展都偏重于沿海，在1934年，除了东北地区以外的工业产值，94%集中于上海、天津、青岛、广州、北平、南京和无锡7个城市，在东北地区，辽宁一省集中了东北4/5的工业。到1949年前后，中国工业设施的70%集中在东北和沿

① 英国历史学家艾瑞克·霍布斯鲍姆在《极端的年代》中，对苏式“五年计划”模式有很精辟的评论。他认为，这是一种典型的中央号令支配式经济，它以重重“计划”推动建设，将高度集中化的效应发挥到了极致。同时，这种“计划”难免粗糙，其功用仅在创造新工业，而不考虑如何经营，同时形成严重的官僚化和中央集权的过度强大，“要是计划中心要向每个主要生产团体、每个生产单位，都发出指导细则，再加上中间计划层缺乏，中心的工作负担，必然重不堪言”。

海一带，其中，上海和天津两地的工厂数即占主要城市工厂总数的63%，职工人数占61%，东北则占有全国半数以上的重工业。全国90%以上的发电站集中在几个大城市，其中东北占了全国发电量的1/3。在纺织产业，全国500万纱锭中的83.6%集中在江苏、山东、辽宁、上海和天津五地。

占全国土地1/3的大西北，工业产值还不到全国总值的2%，近百年间始终没有工业基点。除了陕西有少量铁路外，其余甘肃、宁夏、青海和新疆大地没有一根铁轨。

“156工程”彻底改变了这一布局，大量的钢铁、有色金属冶炼、化工企业被选定在矿产资源丰富及能源供应充足的中西部地区，机械加工企业则分布于原材料生产基地附近。“156工程”中涉及民用的企业有106个，50个布置在工业老基地东北，其余的29个在中部、21个在西部。44个军工企业中，除了部分造船厂设在沿海之外，有35个在中西部地区。在完成的196.1亿元投资额中，除了东北占87亿元，中部和西部分别为65亿元和39亿元，占去了一半有余。“156工程”的实施彻底改变了中国内陆地区的工业布局，到1960年之后，随着中苏关系交恶，中央政府实施“三线战略”，更是加大了对西部的倚重，中国的工业布局陡然改观。

再说产业结构。毛泽东在筹划第一个五年计划时，有过一段形象的描述：“现在我们能造什么？能造桌子椅子，能造茶壶茶碗，能种粮食还能磨成面粉，还能造纸，但是一辆汽车、一架飞机、一辆坦克、一辆拖拉机都不能造。”① 因此“一五”计划的重点是优先发展重工业，其投资比重占到了总投资额的85%。在整体规划之下，一些冶金、能源、机械的大工厂迅速建起。仍以钢铁为例，炼铁能力五年内就增加了280万吨、炼钢能力增加253万吨，加上原有钢厂的产能，我国生铁产量从1949年的25.2万吨猛增到467万吨，整整提高了将近20倍。钢的产量也增加到412万吨。这样的增长速度无疑是惊人的。

---

① 见1956年12月毛泽东与民建和工商联负责人的谈话。

与此同时，对基础设施和能源勘探的投资也是巨大的。“一五”期间，铁路交通、地质勘探和建筑业的投资高达 121.2 亿元，相当于同期工业基建投资的 1/2，新建铁路 33 条，比 1952 年的通车里程增加了 22%，公路通车里程增加了一倍。水利建设的成就也是辉煌的，完成了“千年难题”淮河治理工程，建成了多个大型水库，对长江三峡水利工程进行了论证和预备。

接着说技术水平。在对华援助时期，苏联展现了毫无保留的无私精神，它向中方提供了大量的资料和设计图纸，仅 1953 年就达 23 吨，1954 年为 55 吨，几乎把他们所有最好的技术都给了中国。美国学者尼古拉斯·拉迪认为：“中国看来已接受了苏联国内最先进的技术，在有些情况下，转让的技术是世界上最佳的。在苏联援助的最重要的钢铁工业中，苏联人在 20 世纪 50 年代建造和操作着世界上最好的高炉。苏联人设计的武汉和包头的中国钢铁工厂吸收了苏联的高炉和平炉以及大规模铁矿石富集方面的最新技术。”[①] 正是在苏联专家的无私帮助下，中国的工业技术水平在短短数年间就提高到了 20 世纪 40 年代的水平。

那是一个创世纪般的建设年代，在人们激动的欢呼声中，一个接一个的纪录诞生了。

自主研发和制造汽车，是中国的一个梦想。早在 1931 年，张学良在沈阳建过一个汽车厂，生产出民生牌载重卡车，但试产成功后就被入侵的日本人占领。阎锡山治理山西时也建过一个汽车修造厂，仿造出几十辆美国 1.5 吨的小货车。蒋介石政府的中国汽车制造公司用进口器件组装过 2 000 多辆汽车，但这些都是小打小闹，不成气候。汽车梦的真正实现，正是在“一五”时期。

---

① 转引自［美］费正清等编，谢亮生等译，《剑桥中华人民共和国史》（上卷），北京：中国社会科学出版社，1998 年版。

▲ 1958 年 5 月 21 日，毛泽东观看第一辆东风牌轿车

1953 年 3 月 19 日，政务院正式下文批准建设第一汽车制造厂，毛泽东下达死命令，要求 3 年见到车。一汽的厂址选定在吉林省长春近郊一个叫孟家屯的村庄，工厂设计全部交给了苏联汽车拖拉机设计院。工厂的第一名员工叫陈祖涛，时年 25 岁。

陈祖涛的父亲是陈昌浩，长征时期当过红四方面军总政委、西路军总指挥，因追随张国焘犯下路线错误，其后一直不被重用。陈祖涛 11 岁时就被送到苏联，在那里读完了小学、中学，然后考进鲍曼最高技术学院的汽车专业。1951 年 2 月，他提前毕业回国，受命参与筹建汽车工厂。苏联答应帮助中国建设一座综合性汽车制造厂，其规模将与当时苏联最大、最先进的斯大林汽车厂一样，斯大林汽车厂有什么设备，援建中国的就有什么设备，斯大林汽车厂有什么样的生产水平，中国的就有什么样的生产水平。

陈祖涛日后回忆说："整个设计都是苏联人做的，组织了最棒的一批人，把斯大林汽车厂所有技术科长都集中起来，那是很有经验的一批人，头发都是白的。他们的总工艺师叫作赤维特可夫，以他为首组织这些人做设计。我就作为他的助手参加了整个设计工作。"他在《我的汽车生涯》

一书中写道："1951 年 12 月，初步设计做完了，设计院通知我去，把厚厚的几十本设计书和图纸交给我。当时中苏双方关系很好，这么多的设计资料交给我，既无什么仪式，也不要繁杂的交接手续，连收条都没有。我用外交邮袋装上设计资料，一个人搭乘飞机直飞北京。陈云召集中央各部委对苏方的设计进行审核，大家基本上没有什么讨论就完全通过了，然后盖上鲜红的大印，全部手续就算完成了。"①

陈祖涛接着描述说："做完设计以后，实施这个设计，多少个车间、每个车间用什么设备、什么供电、供水是很复杂的，全部都是他们做的。而且什么设备都是苏联供给的，因为当时西方国家对我们是封锁的，除了苏联的帮助以外，我们拿不到东西。当时在经济危机的时候，30 年代西方也不供给苏联设备，苏联是用金子买西方的设备。以后再买，人家就不给了。苏联也是从西方买的，所以他供给我们的很多专用设备、特殊设备只有一台，都是从西方来的，没有第二台，买不到，他们就专门为我们制

▲ 苏联专家在中国工厂

① 陈祖涛著，《我的汽车生涯》，北京：人民出版社，2005 年版。以下陈祖涛的相关回忆基本引自该书，不再一一注明。

造，真的很无私。”

建设一汽的设备总数达1万多台，基本上都是苏联供应的，我方能制造的仅是清洗机等小型辅助机械。陈祖涛举例说，有一台设备是生产汽车车架用的压床，有3 000吨重，这套设备在苏联都没有任何一个制造厂可以制造，因为实在太大了，需用专门的大厂房。为此，苏联在斯大林汽车厂盖了一个超大型的车间，用它为中国铸造了一台。造出来后，要运送过来，因为这台设备又重又宽，所行铁路沿线，对面的火车均需中停避让，苏联铁路系统全线总动员，从斯大林汽车厂到长春，1万多公里长驱送达。

援建设备的同时，苏联又帮助中国培养汽车人才。在斯大林汽车厂厂长克雷罗夫的亲自主持下，苏联专家提出了一个从生产到管理的各个部门、各道生产程序所需的完整的人员清单，其中包括厂长、处长、车间主任、工段长到普通的调整工。这份名单的人数多达518人，全部送到斯大林汽车厂实习，苏联方面给每个人每月发700卢布的津贴——相当于苏联工程师的月薪，并配备了皮大衣、毛料西服等。实习生除了被安排到车间学习外，还根据专业有一对一的专家讲课，讲课时间为：工人300小时，管理干部400小时，技术人员500小时。这批实习生日后成为中国汽车乃至机械制造业的技术和管理核心，其中的优异人才更成为国家领导人，如江泽民、李岚清、叶选平等。当年的江泽民是动力处处长，带他实习的是全苏最出名的动力专家基列夫。

1956年7月13日，第一批10辆汽车下线，它被命名为“解放牌”，由毛泽东题字。它以苏联的吉斯150型为范本，载重量为4吨，装有90匹马力六汽缸发动机，最大车速每小时65公里。

“一五”期间，中国人不但造出了汽车，还试制成功了第一架喷气式飞机，建成了第一个制造机床的工厂，在长江上建成了第一座大桥——武汉长江大桥，开通了北京到拉萨的航空线，在武汉和包头新建了两个大型炼钢厂，完成了鞍山钢铁公司大型轧钢厂项目的兴建，还在洛阳和哈尔滨建成了拖拉机厂和轴承厂，在兰州建成了大型炼油基地。

▲ 建设中的武汉长江大桥

所有这些项目，都离不开苏联的扶持。5 年中，有 8 500 名苏联专家来到了中国，这是一支不应该被遗忘的“国际纵队”。

“156 工程”在当时不见于报端，几乎没有任何的公开报道，日后更是被淡忘，数十年后很少有人知晓，甚至对此的全面研究也并不多见，一直到 2004 年才出版了第一本研究专著《新中国工业的奠基石——156 项建设研究》（作者董志凯和吴江），发行量仅 5 000 册。这其中的原因非常复杂。

其一，“156 工程”中有 44 个为军工企业，还有不少是为军事配套的，所以，很多工厂只有一个代号，譬如首都航天机械公司是国营 211 厂，沈阳新光机械厂为国营 111 厂，四川长虹机械厂为国营 780 厂——当时国内唯一的机载火控雷达生产基地——20 世纪 90 年代之后以彩电制造闻名等。在很长一段时间里，这些工厂的厂址和产品都属保密范围，工作人员均不得对外界甚至家人泄露工厂的情况，他们的工作内容也被视为国家机密。与这些军工厂相关的民用项目，也处在保密状态。正因为这些神秘的厂名和严格的保密纪律，使得“156 工程”蒙上了神秘的面纱。

其二，中苏关系在 1960 年突然交恶，全部苏联专家被召回，造成很多在建项目的困难。从此，我方在公开宣传中，往往强调独立自主，而刻意回避苏联人的援助。

其三，进入 20 世纪 60 年代之后的十多年里，中国陷入狂热的“文化大革命”，正常的经济活动被打断，一直到 1978 年之后，才再度转入经济建设的轨道，因此，“156 工程”成了一个遥远的、似乎已经消失的过去。

但事实上，这些苏援项目在很长时期一直是中国经济主体的重要组成部分，当时所建成的很多重工业、军工以及重大水利工程，一直到半个多世纪后仍然在发挥作用，它们真正堪称新中国经济的“奠基石”。这是现代历史上，国家对国家最全面、最慷慨的技术转让。《剑桥中国史》因此评论说：“苏联技术援助和资本货物的重要性无论如何估计也不为过，它转让设计能力的成果被描述成技术转让史上前所未有的。”①

以全球化的视野来俯瞰，我们看到，在 20 世纪 50 年代初期，已然公开对立的东西方世界先后展开过两个规模庞大的国际援助计划：一个是 1948—1952 年美国为欧洲重建所实施的“马歇尔计划”，另一个便是 1953 年开始的苏联援助中国的“156 工程”。它们都不出预料地达到了振兴经济的目的，不过却有着不同的路径和结果。这是经济史上一个十分有趣的比较课题。

正如美国人向欧洲输出了资金、商品和技术的同时，也输出了它的价值观和社会治理制度一样，苏联人给中国带来了技术和设备，同时也带来了计划经济的整套制度，陈祖涛将之形容为“娘胎的印记”。

事实上，早在第二次世界大战末期，关于计划经济与市场经济的争

① ［美］费正清等编，谢亮生等译，《剑桥中华人民共和国史》（上卷），北京：中国社会科学出版社，1998 年版。

论，就已成为全球经济界的核心焦点。1944 年年初，英国经济学家哈耶克出版了《通往奴役之路》一书，他将计划经济称为“伟大的乌托邦”，认为对生产的控制必将造成对消费的控制，从而使得自由的市场竞争变成不可能，这将是一条危险的“通往奴役的道路”。他的观点在很长时间里被认为是异端。在西方经济界，强调国家干预的凯恩斯主义仍是主流，哈耶克的思想一直到 20 世纪 60 年代中期才受到重视。而在社会主义阵营，计划经济更是成为不容置疑的治理模式。1952 年，斯大林发表《苏联社会主义经济问题》一书，从理论上全面阐述和规划了计划经济模式。在这本经典作品中，产品经济与商品经济是对立和相互排斥的，运用价值规律被认为是落后生产力的做法，用斯大林的话说，生产资料已经“失去商品的属性，不再是商品，并且脱出了价值规律发生作用的范围，仅仅保持着商品的外壳（计价等）”[①]。中国在第一个五年计划中，不但引进了苏联的技术和资金，同样也全面引进了这一已趋成熟的权威理论。

这一制度的引进，体现为高度集中统一的投资管理体系的建立。

为了统一管理全国经济，1952 年 7 月国家计划委员会成立，1954 年 2 月中国建设银行成立——它成为基本建设领域的现金中心、信用中心和结算中心，随后国家建设委员会、国家经济委员会、国家技术委员会和国家物资供应总局等机构又相继成立，这些机构均下设至县级政府，形成了一个封闭、垂直的计划管理体系，这是一只无比庞大、无处不在的“看得见的手”。

“一五”计划和“156 工程”就是这一管理体系第一次发挥效力。这是一种由国家“全统全包”的投资分配和管理制度：国家需要建设什么工厂、生产什么产品、培植多大的生产能力，以及产品的产量和投资的规模，都由国家通过计划直接安排。所谓部门分配投资，就是由国家计划部门有计划地把五年计划或年度计划的基本建设投资额切成若干块，分配给

① ［苏］斯大林著，《苏联社会主义经济问题》，北京：人民出版社，1971 年版。

中央各部门，再由各部门分配给所属建设项目。在这一体制下，一切新老企业用于固定资产建设的项目和投资，都由国家统一计划；所需资金，由国家财政统一分配，无偿拨款；建设和生产用的物资，由国家通过商业和物资部门统一调拨；从事建设的施工队伍，由国家统一安排；从事生产的新增劳动力，由国家统一培养和分配；生产出来的产品，由国家统购统销；企业有盈利，全部上缴国家财政；有亏损，也由国家财政补贴。

在这一雄心勃勃的、严密的计划体制下，国家既在宏观上进行投资规模、投资结构、投资布局等宏观决策，又在微观层面上担负着项目决策管理任务。这种体制的优劣将在日后无比清晰地呈现出来，强大的计划性大大提高了资源聚集的能力，能够以“举国之力”办成大事，而它所必然带来的则是低效率、浪费和反应迟缓等病症。日后我们将看到，与计划经济并蒂而生的两个景象将是官僚主义和短缺经济。

长春一汽自1956年建成到1983年，27年间一直只会生产一种车型，它的吨位小、油耗大、车速慢，到20世纪60年代中期以后，各项技术指标均已远远落后于国际汽车水平。其根本原因是，苏联没有帮助一汽设立自主的汽车研发机构。陈祖涛无奈地说：“不是他们不给我们，他们自己也没有。”在苏联的汽车产业体系中，生产与研发分别隶属于不同的计划管理部门，呈现“两张皮”的现象，他们同样把这一模式也克隆到了一汽。

除了“两张皮”之外，随“娘胎”而来的毛病还有两个：一是产销脱钩，二是自主资金缺乏。

在计划经济体制之下，企业对产品的改进没有任何积极性。后来长期担任中国汽车产业领导者的陈祖涛描述说：“我们的生产计划由国家计委下达，生产的汽车直接入国库，再由计委来分配，用户对汽车的意见到不了我们手里。我们如果自己要对产品进行改进，那要先报告，然后由国家组织专家来评审，评审完成后才能立项，立项完了后再在国家财政排队等拨款，款到了后才能动手。这里面环节众多，手续复杂，随便哪一关都能卡死你。而且，这种修改对我们生产厂家没有任何利益。既劳神费力又没有任何利益，企业怎么可能有积极性呢？于是，多一事不如少一事。这就是典型的计划经济体制弊端。”

在 20 多年里，一汽能够用于技术改造的资金为利润的 0.1%。陈祖涛说：“汽车厂的利润本来就低，0.1% 能干什么事？那只是象征性地给你企业一点钱意思意思，而且这 0.1% 是你先把利润足额交上去，然后国家再给你返还，有时候财政困难，这个返还就拖着，最后拖得不了了之。”当过一汽厂长的刘守华曾说：“我这么大个一汽的厂长，自己有权支配的钱，还不够盖一个 100 平方米的厕所。”

在“156 工程”中，也有一些项目引起了重大的争议，其中最著名的就是三门峡水库的建设。

千百年中，黄河泛滥是中华民族的心头大患，“黄河清，圣人出”，成为民间对盛世的一种憧憬。因此，在苏援工程以及第一个五年计划中，“根治黄河”成为一个标志性的头号项目。1954 年 1 月，以苏联电站部列宁格勒水电设计院副总工程师柯洛略夫为组长的苏联专家组来华考察，中苏专家 120 余人，行程 12 000 余公里，进行黄河现场大查勘。最终，苏联专家选定了位于陕西、山西和河南三省交界的三门峡坝址。柯洛略夫断定：“任何其他坝址都不能代替三门峡为下游获得那样大的效益，都不能像三门峡那样能综合地解决防洪、灌溉、发电等各方面的问题。”①

1954 年年底，黄河规划委员会正式提出《黄河综合利用规划技术经济报告》，三门峡水利枢纽成为第一期工程的主要项目。1955 年 7 月，全国人大一届二次会议通过决议，批准国务院所提出的关于根治黄河水害和开发黄河水利的综合规划的原则和基本内容。

就如同“156 工程”中的所有项目一样，苏联专家提出的三门峡方案

① 见山东黄河河务局 2005 年 6 月 22 日发布的《修建三门峡水利枢纽》。

几乎没有“证伪”就被确定了下来。1956年年底，水利部召开三门峡水利规划会，70名水利专家与会，不料却有一人站出来反对此案，他就是黄炎培之子、清华大学水利系教授黄万里（1911—2001）。黄万里认为：在三门峡建起一座高坝，水流在库区变缓，黄河在潼关一段本来就是淤积段，水库蓄水拦沙，势必加大此段黄河的淤积，渭河的河床也会急速淤积，渭河入黄河的堑口也会抬高，这将直接威胁到八百里秦川和西安的安全，下游的洪水之灾将移到中游。他预言说：“今日下游的洪水，他年必将在上游出现。”

黄万里还对“黄河清，圣人出”的憧憬提出了科学的质疑，他说，“指望黄河清是违背客观规律的”。黄河流淌到中游时，黄土高原受雨水侵蚀，黄河及各支流对黄土层的切割是一个自然过程，即使黄河两岸没有人为的植被破坏，黄河也是含沙量很大的河流，下游河道的淤积改道也是必然的。黄万里说：“出库的清水将产生可怖的急速冲刷，防止它要费很大的力量。每秒6 000立方米的清水可能比短期每秒10 000立方米的浑水难以

▲ 三门峡大坝

防治。就是一年四季只有每秒600立方米的清水，也是不易应付的。”①

黄万里的观点被认为是危险的和“大逆不道”的，在那次规划会上，他与其他专家激辩七日，终于不敌。日后，他回忆说，那些一致赞成修建三门峡大坝的专家们，实际上不是不懂其中的道理，但因为苏联专家说了能修，领导也说了能修，所以这些专家们就开始跟风。他在一篇题为《花丛小语》的散文中，很讽刺地写道：“文人多无骨，原不足为奇，主要还是因为我国学者的政治性特别强。你看章某原有他自己的一套治理黄河的意见，等到三门峡的计划一出来，他立刻敏捷地放弃己见，大大歌德一番，并且附和着说，‘圣人出而黄河清’，下游治河，他竟放弃了水流必然趋向挟带一定泥沙的原理，而觍颜地说黄水真会清的，下游真会一下子就治好，以讨好领导他的党和政府。试想，这样做，对于人民和政府究竟是有利还是有害？他的动机是爱护政府还是爱护他自己的饭碗？”② 因为反对三门峡项目，黄万里被打成右派，失去了教书的权利，被发配到密云水库当苦力。

1957年4月13日，三门峡水利枢纽工程隆重举行开工典礼。1958年11月，三门峡工程开始黄河截流，1960年6月高坝筑至340米，开始拦洪。1960年9月，三门峡大坝建成，大坝下闸蓄水。工程总投资达40亿元，相当于40座武汉长江大桥的造价。

后来发生的事实不幸被黄万里言中。苏联拥有在一般河流上梯级开发的丰富经验，但是在他们的版图上并没有黄河这样多泥沙的大河。由于对黄河流域生态环境及泥沙条件估计不足，就在大坝建成的当年，潼关以上渭河大淤，淹毁良田80万亩。仅一年半之后，水库中已经淤积泥沙15多亿吨，远远超出预计，并在渭河河口形成了拦门沙，渭河也成了地上悬

① 黄万里1956年5月向黄河流域规划委员会提出的《对于黄河三门峡水库现行规划方法的意见》，发表于《中国水利》1957年杂志第8期。

② 1957年5月，黄万里在清华大学校刊《新清华》第182期（5月17日）和第193期（6月7日）上，分两次发表了短篇小说《花丛小语》。

河，对关中平原造成了严重威胁，灾难直逼西安。三门峡蓄水水位从此不敢再抬高。1967 年黄河倒灌，渭河口的河槽全被淤塞，尤其是 1968 年渭河在陕西华县一带决口，造成大面积淹没。三门峡水库改为低水头发电，装机容量一再减少，只有原设计的 1/4。

三门峡成为新中国成立后争议最大的水利工程之一，其后数十年反思之声不绝。1979 年 3 月 21 日，陈云在政治局会议上说："156 个大型工程项目中，三门峡工程是经过我手的，就不能说是成功的，是一次失败的教训。"2003 年 10 月，中国科学院、中国工程院院士张光斗和前水利部部长、中国工程院院士钱正英共同呼吁：三门峡水库应该尽快停止蓄水和发电。

除了水利成效不彰之外，三门峡的建设还毁坏了众多人文景观，其中最让人痛心的是潼关的拆毁。

潼关地处关中平原东端，横踞秦岭和黄河之间，虎视长安（今西安），号称"中原第一关"，是中国历史上最著名的人文地标之一。自商周到唐宋，中国的政治中心曾长期在长安和洛阳之间游移摆动，在其之间，潼关就是肩挑两京、力压千钧的支点。在这里，大大小小发生过数百次战争，其中影响到整个中国命运的即达 60 多次，如殷周时闻太师与姜子牙之战、三国马超大战曹操、唐代安禄山与哥舒翰之战、黄巢起义军攻占潼关、明代李自成与明军的决死之战。在三门峡水库的建设过程中，潼关正处在苏联专家所规划的蓄水水位线之内，因此，潼关旧城被迁毁殆尽。但是事实上，三门峡的蓄水水位从来没有到达和淹没过潼关城，也就是说，一个技术性的误判毁掉了中国历史的一段记忆。

与潼关一起被拆毁的，还有蒲州、朝邑、陕州等古城池。黄万里日后很哀伤地赋诗曰："人间浅识一何多，斩断流沙三门阖！"

"一五"期间，包括苏援工程在内，中国建成了 595 个大中型建设项目，完成基本建设投资总额 588.47 亿元，五年新增固定资产相当于 1949 年接收时的 4 倍，是 1936 年到 1978 年之间，经济增长最快的一个时段。

我们接着来解答两个疑惑：第一，“一五”时期的大规模建设资金是从哪里来的？第二，民营资本在这场大建设中扮演了怎样的角色？

在500多亿元的资金中，有3%是苏联贷款，其余均为国家投资，其中79%来自中央财政。这么庞大的资金供应，主要来自两块，一是全民勒紧腰带抓工业，二是农业对工业的反哺。

为了在短时间内把重工业抓上去，从中央到地方倾全力而为之，计划经济的威力以及因此而形成的“举国效应”发挥了重大作用。以用电量为例，“一五”期间，全国电力的八成以上都用于工业，农村用电只占全国电量的0.6%，城市生活用电占13.5%。

此外，农业对工业的反哺非常之大。这也形成了延续数十年的城乡“剪刀差”现象。

就在城里大动土木的时候，广袤的农村正在发生一场粮食危机。从1952年到1954年，华北和长江淮河流域发生洪灾，再加上工业发展对粮食的需求大增，以及大量人口进城当工人，粮食短缺突然变得十分突出。

1952年7月到1953年6月的一年中，国家收入粮食547亿斤，支出587亿斤，赤字40亿斤。1953年的城镇人口比上一年增加600万人，农村吃商品粮的人口也高达1亿人。[①] 粮食形势十分严峻，许多地方出现了抢购粮食的现象，农民更是囤粮惜售。在河南、湖广等粮区，私人粮贩再度大量出现，民间粮市的牌价比国家收购价格高出20%~30%。到1953年秋天，一些城镇出现数千人以至上万人在国家售粮点排队争购粮食的情景，甚至连北京和天津等大城市，也不得不实行限额配售。全国财经委员会召开紧急会议，讨论的结果是：“问题很大，办法不多，难以为继。”

中央决策面临两难，陈云自喻是“挑着一担炸药”。他说，我这个人

---

① 中国人口在1953年突破6亿，该年进行了第一次人口普查，为601 938 035人，其中农民5.2亿，城镇人口8 000万。

属于温和派，不属于激烈派，总是希望抵抗少一点。但我现在是挑着一担炸药，前面是黑色炸药，后面是黄色炸药，如果搞不到粮食，整个市场就要波动，如果采取征购的办法，农民又可能造反，两个中间要选一个，都是危险家伙。

最后，陈云在深思熟虑之后，提出了最强硬的办法，那就是在农村实行征购，在城市实行配给，简称为“统购统销”。1953 年 11 月 23 日，政务院发布《关于实行粮食的计划收购和计划供应的命令》，提出定产、定购、定销的“三定”政策，要求全国各地以乡为单位，确定全乡每户的常年计划产量和全乡粮食统购统销的数量，粮食买卖纳入国家的整体计划。这一工作的难度非常之大，中共中央要求“全党动手，全力以赴”，仅中南地区就动员了 330 万干部和积极分子下乡做农民的思想工作，毛泽东也深知此事的艰难，说：“这样做可能出的毛病，第一农民不满，第二市民不满，第三外国舆论不满，问题是看我们的工作。”[①] 他要求，宣传工作要大张旗鼓，但报纸一字不登。

在控制了粮食的购销渠道后，随即在城市实行定量供应。1955 年 8 月 25 日，国务院全体会议第 17 次会议通过《市镇粮食定量供应凭证印制暂行办法》，从此，在中国经济史上出现了一个新的名词，粮票。所有城镇居民都配发到一个《居民粮食供应本》，凭此到指定的国营粮店兑换。没有粮票，将无法购买到一粒粮食。粮票的发明是计划经济最生动的体现，从

▲ 粮票

① 见毛泽东在 1953 年 10 月 2 日召开的中共中央政治局扩大会议上的总结。

▲ 布票

此，中国进入“票证的年代”，随后，各种民用商品如猪肉、食油、煤球、自行车、糕点、鸡蛋、鱼甚至火柴等，都需要用特定的票证才能购买。

比粮票还要早一年多的是布票。1954年全国棉纱、棉布统购统销后,9月就实行了凭“布票”(又称棉布购买票、购布证、购布券）限量供应棉布的政策，这是工业消费品的第一种票证。

当时，根据南北各地的气候不同、城镇大小不同、对棉布的最低需求量不同，制定了不同的布票定量标准。例如，北京市每人每年发放17尺3寸布票，刚够成人做一套蓝布制服；天津市每人每年可领取13尺，江西省发放11尺；北方冬季漫长又严寒的哈尔滨市每人每年24尺布票，可做一套棉衣；而南方亚热带地区城镇每人每年7尺4寸布票。布票的取消，是在1984年，而粮票的取消则要到1993年。

票证的发明，不但将城镇居民消费彻底纳入计划的轨道上，同时，它与户籍制度形成一种结构性屏蔽，没有票证的农民从此无法在城市里购买到生活必需品，因而不可能任意进城，从而在物资短缺的年代里，减轻了城市的人口压力。

统购统销政策的实行，在当时解决了粮食及商品危机，同时形成了农业对工业的反哺机制，它的后遗症也是深远的。购销两头被卡住后，农民产粮、产棉的利益被刚性化，再加上后来推行的人民公社制度，最终使农民生产积极性严重受挫，农作物产量长期徘徊不前。薄一波反思说：“问题和教训在于，大跃进和十年动乱的大曲折，人口增长的失控，不仅使我们长期找不到机会来改变这一政策，而且还不得不从购销两头越勒越死。”

农业发展的停滞，进而造成原料物资及各种产成品的全面紧缺，中国经济逐渐滑入短缺的周期中。

美国的《时代周刊》早在1954年3月就报道了农民生产积极性下降的景象，稍微富裕的农民不敢借出生产工具，即使出借也不敢要租金，一些人干脆把公牛卖了，这使得生产积极性下降，产量也随之下降。1957年12月9日，它更将统购政策、城市配给制度以及工业化建设联系起来，它描述道："北京也和其他城市一样，猪肉实行着配给制。但是即使是在配给制状态下，猪肉仍然供不应求。记者报道上海市民早晨3点钟就起床，为的是在菜市场排在前面能够买到肉。农村虽然不施行配给，但是农民现在吃的肉还不如过去的一半数量，因为国家用固定的底价垄断地购买了猪肉，然后再按照垄断的高价格出售，农民远远买不起这样价格的猪肉。猪肉都去哪里了？答案是政府用肉偿还从苏联进口的工业产品……政府的雄心在于不惜代价地提高工业实力。"

农业对工业的反哺是巨大的。据董志凯和吴江的研究，在"一五"时期，全部工业产值中，以农产品为主要原料的产值约占50%左右，农副产品和用农业原料制成的工业品，在国内市场主要商品供应量中约占80%，在出口总额中约占75%。农民每年把净收入的约7%作为农业税上缴国家，同时，由于工农产品之间的差价，也就是"剪刀差"，农民又把相当于净收入的约5%奉献给国家积累，两项合计为12%。以另外一种方式计算，国家预算收入中，农民所缴农业税约占10%，由于农业及其副业品收购、加工、销售和运输等的利润和税收，间接构成财政收入的40%（其中包括工人所追加的价值），合计为50%。然而，"一五"时期国家对农业的投入比重为基本建设总额的7.1%，加上农村救灾经费、推广优良品种和新式农具、改良农业技术的经费，合计约等于农民缴纳税款的1/3。可见，工业化所需资金主要是由农业积累产生的。

粮食和棉花的统购统销政策将一直执行到1985年，长达32年之久。2007年，中央党校教授周天勇撰文认为："新中国成立后我们一直通过工农价格差、城乡‘剪刀差’向城市和工业提供丰厚的原始积累，农民为工业化和城市化提供的积累，最保守地估计高达30万亿元。”[①]

在“一五”建设规划中，私人企业和私人资本的参与度几乎为零，它们已经被彻底地边缘化。随着计划经济体系的确立及国有资本的迅猛扩张，给予它们的空间已经越来越小。在这样的情形下，资本家所期望的最后一件事情是，他们现有的资本及投资收益到底能否保全。

1954年9月，全国人大颁布了新中国的第一部宪法，正式确定了国营经济的主导地位，明确提出国家对资本主义工商业采取“利用、限制和改造”的政策，逐步以全民所有制代替资本家所有制，以发展生产合作社作为改造个体手工业的主要道路。同月，政务院通过《公私合营工业企业暂行条例》。《条例》对“公私合营工业企业”的定义是这样的，“由国家或者公私合营企业投资并由国家派干部，同资本家实行合营的工业企业”。第三条规定“合营企业中，社会主义成分居于领导地位”，第九条规定“公私合营企业受公方领导，由政府主管部门派代表同私方代表负责管理”。这意味着，私人所有者基本上失去了对企业的支配权和管理权，而生产经营的目的不再是为了赢利，而是为了满足国家的需要。

据1954年统计，公股在全部公私合营企业中的比重为40.6%，单个企业公私合营的，平均每1万元资本额，国家实际投资为1 273元。尽管在股权比例上不占多数，但是公方还是合法地成了取代者。关于敏感的企业赢利分配方式，在这个条例的第四章“盈余分配”中，提出了“四马分肥”的方案，即“股东股息红利，加上董事、经理和厂长等人的酬劳金，共可占到全年盈余总额的25%左右”。

“四马分肥”给私人股东留下了1/4的盈余收益，看上去是一个较温和的计算方法，但是，却存在一个显在的争议点，那就是，私营企业的原料供应和成品销售两个渠道都被卡住了，中间的利润多少已经完全受制于

---

① 见《中国经济时报》，2007年7月9日。

人。所以，不满和矛盾仍然很突出。1955 年，陈云终于想出“赎买定息”的方案，国家根据核定的私股股额按期发给私股股东固定的股息。

关于定息的比例，工商界的普遍想法是“坐三望四”，也就是年息为 3%，最好能够到 4%。而陈云最终公布的定息为 5%，这让资本家们“喜出望外”。根据规定：“全国公私合营企业的定息户，不分工商、不分大小、不分盈余户亏损户，不分地区、不分行业、不分老合营新合营，统一规定为年息五厘，即年息 5%。”据吴承明在《中国资本主义与国内市场》一书中的记载，当时公私合营企业的私股总额为 23.07 亿元，其中工业企业为 17.83 亿元、商业企业为 3.53 亿元，饮食、服务和运输业为 1.29 亿元，金融业为 0.42 亿元，全年发放股息为 1.15 亿元。按陈云的看法，用这点钱就能使资本家敲锣打鼓地要求进行社会主义改造，使国家能统统把他们买下来，这是值得的。定息从 1956 年 1 月 1 日起计，原定到 1962 年止息，后延长到“文化大革命”开始前的 1965 年，利息有所降低。

定息赎买政策为私人资本的消亡设计了一个“退出通道”，它意味着产权改造的实质完成。从此，私人所有者对企业的财产关系发生了彻底的变化，资本家作为企业所有者的身份失去了意义，他们只是一个“银行存款者”，与企业营运本身再无任何财产权利关系。资本的实质已经消失，仅存一个躯壳。据社科院经济所的资料显示，全国拿定息的在职私营业主为 71 万人，吃息代理人为 10 万人，这 81 万人就是残存的资本家阶层。这些人大多集中在沪津等几个大中城市，其中，上海市公私合营企业中的私股为 11.2 亿元，几乎占总私股的一半。其中私股在 500 万元以上的 5 个大户中，有 4 人属于荣氏家族，第一名是荣毅仁的堂兄荣鸿三（他在香港），占 975 万元，每年可得定息 48.7 万元，即每月可得 4 万元；荣毅仁则占第三位，他在 8 个城市拥有 24 家纺织、印染、面粉和机械工厂。

在定息政策出台后，选择公私合营、把企业交给国家几乎成了唯一的选择。

一位资本家日后对口述史记录者桂勇回忆说："不合营，你也生存不下去。为什么？劳资纠纷不断，就是工人斗你，你也不能开除他，工人即使不干活也得发工资，企业原材料不足、业务不足，国家把金融、原材料等全部控制好了，私营企业拿不到原材料，给你拿到的，也是价格两样的。工人的组织——工会已经成立，税务机构已经较完善了。我们已经是走投无路了，不要说厂里，连家里的钱都拿到厂里开支，到最后家都破产了，资本家风险压力很大。这样，资本家就没有什么内在的积极性了。"[①]

1955年1月，周恩来在一次中央工作会议上以荣毅仁为例，讲道："他是全国第一号的资本家，他在这个地方讲，他那个阶级应该消灭，可是，另外碰到的一个人又跟他说，你祖宗三代辛辛苦苦地搞了这点工厂，在你手里送出去实在可惜呀！他也眼泪直流，这是很自然的，合乎情理。两种情形都存在，都是真实的。这种又接受和平改造，又感到痛苦的表现，如实地反映了中国民族资产阶级的心态。如果交出工厂，如弃敝屣，没有一点痛苦，那就不是资产阶级了。"

对于私人资本在中国的命运，决策层的想法在这些年也有一些渐进式的判断。

在1952年的"五反"运动后，毛泽东就断定，私人资本主义与计划经济的矛盾是不可调和的。他说："资本主义所有制与社会主义所有制的矛盾，资本主义所有制和资本主义的生产社会性之间的矛盾，资本主义生产的无政府状态和国家有计划的经济建设之间的矛盾，资本主义企业内的工人和资本家之间的矛盾，都是不可克服的。"[②]1953年，他第一次提出让资本主义在中国"绝种"，不过，他当时的时间表是15年。在6月的一次讲话中，他说："所谓过渡时期，就是很剧烈很深刻的变动，按照它的社

---

① 桂勇著，《私有产权的社会基础》，上海：立信会计出版社，2006年版。

② 见《为动员一切力量把我国建设成为一个伟大的社会主义国家而斗争》，1953年12月制发。

会的深刻性来说，资本主义到 15 年后基本绝种了。过去枪炮很激烈，不决定资本主义绝种。”根据过渡时期总路线的规划，私人资本在中国的消亡时间是 1967 年。

两年多后的 1955 年 10 月，他的时间表突然提前了，在《农业合作社的一场辩论和当前的阶级斗争》一文中，他明确提出要让资本主义马上“绝种”。他在七届六中全会上说，“马克思主义是有那么凶哩，良心不多哩，就是要使帝国主义绝种，封建主义绝种，资本主义绝种，小生产也绝种。这方面，良心少一点好”，“我们的目的就是要使资本主义绝种，要使它在地球上绝种，变成历史的东西”。

工商界的头面人物也都意识到了历史的必然，最后的时刻到了。11 月 1 日，全国工商联首届执行委员会举行第二次会议，主任委员、前浙江兴业银行董事陈叔通在开幕词中，号召一切爱国的工商业者把自己的命运和国家发展的前途联系起来，在现有的基础上进一步接受社会主义改造。执委会在《告全国工商界书》中写道：“我们工商业当前的首要任务是应该坚守爱国守法的立场，积极接受社会主义改造。”

两个月后，私人资本和资产阶级作为一种经济成分和阶级结构，果然在中国“绝种”了。

在“156 工程”中，被安排在首都北京的项目有四个，一个民用，三个军工，其中之一就是 798 工厂。半个世纪后，798 成为北京城里最出名的艺术家群落。

在京的四个项目中，有两个是电子企业，它们都在东郊的酒仙桥地区，一是北京有线电总厂，编号 738，另外一个就是华北无线电器材联合厂，它由 718、798、706、707、797、751 六个工厂联合组成，其中 798 的名气最大，当地人就把这一片厂区统称为 798 大院。738 研制出了我们的第一台电子计算机、第一部自动电话交换机和第一台银行自动柜员机；798 最出名的记录是，在 1958 年自主研制出了纯度在 99.99% 以上的单晶硅，这是中国半导体产业的革命性突破。在后来的 30 多年里，798 工厂一直是半导体产业的领先者，它为全国 30 多条国产化半导体生产线配套供应前工序设备，连续承担并完成了国家下达的众多科技攻关任务。

与其他“156 工程”不同的是，798 是由东欧的民主德国援助建设的。当时的民主德国副总理厄斯纳亲自组织成立了 718 联合厂工程后援小组，利用民主德国的技术、专家和设备生产线，完成了这项工程。除了技术的先进性外，它最独特的地方是具有典型的德国包豪斯①建筑风格。它的建筑设计商是德绍建筑机构，它和著名的包豪斯学校在同一个城市。因此，联合厂具有典型的包豪斯风格，是实用和简洁完美结合的典范。德国人在建筑质量上追求高标准。比如，抗震强度的设计在 8 级以上，而当时中苏的标准都只有 6~7 级；再比如，为了保证坚固性，使用了 500 号建筑砖；还有，厂房窗户向北，而当时一般建筑物的窗户都朝南，这种设计可以充

① 包豪斯：1919 年，格罗皮乌斯在德国魏玛成立包豪斯学校，在抽象艺术的影响下，形成了一种新的工艺美术风格和建筑风格。其主要特点是：注重满足实用要求，发挥新材料和新结构的技术性能和美学性能，造型简洁。这一建筑理念和风格被广泛应用，形成包豪斯学派。

分利用天光和反射光，这就保持了光线的均匀和稳定。

798和738曾经是北京最出名和最神秘的大工厂之一，在这里工作是一件值得骄傲的事情，谁要是问他们在哪儿工作，回答都说是军工厂，其他一概保密，这种神秘感能引起无数人的羡慕。曾有工人回忆他到798工作第一天时的情形：我当时在大山子下了车，车站附近是一片居民区，最显眼的就是一个由解放军把守的大院子。这个大院子里面全是花草树木，就像是一个大花园，在树木的掩映下依稀能看见里面的红砖楼。我上前询问把守的解放军："706厂在哪儿？"但是得到的答案却是不知道，可是此地不再有其他更像工厂的建筑了。这个谜底直到我正式工作后才解开，原来"706"是军工厂的代码，在当时是要保密的。我当时询问的地方就是798大院。

1960年，738大院出了一个工人指挥家束衡，他创作了一首《有线电厂在前进》的进行曲。在有关部门的安排下，6月5日，车工束衡走上北京人民剧场的舞台，指挥中央交响乐团演出由他创作的乐曲。在演出节目单上，工人指挥束衡的名字排在中国最著名的指挥家李德伦的前面，这在当年是一个十分轰动的新闻，它证明了工人阶级的先进性和无所不能。

然而，从20世纪80年代末开始，738和798与所有的国营企业一样，渐渐跟不上时代的脚步了，各个工厂的衰败开始显现。人们不再以进大院工作为荣，相反，但凡有点门路的人都想方设法调动工作。到90年代中期，红极一时的大院企业陷于停产半停产状态，工厂一半以上的工人下岗分流，大多数生产车间停止运行，798的在职人员从近两万人递减到不足4 000人。工厂实在没活儿干，只好靠出租闲置厂房和卖地皮来赚钱。

2002年，一位名叫洪晃的女文化人突然瞄上了它，洪晃是民国政治家章士钊的外孙女、共和国外交部长乔冠华的继女。她看中798独特的国营工厂气息——衰败、僵硬，与商业气氛格格不入，于是在这里以极便宜的价格租了一个车间，当作自己的艺术工作室。跟她一起看中798的，还有做艺术网站的美国人罗伯特，他租下了120平方米的回民食堂，改造成前店后公司的模样。在洪晃和罗伯特的鼓吹和示范下，一些前卫艺术家也先后看中了这里宽敞的空间和低廉的租金，纷纷租下一些厂房作为工作室或展示空间，798 艺术家群体的“雪球”就这样滚了起来。美国《时代周刊》将这里评为最有文化标志性的 22 个城市艺术中心之一。《纽约时报》甚至将这里与纽约当代艺术家聚集区 SOHO 相提并论。

就这样，一个濒临死亡的国营工厂突然摇身变成了北京城最具时尚气息的地方。

798 厂区内的所有车间、厂房甚至斑驳的机床、生产线等都被保留下来。它们像一堆已经被掏空了灵魂的躯体，艺术家们用各自的表现手法将之彻底地“波普化”，那曾经荡漾了 40 多年的劳动热情、革命纪律和政治崇拜突然被凝固下来，并呈现出一种很夸张和怪异的神情。到 2004 年，这里已经聚集了 200 多家来自十来个国家的文化机构和个人工作室，北京市政府已经决定将这里列为“优秀近现代建筑”进行保留。很多年后，当全中国的老牌国营工厂都已经被拆迁一空之后，798 作为唯一的幸存者被留存下来。当然，这是一种谁也没有预料到的方式。

2008 年，一家报纸用这样的细节展开了它对 798 的描写：“慷慨激昂的《有线电厂在前进》进行曲过后，在 798，妩媚、阴柔的昆曲正在响起。这天晚上，《仁》俱乐部举办答谢酒会，请来两位戏剧梅花奖得主，演出昆曲《长生殿》。”

半个世纪前，这个吟唱唐明皇、杨贵妃爱情故事的地方，是 798 大院的大食堂，每次开饭前，这里的工人都要站着高歌一首激情昂扬的革命歌曲。

▲ 今日 798

1956 “绝种”

西边的太阳快要落山了，
微山湖上静悄悄；
弹起我心爱的土琵琶，
唱起那动人的歌谣。

——芦芒：电影《铁道游击队》插曲，1956 年

私人资本在中国的“绝种”，仅仅用了一个月的时间。

私营企业家积极配合了政府的决策，其中，北方的代表人物是乐松生，他是国内最出名的百年药号同仁堂的总经理，南方的领头者则是最大私营企业集团上海申新公司的荣毅仁，他们先后都当上了北京市和上海市的副市长，一时人称“北乐南荣”。

1956 年 1 月 1 日，北京市私营工商业者提出了实行全行业公私合营的申请。到 1 月 10 日，只用了 10 天，全市的私营工商业宣告全部实现了全行业公私合营，已经跑步进入社会主义。

同日，毛泽东南下到上海申新棉纺织印染厂视察。他风趣地对时年40岁的荣毅仁说："你是大资本家，要带头。现在工人阶级当家做主了，老板换了。"随后他问："公私合营后生产怎么样？"荣毅仁回答说："比以前要好。"

在视察后，荣毅仁当即代表上海工商界集体给毛泽东写信，表示要在6天内实现上海全行业公私合营。新华社记者问起荣毅仁今后的打算，他回答说："我的企业已经实行公私合营，还准备实行定息的办法，这样每年利润更有了保证。我已经在上海市人民代表大会会议上表示了决心：我一定把所得的利润以投资企业和购买公债的方式，用来支援国家的建设。我个人愿意在任何工作岗位上来尽我的责任，做一个对国家、对社会主义有贡献的人。"

1月15日，北京市在天安门广场举行庆祝社会主义改造胜利大会。在20万民众的欢呼声中，乐松生登上天安门城楼，代表北京工商界向毛泽东主席献上北京全行业实行公私合营的喜报。由新华社摄影记者侯波拍摄的《乐松生向毛泽东送喜报》，第二天登上了全国所有报纸的头版，这是一个历史性的时刻。《人民日报》发表社论说："远大的理想，已经开始

▲ 1956年，乐松生向毛泽东送喜报

变成现实，在我们的国家里，已经出现了第一个社会主义的城市。”

▲ 1956 年 1 月，全国出现了全行业公私合营的高潮

1 月 20 日，上海召开公私合营大会，工商界报喜队的一名代表装扮成“天官赐福”的样子来到会场向人们报喜，宣布全市 205 个行业、10 万多户私营工商业全部实行公私合营。第二天，在早春的细雨中，上海举行 20 万人的盛大游行，敲锣打鼓庆祝社会主义改造的完成。据当时的报纸描述：“大会在诵读完写给毛主席的报喜信后，人群立即欢腾起来。无数气球在人们头顶上方飞舞，宛如五彩缤纷的海涛。鞭炮的青烟在蒙蒙细雨中凝结成一片片云雾，久久挥之不去。人群中最惹人注目的，是由西装革履的工商界人士组成的队伍，诸多年老的资本家一边扭着秧歌，一边向周围的群众欢呼招手。从这一刻起，他们及其家属将放弃剥削，学会本领，争取成为自食其力的劳动者。”在热烈的人群中，荣毅仁大声地朗诵道：“社会主义改造对于我失去的是属于我个人的一些剥削所得，得到的却是一个人人富裕繁荣强盛的社会主义国家。对于我，失去的是剥削阶级人与人的尔虞我诈互不信任，得到的是作为劳动人民的人与人之间的友爱和信任，这是金钱所不能买到的。”

随后，全国各大中城市一个接一个地完成了工商业的社会主义改造。在天津，盛大的游行队伍第一排是由一群资本家的太太们组成的，一年后的《人民画报》对其中的 7 个人进行了追踪采访，龚锦成了天津市第四医院 X 光部的护士，沈恩秀进入天津人民造纸厂当了文化教员，张玉英成了社区托儿所的一名老师，岳东平进入夜校学习，蒋恩钿大部分时间在做翻译工作，另两位也在“努力学习，争取成为自食其力的劳动者”。

薄一波在《若干重大决策与事件的回顾》中说：“应于1967年完成对资本主义工商业的社会主义改造，现在基本完成的时间，比原计划提前12年。这个速度不仅超出我们大家的预料，而且也超出毛主席本人的预料。”1月25日，毛泽东在第六次最高国务会议上说：“公私合营走得很快，这是没有预料到的。谁料得到？现在又没有孔明，意料不到那么快。”①

变化比计划快，这是中国常有的事。不过，事情快起来之后，也会发生预料之外的状况。正是在这次重要的最高国务会议上，毛泽东突然向陈云提出了一个“小问题”：为什么东来顺的羊肉变得不好吃了？

东来顺是北京城里一家有150年历史的老字号饭馆，它以涮羊肉出名，其羊肉“薄如纸、匀如晶、齐如线、美如花”，投入汤中一涮即熟，吃起来又香又嫩，不膻不腻。1955年，东来顺搞了公私合营，改名为民族饭庄，从此它的羊肉再也涮不出原来的鲜美味道了。民间因此有人调侃说：“资本主义的羊肉经社会主义改造后，就不好吃了。”这些言论传到了毛泽东的耳朵里。

陈云对这一现象也早已观察到了，自从公私合营之后，很多老字号的质量明显下滑，除了东来顺的羊肉，常常被群众议论的还有全聚德的烤鸭，这家烤鸭店的烤鸭变得“烤不脆，咬不动，不好吃了”。陈云专门针对东来顺羊肉和全聚德烤鸭去做了调研。所以，当毛泽东向他提问时，他当即给出了回答。

东来顺的问题是“我们轻易地改变了它的规矩。东来顺原先只用

---

① 就当中国跑步进入社会主义的时候，苏联发生了一个大事件。1956年2月14日，苏联共产党召开斯大林去世后的第一次全国党代会，新任领导人赫鲁晓夫做了题为“关于个人崇拜及其后果”的长篇秘密报告，对斯大林在理论和实践上进行了不留情面的批判。这一秘密报告传到中国后，引起领导人的特别警惕。它以及同年年底发生的“匈牙利事件”，为中国1957年的“反右运动”埋下了伏笔。

35~42 斤的小尾巴羊，这种羊，肉相当嫩。我们现在山羊也给它，老绵羊也给它，冻羊肉也给它，涮羊肉怎么能好吃？羊肉价钱原来一斤是一块两毛八，合营以后要它和一般铺子一样，统统减到一块零八，说是为人民服务，为消费者服务。这样它就把那些本来不该拿来做涮羊肉的也拿来用了，于是羊肉就老了。本来一个人一天切 30 斤羊肉，切得很薄，合营后要求提高劳动效率，规定每天切 50 斤，结果只好切得厚一些。羊肉老了厚了，当然就不如原来的好吃了”。

全聚德的烤鸭也是同样的问题，原来的烤鸭用的是专门喂养 100 天左右的鸭子，有严格的喂养规矩，饲料主要是绿豆和小米，粮食统购统销和公私合营后，烤鸭店的原料由国家统一调配，给他们的是农场喂养的老鸭子，结果自然是不好吃了。

毛主席问陈云，怎么解决这个问题呢？陈云坦言了他的看法，他谈道：从北京开始发起全行业合营后，全国各地的私营工商业很快都公私合营了，天天敲锣打鼓，放鞭炮。但是应该看到，现在全行业公私合营的工作仅仅是开始，并不是已经结束了……商店中的大店、小店，连夫妻老婆店，统统合营了。以北京为例，私营商业共 20 万户，雇店员的不到 1 万户，50% 以上是不用店员的。政府对于不雇店员的商店本来是要采取经销、代销的方式，但是高潮一来，他们天天敲锣打鼓，放鞭炮，递申请书，要求公私合营。没有办法，只好批准。他们人数很多，铺子很多，如果一律采取对待资本主义商业那种方式，对营业是不利的。

陈云还以自己家门口的一个小铺子为例，详细阐述了他对个体小商业的看法。他说：“那是一个只能站两个顾客的小店，但是它卖的东西适合那个地方群众的需要，有文房四宝、牙刷牙膏、针头线脑，直至邮票，样样都有。这种小铺子看居民需要什么就卖什么，对群众很方便。他们卖的方法也跟百货公司不同。百货公司的信封，是成扎卖的，他们一个也卖。百货公司的信纸是成本卖的，他们一张也卖。售货时间也不一样，百货公司是 8 小时工作制，到点关门，他们是晚上 12 点敲门也卖东西。这样的铺子居民很需要，所以能够存在下去。如果他们也跟我们一样，干不干二斤半，做不做二尺五，[①]一律 30 块、35 块发工资，我相信品种就不会那么齐了，半夜 12 点钟门也敲不开了。全部改变以后，他们的经营积极性就会大为降低，对消费者造成很大的不便。所以，对这些人要继续采取经销、代销的方式。这种小铺子可以向两方面发展，一部分吸收到国营公司里来，或者变成公私合营的商店；还有一部分，在很长时间里要保留单独经营方式。手工业者、摊贩等，更要长期让他们单独经营。比如雕刻，如果这种人也组成合作社，进货是统一的，销路是统一的，那他的手工艺品就做不好。北京的馄饨担怎么办？上海弄堂里的白糖莲心粥怎么办？对他们应该很宽很宽。他要求加入合作社，也只能是挂个牌子，报个名，登记一下就算了。把他们组织起来，每个人要在一个小组，统一进货，统一经营，统一核算，那就有一种危险，即馄饨皮子就不是那么薄，而是厚了；肉不是鲜的，而是臭的了。所以要长期保留这种单独经营的方式。把他们搞掉了，对人民对国家都是不利的。我们是要改组工商业的，但并不是每个小厂统统需要改组，也不是所有的商店都要调整。如果轻率地并厂并店，就会给经济生活带来很多不便。”

陈云因此得出的结论是：“我看社会主义社会，长时期内还需要夫妻店。”此外，他还对私营工厂的效率和质量下降提出了建议，认为，私营工商业公私合营以后，原有的生产方法、经营方法应该在一个时期内照旧维持不变，以免把以前好的东西也改掉了。“不能保持好的品种、好的质量的情况，在统购统销以后就发生了，因为我们没有什么竞争，统统是国家收购的，结果大家愿意生产大路货，不愿意生产数量比较少和质量比较高的东西。”[②]

---

① 二斤半，指供给制时期每人每天的伙食标准（包括主食和副食）是二斤半小米。二尺五，指穿的衣服（上身）是二尺五长。

② 陈云著，《陈云文选》（第二卷），北京：人民出版社，1995 年版。

在热火朝天的1956年，东来顺的羊肉变得不好吃了，看上去只是一个不起眼的小问题。但是，敏感的人还是从中读出了巨大的体制性隐患，它将困扰人们长达22年之久。就当陈云提出了他的解决方案时，中国两位学者却从制度层面上开始了破冰式的反思。

▲ 孙冶方

他们是顾准和孙冶方（原名薛萼果，1908—1983）。

此时的顾准正在中央党校潜心学习，他从早到晚都钻在图书馆的书库里读书。过去的3年里，他通读了马克思的3卷《资本论》、苏联理论家们的计划经济理论、黑格尔以及凯恩斯的著作，此外还读完了《中古世界史》《中国通史》和《中国近代史资料选编》，浩大而孤独的阅读经验，让他变成了一个独立而敏锐的思想家。他对国家的经济建设模式，渐渐形成了体系式的看法。在1955年12月的日记中，他如此评论"一五"计划："工业建设，必须使用现代技术，迎头赶上。但是，如果仅仅依靠输入的计划工作，输入的工业化方案，这不只是经济建设上的教条主义，也不是从中国土地上生长起来的东西。"[①]这样的言论在当年无疑是大逆不道。就在这时，顾准开始对社会主义条件下的商品货币关系和价值问题进行了深入的思考。

与顾准达到同样思想高度的另外一个学者，是他的江苏老乡孙冶方。这是一个1924年就入党的老党员，1949年当过上海市军管会工业部副部长、部长，与顾准有过同事的经历。1954年他赴京升任国家统计局副局长，接着又到中国科学院经济研究所当所长。正是在这一时期，两位老友又相聚在一起。

---

① 顾准著，《顾准日记》，北京：经济日报出版社，1997年版。

有一次，顾准翻出马克思在《资本论》第二卷第七篇的一段引文，与孙冶方进行讨论，这段文字是："在资本主义生产方式废止以后，但社会化的生产维持下去，价值规律就仍然在这个意义上有支配作用：劳动时间的调节和社会劳动在不同各类生产间的分配，最后和这各种事项有关的簿记，会比以前任何时候变得更重要。"

对这段文字的再三推研，让两人的思想打开了一扇危险的窗户。1956年6月，孙冶方在《经济研究》杂志上发表《把计划和统计放在价值规律的基础上》一文。1957年，顾准发表《试论社会主义制度下的商品生产和价值规律》。他们破天荒地认为"我们必须研究社会主义下面的商品生产问题"①，提出了社会主义的生产也可以由市场规律自发调节的惊人观点。

事实上，在1956年前后，已有不少人在自觉或不自觉地反思计划经济的运作规律。譬如孙冶方的堂兄、时任中财委秘书长兼私营企业局局长的薛暮桥也在1957年的春天撰写了《经济工作中的若干理论问题》一文，提出了困扰内心的四个问题："第一，社会主义经济是否需要百分之百的社会主义，是否可容许小商品经济甚至资本主义经济在一定时期、一定范围内存在，并有一些发展，然后慢慢改造它们？第二，社会主义国家应当采用什么办法来使消费品的生产能够适合人民的多方面和多样化的需要？第三，怎样能够在社会主义建设中保持国民经济各方面的平衡？第四，在我国目前的条件下，国家的基本建设投资应当首先用于什么方面？"②不过，当时的薛暮桥还不敢像顾准、孙冶方那样思考，他在晚年的回忆录中说："我国绝大多数经济学家（包括我自己在内），是一直把价值规律同商品生产和商品流通联系起来研究的，认为价值规律是商品生产和商品流通的规律，在商品经济消灭以后，价值规律也就不起作用了。"③

---

① 简称《试论》，见《经济研究》1957年第3期。

② 该文当时并未发表，收录于薛暮桥著，《薛暮桥学术精华录》，北京：北京师范学院出版社，1988年版。

③ 薛暮桥著，《薛暮桥回忆录》，天津：天津人民出版社，2006年1月版。

只有顾准和孙冶方超出同时代的所有人，他们因此成了异端，也正因此，在很多年后，他们被并称为“中国经济学界提出在社会主义条件下实行市场经济的先驱”。

在《试论》一文中，顾准更是展现了让人仰止的道德勇气。他无比大胆地写道：“可以知道，经过几十年的历史发展，社会主义经济已经形成一个体系。这个体系的全部细节，是马克思、恩格斯所没有全部预见，也不可能全部预见的。为什么现在社会主义各国还存在着商品生产与货币经济呢？应该从这个体系的内部关系的分析中去找答案。”

作为一个会计学专家，顾准在文章中一再挑战经典理论。他写道：“社会主义经济是计划经济，马克思、恩格斯再三指明过；社会主义是实行经济核算的计划经济，马克思、恩格斯从未指明过。相反，他们确切指明社会主义社会将没有货币，产品将不转化为价值。”他认为，这是一些需要修正和演进的理念，“让全社会成为一个大核算单位是不能的。全社会必须有一个统一的经济计划，具体的经济核算单位则必须划小，至少以每个生产企业为单位进行核算，巨大的生产企业，其具体核算单位还必须划小”。他像先知一样对正在形成中的大一统计划经济提出了最直接的挑战，很多年后我们仍能感受到他思想的灼热。

1956年，是很多人记忆中的“最后一个春天”。随着“一五”计划接近尾声、公私合营的全面完成以及粮食危机缓解，新国家的建设蒸蒸日上，几乎每月都有重要的工业项目胜利建成的喜讯。第一辆国产汽车下线了，第一架国产喷气式歼击机试飞成功了，鹰潭至厦门铁路铺轨工程全部完工，全国所有县通了电报，95%以上的县通了电话，大部分县都建立了有线广播站。

这年1月，周恩来代表中共中央宣布，知识分子经过几年的改造，“他们中间的绝大部分已经成为国家工作人员，已经为社会主义服务，已经成为工人阶级的一部分”[①]。这让很多人大大松了一口气。日后来看，这意味着中国知识分子作为一个独立阶层的消失。4月，毛泽东提出“百花齐放，百家争鸣”，鼓励知识分子大鸣大放，广议国政，舆论因此欢呼“春天来了”。

在农村，一场影响深远的“合作化运动”正在开展。几年前分到农民手中的土地又以合作社的方式被收归为集体所有，它为几年后的人民公社奏响了前曲。到年底，中国5亿农民基本上都被纳入100多万个合作社之中，开始了集体化的生产和生活。刚刚当上国务院专家局副局长的社会学家费孝通描绘了他的家乡成立合作社前后的情景：“在合作化高潮卷到这个村子里的时候，热烈的场面真是动人。高级社成立前几天，号召大家积肥献礼，每只船都出动了，罱得满船的河泥，把几条河都挤住了。几村的人都穿上节日的衣服，一队队向会场里集中。一路上放爆竹，生产积极性的奔放，使得每个人都感受到气象更新……肥料加到地里，青青的水稻那样得意地长起来，使农民心花怒放……农民们从田里回家谁都怀着兴奋的心情，‘700斤’没问题，接下去的口头禅是‘一天三顿干饭，吃到社会主义’。”[②]

一年多后，费孝通开始对合作社经济模式产生了怀疑，并因此受到批判。20多年后，中共中央对这次合作化运动进行了反思，在1981年《关于建国以来党的若干历史问题的决议》中写道：“在1955年夏季以后，农业合作化以及对手工业和个体商业的改造要求过急，工作过粗，改变过快，形式也过于简单划一，以致在长期间遗留了一些问题。”

经济上的成就，也为社会环境的宽松创造了条件。春暖花开的时候，团中央和全国妇联召开了一次研究妇女着装问题座谈会，提倡妇女打扮得漂亮一些，衣服穿得美一些。《中国青年》也发表文章，号召：“姑娘们，

① 见周恩来1956年1月中共中央关于知识分子问题会议上的所作的报告。

② 费孝通著，《江村农民生活及其变迁》，兰州：敦煌文艺出版社，2004年版。

穿起花衣服来吧。”报纸杂志纷纷向大家推荐新的服装样式以及搭配方法，并讽刺不好意思穿花衣服的妇女。不久，上海、北京、天津相继举行了盛大的时装展览会，最新时装里有传统的旗袍，也有各种款式的花衣服。《人民画报》还以两个整版介绍了新上市的皮鞋款式。但是，对于许多女孩子来说，穿花衣服的号召又引起了新的烦恼，因为市场上的花布种类太少，买到一块中意的花布并不容易。《中国青年》杂志呼吁：“印花布不是一件小事情。我国妇女儿童占总人口 70% 左右，除去一部分人可能不愿意穿花布外，最少有 3 亿以上的人口要穿。花布穿在 3 亿人身上，如果花样不好看，6 亿人看了都要不舒服。”

在城市商店里，日用消费品比前些年都要丰富一些，电子管收音机和自行车、手表、缝纫机是最受欢迎的商品，它们被老百姓并称为“四大件”。

1956 年，创办南洋烟草的简玉阶以 87 岁高龄去世。他在回忆文章《我的喜悦和安慰》中说：“看见洋商的纸烟在中国市场上被彻底打垮，是我一生最大的幸福。这个多年的愿望今天实现了。”[①]

9 月 30 日，老上海的商业名人刘鸿生也去世了。在临终前的那个深夜，他在病床上用极低沉的声音，对四子刘念智说了最后几句话：“四儿，你从国外回来后，一直跟在我的身边，你应该最了解我。我生平最担心的有两件事：一件是怕企业倒闭，另一件是怕子女堕落，在我死后抢家当。现在这两件事都由共产党给我解决了，企业不会倒闭了，子女不会堕落了。我可以安心地离开你们了……”话毕，即陷入昏迷。

次日早上，69 岁的刘鸿生停止呼吸时，刘念智正在参加“十一”国庆游行，他担任了上海市工商联的游行大队大队长，没能守护在父亲的身边。8 点钟，他在游行队伍中突然听到广播喊人：“刘念智，鸿老刚刚去世，

---

① 简玉阶著，《我的喜悦和安慰》，载《中国新闻》第 721 期，1956 年 2 月 16 日。

你赶快回去吧！”

1957 年 1 月，在上海市人民代表大会二届一次会议上，荣毅仁当选副市长，这是荣宗敬兄弟自创业经商以来，第一位荣家子弟担任政府公职。不久前，毛泽东与陈毅等人议论国内著名的资本家时说：“这荣家是我国民族资本家的首户，在国际上称得起财团的，我国恐怕也没有几家子。”荣毅仁的“红色资本家首户”称号由此得来。据回忆，在代表大会期间，已经升任国务院副总理的陈毅亲自南下为荣毅仁助选，陈毅对代表们说：“我匆匆赶回来，因为毛泽东给了我一个特殊任务，要我和上海的朋友商量一下，请投荣毅仁一票，把他选上副市长。”

就是在鼓励大鸣大放的大氛围中，围绕如何对待私人资本、如何搞好合营企业的问题，发生了几场大争论。如果说，顾准和孙冶方代表了共产党内知识分子的思考高度，那么，来自私人资本阶层的人士也发出了自己的声音。

争论最早起源于 1957 年 1 月的上海。

就在荣毅仁当选副市长的代表大会上，鸿兴织造厂董事长、中国钟表厂总经理、萃众织造厂经理李康年递交议案，建议政府发行“工商企业改造赎买存单”，发行额定为人民币 22 亿元（减除 1956 年、1957 年两年定息），于 1958 年 1 月开始发行，分 18 年兑现，每一季度兑现 2 750 万元，每年 11 000 万元，到 1975 年第四季度全部兑讫；在完成对资本家的“赎买”之后，全部公私合营企业一律改为国营，私方人员即变为公家职位。

5 月 17 日，北京的《人民日报》刊登了这个“赎买 20 年建议”，供全社会讨论。李康年还拟出了一些具体的执行方法，他建议政府指令交通银行增辟信托部，代民族资产阶级保管股票，出席股东会、董事会，代收股息红利定息，代办储蓄投资或建造房屋，或代为捐献转赠他人，或缴纳国库。在发给资本家的 22 亿元赎买金中留出 1/10，作为对资方代理人、董监事与需要照顾的资产阶级分子，给予一次酬劳或慰藉金，如再有余额，即拨交全国工商联，作为私方生活互助基金。

李康年的建议，当即在全国引起轩然大波。在工商界内部，有人支持李康年的提案，认为此议保障了私人资本的长期权益，也有人反对，认为定息已经成了有名无实、有害无益的东西，再拖20年怎么受得了。云南省工商联副秘书长聂叙伦就说，昆明有的饮食店业主半年只有七厘钱的定息，有的一户每季只有四分钱的定息，因此有些人要求摘掉定息户的“帽子”。北京市第二五金工业公司副经理于熙钟说，中小户青年工商业者看了李康年提出的延长定息20年的意见都很生气，有的甚至说再提就咬他的耳朵。全国工商联副主任委员毕鸣岐说，提出定息延长20年，工人阶级反对是理所当然；民族资产阶级中多数的人也不会接受，而我们民族资产阶级的子女也不会答应。

▲ 李康年的钟牌414毛巾

而一些参与执政的人士则从意识形态的高度反对李康年提案。中国民主同盟党员、时任中央私营企业局副局长千家驹就认为，李氏的主张是“是消极性的表现，想一辈子吃剥削饭”，工商业者应该认识到，现行的赎买政策是国家对他们进行改造的一种安排，也在于使他们安心改造。李康年的错误在于“把赎买视为国家欠了资本家一笔债，非还不可；拿定息是理所当然的，是光荣的事。这种想法是不利于改造的。因为他们把剥削可耻的根本道理都忘记了”。

6月6日，李康年在《人民日报》再次发表4 000字的长篇文章，对千家驹的观点进行反驳，他说：“自从我的建议书提出后，所受到的，多半是无理的谩骂，而得不到真理的帮助与批评。”对于“想吃剥削饭一辈子”的指责，李康年说：“我今年60岁了，难道我一定能活到80岁吗？

孩子们多已大学毕业做医生了，他们也不会要的，况且我的定息每月不过二三百元，目前都已买公债了，我的家境也不很困难，何必要计较这些呢？千家驹同志认为我想一辈子吃剥削饭未免武断。”他还认为千家驹把财产赎买与资本家改造等同起来，是混淆了政策，“因为和平改造方针有两个内容，第一，对物（生产资料）——赎买（利用、限制、改造）——成为社会主义生产机构；第二，对人（资本家）——教育（生活、思想、安排）——成为社会主义劳动人民。两者之间虽互相关联，而各有区别，他说赎买是对他们进行改造的一种安排，似觉不可理解”。最后，他还认为“赎买应从定息起付之日算起”，而不应该像千家驹所说的从 1949 年算起，因为“如果赎买确定为1949年开始，则 8 年以来所开新厂新店怎么办呢？其问题有工人阶级劳动所得而由政府鼓励他们创办的，又将怎么办呢”？

就在李康年的“赎买 20 年建议”引起众多争辩时，5 月 15 日至 6 月 8 日，统战部邀集全国民主党派以及工商联负责人在北京召开一个座谈会。在这次会议上，工商界人士纷纷谈及公私合营企业在管理上的种种弊病，并对现行政策提出了批评性意见。当时的《人民日报》对此进行了多次详尽的报道。

沈阳市工商联副秘书长马春霖说，私方人员一向有精打细算的习惯和经验，在试制新产品、提高生产率和技术措施计划上，一般都能做到少花钱多办事。现在企业扩大了，讲排场作风在企业中逐渐滋长，一般工厂都设有八大科，每个车间又在科的系统下设有八大员，机构庞大，人浮于事的现象非常严重。私方人员提过意见，但得到的不是尊重，而是讽刺，说小家子气，作坊作风。

一些人谈到合营之后私方人员生计困难。四川省工商联秘书长李仲平说，成都市一个机电厂厂长（私方人员），有技术，每月收入 40 元左右，家里 6 口人，平均每人 7 元，生活很困难，专业公司要他自己想办法，他说：我的资本都交了出来，我人在工厂，叫我到哪儿去想办法呢？全国工商联副秘书长经叔平说，据湖南代表反映，高潮后，有少数小商小贩因生活所迫自杀了。经叔平提出，要解决小商小贩生活困难的问题，就要给他们适当自由经营的出路，不要把自发工厂叫“地下工厂”，叫“地下工厂”就意味着不合法，而他们做的事是人民需要的，为什么不让他们做呢?

在公私合营企业中公方私方人员的关系上，全国工商联副主任委员、曾经当过上海市副市长的资本家盛丕华说，公私共事关系中最突出的问题是私方人员的职权问题。许多私方人员反映他们的苦闷说：多做了工作，怕被说成是争夺领导权；少做了又怕被批评为不负责任，觉得进退两难。湖南省工商联秘书长彭六安说，公方人员以改造者自居，相处时总强调阶级关系，私方人员得不到企业和党以及社会舆论的支持，例如有个私方人员有了一件发明创造，但报纸发表时却说是工人的。有个民建会员提了一件合理化建议，已经试验成功并达到国际水平，但轻工业部对这件事评价很低。在私方人员的安排方面，有的有技术却安排搞一般工作，有的有管理经验却安排下车间。在福利待遇方面，私方家属生病就不能同公方人员、工人家属一样到医院去治疗。

安徽省工商联秘书长胡庆照说，安庆市国药总店公私合营时，公方让私方提意见，私方提了意见，公方代表说，我是政府派来的，我们对你们客气，你们却把它当成福气，神气起来了。私方人员就不敢再提意见。后来这件事反映上去，市工商局召集国药总店全体职工开大会对证，私方人员在这种场合下哪敢再说话。胡庆照还说，合肥市一个搪瓷厂的私方人员为了研究一件产品，不慎把仪器弄坏了，有个团员，不分青红皂白，说他是破坏分子，并把这事登在黑板报上，他气得跑到民建会去哭了一场。

广西工商联秘书长张国英说，南宁和行腊味店的公方是个转业军人，用军队的方法来管理企业，7 点钟上班，私方人员迟到一些马上批评；私方人员第二天 6 点半到店，他叫职工不要开门。职工问为什么不准私方人员提早进店，他说，他们是资产阶级，没有改造好，他们还会偷钱的。他整天站在柜台看着。私方人员为了避免嫌疑，就高声报告每笔营业收入。

在工厂里，私方人员听见公方代表的皮鞋声，工作已做完的还得东摸西摸，表示还有工作做。梧州市兴华电池厂私方人员是技术副厂长，厂里改变电池配方时，他提出在没有试验成功时不要大量生产。公方代表对他说：你是保守思想，是不是想破坏生产？不准你发言。结果因质量不好，损失 40 多万元。

还有人对“一五”计划中的失误进行了批评。上海市工商联副主任委员胡子婴说她到西北视察，看到上海一批工厂搬迁到西北以后的情形。她说，第一，当初在迁厂迁店时就有盲目性，没有很好研究当地的情况。在提出迁厂迁店要求时，好像皇帝选妃一般，点着哪一家就是哪一家。例如迁到洛阳去的都是上海南京路上第一流的名牌店，这样并不是太合适。迁到兰州去的丽华墨水厂实际上除了水是当地的以外，什么原料仍都从上海运过去，结果成本反比从上海运去的墨水价钱高。第二，动员时乱许愿，说什么住洋房，牛奶当开水喝等，而实际情况不是那样。第三，吃饭住房样样都分等级，以致造成很深的鸿沟。第四，凡是给领导提意见就认为是落后，甚至提合理化建议，也看成是捣蛋。兰州丽华墨水厂一位会计因为提合理化建议竟被调到别的单位去。从上海迁到兰州去的王荣康西服店的私方人员王嘉明的兄弟因为提意见，被调到百货商店当办事员。兰州财贸部田广仁部长对信大祥的职工报告时说，“你要民主，我要专政；你要自由，我要纪律”，甚至在大会上骂王荣康的牌子不值两角钱。这位田广仁部长去买皮包竟打掉一个私方人员的牙齿，结果告到派出所给了 6 块钱的药费糊糊涂涂了事。第五，是非不明。例如洛阳有的机关买布不给布票，问题闹到专业公司，专业公司经理反把责任推到私方人员身上。此外，胡子婴还谈到兰州大中华菜馆勤杂工打私方人员、信大祥职工打私方人员，向专业公司、民建、工商联反映都得不到解决；还谈到有些转业军人以功臣自居，转业几年仍不学习业务，认为过去有功，现在应该享福了。

老资格的民主人士、当过轻工业部部长的黄炎培还谈到了“内外有别”的苦恼。他说：“当部长总想做些部长的事，我管八九十个厂，我想把局长、厂长的名单抄一份在办公室挂出来，秘书说，党总支不同意，要保密。我说政务院还要公布名单呢，这有什么保密？不久，我在一位党员司长办公室看见一个名单清清楚楚挂出来了。”他进而还点名批评国务院第八办公室：“实在是充分地表现出不关心工商界人士的疾苦，高高在上，十足官僚主义的作风。”

天津造纸公司经理董少臣提出了“撤出合营企业公方代表”的大胆建议。他说，公方代表光有政治资本没有技术经验，是搞不好生产的。私方人员自己觉得并不是“饭桶”，过去他们也曾管理好自己的企业；况且合营已经一年多了，国营企业的管理方法也学到了不少。因此他主张：在一个企业里，只要有党支部的，在党支部领导和支持下，把生产管理权交给私方执行一年，试试看行不行。他说，把职权交给私方，把私方这笔“财富”挖出来，把公方代表调到真正需要的岗位上，这也是增产节约。

北京裕生祥电机厂副厂长吴金萃则对“向工人阶级学习”的口号表示了异议。他认为：中国资产阶级向工人阶级学习是没有问题的，但不是具体到每个工商业者都不加分析地向每个工人去学，也可以说学的时候不能把每个工人的各个方面都笼统地、一概地去学。因为，工人阶级存在于我们国家里，当然也存在于我们自己所存在的工厂、商店里。阶级是由人集成的，我们就找到了这个阶级里的人——工人和店员，要向他们学习，然而发现他们（也可以说原来就知道他们）并不那样理想，他们的品质并不那样高贵，他们的言行当中有很多我们看来不能去学。比如工厂里的工人有的常常是不爱惜公共财物，浪费材料，损毁工具，有的不遵守劳动纪律，有的请病假去逛公园遛商场，有的打人骂人，甚至偷东西……在商店里有的店员服务态度很不好，有的工作不积极，具体表现出来不是理想的工人阶级品质，这些品质在我们身上去之犹恐不及，万万不能去学。

在所有的发言者中，最让人印象深刻、观点最为激进的是既办过私人企业，又有经济理论修养的粮食部部长章乃器——他同时还是全国工商联副主任和中国民主建国会中央副主任。作为 20 年前的“七君子”之一，他不改直言本色。在过去的一年，他以发表文章、讲话的方式阐述了自己的很多观点，主要有三个方面。

第一是关于生产效率和官僚主义。章乃器问："何以有些公私合营企业的工作效率反而不如私营时期呢？何以有些社会主义企业甚至有些国家机关的工作效率反而不如现代化的资本主义企业呢？"他的答案是，存在官僚主义。现代化的资本主义企业之所以有较高的工作效率，是因为资本家除了要图利之外，还有一种企业心。为了图利，为了搞好企业，他们自然要用人才。他们并不愚蠢，他们很会精打细算。他们知道，只要一个人能做三个人的事，就可以大赚其钱，同时也搞好了企业；反之，如果五个人只能做一个人的事，那就要破产。而现在的某些企业、机关在人事方面"德重于才，以资代德"等是非不明的偏向，在现代化的资本主义企业中是很难公然存在的。

章乃器进而说，官僚主义是比资本主义更危险的敌人。因为资本主义已经肯定不可能在我国复辟，而官僚主义却随时可以在我们的思想中甚至工作中复辟。在资本主义当中，我们还可以取其精华，去其糟粕，找出一些在生产、经营上有益的经验和知识，为社会主义服务；而官僚主义则是"一无是处"的糟粕。这就是为什么一个社会主义企业加上了官僚主义，效率反而不如现代化的资本主义企业的理由。

第二是关于民族资产阶级的两面性问题。章乃器认为，民族资产阶级的两面性，在全行业合营后，已经基本上消灭了。在工人阶级领导之下成为一个革命阶级的中国民族资产阶级，说它是红色资产阶级是说不到什么夸张的。他甚至说，他不赞成对资产阶级的改造要"脱胎换骨"这种提法，以为这样是把改造工作神秘化起来，使人望而生畏。工商界进入社会主义，能交出企业而无所留恋，比那些赤手空拳、喊口号、贴标语的人进入社会主义还好些。

第三是反对教条主义和个人崇拜。他说，现在已经有一些以"改造者"自居的人物，自命已经"脱胎换骨，超凡入圣"。这种人很危险，他们会在有意无意中变成特权人物。如果深入地进行检查，可能会在他们的身上发现痕迹不断加深的“小资产阶级”的烙印。我坦白地说，我很怕做圣人。做了一名高级干部，人们平时对你提意见有顾虑，接近也有顾虑，已经很不好受。倘若再做了圣人，在一片歌颂声中天天受人崇拜，随便说一句话人们就把它当作“圣旨”，弄得坐立不安，吃饭睡觉都不自在，那可真有点活不下去。

章乃器等人的观点是大胆的。在过去的一个多月里，《人民日报》《大公报》等报刊连篇累牍地刊登了这些言论，有附和赞同，也有反对驳斥，一时非常的热闹。

到6月8日，风向突然大变。

这一天，中共中央发出《关于组织力量准备反击右派分子进攻的指示》，要求各省市级机关、高等学校和各级党报都要积极准备反击右派分子的进攻。指示认为：“这是一场大战（战场既在党内，又在党外），不打胜这一仗，社会主义是建不成的，并且有出匈牙利事件[①]的某些危险。”同日，《人民日报》发表题为“这是为什么？”的社论，指出有人向拥护共产党的人写恐吓信，这是“某些人利用党的整风运动进行尖锐的阶级斗争的信号”，“我们还必须用阶级斗争的观点来观察当前的种种现象，并且得出正确的结论”。

从此，一场全国范围的大规模的反右派斗争开始了。

就在这一天，从上个月15日就开始的统战部座谈会仍在进行中。在上午的会议上，很多人还没有看到《人民日报》的社论，因此发言仍然踊跃，当年跟随范旭东创办精盐厂的李烛尘此时是食品工业部部长、全国

---

① 匈牙利事件：1956年10月23日，匈牙利首都布达佩斯爆发10万市民示威游行，呼吁实行新的经济政策，其间发生暴乱，纳吉·伊姆雷出任新总理，宣布取消一党执政，组成四党联合政府，退出华沙公约组织。11月4日，苏联红军进入布达佩斯。两年后，纳吉被判处死刑。在匈牙利事件中，死亡2 700人，另有约20余万匈牙利人逃往西方。

▲ 反右时期的宣传画

工商联副主任和民建中央副主委，他还在发言中说，现在，从中央到地方，热火朝天地掀起了帮助党整风、对党提意见的浪潮，全国工商界座谈会上，大家都谈得很好。从民建会收到的各地的材料看起来，有些工商业者对于“鸣、放”是有顾虑的，他们的顾虑不是没有原因的。到了下午，座谈会基调骤然大变。

6月12日，全国工商界的反右派斗争开始。而第一个遭到批判的就是章乃器，他被认定是“第一号大右派”“右派的祖宗”。倔强的章乃器写出三万言的反省材料《根据事实，全面检查》，这引来更大、更愤怒的批斗浪潮，民建中央整风工作委员会还迅速编著出一本《章乃器反共三十年》。1958年1月，他被撤去粮食部部长一职。

开始于1957年夏季的这场反右派运动，日后被认定是一场灾难，全国有55万人被打成“右派”，工商界是首当其冲的“重灾区”之一，数以十万计的人士受到公开批判。仅据8月5日的新华社新闻稿报道，各地划出的右派分子中较为知名的就有：北京——市工商联副主任委员刘一峰，市工商联常委阎少青，裕生祥机电厂副厂长吴金萃；上海——市纺织工业公司副经理汪君良，公私合营新现代劳英教材工艺社私方经理黄苗夫；天津——市工商联主任委员毕鸣岐，市工商联常委荣子正；武汉——市工商联主任委员王一鸣，民建中央常委彭一湖；云南——民建市主任委员杨克成；江苏——省工商联主任委员钱孙卿；福州——市工商联主任委员刘栋业；河北——省工商联秘书长高振声；四川——省工商联秘书长李仲平，康心如等。

▲ 荣毅仁在1956年的“春节大联欢”

在铺天盖地的大运动中，连一向积极配合国家政策、刚刚当了上海市副市长的荣毅仁也被波及。

在过去几年里，荣毅仁与年纪、背景相近的盛康年[1]（上海市政协副秘书长）、经叔平（荣毅仁的大学校友、华成卷烟公司总经理）、严谔声（上海著名报人）等人过从甚密，常常在一起搞“星二聚餐会”。大鸣大放时期，盛康年等人认同李康年的“20年赎买建议”，还发表了很多批评性言论。反右开始后，他们被认定为“荣盛小集团”，是“搞小圈圈的人，密谋策划，拉帮结派，在工商联和民建中排挤左派、打击积极分子”。[2] 盛康年先后写了11次书面交代，严谔声也写了9次材料。荣毅仁悲观地认定“这次我们一些代表人物大概要完蛋了”。后来，是毛泽东亲自出面保他，他才算没有受到公开批判。1957年8月1日，上海市有关领导与荣毅仁谈话，荣毅仁说：“不谈大道理，谈小道理，我跟党是相依为命的。”两年后，侥幸过关的荣毅仁被调离上海，赴京出任纺织部副部长。

① 盛康年的父亲是盛丕华（1882—1961），早年与虞洽卿等人合办上海证券物品交易所，是东南银行、中一银行的董事，1949年后曾出任上海市副市长。

② 所谓“荣盛小集团”到1983年才被平反。盛康年因为思想包袱很重，成天闷闷不乐，喝烂酒，于1965年10月因食道癌去世，年仅51岁。

▲ 1956 年 1 月毛泽东在陈毅、荣毅仁陪同下视察上海申新九厂

到 1957 年年底，开始于 1953 年的第一个五年计划完成了。这五年中，工农业总产值平均增长 10.9%，GDP（国内生产总值）平均增长率达到 9.2%——这个数字与 1978—2008 年的平均数 9.4% 非常接近，占世界份额为 5.5%。在亚洲地区，中国与日本并列为工业经济增长最快的国家，两国的经济总量相近，而后来崛起的韩国，此时的经济总量只相当于中国的山东省。①

毛泽东认为，速度还可以更快一点。早在 1956 年 8 月的第八次全国人民代表大会预备会议上，他就发表了著名的“开除球籍”的论断。他说：“中国是有 6 亿人口的国家，在地球上只有一个。过去人家看不起我们，因为没有贡献。钢一年只有几十万吨，1956 年是 400 多万吨，1957 年可突破 500 万吨，第二个五年计划超过 1 000 万吨，第三个五年计划就可能超过 2 000 万吨。美国是世界上最强大的资本主义国家，它建国只有 180 年，它的钢在 60 年前也只有 400 万吨。假如再有 50 年、60 年，就完全应赶过它，这是一种责任……你有那么多人，你有那么一块大地方，资源那么丰富，又听说搞了社会主义，据说是有优越性，结果你搞了五六十年还不能超过美国，你像个什么样呢？那就要从地球上开除你球籍！”这

① 到 1960 年，中国的国民生产总值为 1 457 亿元，与日本相当。1955—1960 年，日本经济年均增长 8.5%，1960—1965 年为 9.8%，1965—1970 年为 11.8%。

时候，他提出的超越美国的时间表是 50~60 年。

1957 年 10 月 4 日和 11 月 3 日，苏联相继成功发射了两颗人造地球卫星，这更增加了毛泽东的紧迫感。11 月，他第二次赴莫斯科，参加十月革命胜利 40 周年庆典。赫鲁晓夫告诉他，苏联将在 15 年后超过世界头号资本主义国家——美国。毛泽东应声回答说，15 年后，我们可能赶上或超过英国。正是在这种热烈的赶超情绪下，一个新的名词引起了他极大的兴趣。

10 月 27 日，《人民日报》发表社论《建设社会主义农村的伟大纲领》，要求“有关农业和农村的各方面的工作在 12 年内都按照必要和可能，实现一个巨大的跃进”。11 月 13 日，在《发动全民，讨论 40 条纲要，掀起农业生产的新高潮》中，又出现了“跃进”这个名词：“有些人犯了右倾保守的毛病，像蜗牛一样爬得很慢，他们不了解在农业合作化以后，我们就有条件也有必要在生产战线上来一个大的跃进。”

毛泽东对这两篇社论十分欣赏，盛赞使用“跃进”这个词的人，“功不在禹下”。他说，如果要颁发博士头衔的话，建议第一号博士，赠予发明“跃进”这个伟大口号的那一位（或者几位）科学家。

就这样，“大跃进”成了下一个年份最嘹亮、最激进的口号。

1958

“超英赶美”

天上没有玉皇，
地上没有龙王，
我就是玉皇，
我就是龙王。
喝令三山五岳开道，
我来了！

——新民谣，1958 年

在诗人北岛的记忆中，1958 年的春天他一直在兴奋地打麻雀。

“1958 年春季，几乎所有的北京市民都投入到打麻雀的战役中。学校放假，我在我家阳台上从早到晚敲着破脸盆和空饼干桶。整整三天三夜，全北京陷入疯狂，摇旗呐喊，惊天动地，日夜不停。我的嗓子哑了，眼睛红了，手臂又酸又疼。但对一个还不到 9 岁的孩子来说，那是他所能想象的最伟大的狂欢。由于麻雀无处落脚，最后因疲惫饥渴坠地而死。据统计，仅在北京地区就歼灭了40多万只麻雀。”

与8岁的北岛一样，整天在草地上敲脸盆的还有写出过《家》《春》《秋》三部曲的著名作家巴金，他满头大汗地驱赶树上的麻雀，还认真地写下了押韵的新诗：“老鼠奸，麻雀坏，苍蝇蚊子像右派。吸人血，招病害，偷人幸福搞破坏。千家万户快动手，擂鼓鸣金除四害。”

▲“人人动手消除四害”的月历封面

麻雀之所以成为“全民公敌”，是因为人们认定它是吃粮食的罪魁祸首。4月20日的《人民日报》以“人民首都不容麻雀生存”为题报道说：“从19日清晨5时许，首都布下天罗地网，围剿害鸟——麻雀。全市300万人民经过整日战斗，战果极为辉煌。到19日晚上10时止，据不完全统计，全市共累死、毒死、打死麻雀83 249只。”报道最后说：“傍晚之后，青年突击队到树林、城墙、房檐等处掏窝、堵窝、捕捉麻雀。全市人民正在养精蓄锐，好迎接新的一天的战斗。”

一个国家首都的300万人，一起精神抖擞地打麻雀，这大概算是一个空前绝后的纪录。这一年，全国共捕杀麻雀2.1亿余只。第二年开春，北京、上海等大城市街道两侧的树叶几乎被害虫吃光，人们才停止了杀麻雀行动。

让人叹息的是，在“惊天动地”的1958年，全民杀麻雀还不是最最荒唐的事情。

毛泽东提出15年超过英国的重要指标，是用钢产量来计算的——他因此发明了“钢铁元帅”一词，将成语“纲举目张”改成“钢举目张”。在莫斯科期间，他与英国共产党负责人波兰特和高兰交谈，了解到再过15年，英国的钢产量可从现在的2 000万吨增长到3 000万吨，而按计划，中国再过15年可达到4 000万吨。据此，他在各国共产党和工人党代表会议上公开表示，中国今年有了520万吨钢，再过5年，可达到1 000万~1 500万吨钢，15年后，可以达到3 500万~4 000万吨钢。

15年超过英国，这已经是一个让全世界都十分吃惊的赶超目标了，可是仅仅4个月后，这个时间表缩短到了7年，又过了两个月，更是缩短到了两年。这就是发生在1958年的大跃进故事。它的赶超经过是这样的：

先是从政治的高度“统一”了思想。刘少奇、周恩来、邓小平和陈云等人曾多次表达对经济冒进的担忧，周恩来要求各地领导“用冷水洗洗，可能会清醒些”，陈云则警告“现在马跑得很危险，这样骑下去，后年、大后年更危险”。1958年1月，中共中央在南宁召开会议，毛泽东发言说，不要提“反冒进”这个名词，这是政治问题，一反就泄了气，6亿人一泄了气不得了。这些都属于政治问题，而不属于业务问题。他还直接点名周恩来，说：“你不是反冒进吗？我是反反冒进的！”在南宁会议上，周恩来、陈云等人都做了检讨。从此，党内再无人敢提反冒进。

12月2日，《人民日报》发表题为“我们的行动口号——反对浪费，勤俭建国”的社论，首次提出国民经济“全面大跃进”的口号，说：“我们的国家现在正面临着一个全国大跃进的形势，工业建设和工业生产要大跃进，农业生产要大跃进，文教卫生事业也要大跃进。”

在此前，国家经委已经完成了本年度的国民经济规划，工业总产值拟定为643.7亿元，比上一年增长14.6%，其中钢指标为624.8万吨，比1957年的535万吨增长19.2%。在大跃进口号的鼓励下，经委在4月紧急做出了《关于1958年计划和预算第二本账的意见》，将指标大幅度提高了，工业产值提高为903.8亿元，增长33%，钢为700万吨，增长35.5%。

可是，这本账还是不能让人满意，接着就有了第三本账，钢的指标被定在了1 070万吨，相当于要增长一倍。《工作方法六十条（草案）》明确要求："生产计划三本账，中央两本账，一本是必成的计划，这一本公布，第二本是期成的计划，这一本不公布。地方也有两本账。地方的第一本就是中央的第二本，这在地方是必成的；第二本在地方是期成的，评比以中央的第二本账为标准。"这样的要求就为计划的层层加码打开了一个重要的缺口，中央带头搞两本账，各级就都搞自己的两本账，下到基层，同一个指标就有六七本账了，上欲鼓之，下则逐之，鼓逐之下，自然便风起云涌。

毛泽东好像很着迷于这样的数字游戏，4月15日，他踌躇满志地写道："10年可以赶上英国，再有10年可以赶上美国，说25年或者更多一点时间赶上英美，是留了5~7年的余地。"5月7日，他在人大会议上发言，提出我们的钢铁生产发展速度要超过苏联过去的速度。5月18日，在《卑贱者最聪明，高贵者最愚蠢》的批语中，毛泽东明确提出："7年赶上英国，再加8年或者10年赶上美国。"后来这两句话就被响亮地缩称为"超英赶美"。

经济指标写在纸上、挂在嘴上是一回事，要落成事实却是另一回事。要让钢的产量一年翻一番，仅仅依靠中央企业是难以做到的。在反右派和大跃进的亢奋氛围中，谁也不敢提反对和质疑的意见，于是经委的专家们只好再动脑筋，经济列车被强行提速。很快，一份《让中小型工厂遍地开花的一些设想》递交到中央经济工作会议上讨论了。这份文件提供了一些具体的办法：一是凡蕴藏有煤炭资源的县份，每县根据情况至少建设一个小煤窑，一座小水泥窑，一个小的炼油厂，一个小的电站等，建设这些小型的基本工业，全部投资不过740万~2 165万元，而它们建成后一年的生产总值，可以超过400万元，大约2~3年就可以收回全部投资；二是那些有铁矿资源的县份，可以至少建设一座年产 400~500 吨的小高炉，投资只要 8 000~10 000 元，两月建成，半年可以收回全部投资；三是那些有铜矿的县份，还可以至少建设一座年产 30 吨的小铜矿，投资只需 8 000 元，半年可以建成。此外，有些县份还可以根据当地的农副业原料资源，建设小榨油厂、小制糖厂、小造纸厂、小纺织厂等为农村副业加工的小型工厂。总之，有什么资源就办什么工业，每一个县都不应该有空白。

按照这样的思路，各地马上出现了大办工业的热潮。4 月 30 日的《人民日报》在“全民办工业，厂矿遍城乡”的通栏标题下报道了各地的景象：江西省在一个月的时间里办起工厂 5 000 多个，平均每天约有 170 个工厂建成；云南 3 个月来新建成的中小型厂矿 2 068 个，全省 100 多个县已大部分建成电力、炼铁、农机和农产品加工等 10 个以上的小型厂矿；西北各省的地方工业投资总额比去年增加 90%。辽宁、河南、浙江和广东 4 省，新建中小型厂矿 1.5 万个。

这样的“人民战争”景象，自然让人产生无穷的联想。6 月 18 日，在一次谈话中，毛泽东对薄一波说，现在农业已经有办法了，叫作“以粮

▲ 1958 年出产的“人民第一号”火车

为纲，全面发展”，你工业怎么办？薄一波没有多加思索，就回答说，工业就“以钢为纲，带动一切”吧！毛泽东说，对，就按这么办。3 天后，冶金部向中央报送《产钢计划》，提出明年的钢产量可以超过 3 000 万吨，1962 年可能争取八九千万吨。同日，毛泽东在军委扩大会议的讲话中称，我们 3 年基本超过英国，10 年超过美国，有充分把握。现场响起猛烈而持久的掌声和欢呼声。

仅仅过了一天，赶超时间再次缩短。6 月 22 日，毛泽东在一份汇报提纲上批示：“赶超英国，不是 15 年，也不是 7 年，只需要 2~3 年，两年是可能的。这里主要是钢。只要 1959 年达到 2 500 万吨，我们就在钢的产量上超过英国了。”他修改了汇报提纲的标题，正题改成“两年超过英国”，副题是“国家经委党组向政治局的报告”。

在决策层，也有人对这样的目标心存怀疑。薛暮桥回忆，有一次，他与经委副主任宋劭文一起去见陈云，希望他找毛泽东谈谈他对“大跃进”的一些看法，陈云说：“现在不是毛主席一个人热，全国许多领导都热，不吃一点苦头，这些话是听不进去的。”

7 月 31 日，苏共领导人赫鲁晓夫来华访问。毛泽东告诉他，中国今年要生产钢 1 070 万吨，明年是 2 500 万 ~3 000 万吨。赫氏搞过技术，对大工业建设有经验，中国的工业基础还是苏联帮着搞起来的，有多大家底，自然瞒不过他。听说钢产量一年要翻番，他当然不太相信，他用外交辞令回答说：“中国同志提出来的计划，我们相信大概可以完成。”说完这句话，再无下文，怎么完成，有什么条件，具体情况怎样，他也不再问及。

随同他来访的还有苏联援华专家团的总顾问阿尔希波夫，在一次宴会期间，陈云在私下交谈中问这位老朋友：“你看我们明年的钢产量计划，完成得了完成不了？”阿氏没有正面回答，只是笑着说：“很大的计划，伟大的计划，能完成 80%~90%，也是很好的。”当宴会结束，阿氏与薄一波走在一起，给出了明确的意见：“你们的计划太高了，恐怕实现不了。”

▲ 毛泽东与赫鲁晓夫交谈

薄一波说，我们有群众路线，把土法炼铁炼钢加上去，计划一定能实现。阿氏苦笑着说："土法炼钢再多也没有用的。"

赫鲁晓夫一行离开后，8 月 17 日，中共中央主要领导人到北戴河集体避暑，在这里举行了政治局扩大会议。会上，经委拿出了上半年的经济数据，钢产量只完成了 370 万吨，离 1 070 万吨的指标差距很大。毛泽东很焦急，他特别强调，钢铁指标是政治任务，少一吨都不行！他做出了 8 点指示，其中要求各省市自治区党委每星期抓一次钢铁生产，要有铁的纪律，没有完成生产和调拨任务的，区别情况给予警告、记过、撤职留任、留党察看、撤职及开除党籍处分。他还命令各省市自治区主管工业的书记马上赶到北戴河，开一次工业书记会议。

8 月 25 日，工业书记会议开幕，薄一波转达毛泽东的指示："对土炉子要有信心，不能泄气。即使在 100 个土炉子中，只有一个出铁，那就很好，就算插上了红旗，其余 99 个都应当向它学习。"几天后的 30 日下午，薄一波领着主要钢铁产区的工业书记，以及鞍钢、武钢、太钢等几家大钢厂的党委书记，去毛泽东住所，向他当面担保。

毛泽东挨个向与会者核实：1 070 万吨，行不行？

首先问上海市副市长马天水，行不行，马天水说可以。接着问鞍山市委书记赵敏，行不行，赵敏说可以。又问武汉、太原、重庆、北京、天津、唐山、马鞍山的市委书记、工业书记，行不行？回答都是，行。问到冶金部副部长刘彬，毛泽东说："就看你拿主意啦。"刘彬答："可以，我们都做计算了。"问到冶金部办公厅主任袁宝华："你是经常接触基层的，你说究竟有没有把握？"袁宝华答："冶金工业的生产，从矿山、冶炼、轧制到机修、运输等有 10 个环节，我们树了 10 面红旗，只要 10 面红旗能站得住，他们的经验能够推广，我看有希望。"问到冶金部部长王鹤寿，他说："主席只要下了决心，我们可以动员全国的力量实现这个目标，我们认为，实现这个目标是可以的。"

最后问薄一波，薄一波出了一个破釜沉舟的主意："我建议把 1 070 万吨登报，登报以后，大家都看得到了，义无反顾，就会努力奋斗。"毛泽东说，这是个好主意。

尽管所有大将都立下了军令状，毛泽东还是有点不放心，毕竟只剩下 4 个月，任务才完成 1/3。他念了一句古诗，"夕阳无限好，只是近黄昏"。他提醒在场各位，"钢铁尚未完成，同志仍须努力"。

同工业书记们谈话后，毛泽东对陈云说：1 070 万吨看来还是可以的。陈云把王鹤寿和袁宝华找来谈了一次，他说："究竟怎么样，你们算个细账给我，毛主席那里不能算细账，在我这里你们算个细账。"袁宝华、王鹤寿两人当即把数字细细算了一遍，从现有的基础能生产多少，新建小高炉能生产多少，所有的生产能力还都打了折扣。这样一路细算下来，连谨慎的陈云也觉得，看起来是有希望的。

9 月 1 日，北戴河会议通过了《号召全党全民为生产 1 070 万吨钢而奋斗》的公报，同日，《人民日报》发表社论《立即行动起来，完成把钢产量翻一番的伟大任务》，4 天后又发表社论《全力保证钢铁生产》，号召与钢铁生产无直接关系的部门"停车让路"。

就这样，一个全民炼钢的高潮被掀起了。全国各地建起了数以十万计的小高炉，人们满怀热情地日夜炼钢，很多人把家里的铁锅、铁盆、铁门把等都捐献了出来，倒进火红的炉膛中。从当年的报纸中，仍能读出那份难以想象的狂热景象。

8月22日的《人民日报》刊登了一篇很抒情的小特写：月光下，一片叮当之声。我一口气穿过了几条大街和小巷，看到家家都在敲碎碗片。我问一位老大爷："你敲这干吗？"老大爷回答说："做耐火砖呀！"说罢用手指指月光下的红字标语，一字一字地念道："全党全民动手大办钢铁工业！"老大爷接着说："我们泰州市计划要造300个高炉，20天内就要全部出铁呢！造高炉就要耐火砖，现在我们每家计划要交6斤碎碗片敲成的细粉，可单是前四天我就敲了20斤。我和我的小孙子要争取交60斤呢！"老大爷停了一会儿，转过脸来问："小牛你能保证吗？"在旁边筛粉的小牛，大声喊着说："爷爷，能保证！"

▲ 大炼钢铁奖状

9月28日的《工人日报》报道，"鞍钢二钢厂发射高产卫星，9座平炉一日炼出7 030吨钢"，他们的经验是"工人们在溶化时间冒着高温往炉里吹压缩空气，用大铁棒来回搅动提高温度"。该厂的钢水罐只有20个，一班出9炉钢，需要27个罐，修罐工人在"出钢就有罐"的口号下，勇敢地跳进火红的钢罐里去，防热服被烤得冒烟，鞋底被烧得直响，汗水直流，不顾一切地进行抢修，使修罐时间由一小时缩短到20多分钟，保证了平炉生产。鞍钢经理袁振还写了一首"有胆就有产"的诗歌："人有多大的胆，钢就有多大的产；二炼钢有那么些胆大包天的好汉，又放了个卫星上天；同志们，有了 6 000 就不愁 7 000，有了 7 000 就一定会来 8 000，有 8 000 就一定会来 1 万……”当时，中国人对苏联造出了人造卫星十分羡慕，于是就把高产的典型都称为“放卫星”。

《光明日报》报道了教育界的炼钢热潮，10 月 4 日的报道称，开封师范学院和河南医学院两校停课炼钢，日夜鏖战，仅用 24 小时就炼出优质钢 17 吨。一个叫闻传烈的教授把自己家里烧饭用的破煤火炉抬出来支援炼钢，别人说他年纪大，冬天还要烤火，他坚决地说：“烤火是小事，炼钢才是大事。”23 日，该报报道四川农学院的师生在“分秒必争，斤两必抓”的口号下，对本单位和自己家里的东西进行了翻箱倒柜的清理，一周时间里捐献了“废铁铜”12 吨半。26 日，又报道洛阳市西工区的 12 个小学联合起来办了一个红领巾钢铁厂，有 3 个化铁炉、10 个铁水包、14 个小型土法炼钢炉和两个 0.5 公尺的转炉，可日产钢 40 吨，有 4 700 多个小学教师和小学生参加了炼钢工作。小学生半天学习，半天炼钢，从 7 岁到 9 岁的低年级学生参加拾废铁、挖掏铁砂、捡木柴和拾缸瓦片等劳动，十四五岁的参加砂型、配料、机械管理、吹氧等劳动，年纪更大一些的就抬铁水包、锻造、搪炉子等。14 岁的少先队员白春祥还当上了吹氧炼钢车间的副主任。

10 月 20 日的《中国青年报》报道，广西鹿寨县放出了全国最大的生铁卫星。这个县在一天内生产出生铁 20.724 3 万吨，另产烧结铁 28.813 9 万吨，这个产量等于当年国家分配给广西壮族自治区的全年任务。为了放出这样大的高产卫星，全县涌上前线的“钢铁野战军”有 11 万人，同时还得到了邻近四个县 2.7 万人的大力支援。它的主要经验是集中了群众的智慧，把小炼铁窑改成大窑，并广泛利用旧的砖瓦窑、石灰窑、炮楼、碉堡等来炼铁。

10 月 31 日的《天津日报》报道，该市河东医院建成了一个小土炉，在欢腾的锣鼓声中，150 多位白衣战士展开了一场夺钢的激烈战斗，年轻

▲ 1958 年的小火炉炼钢

的女护士们组成了钢铁运输队，她们从十多里地远的地方一夜之间就运来了 20 多吨废铁。医生们在炼钢炉边忙个不停，有的用铁钎伸入炉里搅拌，有的用大锤锻打，留在科室的人一有空闲就放下听诊器，拿起 20 多斤重的大锤去砸钢。

后世的人们，读到这里，也许你在笑，但是，你的眼里也许带着泪。

12 月 5 日，《人民日报》传来喜讯，大炼钢铁取得了决定性的胜利，到 11 月底，全国钢产量已达到 969 万吨，1 070 万吨宏伟目标的实现已指日可待，山西、河南、山东、湖南等省份已提前超额完成全年计划。1959 年 1 月，冶金部宣布，在全民炼钢的伟大运动中，钢产量达到创纪录的 1 108 万吨，超额完成了一个不可能的任务。

但是，在这个数字的背后，却隐藏着一系列无比沉重的事实。

其一，1 108 万吨钢中，有相当比例是靠土法上马的小高炉炼出来的，其中 300 多万吨是毫无用处的废钢。一份材料显示，小高炉炼出的 900 多万吨生铁，含硫量超过冶金部规定 0.2% 标准的有 40%~50%，这些生铁既不能用于铸造，也不能在炼钢后轧成有用的钢材。

其二，全民炼钢不但中断了正常的经济活动，更严重破坏了生态环境。一个个机关、厂矿、学校都搭起炼铁炉。有人回忆河南省大炼钢铁的场面：晚上在一个炼铁点，人山人海，火光映天，人们通宵不眠，大干特干。为了炼铁，山上的树全砍光了，群众家里的铁锅进了炼铁炉，正当收获季节，9 000 万青壮劳力上山炼铁，辛辛苦苦种了一年的庄稼却无暇收割而烂在地里。最终，小高炉炼出来的却是根本不能用的“海绵铁”。

其三，片面强调“小土群”——小高炉、土法炼钢和群众运动，宣称“愈土愈好”“以土为主”。武汉钢铁厂置现代化设备不用，也在厂区遍设小土群，追求产量“大跃进”。所有的大钢铁厂拼命提高产量，不顾质量、不顾设备地加速损耗和能源消耗。为了图快图省，有的厂房建设连地基也没有打好，就匆匆上马炼铁炼钢。一些年产 5 万吨的炼钢车间也用砖木结构，甚至连勘察设计的基本程序都不顾了，画张草图就敢上马，工人不经任何培训，一窝蜂上岗。仅在下半年，建筑工程系统就因事故死亡435人。

其四，因为全民炼钢，使得劳动力空前紧张，从 8 月份开始，各地迅猛从农村招人进城，到年底，全国企业和国家机关职工人数达到 4 532 万人，比上一年末整整多了 2 082 万人，其中，从农村招收的人数就为 1 104 万人。城里一下子多了那么多人，粮食供应立刻严峻起来，而农村的生产力则同时在下降，这成为后来发生大饥荒的起因之一。

盲目的乐观和激进战略，造成了国力的严重虚耗。5 月召开的中共八大二次会议，通过了“鼓足干劲，力争上游，多快好省地建设社会主义”的总路线，提出中国正处在“一天等于 20 年”的伟大时期。除了钢铁之外，其他所有行业也都提出了大跃进的目标，机械部门提出“二五”计划期间要平均每年递增 50%，铁道部门提出要“全民办铁路”，未来 5 年修铁路 3 万公里。1958 年，仅中央和省一级的建设性投资就达 235 亿元，比上一年猛增 87%，几乎是“一五”计划的一半，全年建成的大中型厂矿项目就达 700 个，平均 12 小时就有一个，地方的中小型工厂更如雨后春笋。

因为投资效率极其低下，稍稍积蓄起来的国力被无端消耗掉了一大半，从而造成财政上的紧张。

这一年的9月，因为写文章被打成右派的顾准，下放到河北省赞皇县劳动改造，在那里他参加了大规模的土法炼铁运动。在10年后的一份交代材料中，他描述道："我对土法炼铁根本没有信心，有一位青年同志到石家庄去学习地下炼铁炉，回来后传授大家照石家庄的炉式挖炉，他说了炉的式样、挖法以后，我追问尺寸大小，详细规格，他答复得不详尽，而且说差一点不要紧之类以后，我就大发脾气，说这怎么能算是传授先进方式云云。其实，我这不是对这位同志发脾气，而是对全民炼铁这一根本方针发脾气。还有一次，和另一位同志一起抬焦炭，我大发牢骚，说什么劳动中创造一点什么东西是极愉快的，可是这种劳动却根本无益。我明明知道全民炼钢是毛主席和党中央的伟大决策，具有极其伟大的政治意义，我却用算经济账来代替政治账……"

在无比荒唐的1958年，无论是全民杀麻雀还是全民炼钢，都还不是荒唐的全部。当工业领域自乱阵脚、忙成一团的时候，在广袤的中国农村，5亿中国农民正在干三件事情：大炼钢铁、"放粮食卫星"和抱着免费吃饭的幻想集体迈进人民公社。

大炼钢铁的景象，在前面已经描述过了，大江南北竖起了上百万个小高炉，人们把山上的树都砍光，把家里的铁锅砸烂了扔进火炉里，昼夜奔忙，然后在欢呼声中，炼出一炉炉没有任何用处的"海绵铁"。

"放卫星"则是提高粮食产量的一个新发明。在大跃进的氛围中，粮食和棉花指标也当然水涨船高。1957年，粮食产量为3 700亿斤，棉花3 280万担，一开始，1958年的粮食指标初定为3 920亿斤，棉花3 500万担，当钢铁指标翻番之后，粮食指标也马上涨到8 000亿斤，棉花则窜上6 700万担，都比上一年增了一倍多。

如果说，1 070万吨钢指标还可以通过全民总动员的办法勉强"完成”——尽管炼出来的是废钢，至少还有东西堆在那里，那么，粮食指标就只能靠作假来“完成”了。

早在1957年12月25日，第一个“高产典型”就出现了,《人民日报》报道，广东省汕头区的澄海县宣布实现了亩产1 257斤。几天后，河北省沧县声称，他们那里的亩产达到了1 500斤。到了1958年夏收结束，各地的高产纪录不断被刷新：6月8日，河南省遂平县宣布，小麦亩产2 105斤。4天后，这个县又宣称亩产增加到了3 530斤。6月12日，《人民日报》报道，遂平县嵖岈山卫星集体农庄实现小麦亩产3 530斤，新闻的标题为“卫星农业社发出第二颗卫星”。这是第一次出现“放卫星”这个高产专用词。

凡是稍稍有点农业知识的人，对于一亩地能够产出多少粮食，大抵都有一些基本的常识，新中国的领导人大半出身农村，并长期在农村从事军事活动，为什么对遂平县这样的“卫星”不产生怀疑呢？这是一个很值得研究的话题。但在1958年发生的事实却是，几乎所有的人都对此深信不疑。

就在嵖岈山卫星集体农庄放出“卫星”后的第四天，中国知名度最高的科学家、中科院力学研究所所长钱学森发表《粮食亩产会有多少？》一文，详尽而“科学地”论证说：“现在我们来算一算：把每年射到一亩土地上的太阳光能的30%作为植物可以利用的部分，而植物利用太阳光能的30%把空气里的二氧化碳和水分制造成养料，其中1/5算是可吃的粮食，那么稻麦亩产量就不是现在的2 000多斤，而是2 000多斤的20多倍！这并不是空谈。”在另一篇发表在《知识就是力量》杂志上的文章《农业中的力学问题——亩产万斤不是问题》中，钱学森进一步从力学专业的角度进行了更细致的计算：“我们算了一下，一年中落在一亩地上的阳光，一共折合约94万斤碳水化合物。如果植物利用太阳光的效率真的是100%，那么单位面积干物质年产量就应该是这个数字，94万斤！自然，高等植物叶子利用太阳光的效率不可能是100%，估计最高也不过是1/6，这就是说，单位面积干物质的年产量大约是15.6万斤。但是植物生长中所积累的物质，只有一部分粮食，像稻、麦这一类作物的谷粒重量，约占重量的一半，所以照这样算来，单位面积的粮食的年产量应该是7.8万斤。这是说全年365天都是晴天。如果因为阴天而损失25%，那么粮食的亩产量应该是5.85万斤。这是说，作物要在全年都生长，如果仅在暖季才长，也许要再打一个2/3的折扣，那么平均亩产量是3.9万斤了。”①

钱学森的论文为各地大放卫星提供了充足的“科学论证”，并深深影响了最高决策。②正是在这些文章发表后，“粮食卫星”从亩产数千斤一下子蹿升到了数万斤。很多年后，北大教授季羡林回忆说：“我是坚信的。我在心中还暗暗地嘲笑那一些‘思想没有解放’的‘胆小鬼’。觉得唯我独马，唯我独革。”③

7月12日，与遂平县邻近的西平县和平农业社宣布小麦高产7 320斤，足足比嵖岈山的“卫星”高出一倍多，一时震惊全国。新华社记者在新闻稿中这样栩栩如生地描写道：这二亩小麦长得特别好，穗大且长，籽粒饱满，稠密均匀，每亩平均1 486 200株，密得老鼠也钻不进地。最大的麦穗有130粒，一般的麦穗有七八十粒，最小的麦穗也有50粒左右。这二亩小麦是6月18日收割，7月1日过秤入仓。参加这次收割、打场、扬场、过秤的还有中共城关镇委、西平县党政负责同志。为了进一步核实产

---

① 现有专家认为前一篇文章是《中国青年报》编辑所为，其中部分内容选自钱学森在“高产卫星”现象之前的科普展望文章，并认为后一篇文章发表于“高产卫星”已被批评纠正的1959年9月25日，与“高产卫星”无关，但前一篇文章确实对决策者产生了极大的影响。相关文章可见2011年3月2日《南方周末》的报道《钱学森“万斤亩”公案始末》。

② 1959年7月11日，在庐山会议期间，毛泽东与周小舟、李锐等人夜谈时说：“敢想敢干，八大二次会议是高峰，还有钱学森文章，捷报不断传来，当然乱想起来。”可见，钱学森的文章对决策者的影响之大。

③ 季羡林著，《我的心是一面镜子》，北京：华艺出版社，2008年版。

量，中共河南省委又指示西平县委和城关镇委复查。最后证明高额丰产完全属实。

30年后，当事人回忆了真实的情况。

当西平邻近的遂平县放出了小麦亩产3 530斤的“卫星”后，信阳地委书记（西平时属信阳地区，今属驻马店市）对西平县委书记说，西平的条件比遂平好，亩产一定要超过遂平。根据地委领导的指示，西平县委召开四级干部会议，中心议题是解决小麦高产数字的问题。会上，县委领导要各农业社自报产量。一开始报了亩产200斤，县委领导对此很不满意。于是，又相继报出了400斤、600斤、800斤，但仍离遂平的3 530斤相差太大，一直没有得到县委领导的认可。县委书记反复介绍了遂平小麦亩产3 530斤的高产“经验”，并大讲“思想有多高，产量就有多高”的道理。尽管如此，各农业社仍然不敢再往高报。于是，县委领导就采取个别鼓动的办法，召以往产量较高的和平、猛进两个农业社的负责人开座谈会，动员这两个社报产量。开始时，猛进社只报了300斤，县委领导坐在一旁不吭气。两个农业社的负责人一看气氛不对，就不断地将产量往高报，猛进社一下报出了亩产7 201斤。这时，和平社所在的城关镇党委书记立即鼓动和平社再报高一点。在这种情况下，和平社社长报出了7 320斤。这样，座谈会才算结束。

紧接着，和平农业社开始找亩产7 320斤的“依据”，办法是按小麦的颗数、穗数、粒数进行推算，先算出1斤小麦有多少粒，再算出一穗有多少粒，一颗有多少穗，最后算出一亩地有1 486 200穗，每穗平均75粒，可收7 560多斤。随后，和平社组织全社壮劳力，套了两辆大车，从全社12个生产队拉来了14 640斤麦子（平均每亩7 320斤），全部拉到那块“试验田”里，然后向县委报喜，县委再组织“验收”。随后，《河南日报》《人民日报》等报纸相继报道了和平社小麦亩产7 320斤的消息，并由此吸引了全国24个省市的参观者，前后达3个月之久，甚至苏联和捷克斯洛伐克政府还专门来信，要求中国有关方面介绍西平县小麦“丰产”的经验。

▲ 1958 年毛泽东视察农村

历史的悲剧在于，就是这个连续创造了全国粮食高产纪录的河南信阳，在后来的“三年大饥荒”时期饿死上百万人，成为全国非正常死亡人数最多的地区之一。

和平农业社没有风光多久，不久就有新的“卫星”超过了它，8 月 1 日，《人民日报》报道湖北孝感县长风社早稻亩产达到了 15 361 斤。“卫星”放得那么高，连毛泽东也想看个究竟。

8 月 4~13 日，他离开北京，到河北、河南和山东三省视察，所到之地，省级、县级及农业社干部都汇报说，粮食亩产正在成倍、成十倍地增长。安国县的县委书记报告人均产粮有 4 000 斤，山东历城一个农业社主任汇报说，过去一亩只能产两三百斤，现在达到亩产 2 万斤，明年要争取 4 万斤。毛泽东兴致勃勃地听着这些汇报，他还戴上草帽，亲自到丰收的农田去查看。站在麦穗摇荡的田野里，眼前的种种景象似乎在告诉他，中国的粮食难题真的解决了。

在河北徐水县视察时，县委书记张国忠汇报说：今年全县夏收两季一共计划要拿到 12 亿斤粮食，平均每亩产 2 000 斤。毛泽东问：“你们全县 31 万人口，怎么吃得完那么多粮食啊！你们粮食多了怎么办？”张国忠答道：“我们粮食多了换机器。”毛泽东说：“不光是你们粮食多，哪一个县粮食都多！你换机器，人家不要你的粮食呀！”旁边有人说：“我们拿山药造酒精。”毛泽东说：“那就是每个县都造酒精，哪里用得了那么多酒精啊？”张国忠很憨厚地回答说：“我们只是光考虑怎么多打粮食。”就是在这样的对答中，毛泽东开始认真地思考这个新冒出来的问题：“粮食多了怎么办？”

就当毛泽东回到北京的当天，湖北麻城县又放出了颗大“卫星”。《人民日报》报道，该县的建国一社创造了平均亩产干谷 36 956 斤的惊人纪录，成为“天下第一田”。一个叫于建澄的新华社记者还配发了一张照片，4 个小孩子站在密密层层的稻谷上，脸上洋溢着纯真无邪的欢笑，配图文字曰，“这块高产田里的早稻长得密密层层，孩子站在上面就像在沙发上似的”。此照片广为流传，日后被称为“新中国成立以来最有影响的虚假照片”。

很多年后，当事人是这样回忆的——建国一社选了一块面积为 1.016 亩的稻田，先深翻了 1 尺 5 寸，然后施了大量的底肥：陈墙土 300 担，塘泥 1 000 担，水粪 30 担，石膏 6 斤，石灰 30 斤。在禾苗移来时，又施了豆饼 180 斤，硫酸铵 70 斤，过磷酸钙 80 斤，水粪 60 担，草木灰 240 斤。移栽的那天，全社动员 4 个生产队的劳动力，将另外 8 亩稻田的禾苗连根带泥拔出，用门板或梯子抬着，运到这块试验田中，移栽在一起。由于移并过来的禾苗太多，密不透风，据说把鸡蛋随便地放在禾苗上面滚动也不会掉下去。为了使禾苗不至于沤烂，他们就用细长的竹竿把禾苗一蔸一蔸地分开，又用喷雾器喷射井里的凉水，还派人到县城借来一台鼓风机，日夜不停地给禾苗鼓风。

8 月 27 日《人民日报》发表社论《人有多大胆，地有多大产》，它马上成为 1958 年最出名、最响彻云天的一个口号。这篇社论配发的是中共中央办公厅派赴山东寿张县了解情况的人写回来的信。信中写道：这次寿张之行，是思想再一次的大解放。今年寿张的粮食单位产量，县委的口号是“确保双千斤，力争三千斤”。但实际在搞全县范围的亩产万斤粮的高额丰产运动。一亩地要产五万斤、十万斤以至几十万斤红薯，一亩地要产一两万斤玉米、谷子，这样高的指标，当地干部和群众讲起来像很平常，一点也不神秘。一般的社也是八千斤、七千斤，提五千斤指标的已经很少。至于亩产一两千斤，根本没人提了。这里给人的印象首先是气魄大。

当“大胆”成为“大产”的唯一条件，再大的“卫星”都不再让人吃惊了。9月18日，一颗终结式“大卫星”把这场闹剧终于推到了最高潮。广西僮族自治区环江县红旗人民公社宣布，他们成功地运用了高度并禾密植方法，获得中稻平均亩产13.0 434万斤10两4钱的高产新纪录（当时1斤为16两）。

9月30日，新华社向全世界宣布，中国1958年粮食总产量将达到3.5万亿斤，几乎是去年的10倍，远远高于预计的8 000亿斤，一跃成为世界第一大产粮国。12月，北京召开八届六中全会，与会者一致同意减少耕地，多种一些观赏植物，在《关于人民公社若干问题的决议》中这样写道：“过去人们经常忧患我们的人口多，耕地少，但是1958年农业大丰收的事实，把这种论断推翻了……应当争取在若干年内，根据地方条件，把现有种农作物的耕地面积逐步缩减到例如1/3左右，而以其他的一部分实行轮休，种牧草、肥田草，另一部分土地植树造林，挖湖蓄水，在平地、山上和水面上都可以大种其万紫千红的观赏植物，实行大地园林化。”①

无论是大炼钢铁还是“放卫星”，都离不开制度性的变化。正是在1958年，一个前所未见的农村基层组织——人民公社诞生了，它在未来的20年内深刻地影响了中国经济的起伏。人民公社的出现，既是一个乌托邦式的社会试验，又是计划经济体制的必然产物。

自20世纪初以来，尝试建设一个人人平等、一切财产公有的社会，是无数中国精英分子的梦想，师范生时期的毛泽东就曾幻想在岳麓山下建

① 根据国家统计局后来的核实，1958年的粮食总产量实际为4 000亿斤，比上一年增加了2.5%，因为大炼钢铁，还有400亿~600亿斤的粮食烂在地里没有收回。这个收成是不错的，但无论如何，远远没有宣布的那么多。

一个类似的社区。早在1949年新中国成立前后，全国进行了土地改革运动，土地被平均分配给所有的农民。为了提高生产效率，各地组织了各种形式的农业生产合作社，它们的规模都很小，一般二三十户为一社。1955年，毛泽东在他主编的《中国农村的社会主义高潮》一书中对合作社的规模亮明了他的观点，他认为："小社人少地少资金少，不能进行大规模的经营，不能使用机器。这种小社仍然束缚生产力的发展，不能停留太久，应当逐步合并。"[①] 进入1958年的"大跃进"之后，随着大炼钢铁和粮食高产运动的风起云涌，各地农村组织"大兵团作战"，将农村的青壮年劳动力按军事化的编制进行"共产主义大协作"。3月20日，河南封丘县向中央报告，该县的应举农业生产合作社依靠集体力量，战胜自然灾害，改变了贫穷落后的面貌，毛泽东很振奋地写下《介绍一个合作社》一文，认定大集体化的农村组织是一个不可多得的新发明。4月12日，《人民日报》头版头条，以"联乡并社发展生产力"为题，报道了福建闽侯县把城门、下洋、龙江3个乡合并为1个乡、把23个农业生产合作社合并为1个社的消息，将之作为重要经验向全国推广。这以后，各地迅速开始了小社并大社的工作。辽宁于5月下半月，即将9 272个社合并为1 461个社，基本是一乡一社，平均每社约2 000户左右，最大的为18 000多户。紧接着，河南、河北、江苏、浙江也相继完成并社。河南由38 286个社合并为2 700多个社，平均每社4 000户左右；北京郊区农村，由原来的1 680个社合并为218个社，平均每社1 600户。

5月19日，在中共八大二次会议上，宣传部长陆定一在发言中形象地描述了主要领导者心目中的农村组织形态，他说："毛主席和少奇同志谈到几十年以后我国的情景时，曾经这样说，那时我国的乡村中将是许多共产主义的公社，每个公社有自己的农业、工业，有大学、中学、小学，有医院，有科学研究机关，有商店和服务行业，有交通事业，有托儿所和

① 毛泽东著，《中国农村的社会主义高潮》，北京：人民出版社，1956年。

公共食堂，有俱乐部，也有维持治安的民警，等等。若干乡村公社围绕着城市，又成为更大的共产主义公社。前人的乌托邦想法，将被实现，并将超过。”

公社这个名称，出自欧洲中世纪，专指当时西欧实行自治的城镇。1824 年前后，空想社会主义者罗伯特·欧文在美洲购置土地成立“欧文公社”，2 000 多人组成一个生产和消费的组织，进行未来理想社会的试验。在公社内部，纯粹个人日用品以外的一切东西都变为公有财产，产品按需分配，每个人可在公社仓库领取必需的物品。史上最著名的公社当属法国大革命时期的“巴黎公社”。在合并大社的运动中，初期的叫法五花八门，有的叫集体农庄，有的叫农场，有的叫社会主义大院或社会主义大家庭。“人民公社”一词的首次出现，是在 7 月 1 日出版的《红旗》杂志上，它的首倡人便是当年发明了“四大家族”一词的党内理论家陈伯达，他此时的身份是《红旗》总编辑。陈伯达在《全新的社会，全新的人》一文中说，新出现的农村基层组织“实际上是农业和工业相结合的人民公社”①。

据各种材料显示，最早形成公社体制的基层典型，便是因为“放卫星”而名震全国的河北省遂平县嵖岈山卫星集体农庄。它第一个提出了“组织军事化、行动战斗化、生活集体化”的公社模式，毛泽东曾赞扬说，巴黎公社是世界上第一个公社，遂平“卫星”是第二个。而第一家公开使用“人民公社”名称的，则是河南省新乡县七里营人民公社，时间是 8 月 1 日。到 1958 年年底，全国原有的 74 万个农业社变成了 2.65 万个“一大二公”的人民公社。

根据人民公社的章程，农村的一切财产和生产资料都归公有，社员交出全部自留地和私有的牲畜、林木等，仅可保留小量的、供自己食用的家禽。农民实行集体劳动，早上排着队、唱着歌一起去农田，晚上再一起回家，报酬实行工资（工分）制，粮食实行供给制，公社还实行全民武装，

① 陈伯达著，《全新的社会，全新的人》，载《红旗》第 3 期，1958 年 7 月 1 日。

青壮年都被编成民兵，接受军事训练。

农民之所以愿意把土地和财产全部上缴、兴高采烈地加入公社，除了对集体经济的信心之外，还有一个重要的原因是，他们得到承诺，从此将可以“放开肚子吃饭”。8月10日的《人民日报》刊登了一篇题为“家常话”的特写，新闻这样写道：前些天，我到郊区去，在李二嫂家里一坐半天，快到中午吃饭的时候，总也不见她做饭。我想，大概拉起家常来，忘记做饭了。一会儿，她要我去吃饭，我开玩笑说：“你让我去吃什么呀？”我这一说，李二嫂笑开了，她一口气向我介绍了农村办“公共食堂”的新鲜事儿。

▲ 人民公社吃大锅饭

据李二嫂的描述，公社办起了一个大食堂，农民从此将不需要自己做饭了，而且吃饭吃到饱，还不需要钱。到1958年年底，全国出现了345万个公共食堂，在食堂吃饭的农民占全国农村人口的90%以上，“大锅饭”一词由此而生。江苏省江阴县马镇人民公社还传唱出了一首民歌：“男的听到吃饭不要钱，浑身干劲冲破天；女的听到吃饭不要钱，做活赶在男人前……做活想到吃饭不要钱，一分一秒都争先；睡觉想到吃饭不要钱，越想心里越是甜；为什么心里越想越是甜？共产主义快实现！”吃饭不要钱的公共食堂，一直开到4年后的1961年。

如果说，1956年的私营企业上缴意味着城市私人资本的彻底消亡，那么，人民公社的诞生，则表明农村私人资本，特别是土地私有化的终结。事实上，从经济治理角度来看，当统购统销政策被确定下来后，土地的公有化便已是一个必然的趋势。人民公社制度延续了20多年，在相当长的时间里，它限制了农民的生产积极性，成为短缺经济的主要根源之一。这一制度一直到1982年年底才彻底解体。

值得记一笔的是，在1958年，因大炼钢铁和搞人民公社，各地农村出现了一大批社队企业，它们制造并修理农耕必需的各种农具，这些设备极其简陋、制造水平极其低下的工业作坊日后将成为乡镇企业的最早胚胎。

在经济史上，1958年是一个虚假的、带有强烈自残倾向的年份，它让后人在相当长的时间里对当时发生的景象无法理解和充满了惊悚感。对高成长的迷恋以及致命的自负，使得全国上下都陷入了空前的疯魔，理性被激情屏蔽，幻觉成为真实。当所有的“假想敌”都被消灭或压制之后，缺乏约束和制衡的最高权力，最终成为伤害自身的、最尖锐的武器。这是一个令人扼腕的事实：在过去的十年里，饱受百年战乱之苦的中国终于获得了和平与稳定，中央政府通过强有力的手段建构了一个计划经济体制，并因此通过“举国战略”，建成了规模化的产业体系，集聚了一定的国家财富，中国经济在亚洲重新崛起。然而，到了1958年，仅仅用了一年时间，就把一切秩序全部打乱推翻，国力、财力和人力被平白消耗，国民经济从此陷入长达20年之久的系统性紊乱。这种景象的产生根源，已经成为一个世界性的命题，一直到今天还在被人们不断地研究与反思。

除了发生在工业和农业领域的种种荒唐事件之外，在一向以严谨科学为立命之本的科研界也非常不幸地出现了无比浮夸的景象，它似乎意味着更让人绝望的人文堕落。

早在2月，中国科学院就举行各研究所所长会议，部署科学工作的“大跃进”。会上，院长郭沫若号召科学工作者拿出吃奶的力气来，促进科学大跃进。2 月 21 日的《光明日报》引用科学家钱学森话说，“我相信理想的、极乐的世界于不久的将来就会在我们这块土地上建立起来”。

很快，耀眼的“科研卫星”从各个地方放了出来。5 月下旬，中科院北京地区共青团第二届代表大会上传出“捷报”，青年科学家们创制的产品有 7 项达到了国际先进水平，有 11 项是以往没有研制过的。

7 月 1 日，新华社发布消息：“首都科学界向党汇报成果，许多研究项目超过英美水平。”其中，中国科学院应用物理研究所对于半导体晶体管的研究成果，是目前世界上功率最大、频率最高的半导体晶体，它比美国的同类产品还要高，更值得骄傲的是，这个成果是研究所在 20 天内突击完成的。化学所研究出了“尼龙 9”，而国外还没有正式生产。地质所对于岩石分析、钶钽铁矿分析、独居石分析、锂云母分析等研究成果以及远距离操纵，自动化研究所的无触地远距离信号设备、脉冲频率制远测设备“也大大超过了英美水平”。同日，中科院机关党委召开第二次代表大会，各研究单位共向大会献出研究成果 300 余项，“其中超过国际水平和达到国际水平的共有 25 项”。

▲ 1958 年北京搪瓷厂的“工作汇报”

过了 12 天，《光明日报》报道说，科学院北京地区研究单位完成 1 000 项研究项目，其中 100 多项达到或超过国际水平。这些成果中，有应用物理所的半导体晶体管、晶粒取向矽钢片，化学所为研究海水淡化而研制的离子交换机，原子能所的钳工万能机、金属三级油扩散真空抽气机等。

在首都科学家们的鼓励下，其他城市的科研机构当然也不甘落后。8 月 8 日，上海举行科学技术研究工作跃进展览会，上海地方工业、上海高校、中科院和中央各部委在上海的研究机构共 60 个单位参展，共展出实物、图片、图表 2 600 多件，“其中 440 多项达到或超过了国际水平，其余更多是国内或上海首创的”。参加展览的单位还提出了进一步的跃进计划，如煤炭变珠宝，废气变黄金，陶瓷像钢铁坚硬，钢铁像陶瓷耐高温，做到肿瘤低头，高血压让路。

在科研单位拼命大放“卫星”的同时，高等学校的科研跃进也让人咂舌。中国最重要、最著名的高校——北京大学自称在半个月内完成 680 项科研项目，超过了过去三年科研项目的总和，其中 100 多项是尖端技术科学，有 50 多项达到国际先进水平。仅仅半个月之后，北大的科研成果就突然达到了 3 406 项，其中达到或超过国际水平的有 119 项，属于国内首创的有 981 项。而 1952—1956 年的 4 年间，北大定出的科研项目只有 100 项，1956—1957 年也只有 400 项。可这 3 400 多项成果，从 8 月 1 日开始算起，只用了 40 天的时间。这种耻辱性的记录让这家有着光荣传统的大学蒙羞。

北大的科研“卫星”放出之后，捷克斯洛伐克向中国提出，希望中方提供北大已经达到“国际水平”的科研成果的清单、技术报告和资料。有关部门碍于兄弟国家的情面，只得要求北大提供相关材料。很快，中国的“科研卫星”成了一个国际笑话。

南开大学的科研进展也很神速。8 月 10 日开始，南开党委领导 4 000 多名师生掀起大搞科学研究、大办工厂的高潮。第一夜就提出 2 000 多个科研项目，其中大部分是属于尖端科学的，不少是“以前想都不敢想的”。南开师生提出了“与火箭争速度，和日月比高低”的口号，8 月 11~25 日，共完成研究工作 165 项，其中理科各系试制成功属于全国第一次生产的产品 30 多种，达到国际水平的 19 种，世界独创的 2 种。

7 月上旬，全国科联和北京科联组织中科院生物学部、中国农科院和北京农业大学的科学家，与来自河北、河南、湖北等省的 30 多位种田能手举行丰产座谈会。会前，科学家们提出了自己认为够高的亩产指标。指标是按照当时盛行的“两本账”“三本账”制定的：小麦 1.5 万斤、2 万斤、3 万斤；水稻 2 万斤、3 万斤、4 万斤；甘薯 15 万斤、20 万斤、26 万斤；籽棉 3 000 斤、4 000 斤、6 000 斤。

可是，等到丰产座谈会一召开，听了种田能手的报告后，科学家们大吃一惊，先前准备公开的三项指标显然大大落后于农民兄弟，于是，他们只得临时修改自己的指标，提出“第一本账”小麦 3 万斤，水稻 3 万斤，甘薯 40 万斤，籽棉 1 万斤。而生物学部与农科院间也展开了挑战赛，生物学部的指标是小麦 6 万斤，水稻 6.5 万斤，甘薯 50 万斤，籽棉 2 万斤。

▲ 行为艺术家重新演绎“大跃进”

中央党校的党史专家罗平汉日后评论说：“出生于农家的毛泽东本来对那些放出来的农业高产卫星是将信将疑的，而科学家从科学原理对农业高产的论证，却使他相信粮食高产是有可能的。”①

就在这次丰产座谈会开过不久，毛泽东在徐水等地视察，提出了“粮食多了怎么办”的疑问，很快，它被当成最高指示传达给了中国科学院。中科院党组将此作为第一紧急任务，组织全国顶级的科学家进行攻关，长春应用化学研究所、大连石油研究所、北京化学研究所、上海有机化学研究所、上海生物化学研究所和上海植物生理研究所的专家们纷纷献计献策，研究出了粮食转化为工业原料的众多方法。

可笑而可悲的正是，就当科学家们在实验室里为粮食转化日夜鏖战的时候，一场黑色的大饥荒降临了。

① 罗平汉著，《当代历史问题札记》，南昌：广西师范大学出版社，2003 年版。

第六部

1959—1977

以“革命”的名义

1959 最苦难的三年

我虽近 80 岁，明知寡不敌众，
自当单枪匹马，出来应战，直至战死为止，
决不向专以力压服不以理说服的那种批判者投降。[①]

——马寅初，1959 年

从 1959 年到 1961 年，后世称为“三年灾害”时期，国民经济由前一年的疯狂跃进陡然跌入空前的萧条低迷。全国工厂关停近半，2 000 多万新招职工被驱回农村。因粮食短缺，广大乡村爆发大面积的饿死人现象，非正常死亡人口超过 2 000 万，个别地方甚至出现了“人相食”的惨况。

如此惨烈景象的发生，有客观和主观两方面的

---

① 1959 年，北京大学校长马寅初因为建议计划生育而遭到批判，这是他当年奋起应战时的答词。鼓励生育的政策导致中国人口持续增多，1949 年，全国人口 5.4 亿，1964 年为 7.2 亿，到马寅初去世的 1982 年，全国第三次人口普查，为 10.3 亿人。

原因，用刘少奇的话说，是“三分天灾，七分人祸”。

关于这三年中国是否发生了严重的自然灾害，后世有两种不同的观察。

英国《泰晤士报》在 1960 年 11 月 9 日的一则报道中说：“1959—1960 年，将以大旱灾被载入中国的历史。在北方的广大地区约有 200 天没有下雨，也没有下雪，在夏末干旱中断后，许多地区又被大雨所淹没……共产党人在天气上一直难得是幸运的，但是过去这一年是最坏的一年。”据国家统计局、民政部编撰的《1949—1995 中国灾情报告》记载，1959 年全国出现了“受灾范围之大，在 50 年代是前所未有的”严重自然灾害，受灾面积达 4 463 万公顷，且集中在主要产粮区河南、山东、四川、安徽、湖北、湖南、黑龙江等省区，除旱灾、霜冻、洪涝、风雹外，还出现了不多见的蝗灾、黏虫灾、鼠灾。1960 年，灾情继续扩大，北方持续爆发特大旱灾，东部沿海省区则受严重台风洪水冲击，受灾农田面积扩大到 6 546 万公顷。进入 1961 年后，灾情未得缓解，大旱蔓延黄河、淮河和整个长江流域，河北、山东、河南三个主要产粮区的小麦比上一年最低水平又减产 50%，很多农田颗粒无收。8~10 月间，东南沿海诸省遭受台风袭击 11 次，其中 12 级以上的占 9 次，为新中国成立以来之最。

然而，也有学者认为，这三年发生的自然灾情不能算是全国性特大灾害。据《中国水旱灾害》一书描绘的 1959—1961 年全国各省市干燥度距离平均值图显示，三年全国干燥度距离平均值均在正常变化范围之内。另外，据气象专家编制的 1895—1979 年“全国各地历年旱涝等级资料表”表明，这三年没有发生严重的自然灾害，属于正常年景，若以旱灾而论，1960 年的旱情轻于 1972 年和 1978 年。《时代周刊》在 1961 年 1 月 6 日的一则报道中认为：“不是所有的西方观察家都认为干旱和洪水应该为粮食紧缺负责。他们指出日本的气象报告显示，中国今年的气象并无什么异常，他们怀疑所谓自然灾害乃是被发明与夸大的，为的是掩盖食物短缺的真正原因：政府剥夺食物出口到国外换取工业建设用的机器与设备。”到 9 月 15 日，这家杂志又引用香港大学经济学家斯达特 · 科比（E. Stuart

Kirby）的研究指出，香港、台湾和广东有着十分相似的天气，天气确实不好，但是香港农作物减产 8%，台湾减产 13%，广东则是 30%。科比教授的结论是，中国的问题不仅仅是因为天气，还有农民广泛的士气消沉。

科比教授的观察应该是比较接近真相的，粮食的大幅度减产，既与自然灾害有关，同时也是过激政策的后果。

“大跃进”的后遗症是严重的。首先是“放卫星”导致的高征收。产量是虚的，征购可是实的，1958 年的粮食产量实际只有 4 000 亿斤，却按虚报的 7 500 亿斤征购，全国征了 1 095 亿斤，占年产量的 27.3%，已达到农村承受能力的极限。然而，1959 年征购却高达 1 348 亿斤，占年产量的 39.6%，农民的口粮和下一年的种子也被征走了，农民不愿交，就搞反右倾、反瞒产、反私分，甚至抓人、关人、打人。其次是大量青壮年农民仍然被拉去大炼钢铁和大修水库，在旱情严重的 1959 年秋冬，仅山东就有 887 万青壮年在炼钢铁和修水库，全省秋播面积不及往年的 3/4，在 3 年中，山东共荒芜农田 5 000 万 ~6 000 万亩。可怕的粮食危机就这样降临了，到 1960 年，全国的粮、棉、油和生猪拥有量分别比 1957 年下降了 29.7%、38.5%、56.1% 和 36.4%，粮食产量实际已猛降到了 2 870 亿斤，而征购额却比上一年还要多，高达 1 408 亿斤。赵发生在《当代中国的粮食工作》一书中更披露了一个事实：由于对形势的判断失误，中国甚至还在 1958—1960 年 3 年中大量出口粮食，其中，1958 年净出口 65 亿斤，比 1957 年猛增 73.1%，1959 年净出口 94.8 亿斤，又比上一年增加 45.8%，1960 年仍净出口 20 亿斤。

当悲剧发生的时候，“放卫星”最积极的地方，就是景象最悲惨的地方，全国的“卫星”以河南放得最多，河南又以出了“嵖岈山卫星”的信阳地区最耀眼。三年中，河南非正常死亡人口在 200 万以上，死亡牲畜 74 万多头，荒芜土地 440 余万亩，为全国最惨烈的省份。一向为豫东南“鱼米之乡”的信阳地区更是饿死 100 多万人，很多乡村绝炊绝户，浮肿病大面积蔓延，农民大量外逃或饿死，爆发了震惊全国的“信阳事件”。时任湖北省委第一书记、受中央委托去河南实地调查的王任重回忆说：“（信阳）西平县因为放小麦‘卫星’，受打击的有1万多人，打跑7 000人，打死300多人，这是多么残忍的事情！”[①] 河南省委在向中央检讨时，也称这个时期的信阳“一时间成了一个恐怖世界、黑暗世界”。

从1959年春季开始，粮食危机就已经烧进了大城市。2月，美国《时代周刊》记者发现，在北方最普通不过的卷心菜居然成了“配给物资”。它的记者描述道：“尽管上个月中国政府号称粮食增产了102%，但是城市粮食配给的定量却被削减了，卷心菜开始第一次登上了配给物资的列表，之后洗衣服的肥皂也开始需要配给，每人每月的食糖被减低到略高于1磅。在沿海的广东省出现鱼肉短缺，上海则是难以买到肉食。”在随后的两年里，关于食品短缺和人口死亡的报道不时出现，1960年5月16日的报道称：“来自某个公社的消息说那里50%的儿童都因为营养不良而死亡，虽然没有大量的歉收报道，但是很明显中国把广东的农产品运到城里给产业

▲ 人们在凭票供应年代抢购商品

① 王任重著，《王任重文集》，北京：中央文献出版社，1999年版。

工人，或者卖到国外换取外汇，在一个地方，农民使一辆火车出轨，抢夺了把他们的谷物送往北方的列车。”在8月22日的一则报道中，记者援引福州一位母亲给她在香港的儿子的信说，“要不是你寄点钱回来，我们一年也吃不到一块肉”。

实际的情况，与《时代周刊》记者的零星描述相去并不太远。到1960年6月，北京库存粮食只够7天的销量，天津仅够10天，上海已无库存，靠借外贸部门的出口大米度日，连一向为中国粮仓的东三省和四川都向中央告急要米。中部最大的钢铁企业武汉钢铁厂存米无多，工人们只好发明了“超声波”蒸米法，把大米连蒸几次，使之膨胀而能“填饱”肚子。清华大学则成功地发明了“增饭法”：一锅下米300斤，水要逐步加入。先干煮40分钟，然后第一次加水120斤；过15分钟，第二次加水200斤；再过15分钟，第三次加水520斤；在米下锅以后，最后加水100斤，等10分钟，就可以开饭。这个办法被当成重大科研发明广为推广。

9月，中央发出指示，要求各地群众“低标准，瓜菜代”，大搞代用食品。不久前还在为“粮食多了怎么办”而日夜攻关的科学家们专门“研制”出了“代食品”，如玉米根粉、小麦根粉、玉米秆曲粉、人造肉精、小球藻等，这些名词看上去很“科学”，其实就是把原本当肥料或喂猪的玉米、小麦杆子碾碎了当粮食吃，所谓“人造肉精”则是一种食用酵母。

代食品中，最有名的是“小球藻”，这是一种水面浮生植物。1960年7月6日，《人民日报》发表社论《大量生产小球藻》，认为小球藻不仅是很好的精饲料，而且具有很高的食用价值。社论写道：小球藻“蛋白质含量比大米高5倍，比小麦高3倍多”，“用小球藻试制的糕点、面包，质高味美，清香可口”。

一个名叫周孜仁的学生当时就读于成都五中，他在回忆文章中详细记叙了当年培植“小球藻”的经历：把原来宿舍区供学生洗衣取水的池子改为“藻类繁殖池”。先满灌清水，再加上小便。因为据说“小球藻”在小便浓度较大的环境里，繁殖尤为迅速。接着把“藻”苗倒进去，搅拌十天半月，池水先是发绿，继而发黑，最后发臭，藻类培养宣告成功，于是舀出两桶往大食堂的锅里倒，同时，向水池补足新尿两桶。如此反复，以确保同学们每顿饭里都有充足的小球藻。

就在国内经济形势急剧恶化的时候，在外交上则同时发生了一件大事：1960 年 7 月 16 日，苏联突然宣布召回全部援华专家，世界上最大的两个社会主义国家彻底决裂。

中苏关系自斯大林去世，特别是赫鲁晓夫发表了“秘密报告”之后，就变得别别扭扭。1958 年年初，毛泽东提出“反教条主义”，对苏联发展经济的做法提出了批评，他认为苏联的根本问题是“见物不见人”，依靠官僚技术阶层和他们制定的规章制度管理经济，其要害是限制了广大群众的积极性。苏联对中国的经济发展战略也不能理解，该年 7 月 26 日，新华社《内部参考》刊登一篇电讯稿，透露部分苏联官员和专家对中国的“大跃进”和人民公社不以为然，甚至在报纸上对热火朝天的人民公社运动只字不提，这很是让中国领导人恼火。

这种矛盾很自然地反应到数千名援华专家身上。曾任鞍钢副总经理兼总工程师的马宾在 30 年后对历史学者罗时叙讲过一段回忆：1958 年，他在北戴河亲耳听了毛主席关于钢产量由 535 万吨翻番达到 1 070 万吨的讲话，会上群情激昂，有人当场作诗曰：“坐八百看一千，土办法不花钱，大家一起努力干，年底一定会实现。”马宾对这个目标很是怀疑，可是却不敢公开质疑，回到工厂后，“苏联专家规定的章程不要了，高炉拼命装料，眼见就是胡来，不合格的钢也出炉了。炼钢车间把规章都烧了，对产品质量也不进行检查了”[①]。后来的结果是，鞍钢生产出来的一级钢轨的产量由过去的 93% 降低到了 42%。

---

① 罗时叙著，《由蜜月到反目：苏联专家在中国》，北京：世界知识出版社，1999 年版。

这种跃进做法让苏联专家很是不解。广西有了新建的炼铁厂要请苏联专家去指导，可是专家们从报上看到那个厂炼铁是用木柴烧的，就死活也不肯去。齐齐哈尔的富拉尔基钢铁厂是完全由苏联人援助建成的，为当时国内规模最大、技术水平最好的特种钢厂，在生产汽轮机的大型锻钉时，中方为了创造纪录，违反既定的工艺规程，热火朝天地一阵猛干，结果炼出大量的废品。一些苏联专家对钢铁领域发生的盲目过热很担心，他们向苏联使馆做了反映，再由使馆向中方上级提意见，结果当然引来很大的反感。

发生在钢铁领域的冲突并非个例。第二机械工业部的二〇二厂发生了这样一件事情：这个工厂是研制核武器部件的，当时正处在设计阶段，苏联专家按常规提出设计工作应分为三步，即初步设计、技术设计和施工设计。但中方认为，在当前大跃进的大好形势下，应打破常规，三步并做两步走，取消技术设计环节。为了说服苏联专家，中方特别组织他们参观了创造万斤亩产纪录的徐水县，试图用中国农民的“放卫星”精神打动他们，谁料，专家们一到田头，又对粮食产量的真实性产生了怀疑。在争执不下的情况下，中方决定不听苏联人的意见了，结果在后来的施工过程中，不断遇到麻烦，大大小小的修改达几百次之多。

在水利和电力系统服务的别斯托夫斯基报告说：“中国同志决定简化电力装置，这将降低它们的可靠性，其结果不可避免地将导致事故的发生。”哈尔滨火电厂专家组组长克利莫夫在 1959 年 7~10 月间向中方递交了十多封抗议信和申诉信，报告工厂违反锅炉的操作规章贸然跃进，但一直无人过问，最后引起工厂大爆炸，造成重大人员伤亡。最可笑的是北京航空学院，它要求苏联专家帮助设计时速 3 700 公里的飞机，这让他们十分为难，因为只有火箭才能达到这样的速度。

1959 年年初，很多苏联专家向国内抱怨，中方的一些企业撤销了按苏联技术方案和技术规程设立的技术部门，取消了必要的技术规格和标准，他们表面上仍留在岗位上，享受薪金，承担合同规定的生产责任，但实际上已无法履行自己的职责。武汉冶金公司的12位苏联工程师说他们已经有3个月没有工作了。第一机械工业部第一设计院的中方领导有8个月没有与苏方专家见面。

最能生动地体现中国自主性的事件，是“鞍钢宪法”的诞生。

鞍山钢铁厂是当时中国最大的钢铁联合企业，被称为“共和国钢铁工业的长子”。“一五”计划时期，鞍钢共完成基建投资总额15.45亿元，占全国同期冶金工业基建投资总额的1/3。五年累计，鞍钢共生产铁1 090万吨，钢846万吨，钢材566万吨，分别占全国同期总产量的54.3%、50.8%、42.91%，可谓是半壁江山。1960年3月11日，中共鞍山市委向中央写了《关于工业战线上技术革新和技术革命运动开展情况的报告》，在列举大量事实后，提出要“继续彻底地批判坚持一长制、实行经济和技术挂帅、依靠少数专家办企业的资产阶级路线，坚决地贯彻执行坚持党的领导、坚持政治挂帅、依靠广大群众办企业的无产阶级路线；继续彻底地批判和克服教条主义，进一步树立敢想敢说敢做的共产主义风格，使运动一浪高一浪地向前发展”。

毛泽东看了这个报告，非常兴奋，于3月22日做了重要批示：“鞍钢是全国第一个最大的企业，职工十多万，过去他们认为这个企业是现代化的了，用不着再有所谓技术革命，更反对大搞群众运动，反对两参一改三结合的方针，反对政治挂帅，只信任少数人冷冷清清地去干，许多人主张一长制，反对党委领导下的厂长负责制。他们认为‘马钢宪法’是神圣不可侵犯的。这是1958年大跃进以前的情形，这是第一阶段。1959年为第二阶段，人们开始想问题，开始相信群众运动，开始怀疑一长制，开始怀疑‘马钢宪法’……现在的这个报告，更加进步，不是‘马钢宪法’那一套，而是创造了一个‘鞍钢宪法’。‘鞍钢宪法’在远东，在中国出现了。”

马钢即苏联的马格尼托哥尔斯克钢铁公司，是当时世界上最大的钢铁联合企业，它形成了一套富有特色的管理和技术标准，被尊称为“马钢宪法”，是苏联工业模式的一个骄傲。“鞍钢宪法”的提出，显然是针对“马钢宪法”而言的。

“鞍钢宪法”的核心经验有两条，一是“两参一改三结合”，二是政治挂帅。

“两参一改三结合”即：干部参加集体生产劳动，工人参加企业管理，改革不合理的规章制度，在生产、技术、管理等改革和改进上实行领导干部、技术人员和工人相结合，它被认为是“我国对工业企业实行民主管理和科学管理的一条极具特色的重要经验”。

关于政治挂帅，时任鞍山市委第二书记、鞍钢党委第一书记兼经理袁振的表述是这样的：“‘鞍钢宪法’的基本内容，就是坚持党的领导，坚持政治挂帅，坚持大搞群众运动，坚持不断革命，坚持总路线、大跃进。‘鞍钢宪法’是毛泽东思想在经济工作中的具体体现，是无产阶级办企业的根本路线。”辽宁省委书记李东冶则直接将“鞍钢宪法”与“马钢宪法”进行了对比，他说：“鞍钢宪法的实质是什么呢？中央批示中指出，实质是党委领导下的厂长负责制的问题，就是党的领导，政治挂帅，大搞群众运动……‘马钢宪法’是什么？一不要党的领导，二不要群众运动，三是单纯技术观点。”①

5月23日，冶金部在鞍山召开现场会议，号召全国企业学习和推广“鞍钢宪法”。

一个多月后的7月16日，苏联政府突然照会中国政府，提出撤走全部在华工作的专家。在外交照会中，苏方提出的理由是：“最近，中国方面在处理在中国工作的苏联专家问题上开始推行一条显然是对苏联不友好的路线，这与条约的规定以及社会主义国家间通常的关系准则是相抵触的……所有这些都伤害了苏联专家们的感情，中国方面对他们的不信任引

① 袁振与李东冶的发言稿现存鞍钢档案馆。

起了他们的愤怒，使得他们被迫向苏联政府提出回国。”[①] 从7月28日到9月1日，苏方撤回专家1 390人，停止派遣专家900多人，同时中止专家合同和合同补充书343份，废除科学技术合作项目257项。到1960年12月，留在中国的苏联专家只剩下一个人。

苏联专家的撤走，是中苏两国在多种立场、利益上的分歧的总爆发，两国关系从此彻底毁坏。

“撤走令”事先毫无预兆，今日贸然下令，明天卷席走人，没有任何商量的余地，充分体现了赫鲁晓夫粗暴、独断的领导风格。就在这一年4月初，中国国务院外国专家局还呈送了一份报告，认为“专家工作有了很大的改进，专家们心情舒畅，干劲充足，工作效率显著提高”。5月20日，国务院按照惯例发出了下一年聘请苏联专家有关事项的通知，要求各部门做好续聘和增聘工作，直到6月17日，国家科委和外国专家局还联合制

▲ 苏联专家撤离中国

① 《苏联使馆向中国递交的关于撤退专家的照会》，转引自美国威尔逊国际学者中心编，《冷战国际史项目公报》，1996年。

定了苏联专家帮助中国进行重大科研攻关的分工管理办法，并下发全国。这表明，尽管两国在过去几年有种种的摩擦、争吵和不愉快，却没有导致决裂的必然性。可见，7月的“撤走令”来得有多么突然和绝情，它不但扰乱了中国的工业化进程，更伤害了中国人民的自尊心。

不过，后世也有专家对“撤走令”的客观后果有自己的观察。沈志华在《苏联专家在中国》一书中便认为，苏联专家的全面撤走对中国经济建设的负面影响，过去似乎估计过高。他认为：“由于政治上的原因，中国官方过分强调了苏联撤退专家在造成20世纪60年代初经济困难中的作用。”[①] 据他的研究，自“156工程”完成之后，在第二个五年计划期间，苏联专家对中国的援助重点放在了军事工业上，特别是核武器的研发上。从1 000多名经济专家分布来看，八成以上集中在国防企业及与国防工业有关的部委和科研机构中，还有一成多为冶金、化工和水电专家，在煤炭、石油、建设、轻工、农业及铁路运输等部门，都只有极少量专家，最少的1个人，最多的7个人，而在水产、粮食、纺织等部门则已经没有苏联专家。因此，就如同在农业领域发生的问题一样，苏联专家的撤走对工业经济的影响并不是决定性的，经济的衰退大多是因为决策的失误。事实上，苏联人的撤走造成了两个连带性的后果。

一是因悲情而引发的新一轮激进。1958年之后，中美关系因台湾海峡问题持续紧张，美国太平洋舰队游弋于东部海域；在西面，中国与印度因领土纠纷爆发区域性战争；而中苏关系一紧张，整个北方地区又受到威胁。于是，一种孤立感以及因此而引发的巨大悲情，使得中国领导人陷入更大的自我封闭和自傲情结之中。

二是因外来威胁的加大，导致了工业布局的畸形化。一些原本设立在东北和沿海等地的重要工厂内迁到中部地区，工业布局以“备战备荒”为战略指导，到1964年，开始大规模的“大三线”建设。

---

① 沈志华著，《苏联专家在中国》，北京：中国国际广播出版社，2003年5月版。

内外交困，时局艰险，年轻的共和国在它的第十个年头遭遇了空前的困难。让人叹息的是，在这期间，中央决策又因种种原因发生了几次进退摇摆。

在灾情初起的1959年，钢产量指标仍然被高高地定在1 300万吨。这一年7~9月，中共中央在江西庐山召开政治局扩大会议，原本决定对当前的失控进行反思，而最终的结果却以更激进的方式闭幕，对“大跃进”持有不同看法的国防部长彭德怀元帅等人遭到严厉批判，会议最终达成的共识是：形势大好，前途光明，继续大跃进。

庐山会议的风向突变让中国失去了一次清醒的机会。到1960年年初，决策层内的反思声音再起，各种经济指标被压了下来，可是，中苏关系交恶后，激进情绪再度陡然升温，又提出要炼“争气钢”，争取当年生产钢2 000万吨。正因为这种政策上的失误，局势日渐恶化，最终酿成重大的悲剧。

一直到1961年，为了走出绝境，中央才逐渐调整激进的经济政策，提出“调整、巩固、充实、提高”的8字方针。当时主要展开的工作有两块，一是解决吃饭问题，二是把工业速度降下来。

当务之急，自然是缓解粮食危机。要在短时间内迅速提高粮食产量，是绝无可能的事情，而仅仅靠清华大学的“增饭法”，却只能暂时骗骗肚子。于是，中央政府采取特别方式，从进口粮食和减少城镇人口两个方面下手施救。

1961年1月，国务院决定从国外紧急进口粮食。先是确定进口150万吨，很快就增到250万吨。经办此事的外贸部副部长雷任民回忆，在对待进口粮问题上，当时党内的思想是不一致的，因为不久前还在喊粮食吃不完了，现在突然要向万恶、腐朽、即将灭亡的资本主义国家买米吃，丢不起这个脸，因此，粮食进口工作一直处在极其保密的状态下。相关事宜是委托香港的中资公司华润和中国银行经办的，先是从澳大利亚、加拿大和法国订购了大量粮食，后来连美国粮食也通过转口贸易进来了。从1961

年到 1965 年，国家每年进口粮食 500 万吨左右。

进口粮食需要外汇，能够换回外汇的商品不多，除了煤炭之外，主要的就是棉花，于是就缩减棉布的供应。1960 年，全国居民所分配到的布票人均少了 1 尺。据外贸部的计算，每人减少 1 尺布，用于出口可得 5 美元，全国总计就是 3 500 万美元，能多进口 10 亿斤麦子。

历史学者陈明远在《布票的故事》一文中记载，四川城镇起初每年每人 15 尺布票，可以做一套衣裤，1959 年，布票一下子减少为每年每人 7 尺 4 寸布票，个子小的还能做件上衣，个子大的就顶多混条裤子了。到 1960 年再减半，只发 3 尺 7 寸布票，当时买一双袜子要 2 寸布票，也就是一个人一年分到的布票只够买十多双袜子。1961 年上半年，上海市区每人只发给 2 尺 6 寸布票，一家四口的布票不够缝制一套成人的衣服。山东城镇每人的布票更只有 1 尺 6 寸。物资的空前短缺，可见一斑。

即便全国人民少吃减穿，还是无法缓解粮食危机。1961 年 6 月 28 日，中共中央下发《关于精减职工工作若干问题的通知》，提出在三年内减少城镇人口 2 000 万以上。客观地说，在粮食供应无法增多的情况下，这个不无残酷的决策最终起到了缓解的作用。

从 1958 年起，为了大炼钢铁，大量农村青壮年劳力被征调到城市里，在三年里共新招收职工 2 500 多万人，城市人口从 9 900 多万陡增到近 1.3 亿，这自然造成了粮食的供应紧张。当经济突然大萧条后，工厂里马上出现了人浮于事的现象，纺织工业停了 500 万锭，食品工业三年增加了 55 万人，很多工厂的工人无工可做。根据计算，从城里精简 2 000 万人，可减少供应粮食 30 亿斤。中央的《精减通知》指出："这次精减的主要对象，是 1958 年 1 月以来参加工作的来自农村的新职工（包括临时工、合同工、学徒和正式工），使他们回到各自的家乡，参加农业生产。"

从精简政策实施到 1963 年 6 月，全国职工减少 1 887 万人，城镇人口减少 2 600 万人，吃商品粮人数减少 2 800 万人。事实表明，这一政策缓解了城市供应的紧绷状况，也对农业的休养生息起到了复苏的作用。以

▲ 1962 年广东民众因粮食危机掀起“逃港潮”

坚忍和温顺出名的中国农民从来是中国经济最大的支撑者，他们在正常的年景里贡献廉价的农产品，一旦发生危机，广袤的农村就成为成本最低的“泄洪区”，这种情景在日后将一再发生。在这个意义上，中国工商经济的成长从来就在吃“农民的红利”，城里人亏欠农民的实在太多。

在 2 000 多万被精简下乡的人中，就有一个 16 岁的农村青年名叫鲁冠球。

鲁冠球的家乡在浙江省萧山县的金一村童家塘，与杭州市隔钱塘江相望，他从小的梦想就是能够进城当一个工人。1958 年，在大炼钢铁的热潮中，小学还没有毕业的他就被征调进了萧山县城，在一个打铁合作社当上了锻工。三年学徒期满，工资从最初的 14 元加到了 36.5 元，这让他很是满意。可是就在新工资拿了两个月之后，他突然被精减掉了，卷起铺盖回到了童家塘。很多年后，他回忆说：“那时，我想得很清楚，不种地。我觉得农民吃不饱，穿不暖，所以一心就想做工人。我筹了 110 块钱，搭起草棚开了一间修理铺，开始为村里修自行车。那时农村自行车少，生意很淡。”

发生在 1961 年的这次大精减在少年鲁冠球的心里留下了严重的后遗症，金一村距萧山县城不到两公里，可从此他再也没有回去工作过。他说：“我发誓从此不再进城，我就在农村办工厂。”20 年后，一心想做工人的鲁冠球成了中国最著名的农民企业家。

在设法缓解粮食危机的同时，国家还必须把过快的工业速度降下来。

1961 年第一季度，各项工业指标发生重大溃乱，25 种主要工业产品中，除了食糖，其余均比上一年第四季度下降 30%~40%，决策层这才承认现实，开始踩急刹车。在 5 月 21 日召开的中央工作会议上，各项指标大幅下调，提出“坚决后退”和“必须退够”。毛泽东无奈地说：“退得够，这样好。无非是外国人骂，说中国人不行。我们现在就要老老实实地承认没有学会，还要 11 年才能搞好，至少要 10 年。不退，你有什么办法？”

8 月，中共中央在庐山召开工作会议，通过了《国营工业企业工作条例（草案）》——简称《工业七十条》，它一方面继续强调“国营工业企业是社会主义的全民所有制的经济组织。它的生产活动，服从国家的统一计划。它的产品，由国家统一调拨”。同时，则把大跃进时的“按需分配”改成了“按劳分配”，对遭到批判的计件工资制等制度予以恢复。

1962 年，全国的基本建设投资规模压缩到了 46 亿元，仅为 1960 年 384 亿元的 12%，到年底，全国关停倒闭的工厂数达 4.4 万个，占 1960 年 9.6 万个企业数的 44.8%，也就是说，在一年时间里关掉了将近一半的工厂。其中，冶金企业减少了 70%，建材企业减少 50%，化工企业减少 42%，机械企业减少 31%。同 1960 年相比，工业总产值大幅下降了 47%，其中重工业下降 57%，钢产量跌到了 667 万吨。在当时的工业界，把关停工厂和精减工人统称为“拆庙搬和尚”。

大跃进对中国经济的灾难性后果，日后有无数论文和书籍进行了反思、总结。国家统计部门的数据显示，“二五”计划期间（1958—1962），全国工农业生产总值的年均增长率仅为 0.6%，远远低于“一五”时期（1953—1957）的 10.9%。据美国学者麦克法夸尔在《“文化大革命”的起源》一书中的测算，“大跃进给国民经济造成的全部损失，估计是 1 000 亿元，几乎相当于‘一五’期间基本建设投资总额的两倍”。

在三年灾害时期，还有两个经济事件值得记录，一是包产到户的试验和夭折，二是大庆油田的发现。

“吃饭不要钱”“一大二公”的人民公社，只在很短的时间里让农民感到幸福，很快，计划经济的低效率和荒诞性便非常清晰地一一呈现了出来。1961 年 3 月，中共中央起草颁布了《农村人民公社工作条例（草案)》——简称“农业六十条”，取消了农村部分供给制和公共食堂，但是人民公社的模式却被肯定和固化了下来。

这年 6 月，陈云回到家乡青浦县小蒸公社作了半个月的调研，同行的秘书周太和、经济学家薛暮桥等人在日后都回忆了那次难忘的行程。

地处上海城郊的青浦县自古是最富足的鱼米之乡，可是，“大跃进”之后，这里的农民也只能顿顿喝稀粥。吃不饱饭的时候，农民把原本用做绿肥的红花草也吃光了。陈云等人走在小镇上，看见许多农民门口晾着麦秆，据当地人说，这是生产队碾麦后分给农民的，可是家家户户都把麦秆重新晾晒后，放在簸箕里搓，结果还能搓下来许多麦子。陈云问一个老农妇，这么搓能搓下来多少麦子。老农妇说，攒起来能有一斗。陈云大惊。他很快猜出了答案：这是农民们故意在打麦场上不碾干净，然后再把麦秆分回到家里，私下留了一点口粮。陈云感叹地说，我们不能多拿农民的东西，你要拿，他们总是有办法应付的。

陈云去参观公社的养猪场，干部们告诉他，去年一年公社养猪没赚到钱，反而亏了 3.8 万元，平均每个农户要负担 16 元，建猪场，搞基建还花了 7 万元。陈云算了一笔账，允许私人养猪的时候，平均一头母猪一年生十四五头苗猪，苗猪死亡率为 6%，实行公养后，一头母猪全年平均只生四五头苗猪，苗猪死亡率竟高达 89%。这么强烈的对比，又让陈云大吃一惊。

更让陈云吃惊的荒唐事还有不少。到了傍晚，陈云听到小镇上合作商店的店员在吆喝：“棒冰，棒冰，两分一碗。”他很好奇，棒冰应该论根卖，怎么会用碗卖呢？出去一看才知道，原来棒冰是上海做的，然后通过

肉牛与粮食交换比价
（肉牛每百斤交换粮食）

年份	小麦（伏地白）（斤）	玉米（伏地三号）（斤）	小米（伏地二号）（斤）	紅粮（伏地三号）（斤）
1950	315.2	405.1	301.7	556
1951	337.4	483.2	340.5	687.6
1952	355.5	480	349	629.5
1953	326.5	484.2	361	620.4
1954	377	560.9	418.1	718.7
1955	383.3	560.9	418.1	718.7
1956	382.6	569.3	424.3	729.3
1957	433.5	634.9	473.2	813.4
1958	483.4	707.4	527.2	908.2
1959	483.4	707.4	527.2	906.2
1960	483.4	707.4	527.2	906.2
1961	426.5	617	471.5	698.7
1962	426.5	617	471.5	698.7
1963上半年	426.5	617	471.5	698.7
63年与50年相比±%	+35.3	+52.3	+56.6	+25.5
63年与57年相比±%	-1.6	-2.8	-0.3	+14.1

注：肉牛规格是瘦牛每头出肉量180斤。

纸烟零售价

（元）

年份	中华20支盒（盒）	精前門20支盒（盒）	精恒大20支盒（盒）	万象20支（盒）	綠叶20支（盒）
1950	0.483	0.304	0.175	0.134	0.0[illegible]
1951	0.483	0.335	0.274	0.195	0.09
1952	0.432	0.308	0.254	0.179	0.09
1953	0.403	0.294	0.252	0.164	0.11
1954	0.43	0.301	0.26	0.163	0.113
1955	0.44	0.32	0.27	0.18	0.113
1956	0.44	0.32	0.27	0.18	0.11
1957	0.48	0.335	0.285	0.18	0.11
1958	0.50	0.331	0.281	0.18	0.11
1959	0.50	0.32	0.27	0.18	0.11
1960	0.50	0.32	0.27	0.18	0.11
1961	0.50	0.32	0.27	0.18	0.11
1962	0.504	0.323	0.273	0.181	0.111
1963上半年	0.55	0.36	0.31	0.20	0.12

注：綠叶烟1950—1951年没货，用金枪价格代替。

▲ 1963 年北京市副食品商业局编印的《北京市副食品商业资料汇编》（1949—1963）

国营商业渠道，运到县里，再从县里用汽车、小船运到各公社，公社再往大队、小队分，到了基层的商店，棒冰就成了棒冰水，店员舍不得倒掉，就只好用碗来卖了。陈云听了直摇头叹息：现在商品流通是按行政区划来管理的，不合理，可是又改不过来。

小蒸公社靠近黄浦江，过去有许多渔民下午开船到江上去捕鱼，黎明运到上海城里去卖。实行统购统销之后，青浦县禁止渔民私自贩售，捕上的鱼必须运回青浦，卖给国营的县水产公司和下属的收购点，再由它们运到上海去完成供应任务。这样多次来回运输，自然就耽误了时间，把活鱼生生运成了死鱼。渔民只好把鲜鱼做成咸鱼上交，从此，上海城里的鲜鱼越来越少，甚至连咸鱼也因为运输费和手续费一加，价格比以前高了不少。陈云了解到这一情况后非常惊讶。他亲自找来青浦县委和水产局的负责人谈话，劝他们准许渔民直接去上海卖鱼。那些负责人很为难，他们说，如果这样做，必须要改变现在的供销社制度。陈云听罢，沉默良久，然后深叹一口气，对周太和说：“我一个党中央副主席，连这样一个小问题都解决不了，实在对不起人民。”[①] 在其后将近 20 年的时间里，上海市民只能吃到黄浦江里的死鱼。

任何一种经济制度，当它固化成型之后，即便是它的设计者也无力变更其内在的逻辑，这正是陈云在小蒸公社所遭遇的情景。在与老乡们交谈时，陈云问：“我是好人，还是坏人？”众答：“好人。”陈接着说：“我虽是好人，结果办了错事情。”回到北京后，陈云给时任中共中央书记处总书记邓小平写了一封信，随附三个调研报告，其中包括《母猪也应该下放给农民私养》《按中央规定留足自留地》等。

正当陈云在家乡做调研时，安徽、广西等地正刮起一股包产到户的“单干风”。

在大跃进和人民公社运动中，安徽曾经是最积极的省份之一，可也是付出代价最大的地区之一。在 1959—1961 年的 3 年中，安徽总人口净减 439 万人，而在之前的 6 年间，人口每年平均增加 65 万以上。据《剑桥中国史》的记载，“安徽可能是人口减少最严重的，1960 年全省的非正常死亡率比上年猛增了 68%，为全国平均数的 3.5 倍多”[②]。正是在如此的绝境之下，1961 年 2 月，省委书记曾希圣提出“按劳动力分包耕地，按实产粮食记工分”的联产到户责任制新办法，先是在每个县搞“责任田”试点，然后渐渐推广，在短短两个月里，就让全省 39% 的生产队都推行了新政策。曾希圣还在 3 月底专门给毛泽东写信，为“定产到田，责任到人”的做法进行辩护。国家粮食部专门对该省肥东县两个叫作路东和路西的生产队进行了对比调研，路东队实行的是责任田模式，结果夏收粮食亩产 112 斤，秋收亩产 245 斤，而吃大锅饭的路西队，夏收和秋收亩产分别是 100 斤和 195 斤。几乎就在安徽搞包产到户的同时，广西的龙胜县也开始分田

① 转引自薛暮桥著，《薛暮桥晚年文稿》，北京：生活·读书·新知三联书店，1999 年版。

② ［美］费正清等编，谢亮生等译，《剑桥中华人民共和国史》（上卷），北京：中国社会科学出版社，1998 年版。

单干的试验，全县1994个生产队有一半把土地分包给了农民。农村工业部部长邓子恢亲自南下做调研，并给予了肯定。其子邓淮生后来回忆，他曾问父亲对包产到户的看法，邓子恢说："包产到户不是单干，是农村经济管理的一种形式，因为土地所有制没变啊！好比工人计时做工和计件做工，计算单位时间内生产多少个零件。农民也一样，要算一年内交多少粮食。工人做工可以包工包料，农民种地为何不能也采取这种办法？"

安徽和广西的做法引发了一场大争辩，《人民日报》专门辟出专栏进行讨论。赞同者认为这是提高农民积极性和增加粮食产量的好办法，反对者指责这是在走农村资本主义的道路，是一种大倒退。7月，颇受压力的安徽省委专门给中央打报告，希望得到政策上的肯定。到这一年11月，安徽的"责任田"已经推广到91%的生产队。此外，甘肃、浙江等地也开始学安徽，中共党史出版社出版的《建国以来农业合作化史料汇编》一书曾引用当时甘肃农民的话说，"我们的脑子想进步，就是肚子太反动了"[①]。

1961年11月13日，中央表明了态度，在这一天发出的《关于在农村进行社会主义教育的指示》文件中，明确指出："目前在个别地方出现的包产到户和一些变相单干的做法，都是不符合社会主义集体经济的原则，因而也是不正确的。"不久后，曾希圣因"犯了方向性的严重错误"而遭到批判并被撤去职务，赞同包产到户的邓子恢等人日后也因此纷纷受到批判，邓子恢被认定是"资本主义农业专家"。从此，早萌的包产到户改革戛然而止。它的复燃将在17年后的1978年，而发动之地居然仍是安徽。

1960年4月29日，4万多人聚集在黑龙江的萨尔图大草原。北方的春天，杂草已经长起，但是大风刮在脸上还是干涩而微有寒意。这年的雨

① 黄道霞主编，《建国以来农业合作化史料汇编》，北京：中共党史出版社，1992年版。

季来得特别早，人们站在泥泞不堪的草地上，每个人都亢奋不已。一条巨大的横幅在空旷的草原上非常醒目——“石油大会战万人誓师大会”。

在三年困难时期，这是最让人振奋的一个时刻，在中国企业史上，也是一个非常重要的时刻。

中国的东北发现了大油田。

就跟很多古老发明一样，中国是世界上最早认识并使用石油的国家之一。早在公元前1世纪，人们已在陕西延长一带发现了石油，把它盛入容器用来点灯，《汉书·地理志》称之为“可燃之水”。北宋沈括在他的《梦溪笔谈》一书中，第一次使用了“石油”一词，宋人用石油制作石烛、墨和用于军事的“猛火油”。但进入近代之后，中国人在石油上的运用远远落后于西方。1903年，德国人在陕西探得油矿，第二年，清廷筹办延长石油官厂，凿出第一口油井。可悲的是，一直到1934年，全中国只有延长这一口井在出油，每天出150斤，聊胜于无。1939年，地质学家孙健初在甘肃玉门发现油田，到1949年，玉门油田年产原油8万吨。美国美孚石油公司的地质专家在中国进行了20多年的勘探，最终得出结论，认定中国大陆的地质构造不会有大油田。

▲ 大庆工人

20世纪50年代，中国组织多支勘探队遍走全国寻找油田。1953年，地质部部长、地质学家李四光提出“新华夏构造体系”，认定在东北的松辽平原和华北平原有可能存在大油田，可是，直到1957年，只探得石油储量0.56亿吨。在“一五”计划中，石油工业是唯一没有完成指标的部门。因为石油缺乏，连北京的公共汽车都不得不烧煤气，每辆公共汽车上都要背上一个硕大的煤气包。

1958 年，在李四光等人的坚持下，勘探人员在松辽盆地展开重点勘探，1959 年 9 月 26 日，位于黑龙江省安达县大同镇的松基三井突然喷出原油！大油田被发现了。因为喷油之日非常接近共和国的 10 年国庆，因此，这块新发现的油田被命名为“大庆油田”。

大油田被发现后，石油工业部当即从各地抽调了 7 万石油工人和转业军人会师萨尔图，由石油部部长余秋里和副部长康世恩亲自率领，展开了一场空前的大会战。当时条件之恶劣难以想象，工人睡在简陋的帐篷、木板房、牛棚、马厩里，日夜奋战，无怨无悔。在这支令人生敬的石油大军中出现了新中国成立后最著名的工人——“铁人”王进喜（1923—1970）。

王进喜是玉门油田的一个钻井队队长，他领导钻井队创造了月进尺 5 000 米的全国纪录，成为中国中型钻机最高标杆单位，被命名为“钢铁井队”。1959 年，他进京参加新中国成立 10 年大典，接着就奉命率队赶到东北参与大会战。很快，他成了新的典型。

据当时的报纸报道：1960 年 3 月 25 日，王进喜和他的钻井队到达萨尔图车站。一下车，他一不问吃，二不问住，而是逢人就问三句话：“我们的钻机到了没有，井位在哪里，这里的最高纪录是多少？”他所在的钻井点在马家窑，在第一口油井打好之后，王进喜的腿被滚落的钻杆砸伤，他却顾不上住院，拄着拐杖缠着绷带连夜回到井队，从安装钻机到完钻，他一连 7 天 7 夜没有离开工地，这口井成为大会战后打出的第一口油井。

王进喜打出的第二口井地处高压区，打到 700 多米时突然发生了井喷，强大的高压液柱冲出井口，一场大事故眼看就要发生。要压住井喷，当时唯一的办法是往泥浆中加水泥和黄土，可是，由于没有搅拌机，倒进去的水泥沉在泥浆池底，与泥浆无法融和。就在这时，王进喜扔掉双拐，纵身跳进泥浆池，用身体搅拌泥浆。在他的带动下，工友们也纷纷跳进池中。经过三个多小时，井喷被制服，保住了油井和钻机，王进喜身上却被

▲ 王进喜

碱性很大的泥浆烧起了数十个血泡。记者写道：“这是有史以来从未有过的压井方法。”

因为工作不要命，王进喜被称为“铁人”。在 4 月 29 日的誓师大会上，王进喜登上主席台发言，他高喊：“石油工人一声吼，地球也要抖三抖！人活一口气，拼死干到底，为了把贫油落后‘帽子’摘掉，宁可少活 20 年，拼命也要拿下大油田。”话音未落，全场吼声震天。

1960 年，大庆产出原油 97 万吨。从大会战开始，大庆逐渐探明了一个含油面积达 800 多平方公里、地质储量达 22.6 亿吨的大油田——截至 2006 年 8 月，大庆油田探明储量达到 61.3 亿吨。到 1963 年年底，大庆开发建设了 146 平方公里的油田，3 年多时间里开采原油 1 155 万吨。

大庆油田的发现，是中国经济史上的一个重大事件。它大大增强了中国工业的自主能力。同时，它也涌现了“铁人”王进喜这样的典型人物，并形成了一系列的经验，成为全中国的国营企业学习的标杆。其中最出名的是：

“三老四严”——对待革命事业要当老实人、说老实话、办老实事，对待工作要有严格的要求、严密的组织、严肃的态度、严明的纪律。

“四个一样”——黑天和白天干工作一个样，坏天气和好天气干工作一个样，领导不在场和领导在场干工作一个样，没有人检查和有人检查干工作一个样。

“学两论”——石油部给每个工人配送了毛泽东所写的《实践论》和《矛盾论》，形成日日学习的制度。石油部长余秋里提出：“毛泽东思想是我们全部工作的指针，‘两论’是会战的灵魂。这两篇文章一定要很好地读，反复地读。读了毛主席的著作，就会感到头脑清醒，浑身是劲，就有办法；离开了毛泽东思想，就什么事情也搞不成。”职工白天上班时把“两论”带在身边，晚上则集中学习，时人赋诗曰：“青天一顶星星亮，草原一片篝火红；人人手里捧毛选，‘两论’学习方向明。”

大庆的这些做法逐渐被总结和规范为经验和制度，在全国广泛推广。这些经验带有浓烈的意识形态色彩，弘扬集体主义和“只讲付出，不求回报”的奉献精神，充分强调基层工人的劳动主动性，它与之前的“鞍钢宪法”一起，构成了一套极其富有中国特色的工厂管理制度。

在 1963 年 12 月的全国人大二届四次会议上，周恩来总理宣告：“我国经济建设、国防建设和人民生活所需要的石油，不论在数量或者品种方面，基本上都可以自给了！中国人民使用洋油的时代，即将一去不复返了！”

一个有趣的细节是，一直到周恩来对世界宣告“石油自给”的时候，国际上仍然无法判断这条新闻是真的还是假的。

尽管中国在 1960 年就开始了石油大会战，但是，它是在极其保密的状态下进行的，大庆油田对外的称呼是“安达农垦总场”。1964 年 4 月 20 日，《人民日报》刊登《大庆精神大庆人》的报道，日本媒体才首次确定“中国的大庆油田，确有其事”，但是，他们依然搞不清楚油田究竟在什么地方。

又过了两年，1966 年 7 月的《中国画报》上刊登了一组大庆油田的照片，日本人从一张油田工人的服装衣着上判定，“大庆油田是在冬季为零下 30 度的北满，大致在哈尔滨与齐齐哈尔之间”。他们又从一张炼油厂反应塔的照片上推算出大庆油田的大概规模——日本人从反应塔上的扶手栏杆开始推算，得出反应塔内径约为 5 米，据此，他们推断，大庆炼油厂的加工能力为每日 900 千升，如以残留油为原油的 30% 计算，原油加工能力为每日 3 000 千升，一年以 360 天计算，年产量为 100 万千升。

到 10 月，日本人又从《人民中国》杂志上找到了王进喜的报道事迹。他们分析道，最早钻井是在安达东北的北安附近下手的，并且从钻井设备运输情况看，离火车站不会太远。在事迹中有这样一个细节，王进喜一到马家窑看到大片的荒野说："好大的油田！把石油工业落后的帽子丢到太平洋去。"于是，日本人从前"满洲国"地图上查到"马家窑是位于黑龙江海伦县东面的一个小村，在北安铁路上一个小站东边十多公里处"。就这样，日本人终于把大庆的地理位置搞清楚了。

李云河——县委副书记，冯志来——畜牧场兽医，杨木水——蚕桑技术员，陈新宇——公社干部，4人均来自浙江。

李云河　冯志来　陈新宇　杨木水

▲ 单干专家们

这些名字之所以会出现在本部企业史上，是因为在“大跃进”及其后的大饥荒时期，这些来自民间的草根人士冒死提出了“包产到户”的主张，他们因此被蔑称为“单干专家”，生命饱受折磨。

此4人中，以李云河名气最大、行动最早。他在1957年1月27日的《浙江日报》上发表调查报告《专管制和包产到户是解决社内主要矛盾的好办法》，这是全国第一篇公开论述包产到户的文章。27岁的李云河时任温州地区永嘉县委副书记，他是山东省惠民县人，少年从军，参加过渡江战役。他所在的永嘉县地少人多，粮食不能自足。早在1956年，他就在全县313个合作社里推行包产到户，同时，不断上书浙江省委和中央，希望推广这个做法。他在调查报告的开篇就表达了挑战权威的姿态，他写道：“很多同志都骂包产到户不好，有的地方已经骂臭了，我对这个问题却有不同的看法（也可能是错误的），我认为这个办法是有效地提高社内生产力的先进办法。”他还具体总结了包产到户的“六好”“六高”“八多”“五少”和“两省”。1958年2月，李云河被开除党籍、打成右派，遭到撤职劳改的下场。

1960年之后，随着全国性大饥荒的爆发，人民公社的制度缺陷开始显现。正当安徽和广西等地尝试“包产到户”时，在浙江则先后出现了3位民间理论家。

1962年4月，温州瑞安县隆山畜牧场的兽医冯志来完成长篇论文《半社会主义论》。他写道：“中国不能通过资本主义而后进入社会主义，这是早有人论证过的，但是它也不可能马上进入社会主义。只有通过半社会主义的相当长的发展阶段，才能完成社会主义建设。这是由中国的生产力状况所决定的……我认为包产到户确实是唯一出路。这样做，完全是从中国现阶段生产力水平出发，完全是为了调动农民的劳动自觉性。这是6亿人民的呼声！应该得出结论，目前唯一的办法，就是实行属于社会主义范畴的包产到户的小商品生产，允许农民独立经营，允许为他们服务的商贩和小工业者的独立经营。”

文章完成后，冯志来孤身北上，住进北京前门附近的一家小旅馆，将文稿分送给了中共中央、《红旗》杂志和《人民日报》，并在所附的信笺上抄录了文天祥的名句：“人生自古谁无死，留取丹心照汗青。”两个月后，他又撰写更为尖锐的《怎么办？》，再次投书中共中央。不久，他被定性为“右派”，在武装警察的押送下，送回老家浙江义乌县乔亭村改造。很多年后，冯志来对《中国模范生》的作者胡宏伟说，当时他花1.4元钱偷偷买了100粒安眠药，藏在贴身的衣袋里，随时准备以死殉道。

几乎就在冯志来写《半社会主义论》的同时，宁波嵊县农技站的蚕桑技术员杨木水写出了《恢复农村经济的顶好办法是包产到户》的万言书，文内列数了包产到户的13个优越性。杨木水从小在孤儿院长大、没上过任何正规学校，他行文粗鄙不堪，章法颠三倒四，却句句直击弊病根源。在长文的最后，他写道：“抱歉得很，我的建议一定有很多毛病，明显的是文体糊涂文字错误，这不能怪我，由于我从来没有正式读什么书的缘故。”

杨木水将文章寄呈中共中央办公厅转毛泽东主席，同时，还辗转寄了一份给嵊县老乡、经济学家马寅初。马寅初接信后，不顾 80 岁高龄亲自南下与杨木水面谈，随后又在嵊县进行了长达 7 天的调查研究。由马寅初转呈，高层终于看到了这份万言书。1963 年春，杨木水以“反革命罪”被逮捕，判处 8 年有期徒刑，后加重到死缓，罪状是“恶毒攻击党的路线政策，鼓吹包产到户，反对三面红旗，反对社会主义”。狱中，杨木水的双脚被戴上 36 斤重的大铁镣。

相较上述数人，绍兴新昌县新溪公社的干部陈新宇的际遇同样悲惨。他出身地主家庭，政治身份本来就很差，1961 年 6 月，陈新宇根据下放劳动时调查所得的第一手材料，写出了《关于当前农村阶级分析问题》和《关于包产到户问题》两篇文章，从阶级分析的角度阐述了实行包产到户的重要性和必然性。陈新宇将两篇文章分别抄寄中共中央和《人民日报》。出于对自己地主家庭成分的天然警觉，他下定决心：从此疏远一切亲友，不谈恋爱，坚持独身，不株连他人。

随后的两年间，陈新宇接连给《人民日报》发去 8 封读者来信，辩论的话题都是包产到户。1962 年 6 月前后，《人民日报》在内部刊物《读者来信》中几次刊发陈新宇的来信，还汇给他稿费 25.5 元。在这期间，陈新宇受到巨大压力，他在一封信中写道：“一年来我成了罪人，甄别至今未下结论。县区社三级对我进行过 4 次公开批判，多次充当反面典型，停职、审查，施加多种压力，我竟顽固如此，毫不为动。”1966 年之后，陈新宇被定性为“右派分子”，前后揪斗 120 次，抄家 7 次，监禁 32 天。

1962 年 7 月，北戴河中央工作会议之后，全国上下猛烈批判以“包产到户”为代表的“单干风”。中央点名批评了邓子恢、杜润生等全国性“代表人物”，也批判了地方上的一些“小人物”，这些基层的小人物，南北呼应，又都是在同一时间，采取了犯颜直谏的方式，提倡和鼓吹包产到户。中共八届十中全会提出“千万不要忘记阶级斗争”，会议期间，毛泽东对浙江省委第一书记说：“你们浙江出了两个半单干理论家，必须彻底批判！”这“两个半单干理论家”指的就是冯志来、陈新宇和行文粗鄙的杨木水。

李云河和“两个半单干理论家”都活着看到了包产到户在中国的盛行，1978年之后，正是这一制度激活了农民的生产积极性，从而轰隆隆地拉开了改革开放的序幕。

1982年，沉冤24年的李云河被平反，并出任浙江省农村政策研究室副主任，他撰写专著《中国农村户学》，提出“家庭工业加专业市场”的经济发展思路，这几乎就是“温州模式”的萌芽之说。1998年7月7日，李云河去世。就在这个月，浙江省举办了“永嘉县试行包产到户改革42周年纪念会和学术研讨会”，李云河的遗孀捧着他的遗照与会，全场起立，无数人感动落泪。当年也曾因提倡包产到户而蒙难的国务院农村发展研究中心主任杜润生哽咽着说：“我本想在这里会见李云河同志，谁知竟不能如愿……我对这位包产到户先驱者逝世表示惋惜和哀悼！”

1975年，服刑12年的杨木水出狱，3年后摘掉“反革命”帽子，从此游走江湖，当起了草药郎中，他有一个专治支气管炎的草药秘方据称十分有效。2001年，杨木水病逝，其后半生默默无闻，几乎无人知晓这个孤儿的当年豪情事。

发誓终身不娶的陈新宇一直孑然一身。在劳改的十多年中，他写过200多封“翻案信”。1982年他获平反，从此隐居新昌，靠微薄的退休薪金度日。

被遣返回义乌的冯志来在1983年获平反，被调入县经济研究中心，成为义乌小商品市场的最早倡导者之一，晚年结集出版文集《兴市边鼓集》。

让人们悲伤的，其实是悲伤本身。

4个“单干专家”性情各异，李云河严谨，冯志来激越，杨木水豪放，陈新宇温和。他们生于草莽，身份低卑，均无高深修养，却能在时代最艰困的时刻，虽千万人吾往矣，发出最清醒而勇敢的声音，所谓士者，大抵如是。此4人中，以兽医冯志来的古文功底最为深厚，赋得一手好律诗。他多有诗作赠送好友，其中一首曰：“大梦谁先觉，平生几相知；孤鸿悲落日，众鸟觅栖枝；风雪终有尽，落花恨无期；浩然浙江水，曲折顺时移。”

1964

秘密的三线

大海航行靠舵手，
万物生长靠太阳，
雨露滋润禾苗壮，
干革命靠的是毛泽东思想。
——李郁文：革命歌曲《大海航行靠舵手》，1964年

1964年12月26日，是毛泽东的71岁生日。他在人民大会堂的小宴会厅里安排了3桌酒席，用他自己的话说，是用自己的稿费请大家吃顿饭。他亲自圈定了客人的名单，连哪个客人坐在哪个座位上，都是他自己列定的。当晚的头桌上，坐在他身边的有几个很特殊的客人，一个是“铁人”王进喜，一个是缠着白羊肚头巾的陈永贵。

“王铁人”是大庆油田推出的先进工人代表，陈永贵则是新涌现的农民典型。大寨是山西省昔阳县的一个生产大队，原本是贫穷的小山村，在村支部书记陈永贵的带领下，社员们开山凿坡，修造梯田，使粮食亩产增长了 7 倍，从而成为全国农村的先进典型。1964 年 2 月，毛泽东先后提出“工业学大庆”和“农业学大寨”，树起了经济领域的两面旗帜。

还有一个解放军战士，如果他活着的话，也很可能会出现在头席上，他的名字叫雷锋。他已在 1962 年 8 月因公殉职，1963 年 3 月 5 日，毛泽东题词“向雷锋同志学习”。

“工业学大庆”“农业学大寨”“向雷锋同志学习”，这 3 个十分著名的政治口号都出现在 1964 年前后。王进喜、陈永贵和雷锋正是 3 个相对应的“工农兵”代表人物。他们具有惊人相似的时代特质：出身贫农，在最基层的岗位上无私而勤奋地工作，节俭而乐于助人，以奉献为乐，从不考虑自己的利益。这种圣徒式的形象符合人们的某种大同理想。[①]

▲ 陈永贵

在那一晚的生日宴席上，毛泽东的心情十分复杂。此时的全球，新的格局和变化正在剧烈地衍生中。

国内方面，经过两年多的休养生息，中国经济终于走出绝境，出现了恢复性的反弹。在

① 还有一位基层官员的典型是焦裕禄，他是河南兰考县的县委书记，1964 年 5 月患肝癌去世。两年后，《人民日报》发表了长篇通讯《县委书记的榜样——焦裕禄》和社论《向毛泽东同志的好学生焦裕禄同志学习》。

1963—1965 年的 3 年中，工农业总产值年均增长 15.7%，已基本恢复到历史最高水平。1965 年年底的数据显示，粮食产量 3 891 亿斤，接近 1957 年的最高纪录，工业总产值 1 394 亿元，比 1962 年增长 51.5%，钢产量为 1 223 万吨，大庆油田的发现更是让石油产量突破 1 000 万吨，实现了国内需求全部自给。当时正下放到东北的顾准在日记中写道："工业恢复速度极快，我在吉林目睹煤炭运入吉林速度超过原定计划，工厂开工率也大大高出原定计划。"

1964 年 10 月 16 日，中国成功引爆了第一颗原子弹，这条新闻引起了全球性的轰动。美国和苏联的核垄断被打破了，中国的军事科技力量让世界震惊。

就在中国进行原子弹爆炸试验前两天，10 月 14 日，苏联高层发生"宫廷政变"，苏共中央主席团乘赫鲁晓夫前往黑海别墅度假的机会，召开秘密会议，宣布撤去他的苏共中央第一书记一职，并进行隔离审查。新上任的勃列日涅夫推行"新经济体制改革"，在统一的国家计划范围内扩大企业经营自主权，开始较多地运用经济杠杆，重视利润、需求和经济效益。从此，苏式计划经济体制开始了漫长的瓦解历程。

1964 年，是日本经济的起飞之年。8 月 21 日，日本东京举办奥运会，这是亚洲国家首次承办这项体育赛事，日本的金牌总数竟进入前三名。10 月 1 日，第一列新干线"光号"开通。同年，日本获准加入了经济合作与发展组织。从此，日本经济拉开了长达 26 年之久的高速增长的序幕。日本 GDP 在 1967 年超过英国和法国，1968 年又超过联邦德国，成为世界上仅次于美国的第二大经济强国。

1964 年，美国却被拖进了继朝鲜战争之后的第二个泥潭。这年 8 月 2 日，北部湾事件使华盛顿通过决议案，决定对北越展开大规模军事行动。谁也没有料到，这竟然将是一场持续 12 年的残酷战争，美国直接投入的总兵力高达 55 万人，耗费 1 650 多亿美元，士兵死亡 5.8 万人，最终以惨败收兵告终。

在国民经济稍稍有点复苏的时候，国家开始规划第三个五年计划(1963—1967)，一个“吃穿用计划”被提了出来。

当时，消费品市场的短缺已经非常严重。从1957年到1963年，全国人口主要生活资料的年均消费量持续大幅下降，其中粮食由406斤减至329斤，食用植物油由4.8斤减至2.2斤，猪肉由10.2斤减至4.4斤，棉布由19.5尺减至10.6尺。商店里的日用品少得可怜，连生活必需的锅碗瓢盆都常常断货。

根据当时的规划，“三五”计划要改变执行了十多年的重工业优先战略，重点要解决“吃穿用”，吃的方面是粮食，穿的是纺织品，用的是桌椅板凳、锅碗瓢盆和暖水瓶等日用工业品。归纳起来，吃穿用第一，基础工业第二，国防第三。

这个计划如果被执行，中国的计划经济体制及格局将可能发生十分微妙的变化。然而，就当“吃穿用计划”正在拟定之时，受国际局势影响，决策层的思路突然发生了180度的大转弯，中国的工业经济布局再次进行战略性的大调整，而它的前提是——“要时刻准备打仗”。

进入1964年夏季之后，乌云密布的亚洲局势让中央领导人忧心忡忡，夜不能寐。邓小平回忆说：“60年代，在整个中苏、中蒙边界上苏联加强军事设施，导弹不断增加，相当于苏联全部导弹的1/3，军队不断增加，包括派军队到蒙古，总数达到100万人。对中国的威胁从何而来？很自然地，中国得出了结论。”[①] 美国向越南发兵之后，在中国的南方陡然增加了战争的风险。当时的判断是，“战争不可避免，要立足于大打、早打、打核战争”。据毛泽东的分析：我国东北重工业和军事工业基地，全部在苏联可携带核弹头的中短程导弹和战略轰炸机的打击范围之内，北京、上海以及沿海所有的工业城市则处在美军和台湾航空兵力打击范围之内。

① 据韩泰华在《中国共产党若干历史问题写真》一书的披露，从1964年10月到1969年3月间，中苏边界大大小小的冲突事件达4 189起之多。

因此，必须把工业布局进行战略性调整。另据军委总参谋部提交的一份报告分析，在全国14个百万人口以上的大城市，集中了约60%的大型民用机械工业和52%的国防工业，极易遭到集中式攻击。

经济战略的转折调整点，发生在1964年5月。这个月中旬，国家计委提出《第三个五年计划的初步设想》，其核心内容有三条："第一，大力发展农业，基本上解决人民的吃穿用问题；第二，适当加强国防建设，努力突破尖端技术；第三，与上述两项相适应，加强基础工业，提高产品质量，增加产品品种和产量。"这个设想得到了中央工作会议的认可。

可是，到月底，中共中央召开会议，做出了三线建设的重大战略决策，其基本方针为："国防建设第一，加速三线建设，逐步改变工业布局。"毛泽东说："只要帝国主义存在，就有战争的危险，我们不是帝国主义的参谋长，不晓得它什么时候要打仗。"因此，他提出要加强战备，实施工业转移。为了表达建设的迫切性和决心，他说："三线建设搞不好，我睡不着觉。建设三线，没有路，骑毛驴去，经费不足，拿我的稿费去。"[①]

自此，"吃穿用计划"被全面搁置，一个全国备战的大运动开始了。

三线建设，就是把沿海一些重要的工业企业向西部和西北地区搬迁。[②]一线，主要是指沿海和沿边地区。三线，就是长城以南、韶关以北，京广铁路以西、甘肃乌鞘岭以东的广阔内地，涉及13个内陆省份。介乎两者之间的地带就是二线。根据规划，三线建设的目标，是要采取多快好省的方法，在纵深地区，即在西南和西北地区（包括湘西、鄂西、豫西）建立一个比较完整的后方工业体系，并且分三步实施：第一步是用三年或者更多一点时间，把重庆地区，包括从綦江到鄂西的长江上游地区，以重钢为原料基地，建设成能够制造常规武器和某些重要机械设备的基地；第

---

① 见毛泽东在1964年6月6日召开的中央工作会议上的讲话内容。

② 有关资料显示，从1958年开始，中国就将东北的一些军工厂陆续往四川省内迁，而大规模的转移则是从1964年开始的。

二步是建设西北；第三步是攀枝花钢铁基地建设。同时，把重庆基地、攀枝花基地和成昆铁路的建设，作为三线建设在四川的建设重点，这就是所谓的“两基一线”。

三线工厂的选址以“山、散、洞”为原则，就是工厂要建在深山沟里，布局要分散——当时的说法是，要像“羊拉屎”一样，再则，就是要建防空洞，做到“平战结合”，平时搞生产，战时能打仗。

在中国工业史上，规模宏大而秘密的三线建设有多重的标志性意义，它是继1937年战时大内迁之后的第二次“工业西进”，而且是一次主动的、具有强烈计划性的大行动。同时，它也是新中国成立以来，继苏援“156工程”之后，最集中、最重大的工业投资运动。从1964年到1980年的17年间，中央政府把计划内50%的工业投资和40%的设计、施工力量投入三线建设中，累计投入资金2 052亿元，建成了1 100多个大中型工业交通企业、国防科技工业企业、科研院所和大专院校，基本形成了交通、电力、煤炭、化工、石油、建材、钢铁等生产部门相互配套的体系，并且与地方中小企业连成了一个生产系统，同时形成了自上

▲ 国营工厂做广播体操的情形

而下的生产指挥系统。

在三线建设中，出现了很多口号，展现了当时的急迫和势在必行的气魄与景象，譬如“备战备荒为人民”“好马好人上三线”。据不完全统计，至少有300万技术工人、工程师和大学毕业生被征调到三线，在后来的20多年里，他们奉献了全部的青春和生命。

以四川省为例，从沿海省份迁入工厂163个，另新建工厂91个、研究院所29个，最终形成大中型企业248个，占全省大中型企业的42%，形成的工业固定资产原值占全省的60%，从而决定性地改变和提升了四川的产业经济格局。

据当时担任华东局经委副主任的钱敏回忆，按照计划，华东地区要搬迁250多个工厂、10多万人，实际搬迁了120多个工厂、5 000多台设备、将近4万人，主要是机械、棉纺和制药工厂。钱敏举例说，重庆的浦陵机械厂就是上海浦江机械厂搬去的，一半人留在上海，一半去了重庆，从厂长、副厂长到科室干部，从技术人员到工人，都是如此。搬去的设备有400多台。新建的厂房完全按上海工厂的布局，在什么地方摆什么机器，全都依葫芦画瓢。

1965年开春，时年37岁的陈祖涛受命内赴三线，筹建第二汽车厂。在过去的十年里，他已经成长为一个顶级的汽车专家。在他的主持下，长春一汽先后独立设计制造出了红旗牌轿车、民用越野车和军用大型载重越野车，他还被秘密派到古巴——在1959年，共产党人菲德尔·卡斯特罗通过武装起义夺取了政权——帮助这个新诞生的社会主义兄弟建成了一个汽车配件工厂。

规划中的第二汽车厂设计年产能力是10万辆，其生产规模在当时名列世界第三位。陈祖涛日后回忆了选址的经过：

当时中央对三线工厂的布局要求是“靠山、分散、隐蔽”6字方针。根据这一原则，陈祖涛圈定了湖北、湖南、陕西、贵州、四川等5个省。

他们先是在湖南湘西武陵山区的宸溪、芦溪、沅陵踏勘，那里山高洞多，盛产土匪，解放之初那里是解放军剿匪最艰难的地方。陈祖涛专门到那些洞里去看，那个地方用作土匪藏身可以，但建设现代化的汽车厂就不具备条件了。他在四川綦江齿轮厂看到，从国外进口的精密设备在“山、散、洞”的要求下，被放在大山洞里。结果因为空气湿度太大，设备生锈，造成了很大的损失。第一轮勘察结束后，陈祖涛反对工厂进洞。汽车厂是机械加工型企业，设备成千上万，再大的洞也放不了，况且潮湿问题也解决不了。

陈祖涛一行又从成都到重庆，再到贵阳，尽在大山里转圈子。这期间，他们得知国家将修建从湖北襄樊到四川重庆的襄渝铁路，于是，就确定在湖北西北部的山区选址，大致从湖北的襄樊沿汉水向西一直进入巍峨的武当山，再向西进入秦岭地区。这一路踏勘，陈祖涛看中了湖北郧阳一带。它背靠大山，紧邻即将修建的襄渝铁路；滚滚汉水从身边流

▲ 二汽选厂址（左一为陈祖涛，中间为饶斌）

过，可以提供丰富的水源，足以保证生产和生活；襄郧公路从襄樊大平原往西，一直通向郧阳的大山深处，交通方便。于是，初步意向就在这里了。

紧接着，陈祖涛在鄂西北和陕西南两地踏勘了20多个县，访问了80多个部门和单位，搜集了道路、地形地质、气象灾异、水电、工农业等多方面的大量资料，经过综合分析，将厂址初步定在郧阳山区一个有近百户居民叫十堰的小镇。

晚年的陈祖涛反思说，在大山区建设现代化的汽车企业究竟是否科学，建在山里，敌人是否就打不着，这是值得探讨的问题。现代化的特大型企业，对水、电、交通有很大的依赖，人是社会动物，几十万人要生活，吃、喝、拉、撒、睡，生、老、病、死，购物、娱乐、上学、看病等最基本的需求必须满足，但在一穷二白的大山区这些都没有。过去强调“先生产、后生活”，但在人的最低生活需求都不能满足的情况下，他生产的热情又能持续多久呢？等我们认识到必须满足人的生活需求才能使其保持工作热情时，除建工厂外，我们又花大力气来建社会——建学校（从小学到大学）、建商场、建医院、建公园、修马路，甚至火葬场，结果我们还是违背了当年进山的初衷——远离城市，我们建了一座城市。

当然，陈祖涛的这些思考，已是事后之议。

厂址确定后，就是人员的内迁。长春第一汽车厂将三级以上的工人和全部技术干部分成三份，由二汽来挑一份。陈祖涛一口气就挑出了2 000多人。1966年10月，中共湖北省委决定成立二汽临时党委，对外称是“国营东风机械厂”。11月，二汽的

▲ 留学时候的陈祖涛

设备修造厂率先开始动工。

二汽首先要生产的是2.5吨的军用越野车，这是拖大炮的车，要保证打仗的需要。二汽的建设目标是10万辆，其中军用车就有4.5万辆，2.5吨的越野车2.5万辆，3.5吨的越野车2万辆。这个军车生产规模，在全世界的汽车厂中都是没有先例的。其余的5.5万辆是5吨的民用车。

陈祖涛说，这种建设目标在今天看，绝对是错误的，姑且不谈国内能否消化得了这么多军车，就是从经济效益上看，也是非常不合算的。按当时的价格，一辆2.5吨的车就要一二十万，要知道，军车的设计、建造和选材都和民用车不同，成本很高，是不赚钱的。我们能年年掏大把的银子去补这个大窟窿吗？我们的财政本来就是吃饭财政啊！二汽建成后，首先投产的是2.5吨的生产线，结果军队没有钱买，每年只能买1 500~2 000辆，这种产能闲置的代价就是浪费国家大量的钱……

陈祖涛继而总结说：要知道，我们建在三线的很多军工厂都陷入了这个怪圈。当时是一切为了战备，一切服从战备，一切让位于战备，再多的钱也花，再难的事也干，再大的苦也吃，但就是不讲科学。飞机厂搞三套，坦克厂搞三套，潜艇厂搞三套，深山老林里，到处挖洞。我去看过很多厂，崇山峻岭的大山洞里，新建的厂房，崭新的机器设备，就是产品没人要，最后陷入绝境。这不是一两个企业，而是成百上千，国家投资几千亿，其结果最终还是国家损失，工人兄弟们吃苦啊！一家两代甚至三代都窝在山沟里，真是贡献了青春献子孙。所以，我认为，当时提出的“军民结合以军为主”的方针是建立在对形势的错误判断的基础上的，是错误的，已经成为历史的教训。

话说1978年，中国和美国通用汽车公司讨论合作发展重型车，陈祖涛陪同美方代表来到此前从未对外国人开放的十堰市。在参观了漂亮的车城后，美国人称赞十堰是“中国的底特律”。但美方代表爱德华兹最后提了一个问题：“陈先生，我不理解，你们为什么要在这么一个大山沟里建一个世界级的大厂呢？”

陈祖涛日后回忆他当时的心情："技术上的问题难不倒我，但这个问题我有点犹豫……其实，我们在二汽的建设上是走了大弯路，交了大学费的，这是他们美国人所无法理解的。"

二汽的建设经过，展现了三线项目的基本特征。对这一重大工业大转移的历史评价，是一个十分复杂的命题，或许它永远不会有共识。

三线的建设成果是十分显著的。

在铁路建设方面——从 1964 年 8 月到 1980 年，共建成了成昆铁路、湘黔铁路、焦柳铁路、襄渝铁路、川黔铁路、贵昆铁路，它们把整个西北、西南地区连成了一片，还使西南地区与华中地区、西北地区和华北华中华南地区的交通网络连为一体。同时还配合铁路建设，建成许多公路网络，从根本上改变了我国西部地区交通运输落后的状况，为西部地区的矿产开发、产品流转、工业建设、国防建设创造了交通条件。

▲ 成昆铁路

在国防工业方面——在重庆地区建成了常规兵器工业生产基地，在四川和贵州建成了电子工业生产基地，在四川和陕西建成了战略武器科研、生产基地，在贵州和陕西、鄂西地区建成了航空和航天工业生产基地，在长江上、中游地区建成了船舶工业科研、生产基地，在西昌建成了卫星试验、发射中心。通过三线建设，将东北、华北地区老军事工业企业的一部分搬迁到西部地区建新厂，基本上达到了将重要军工企业“一分为二”的目的。较高水平的核工业科研生产系统几乎全部放在西部地区。

原材料、能源工业方面——在西部地区形成了大中小相结合的原材料工业体系，建成了攀枝花钢铁基地、重庆钢铁基地、成都地区钢铁工厂、贵州水城钢铁厂等大型企业，新建了西北铜加工厂、兰州连城铝厂、兰州铝厂、冥河铝镁冶炼加工厂、西北铝加工厂和重庆西南铝加工厂。为了与国防工业配套，还建设了重水、炸药、树脂、橡胶、医药企业，建成了西南炼焦煤基地、西北煤炭基地、平顶山、焦作、鹤壁等矿区，新建10万千瓦以上电站68座。

机械工业方面——共有241个机械工业工厂、研究所、设计院搬迁到西部地区，后来又新建、扩建大中型项目125个，累计投资94.72亿元，占全国机械工业同期投资的53%。新建了12个重型机械工业制造厂，使西部地区形成了很强的重型机械制造能力。电机电器工业也发展起来，建成了四川东方电机厂、东方汽轮机厂、东方锅炉厂、东风电机厂，形成了年产80万千瓦的发电能力。

汽车工业方面——新建了第二汽车制造厂、陕西汽车制造厂、四川汽车制造厂，同时新建了一批配套工厂，使西部地区形成了军民结合的轻、重型汽车批量生产的能力。

轻纺工业方面——造纸、制糖、制盐、自行车、缝纫机、手表、合成洗涤剂、塑料制品、皮革制品、棉纺织、毛纺织、丝绸、印染、针织、化纤、纺织机械等生产企业在西部地区全面铺开。其中，新建5万锭以上的棉纺织厂有7个，大中型维尼纶厂有5个。

此外，还在西部地区建成了100多个部属储备性仓库，新建了一批高等院校。到20世纪70年代中期，三线企业许多工业产品的产量达到了全国产量的 1/3。在三线建设中，平地新建了 30 多座工业城市，著名的有攀枝花、十堰、德阳、六盘水等。

与上述显赫成就同在的，是三线建设的问题和遗憾。

在布局上，三线建设以“立即要打仗”为假设前提，实施了“靠山、分散、隐蔽、钻洞”等方针，把每个工厂甚至每个车间都规划建设得极为分散，有的甚至采取了“村落式”“瓜蔓式”“羊拉屎式”布局。贵州的飞机部件装配厂分散布置在 9 平方公里的庞大范围内，仅锅炉房就有 10 个。以这种游击战、备战化的方法进行工厂建设，低效率、高投资是可以想见的。

由于三线建设是计划经济下的产物，上马十分匆忙，规模非常庞大，加上政治动荡、管理混乱等原因，浪费和损失很惊人。据测算，在 1966—1978 年的 12 年中，三线项目的损失、浪费及不能发挥效益的资金高达 300 亿元，占同期国家用于三线资金的 18% 以上。

日后，很多领导三线建设的高级官员都从不同角度进行过反思。

薄一波认为教训有四条：一，对战争的威胁估计过分；二，“散、山、洞”方针有严重的片面性；三，小三线也有很大的浪费——所谓小三线，指的是沿海一些省份也把重要工厂一分为二，往山沟沟里搬，造成生产经营的低效和浪费；四，积累率偏高，工业基建规模过大，使得积累和消费失调的矛盾进一步突出。

三线建设期间担任物资管理部部长的袁宝华在谈及工厂选址和布局时说：一些工厂的厂址选择不当，厂子的布局不当，把车间给分散了，都跑到山沟里边去了，造成生产上很大的困难。另外，工厂一进山，就得自己养活自己，自己为自己服务，一个厂子就是一个小社会，什么都得管，厂子的负担相当重，成本很高。改革开放以后，这些三线企业根本留不住人了，因为这些地方学校的质量不好。工程技术人员们讲，自己无非献终身了，绝不能再献子孙，无论如何得离开这个地方给孩子的教育找个出路。最后这些工厂大部分都从山里边又搬了出来。袁宝华还以二汽的选址为例说：“最典型的就是第二汽车厂的建设，把这个汽车厂的车间分散到几条山沟里，脑袋上又顶了一个水库（指丹江口水库），造成生产上的困难，这些流程都不那么顺当，可是就当时来说，这是备战的需要。”①

正如袁宝华所描述的，进入20世纪90年代中期以后，随着国家战略调整，大量的三线工厂被废弃，所有员工及家属全搬到离工厂近200公里外省会城市的生活区生活。2008年，一个曾经参加过三线建设的摄影师陈家刚出版了一本《永远的三线》摄影集，他用镜头摄下了一幢幢被废弃的、尘雾缠绕中的三线厂房。他写道：“这些三线工厂地处大西南的深山沟里，当年国家投资几十亿元建设而成，有成千上万人在那里工作和生活。所有的三线工厂都一样，有派出所、学校、医院、邮局，完全是一个完整的小社会。可后来，那里如同一座座鬼城，只有极少数老弱病残的职工在守着那破旧而废弃的厂房。那成排的生活区家属楼空无一人，楼前杂草丛生，那些以前三线人栽种的苹果、梨树全无人管，任由它自生自灭。”

时任国家基本建设委员会主任的谷牧在《谷牧回忆录》中记叙了这样一件事情：到1965年年底，主管经济工作的中央领导们已经意识到三线建设的某些弊病，邓小平、李富春（时任国务院副总理兼计委主任）率队

▲ 废弃的三线工厂

① 袁宝华著，《袁宝华文集》，北京：企业管理出版社，1999年版。

对几处重要建设基地进行了考察，12 月 4 日在昆明召开讨论会，谷牧准备了详细的发言提纲，提出了几个供研讨的命题，包括："一二线有什么工厂，三线也要有"这个要求如何具体落实？建设在三线的工厂要搞到多大规模？"靠山"靠到什么程度，"分散"分到什么程度？哪些项目要"进洞"？三线建设中的轻重工业比例如何掌握？职工家属如何安排，队伍如何保持稳定……

谷牧回忆说："我满心期望，这些问题经过讨论后，能得到明确指示，以便具体办理。哪里想到，会议只开了半天，下午就停开了。"[①] 停开的原因是，邓小平、李富春被紧急电召到杭州开中央政治局会议，国务院副总理、人民解放军总参谋长罗瑞卿大将突然被"打倒"了，政治气氛变得紧张起来。回到北京后，谷牧去见李富春，说："昆明那个会什么时候再接着开，有许多问题等待着解决呢！"李富春沉默片刻，慢慢地说："这桩事可能一时顾不上了。"

后来的事实是，"这桩事"从此再也没有被顾上过。

在对三线建设进行历史性审视时，还有一个十分重要的对比现象值得关注。

自 1964 年以后，国家把大量资金投入三线地区，从而基本放弃了对东南沿海诸省的投资。据谷牧的回忆，1964 年 5 月底的中央工作会议就决定，"沿海能搬的项目都搬迁，两年内不能见效的续建项目一律缩小建设规模；对沿海增加建设投资的要求一律顶住"。从此以后，浙江、广东及福建作为"台海战争的前线地区"，再没有重大的工业建设项目。到 1978 年之前，这三个省份得到的中央工业投资总共不到 100 亿元，相比较，仅甘肃一省，在三线建设时期就得到了 155.53 亿元的投资。这造成的结果是，东南诸省的国有工业经济长期徘徊不前，国营管制能力薄弱，民间经济比例略重。

以浙江省为例，从 1964 年到 1978 年的 10 多年中，工业增加值年均

① 谷牧著，《谷牧回忆录》，北京：中央文献出版社，2009 年版。

增长率仅为 1.8%，工业占国民收入的比重只上升了 2.7 个百分点。在工业总产值中，中央企业和大中型企业所占比重仅为 2.6% 和 16%，比全国分别低了 4.2 和 27.4 个百分点，其产业结构呈现出“轻、小、集、加”（轻工业、小企业、集体工业和加工业）的特征。到 1978 年年初，浙江的非国有工业已占到全部工业总产值的 38.7%，居全国之首。

1961 年被赶回萧山老家的鲁冠球就是草根创业的典型案例。他后来回忆了自己在那段时期的经历。

修自行车的生意很清淡，他看到家家吃大麦、小麦都要剥外面的壳，就联合几个人搞了一个粮食加工厂。虽然他们是农村加工服务社的社员，但个体经济那时很不好搞，工厂要用电，但没人给接。这里刚接上，那里又被拔掉。6 年里，他的工厂换了 7 个地方。粮食加工做不好，他又去修自行车，修车做不下去，他去给农民做爆米花用的设备。

再后来，不允许搞个人工商业，鲁冠球把所有的家底一共是 1 150 块钱盘点好，连同账本、印章全部交给大队，然后领回来一块公社大队农机修配厂的牌子，这样算是搞集体工业了。资产归公后，他做的东西比以前多了起来，开始为钱塘江工程管理局服务，生产铁路上小轨道的零部件。这样一干又是三年。1969 年的一天，一位在县城当干部的邻居告诉他，中央发了一份文件，说每个大队可以搞一个人民公社农机修配厂。鲁冠球马上打了报告，加入人民公社，工厂改名成宁围公社农机修理厂。这时他已经有了 4 000 多块钱。很多年后，鲁冠球就把自己的创业之年定在了 1969 年。

在江浙一带，像鲁冠球这样的工厂小作坊并不少见，它们如野草般自生自灭，在当时微不足道。谁会料到，在改革开放到来的时候，它们竟意外地成了体制优势者。为了发展地方经济，“手中无米”的沿海各省政府被迫依赖民间力量，而国有资本的羸弱，反倒为民营企业预留了成长的缝隙。相反，大型国营企业集中的东北、华北乃至三线各省，则首先要化解体制上的困扰，昔日的“投资重点”竟成了改革的“包袱”。此消彼长，斗转星移，这种极富戏剧性的优劣势转化，十分耐人寻味。

如果说，从“吃穿用计划”到三线建设的战略转变让中国工业经济的格局再次发生变数，那么，就是在1964年，理论界也出现过一股重新认识价值规律的思潮。这似乎意味着，尽管包产到户的试验在1961年年底被打压了下去，但是，对计划经济的反思却从来没有停止。

打开头炮的是中国共产党早期最高领导人之一张闻天（1900—1976，曾用名“洛甫”），他是1925年入党的老党员，曾在20世纪30年代当过中华苏维埃共和国人民委员会主席，一度主持中央日常工作。新中国成立之后，他曾出任驻苏联大使，后被罢官，到中国社会科学院经济研究所当了一名“特约研究员”。1964年2月，时年64岁的张闻天写出《试论社会主义商品货币关系和价值规律的新内容》一文，鲜明地提出了新价值规律——积极倡导在社会主义社会中搞自由竞争。

张闻天的文章显然鼓励了其他的思考者。5月，时任全国物价委员会主任的薛暮桥写了三篇关于价格问题的论文，提出粮食价格的购销倒挂问题，建议提高农村中返销粮的销售价格，提高到购销拉平，以此为突破口，理顺已呈僵化态势的物价体系。他日后回忆说：“我一直认为，在物价的计划管理制度下，价格往往背离价值，不利于调节各类产品按比例发展，达到供求平衡。所以在物委工作期间，我主张必须对物价进行调整。”[①]6月，薛暮桥的论文在经济所进行了讨论，会上，孙冶方和顾准都赞同他的观点，顾准还专门写了《粮价问题初探》一文，主张提高粮价和煤价，降低人民币对外汇率。此外，杨坚白、张卓元及何建章等人也纷纷发表论文，主张以资金利润率作为评价社会主义经济活动的标准，以生产价格为基础定价。这些思想都聚焦于生产和流通领域的计划性弊端，市场和价格的自由化成为焦点。

进入秋天，这股市场化的思潮受到了批判，极左理论家陈伯达、康生（时任中央书记处书记）组织了多场座谈会，对这些观点进行“清剿”。在

① 薛暮桥著，《薛暮桥回忆录》，天津：天津人民出版社，2006年版。

这一过程中，孙冶方被锁定为最主要的批判对象，他是经济所的所长，而“自由化”言论大多出自该所。在过去的几年里，孙冶方不但保护了顾准、张闻天等人，还先后写了20多篇论文，论述计划经济与价值规律的关系，如《要用历史观点来认识社会主义社会的商品生产》《论价值》《社会主义计划经济管理体制中的利润指标》等。1962年，孙冶方与陈伯达就一些经济概念发生了书面争执，孙冶方认为，不应该在计划供应与凭证供应之间画等号，不要把集贸市场叫作“自由市场”。1963年年底，孙冶方还在中科院哲学社会科学部委员会扩大会议上，专门做了一次关于利润问题的演讲。据经济学家刘国光的回忆，在演讲前，有年轻学者劝孙冶方别讲了，提醒他说：“你讲利润，人家会说是修正主义。现在还是不讲为好，风声已经这么紧了。”孙冶方淡淡地答：“风声是什么？我不是研究气象学的。”

双方的矛盾在《红旗》杂志社组织的一场座谈会上全面激化。

在这次会议上，杨坚白、张卓元撰写的《生产价格论》等两篇论文遭到点名批判，发言者的调子越唱越高，“帽子”越扣越大，气氛十分紧张。孙冶方被点名务必参会，但没有安排发言。这时，坐在一角的他实在按捺不住，站起来大声说：“不要再批他们了，文章观点是我的，我来承担责任！我应战，我喜欢赤膊上阵。”

接着，孙冶方操着一口浓重的苏南口音论述自己的观点：“许多国家，包括中国，从苏联承袭了一种观点，这种观点认为，价值规律与社会主义计划经济是对立的，相互排斥的，这种观点几乎已经形成了一种规范模式，严重束缚了人们对客观经济规律的认识和探索……”

有人当即质问：“请问，你宣扬的规律是什么？”

孙冶方答：“千规律，万规律，价值规律是第一条！”

会后，杨坚白与孙冶方一起出门，杨坚白悄声说：“这是批我嘛，你何必站起来报名呢？”孙冶方说：“他们是醉翁之意不在酒，文章观点是我的，我来承担责任。”

10月，陈伯达和康生派出70人组成的工作队进驻经济所，以“张

（闻天）、孙（冶方）反党联盟”的罪名对孙冶方进行批斗。孙冶方被批判的观点主要有两个：一是反对无产阶级国家统一管理经济，主张企业独立自治；二是反对按社会需要调节生产，主张以利润调节生产。因此，孙冶方的经济观点的实质就是“使社会主义和平演变为资本主义，是彻头彻尾的修正主义理论”，他被判定是“中国最大的修正主义者”，撤销党内外一切职务，每天打扫厕所，刷洗痰盂，在其后的一年内被批判39场。

孙冶方因此成为新中国成立后第一个被公开点名批斗的著名经济学家。这个倔强的苏南人却不肯低头认罪。他写出了一份又一份检查材料，进一步清晰地阐述自己的观点，工作组对他的评价是“抗拒党和群众对他的原则批评，态度十分骄横”。1965年9月，他被下放到北京城郊的房山县周口店公社大韩集大队进行劳动改造。

孙冶方的朋友们也纷纷遭殃，张卓元、桂世镛等人被认定是“张、孙反党联盟”的“八大金刚”，一直受到他庇护的老“右派”顾准这次自然也是在劫难逃，他被隔离审查，挂牌批斗，然后同样送到周口店劳动改造。在日记中他很内疚地写道：“我更进一步猜测，孙冶方的问题是任用我这个右派分子而引起的，我这个人，到哪里都要害人，这回又害了这个老朋友，觉得很对不起他。”顾准的爱妻汪璧为了5个子女，提出与他离婚，在给顾准弟弟陈敏之的信中，她说：“只要顾准有一天脱掉右派帽子，就可立即复婚。”可惜，她与顾准都没有等到那一天。

发生在1964年的这场关于价值规律的思潮，是1978年之前的最后一次“回光返照”，它很轻易地被击溃了。而随后展开的批斗，事实上也成为即将拉开序幕的“文化大革命”的前哨战。

1965年11月10日，正在周口店公社的菜地里一起浇粪抬土的孙冶方和顾准从上海《文汇报》上读到了一篇题为《评新编历史剧〈海瑞罢官〉》的长篇评论，作者为姚文元。它十分罕见地点名批评北京市副市长、历史学家吴晗。这是一篇充满了不容辩驳的“革命”口吻的讨伐性雄文，而批判吴晗的首要事实就是一个经济话题——退田。

吴晗在《海瑞罢官》一剧中，主要讲述了明代清官海瑞在出任应天巡抚期间，针对当时豪强地主大肆兼并土地、佃农深受剥削的现状，采取了退田分耕的政策，此举受到豪强抵制，海瑞以“罢官”来推动改革。姚文元写道：戏剧冲突围绕“退田”展开。虽然吴晗同志在序言中自称剧本“改以除霸为主题”，但实际上冤狱是从占田开始，“除霸”“平冤狱”的行动也是围绕着“退田”进行的。“退田”被写成是“帮助穷农民办法的一种”，作为戏剧冲突最高潮的“罢官”，就是罢在“退田”这件事上……海瑞一道号令，“发出榜文，限令各家乡官，十日内把一应霸占良民田产，如数归还”。退田以后，尖锐的阶级矛盾忽然都不起作用了，“众乡民”向海瑞叩头道：“大老爷为民做主，江南贫民今后有好日子过了！”

姚文元用大量的“史实”证明，吴晗对“退田”的描写是虚假的，海瑞的改革政策只对小地主和富农有益，是“地主阶级内部的矛盾”。紧接着，他的笔触很快衔接到了几年前的包产到户：大家知道，1961 年，正是我国因为连续三年自然灾害而遇到暂时的经济困难的时候，在帝国主义、各国反动派和现代修正主义一再发动反华高潮的情况下，牛鬼蛇神们刮过一阵“单干风”“翻案风”。他们鼓吹什么“单干”的“优越性”，要求恢复个体经济，要求“退田”，就是要拆掉人民公社的台，恢复地主富农的罪恶统治……《海瑞罢官》就是这种阶级斗争的一种形式的反映。如果吴晗同志不同意这种分析，那么请他明确回答：在 1961 年，人民从歪曲历史真实的《海瑞罢官》中到底能“学习”到一些什么东西呢？我们认为：《海瑞罢官》并不是芬芳的香花，而是一株毒草。

在这篇当时十分轰动、日后非常著名的文章中，姚文元创造了一种判断方式：任何对计划经济的反思或推敲，都是阶级斗争的新动向，是反革命的行为。这样的霸道逻辑，让崇尚理性的孙冶方和顾准不寒而栗，直觉告诉他们，此文来头不小，绝非偶然。一场史无前例的暴风雨正在剧烈而可怕的酝酿中。

1966 / 造反与浩劫

拿起碌子，用足力气，

轧过去！轧过去！轧过去！

啊，革命的轧路机，

你开辟！开辟！开辟！

——红卫兵：《造反者日志·印传单》，1966年

据气象记录显示，1966年初夏的北京闷热多雨，天空中好像整天压着一层灰色的“棉被”，让人有透不过气来的感觉。这一年的5月16日，中共中央召开政治局扩大会议，通过了《中国共产党中央委员会通知》，史称《五一六通知》，它标志着“文化大革命”的全面爆发。

在《五一六通知》里，有一段核心的话是毛泽东亲笔加进去的：“混进党里、政府里、军队里和各种文化界的资产阶级代表人物，是一批反革命的修正主义分子，一旦时机成熟，他们就会要夺取政权……例如赫鲁晓夫那样的人物，他们现正睡在我们的身旁，各级党委必须充分注意这一点。”于是，抓资产阶级代表人物和“赫鲁晓夫”成了运动的主要任务，而率先响应号召站出来的，是对革命充满了饥渴感的学生。

5月25日，北京大学食堂的东山墙上贴出了一张大字报，题为“宋硕、陆平、彭珮云在文化革命中究竟干些什么？”，作者是哲学系总支书记聂元梓等7人。① 这是全国的第一张大字报。6月18日，国务院宣布改革教育制度，实行了17年的高考制度被废止——它要到整整11年后才得以恢复，大中学生被彻底“解放”，开始“停课闹革命”。就如同1905年废止科举的后果一样，青春的火焰迅速而疯狂地烧出校园，顿成无序蔓延之势。

8月2日，毛泽东贴出《炮打司令部——我的一张大字报》，在接下来的3个多月里，他8次登上天安门，接见了1 300万人次的红卫兵②。这些热血沸腾的学生喊着“造反有理”的口号，把教室砸得稀巴烂，将自己的老师绑起来批斗，用皮带抽打他们，然后再冲进全中国的所有寺庙，将佛像、书籍等文物尽数砸毁焚烧，仅北京市，就有72%的古迹被毁坏。据红卫兵公布的资料，从1966年8月下旬到9月下旬的40天内，北京红卫兵抄家33 695户，打死1 772人。8月24日，作家老舍投太平湖自尽，同日，全国人大常委、参加过第一次党代会的李达被迫害致死。

红卫兵们还把全中国的商店及马路名称都翻天覆地地改了一遍。1966年8月25日的《人民日报》报道，敢闯、敢干、敢革命、敢造反的红卫兵闯进了全聚德烤鸭店，把资本主义和封建主义臭味十足的“全聚德”招

---

① 宋硕，时任中共北京市委大学部副部长。陆平任北京大学校长、党委书记。彭珮云任北京大学党委副书记。他们成为“文革”中第一批被打倒的高校领导。

② 红卫兵：原是清华大学附属中学的一个学生造反组织。8月18日，毛泽东第一次接见造反学生时，佩戴上了“红卫兵”的袖章，从此“红卫兵”成为学生造反派的统称。红卫兵的典型着装是：头戴绿军帽、身着绿军装、腰间束武装带、左臂佩红袖标，手握红宝书（用红塑料做封皮的《毛主席语录》）。

▲ 红卫兵在天安门的标准照

牌砸了个稀巴烂，换上了新招牌“北京烤鸭店”。记性好的读者可以把这一时刻，与 10 年前公私合营后，全聚德烤鸭变得不好吃了的往事联系在一起，你可以看到一只烤鸭是怎样被体制彻底扭曲的。红卫兵还到新华书店给烤鸭店订购了 100 幅毛主席画像。报道描述：“一夜之间，从橱窗到餐厅，从厨房到宿舍，通通挂上了毛主席画像和数以百计的毛主席语录。外国餐厅的楼梯口上，原来挂的是一幅画着北京鸭的大画，现在是一条金色大字的毛主席语录：‘全世界人民团结起来，打败美国侵略者及其一切走狗！全世界人民要有勇气，敢于战斗，不怕困难，前赴后继，那么，全世界就一定是人民的。一切魔鬼通通都会被消灭。’外国朋友来北京烤鸭店进餐，首先看到的，就是毛泽东思想的灯塔。”

自全聚德被改名后，成都麻婆豆腐店被改成文胜饭店，苏州采芝斋糖果店改成红旗商店，南昌黄庆仁药栈改成灭资药店，武汉盛锡福帽厂改成人民制帽厂，合肥胡开文墨店改成工农兵文具店，法国梧桐树改名为反帝树。全中国几乎所有城市的中心公园都被改成人民公园，所有电影院都被改成了东方红剧场，所有的居民区都被改成向阳院。作为中国最大的商业城市，上海的改名运动更是彻底，上海第一商业局下属的 3 700 多家商店被改名的多达 3 000 家，豫园被改成红园，南京路、淮海路改成五洲大街和反修大街，和平饭店改成人民战争饭店，甚至连静安区和长宁区也被改成了延安区和战斗区。红卫兵要造反的事情还很多，他们捣毁了园林里的一切匾额、对联、盆景和古桩；他们“不怕远、不怕热、不怕难”，到每一个乡村角落，把祠堂、家庙等全部砸掉；他们冲进服装厂，把所有认定为奇装异服的式样全部剪破烧毁；他们还禁止理发店理怪发型，包括“西瓜皮、飞机头、包菜头和烫发”。

到 12 月，“中国的赫鲁晓夫”终于被揪了出来，他是国家主席、党的第二号人物刘少奇。与他一起被并称为“最大走资派”的还有中共中央书记处总书记、副总理邓小平，一大批建国元勋被打倒。

▲ 表忠心的红卫兵

毛泽东发动“文化大革命”的原因有两个：一是党内政治斗争的需要，二是对中国政治国情的基本判断。1980 年，复出后的邓小平在接受意大利女记者奥琳埃娜·法拉奇的访问时说，“搞‘文化大革命’，就毛主席本身的愿望来说，是出于避免资本主义复辟的考虑，但对中国本身的实际情况作了错误的估计，首先把革命的对象搞错了，导致了抓所谓‘党内走资本主义道路的当权派’”[①]。按照毛泽东的设想，这场运动本来准备搞

① 见《答意大利记者奥琳埃娜·法拉奇问》。

三年，第一年发动，第二年基本上取得胜利，第三年收尾。谁料，它竟一直持续了 10 年，成为一场空前的大浩劫。

如果说，以青年学生为主力的红卫兵是内乱的点火者，那么，真正让国民经济陷入大混乱的，则是继而蜂起的工人造反派，这是一群同样激进，却更具爆炸力的破坏性力量。

1966 年 6 月 12 日上午，就在北京大学的第一张大字报贴出半个月后，上海最大的棉纺织工厂之一——上棉十七厂的医务室旁，出现了一张大字报《剥开党委画皮看真相》，这是上海工业界第一张炮轰党组织的大字报。它的最下端也有七人署名，第一个名字是王洪文。

时年 31 岁的王洪文是吉林长春人，长相清秀，却有着极大的政治爆发力。他出身农民，16 岁参军，曾赴朝鲜参战，复员后到上棉十七厂，先是当了一名保全工，后调进保卫科，是一个“种过田、做过工、当过兵”的“工农兵”苗子。北京风云陡生，王洪文在南方应声而起，他组织“上棉十七厂永远忠于毛泽东思想战斗队”，开始了长达 10 年的造反生涯。

到 11 月 6 日，上海的 17 个工厂串连组成“上海工人革命造反总司令部”（简称“工总司”），公然提出“我们要夺权”，王洪文被推举为造反司令。11 月 10 日，《人民日报》发表社论《再论抓革命，促生产》，社论称：“‘抓革命，促生产’的口号，变成不许革命，差不多所有革命工人都不能接受。”当日凌晨，王洪文率一批造反队员冲进上海北站，强行登车，宣称要到北京“告状”。火车开到城郊的安亭时，上海市委命令暂停。中午，造反工人在车站卧轨拦截第十四次特快列车，导致沪宁线中断 31 小时 34 分，制造了轰动全国的“安亭事件”。

就在王洪文的“工总司”揭竿而起的同时，上海还有另外一群工人组成了“捍卫毛泽东思想工人赤卫队上海总部”（简称“赤卫队”），与“工总司”对峙而立。上海市委成了双方争夺攻击的对象。

12 月 11 日，“工总司”在人民广场组织了一场“迎头痛击市委资产阶级反动路线反扑大会”，号称有 60 万人与会。在口号震天的大会上，市长曹荻秋被迫签字，同意支持“工总司”的革命行动。12 月 23 日，“赤卫队”也在人民广场组织了一场有十多万人参与的“批判上海市委资产阶级反动路线”的大会，曹荻秋被迫签字，接受赤卫队的“8 项要求”，承认它也是一个革命群众组织。谁料两天后的 25 日，“工总司”又在文化广场召开批判大会，曹荻秋在大会上不得不又撤销了对“赤卫队”的支持。

就这样，上海市委被夹在两支工人造反组织之间，焦头烂额，左右为难。曹荻秋的“出尔反尔”当然引起了“赤卫队”的极大愤慨。12 月 26 日，《人民日报》发社论《迎接工矿企业文化大革命的高潮》，称“现在，一个无产阶级文化大革命的新高潮，正在全国工矿企业中兴起”。

28 日，“赤卫队”上万人到市委所在的康平路游行，要求曹荻秋承认拥有 80 万人的“赤卫队”是革命群众组织，否则就要搞全市性的停水、停电和停交通。他们占据了行政大院。29 日，王洪文调来十多万造反队员，包围康平路。30 日凌晨两点，“工总司”对“赤卫队”发动冲击，双方大打出手，场面十分血腥，到清晨 7 点，2 万名“赤卫队”队员投降，他们被押解到四条马路上，缴下来的袖章有六大堆，91 人受重伤，240 多个“赤卫队”的领头人被关押。

“康平路事件”是上海乃至全国的第一次大规模武斗。30 日下午，部分“赤卫队”队员去北京“告状”。王洪文率人追击到江苏昆山界内，又挑起一场打斗，造成沪宁铁路交通中断。

通过这一番“武装斗争”,“工总司”取得了胜利。1967 年 1 月 1 日,《人民日报》发表元旦社论《把无产阶级文化大革命进行到底》，提出：“1967 年，将是全国全面展开阶级斗争的一年。1967 年，将是无产阶级联合其他革命群众，向党内一小撮走资本主义道路的当权派和社会上的牛鬼蛇神，展开总攻击的一年”。

1 月 5 日，“工总司”等 11 个造反组织在《文汇报》上发表《告上海全市人民书》，宣布全面夺权。第二天，造反派在人民广场召开 10 万人大会，批斗了市委书记陈丕显、市长曹荻秋，全市几百个高级干部被揪到会场陪斗。这场造反运动被赞许为上海“一月革命”。作家胡月伟在《疯狂的节日》中描写了当时的景象：24层的国际饭店楼顶上撒下雪片似的传单。曹荻秋被弄到高高的消防车云梯上游街示众，潮水般的人们仰着兴奋而扭曲的面孔，随着缓缓行驶的消防车奔跑，指点头上反剪双臂、颈悬木牌的旧市长，“当权派！呵，大官儿。打倒在地喽……”①

▲ 1966 年，中学生红卫兵

王洪文的行动显然一再地得到了北京方面的鼓励。1 月 9 日，《人民日报》转载《告上海全市人民书》，对上海的夺权行动表示支持和欢呼。1 月 22 日，该报再发社论《无产阶级革命派大联合，夺走资本主义道路当权派的权！》，社论用十分热烈的口吻呼喊：“有了权，就有了一切；没有权，就没有一切。联合起来，团结起来，夺权！夺权！！夺权！！向党内一小撮走资本主义道路的当权派和坚持资产阶级反动路线的顽固分子，展开全国全面的夺权斗争……敌人不投降，就叫它灭亡！”这篇社论震动了全国和全世界。

2 月 5 日，经历了惊心动魄的“一月革命”后，上海宣布成立“上海

① 胡月伟、杨鑫基著，《疯狂的节日》，重庆：四川文艺出版社，1987 年版。

人民公社”，它很自然地让人联想起1871年的“巴黎公社”。“中央文革小组”[①]副组长张春桥担任第一领导，因写《评新编历史剧〈海瑞罢官〉》而出名的“红色理论家”姚文元为第二领导，工人造反领袖王洪文是第三号人物。他在大会上高声宣读《公社通令》：“宣判旧上海市委、市人委死刑，剥夺它的一切职权……一切权力归上海人民公社。”

2月24日，“上海人民公社”改称“上海市革命委员会”，成为合法的党政机构。仅仅半年前还是上棉十七厂保卫科干部的王洪文出任革委会副主任。1969年，王洪文当选为中共中央委员，1973年，一跃成为中共中央副主席。

正当王洪文在上海当上“工总司”造反司令的两天后，1966年11月8日，北京工人造反派组成“全国红色劳动者造反总团”(简称“全红总”)，他们的口号是“造现行合同工、临时工制度的反，彻底铲除这一反毛泽东思想的大毒草”。

12月1日，“全红总”300多人到全国总工会造反，占领礼堂。总工会请示中央后，同意在“文化大革命”中不得无故解雇合同工、临时工。12月18日，中央文革小组副组长、毛泽东的夫人江青接见造反派，把攻击矛头直接对准了国家主席刘少奇，她说：“现在的合同工制度是刘少奇提倡的，合同工是刘少奇搞的，我们不知道。有人说是主席要搞的，那只能说是他们的主席，不是我们的主席。”她进一步说：“他们（指全国总工会）不为工人服务，干脆让工人进到楼里去住，让他们滚出去，造他们的反。我们对于坏分子还给他饭吃，让他劳动，而合同工一解雇就没饭吃了，这样搞培养奴隶主义。”

---

① 中央文革小组：成立于1966年5月，组长陈伯达，顾问康生，副组长江青、张春桥等，组员有王力、关锋、戚本禹、姚文元等。该小组名义上隶属于政治局常委之下，实际上它逐步取代中央政治局和中央书记处，成为“文化大革命”的指挥机构。8月底，由江青代理中央文革小组组长。

经江青这么一煽动，“全红总”当即占领了总工会大楼和劳动部。12月26日，江青、康生等人又在人民大会堂接见造反领袖，总工会的两位负责人被临时叫到现场站着，唯唯诺诺。江青说：“合同工制度完全是资本主义的一套，保留一定数量的雇佣工来减少资本的支付，封建主义也不能比这个制度残酷！什么劳动部长，劳动部长不劳动，让他们当科长去吧，当合同工去，你们去雇他们！”

1967年1月2日，“全红总”与全国总工会、劳动部签发了一个《联合通告》，内容是：“经全国红色劳动者造反总团提议，与中华人民共和国劳动部、中华全国总工会协商，联合作出以下紧急决定：1. 为了保证合同工、临时工、外包工等参加无产阶级文化大革命、参加生产的权利，一律不得解雇；2.1966年6月1日以后被解雇的，必须立即召回本单位，参加运动，参加生产，补发解雇期间的工资；3. 凡遭到资产阶级反动路线迫害的，必须当众恢复名誉，赔偿损失，妥善安排，认真处理。以上决定，通报全国。”

这是新中国成立以来，第一次由一家群众组织牵头向全国进行政策通告。

发生在上海和北京的工人造反夺权运动，是1966年一个最生动的缩影。从此，中国的众多工业城市天下大乱。从秋天开始，大江南北爆发了无数起夺权行动，各省市的党政机关几乎全部瘫痪，造反派冲进党政大院，把各级官员拖将出来，要么戴上纸糊的高帽现场批斗，要么关押起来进行拷打审讯。在“夺权”中，一些高级干部遭遇不测。1967年1月22日，煤炭工业部部长张霖之在被工人造反派关押40多天后毒打致死，遗体上有32处伤痕，颈部被打出几处血洞，惨不忍睹。1月29日，被“山西革命工人造反纵队”关押的山西省委第一书记卫恒，不堪受辱自杀身亡。商务部部长姚依林被造反派发“全国通缉令”追捕，若不是周恩来将他紧急送进中南海，很可能也遭遇厄运。古往今来，无政府主义的确有一种特别的魅力，它以颠覆现有秩序的方式，让没有权力的民众阶层在瞬间迸发强

▲"文革"时期的集会

大的报复性快感，它的“酵母体”常常是民族主义、反权威主义和反等级制度，而其手段则是暴力和血腥的。对这种情绪的利用往往是产生“革命”的最佳办法，可是当它被激发出来之后，连发动者都很难对之进行持续的控制。

从 1967 年 1 月开始，各地发生血腥的武斗，其中工人造反派为最强悍的主力。

1 月 17 日，新疆石河子市的七个工人、学生“造反团”冲击新疆建设兵团，通讯总机被造反派控制。25 日，毛纺厂的工人造反派约 4 000 人冲进建设兵团的汽二团抢夺枪支，前来增援的独立团战士与之发生冲突，双方开火，打死 5 人重伤 6 人。次日凌晨，再发生武装冲突，又打死 24 人重伤 74 人。

2月，四川的“成都工人革命造反兵团”提出“砸烂成都军区黑司令部”的口号，在军区营门外搭棚围困军区机关，从军队抓了上万人。5月，造反派抓走西南局书记曾希圣，宣称要“炮轰西南局，火烧省市委。血洗川大，头断四川，血洒西南”。重庆发生大规模武斗，造反派动用了各种常规武器，甚至用高射炮平射朝天门码头。全川大批工厂停产。

最混乱的景象发生在1967年的7~8月，日后连毛泽东在接见美国记者、《红星照耀中国》的作者斯诺时也说，“1967年7月和8月两个月不行了，天下大乱”。

武汉因重型工业企业聚集，成为武斗最激烈的地方之一。当地的造反派分成“钢工总”和“百万雄师”，后者号称有120万人。从6月4日到6月30日，双方武斗就打死了108人，打伤2 774人。7月20日，“百万雄师”成员武装冲击武汉军区和东湖宾馆，揪斗前来调停的中央文革小组成员王力，随后，造反派出动数万人和400多辆卡车，头戴安全帽，手持长矛和枪支，在全市武装游行示威，爆发了震惊全国的“七·二〇事件”。据湖北省委后来的统计，在“七·二〇事件”后，武斗风潮席卷湖北各地，被打伤打残和打死的干部、军人和群众多达18.4万人，仅武汉市就打死600多人，打伤打残6.6万人。

7月24日，中共中央、国务院、中央军委联合发布《公告》，对当时的武斗和社会混乱景象进行了描述：“第一，抢劫国家银行、仓库、商店；第二，烧毁和炸毁国家仓库、公共建筑和人民房屋；第三，抢劫车船，中断铁路、交通、邮电，私设电台；第四，连续冲击人民解放军的机关部队，抢夺人民解放军的武器装备，杀伤人民解放军的指战员。”

8月4日，王洪文指挥造反派攻打上海柴油厂的“革命造反联合司令部”，打伤、关押650人。8月7日，公安部长谢富治提出“砸烂公、检、法”，各地的公安局、检察院和法院遭到冲击，全国性的武斗再度急剧升级。北京的造反派甚至还砸烂了外交部政治部，冲击缅甸、印尼和印度驻华大使馆和火烧英国驻华代办处。

随着党政机关被打倒砸烂和武斗事件的不断升级，全国各大厂矿企业自然也陷入一片混乱。

李华忠主编的《鞍钢四十年》记载了这家中国最大钢铁企业的“文革”之乱：1966 年 6 月 6~16 日的 10 天间，鞍钢贴出大字报 25 万张，公开被点名的干部职工有 3 127 人，其中厂处级以上的有 160 人，运动来势之猛烈，触动面之广，为新中国成立以来历次政治运动所罕见。

进入 1967 年 1 月，对立的两派工人造反组织开始武斗，研究所大楼、运输部大楼等都被抢占，正常管理工作全数停止，22 座平炉停产 18 个，12 个轧钢厂停产 10 个，钢和钢材产量下降 90%，当年 8 月仅炼钢 2.7 万吨，相当于 1966 年两天的产量。在随后两年多里，鞍钢进行“军管”，党委及生产指挥机构被砸烂，全公司 33 174 名干部中，有 20 220 名被列为审查对象，他们分别被认定为“叛徒”“特务”“走资派”“三反分子”“变色龙”“小爬虫”“国民党残渣余孽”“地主阶级孝子贤孙”“反动技术权威”，被揪斗毒打的有 4 752 人，215 人被打死或被迫自杀，214 人被打致残，还有 2 618 名领导干部和 500 多名技术人员连同万名职工家属被下放到农村“接受贫下中农再教育”，其中又有 22 人在劳改过程中非正常死亡。

生产管理部门被打倒后，“鞍山钢铁公司”的名称也被取消了，代之以“鞍钢指挥部”，实行“政治建厂”，宣告要“砸烂旧体制，彻底闹革命，建设没有规章制度的工厂”。各厂矿撤销了生产车间、工段和班组，按军队建制，改为营、连、排、班，在生产过程中大搞“三忠于”“四无限”，[①] 数千条规章制度被全数废止，实行无规章作业和自由操作。

鞍钢钢铁研究所和鞍钢设计院分别是当时中国最大的钢铁研究机构和

---

① “三忠于”“四无限”是“文革”中的政治术语。“三忠于”：忠于毛主席、忠于毛泽东思想、忠于毛主席的无产阶级革命路线。“四无限”：对毛主席、毛泽东思想、毛主席的无产阶级革命路线，要无限崇拜、无限热爱、无限信仰、无限忠诚。

企业设计院，拥有科技人员 2 300 多人，它们被限令一周内解体，除了几十个留守人员，其余都被送去接受农民的“再教育”，数吨图纸被搬到广场上当废纸烧掉，270 台精密仪器因无人管理被破坏洗劫一空。鞍钢还有 6 所专业院校及技术业余学校，也被一律解散停办。

生产指挥系统瘫痪，生产秩序被打乱，企业管理一片混乱，当然造成产量下降，质量倒退和事故连连。1967 年，鞍钢的生铁、钢和钢材产量分别比上一年下降了 32.4%、42.6% 和 41.5%，产量倒退十年。海军用鞍钢的钢材建造鱼雷快艇，刚一出海便沉入海底。铁路钢轨断裂事故也时有发生。1969 年 2 月，鞍钢以“群众大会战”的方式开建齐大山露天采矿场，因缺乏科学管理，“大会战”成了“大混战”，炸药混杂堆放导致大爆炸，当场死亡 22 人，重伤 30 人。

全国各厂矿企业的厂长及技术领导几乎全部受到冲击，当时正在十堰的山沟沟里为筹建第二汽车厂而忙碌的陈祖涛就是一个受难典型。他在《我的汽车生涯》中有一段十分细致而辛酸的回忆——

▲“文革”时期的宣传画

1966 年 10 月，身为二汽总工程师的陈祖涛带了 500 多人在一个叫老营的小镇上选址筹划，他的筹建指挥部设在一个道教玉虚宫里。一天，一队红卫兵突然冲进玉虚宫来

“破四旧”[1]，他们挥起手中的工具，将宫内的汉白玉栏杆、香炉、神像砸了个稀巴烂，然后敲锣打鼓得胜离去。陈祖涛他们看着这些稚气未脱的孩子们认认真真地砸“四旧”的神态，心情异常复杂，他们很不理解，但谁也没有说话，也不知道该说什么。

这仅仅是很难理解的开始。半年后的1967年4月，陈祖涛突然收到一封电报，上面写着：“勒令陈祖涛回长春汽车工厂设计处参加文化大革命。”落款是“红二”造反派。在返回长春的途中，他在北京停留了几天，看望父亲陈昌浩。7月30日，陈昌浩“畏罪服安眠药自杀”，时年61岁。

陈祖涛一到长春火车站，就被造反派关了起来，每天接受批斗，先是在设计处戴高帽子和挂黑牌子，后来就被拉到长春的大马路上去游街，戴在他头上的黑帽子是“资产阶级代表人物”“死不悔改的走资派”“党内走资本主义道路的当权派”和“苏修特务”。他的家被抄了5次，“在多次抄家后，我也变麻木了，我的家似乎不是我的，他们想来就来。所有的照片、书记、信件、心爱的唱片和家具都被收走，我的家里已经是徒有四壁了”。[2]

陈祖涛记叙了他挨整的景象：“最先是让我双手举包装汽车零件的木箱，一站一夜。人的两手怎么可能长时间地举东西呢？我举不动了，木箱掉下来，砸在我头上，他们就强迫我再举，举不动了就用脚踢我。我实在支持不住了倒在地上，他们骂我装死，强令我再站起来，我站不起来，他们就用钢丝钳子夹我的手。那时真是支持不住啊！”陈祖涛没有料到的是，更残酷的磨难还在后头。为了让他交代“苏修特务”的材料，造反派开始对他毒打，“每天晚上10点钟开始提审我，把我带到一个空房间里，几个人按住我的手脚，一个家伙挥起木棍没头没脑地打。木棍子打裂了，

---

① “破四旧”是“文革”中的政治术语，指的是破除旧思想、旧文化、旧风俗、旧习惯。

② 陈祖涛著，《见证中国汽车工业五十年》，载《人物》，2004年12月。

就换三角皮带。三角皮带里面是钢丝，抽下去就是一道血口子，就像刀割一样，昏死过去就被他们用水喷醒，醒了就再打，直至天亮……我每天不能吃不能睡，小腹肿得像水桶，天天尿血，走路时腰弯得像虾米，两腿伸不直，走不动，动一动都疼得浑身打战，实在要走只得两手扶墙，一步一步地挪。”打陈祖涛的那些人，有的是他原来的部下，有的是刚刚从大学毕业不久的青年人。

尽管遭遇如此厄运，但是，陈祖涛却算是一个幸运者。从1967年到1969年，长春一汽共有3 500人被审查、隔离或抄家，被打死或被迫自杀89人，其中包括常务副厂长王少林等人。陈祖涛的留苏同学刘允斌（刘少奇的长子）被整死，张芝明（早年共产党工运领袖张太雷的儿子）被整疯，他的母亲张琴秋（曾任纺织工业部副部长）、姐姐张玛娅被迫害致死，可谓家破人亡，朋辈死散。

在被关押和折磨了两年多后，陈祖涛被押送到吉林桦甸县的农村劳改，“此时的我刚刚40岁出头，但由于两年精神和肉体的折磨，又瘦又干，面色灰黑，头发蓬乱，胡子拉碴，走路虾米似的弯着腰，身穿一件破旧的中山装，腰间扎着一根草绳，手上拄着一根棍子，看起来起码有60来岁了”。

陈祖涛当上了一个乡村木匠，这个共和国最好的汽车工程师弄了个木头箱子，买了一套做木匠的工具，整天慢吞吞地盖房子、修门窗和打板凳。他学会了用纸自己卷“关东烟”抽，在辛辣浓烈的烟味熏陶下，眯着眼，享受乡间劳作的快乐和自由。他甚至还帮助村民造了一辆土制汽车。他带着农民们赶着一辆大板车，去早已无人看管的一汽废料场，从废料堆里捡出发动机、大梁、变速箱、驾驶室和破旧轮胎，回村后，居然拼装出一辆能发动的汽车。“车的钢板弹簧没有着落，我用木材来代替，钢板卡子是村里的铁匠自己锻打的，这辆车在今天肯定是可笑的，破破烂烂，噪声很大，屁股后面黑烟滚滚，驾驶室没有玻璃没有门，但它能工作，比传统的大板车运得多，跑得快。”

▲ 被打倒的高级官员

有两年多的时间，陈祖涛在中国企业界消失了，没有人知道他躲在哪里。

他这样描写当时的心境："我的思想极度痛苦，怎么也想不通，经常彻夜难眠。'文化大革命'使我认识了太多的不义、背叛和邪恶，让我感受了太多的痛苦，目睹了太多的死亡。我常常想，为什么？为什么他们要这样整我？为什么他们要整那么多无辜的人？为什么我们的国家和我们的社会就听任这些人胡作非为？为什么我们这个有几千年文明的古国，就会让那么多的人一下子丧失理性变得如此疯狂？在没有答案的情况下，我决心不再回汽车工业，我不愿意再见到那些有着蛇蝎心肠的人。"

在狂暴的洪流中，那些原本就是异己阶层的人自然更是难逃大劫。

1966 年 9 月 14 日，国务院决定公私合营企业全部改为国营企业，向资本家发放的定息一律取消。那些资本家成了红卫兵批斗的重要对象。在 1956 年积极配合政府改造政策的"北乐南荣"都下场悲惨。同仁堂的乐松生整天被挂牌批斗，他的妻子在一次游街后愤而自杀，乐松生本人在 1968 年被迫害致死，时年仅 60 岁。

当时在纺织部任职的陈锦华回忆了荣毅仁的遭遇：

1966年8月18日，毛主席在天安门接见红卫兵以后，北京的红卫兵运动就如火如荼。8月20日，北师大女附中的女红卫兵们冲到位于北太平庄的荣毅仁家里，大肆打砸。他们批斗荣毅仁，把他和妻子杨鉴清的头发剃成了“阴阳头”（“文革”时期的一个流行做法，把头发剃一半、留一半，以示羞辱）。荣毅仁的右手食指被打断，杨鉴清被殴打成脑震荡。红卫兵还用他家里的摄像机把经过录下来，要寄到他在海外的亲戚那里。在批斗空隙，荣毅仁偷偷给纺织部的一个秘书打电话，用上海话说：“你赶快向部里反映，我实在吃不消了。”

当时担任纺织部机关文化革命委员会主任的陈锦华得悉这一情况后，马上向部党组书记钱之光做了报告。纺织部一开始想把荣毅仁送到北京医院躲起来，不料医院院长回复说：“不行哪，我们这里已楼上楼下斗开了，都斗了好几批了。送到我们这个地方，不一样挨斗吗？”钱之光只好给总理办公室送了“特急件”。第二天凌晨1点多钟，钱之光被周恩来总理紧急召到人民大会堂，总理交代说：“现在我们只能管两个人了，一个是宋庆龄，一个是郭沫若。其他人你们自己想办法。荣毅仁你们一定要保护好，他是中国民族资产阶级的代表人物，在国际国内都有影响，一定要保护好。”

钱之光回到纺织部，就跟陈锦华等人商量对策。当时社会上已经开始兴起“红对红”，就是以机关的红卫兵对付外面的红卫兵。他们把部机关的红卫兵头头找来，要他带人连夜赶到荣毅仁家里去，以开批斗会的名义把荣毅仁救出来。此计甚灵，居然真的把女红卫兵们连哄带骗地撵走了。

这些人一撤，荣毅仁提出赶紧把妻子杨鉴清送到医院治疗。可是送到哪个医院都不收，都不肯给她治病。部机关的红卫兵头头很机灵，就把她送到积水潭医院，先是高呼了一番革命口号，然后说这个人是重要的人证，需要她来录口供，不能让她死掉，你们一定要想办法给她治疗。医院一听是重要的人证，这才答应赶紧医治，杨鉴清的命总算保下。

对于荣毅仁一家来说，这仅仅是厄运的开始。不久后，保护他的钱之光、陈锦华等人也被打倒了。荣毅仁一次次被批斗，他的左眼因延误治疗而致失明。1968 年之后，他被送到全国工商联机关劳动改造，先是在锅炉房里运煤，后来专职打扫厕所。与他一起干活的是上海滩时期的老相识、工商联副秘书长经叔平。计泓赓在《荣毅仁传》中记载说："荣毅仁干得很认真，马桶有尿碱，他就自己掏钱买来盐酸，把马桶刷得干干净净。"[①]他的独子荣智健被下放到十分偏远的四川凉山彝族自治州，一干就是 8 年。荣智健日后回忆说："我每天和工人、民工摸爬滚打在一起，抬石头，挖土方，搬机器设备，背氧气瓶上山下山，爬上半空架设高压电缆，什么粗活重活都干过。"

在城市以外的农村地区，对农业生产和市场流通的限制变得越来越严格。

"文革"爆发后，很多地方减少甚至完全取消了农民的自留地，要求农民献出自留地、宅旁地和自有果树，当时称为"三献"，严格控制农民发展饲养业，每个农户只能养一头猪，每人只能养一只鸡，此外还限制农民外出从事手工活动，木匠、铁匠和小商贩都被当成"野马副业""单干副业"受到禁止。9 月 24 日，国务院财贸办公室和国家经济委员会颁布《关于财政贸易和手工业方面若干政策问题的报告》，强调小商小贩"必须接受国家的管理和群众的监督，不许搞投机倒把，大量的小商小贩应当为国营商店代购代销"。

到了 1968 年，政策更加趋于收紧。1 月 18 日，中共中央、国务院、中央军委、中央文革小组联合发出《关于进一步打击反革命经济主义和投机倒把活动的通知》，提出要"坚决取缔无证商贩和无证个体手工业户。农村人民公社、生产大队、生产队和社员，一律不准经营商业"；"国家企业事业单位、机关、学校、团体，非经当地主管部门许可，一律不准到

① 计泓赓著，《荣毅仁传》，北京：中央文献出版社，2006 年版。

集市和农村社队自行采购物品”。这两条规定基本上把农村的商品自由流通确定为非法活动。同年10月，江西省采取极端措施，将全省的合作商店和有证小商小贩全部解散。在5.3万名商店职员中，有2/3被下放到农村劳动或劝退回家，这一做法得到了中央的认可，不久便在其他省份效仿推广。

1970年年初，中共中央再发《关于打击反革命破坏活动的指示》和《关于反对贪污盗窃、投机倒把的指示》，重申："除了国营商业、合作商业和有证商贩之外，任何单位和个人，一律不准从事商业活动"；"除了经当地主管部门许可之外，任何单位一律不准到集市和农村社队自行采购物品。"据统计，1970年2~11月，全国逮捕了“反革命分子”28.48万人，其中不少是因为从事了当时政策禁止的经济活动。在这样的政策环境下，从1966年到1970年的5年中，全国个体商贩人数从156万人减少为96万人，而且经营规模变得越来越微不足道。

全面排斥私人生产和市场流通的政策严重打击了农村经济和个体经济，在1967—1969年的3年中，农业总产值增长率分别为1.6%、–2.5%、1.1%，3年总增长几乎为零。1969年与1966年相比，按人口平均的主要农产品产量计算，粮食下降了8.9%，棉花下降了18.8%。1971年1月，轻工业部在《关于当前手工业几个问题的意见》中披露，在全国的手工业中，全民所有制企业约占10%，集体所有制的合作工厂约占30%，合作社约占60%，个体手工业的份额已经可以忽略不计。

京沪乱象、全国武斗、鞍钢被搞乱、陈祖涛和荣毅仁被打倒、全面限制市场流通，林林总总这一切，都是国民经济彻底紊乱的标志性景观。

自“文化大革命”开始以后，在过去十多年里主管全国经济的中央及部委领导，除了总理周恩来之外，几乎全部被打倒或靠边站。其中，刘少奇被“永远开除出党”，1969年11月12日冤死于开封，邓小平和陈云被下放江西劳动，薄一波和谷牧成了“叛徒”“三反分子”，贾拓夫（经委副主任、轻工业部部长）被迫害致死。1968 年 2 月 2 日，周恩来在接见群众代表时无奈地披露，国务院系统的 42 个单位中，还能开展工作的部长级干部只有 90 人，占总数 280 人的 32%，其中第一把手（部长、主任）只剩下 3 个人。胡鞍钢在《中国政治经济史论》中引用相关资料称，到 1968 年 9 月，全国 29 个省市、自治区的党政主要负责人有 60 多人被定性为“敌我矛盾”，中共八届中央委员会成员 190 余人中，有 88 人被指认为“叛徒”“特务”和“反革命修正主义分子”，占总数的 46%。因被斗倒的人实在太多，以至于按照《党章》的规定，已无法召开一次中央委员会全会。

由于造反派的全面夺权，让那套从上而下的计划经济指挥体系彻底瘫痪，大量干部“靠边站”，经济管理和统计部门被砸烂，各地的年报迟迟不能报齐。在局面最混乱的 1967 年和 1968 年，根本无法制订全年度的全国经济计划，1968 年也成为新中国成立以来唯一没有国民经济计划的一年。

宏观经济持续恶化的轨迹非常明显。1967 年，工农业总产值比上一年下降近 10%，1968 年又下降 4.2%。主要的工农业产品产量，除了粮棉大体持平外，其余都是连续两年减产。国家的财政总收入，1967 年同比

▲ 早请示晚汇报

减少 25%，1968 年又少了 13.9%。如果以 1953—1965 年 13 年工农业总产值的平均实际增长速度 7.9% 计算，1967 年和 1968 年的总产值应该达到 5 220 亿元，而实际上这两年只有 4 119.8 亿元，也就是说，损失值约为 1 100 亿元。

更具悲剧性的是，在工农业持续滑坡的同时，中国还试图把自己与世界经济彻底隔绝开来。

1969 年 5 月 11 日，《人民日报》发表题为“毛主席的独立自主、自力更生伟大方针的胜利——欢呼我国成为一个既无内债又无外债的社会主义国家”的社论。文章说：“中国在进行社会主义建设的过程中，为动员广大群众把暂时闲置的资金用于社会主义扩大再生产，自 1950 年至 1958 年，先后发行过 6 次国内公债，发行总额为 38.4 亿元，加上应付利息 9.8 亿元，还本付息总数计 48.2 亿元，已在 1968 年年底全部还完。在国家建设初期，特别是在抗美援朝期间，当时斯大林领导下的苏联政府曾向中国提供过一些援助借款，本息共 14.06 亿新卢布。此项外债，中国一直坚持按期归还，并已在 1965 年初提前全部还清。”

“既无内债又无外债”的提法，一度让很多国人引为骄傲。1970 年 4 月 24 日，中国成功发射自行研制的第一颗人造地球卫星，这是“举国战略”的又一次成功。

到 1968 年，随着刘少奇等人被打倒已成定局，党内政治斗争告一段落，各地该造的反都造完了，武斗也得到了初步的制止。这时候，出现了两个“人口”问题：一是数以百万计的“靠边”干部该怎么处置，总不能每天都开批斗会，让他们交代莫须有的罪行；二是数以千万计的青年学生该怎么处置，由于国民经济空前萧条，停产或半停产的工厂根本不可能招收新的工人，那些无书可读的青年学生在城市里成了一股到处泛滥的“失业洪水”，他们随时准备去冲毁任何社会秩序，他们对后果的考虑就是“不计后果”。

于是，“五七干校”和“上山下乡”被发明了出来。

1968年5月，黑龙江省把大批机关干部下放到农村劳动，在庆安县柳河开办了一所农场，定名为“五七干校”。① 它迅速被认定是一条疏散人口的经验，10月《人民日报》刊登《柳河“五七”干校为机关革命化提供了新的经验》一文，并发表了毛主席的最新指示：“广大干部下放劳动，这对干部是一种重新学习的极好机会，除老弱病残者外都应这样做。”随后，全国各地的党政机关纷纷响应，在农村办起“五七干校”，大批人员被下放到农村参加体力劳动。仅中央所属各部委就先后创办了106所“五七干校”，遣送了10多万名下放干部和3.5万名家属，各省市地县开办的“五七干校”更是数以万计。这一“干校制度”前后延续了11年，直到1979年2月17日，国务院发出《关于停办“五七干校”有关问题的通知》。

▲ 知识青年上山下乡

上山下乡运动则“解决”了城市青年人口的就业问题。据胡鞍钢的研究，自“文革”爆发后，各校“停课闹革命”、高考制度又被取消，因而积累了大量的初高中毕业生，仅66届、67届和68届的初高中毕业生就超过1 000万人，他们造成了巨大的就业压力，各行各业停产、

① 1966年5月7日，毛泽东在一封信中提出“各行各业均应一业为主，兼学别样，从事农副业生产，批判资产阶级”。这被称为“五七指示”。

半停产，因此不可能再吸收新的就业人口。正是在这样的背景下，1968 年 12 月，毛泽东下达了“知识青年到农村去，接受贫下中农的再教育，很有必要”的指示，一场轰轰烈烈的“上山下乡运动”全面展开。1966 年、1967 年、1968 年三届在校的初中和高中毕业生——他们后来被通称为“老三届”——全部前往农村。这些被称为“知识青年”的学生被送到云南、贵州、内蒙古和黑龙江等边远地区或经济落后、条件较差的农村。①

在此后的将近 10 年间，上山下乡的知识青年总人数达到 1 700 多万，约占全国城市人口的 1/10。这是继 1961 年之后，第二次从城市到乡村的人口大迁移，前者是“大跃进”的后果，这次则是“大造反”的后果。

上山下乡运动改写了整整一代人的命运。40 年后的 2009 年，一位当年的红卫兵和下乡青年邓贤在《南方周末》上写道：“我们这代人一生做了两件大事：第一件事是做魔鬼，把整个社会秩序颠覆，我们做许多亲者痛仇者快的事，实际上危害了整个国家和民族的生机；第二件事就是我们被迫完成了自我历练和自我教育的残酷过程，最后以此完成自我拯救。跟红卫兵运动相比，知青上山下乡运动挽救了我们这一代人，它让我们体验苦难，也认识苦难。”

从 1968 年的 12 月起，每天下午的 4 点 08 分，北京火车站都有一趟“知青专列”在震耳欲聋的口号和锣鼓声中鸣笛启程，驶往大江南北、长城内外的各个偏远村庄。一位时年 20 岁的人大附中毕业生郭路生（他后来的笔名是“食指”）坐在开往山西汾阳农村的列车上，写下了激情荡漾的诗句：“这是四点零八分的北京 / 一片手的海洋翻动 / 这是四点零八分的北京 / 一声雄伟的汽笛长鸣。”

任何极端的社会运动都是有后遗症的，当“革命”失去了具体对象

---

① 据《中国知青史》作者刘小萌和定宜庄的考据，毛泽东在 1956 年的农村合作社运动中说“农村是一个广阔的天地，在那里是可以大有作为的”，原本是针对那些家在农村的中小学毕业生说的，到上山下乡运动时，被广泛用于全国的知识青年。刘小萌等人认为，上山下乡首先是一个经济问题。

的时候，它要么“反击”于自身，要么消弭于悲观，无论如何，这都是与“革命”有同样能量的代价。一年后，贫乏、枯燥而苦闷的农村生活终于露出了它严酷的一面。一首首悲观哀怨的知青诗歌开始在地下流传，其中一首是这样写的：“世上人，讥笑我 / 精神病患者 / 我有青春被埋没 / 有谁同情我。”在 9 月的一个幽暗深夜，郭路生写下了让他名垂诗史的《相信未来》：“当蛛网无情地查封了我的炉台 / 当灰烬的余烟叹息着贫困的悲哀 / 我顽固地铺平失望的灰烬 / 用美丽的雪花写下：相信未来！”

放眼 20 世纪 60 年代中后期的世界，你会发现一个十分奇异的现象：在那几年，陷入狂飙的不仅仅是中国，那似乎是一个“造反者的年代”。

自 1945 年第二次世界大战结束之后，战后“婴儿潮”一代正集体进入青春期。当有关人类命运的伟大叙事渐渐让位于平庸的商业生活时，这一代青年人表现出了非同寻常的不安，他们在寻找宣泄的出口。哈佛大学的美籍日裔学者入江昭（Akira Iryie）日后评论说，中国的“文化大革命”在某种意义上是一个全球性现象，全世界的青年人都在反对他们的领袖。

在美国，几乎每一所大学都在发生学生游行，他们反对越战，要求性自由，自称是“垮掉的一代”，著名的哥伦比亚大学和加州大学伯克利分校一度被学生“占领”。1968 年的 4 月 4 日，著名的黑人民权运动领袖马丁·路德·金在一家旅馆阳台上被刺杀，愤怒的黑人在 100 多个城市发动了抗议示威。

在日本，学生运动也是风起云涌，东京大学的安田讲堂大楼成了一个象征性的城堡，在这里经常发生学生与警察的冲突事件。

到了 5 月，法国首都巴黎爆发了全欧洲规模最大的学生运动，巴黎大学的学生们集体罢课并占领了大学校舍，警察封闭了校园，学生们在街头筑起街垒同警察对峙。接着，工人举行总罢工，20 多万人涌上街头，高呼反政府的口号。学生占领学校，工人占领工厂，水陆空交通停顿，整个法国陷于瘫痪，戴高乐总统被迫改组了政府。

在那些渴望革命的欧美学生中，最让他们醉心的偶像是两个社会主义的领袖。一个是毛泽东，很多人把他的头像刺在手臂上。据 1967 年 2 月 17 日的《纽约日报》报道，《毛主席语录》正风靡全球，它出现在纽约曼哈顿的每一个书店和书报摊上，在日本东京售出了 15 万册，而在法国巴黎，甚至成了畅销书排行榜上的第一名。① 另一个是古巴的切·格瓦拉，他在追随卡斯特罗取得古巴革命胜利后，又跑进南美丛林中继续打游击战。1967 年 10 月，39 岁的格瓦拉被美国中央情报局和玻利维亚政府军杀死，谁料这竟让他成了左翼学生运动的"圣徒"，在后来的 40 多年里，他的一张头戴金五星贝雷帽的头像被印在无数的 T 恤、咖啡杯、海报和钥匙串上。

1968 年的欧美学生风潮没有演变成一场颠覆性的社会革命，如法国政治评论家雷蒙·阿隆所描述的，它最终成了一场发泄情绪的"心理剧"。英国历史学家霍布斯鲍姆在《极端的年代》中给出了解释：其一，日渐富足起来的中产阶级没有成为学生的同盟军，革命失去了必要的社会土壤；其二，知识分子表现出了理性、制衡的能力；其三，也是最重要的一点，西方产业工人的结构发生了本质性的变化。从 1965 年开始，以出卖体力为主的制造业工人数量开始大幅度地下降，服务业迅速繁荣，"知识工人"成了新的主流，在英国和联邦德国，煤炭和纺织工人的数量在十年间减少了一半。在美国，钢铁工人的人数甚至少于麦当劳快餐连锁店的员工。新型资本主义的产业特征和商业进步轨迹，最终改变了成型于 19 世纪末期的阶级斗争理论。

---

① 有关数据显示，在 10 年"文革"时期，全世界出版了 50 多种文字、500 多种版本的《毛主席语录》，总印数达 50 余亿册，以当时全世界 30 多亿人口计算，男女老幼平均每人拥有一本半还有余，以至于它被认为是"20 世纪世界上最流行的书"。

在美国的学生运动中，一个叫艾伦·金斯堡的大胡子诗人是青年们的偶像，他最出名的诗歌是《嚎叫》，它的头一句是——“我看见这一代精英被疯狂毁掉”。

很多年后，不同的人读到这句诗歌，会有不同的感慨。[①]

① 就当中国沉浸于“文化大革命”的狂热的时候，全球产业正发生着一场空前的变革，在亚洲，“四小龙”顺势崛起了。正是在20世纪60年代中后期，一种“国际分工”的新秩序悄然出现了。发达工业国家开始为世界性市场生产，一些劳动密集型的产业被剥离出来，向非发达地区整体转移。而一些后进国家和地区顺应了这样的变化，其中表现最突出的便是亚洲地区的4个经济体：韩国、新加坡、中国香港和台湾。在1969年，韩国还是一个农业国，其平均国民生产总额仅与非洲的巴布亚新几内亚相当，可是到20世纪80年代后期，韩国的工业经济总量已跃居全球前15位。

1972 最后的冰期

你的眼睛被遮住了，
你低沉、愤怒的声音，
在阴森森的黑暗中冲撞：
放开我！

——芒克：《太阳落了》，1972 年

1972 年 5 月，意大利共产党人、欧洲最著名的电影导演之一米开朗基罗·安东尼奥尼受北京的邀请，前来拍摄一部纪录片。在进入中国之前，他的想象是这样的：中国的沙漠是蓝色的，河流是黄色的，农民们都穿着童话里的衣裳。

香港是安东尼奥尼当年到达中国的前站。在罗湖口岸，他惊奇地看着眼前的景象：一座普通的木桥连接两岸，一边是英国人，另一边是中国士兵，手持钢枪，整齐排列。随行的摄影师卢奇亚诺·都沃里后来回忆说："这种对立非常有意思，一方是西方的世界，另一方是充满神秘色彩的中国。"他装上胶片正要拍摄，安东尼奥尼上来阻止了他。“他告诉我说，我们需要先理解，然后再拍。”随后，摄制小组从广州飞赴北京。当安东尼奥尼和同事们乘坐的飞机降落在北京的停机坪时，舷窗外正在举行一个盛大的欢迎仪式。孩子们手拿鲜花和彩带，跳着舞蹈，喊着欢迎口号。中国朋友的热情令摄制组一行很开心，不过很快，他们发现人群不是在欢迎他们，那一天，人们欢迎的是非洲索马里的主席西亚德。

在安东尼奥尼看来，中国“是一个巨大的，不为人知的国家”，这样的认知差不多能够代表当时整个的西方世界。他在中国工作了一个多月，拍摄了北京、上海、河南红旗渠和苏州等地，最终剪辑完成的影片就定名为——《中国》。在整个拍摄过程中，意外的状况时常出现。

红旗渠是河南省林县在20世纪60年代兴修的著名的水利工程，从1960年2月动工，到1969年7月建成，近20万农民在极其艰难的施工条件下，逢山凿洞，遇沟架桥，削平了1 250座山头，架设151座渡槽，开凿211个隧洞，蜿蜒70公里，宛若一条“人工天河”。这个人力创造的奇迹让意大利人惊叹不已，在一座石头垒成的村庄北小庄，安东尼奥尼告诉陪同的中方人员，这里是他明天的拍摄地。第二天当他带着剧组去时，他发现村里的灰土墙被石灰粉刷一新。安东尼奥尼非常吃惊，他拒绝拍摄，对他来说，眼前发生的一切是一场闹剧。卢奇亚诺说：“可怜他们工作一个晚上，让村庄焕然一新。但是我们不想改变什么，我们只想成为1972年中国的见证人。”

在拍摄红旗渠的那几天，摄制组发现有一群农民急匆匆地走在路上，行动举止异常，于是他们举着机器跟了过去，结果来到一个自发的集贸市场，人们带着自产的粮食、家禽和自制的食品，在那里做起了买卖，这在当时属于投机倒把，显然是违法的。这个小小的市场非常紊乱和肮脏，货物参差不齐，人们脸上流露着明显的不安。

卢奇亚诺还回忆了另外一个细节：“当时我们无论在哪里，总是时不时地听到一个声音在唱，大喇叭里总是传来这些歌曲。我们拍摄下来，但我们不知道那些讲的是什么……他们带我们拍摄了养殖场的猪圈，我拍了。拍摄的同时，大喇叭里播着响亮的歌曲，影片就是这样剪辑完成的。我们后来才知道那首歌说的是‘中国人民昂起头’，我们应该删掉它，可是我们并不知道。这种对立冲突由此产生了非常大的危害，仿佛我们在藐视中国人民。”

▲ 红旗渠

当《中国》在西方公映后，安东尼奥尼马上成了不受欢迎的人，亲华的观众看后，指责他“丑化中国”；排华的观众看后，则说他在“美化中国”。1974 年 1 月 30 日，《人民日报》刊文《恶毒的用心，卑劣的手法》，将《中国》定为反华影片。作者指责说：“凡是好的、新的、进步的场面，他一律不拍或少拍，或者当时做样子拍了一些，最后又把它剪掉，而差的、落后的场面，他就抓住不放，大拍特拍。”到 6 月，人民文学出版社结辑出版《中国人民不可侮——批判安东尼奥尼的反华影片〈中国〉文辑》。一直到 30 年后的 2004 年，这部纪录片才第一次在中国公开放映。

尽管结果让人很不愉快，不过，意大利人受到邀请这件事情，还是表明一些新的变化正在发生。

就在安东尼奥尼来拍片的半年多前，1971 年 9 月 13 日，替代刘少奇

▲ 尼克松访华

成为党的第二号人物的林彪乘飞机出逃，摔死在蒙古国境内，他的一批党羽相继被捕。10 月 25 日，第二十六届联合国大会通过决议，恢复中华人民共和国在联合国的合法权利，这意味着中国在时隔 22 年之后重新回到了国际大家庭。1972 年 2 月 21 日，美国总统尼克松抵达北京访问，当天下午毛泽东会见了他，一周后，《中美联合公报》在上海发表，长期尖锐敌对的中美关系开始走向正常化。9 月，日本首相田中角荣访问北京，中日关系随之冰解。

经过了五六年的大折腾，国民经济陷入了长期低迷的状态，商品供应极度贫乏，极左的江青、张春桥及王洪文等人只会搞政治运动，实在不懂经济，于是，被打倒的技术领导和中央干部们又被召了回来。

在吉林乡村当木匠的陈祖涛是在路边被“捡”回来的。1971 年的 11 月，他带着村里的大车去城里的一家标准件厂拉废料，路上偶遇一位老同事，这才被重新“发现”。几个月后，陈祖涛重新回到了二汽，他回忆说：“我不是发誓不再搞汽车工业了吗？但是回到二汽一看，都是熟人呀，熟悉的环境呀，我的心又软了，就接着干上了。”

陈祖涛看到的是一个让人伤心的汽车厂，自“文革”爆发以后，二汽就被武汉军区接管，这里日日在上演劳民伤财的荒唐剧。

为了响应“工业学大庆”的号召，军管小组提出要发扬“干打垒精神”[①]。原本用红砖建成的厂房被认为是“资本家的工厂”，于是全部扒掉，换成“干打垒”的墙体，这一建就是60万平方米。这种厂房用材粗糙，质量低下，根本不适合当制造汽车的车间，可是谁也不敢提出异议，这种“干打垒”做法还被当成经验在全国进行了推广交流。

1973年，陈祖涛代表二汽去北京开质量问题座谈会，谈及“干打垒”车间，国务院副总理李先念问：“祖涛，你看该怎么办？”陈祖涛脱口而出：“唯一的办法就是推倒重来。”在场的人均大惊失色，陈祖涛心想，我反正是劫后余生，大不了再回去当木匠。李先念沉吟良久，然后说：“有的可以留做仓库，有的可以推倒重建。”这件事很快被已经升任中共中央副主席的王洪文知道，他在一次会议上说：“二汽有人把‘干打垒’拆了，重新搞了一套厂房，这是对文化大革命的否定。”陈祖涛顿时又大难临头，好在李先念暗中力保，他才没有被上纲上线地批斗。

军管人员除了用“干打垒”建汽车车间之外，在生产经营上更是蛮干瞎干。搞产品设计的时候，他们提出要依靠工人阶级制造“政治车”，实行“三不要”，即不要工程师、不要大学生、不要个人签名，理由是不能依靠资产阶级知识分子，设计者签名是为了个人树碑立传。在制定生产任务的时候，他们更是不讲流程，一味地强调速度和产量，高喊“就是用牙啃，也要把车啃出来，这是死命令”。

---

① “干打垒”是东北农村地区的一种简易造房技术，用一定比例的水泥、石灰和泥土混合，填入木模板中夯打结实做成墙体。1959年，大庆油田大会战时，被油田工人用于建造简易住房。“工业学大庆”期间，“干打垒精神”被极端化。

▲ 工人成了权威

就这样，一辆辆没有工程师参与设计、“用牙硬啃出来”的汽车被生产出来，其质量的糟糕是可以想见的。二汽的车几乎出厂没多久就发生毛病，而且屡修屡坏，群众编出顺口溜嘲笑说：“远看摇头摆尾，近看龇牙咧嘴，停下来漏油漏水。”陈祖涛回厂后，才逐渐恢复了产品试验、检验等规章制度。

1973 年 2 月，在江西鹰潭下放劳动的邓小平接到了回京的通知，3 月，他被恢复国务院副总理的职务。4 个月后，陈云也从江西石油化工机械厂被调回北京。他们协助重病在身的周恩来重振国纲。

邓小平、陈云复出后，最重要的一个经济决策是，重启“吃穿用计划”，主持了新中国的第二次大规模设备引进。

在“备战备荒”的经济战略走到了尽头之后，如何让老百姓吃饱饭、穿暖衣，成了很迫切的问题。

作家张贤亮很苦涩地回忆说：那时候，每两个月才分配给我们每人一市两食油，请读者设想一下如果你是单身一人，用什么器皿来盛这比一口口水还少的食油，还要在60天中每天炒菜都能倒一点出来？我保证你想象不出，但具有大智慧的我，很快就找到了最好的窍门：用眼药水瓶子！这样，每顿饭我都能滴出一滴。[1]

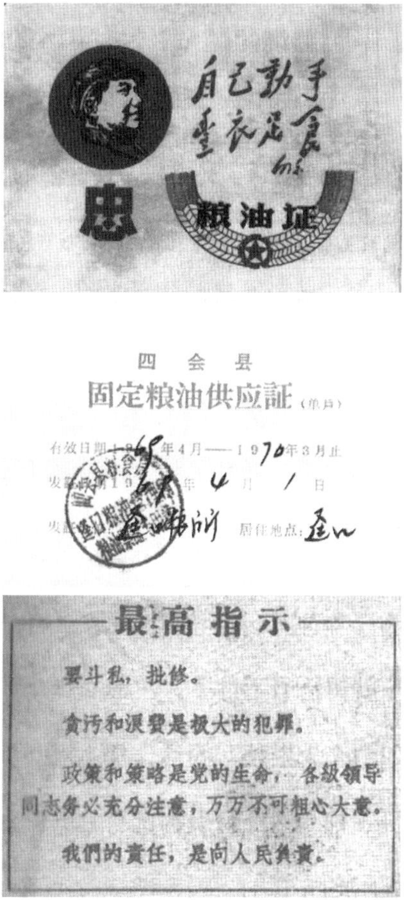

▲ 四会县固定粮油供应证

在相当长的时间里，人们为能够穿上一件新衣服而愁白了头，当时有很多流行语描述这种景象，譬如“新三年，旧三年，缝缝补补又三年”，“老大穿新的，老二穿旧的，老三穿补的”。中央电视台主持人敬一丹在《我管布票的日子》一文中回忆[2]：“在种种票证中，情有独钟的是布票，每年发一次，一发下来一大张一大张的，花花绿绿的，像邮票一样有小孔，能撕开。有10尺一张的，5尺一张的，还有1寸的。数这些布票时，眼睛、手、心都是在享受。那时我也算是正值妙龄，可经常穿着爸爸穿旧的、肥大的、4个兜的蓝布制服。弟弟从出生总是穿姐姐、哥哥穿小的衣服，衣服上总是这一个窟窿、那一个三角口。妈妈

① 张贤亮著，《“票证”的副作用》，收录于薛炎文、王同立编，《票证旧事》，天津：百花文艺出版社，1999版。本段引用有删减。

② 引自敬一丹《我管布票的日子》。

曾用我和姐姐小时的两件旧红格子外套，改做了4件棉坎肩，4个儿女一人一件，最小的那件是用28块布角拼成的。”

当时，中国纺织工业的原料是以棉花为原料的天然纤维，而棉花产量长期徘徊在年产4 000万担的水平上，1971年的棉花产量为4 300万担，比上一年还减产了7.6%。纺织部曾经主持开发化学纤维，但是合成纤维的技术问题始终解决不了，用涤纶布制成的衣裤被称为“的确良”，尽管这种面料很不透气，但是看上去挺括滑爽，耐穿易干，在当时几乎一衣难求。

1972年1月，国家计委向国务院递交《关于进口成套化纤、化肥技术设备的报告》，其中拟从法国和日本进口四套化纤装置，约需2.7亿美元，进口后每年可生产合成纤维24万吨，可织布40亿尺。报告特别拿“的确良”来计算，“其中‘的确良’（涤纶）的产量总数将达到19亿尺，城乡人民对‘的确良’的需要，将进一步得到更好的供应”。这个报告很快被批复同意，4套化纤设备被选定在上海的金山卫、辽宁的辽阳、天津的北大港和四川的长寿县。这是继20世纪50年代初的苏援“156工程”后，中国又一次向国外采购巨额的技术设备，西方国家闻风而动，法国总统蓬皮杜为了价格问题还亲自出面与中国方面沟通。

到1973年1月，国家计委再递交《关于增加设备进口、扩大经济交流的请示报告》，提出动用外汇43亿美元，集中进口一批成套设备和单机设备。这个方案的用汇总额（包括利息）后来增加到51.8亿美元，折合人民币214亿元。在1972年，全国的基本建设总投资不过412亿元，引进计划就占去了一半多，可见当时的决心之大。

这个报告在后来的4年内得到了落实，共引进26个成套设备项目，其中化纤4套，石化3套，大化肥13套，烷基苯1套，大型电站3套，钢铁2套。在邓小平的亲自督办下，所有项目的平均建设工期为3年8个月——而在过去的一段时间里，受政治运动的干扰，大型项目的平均建设工期为11年。北方曾流传一个顺口溜，描述的是天津拖拉机厂的建设：

“天拖天拖天天拖，大姑娘拖成了老太婆，8年打败了小日本，10年建不成个天拖。”

这一次大规模的设备引进对于国民经济的意义是决定性的，它改变了“备战优先”“三线优先”的战略，重新把投资的重点放在民生产业——与“吃穿用”相关的化纤、化肥和烷基苯项目就占了18个，占全部投资总额的63.8%，而且大半布局于东部沿海和长江沿岸地带。新建成的天津石化厂、辽阳石化总厂、上海石化总厂、北京石化总厂、沧州化肥厂、广州化肥厂、南京烷基苯厂、天津大港电厂、唐山陡河电厂以及武汉钢铁厂、南京钢铁厂的扩建工程等，都成为重要的工业项目，为日后的经济复兴打下了不可忽视的基础。

在某种意义上，20世纪70年代初期的这次引进工程可以被看成是1978年对外开放的一个前奏——尽管它被打断了几年。甚而言之，它是新中国经济第一次无意识地呼应了全球化浪潮的冲击，在世界性的产业梯级转移运动中，中国即将成为东亚四小龙之后的又一个被转移地区。据经济学家杨小凯的分析，1972年的这次进口工程在日后发展为一种进口替代战略，它一直延续到20世纪90年代中期。不过，杨小凯也进一步指出，这种战略是以公有制计划经济的制度来模仿私有制和自由市场创造的新工业化模式，成套的新设备及新技术被大量引进，但资本主义的法律制度、财产权结构、市场制度和相应的激励机制却仍然被视为洪水猛兽。对后者的吸收将是很多年以后的事情了。[①]

在大胆引进设备的同时，国务院还对无比涣散和无序的企业管理进行了整顿，国家计委起草了《关于坚持统一计划，加强经济管理的规定》，

---

① 开始于1978年的中国改革开放有两个非常幸运的地方：其一，当国门打开的时候，刚刚赶上全球制造业的新一轮梯级转移；其二，当经济发展到第十五个年头的时候，互联网经济勃然兴起，中国赶上了“信息革命”的头班车。

明确要求企业恢复和健全岗位责任制、考勤制度、技术操作规程、质量检验制度，厂长要抓产量、品种、质量、原材料、燃料动力消耗、劳动生产率和成本利润等七项指标。

复出后的陈云此时主抓他熟悉的外贸工作。他提出："我们对资本主义要很好地研究……过去我们的对外贸易是75%面向苏联和东欧国家，25%对资本主义国家，现在改变为75%对资本主义国家，25%对苏联他们。"[①] 国门关闭太久，几乎所有的人对外面的世界都是两眼一抹黑，陈云特地出了10道题目，让银行部门拿出数据来，这些题目包括："西方各国从1969年到1973年的货币发行量多少？外汇储备多少？其中黄金储备多少？现在世界黄金年产量多少？800亿欧洲美元都分布在哪些国家和地区？作为经济繁荣、衰退、危机的标志，工业除了钢铁之外，还有哪些行业？西方各国度过危机的办法是什么？每次危机间隔时间多少？美国1973年对外赤字多少？对外国银行给我们的透支便利的利害估计，等等。"从这些题目的开列可见，刚刚劳动改造归来的中国领导人的确是从ABC开始，重新了解世界。

就是在1973年，亲手把上海证券交易所关掉的陈云在资本主义的交易所里试着游了一回泳。

这年4月，中国粮油食品进出口总公司布置香港华润公司所属的五丰行，尽快购买原糖47万吨。当时国际市场的原糖求大于供，货源紧张，中国一旦求购，必将刺激价格上涨。陈云指令五丰行通过香港民间商人，先在伦敦和纽约的原糖交易所购买期货26万吨，平均每吨82英镑，然后，立即向巴西、澳大利亚等国买进现货41万吨，平均每吨89英镑。中国的求购信息传出后，交易所的期货价格果然大幅上扬，涨至每吨105英镑。陈云再指令将所持期货尽数抛出。经过这番交易，五丰行和香港商人共赚进300万英镑。

---

① 陈云著，《陈云文选》（第三卷），北京：人民出版社，1995年版。

事后，陈云专门就此事报告国务院，他写道：“对于商品交易所，我们应该研究它，利用它，而不能只是消极回避。”

发生在1973年的这些经济事件，充满了多年未见的清新气息，这一年的工业总产值增长了9%，粮食和棉花收成分别增长了10.2%和30.8%，财政收入也增长了4.6%，各项经济数据都是让人振奋的。可是转眼到1974年，政治空气突然又变得紧张起来。

1974年1月1日，《人民日报》发表元旦社论，称“在政治思想战线，无产阶级和资产阶级的斗争是长期的、曲折的，有时甚至是很激烈的”。从此，一场名为“批林批孔”的政治运动拉开了序幕，江青称之为“第二次文化大革命”。它以批孔子和林彪为主题，延伸为批“周公”和“宰相儒”，矛头实指主持中央日常工作、重病缠身的周恩来。过去一年里的经济投资及对外合作活动，都被指责为“洋奴主义”。

▲ 典型“文革”特色的商品

当时被拿来大做文章的是“蜗牛事件”“更新轮事件”和“风庆轮事件”。

1973年11月，为了引进一条彩色显像管生产线，第四机械部的12个专家组团到美国康宁公司考察。就在即将登机回国的机场上，一位康宁公司的雇员扛来一个箱子，取出一个个包装得很好看的硬盒子，分送给中国的客人。专家们打开一看，是每人一个玻璃蜗牛，根据盒内的说明，售价每个55美元。

到“批林批孔”运动开始后，有人便写信告状，说代表团在美考察时，康宁公司为了讽刺挖苦中国的“爬行主义”，送给代表团每人一个蜗牛。江青大喜，以为抓住了一个好典型，她亲自赶到四机部发难，说：“那个蜗牛在哪里？拿来给我看，中央要它作展览。”她还指示外交部向美国驻华联络处发照会提抗议，把蜗牛送回去，“对美帝国主义的挑衅坚决回击”。

四机部赶紧向美方去电质询，得到的回复是：“康宁公司没有任何讽刺挖苦的意思，目的只是想讨好中国人，希望中国买他们的技术，蜗牛只是圣诞节的一种传统礼品，没有爬行的概念，蜗牛代表吉祥，美国还有歌颂蜗牛的诗歌。”这样的解释当然不被接受，彩管生产线的引进被勒令中止，一直到 5 年后的 1979 年才得以恢复。

在紧张的氛围中，各部委纷纷清查所收到的各种外国礼物，其中又查出日本人送的乌龟和黄牛，前者被认定是一种“赤裸裸的污辱”，后者则是在暗讽中国“老牛拉破车”。

所谓的“更新轮事件”和“风庆轮事件”互相关联，而且同样荒唐。

我国造船能力长期严重不足，自造船舶只能满足 1/10 的需要，周恩来主张造船和买船并举，并在 1973 年动用外汇购买了一批外轮。

“更新轮”是上海海运局向西方国家购进的万吨轮，原本是一艘可载客 270 人、装货 8 000 吨的“邮船”。张春桥等人把它定为“崇洋媚外、投降卖国的典型”，在报章上大肆批判，说它的“每一块铁板上都散发着资产阶级的臭气”。这艘邮船被停泊在黄浦江上，当作“展品”供人们参观和控诉批斗。

为了与引进的“更新轮”形成对比效应，张春桥等人又挖出了“风庆轮”典型。

风庆轮是上海江南造船厂于 1973 年建造成的一艘万吨轮。交通部所属的中国远洋运输公司买下该轮后认为，它的主机性能不适于远洋航行，只适合在近海航行。“批林批孔”运动开始后，江南造船厂的造反工人和风庆轮海员贴出大字报《远洋公司还是崇洋公司》，指责交通部的鉴定崇洋媚外，看不起中国工人，强烈要求风庆轮远航。交通部被迫同意风庆轮远航罗马尼亚。

张春桥等人抓住这个事情大做文章。

风庆轮在远航途中，主机不断发生故障，险情频出，相关实情被刻意隐瞒。1974 年的 9 月底，风庆轮终于“胜利”归来，上海的《解放日报》马上刊文《乘风破浪胜利前进——从风庆轮首航远洋归来赞自力更生方针的伟大胜利》，将造船与买船对立起来，认定“造船不如买船，买船不如租船”是一种“洋奴哲学”，是一条卖国主义路线，“风庆轮不是一条船的问题。风庆轮的远航是整个政治斗争的一个组成部分。造船的斗争和整个路线斗争是紧密联系的”。江青更是公开致信在京的中央政治局委员，十分激烈地认为：“看了有关风庆轮的报道后，引起我满腔的无产阶级义愤。试问，交通部是不是毛主席、党中央领导的中华人民共和国的一个部？国务院是无产阶级专政的国家机关，但是交通部却有少数人崇洋媚外，让买办资产阶级思想的人专了我们的政……这种洋奴思想爬行哲学，不向它斗争可以吗？”

从 10 月到 11 月间，围绕“风庆轮事件”，江青等人举办了上百场报告会，发动 20 多万人上风庆轮参观，还组织《歌唱风庆轮》的专场歌咏大会。在 10 月 17 日晚上的政治局会议上，江青、张春桥借“风庆轮事件”向周恩来、邓小平等发难，逼迫中央政治局成员当场表态。邓小平忍无可忍，愤然离开会场，张春桥在他身后嘲笑说：“早就知道你要跳出来，果然跳出来了！”

为了鼓动基层再次“造反”，江青等人还提出“不为错误路线生产”、“宁长社会主义的草，不栽资本主义的苗”等。这些口号呈现出越来越强烈的“反智”倾向。在这期间，最极端的事情是，他们还推出了一个“白卷英雄”的典型人物。

在 1973 年前后，经周恩来等人的提议，多年停止招生的大学开始以

▲“备战备荒”的经济战略走到尽头

政治推荐和书面考试的方式重新招收学生，其中最积极的就是上山下乡的知识青年，他们被统称为“工农兵学员”。这一年 8 月 10 日，《人民日报》刊登报道《一份发人深省的答卷》，讲述了这么一件新鲜事：这一年 6 月底，辽宁省兴城县白塔公社枣山大队第四生产队队长、下乡知识青年张铁生参加大学招生考试，在物理化学的考卷上，他没有做出一道题目，交了白卷，同时，他却在试卷的背面写了一篇 600 多字的“致领导信”。他写道：“对于那些多年来不务正业、逍遥浪荡的书呆子们，我是不服气的，而且有着极大的反感，考试被他们这群大学迷给垄断了，在这夏锄生产的当务之急，我不忍心放弃生产而不顾，为着自己钻到小屋子里面去，那是过于利己了吧。如果那样，将受到自己与贫下中农的革命事业心和自我革命的良心所谴责。”

张铁生被认为是反对教育战线“资产阶级腐朽路线”的时代典范，是一个具有路线斗争觉悟的反潮流英雄，各地纷纷提出“不做分数的奴隶”“分数面前人人平等不能重演”“智育第一害死人”，这股反知识、反理性的政治思潮让刚刚有点恢复的教育秩序再次大乱。

在极左路线的种种干扰下，虚弱不堪的宏观经济再受冲击，1974 年的工农业总产值仅比上一年增长 1.4%，大部分工业产品产量没有完成计划，财政收入再度出现赤字。

极左集团在城市里反对国际合作，在农村，则再次掀起了“割资本主义尾巴”的运动。

自从“文革”开始后，中央三令五申严厉禁止任何私人的自由买卖活动，人民公社定期检查农民的自留地和私人喂养的家禽，看看是否偷偷扩大了面积或超过了公家规定的头数。把自养的家禽偷偷拿到市场上出售是一种投机倒把的行为，将受到严厉的惩治。可是，正如安东尼奥尼在河南林县偶尔发现的，到 20 世纪 70 年代中期，发生在农村的自由集贸活动已经呈半公开化的状态，而在极左的人看来，这些正是应该坚决割掉的资本主义的“小尾巴”。

1974 年，已经当上国务院副总理的原大寨村支部书记陈永贵到福建省晋江市视察，在一个叫石狮的小渔镇里，他看到了让他大吃一惊的景象：光天化日之下，在当地的农贸市场，一群仿佛是从地下冒出来的小商小贩乱糟糟地挤作一团，人们在各种各样的摊点前兴奋地交谈着，彼此讨价还价。据当地干部统计，当时在石狮镇有上千名个体商贩在街头摆摊设点，其中绝大多数是无照经营。

由于道路狭窄，来来往往的小商贩们造成了交通堵塞，以至于陈永贵的专车竟无法顺利通行。陈永贵触景生情，说出了一句后来在全国广为流传的话：“这是资本主义挡住了社会主义的路，堵不死资本主义的路，就迈不开社会主义的步！”

很快，石狮成了全国“割资本主义尾巴”的反面典型。据当时的排查记录显示，在所有的投机倒把分子中，非法获利万元以上的就有 11 人，非法获利 5 000 元以上的 14 人，千元以上的 54 人，这些人都受到了惩罚，有的被关押判刑，有的被抄没家产。北京的电影制片厂专门来这里蹲点拍摄，制成了一部长达28分钟、名为“铁证如山”的新闻纪录片。从留存至今的镜头中，可以看到混乱而肮脏的自由市场交易画面，一个个看起来惊恐如鼠的小商小贩，影片的画外音以泰山压顶般的口气怒斥道：“石狮的资本主义小摊小点有993个，日成交额达60万元！这里乌七八糟、臭气冲天！……自由买卖是资本主义，你们自由买卖了，你们是资本主义；烧香拜佛是封建主义，你们烧了拜了，你们是封建主义。瞧，铁证如山！”

后来的史家当然给予了石狮完全不同的定论。在1978年之后，正是福建的晋江地区、广东的潮汕地区以及浙江的温州和台州地区，成为私人经济率先活跃起来的发源地。

1974年12月3日凌晨，顾准在昏暗和寂寞中去世。在过去的几年里，他经常咯血，并有低烧，但是医生一直把这些症状当作气管炎来治疗，当最终确诊为肺癌以后，已是无药可治的晚期。

从“文革”开始之后，顾准与中科院经济所的同事们被集体下放到干校劳改。那些日子，无论是夏天还是秋天，他头戴宽边草帽，脚上穿着破绿军鞋，整天奔忙在贫瘠坚硬的田地上，做着毫无效率可言的农活。据吴敬琏的回忆，在当时，顾准“痰中带血”，身体已经出现了恶化征兆。他瘦弱的身影在辽阔的华北平原上显得那么的无力和可笑，没有人知道，在这具已经被抛弃的躯体内正流淌着一股倔强而清醒的血液。

一个比他小十多岁的研究员吴敬琏，与顾准成了莫逆之交。吴敬琏的政治定性是“帽子拿在人民手中的反革命分子”，他开始对“文化大革命”的真实意图产生了怀疑，而顾准显然看得更加深远。吴敬琏日后回忆说：“顾准总是说，这不只是那几个人的问题，对于中国为什么在20世纪都已过去了一半的时候还会发生‘文化大革命’这样的怪事，需要放到整个历史发展的背景下去观察。”①

① 邢小群著，《我与顾准的交往——吴敬琏访谈录》，载《百年潮》1997年第4期。

这时候的顾准，早已经不是过去的那个顾准了。苦难让这个人的灵魂变得更加纯净，而思维的深度更是让他超越了所有的同时代人，这位早年的会计学教授、上海市财税局长不再满足于所谓的“专业”。在1971年7月17日的日记中他写道：“会计一道，不想再碰，20年前旧业，也不想再操了。”顾准开始向上追溯，他研究先秦的韩非子、荀子，研究中世纪以来的法国革命史，进而上溯到希腊的城邦制度。他想要搞清楚人类在追求民主制度时所面临的种种抉择与思考方式，这种富有穿透力和强大时空坐标感的钻研，让他的思考力变得愈加锐利，他对诸多寻常事件的看法已信手拈来，皆成智珠。某次，一位棚友购得一本《天演论》，视为宝物，顾准拿来“粗读一过，颇多感触”。他的感触是：“（此书）归根到底，无非强调人定胜天一语，而于政治则为舍己为群，一反利己即利人之说，持其论，可以破民主个人主义，而归于集体英雄主义，此集体英雄主义锋芒所向。并非人事，特为自然。循是推论，则凡违此义者，都与人类本身之目的不合，而为人类之异己分子，阶级斗争不可废，且永不可废，根据悉在此。”[①] 自从《天演论》被翻译到中国后，从没有人以这样的角度来解构这部一直被奉若真理的作品，顾准却从中尖锐地看出了植根于国民精神深处的对专制的膜拜，他的思想如一把薄如素叶的手术刀，准确而干净，举手一试，万物颓然。

1971年8月，顾准以“十年来的苏联经济”为题写道：“他们的经济是有发展的，但是，这仍是备战经济体制的发展，而且是一种极其笨拙的、悉索敝赋的以供军备的那种发展，一句话，斯大林主义的经济体制，对他们已经积重难返，成了不治之症了。”他进而说：“本因为如此，所以，他们的经济体制本质上是一种浪费和窒息的制度，用在军费与基本工业扩展上的比例很大，用于增加消费基金的数额，永远跟不上工资的增加……我想，在看得见的将来，这个看来都难受的体制还是会歪

① 顾准著，《顾准日记》，北京：经济日报出版社，1997年版。

歪斜斜地向前走，但是会有一种力量来推翻这个令人窒息的制度。”[①]

顾准是1972年夏天回到北京的。他的妻子汪璧已经在4年前自杀，而子女们与他断绝了父子关系。他只好住在中科院的一间斗室中。在生命的最后两年里，他天天跑北京图书馆，大量阅读与做笔记，为一本名叫“希腊城邦制度”的书做准备。

这是一个为抽屉而写的伟大作品，顾准根本不知道有没有出版的那一日，他的工作动力来自天地间一个冥冥的召唤。他以数十万言冷峻的笔墨，深刻地分析了城邦制度与“东方专制主义”的区别，“在全面比较中西文明的基础上探索人类社会发展的轨迹”。他的书中写道：“地上不可能建立天国，天国是彻底的幻想，矛盾永远存在，所以，没有什么终极目的，有的，只是进步。”[②]这位早年狂热的理想主义者终于在历经劫波之后脱胎换骨，回归为一个理性、中庸、信奉渐进的经验主义者，在一个接一个昏暗难眠的夜晚，他将毕生的愤怒铸成了一个个带血的汉字。顾准不知道的是，几乎就在他埋头工作的同时，匈牙利的经济学家亚诺什·科尔内（János Kornai）正在创作《反均衡论》（1971年）和《短缺经济学》（1980年），而写出过《通往奴役之路》的英国人哈耶克正因他捍卫自由市场经济的主张成为西方声名最隆的经济学家，他将在1974年获得诺贝尔经济学奖，在全球思想界，对僵硬的计划经济制度的彻底清算已经进入了倒计时。

顾准晚年一直对自杀的妻子念念不忘，他的同事骆耕漠曾回忆一个细节：“1973年前后，记得我刚补发了工资，我请顾准到莫斯科餐厅吃饭，回来时太阳落山了，他说，我们走条近路回去吧。其实路也不近，走到一座楼前，他眼睛望着楼上一个窗户，默默地停了好长时间。我才知道，他

---

① 转引自罗银胜著，《顾准传》，北京：团结出版社，1999年版。

② 顾准的《希腊城邦制度——读希腊史笔记》一书在1982年由中国社会科学出版社出版。

是特意到汪璧住过的地方凭吊，汪璧是在这里自杀的。”[①]

1974年11月，医生在顾准的痰液培养结果中发现了癌细胞，顾准自知末日降临。当时，那场“文革”浩劫似乎还没有任何终结的迹象。就在秋风萧瑟中，顾准把44岁的“干校棚友”吴敬琏叫到病房，他冷静地说：“我将不久于人世，而且过不了多久就会因为气管堵塞说不出话来，所以要趁说得出话的时候与你作一次长谈，以后你就不用来了。”[②]在这次长谈中，顾准认为中国的“神武景气”[③]是一定会到来的，但是什么时候到来不知道，所以，他送给吴敬琏4个字，“待机守时”。顾准在遗嘱中把自己的遗稿分为两部分，其中“有关希腊史部分交给吴敬琏同志”。这可以被看成是一个思想家对另外一个思想家的衣钵传承。十多天后，顾准去世，吴敬琏亲手把他推进了阴冷的太平间，这位日后中国最有影响力的经济学家回忆说：“这是我有生以来第一次亲眼目睹一个活生生的生命悄然而逝。而消逝的，竟然是这样一个疾恶如仇却又充满爱心、才华横溢、光彩照人的生命，不能不使人黯然神伤……我在回家的路上就是觉得特别特别冷，觉得那是一个冰冷的世界，顾准就像是一点点温暖的光亮，但是他走了，然而我想，他还是给我们留下了光亮。”[④]

顾准最终成了那个没有到达目的地的人。十多年后，他被认为是一个“卸下肋骨点燃光明的烈士”，他用自己的苦难讲述了生命的坚强、丰富和宽广，讲述了绝望的不存在。自1952年之后，他就被那个时代所抛弃了，随后的22年里，他的生活凌乱而惨淡，他的身份卑贱而可鄙，他的声音

---

① 摘自邢小群的《患难之交相濡以沫——骆耕漠访谈录》，收录于《顾准日记》，北京：经济日报出版社，1997年版。

② 邢小群著，《我与顾准的交往——吴敬琏访谈录》，载《百年潮》1997年第4期。

③ “神武景气”：神武天皇被奉为日本的开国之王，传说他在2 600多年前由神变为人，受上天的旨意来统治日本。第二次世界大战后，日本经济高速成长，人们将1955—1957年的经济增长称为“神武景气”。

④ 邢小群著，《我与顾准的交往——吴敬琏访谈录》，载《百年潮》，1997年第4期。

低微而怯弱，他被昔日的同志所厌恶而显得多余。但是最终，他的存在成为那个时代的最后一抹尊严。[1]

1973年10月，中东地区的以色列与阿拉伯国家之间爆发战争，后者为了反对美国支持以色列，集体提高原油价格并威胁停止对美国供油，从而直接引爆了全球性石油危机，这也是人类经济史上的第一次石油危机。国际市场的石油价格从每桶3美元猛涨到12美元，仅提价一项使阿拉伯国家的石油收入由1973年的300亿美元，猛增到1974年的1 100亿美元。

石油价格暴涨触发了第二次世界大战之后最严重的全球经济危机。日后持续三年的石油危机对发达国家的经济造成了严重的冲击，物价攀升，经济萧条，失业率大幅提升，美国的工业生产因此下降了14%，日本的工业生产下降了20%，所有工业化国家的经济增长都明显放慢。在西方经济史上，这场危机意味着战后统治政商界长达30年之久的凯恩斯主义的阶段性终结，因为，事实与凯恩斯主义的基本理论发生了矛盾：通货膨胀不可能与大规模失业同时发生。各国政府意识到了财政限制及控制货币供应量的重要性。这一共识的逐渐形成，直接导致了几年后信奉自由市场的“里根–撒切尔”主义的诞生。

在这场危机中，还伴生出了另外一个景象：石油资源丰富的社会主义苏联成了意外的获益者。据霍布斯鲍姆在《极端的年代》中记述，从20世纪70年代初期到1980年，苏联向西方国家大量出口石油，其比例从占出口总额的18%猛增到32%。“黑色黄金”所带来的滚滚财富让早已陷入困境、被顾准诊断为“不治之症”的计划经济体制突然找到了一个硕大的“救生圈”。如霍氏所分析，“从此，苏联政府根本放弃了任何认真的尝试，

---

① 1980年2月9日，顾准被“恢复名誉，彻底平反”，当日，中科院为他和妻子汪璧召开追悼会，他的骨灰被安放在八宝山革命公墓的“正局级墓室”里。1994年9月，《顾准文集》由贵州人民出版社出版，1997年9月，《顾准日记》由经济日报出版社出版。

以挽回显然正在走下坡的经济，在世界市场上购买小麦喂饱百姓，比在自家努力下解决农业生产问题容易多了”[①]。也就是从此开始，腰包满满的苏联与美国展开了长达15年之久的军备竞赛，直至1990年苏联解体。日后来看，当改革被放弃的时候，石油变成了一个“诅咒”。

对中国而言，这场石油危机的影响也是深远的。在能源价格上扬的压迫下，发达国家开始产业升级，并谋求更大规模的全球化贸易，经济的实际利益超越了意识形态的分歧。一直被排斥和“遗忘”的中国显然成了一块最诱人的处女市场。这种势能的出现，为正在艰难地打开国门的中国，创造了一个十分有利的发展空间。周恩来、邓小平等人在1973年启动的大规模设备引进工程事实上正顺应了这一潮流。

在决定性的时刻到来之前，中国还将经历一段难熬的岁月。

进入1975年之后，周恩来病重住院，邓小平主持中央日常工作。他与江青等人的斗争日趋白热化。邓小平多次表达了破釜沉舟的决心，他说：“老干部要横下一条心，拼老命，‘敢’字当头，不怕，无非是第二次再被打倒，不要怕第二次被打倒，把工作做好了，打倒了也不要紧，也是个贡献。”后来在1982年，他回顾说：“说到改革，其实在1974—1975年我们已经试验过一段。1975年我主持中央常务工作，那时的改革，用的名称是整顿，强调把经济搞上去，首先是恢复生产秩序。不久，我又被‘四人帮’打倒了。”从数据上看，尽管受到很大的干扰，不过在邓小平等人的整顿政策下，国民经济又出现了反弹，1975年的工农业总产值增长了11.9%，是10年来增长最快的一年。

1975年12月，江青、张春桥等人发动“批邓、反击右倾翻案风”运动，再次把邓小平打倒。

这时，国家飘摇，局势动荡，中国走到了一个无比微妙而重大的十字路口。

---

① ［英］艾瑞克·霍布斯鲍姆著，郑明萱译，《极端的年代》，南京：江苏人民出版社，1999年版。

1976 转折的前夜

团泊洼，团泊洼，你真的这样静静的吗？

全世界都在喧腾，哪里没有雷霆怒吼，风云变化！

——郭小川：《团泊洼的秋天》，1976 年

1976 年，从一开始就被证明是一个绝不平凡的年份。

在这一年，中国三位最重要的政治家相继去世。1 月 8 日，国务院总理周恩来逝世；7 月 6 日，人大常委会委员长朱德逝世；9 月 9 日，中共中央主席毛泽东逝世。时年 55 岁、当过毛泽东的故乡湖南省湘潭县县委书记的华国锋被指定为接班人。

3 月下旬至清明期间，北京天安门广场爆发群众自发悼念周恩来的行动。民众对极左路线的愤懑在这里得到了极大的宣泄，一首匿名诗歌迅速风靡全国："欲悲闻鬼叫，我哭豺狼笑。洒泪祭英杰，扬眉剑出鞘。"[①] 诗句犀利，直指反周的江青、张春桥

① 后来调查得知，此诗作者为山西一家机械厂的青年工人王立山。

等人。还有人在天安门观礼台上挂了一条很有点幽默感的横幅："要深入批邓：小平同志，你拿那么高的工资，不出来工作不行咧！"这场群众行动被定性为"天安门反革命事件"，邓小平成"幕后主使"，他因此被撤销党内外一切职务，保留党籍，以观后效。

7月28日，河北唐山发生里氏7.8级强烈地震，唐山城全毁，余震波及北京、天津，累计死亡24.2万人，重伤16.4万人，全球震惊。

10月6日，华国锋与叶剑英等军队老帅配合，对江青、张春桥、王洪文和姚文元四人实行隔离审查，他们被称为"四人帮"。对这个极左集团的全面清算，是共和国历史上一个十分重要的政治事件，也是国家发展战略出现重大转折的标志。

受到自然灾害及政治波动的影响，1976年的工农业总产值只比上年增长了1.7%，远远低于计划要求的7%~7.5%，国家财政收入也出现了29.6亿元的赤字。在国家投资拉动为主要手段的计划经济体制下，政治斗争是经济波动的主要影响因素。从1965年到1976年，中国共出现4次经

▲ 唐山大地震中严重受损的火车轨道

济高峰，分别是1965年、1970年、1973年和1975年，此外出现了4次低谷，分别是1967年、1972年、1974年和1976年。但这一时期，由于价格受到严格控制，宏观变动竟与通货膨胀无关，这与1978年之后的情况大不相同。

从这一年的报章来看，舆论一直在不停地声讨邓小平的经济政策。

1976年6月16日的《光明日报》上有一篇《靠“责任制”还是靠觉悟？》的文章，它的署名者是“上海市求新造船厂铜工弯管组”。文内写道：党内最大的不肯悔改的走资派邓小平，授意炮制的《条例》大肆鼓吹所谓“责任制”，胡说什么“规章制度关键是一个责任制”。这种不讲路线、不讲共产主义风格的“责任制”，到底是个什么货色，我们广大造船工人心里最清楚。

文章说，“岗位责任制”对广大群众实行管、卡、压，什么车、钳、刨、铣各有专职，电焊、漆工不许乱来，每人都要“安守本分”；部门、工种之间不得越雷池一步，如有任何的“越轨”行为，就要扣工资，给处分。这种“责任制”死死地束缚了我们工人的手脚，扼杀了我们工人群众的社会主义积极性，其罪恶目的就是要取消工人阶级的领导地位，诱骗工人埋头生产，不问无产阶级政治，听任他们推行修正主义路线，复辟资本主义。

从8月13日到10月6日，仅《人民日报》就发表“批邓”文章总计110篇。由北京大学、清华大学批判组编写的三本“批邓”小册子发行了上千万册。邓小平、陈云等人在过去两年多里推行的开放和整顿政策几乎被全部推翻了。

邓小平的再度复出是在1977年7月。因叶剑英元帅等人的坚持，在中共第十届三中全会上，邓小平当选为政治局常委、中共中央副主席、中央军委副主席、国务院副总理和中国人民解放军总参谋长。在8月12日的中共第十一次全国代表大会上，中共中央通过决议宣布，持续了10年之久的“文化大革命”正式结束。

在 1976—1977 年间，计划经济的弊端已经完全地呈现出来，人们彻底厌倦了一场接一场的、永无尽头却没有任何实惠的政治运动。据胡鞍钢的统计，从 1949 年到 1976 年，中国开展各种大小政治运动多达 67 次，平均每年 2.5 次，往往一个运动尚未结束，下一个就接踵而至。在“四人帮”被清除之后，华国锋仍然大搞政治运动和坚持“两个凡是”的方针，即“凡是毛主席作出的决策，我们都坚决维护；凡是毛主席的指示，我们都始终不渝地遵循”。对这一方针的扬弃，将经历一场著名的大讨论，在 1978 年年底才尘埃落定。

10 年“文革”对中国当代史的影响是巨大的，它产生了两个后果，一是大大延缓了中国的现代化建设，二是将计划经济的弊端彻底暴露，为后来的改革开放创造了心理和体制空间。

首先，“文革”造成空前的社会伤害和经济损失。1960 年，中国的国民生产总值为 1 457 亿元，与日本相当。而到 1977 年，中国的经济规模已不到日本的 1/3，只相当于美国的 1/10。正是在这 10 年中，日本成长为一个超级经济大国，韩国、新加坡等亚洲“四小龙”纷纷崛起。

▲ 打倒“四人帮”

胡鞍钢对“文革”10 年的经济损失有过一个定量分析。据他的计算，中国经济的长期增长潜力为 9% 左右，

1952—1957 年间实际 GDP 增长率为 9.2%，1978—2003 年的实际 GDP 增长率为 9.3%，而 1957—1978 年间为 5.4%，也就是低了 4 个百分点，这个增长率也远远低于亚洲的其他发展中国家。

10 年“文革”中，因为教育制度的失误，全国少培养了 100 万大学毕业生和 200 万中专毕业生，耽误了一代人，中国的科研水平与世界先进国家的距离进一步拉大。据蔡昉和都阳的研究，“文革”使潜在人力资本存量减少了 14.3%。

对于 10 年浩劫的影响，国内外学者还有另外一些观察角度。哈佛大学的德怀特·珀金斯便认为：“‘文化大革命’最具破坏性的后果，并不是红卫兵年代的无秩序造成的，而是长期遵循一个独特的发展战略并由战略而产生的计划和管理的质量所致。因此，要解决这个中国长期以来一直存在的问题，需要从根本上改变战略，但中国的计划制订者在 10 年之后才充分认识到这一点。”① 帕金斯所谓的“10 年后”，就是指 1976 年。

帕金斯的意思是，尽管“文革”造成了国民经济的混乱，然而，在这期间，经济治理的模式与逻辑与之前并没有任何改变。这些模式和逻辑包括：高度集权的计划经济体制、限制和逐步消灭商品和贸易关系的产品经济模式、重工业和军事工业优先的投资战略、完全依赖国家投资全面取缔私人资本的经济治理思想、限制按劳分配推行平均主义的原则、反对权威主义取消专业分工的准则、坚持自主封闭反对国际贸易的做法等。吴敬琏在《中国增长模式抉择》一书中也表达了同样的观点，他写道：“企图以海量投资带动经济高速增长的大跃进运动造成了我国经济情况极度恶化以及巨大的财富乃至生命损失，然而，即使造成了这样大的灾祸，传统的工业化战略却始终没有得到纠正。经济增长主要倚靠投资，特别是重化工业投资，成为从第一个五年计划到开始改革开放的几十年中我们经济发展的基

① 德怀特·珀金斯著，《改革中的中国经济体制》，载《经济文献杂志》，1988 年 6 月。

本特征。”[①]

上述种种模式与逻辑从20世纪50年代之后一以贯之，并无重大更改。在“文革”10年中，由于众多精通经济管理的高中层官员或被打倒，或被下放，使得计划经济制度的负面性以更剧烈和更极端的方式呈现。在这个意义上，“文革”作为一个代价昂贵的“反面教材”，为日后的思想解放和经济体制改革创造了空间。

▲“文革”油画——现代艺术家眼中的“文革”

1949年之后的新中国，再没有受到列强的军事侵略。到1976年，无论在人口、经济还是军事意义上，它都已经是一个不容欺辱和轻视的大国。

从1952年到1976年，中国的人口死亡率从1.8%降低到0.73%，水浇地占耕地面积从18.5%提高到45.3%，每亩使用化肥从0.2公斤增加到19.4公斤。中国的钢产量增加了129倍、煤产量增加15倍、发电量增加47倍、石油产量增加726倍、化肥产量增加874倍、水泥产量增加71倍、粮食产量增加2.5倍、棉花产量增加4.6倍。中国的铁路里程增加2.2倍、公路里程增加10.2倍、水运和航空里程分别增加1.9倍和8.6倍。中国用不到30年时间建立了独立的、比较完整的工业体系和国民经济体系。

中国还是世界上少有的没有通货膨胀的国家之一，从1952年到1978年的通胀率平均每年只有1.7%。中国的中小学在校学生增加8.4倍、高等学

① 吴敬琏著，《中国增长模式抉择》，上海：上海远东出版社，2006年版。

校学生增加 5.3 倍。中国政府还在城市和农村分别建立了公费医疗和合作医疗体系。中国还是当时世界上 4 个核武器俱乐部成员之一，另外 3 个成员是美国、苏联和法国。

尽管取得了上述成就，但是中国显然不是世界上经济增长最快的国家之一，甚至因为政治局势的动荡，特别是“文化大革命”的 10 年浩劫，经济增长总是被打断和处于停滞的状态。据安格斯·麦迪森在《中国经济的长期表现：公元 960—2030 年》一书中对亚洲各国人均 GDP 增长率的计算，在 1952—1978 年之间，中国与其他国家和地区相比是整体落后的。中国人均 GDP 增长率是 2.3%，日本、韩国、新加坡三国及中国香港和中国台湾地区分别是：6.7%、6.3%、4.8%、5.4%、6.6%。从 1952 年到 1978 年，中国的出口额只增长了一倍。①

1976 年，随着“文革”的结束，国家治理者面对的是一个千疮百孔的经济摊子。“1978 年以前的中国格局可能是最糟糕的局面。”美国耶鲁大学教授陈志武的这一评论，是经济界的一个共识。

指令性计划经济体系的构筑，让产业经济的效率非常低下。城市的食品和基本消费品实行配给制，国有企业部门非常庞大，普遍实行对生产资料的价格管制，甚至火柴涨价一分钱，都要由国务院讨论和批准。私人财产不受法律保护，民营经济近乎零。在国营企业领域，工厂没有生产积极性，效率与效益的双重滑坡十分惊人，僵化的计划经济体制已经走到了尽头。林毅夫等人的研究表明，传统工业化道路造成了畸形的产业结构和低下的经济效率，使得产值增长的数字并不能反映实质性的经济增长。

在全国投资总额中，重工业所占比重在连续两个“五年计划”期间

① 与之相对比的数据是，1978—2003 年，中国发展明显加速，人均 GDP 增长率达到 6.6%，日本、韩国、新加坡及香港和台湾地区则依次为 2.1%、6.3%、4.8%、3.9% 和 4.7%。1978—2003 年，中国出口增长了 28 倍，出口占 GDP 的比例从 4.6% 上升到 26.6%。

高达 51.1% 和 49.6%，但生产效率、经济效益却渐趋低下。虽然多年强调“以钢为纲”，但 1976 年的钢产量只有 2 040 万吨，仅相当于 1971 年的水平。整个工业到 1976 年出现了“六个惊人”的大倒退——一是消耗高得惊人，二是劳动生产率低得惊人，三是亏损大得惊人，四是设备破坏得惊人，五是“胡子工程”（久拖不决、久建不成）长得惊人，六是投资效益低得惊人。

有一些数据可以生动地表明投资效率的低下到了多么可怕的地步。据国家统计局的计算，在 1976 年生产 1 千瓦电所需要的投资，竟比 1966 年要高 3 倍，生产 1 吨钢所需投资则高将近两倍，运输每吨每公里所需投资则超过 40%。另据李安增、王立胜所著的《1976—1982 年中国当代史》统计，每百元积累所增加的国民收入，1955 年为 35 元，到 1976 年已下降到 16 元；工业每百元实现的利税，1966 年还是 34.5 元，1976 年下降为 19.3 元；商业每百元实现的利税，1957 年是 20 元，到 1976 年只有 9.7 元。

到 1976 年年底，私营经济在我国已经绝迹，个体经济也微乎其微，全国城镇个体工商业者只剩下 19 万人，仅为“文革”爆发时的 12.2%，锐减了 87.8%，其中个体工业减少了 88.9%，个体建筑业减少了 60%，个体运输业减少了 88.9%，个体商业、饮食业和服务业减少了 75%，其他个体经营者减少 98.4%。在上海，全市的日用工业品集体商业网点只有 1 283 个，个体商贩仅剩 3 085 人，百业萧条，已到绝境。

在民生方面，片面强调重工业优先的产业发展战略，让物资短缺的问题始终无法得到根本性的改变。

人们的日常生活被各种各样的票据所困扰，而收入则常年没有增加，从 1958 年到 1977 年，20 年间中国城镇居民的收入人均增长不到 4 元，农民则不到 2.6 元。在当时，一个工厂学徒的月工资为 18 元，而最具资历的“八级”老工人的最高月工资为 108 元，这已是普通人中最高的收入了。1976 年，一个北京市的工人，每月可配到半斤油票，另外可凭副食品供应证购买半斤鸡蛋、一斤半猪肉、半斤豆腐、二两粉条和一两芝麻酱。

在物价上，出现了日用食品价格较为低廉及家用工业品无比昂贵的反差。1976年，1块钱可以买12~13个鸡蛋，一碗素面8分钱，肉面1毛4分钱，一个成年人每月的粮食定量标准为30斤，一斤大米的价格不到3毛钱，一斤菜籽油不到6毛钱，肉是凭票供应，分为四等，最肥的一级肉8毛多一斤，最瘦的四级肉为4毛多一斤。相比，工业品的价格就要贵很多，一辆凤凰牌自行车售价156元，一台蝴蝶牌缝纫机售价187元，一块上海牌手表售价120元。人们为了得到上述这“三大件”，不得不拼命地缩衣节食。工业品的价格之所以那么昂贵，除了供不应求的因素外，还是快速回笼货币、防止产生通货膨胀的“办法”之一。

城市居民的住房条件长期得不到改善，三代人甚至四代人同居一室的现象比比皆是。一份对全国192个大城市的调查报告表明，城市住房面积在1949年为每人平均4.5平方米，到1978年则下降到3.6平方米。从1976年起，北京、沈阳等城市的居民开始大着胆子，违规“盖小房”。作家王蒙描述说：“大伙纷纷将（公家的）建筑材料化为已有。开头，这种

▲ 改革开放初期城镇居民住房拥挤

‘偷’虽然明目张胆，还是有某些节制某些分寸的：有的人尽量挑一些半截砖，烂木板，各种下脚料，就是说将工地淘汰下来的东西往自家搬。渐渐地，有人肆无忌惮地拆开工地上的各种保护阻拦，拿起最好的建筑材料就往家里走。当这样的大胆者受到工地上的人的劝阻，告诉他们拿公家的东西去干私活未免不妥的时候，他们回答说：‘什么叫公家的？我就是公家的！我就是国家的！连命都是属于公家的！’他大声疾呼，公然宣告，振振有词，理直气壮，气冲云霄！”①

在农村，充满了理想主义色彩的人民公社被证明是一个“虚假的天堂”，有很多民间谚语讽刺这一制度的低效和不公正。一则流传于安徽一带的顺口溜这样描述农民上工的情景：“头遍哨子不买账，二遍哨子伸头望，三遍哨子慢慢晃，到了田头忘带锄，再去回家逛一逛。”到1977年，中国人均粮食产量是318公斤，仅比新中国成立初期的1952年多了30公斤。

以安徽凤阳县为例，这个出过明朝开国皇帝朱元璋、以凤阳花鼓闻名的鱼米之乡从1953年到1978年的26年间，粮食实际征购量11.97亿斤，同期农村回销、城镇供应15.68亿斤，也就是说，购销相抵后，凤阳农民不仅对国家没有贡献一粒粮食，反而吃进了3.71亿斤。每年到了春荒，凤阳县的一些生产队由队长带领，拿着盖上公章的介绍信，打起花鼓，唱着辛酸的歌谣，踏上乞讨的道路。到了1978年冬季，正是在这里的小岗村，十多个被逼到绝路上的农民冒死签下了著名的“包产到户”合约。

在1976年的中国农村，有10万家小工厂特别值得关注，它们都很像在前面章节中描述过的鲁冠球式的工厂。如果有一双“先见之眼”的话，

① 值得注意的是，即便从1978年改革开放之后，城市居民的住房局促一直没有得到改善，而同时城市人口急剧增加，到1998年，中央政府推出刺激地产的政策，房地产顿时出现井喷景象，相关事实见《激荡三十年·下》。

我们将看到，在未来30年里，它们居然是启动中国经济的第一股力量。

这些由公社或生产大队创办的“社队企业”主要从事的行业有：小水泥厂、小钢铁厂、小化肥厂和小机修厂。它们要么是为了建造房屋和兴修农田水利，要么是为了修理拖拉机等农业机械。因为城里的国营工厂实在无法满足农民的这些基本生活和劳动需求，所以，默许其存在，不过对之有严格的限制，它们只能在公社内部——最多在附近的地方进行生产和销售，否则就算是投机倒把。

据《中国统计年鉴》的数据显示，这些社队企业居然从来没有消亡过，在1960年的时候，为了“大炼钢铁”，社队企业的数量一度多达11.7万个，到1963年就被砍剩下1.1万个。从1966年起，它又开始复萌，1970年达到4.5万个，到1976年为10.6万个。

这些企业独立于国家计划体制之外，成为一股很奇特的经济力量。在资产关系上，它们属于公社或生产大队集体所有，不过，它们的经营活动却操控在某些“能人”手中，这些人甚至还是公社或大队的领导。在1978年之后，随着消费市场被激活，城里的国营企业受体制约束始终无法展开手脚，这些天生地养的社队企业竟“意外”地成为活跃市场和冲击计划体制的主流力量。这就是中国崛起的“草根秘密”。

国家经济要重振，还面临一个投资来源的难题。自1949年以来，历次重大的工业投资，分别靠的是苏联援助、“大跃进”式的举国战略以及“粮食剪刀差”所形成的资源聚集。而到1976年，这些办法已全数失效。因为多年的锁国政策，外国资本在中国的直接投资额为零。

1973年的第二次设备引进计划可以被看成它们再度登陆中国的试水之旅。当大型设备被引进后，随之而来的是技术和管理方式的引进，继而便是资本和商业理念的接踵而至。这将是一个曲折而富有戏剧性的进程，在后来的很多年里，外国资本享受到了超国民的待遇。

就这样，我们可以从资本结构的角度，大致描述一下1978年之前的企业格局：国营企业占据了近乎百分之百的资本和市场份额，民营资本主要存在于乡村，地位卑微而力量羸弱，国际资本已经拍响了进入的门环。自中国开始发展近代工业的第一天起，这三股力量就一直并行而进，角斗而融合，这场发展模式在1949年被中止，将近30年后，万物轮回，游戏又开始了。

本书至此已近尾声，接下来的中国企业史将呈现出一番截然不同的局面，我在《激荡三十年》一书中将予以详尽的描述。

此刻，站在历史的高地上，我们不妨一起回望19世纪70年代到20世纪70年代的跌荡一百年。

在这100多年的时间里，苦难让我们有机会凝神思索，学到不少东西。它使中国人得以细细体察所历之事，对千年历史进行更严苛的观察，若非受辱，我们对之也许根本不会留心，还沉浸在骄傲的大国幻境之中。

自1840年鸦片战争之后，有一个词汇覆盖了所有的主题，它成为无数热血国人的毕生理想，这就是“强国”。“强国”的急迫，让这个国家变得无比的焦虑，有时候甚至显得迫不及待，在一条道路还没有完全考察清楚的时候，便不惜铤而走险。在很多敏感关键的时刻，渐进式的思想往往被视为“反动”，颠覆式革命，甚至流血暴力，成为全民性的选择。百年春秋，闹剧、悲剧与喜剧交织上演。

在这个被“强国梦”激励着的100年里，中国的复兴开始于一个幽暗而绝望的梦醒时刻。商业的演进一直是国家进步和民族雪耻的重要方向，正是在这一进程中，新兴的企业家阶层崛起为一支独立的力量。而他们的曲折命运又与这个国家的政治变革和全民抉择纠缠在一起，它们时而合一，时而决裂，却在绝大多数时间里处在不和谐的状态中。百年以来，中国经济的问题，归根到底可以总结为三个利益关系的调整：一是政府利益与公众利益的调整，二是中央政府与地方政府利益的调整，三是富裕公众与贫穷公众的利益调整。作为富裕公众的代表阶层，企业家集团在与政府（包括中央政府及地方政府）、知识分子和贫穷公众的关系相处上，一直没有达成原则性和建设性的共识，这也成为中国商业进步总是被各种事件打断的重要原因之一。

事实上，自 1935 年（孔祥熙利用全球经济危机突袭中国民营银行业）之后，信奉自由经济的企业家阶层就在中国逐渐烟散了，与之伴随的是中产阶级的日渐式弱与瓦解。中国民族性中对威权——特别是中央集权的渴望以及领袖崇拜，在后来的岁月中愈演愈烈，最终酿成了一场不堪回首的浩劫。

到 1976 年，中国是一个封闭自守、与世界经济体系基本“绝缘”、高度集中而没有活力的经济体。

正是在这样的背景下，一场伟大的经济变革即将拉开帷幕。

这将是一场没有“蓝图”的变革。几乎所有的民众都清晰或模糊地意识到，那种意识形态化的国家治理模式已被证明是行不通的，必须把振兴经济当作新的、最主要的国家任务。可是，到底该走一条怎样的振兴之路？僵化而低效的计划经济体制将以怎样的方式被打破，而新的经济体制又将呈现何种陌生的面貌？国营企业集团的改革出路何在，那些已经被压抑和消灭了多年的民间商业细胞将如何复活？发展的资金从何处来，一直被视为“洪水猛兽”的国际资本将扮演怎样的角色？更重要的是，政府的边界在哪里，理性的局限将如何克服？

对这些问题的一一解答，构成了日后中国经济成长的种种景象。没有一个困惑的化解是不需要付出代价的。甚至一直到我写作此书的时候，改革还远远没有完成。

德国有谚语曰：“只发生一次的事情等于没有发生。”中国商业史的问题正好相反，事情总是在间隔一段时间后一再地重复发生，而人们却视而不见。百年以来，历史的内在逻辑并没有被改朝换代所打断，从李鸿章和盛宣怀，到宋子文和孔祥熙，再到后来的国家治理者，那么多情节相似的故事如同翻拍电视剧般一再上演，不同的导演，不同的演员，百年不变的剧本，那剧本里的台词竟像基因里的遗传信息一样在一代一代人身上复制和轮回。

如果我们再放眼得遥远一点，在过去 2 000 年里，中国是世界上仅有的长期维持中央集权体制的大国。对威权的迷恋仍然是全民需要警惕和亟待破解的历史性课题。全球各国的经验告诉我们，对权力的贪欲确实是人类的最大敌人，如果没有制度性的约束，世上似乎没有一个民族、一种政权可以自觉地自我控制，而免遭道德上和经济上的毁灭。寻租理论的奠定者之一戈登·图洛克在《特权和寻租的经济学》中曾论述说："在现代国家中，行业创造的特权导致的总成本是巨大的。而且，如果我们追溯历史，会发现在英国工业革命之前，这个世界上几乎所有的政府都拥有庞大的特权行业，这也是那时进步如此之慢的重要原因。"[①] 中国的近现代工业化之路，似乎是这段论述的最生动的注脚。

荒谬只有在人们不同意它的时候才有意义，人类正因善于反思而得以存在。

对于一个国家而言，任何一段经历，都是那个时期的国民的共同抉择，历史是我们亲手剪裁的一件衣服，一旦穿上，就再也脱不下来。正如挪威戏剧家亨利克·易卜生所说的，"每个人对于他所属于的社会都负有责任，那个社会的弊病他也有一份"。很多人似乎不认同这样的史观，他们常常用"被欺骗""被利用""被蒙蔽"等字眼来轻易地原谅当时的错误。而这正是国民性格中的劣根性之一。一代人的错误至少应该有三代人来共同承受，如果没有这样的勇气和决心，我们也许将永远不可能进步。

1977 年 11 月，复出不久的邓小平外出视察，他选择的第一站是广东。

当时，在东南沿海地区，不但出现了像石狮那样的地下集贸市场，还发生了难以遏制的"外逃潮"。在广东省，毗邻香港的宝安县每年都有数

---

① ［美］戈登·图洛克著，王永钦、丁菊红译，《特权和寻租的经济学》，上海：上海人民出版社，2008 年版。

千农民冒险偷渡到对岸。偷渡者以气枕作船，用乒乓球拍作桨，有的甚至抱着一只篮球就跳进伶仃洋，许多人被海浪所吞没。农民外逃的理由很简单：一岸之隔，贫富悬殊实在太扎眼，宝安县一个农民的日收入为 0.7~1.3 元，而香港农民的日收入为 60~70 港元。这边有一个罗芳村，人均年收入是 134 元，香港新界那边也有个罗芳村，人均年收入是 1.3 万港元。1977 年，宝安县共堵截收容外逃人员 4.6 万人，这股外逃潮甚至一直延续到 1979 年夏秋。①

就在邓小平前去视察的时候，大规模集体逃港事件正愈演愈烈，边防部队已是防不胜防。它被视为恶性政治事件，广东省领导在汇报工作时，自然不能避而不谈。没想到，邓小平在听了汇报后，突然插话说："这是我们的政策有问题。此事不是部队能够管得了的。"这样的回答，让在场的干部惊诧不已。邓小平进而表达了自己的观点，他说："你们的问题相当集中，看来中心的问题还是政策问题……看起来现在以揭批'四人帮'为纲可以，但是很快就要转，要结束，要转到经济建设上来，要以经济建设为中心，再不能提'以阶级斗争为纲'了。"

离开广州后，邓小平视察四川，在那里又提起在广东的所见所闻："我在广东听说，养 3 只鸭子就是社会主义，养 5 只鸭子就是资本主义，我看荒唐得很！可见我们的农村政策要变，要改革。"

谁都听得出那声音里的急迫。如晚清重臣李鸿章在 1880 年所惊呼的那样，"我朝处数千年未有之奇局"，百年跌荡，风雨如晦。此时的中国，又到了改弦更张的变局时刻。

---

① 广东地区的"外逃潮"最早始于 20 世纪 60 年代初的大饥荒时期。经济学家周其仁认为："中国的改革开放事实上酝酿了很长时间，有两个事件比较值得关注：第一个是 1959—1961 年间中国发生的饥荒，使较大规模人口非正常死亡；第二个事件是 1962 年在广东省宝安县（深圳），聚集了 10 万人口意图偷渡逃港的事件。我们有理由相信，今天，中国经济的主要特征并不仅仅是高速增长，而是开放下的高速增长。"

致　谢

据殷海光的回忆，他的老师、哲学家金岳霖曾言：“凡属所谓时代精神，掀起一个时代的人兴奋的，都未必可靠，也未必持久。”此言颇有深意。

如果我的任何一部著作让读者感觉心旌荡漾，那一定是我的错。我们正在阅读的历史不应该是冰冷的，但也不应该是滚烫的，它仅仅应有平凡人的正常体温。在冷静中，我们才能找到真理的入口处。

感谢那些创造了中国商业进步的人们——我所有的努力都是为了还你们一个公道。

感谢那些记录了历史的人们。为了这部企业史，我阅读和采用了大量的前人成果，一如我之前的所有作品一样。我没有在书后罗列一大堆图书索引，这主要来自两个考虑：一是我在正文中都已经标示出了有价值的资料来源，有兴趣的读者可以通过各种渠道找到它们；二是为了节约纸张，我常常为自己的图书定价昂贵而不安。

我要记下并在这里朗诵这些学者的名字，他们对中国近当代史的研究令人肃然起敬：费正清（John King Fairbank）、白吉尔（Marie Claire Bergere）、史景迁（Jonathan D. Spence）、高家龙（Sherman Cochran）、魏斐德（Frederic Wakeman）、孔飞力（Philip A. Kuhn）、费维恺（Albert Feuerwerker）、罗斯基（Thomas G. Rawski）、刘广京、郝延平、杨小凯、王业键、余英时、杜润生、朱学勤、雷颐、梁小民……

为了此次写作，我去了上海、深圳、天津、安庆、重庆、南通、无锡、南京、宜昌、福州、宁波、广州、镇江、香港等很多城市，感谢那些地方的人士，他们为保留前人的事迹和遗址正做着不为人知的工作。

感谢我的助理朱琳、陆斌、崔璀、王留全、陶英琪、程娟和钱晓曦，本书在很多环节上离不开他们的协助。感谢中信出版社的王斌社长、潘岳总编辑和我的编辑蒋蕾、沈家乐和黄维益，他们对我的宽容和忍耐好像总是没有边界。

感谢我的太太邵冰冰。我原本打算用人物列传的方式来写作这部作品，是她的坚持让我改成了现在这样的、与《激荡三十年》保持一致的编年体体例，这让我多付出了几倍的工作量，现在看来，她是对的。在过去的几年里，写作成了家庭生活最主要的部分，我唯一能做的补偿是，尽量陪她和吴舒然同学去看每一部新上映的“大片”。

接力赛式的创作告一段落了。我动笔写《激荡三十年》的时候，吴舒然同学背着小书包刚刚跨进小学的校门，到完成《跌荡一百年·下》，她已经要上初中了。时间就这样过去，不动声色地更替着昨天和明天，它给我们的生命留下了花开、花谢、雨聚、雾散，它从不白白地来，也不白白地走。

至今，吴舒然同学对我的任何一部作品都“不屑一顾”，我无比耐心地等着她提出批评的那一天。

吴晓波
2009 年夏季于杭州
2014 年 6 月于三亚修订

人物索引

A

阿尔希波夫　1958
阿马蒂亚·森　1944
艾伦·金斯堡　1966
艾奇逊　1949
艾青　1938
安格斯·麦迪森　1945
奥琳埃娜·法拉奇　1966

B

巴巴拉·塔奇曼　1944
巴大维　1948
巴金　1958
白修德　1944
包玉刚　1950
北岛　1958
彼得·德鲁克　1944
彼得罗夫　1945
毕鸣岐　1956
别斯托夫斯基　1959
波兰特　1958
勃列日涅夫　1964
薄一波　1949、1950、1953、1956、1958、1964

C

曹获秋　1966
曹锦清　1949
曹聚仁　1948
陈伯达　1958、1964
陈布雷　1945、1948
陈昌浩　1953、1966
陈调甫　1945
陈光甫　1944、1945
陈济棠　1941
陈家刚　1964

陈嘉庚　1944、1945
陈锦华　1966
陈立夫　1945
陈箓　1938
陈孟熙　1949
陈敏　1964
陈敏之　1950
陈明远　1959
陈丕显　1950、1966
陈叔通　1953
陈行　1945
陈仪　1944、1945
陈毅　1949、1956
陈寅恪　1941、1945
陈永贵　1964、1972
陈云　1949、1950、1953、1958、1959、1966、1972
陈真　1941
陈芷町　1944
陈志武　1976
陈祖涛　1953、1964、1966、1972
赤木亲之　1938
赤维特可夫　1953
崇祯　1944
储安平　1948

D

达商男爵　1938
大野健一　1950
戴高乐　1966
戴铭礼　1944
戴园晨　1950
德怀特·帕金斯　1976
邓淮生　1959
邓贤　1966
邓小平　1950、1950、1958、1959、1964、1966、1972、1976
邓子恢　1959
丁默村　1945
董少臣　1956
董赞尧　1945
董志凯　1953
董竹君　1948
杜鲁门　1949
杜维屏　1948
杜月笙　1938、1948

F

范因克　1949
范果恒　1945
范旭东　1941、1941、1945、1956
菲德尔·卡斯特罗　1964
费达生　1938
费维恺　1941
费孝通　1938、1956
丰田喜一郎　1950
傅斯年　1941、1944、1945
傅宗耀　1938
傅作义　1950

G

冈部直三　1945
冈崎胜男　1938
高家龙　1949

高兰　1958
高振声　1956
戈登·图洛克　1976
龚锦　1956
谷牧　1964
谷正纲　1948
顾馨一　1938
顾准　1945、1949、1950、1958、1964、1972
关怀　1950
关吉玉　1948
桂世镛　1964
桂勇　1950
郭忏　1945
郭得胜　1950
郭路生　1966
郭沫若　1941、1944、1950、1958、1966
郭小川　1976

H

哈耶克　1953、1972
海瑞　1964
何廉　1945
何乃仁　1950
何香凝　1941
赫鲁晓夫　1956、1958、1959、1964、1966
黑格尔　1956
亨利·卢斯　1944
亨利克·易卜生　1976
侯波　1956
侯德榜　1945
胡鞍钢　1966、1976
胡风　1949
胡庆照　1956
胡适　1944、1948
胡叔潜　1941
胡月伟　1966
胡仲实　1941
胡子婴　1956
华国锋　1976
黄金荣　1938
黄苗夫　1956
黄万里　1953
黄炎培　1950、1953、1956
霍布斯鲍姆　1966、1972
霍英东　1950

J

基列夫　1953
稽鲲生　1938
吉田茂　1950
计泓赓　1966
季崇威　1948
季羡林　1958
贾亦斌　1948
简玉阶　1956
江青　1966、1972、1976
江泽民　1953
姜子牙　1953
蒋恩钿　1956
蒋介石　1938、1938、1941、1944、1945、1948、1950、1953
蒋经国　1948、1949

杰克·贝尔登　1944、1945
金雄白　1945
靳云鹏　1945
经叔平　1956、1966
井植熏　1950
敬一丹　1972

K

卡斯特罗　1966
凯恩斯　1944、1956
康生　1964、1966
康世恩　1959
康心如　1956
柯洛略夫　1953
克雷罗夫　1953
克利莫夫　1959
客氏　1944
孔令俊　1941
孔令侃　1941、1944、1948
孔祥熙　1941、1944、1945、1948、1976

L

老舍　1953、1966
乐松生　1956、1966
雷锋　1964
雷蒙·阿隆　1966
雷任民　1959
冷夏　1950
李安增　1976
李达　1966
李东冶　1959
李富春　1964
李公朴　1948
李国杰　1938
李国兰　1948
李鸿章　1938、1944、1976
李华忠　1966
李及兰　1945
李嘉诚　1950
李康年　1956
李岚清　1953
李立三　1950
李书城　1950
李四光　1959
李先念　1972
李寅廷　1950
李郁文　1964
李兆基　1950
李仲平　1956
李烛尘　1945、1956
梁希　1950
廖承志　1950
廖仲恺　1941
林彪　1945、1972
林怀部　1938
林森　1944
林绍良　1950
林世良　1944
林毅夫　1976
刘彬　1958
刘栋业　1956
刘公诚　1949

刘鸿生　1941、1948、1949、1956
刘念智　1941、1956
刘青山　1950
刘少奇　1950、1958、1959、1966、1972
刘守华　1953
刘蜀永　1950
刘湘　1944
刘一峰　1956
刘允斌　1966
柳亚子　1945
卢国纶　1950
卢奇亚诺·都沃里　1972
卢作孚　1941、1945、1950
芦芒　1956
鲁冠球　1959、1964、1976
陆伯鸿　1938
陆定一　1958
陆平　1966
罗平汉　1958
罗瑞卿　1964
罗时叙　1959
罗斯福　1944
骆耕漠　1972

M

马宾　1959
马超　1953
马春霖　1956
马丁·路德·金　1966
马克思　1956
马天水　1958
马歇尔　1944
马寅初　1944、1959
麦克阿瑟　1944、1950
麦克法夸尔　1959
芒克　1972
毛森　1945
毛泽东　1938、1944、1945、1948、1949、1950、1953、1956、1958、1959、1964、1966、1976
茅盾　1941
冒舒湮　1949
米开朗基罗·安东尼奥尼　1972
摩根索　1944
穆易　1938、1950

N

尼科尔森　1938
尼克松　1972
聂叙伦　1956
聂元梓　1966
宁芷村　1941

P

彭珮云　1966
彭一湖　1956
逄皮杜　1972

Q

戚再玉　1948
千家驹　1949、1956
钱敏　1964

钱穆　1948
钱孙卿　1956
钱学森　1958
钱正英　1953
钱之光　1966
切·格瓦拉　1966

R

戎伍胜　1944
荣德生　1938、1938、1945、1948、1949
荣尔仁　1945
荣鸿三　1953
荣毅仁　1949、1953、1956、1966
荣智健　1966
荣子正　1956
荣宗敬　1938、1956
入江昭　1966

S

尚慕姜　1938
邵式军　1938、1945
邵式平　1945
邵洵美　1938
邵月如　1938
沈恩秀　1956
沈鸿　1944
沈志华　1959
沈志远　1949
沈醉　1945
盛康年　1956
盛丕华　1956
盛田昭夫　1950
盛文颐　1938、1945
盛宣怀　1944
斯达特·科比　1959
斯大林　1953、1959
斯凯伦德　1945
斯诺　1966
斯特林·西格雷夫　1944
松下幸之助　1950
宋霭龄　1941
宋斐卿　1950
宋美龄　1948
宋庆龄　1966
宋劭文　1958
宋时轮　1949
宋硕　1966
宋子安　1944
宋子良　1944
宋子文　1941、1944、1945、1948
苏珊娜·佩珀　1945
苏锡文　1938
孙健初　1959
孙学悟　1945
孙冶方　1956、1964

T

汤恩伯　1944
陶菊隐　1938
陶启明　1948
田广仁　1956
田中角荣　1972

W

瓦尼娅·奥克斯　1938
完颜绍元　1945
汪璧　1964、1972
汪海波　1950
汪精卫　1938、1949
汪君良　1956
王春哲　1948
王鹤寿　1958
王洪文　1966、1972
王嘉明　1956
王进喜　1959、1964
王力　1966
王立胜　1976
王蒙　1976
王庞惠　1948
王任重　1959
王荣康　1956
王少林　1966
王世杰　1948
王世均　1941
王同惠　1938
王一鸣　1956
王云五　1948
王芸生　1941、1945、1948
卫恒　1966
魏斐德　1938
魏忠贤　1944、1945
闻太师　1953
闻一多　1948
翁文灏　1945、1948
吴国桢　1944、1948
吴晗　1964
吴江　1953
吴金萃　1956
吴敬琏　1972、1976

X

西亚德　1972
希特勒　1944
夏衍　1938
项美丽　1938
谢富治　1966
谢冠生　1948
谢瀛洲　1948
谢芝庭　1938
辛笛　1948
徐百齐　1948
徐堪　1945
徐学禹　1944、1945
许崇智　1941
薛暮桥　1956、1958、1959、1964

Y

亚当·斯密　1944
亚诺什·科尔内　1972
严谔声　1956
阎少青　1956
杨帆　1949
杨格　1945
杨坚白　1964
杨鉴清　1966
杨克成　1956

杨森　1950
杨小凯　1941、1945、1972
姚慕莲　1938
姚文元　1964
姚依林　1966
叶剑英　1976
叶选平　1953
易劳逸　1941
印占卿　1938
尤菊荪　1938
于建澄　1958
于熙钟　1956
余秋里　1959
余绳武　1950
俞大维　1948
俞飞鹏　1944
俞鸿钧　1948、1949
虞洽卿　1941
袁宝华　1958、1964
袁履登　1938
袁振　1959
岳东平　1956

Z

曾希圣　1959
张爱玲　1944
张春桥　1972、1976
张公权　1941、1945、1948
张光斗　1953
张国焘　1950
张国英　1956
张国忠　1958
张鸿增　1945
张季鸾　1941
张謇　1945
张霖之　1966
张玛娅　1966
张琴秋　1966
张群　1948
张赛群　1938
张廷谔　1945
张闻天　1964
张贤亮　1972
张祥麟　1950
张啸林　1938
张莘夫　1945
张兴银　1949
张学良　1945、1953
张亚民　1948
张玉英　1956
张元济　1949
张芝明　1966
张卓元　1964
张子善　1950
张作霖　1945
章伯钧　1950
章乃器　1941、1949、1950、1956
昭和天皇　1944
赵发生　1959
赵高　1945
赵敏　1958
郑璧成　1950

周恩来　1948、1949、1950、1953、1956、1958、1959、1966、1972、1976
周佛海　1938
周季梅　1944
周太和　1959
周天勇　1944、1953
周文瑞　1938
周孜仁　1959
朱德　1944、1976
朱家骅　1948

声　明

由于本书所用图片涉及范围广，部分图片的版权所有者无法一一取得联系，请相关版权所有者看到图书后，与蓝狮子财经出版中心联系，以便敬付稿酬。

来信请寄：杭州市下城区西文街琥珀中心 12 楼

邮编：311106

电话：0571–86535601

跌荡一百年

中国企业
1870－1977

十年典藏版 · 上

吴晓波 著

中信出版集团 · 北京

图书在版编目（CIP）数据

跌荡一百年：中国企业：1870-1977：全2册 / 吴晓波著. -- 3版. -- 北京：中信出版社，2017.12（2024.1重印）
ISBN 978-7-5086-8251-8

Ⅰ. ①跌… Ⅱ. ①吴… Ⅲ. ①企业史－中国－1870-1977 Ⅳ. ① F279.297.3

中国版本图书馆CIP数据核字（2017）第255582号

跌荡一百年：中国企业 1870—1977

著　　者：吴晓波
出版发行：中信出版集团股份有限公司
（北京市朝阳区东三环北路27号嘉铭中心　邮编　100020）
承 印 者：北京盛通印刷股份有限公司

开　　本：880mm×1230mm　1/32　　印　　张：24.75　　字　　数：594千字
版　　次：2017年12月第3版　　印　　次：2024年 1 月第 12 次印刷
书　　号：ISBN 978-7-5086-8251-8
定　　价：116.00元（全2册）

总 序

“历史没有什么可以反对的”

1958年秋，时任团中央书记的胡耀邦到河南检查工作。一日，他到南阳卧龙岗武侯祠游览，见殿门两旁悬挂着这样一副对联：“心在朝廷，原无论先主后主；名高天下，何必辨襄阳南阳。”胡耀邦念罢此联后，对陪同人员说：“让我来改一改！”说完，他高声吟诵：“心在人民，原无论大事小事；利归天下，何必争多得少得。”

历史在此刻穿越。两代治国者对朝廷与忠臣、国家与人民的关系进行了不同境界的解读。

中国是世界上文字记录最为完备的国家，也是人口最多、疆域最广、中央集权时间最长的国家之一，如何长治久安，如何保持各个利益集团的均势，是历代治国者日日苦思之事。两千余年来，几乎所有的政治和经济变革均因此而生，而最终形成的制度模型也独步天下。

在过去的十多年里，我将生命中最好的时间都投注于中国企业历史的梳理与创作。在2004年到2008年，我创作并出版《激荡三十年》上、下卷，随后在2009年出版《跌荡一百年》上、下卷，在2011年年底出版《浩荡两千年》，在2013年8月出版《历代经济变革得失》，由此，完成了从公元前7世纪“管仲变法”到本轮经济改革的整体叙述。

2017年年底，我完成《激荡十年，水大鱼大》，又对刚刚过去的十年企业史进行了记录和不无偏见的解读，在这期间，中国成为全球第二大经济体，它的强大引起了普遍的惊叹和恐惧。

就在我进行着这一个漫长的写作过程之际，我们的国家一直处在重要的变革时刻，四十年的改革开放让它重新回到了世界舞台的中央，而同时，种种的社会矛盾又让每个阶层的人们都有莫名的焦虑感和“受伤感”。物质充足与精神空虚、经济繁华与贫富悬殊、社会重建与利益博弈，这是一个充满了无限希望和矛盾重重的国家，你无法“离开”，你必须直面。

如果把当代放入两千余年的历史之中进行考察，你会惊讶地发现，正在发生的一切，竟似曾相遇，每一次经济变法，每一个繁华盛世，每一回改朝换代，都可以进行前后的印证和逻辑推导。我们正穿行在一条“历史的三峡”中，它漫长而曲折，沿途风景壮美，险滩时时出现，过往的经验及教训都投影在我们的行动和抉择之中。

我试图从经济变革和企业变迁的角度对正在发生的历史给予一种解释。在这一过程中，我们将一再地追问这些命题——中国的工商文明为什么早慧而晚熟？商人阶层在社会进步中到底扮演了怎样的角色？中国的政商关系为何如此僵硬而对立？市场经济体制最终将以怎样的方式全面建成？

我的所有写作都是为了一一回答这些事关当代的问题。现在看来，它们有的已部分地找到了答案，有的则还在大雾中徘徊。费正清曾告诫他的学生说，“在中国的黄河上逆流行舟，你往往看到的是曲弯前行的船，而没有注意到那些在岸边拉纤的人们”。我记住了他的这句话，因此在我的著作中，有血肉、有悲喜的商业人物成了叙事的主角，在传统的中国史书上，他们从来都是被忽视和妖魔化的一群人。

即便走得再远，我对历史的所有好奇，也全部来自现今中国的困顿。因为我发现，中国的经济制度变革，若因循守旧，当然不行，而如果全盘照搬欧美，恐怕也难以成全，中国改革的全部难处和迷人之处，即在于此。所以，与历史修好，在过往的经验中寻找脉络，或许是解读和展望今日及未来中国的一条路径。能否在传统国情与普世规律之中探寻出一条中国式的现代化之路，实在是我们这代人的使命。

我不能保证所有的叙述都是历史“唯一的真相”。所谓的“历史”，其实都是基于事实的“二次建构”，书写者在价值观的支配之下，对事实进行逻辑性的铺陈和编织。我所能保证的是创作的诚意。20 世纪 60 年代的“受难者”顾准在自己的晚年笔记中写道：“我相信，人可以自己解决真善美的全部问题，哪一个问题的解决，也不需乞灵于上帝。”他因此进而说：“历史没有什么可以反对的。”既然如此，那么，我们就必须拒绝任何形式的先验论，必须承认一切社会或经济模式的演进，都是多种因素——包括必然和偶然——综合作用的产物。

对于一个国家而言，任何一段历史，都是那个时期的国民的共同抉择。

是为总序。

题 记

我仿佛真的听到，有一群熟悉的陌生人正站在门外。他们已经被这个曾经无比热爱过的国家遗忘。

此刻，他们穿越百年风尘，身着青衫，面无表情，正砸响门环。

——2008 年 8 月 8 日，北京奥运会开幕式当日，
在漫天烟花中，改定“前言”

目　录

前　言　寻找一个“下落不明”的阶层 / IX

第一部　1870—1910
留着“辫子”的洋务运动

1870　未死将生的时刻 / 003
　企业史人物 | 太保赫德 | / 024
1875　买办与商战 / 029
　企业史人物 | 买办世家 | / 046
1884　盛宣怀夺权 / 050
1894　状元办厂 / 069
　企业史人物 | 一代“商父” | / 091
1900　国变中的商人 / 095
　企业史人物 | 北方一周 | / 112
1905　立宪急先锋 / 118

第二部　1911—1927
唯一的“黄金年代”

1911　在革命的炮火中 / 141
　企业史人物 | 百货四子 | / 162

1915　作为抵抗的商业 / 166
企业史人物 | 棉花天王 | / 190
1919　广场背后的人 / 195
1924　工商决裂 / 217
1927　悲剧之月 / 238
企业史人物 | 菊生印书 | / 257

第三部　1928—1937 国家主义的回归

1929　商人的抗争 / 263
1932　救亡的经济 / 292
企业史人物 | 费的眼睛 | / 313
1935　大收编 / 317
企业史人物 | 嘉庚助学 | / 338
1937　沉船与拯救 / 342
企业史人物 | 南洋兄弟 | / 364

人物索引 / 371
声明 / 378

前　言

寻找一个“下落不明”的阶层

我受雇于一个伟大的记忆。

——瑞典诗人，托马斯·特朗斯特罗默

一

1979年9月的一天，法国学者玛丽·格莱尔·白吉尔（Marie Claire Bergere）坐在中国人民政治协商会议的办公大楼里，等待一位重要官员的接见。白吉尔是著名的中国近代史专家，曾参与费正清主编的《剑桥中国史》的写作。她后来记录那次会见场面时写道：“这位官员从门外进来，后面跟着五六个随行人员，从他的外表看，似乎要比其63岁的实际年龄年轻一些。他身穿一件直领、贴袋的中山装——这是中国官员惯常所穿的服装，但他所显露的那种灵活的步姿与举止，却使我骤然联想到美国商人。他插在胸前口袋的镀金钢笔和戴在手腕上的百达翡丽手表，以及脚上穿的意大利皮鞋，就足以使人意识到，这位官员非同寻常。”

跟白吉尔见面的这位官员是荣毅仁。他是晚清和民国时期最大的民族资本家荣德生的儿子，荣德生与他的兄长荣宗敬曾经控制了中国将近一半的面粉厂和棉纺厂，被称为“中国的洛克菲勒”。仅仅在与白吉尔会面的几年前，荣毅仁还是被批判的“资产阶级的代表人物”，他在全国工商联机关食堂的锅炉房运煤和打扫所有厕所。在“文化大革命”期间，他经常遭批斗，食指被红卫兵打断。1978 年 2 月，他被邓小平解救复出。此时，他是全国政协副主席、中国国际信托投资公司的董事长。在中信公司里，还聚集了众多年过花甲的上海籍资本家。

“我发现自己的研究对象已经陷于矛盾的旋涡之中。”白吉尔在后来出版的《中国资产阶级的黄金时代（1911—1937）》一书中写道，“我由衷地感到，若以流行的革命史研究观念出发，研究中国商业阶层的意义是极其有限的。中国企业家在 20 世纪初期的崛起，仅仅构成了历史长河中的一个小小的插曲，一个简单的历史摸索过程。”然而，随着她对中国观察的深入，特别是对 1978 年之后中国经济变革的零距离审视，历史突然呈现出另外的面孔。“中国目前将现代化置于革命之上的做法，促使我意识到必须重新估计中国企业家在 20 世纪历史进程中的贡献，并将长期以来教条地把革命与现代化两者混为一谈的现象加以澄清。”①

那么，在更为悠长的历史跨度中，我们——包括像白吉尔这样的国际学者——是否有可能对一个被长期漠视甚至妖魔化的阶层进行新的观察？

白吉尔式的好奇，并不是唯一的。2004 年的深秋，中国最大的房地产公司万科集团的董事长王石来杭州，约我在西湖边的浙江宾馆对坐闲谈。这里曾经是林彪的“行宫”，现在则成了企业家们最爱居停的清幽场

① ［法］白吉尔著，张富强、许世芬译，《中国资产阶级的黄金时代（1911—1937）》，上海：上海人民出版社，1994 年版。

所。王石突然问我一个问题："我的父亲是行政官员，我的母亲是锡伯族妇女，我也没有受过商业训练，那么，我以及我们这代人的企业家基因是从哪里继承的？"我一时语塞。

显然，疑问从另外一个地方浮起。很多年来，在众多商业史料及企业家成败案例的调研与梳理中，我一次次地被此类问题困扰——当今中国企业家的成长基因及精神素质是怎么形成的？它是30年的产物，还是应该放在一个更为悠长的历史宽度中进行审视？他们那种特别的焦虑，强烈的家国情结，对超速成长的渴求，隐藏于内心的不安全感，对官商文化的膜拜，以及对狼文化的痴迷，是一代人特有的心态，还是有着更为深刻的人文原因？

另外一个更具穿透力的问题是，在30年乃至百年的中国进步史上，企业家阶层到底扮演了一个怎样的角色？

因写作《万历十五年》而出名的华人历史学者黄仁宇认为："民国时代，中国重新构建了社会的上层结构。其中，商人阶层的整体崛起显然是一个十分重要的现象。"而1932年就到过中国的美国学者费正清则在《剑桥中国史》中断言："在中国这部历史长剧的发展中，中国商人阶层没有占据显要位置。它只是一个配角——也许有几句台词——听命于帝王、官僚、外交官、将军、宣传家和党魁的摆布。"[①] 即便当世最杰出的历史学家，如美国耶鲁大学的史景迁——他因独特而生动的历史写作，在中国知识界广为人知——在著名的《追寻现代中国》一书中，从1600年写到1989年，整整389年，却几乎没有企业家的影子。那似乎是一群从来没有出现过的人，尽管他们为中国人的日常生活带来了机纺棉布、电灯、收音机和带空调的房子。

这是一些十分暧昧的、具有冲突和互补性的结论，我们面对的似乎是

---

① ［美］费正清等编，杨品泉等译，《剑桥中华民国史》（上卷），北京：中国社会科学出版社，1998年版。

一个“下落不明”的阶层。

然而，这显然是一种不公平的现象。

正是为了解答上述这些问题，我开始重新梳理19世纪70年代到20世纪70年代百余年的中国企业史。史海茫茫，我出发去打捞沉睡在水底的记忆碎片。因受到战争和政治动荡的影响，中国企业史在传承上支离破碎，几无传统可言。它好像一张被一次次粗暴撕裂的地图，一切都混乱不堪，某些篇幅遗失了，显得残缺不全。

二

仅仅过去了100年，我已经很难从实物上目睹到当年的光荣。曾国藩当年的安庆兵工厂已经无迹可寻；左宗棠的福建船政局现在只剩下一个游客稀少的船政博物馆；张之洞的“亚洲最大钢铁工厂”汉阳铁厂，只留下一堆供人追念的黑旧机床；李鸿章的轮船招商局上海总部如今是一个时尚的休闲会所；当年的“机器之母”江南制造总局被大拆迁，2010年成为上海世界博览会的主展区，唯一剩下的遗迹是一根高达180米的大烟囱；在梁启超赞许为“中国最进步的城市”的南通，张謇和他的大生集团都已成为历史烟云中的传说，人们更津津乐道的是他与“绣娘”沈寿的忘年恋情；在无锡，荣家兄弟的梅园花枝烂漫，他们的纺织厂和面粉厂成了需要保护的“工业遗址”；在集美小镇，陈嘉庚的故事更像海平面尽头那个缥缈的孤帆远影。

还有人记得范旭东吗？正是他研制出了精盐，让中国人摆脱了“食土民族”的耻辱。还有人记得虞洽卿吗？正是他的“沉船”，打破了日本军部“三个月灭亡中国”的企图。还有人记得穆藕初吗？他不仅是昆曲留存的恩人，更是全中国最懂棉花的人。还有人记得张公权吗？他在27岁那年就领导了中国最大的银行。还有人记得郑观应吗？他不仅写过《盛世危言》，还是一个被长期蔑视的买办阶层的代表。还有人记得卢作孚吗？那个瘦小寡言却有着猛虎般个性的“中国船王”。

甚至，我们该怎样评价盛宣怀、胡雪岩、周学熙和宋子文？他们仅仅是一群鼻尖上堆着一团白灰的恶商丑辈吗？

“化石”残存，商脉已断。一部企业史如同堰塞多年的大运河，我们能否清淤接续？

我还试图在大历史的转折时刻里，寻找到企业家们的身影和声音。

在国贫民穷的时刻，是怎样的资本和人才组合启动了“洋务运动”？在慈禧出逃、八国联军蹂躏北京的时候，南方的商业繁荣是靠谁保全的？当立宪浪潮成为全民共识的时候，谁是最积极的推动者？在辛亥革命的炮火中，谁保卫了市井的稳定？在“五四运动”的口号声里，谁是广场背后的支持者？在军阀割据的年代，谁一度管理了中国最大的工商业城市？在日本军队悍然侵华的时候，又是谁保住了“陪都”重庆的安全并转移了国家的最后一口元气？

我想，这真是一系列需要修正的历史事实。

中国工商文明的重建，是一个百年命题。中国近代史的开端是1840年的鸦片战争，那场战争不是中国落后的开始，而是结果，是民族觉醒、觉悟和崛起的起点。从那时至今，数代中国人一直在致力于国家的伟大复兴。正如晚清思想家郑观应所说的，“兵战”与“商战”是中国复兴的两大主题，而后者的主角就是企业家阶层。从鸦片战争到洋务运动，从甲午战败到辛亥革命，从“五四运动”到对日抗战，从中华人民共和国成立到最近一次的改革开放，几乎在每一个重大的国运转折点上，我们都可以看到企业家们活跃的身影——而这在过去的很多年里是被忽略的。我们不知道这是一种无意的忽略，还是有意的遗忘。企业家阶层从来不是革命的主要力量，甚至他们的职业属性使得他们在很多时候与激进主义背道而驰。不过，这并不妨碍他们成为中国进步史上一股不可忽视的力量。

过去百年间，国家与资本、政府与企业家阶层的关系研究，是一个很独特的命题。企业家阶层在历史中扮演的角色十分微妙和暧昧。在这部著作中，我得到了三个基本的结论。

1. 国家政权与市民社会间的辩证关系，始终是中国现代化的中心问题。

在过去的100多年中，官方的主动性与市民社会的自发行动，国家机构与民间组织，以及它们之间的合作、分工与冲突，构成了中国社会进步的所有表象。在这中间，企业家阶层扮演了十分重要的角色。在某些时刻，他们甚至主导过历史的演进，在很多企业家身上所展现出来的理想主义比很多知识分子、政客要显得更加理性和真实。

2. 在过去的130年间，也就是从晚清洋务运动至今，中国商业世界的逻辑竟是如此惊人的一致。

作为世界上唯一一个延续了2 000多年的中央集权国家，政权对经济的控制已经形成了一个制度和文化上的惯性。在当今的中国经济界，一个经常被讨论却难以解答的课题是，国营垄断资本的日渐庞大，对中国的未来意味着什么？未来很难被准确地预测，不过，历史却能够以自己的方式给出某些启示。一个很少被人观察到的历史事实是，在过去的130年里，中央政权曾经因同样的问题而遭到过致命的挑战。在清代末年，正是国营资本与民营资本的一次激烈博弈，最终导致了帝国的覆灭。而在20世纪三四十年代，以所谓“四大家族”为代表的官僚资本集团则显然给国家治理带来了重大的负面效应。这一历史的教训值得当世的人们予以警惕。

3. 在中国百年的变革史上，企业家阶层曾经最早把自己的命运与国家现代化紧密地结合起来。

我们甚至可以得出这样的结论：当今中国所出现的进步和改革开放的浪潮，恰恰来源于中国企业家阶层以往获得并留存至今的经验，正是这些经验使得企业家阶层得以幸存。它们虽然不可能占据历史的支配地位，却可以使得历史的发展更加充满活力，更加生机盎然。

在过去的100多年里，中国的官吏和精英阶层一直致力于国家的重建与民族的复兴。而富有悲剧性的是，每隔30~40年，这一进程就会被外乱或内患打断，这使得中国的企业史成为一部缺乏传承感的历史。对于中国商业进步的缓慢，不同领域的专家已经给出了无数个答案，在本书中，我们仅从企业史的视角来进行观察。我们看到的是三个现象：一是意识形态争论对现代化的干扰，二是中央集权观念对国家商业主义的催生，三是传统的轻商和官商文化对新生企业家阶层的影响。让人叹息的是，在洋务运动后的多次经济变革运动中，这三个命题都幽灵般地随影而至，无法摆脱。即便到了百年后的1978年，当中国再度开始经济变革的时候，这三大命题仍然困扰着这个国家。在这个意义上，我们一直没有跳出一个成长的逻辑圈。

中国百年历史，其实就是关于革命与改良的选择。让人高兴的是，在刚刚过去的30年里，改革开放的经验证明，一个国家的经济腾飞完全可以不经由社会和政治革命的途径来完成。在30年的和平崛起中，没有爆发大规模的社会动荡，没有发生饥荒、国家分裂和民族对立，绝大多数民众是这场改革的获益者，渐进式的思想已经成为社会的主流共识，这是一个十分了不起的成就，是中国人民对世界的最大贡献。未来30年，我们需要证明的是，这种渐进式的变革路径和模式有可能给更大范围、更为纵深的中国社会变革带来新的可能性。

本书希望达到的一个目的是：通过对企业家阶层的历史作用的还原、分析与辩驳，重新定义中国社会进步的某些逻辑。

三

其实，在欧美国家，对企业家作用的认知也是滞后的。美国最伟大的企业史学家小艾尔弗雷德·钱德勒在撰写美国企业史时就曾经说过："历史学家早就被企业家吸引，却甚少注意这些企业家所创立的机构以及他们的管理方式和所实现的功能。与此相反，历史学家们一直在争论这些创业的先辈是强盗企业家还是工业政治家，即是好人还是坏人。"

在中国，企业家的角色更是尴尬而暧昧。

在一部电影或电视剧中，最受注目的当然是“男一号”，其次是“男二号”，可是却很少有人会关注“男三号”。在几乎所有的关于近现代中国的历史书籍上，政治家是“男一号”，知识精英是“男二号”，企业家则正是那个“可有可无”的“男三号”。

这是一群在历史上被嘲笑和漠视的“男三号”。没有人从思想史的高度去审视他们，尽管英国小说家毛姆说“连剃须刀也有其哲学”，可是偏偏中国企业家阶层什么都没有。在各种版本的近现代史书上，他们的故事如碎了一地的瓷片，总是在不经意的暗处毫无价值地寂寞闪光。在乱世之中，企业家似乎总是缺位的，是懦弱的，是无关紧要的，他们只是一群等待被勒索的人，是一群见利忘义的人。

他们在混乱中诞生，在惊悚中长大，对成长缺乏经验，发育一次次被打断，从来没有轻松自如的时刻，甚至，好像竟从来没有过自己的“成年礼”。这个阶层生来没有宏大的野心和浩瀚的想象力；他们过于冷静和保守，使得在一些激情四射的时刻会被认定为懦弱；他们天生是理性逻辑的信徒，这在信仰革命的时代显得十分可笑；他们对自我财富的捍卫，更是看上去有点可恶。

企业家的生命中绝少有让人怦然心动的激越，他们似乎总是很冷静，不会提口号，总是不怎么讨人喜欢。他们的血液是冷的，他们的灵魂是金色的，他们的愤怒是有成本边际的，即使怒发冲冠，他们也不会去大雨中把栏杆拍遍。中国几千年以来所形成的“轻商文化”，严重地影响了社会对企业家的认知——这在他们与官员及高级知识分子的交往中尤为突出。这种根深蒂固的文化基因甚至扭曲了他们对自己的评价与判断，以至于在一些关键时刻，他们总是不能以一个独立的阶层出现。最让人吃惊的是，这一混乱的景象竟延续百年，迄今未变。

但真的是这样吗？我想在这部著作中证明，过去百年间，那一代代乱世中的企业家，竟是如此英勇。

在那些国运衰竭的时代，他们的未来毫无希望可言，但是他们却从来不乏对国家的热诚。商业上的智慧以及长期的实务浸淫则让他们往往有着比政治家、革命家更为现实的立足与眼光。即便是在最无奈的绝境，他们仍然期望用自己的力量实现尽可能的进步与和平。他们曾经扮演过进步势力的最坚定的支持者，或者在某些城市，他们一度成为主角，他们有机会改变国家和自己的命运。他们也有软弱的一面，在某些重要的历史时刻，他们做出了完全错误的选择，从而把自己的命运带入了泥潭。他们始终不知道如何处理自己与强大的政权机器的关系。

可悲的是，他们的种种努力往往被忽视，甚至被政治力量侵吞，被战火打断，被文学家扭曲。在历史的正剧舞台上，他们的声音总是被光芒万丈的革命口号淹没，他们的身影总是被掩盖甚至丑化，他们好像是一群显赫的“隐身人”，即便在百年之后，仍然模糊而渺小。

在中国经济变革的历史上，企业的成长实际上是社会转型的一个伴生现象，或者说，它受到了社会变革的深刻影响。这一特征在本书中将呈现得更加清晰。在中国经营企业，如果对这个国家的宏观环境和政策沿革一无所知，那么，获得持续性成功的概率就非常之低。我们在观察所有成功者的时候，都必须思考政治环境和制度设计的影响。这样的观察不得不让我们对企业家阶层——特别是依赖于民间自由资本力量的财富阶层——在中国进步中的角色进行新的审视。

在2008年的汶川大地震中，企业家阶层再次成为一个不知如何自处的群体。几乎所有参与救援的人都成了“英雄”，他们包括官员、军人、媒体人士、志愿者、艺人、向捐款箱投钱的乞丐以及每一个对着镜头流泪的路人甲或路人乙，唯独受到攻击和谴责的，是企业家，尽管从数据上看，他们的捐款占到了总数的一半以上，尽管很多企业家也赶到了现场或以各种形式表达了自己的爱心。民众对企业家阶层的“不宽恕”在这场地震中达到了极致。甚至很少有人愿意为他们辩护，这会被视为有钱人的走狗和同路人。

这种现象的出现再次表明，中国企业家在社会变革中承担的角色是多么尴尬。民众对企业家阶层的恶评和讨伐，是一个值得深思的社会现象。它表明，在中国社会的地表层下，汹涌奔腾着一股愤怒的力量，它的构成元素是“贫富悬殊”“社会不公”“基层秩序薄弱”等。它如同地火一样流淌，一旦遇到裂缝，就会不可遏制地喷薄而出，造成一种不容分说的巨大伤害。我们观察到的事实是，在过去相当长的时间里，几乎在每一次社会–经济事件中，企业家都是被指责和攻击的对象，无论是股市的暴涨狂跌，还是房价的高企不下，无论是猪肉涨价，还是蓝藻暴发，企业家扮演的几乎都是“攫取暴利”“黑心无良”“投机制乱”的角色。对企业家的攻击和诋毁，从来是道德的，是毋庸置疑的，是痛快淋漓的。这些声音掩盖了中国社会的制度性缺陷，将危机引向了一个相反的方向。

这是一个很危险的事实。民众与财富阶层的情绪对立与价值观冲突，将极大地模糊中国变革的主要方向，而这种伤害将是致命的。

我们已经越来越深切地感受到，对企业家阶层的社会价值进行重新评估和确认，在某种意义上，是一场从来没有进行过的“思想解放”。

四

在写作过程中，我常常告诫自己，应该以一种更为放松的态度看待历史，置身于历史之外，相信它足以给这个世界留下印记，但同时又不要笃信。这样，我才能保持自己思想的自由。

我还很喜欢沃尔特·李普曼（Walter Lippmann，他是我最心仪的美国专栏作家）的说法：“新闻不能告诉人们怎么思考，只能告诉人们思考什么。”其实，历史也是一样。在这个日渐熟悉的领地里，我每每如履薄冰。我常常为一个细节而苦恼数日，也会为一个意外的获得而欣喜若狂。我常常感动于那些激越的生命，也为他们在历史大雾中的烟消云散而黯然神伤。

从本质上来讲，这个漫长的写作计划，只是为了和遗忘对抗。

逝者如锈迹斑斑的沉钟，非虔诚而用力的击打无法令其苏醒。很多历史的真相，唯有在一定距离的后望中，才会显得略为清晰，这是人类认知能力的缺陷，也是人性悲哀的组成部分。每一个时代都充满了不确定性。中国的商业历史总是不押韵的，粗糙而缺乏修饰，像极了我们坎坷而迷茫的人生。确切地说，后来者永远无法得到历史的真相，我们只是在无限地接近。就好像我此次试图厘清历史的每一条纹理和逻辑一样，很可能在不久的将来，这一切努力都会被认为是荒谬和徒劳的。

写作是如此枯燥。那是一些沉默而微光闪现的夜晚，在疲倦的时候，我会站在阳台上，静视运河的沉默流淌，仰望若隐若现、神秘的江南星空。我觉得有一些眼睛在遥远的地方默默地注视着我。在这时，我会想起诗人北岛的《青灯》：

把酒临风
你和中国一起老去
长廊贯穿春秋
大门口的陌生人
正砸响门环

我仿佛真的听到，有一群熟悉的陌生人正站在门外。他们已经被这个曾经无比热爱过的国家遗忘。

此刻，他们穿越百年风尘，身着青衫，面无表情，正砸响门环。

第一部

1870—1910

留着“辫子”的洋务运动

1870 未死将生的时刻

吾日夜望死，忧见宗祏之陨。

——曾国藩，1869年

公元1869年7月7日，同治八年农历五月二十八日深夜，保定府直隶总督衙门的后花园。清帝国声望最隆、权势最熏的汉族大臣曾国藩与他的门客赵烈文秉烛夜谈，困坐愁城。

▲ 曾国藩

在过去的16年里，曾国藩靠团练湘军起家，“清剿”了南方的太平天国（1851—1864），将一个看上去即将覆灭的帝国重新拉回到正常的轨道上，甚至还出现了一个小小的“同治中兴”。上年，他由两江总督调任更为重要的直隶总督，可谓圣眷正隆。但是，进入中央枢纽之后，他才真正意识到国家的颓败远远超过自己原来的预料，根烂叶败，国政匡废，朝中根本没有可以力挽狂澜之人。他对赵烈文说，当今之世已是“民穷财尽，恐有异变”，“吾日夜望死，忧见宗祏之陨”。

19 世纪中后期的中国，到处充满了帝国斜阳的忧伤。在过去的 2 000 多年里，尽管它也时常被战争、饥荒、瘟疫和暴政困扰，不过，却始终有着一份与生俱来的从容。辽阔的疆域、强大的文化凝聚力让它具备了一种独特的自我愈合能力，它从来没有像现在这样恐慌、破败和孤立。1839 年，两广总督林则徐在广东禁烟，次年，英国舰队攻击广州，第一次鸦片战争爆发，清军溃败。中英开战之时，国人对英人了解之偏缺让人咂舌。中方主将林则徐认定英国士兵的膝盖是不会弯曲的，因此只长于海战，一登岸就“一仆不能复起”，任人宰割。他在 1839 年 9 月给道光皇帝的奏折中写道：“夷兵除枪炮之外，击刺步代俱非所娴，而腿足裹缠，结束严密，屈伸皆所不便，若至岸上更无能为，是其强非不可制也。”林大人已是举国最“开化”的官员，以此“知彼”，焉能不败？1842 年 8 月，中英《南京条约》在一艘叫作“皋华丽”号的英舰上签署，清廷割让香港岛、开放通商口岸并赔偿巨款。从这个原本称为“万年条约”的不平等条约开始，中

▲签订《南京条约》

国步入了屈辱的100年。在一个陌生的、冉冉升起的外域文明面前，一向自大的帝国突然变得无比的惊惶和不自信。

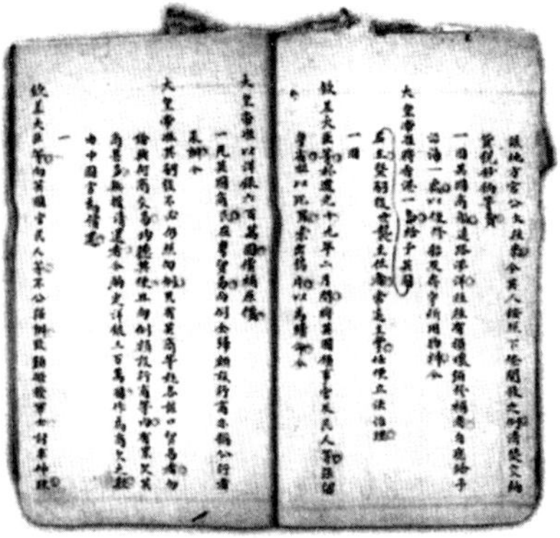

▲《南京条约》部分条款

1872年3月20日，曾国藩在抑郁中病逝。半年后的9月15日，《纽约时报》刊登了一条“旧金山来电”，报道第一批中国政府派送的留学生坐船到了美国。新闻称：“昨天到达这里的30名中国学生，他们都是很勤奋优秀的小姐和绅士，容貌俊秀，要比任何在这之前到美国访问过的中国人都好看得多。有三名身为中国官员的教师陪同他们。朝廷拨出100万美元用于这些学生的教育。”这条快电有两个小小的错误，首先，30名俊秀的少年都是男孩，或许因为他们留着辫子，所以实在很难进行辨认。其次，他们也不是经过精心选拔的、最优秀的中国少年，30人中有24个来自广东，其中更有多名都来自香山乡村。事实上，负责选拔事务的官员根本找不到愿意让孩子远渡重洋去留学的富足家庭，只好在南方勉强凑到了一些贫穷子弟。临行之前，所有孩子的父亲都要在一张写明“倘有疾病生死，各安天命”的出洋证明书上画押签字。在这些学生中，日后最出名的是修建了京张铁路的“中国铁路之父”詹天佑。

无论如何，这是一个标志性的开放事件，就好比整整106年后，当再度打开国门的时候，中国也在第一时间向美国派出了第一批留学生。①

曾国藩没有亲眼看到帝国的崩溃。不过，在生命的最后几年里，这

① 相关史实见《激荡三十年·上卷》（吴晓波著，中信出版社出版）中的1978年章节。

▲第一批中国留学生赴美留学合影

位才智卓越的湖南人一直在做一件比击溃太平天国更具有长远意义的事情——他和他的同党们试图让暮霭中的国家重新振奋起来。向美国委派留学生就是他临终前最后批准的计划之一。这是一项更为庞大的复兴工程中的一小部分，这个工程日后被称为"洋务运动"，它便是中国近代企业的起源。

洋务运动的启灶，先是与镇压各地民变的军事活动有关。早在 1855 年，起兵不久的曾国藩就在江西设立了小型兵工厂，1861 年，又在安徽安庆建了兵工厂和船坞。1862 年，他从官库中调出 6.8 万两现银交给 35 岁的容闳，派遣他前往美国购买建造兵工厂所需的设备。容闳出生于澳门附近的贫穷家庭，少年时被教会学校送进著名的耶鲁大学读书，是第一个毕业于美国高校的中国人。他赴美期间途经正在修建中的苏伊士大运河，预感世界将被打通。

1864 年 5 月，曾国藩最得力的助手、江苏巡抚李鸿章在一份奏折中说："鸿章以为中国欲自强，则莫如学习外国利器；欲学习外国利器，则

▲ 江南制造总局

莫如觅制器之器，师其法而不必尽用其人。欲觅制器之器与制器之人，则或专设一科取士。士终身悬以富贵功名之鹄，则业可成、艺可精，而才亦可集。”此议不但提出要学习西方，还试图修改千年科举制度的取士标准，在当时十分惊世骇俗。

1865 年，中国第一艘实用蒸汽船“黄鹄”号建造成功。[①]同年，苏淞太道道员丁日昌在上海虹口购买了美商开办的旗记铁厂，李鸿章又将丁日昌原来开办的炮局及总兵韩殿甲的炮局并入，并新配备了容闳在美国购买的一批机器，曾、李两人由此正式奏请成立“江南制造总局”。李鸿章在 9 月 20 日写了一份很长的奏折《置办外国铁厂机器折》，详细说明开办此厂的重要性。他认为“机器制造一事，为今日御侮之资，自强之本”，而且现在制造的机器是为军事所用，日后一定运用普及，“洋机器于耕织、刷印、陶埴诸器，皆能制造，有裨民生日用，原不专为军火而设”。他甚至预言道，“臣料数十年后，中国富农大贾必有仿造洋机器制作以自求利益者”。

江南制造总局一开始主要生产一些小型的装甲快艇、步枪、火炮和子

① 世界上第一艘蒸汽轮船“克莱蒙特”号，是美国工程师罗伯特·富尔顿和发明家利文斯顿于 1807 年在纽约建造的，比“黄鹄”号早了将近 60 年。

▲福建船政局旧址

弹。1867 年 5 月，曾国藩奏请朝廷提留部分海关税款建造大型舰船。第二年 8 月，工厂生产出第一艘自行设计、制造的木壳轮船“恬吉”舰。轮船下海时，上海万人空巷，争相观看，欢呼雀跃。曾国藩高兴地在试航当天的日记中写道：“中国初造一号轮船而速且稳如此，殊可喜也。”其后五年，“操江”“测海”“威靖”和“镇安”等军舰相继造成，最大的“镇安”舰排水量达 2 800 吨，1 800 马力，安装有 20 门火炮，已是当时亚洲最先进的军舰。

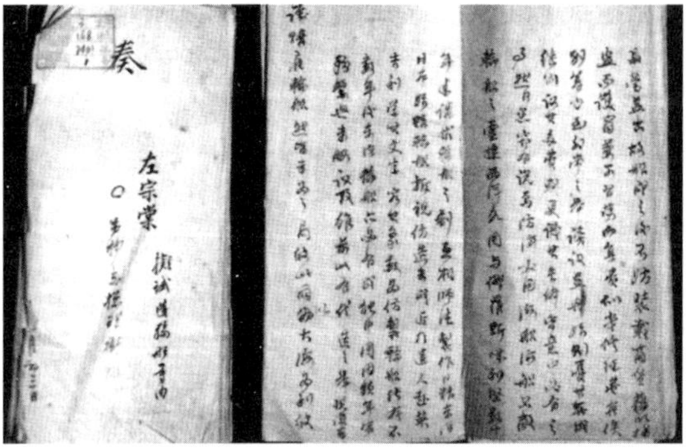

▲开办福建船政局的奏折

江南制造总局堪称近代中国第一家新式工厂，是晚清规模最大的军工企业。它从生产枪炮弹药开始，日渐发展成为修造船舰、炼钢炼铁、机械制造为一体的综合型新式企业。它建起了中国第一座炼钢炉，生产了大批车床、刨床、钻床、锯床和起重机、抽水机、汽炉机等，成为中国机械制造产业的开端，有“机器母厂”之称。它后来更名为江南造船厂，一直是最重要的船舶制造基地之一。到2010年，位于黄浦江畔的工厂原址成为上海世界博览会的主展区，百年复兴梦想，居然在此巧合际会。

▲左宗棠

就在江南制造总局开办的同时，另一个地方大员闽浙总督左宗棠在福建马尾创建了福建船政局，林则徐的外甥兼女婿沈葆桢任总理船政大臣。他造出了第一艘铁甲军舰，组建了第一支现代意义上的海军——福建南洋水师。左、沈两人还创办了培养科技和管理人才的新式学堂——福州船政学堂，它以中文、法文双语开课，所用教材均是来自欧洲的原版教科书。优秀的学生被选拔到英国和法国的大学深造，他们在后来的半个世纪里一直是中国海军的骨干力量。

这些早期工厂尽管对增强国力作用十分有限，但却是中国近代工业化的开端。

洋务运动是一次留着“辫子”的改革。后世史学家常常喟叹，中华民族错过了近代工业文明的萌芽期，因而受到欧洲列强的侵辱。不过换一个角度，我们还可以有另外的一种观察，就在曾国藩等人发动洋务运动的同时，后来成为全球最强经济体的三个国家——美国、德国以及日本——也刚刚完成了国家的统一，并相继开始它们的现代化之旅。在某种意义上，日后百年间，中国现代化道路的艰辛与曲折，与时间迟早并没有多大关系，而是因为这个国家的精英阶层具有太多摇摆、投机和过于感性的民族人文特性。

美国在1865年结束了南北内战，林肯总统虽然解放了黑奴，但种族隔离仍然持续，尤其在南部，黑人不能入读白人学校，不能在招待白人的餐厅进食，不能与白人乘坐同一辆公共汽车或必须让座给白人。在1860年前后，美国人口占全球人口总数的3%，全美超过8 000人口的城市只有141个，钢铁产量还不足100万吨，欧洲的报纸直接将之比喻为“跟在英、法后面的小兄弟”。1865年，后来成为美国首富的安德鲁·卡内基在宾夕法尼亚州与人合伙创办了卡内基科尔曼联合钢铁厂。就在同一年，李鸿章向清朝廷递交《置办外国铁厂机器折》。1871年，J·P·摩根与人合伙创办德雷克塞尔–摩根公司，从事投资与信贷等银行业务。而当时在中国，“红顶商人”胡雪岩的阜康钱庄正处巅峰，其分店达20多处，遍布大江南北，资金2 000余万两，田地万亩。胡雪岩还操纵江浙商业，专营丝茶出口，从事药品商贸，俨然一个混业经营的大企业。

也是在这一时期，一个统一的德意志帝国刚刚诞生。1870年，以“埃姆斯电报”事件为导火索，普法战争爆发。在“铁血宰相”俾斯麦的指挥下，普军大获全胜。普鲁士军队开进巴黎城，在凡尔赛宫宣布统一的德意志帝国成立，普鲁士国王威廉一世为皇帝。

与日本相比，我们的感慨将更深一层。就在曾国藩于保定府日夜望死的前一年，在一洋之隔的日本国也发生了一件惊天动地的事情。1867年，一个叫西乡隆盛的武士率2 000人从鹿儿岛北上，发动“王政复古”政变，推翻了德川幕府的统治，迎回天皇，从此拉开明治维新的帷幕。

在中国企业史的研究中，日本是一个很可以参照的对象。在过去的150年间，这两个东方国家在三个重大的时间点上出现过惊人的类比点。第一个时间点是1870年前后，当时曾国藩、李鸿章等人发动洋务运动，而日本则进入明治维新，两国几乎同时开始了工业化的变革——更有意思的是，明治维新的结束时间竟与清帝国的灭亡时间颇为接近。第二个时间点是 1945 年前后，日本在第二次世界大战中战败，全岛变成一片废墟，而中国也处在“国共和谈”的转折点上，饱经战乱的中国从战争中暂时摆脱，随后前者迅速进入新的经济建设，后者则陷入惨烈的内战。第三个时间点就是我正在写作此书的当下，日本与中国的经济总量分别处在全球的第二位、第三位，其政治经济体制和所面临的挑战则全然不同。中日国运交错，恩怨如麻，实在耐人寻味。[①]

话说 1871 年 12 月，一个日本使节团登上美国太平洋轮船公司“亚美利加”号，离开横滨赴欧美考察。在第二次世界大战后把日本经济带入正常轨道的日本政治家吉田茂曾在《激荡的百年史》中追述说，在出发之前，日本的改革家们曾预想用“西方的技术、东方的道德”或者是用“西方的学识、日本的精神”作为日本变革的方式。然而，正是这次考察让他

▲明治维新时期日本人参观的欧洲工厂

① 本书创作于 2009 年，中国经济总量在 2011 年超过了日本。

们意识到，“这样的公式与实行近代化是相背离的”。[①]

这些日本人先后访问了美、英、法、比、荷、奥、德、俄、丹、意、瑞士、瑞典这12个国家，历时22个月，考察了政府组织机构、议会的功能及运作、法院的权力、三权分立的机制等，对公司、交易所、工厂、矿山、港口、农牧场、兵营、要塞、学校、报社以及福利设施等，也都进行了仔细的考察。回国后，他们坚定地达成了“脱亚入欧”的共识，先后提出制定《宪法建议书》《殖产兴业建议书》《振兴国外贸易建议书》三大建议书，为维新事业绘制了蓝图。使节团成员、明治维新的代表人物伊藤博文描述自己的震惊是“始惊、次醉、终狂”，他认定：“国家富强之途，要在二端，第一启发国民多数之智德良能，使进入文明开化之域。第二使国民破旧日之陋习，不甘居被动地位，进而同心协力于国家公共事务，建设富强之国家。”

在这一理念的引领下，日本进行了全方位的改革。先是在教育制度上进行了颠覆式的变革，政府成立文部省，陆续发布《学制令》《教育令》和《帝国大学令》，奠定了近代学制，到1907年基本上普及了六年义务教育，儿童入学率达到97%。而清廷一直到1905年才废除了科举制度，开始新式教育的尝试。然后是进行大胆的宪政变革，废藩置县，摧毁了所有的封建政权，同时组建议会，实行立宪，“万事决于公论”。日本政府于1885年实行内阁制，翌年开始制宪，1889年正式颁布宪法，1890年召开第一届国会。在教育和政治改革的同时，经济改革亦紧锣密鼓地进行。日本政府宣布改革农业税，统一货币，1872年建成第一条铁路，1882年成立第一家新式银行，大量工厂相继建成。

多年以来，不少中国学者一直没有放弃对日本的蔑视，他们常常津津乐道地引用法国东方学家伯希和（Paul Pelliot，1878—1945）的一个论调，

---

① ［日］吉田茂著，李杜译，《激荡的百年史》，西安：陕西师范大学出版社，2005年版。

伯氏将日本学术蔑称为“三余堂”——文学窃中国之绪余，佛学窃印度之绪余，各科学窃欧洲之绪余。而很少有人反思，为何日本以“三余”之功竟能成就百年的兴盛，以一撮儿小岛而为全球最大的经济体之一？

对比中日两国精英阶层在洋务运动和明治维新中的理念差异就很值得反思。与日本的明治改革家们相比，清朝最杰出的官吏和知识分子都没有从制度层面求变，他们认为，中国之落后只在“物器”而已。

1864 年 6 月 1 日，太平天国的洪秀全在南京病逝，内战指日可息。第二天，主管国政外交的总理各国事务衙门就向慈禧太后上了一个很著名的奏折《同治三年四月戊戌总理各国事务恭亲王等奏》，提出，“查治国之道，在乎自强。而审时度势，则自强以练兵为要，练兵又以制器为先”。这份奏折还附有李鸿章给总理衙门的一封信件，内容是：“鸿章窃以为天下事穷则变，变则通……中国欲自强，则莫如学习外国利器；欲学习外国利器，则莫如觅制器之器。”简而言之，要强国，就得造武器，造武器，就要办工业。在一年多后的《置办外国铁厂机器折》中，李鸿章的观点仍然是：“庶几取外人之长技，以成中国之长技，不致见绌于相形，斯可有备而无患。”

事实上，早在 1842 年鸦片战争失利后，林则徐的好友魏源就已经阐述了类似的观点。他在《海国图志》一书中，第一次提出了“师夷长技以制夷”的思想。20 多年后的恭亲王、李鸿章等人，仍然没有超出这一认识高度，李鸿章更说：“中国文武制度，事事远出西人之上，独火器万不能及。”① 精英阶层对传统文明的过于自信以及对制度重构的漠视成为中国近代化进步的最大障碍，一直到 1898 年前后，洋务派名臣、湖广总督张

① 见《江苏巡抚李鸿章致总理衙门原函》。

▲辜鸿铭

之洞依然提出“中学为体，西学为用”[①]，试图在维护封建纲常的前提下推动洋务事业。在知识界，对传统文化的恪守更是与西方文明的引入形成了有趣的矛盾关系。文化名流辜鸿铭便论述说：“今日世界真正的、最大的敌人是体现在我们身上的商业主义精神，这种由自私与怯懦结合而生的商业主义精神，造成了群氓崇拜的泛滥。这种精神的泛滥促成了战争的爆发，要制止战争，我们就得首先消除商业主义精神。”[②]

辜氏本人就是一个很有趣的“矛盾标本”。他早年留学英国爱丁堡大学和德国莱比锡大学，精通英、法、德、拉丁、希腊、马来等9种语言，据称获得过13个博士学位。他的英文水平号称“晚清第一”，可同时他又是一个极端的旧学捍卫者，终生长辫青衫，到了民国也死活不肯剪掉那条“尾巴”。他赞同一夫多妻制，最著名的论据是“男人是茶壶，女人是茶杯，一个茶壶肯定要配几个茶杯，总不能一个茶杯配几个茶壶”。在辜鸿铭等人的儒家传统理念中，西方的商业主义精神是一切万恶的根源，必须彻底消灭才会令社会太平，国泰民安。

多年后，维新派人士梁启超一针见血地指出，李鸿章等人的局限在于对制度改革缺乏认识和决心，“知有兵事而不知有民政，知有外交而不知有内治，知有朝廷而不知有国民，知有洋务而不知有国务，以为吾中国之政教风俗无一不优于他国，所不及者惟枪耳，炮耳，船耳，机器耳”。梁

① “中学为体，西学为用”的说法，最早出现于光绪二十一年（1895年）三月二十二日《万国公报》第75卷中的《救时策》，作者是《万国公报》主编、格致书院教习沈毓桂，张之洞在三年后的《劝学篇》中引用，从此广为人知。

② 辜鸿铭著，《中国人的精神》，西安：陕西师范大学出版社，2007年版。

启超因此一言以蔽之曰："吾但学此，而洋务之能事毕矣。"[①]

在1870年前后，只有极少数人意识到中日两国成长模式的差异性。

1872年，在福建船政局担任总工程师的法国顾问日意格写道："中国正在迅速成为一个令人生畏的对手，整个官僚阶层都决心恢复中国的国际地位，兵工厂和造船厂的产量给人以深刻的印象，中国建造的军舰不久就将达到欧洲的最高水平。"[②]日意格显然认为，随着兵工厂和造船厂的建设，中国将脱胎换骨。

然而，有一个从来没有到过远东的欧洲政治家却不同意日意格的结论。也是在1870年前后，刚刚统一德意志帝国的"铁血宰相"俾斯麦先后接待了来自日本与中国的两批使节。他看到的景象是，"日本到欧洲来的人，讨论各种学术，讲究政治原理，谋回国做根本的改造；而到欧洲来的中国人，只问某厂的船炮造得如何、价值如何"。因此，他预言："中国和日本的竞争，日本胜，中国败。"这个惊悚的黑色预言，不幸在20多年后的甲午海战中应验。

在其后的40年时间里，由于朝野保守势力的顽固与强大，以及洋务派人士在制度反思上的麻木，洋务运动最终没有能够拯救日渐沉沦的帝国。种种洋务实业推进缓慢，运作变形，特别是在意识形态上遭遇了空前的阻力。

这一历史景象，最生动地体现在架电线和修铁路两件事情上。

近代中国外患频仍、内乱不断，时时军情紧急，建设瞬息万里的电报传输体系无疑是一直身处危境的清政府的当务之急。事实上，早在1870年，英国大东公司和丹麦大北公司已在中国铺设电报电缆。大东公司获取了在上海以南各通商口岸海口设置海底电缆的权利，并架通了印度经新加

---

① 梁启超著，《李鸿章传》，天津：百花文艺出版社，2008年版。

② 转引自1862年5月5日的奏折，载《筹办夷务始末》（同治朝）卷5。

▲穿过北京城的铁路

坡到中国南部沿海到香港的线路，而大股东是沙俄皇室的丹麦大北公司则架设了从海参崴到上海、香港的海底电缆。到1871年6月，中国实际上已被纳入世界电报网络之中。这样，外国在中国经商、谈判等各种事项都可以在瞬间传递信息、下达命令，而中国依然故我，不许架设电报线，仍靠马匹驿道送信传令。在这种“信息战”中，优劣对比实在太过悬殊。

电报事业遭到抵制，反对派的最大理由竟是“破坏风水”。1875年，工科给事中陈彝在一道奏折中认定：“电线之设，深入地底，横冲直贯，四通八达，地脉既绝，风侵水灌，势所必至，为子孙者心何以安？传曰：‘求忠臣必于孝子之门。’藉使中国之民肯不顾祖宗丘墓，听其设立铜线，尚安望尊君亲上乎？”一旦搬出“忠孝”两字，举朝之内便无人敢抗辩了。

1877年的《纽约时报》曾记载说：“天朝的人民无法理解电报的工作原理，他们认为是洋人雇用了机敏而无形的鬼神，在线路内来回穿梭，传递信息。如果在电报线附近发生了什么不幸的事情，立即就会有人造谣，比如说其中一个传信的邪神玩忽职守，从电线里跑出来，迷路了，因此导致祸事发生，等等。这种谣言通常会引起骚乱，暴徒们将毫不犹豫地冲过来，砸毁机器。有一次，因电报线附近某个人生病，一夜之间，1英里长的电报线就被毁坏了。”关于电报的争议整整吵了10年，一直到1880年才稍稍平息，朝廷准奏筹建中国电报总局。

修铁路，更是一段令人啼笑皆非的血泪史。史景迁在《追寻现代中国》一书中认为，“事实证明，在清朝面临的新技术中，铁路是最棘手的。”[1] 而其棘手，不是因为技术有多么高深、铺设有多么艰难，而是意识形态上的大是大非。

从 1867 年之后，朝廷上下就为应不应该修建铁路吵翻了天。福建巡抚李福泰指责电线、铁路都是“惊民扰众，变乱风俗”的有害之物，而且，修建铁路逢山开路、遇水架桥是惊动山神、龙王的不祥之物，会惹怒神灵，招来巨大灾难。三口通商大臣（专门负责处理与北方“外夷”包括通商在内的各类交涉事宜）崇厚奏称，“铁路于中国毫无所益，而贻害于无穷”。江西巡抚刘坤一认为“以中国之贸迁驿传”，根本不需要铁路。甚至连一向通达的曾国藩也认为无论是外国商人还是中国商人，只要修铁路都将使“小民困苦无告，迫于倒悬”，结果都是“以豪强而夺贫民之利”，所以不仅不能同意外国人修铁路，而且同样要禁止中国商人修铁路。1867 年 6 月 3 日的《纽约时报》就曾引用一位叫阿尔伯特·毕克默的美国观察员的话，一针见血地说：“实施这样一项伟大工程的最大障碍只能是中国人民对所有外国人所抱持的敌意，以及他们自己的迷信思想。”如史景迁所评论的，“很多中国人认为铁路会破坏人类与自然的和谐，它们长长地切开大地，破坏

▲刘铭传

① ［美］史景迁著，黄纯艳译，《追寻现代中国：1600—1912 年的中国历史》，上海：上海远东出版社，2005 年版。

了正常的节律，转移了大地仁慈的力量，它们还使道路和运河工人失业，改变了业已形成的市场模式”。[①] 也就是说，该不该修铁路的争议点发生在两个方面：一是修铁路会不会惊动祖先，二是会不会破坏千年的农耕经济模式。

1876 年，英商怡和洋行在上海修建了中国第一条铁路——吴淞铁路，虽然只有约 14 公里长，却在国内引起轩然大波。清政府委派官员与英国驻沪领事谈判购买吴淞铁路事宜。怡和开价 30 万两白银，中方官员费尽口舌，最终以 28.5 万两成交。铁路转手后，清政府当即宣布将之拆毁。那些拆下来的铁轨枕木后来又经历了一段十分离奇的千里流浪记，它们先是被洋务派刘铭传带到台湾去铺成了一条铁路，继而刘调回内地，铁路随即又被拆掉，枕木被北运至旅顺口军港，修了一段炮台运送炮弹的小铁路，到了 1904 年的日俄战争期间，铁路被炸毁，这才算是彻底了事。

1880 年年底，修建铁路之议又起。刘铭传在李鸿章的授意下写《筹造铁路以图自强折》，再次提出修建铁路的主张，并认为这是自强的关键。刘铭传在奏折中具体提出应修从北京分别到清江浦、汉口、盛京、甘肃这四条铁路。如果因为经费紧张，不可能四路并举，可以先修北京到清江浦线。李鸿章则随后上了一份长达四千言的《妥议铁路事宜折》。他十分激动地写道：“士大夫见外侮日迫，颇有发愤自强之议，然欲自强必先理财，而议者辄指为言利。欲自强必图振作，而议者辄斥为喜事。至稍涉洋务，则更有鄙夷不屑之见横亘胸中。不知外患如此其多，时艰如此其棘，断非空谈所能有济。我朝处数千年未有之奇局，自应建数千年未有之奇业。若事事必拘守成法，恐日即于危弱而终无以自强。”他还鼓励朝廷说：“臣于铁路一事，深知其利国利民，可大可久。假令朝廷决计创办，天下之人见闻习熟，自不至更有疑虑。”

① ［美］史景迁著，黄纯艳译，《追寻现代中国：1600—1912 年的中国历史》，上海：上海远东出版社，2005 年版。

在这份奏折中，李鸿章第一次提出“我朝处数千年未有之奇局”。这一论断很快流传成警世名言，尽管很多人为他的言辞打动，可是，修路一事还是被顽固挡住。有人甚至上奏指责李、刘两人看上去很像是一对“卖国贼”，折曰：“观该二臣筹划措置之迹，似为外国谋，非为我朝谋也……人臣从政，一旦欲变历代帝王及本朝列圣体国经野之法制，岂可轻易纵诞若此！”1881 年 2 月 14 日，朝廷发上谕，驳回李、刘两人的建议，谕曰：“叠据廷臣陈奏，佥以铁路断不宜开，不为无见。”

李鸿章仍然不甘心，他悄悄动工修建了开平煤矿至胥各庄段的运煤铁路。1881 年年底，这条约 11 公里的铁路建成后，他才正式奏报朝廷，并有意将其说成是“马路”。更有意思的是，铁路修成后遭到了地方官吏和民众的强烈反对，一度只好弃用声响很大的蒸汽机车头，而用牲畜来拉运煤车皮，真的成了一条不伦不类的“马路”。

相比日本，弹丸国土却深知铁路之紧要。早在 1870 年，为了修筑横滨至东京的铁路，囊中羞涩的日本政府不惜对外举债，在伦敦发行 100 万英镑公债——这类行径若在骄傲的大清帝国出现，早被唾沫淹死。到 1891 年，日本全境的铁路已超过 3 300 公里，其中私营铁路达 2 473 公里，为官营的两倍多。相比之下，疆域辽阔的大清帝国铁路零落建设，总共只有 360 余公里，竟只有日本的 1/9。

从修铁路这一事项就可以观察到，中日百年之国运异途，显非天数，而尽为人算。

在世界经济史上，1870 年正是全球化的开始之年。

上一年，开凿了整整 10 年、连通欧亚非三大洲的苏伊士运河正式开通，迅速成为全球最重要的海运航道，自此东西方航程大大缩短。与绕道非洲好望角相比，从欧洲大西洋沿岸到印度洋至少缩短 5 500 公里，从地中海各国到印度洋则至少缩短 8 000 公里。航程的缩短，加快了贸易的速度并大大降低了风险。

1871 年，随着从伦敦到上海的海底电缆的敷设完成，中国开始被纳入全球化的信息体系之中。在此前，两地的邮程需 6~8 周，现在则只需要几个小时了。对于这条电缆，清朝政府曾有“电线沉于海底，其线端不得牵引上岸，以分华洋旱线界限”的规定。不过，英国、丹麦等公司置若罔闻，先后架通了上海吴淞和厦门等线路。电报及电话技术的应用使得中外市场的期货贸易变成可能，中国市场上的棉花、茶叶等物资加入了全球贸易的大循环中，上海很快成为远东地区最重要的外贸和金融中心。

与航程缩短及电信勾连相比，另外一个同等重要的全球化事件是，金本位货币体系开始在各国确立。不幸的是，中国却是当时全球最大的“白银帝国”。

所谓金本位制，并不是各国使用黄金作为法定通货，而是各国将黄金作为法定通货的储备支持。这一制度的发明者是英国。自 18 世纪中叶，英国人瓦特改良蒸汽机之后，英国成为工业革命的发源地。它凭借机器技术的先进迅速扩张殖民地，成为一个不可一世的“日不落”帝国。英国在 1816 年率先实行金本位制，在它的示范效应下，各经济大国相继在 1870 年前后实行这一货币制度。法国在 1873 年进入金本位制时代；美国实行是在 1879 年；“铁血宰相”俾斯麦统一德国后，德国于 1873 年迅速采用金本位制；东方的俄国和日本稍晚进入，前者是在 1890 年前后，后者则凭借甲午战争的巨额黄金赔偿搭上了这班时代列车。根据诺贝尔经济学奖得主蒙代尔的计算，到 1900 年前后，金本位制的确给世界带来了某种形式上的货币统一，金本位制覆盖了世界货币交易的 2/3。统一而稳定的货币体系，使得人们对未来经济活动的预期相对稳定，资本、货物、人口开始高度流动，一个全球化的时代终于如期而至，英、美、法、德、意、俄、日，都在这样的大时代里相继崛起，成为世界最主要的经济强国。形成于 19 世纪后期的这种世界经济和政治格局，在百年后的今天依然没有发生根本变化。

当时的世界大国中，唯有中国与印度仍然顽固地实行银本位制。在金融制度上，这两个古老而骄傲的“白银帝国”将自己排斥在了统一的国际货币体系之外，中国一直到 1935 年才宣布实行金本位制。

洋务派办实业，除了遭受观念上的困扰，还有一个同样棘手的难题，那就是国库羞涩。这也与 100 多年后中国再度改革开放时的景象十分相似。正是在这种背景下，一种被称为“官督商办”的企业制度被发明了出来。

1872 年开春，天津。28 岁的盛宣怀（1844—1916）步履轻快地走进李鸿章的府邸。他一路上与侍卫、婢女亲热地打着招呼，俨然是一个熟客了。当时，曾国藩刚刚于 3 月去世，李鸿章出任直隶总督，同时兼任北洋通商大臣，成为继曾之后最重要的朝廷重臣。在李鸿章幕府的上百名门客中，盛宣怀只有秀才身份，功名显然是差了很多，不过，在李鸿章看来，这位江苏常州才子的才干却是第一等的。

盛宣怀生于官宦世家，他的祖父在浙江当过知府，父亲盛康是湖北粮道、盐法道，曾在李鸿章的手下做过事。这个年轻人写八股文章很不在行，却在为人处世和办实务上很有长才。他有着惊人的战略判断力、无比精巧的斡旋才干、坚忍的个性和超级旺盛的体力，可谓百年一见的商业奇才。对于曾、李发动的洋务运动，盛宣怀尤为热心。他尝呈信发誓：“竭我生之精力，必当助我中堂办成铁矿、银行、邮政、织布数事，百年之后，或可以姓名附列于中堂传策之后，吾愿足矣。”① 后来，盛宣怀几乎参与了晚清所有重要的大型国营公司的创立，被视为一代“商父”。

这回来见李中堂，盛宣怀带来了一份自拟的《轮船招商局章程》。这是近代中国第一个规范意义上的公司章程，便是在这份章程中，他提出了“官督商办”的公司理念。这一理念顽固延绵，130 多年后仍深刻地影响着中国的商业生态。

---

① 盛宣怀的相关资料基本出自《盛宣怀档案》（上海人民出版社，1982 年版），下文不再一一注明。

▲李鸿章创办的轮船招商局上海总办事处

在此之前，洋务派所办企业均为军工。李鸿章见长江航运异常繁荣，且所行轮船多为英美公司，便有心要办一家中国企业与之争利，就这样，轮船招商局成了洋务运动中第一家从事民用业务的现代公司。在盛宣怀的倡议下，李鸿章决定要靠民间资金来办一家轮船公司。他在给朝廷的奏折中论述说："华商集资组建轮船公司，由一官派经理指导之，并授予漕运专利以保公司利润……官督商办，由官总其大纲，察其利病，而听该商董等自立条议，悦服众商。"盛宣怀在《轮船招商局章程》里颇有远见地写道："中国官商久不联络，在官莫顾商情，在商莫筹国计。夫筹国计必先顾商情，倘不能自立，一蹶不可复振。"他更是具体地拟订了六条，包括"委任宜专、商本宜充、公司宜立、轮船宜先后分领、租价宜酬定、海运宜分与装运"。为了增强公司的竞争能力，盛宣怀提议，朝廷应"准每年分拨江浙漕米 40 万石交招商局"，也就是说，让新公司有一块保本吃饭的垄断利润。

在《轮船招商局章程》中还有两条非常醒目。第一条是"每年一分生息"，也就是说，招商局发行的股票类似于债券，明确规定了利息率，而这部分利息需先由官府提取，其余再是民股分配。这个原则日后被所有官督商办企业沿用，不久后创办的开平矿务局还在招商章程中明确规定："即将每年所得利息，先提官利一分，后提办事者花红二成，其余八成仍按股均分。”还有一些企业更是规定，不管企业效益如何，都必须发给“官利一分”。第二条特别的是，“一经售定，即行到局注册。但不准让与洋人”。由此可见，官督商办企业从诞生的第一天起，所有制身份的特征就非常明显。

费尽心思拟订了《轮船招商局章程》的盛宣怀自然很想去办这个企业，但出乎他意料的是，李鸿章却另选了他人。在后面的讲述中，我们将看到，从倡议创建招商局，到真正主政局务，盛宣怀前后等了 13 年。

在朝廷批准所奏之后，李鸿章把筹建重担交给了另外一个心腹——浙江海运委员朱其昂，盛宣怀只是一个会办。朱其昂是一个暮气沉沉的老官吏，他从国库中领走 20 万两银子之后，只做官家垄断的漕运业务，而不去拉客货生意，因此在市场上毫无竞争力，半年下来，业务就停滞不前了。

李鸿章决定换人。盛宣怀主动请缨，李鸿章以他年轻且缺乏根基再次不予准许。这时候，有两个南方的买办走进了他的视野。

1869年1月，朝廷宣布把一顶布政使头衔的从二品顶戴赏给一个大胡子的英国人。“布政使”相当于后来的“常务副省长”，把这一头衔授予一个外国人，是中国从来没有发生过的新鲜事。这个叫罗伯特·赫德（Robert Hart，1835—1911）的人前后当了48年的大清海关总税务司——海关总署署长。在他去世之后，更被追授为太子太保，这是为人臣者所能获得的最高荣誉。太保赫德在中国近代经济史上是一个十分奇特的人物。

▲赫德

清朝的海关是一个被逼出来的机构。自明朝后期以来，中央政府执行的就是“片木不得下海”的闭关锁国政策，所以，不需要海关，也没有多少外贸的税收。[①]鸦片战争之后，随着通商口岸的开辟，自然就有了设立关卡的必要。在1843年签订的中英《五口通商附粘善后条款》中，英国人提出由他们来管理“来往之商人，加意约束”，所收得的税金用来支付战争赔款。朝廷官员一听就同意了，反正都是外国人的钱，收进来再付出去，好像是无损帝国的买卖，于是就有了让外国人管理中国海关的制度。1846年，在上海外滩（现在的外滩汉口路）出现了一个用铸铁栅栏围起来的大院子，门口盖了一个中国式的牌楼，上写“江海北

① “海关”之名倒是早就出现了。在明清的行政体系里，一直有一个叫“市舶司”的衙门。1685年，康熙设粤海关、闽海关、浙海关和江海关，其中，江海关就设在上海松江府。1757年，乾隆发布“口岸定于广东，洋船不得再赴浙省”的上谕，从此确定“一口通商”的政策。因统治者以闭关拒外为目的，所以那些海关与日后的海关职能有很大区别，不可同日而语。

关”，专门办理外国商人的进出口税务。1858年，朝廷又准奏在广州设立了第二个海关。

赫德是第二任海关总税务司。他19岁就来到了中国，先在宁波、广州领事馆当翻译，后来被聘为广州新关的副税务司。他操一口流利的汉语，为人自制圆通，又熟悉中国官场礼节和士大夫的习气，因此深得大臣们的赞扬。他跟当时最重要的满人大臣恭亲王奕䜣、文祥等过从甚密，特别跟后者的关系竟形同密友。1863年，28岁的赫德被任命为总税务司，在这个职位上他一口气干了漫长的48年。

随着对外贸易的扩大，原本不起眼的海关居然在不到20年的时间里成为帝国最重要的经济机构和财政来源之一。就在赫德上任的时候，总税务司署所辖新关已达14处，几乎遍及所有重要的通商城市，雇用洋员400人，华员约千人，已是一个很庞大的行政部门了。海关税收在1861年达到496万两，1871年为1 121万两，到1902年已达到3 000万两，是中央政府最稳定、可靠的财源。在建关的前五年，海关就为清政府偿还了《北京条约》规定的1 600万两英法赔款。在太平天国战乱时期，海关为朝廷支付了巨额的财政支持，赫德甚至亲自参与了对常州的攻克战役。他跟李鸿章并肩骑马站在高坡上，目睹戈登的“常胜军”攻进城门。

海关在名义上归属总理衙门管辖，但实际上，从人事到运作管理，全部操于洋人之手。海关主权的旁落，是清政府无能最突出的证明，也是一个主权国家的耻辱记录。不过具有讽刺意味的是，在萎靡腐败的晚清行政体系中，赫德管理的海关却是最有秩序和效率的一个机构。他引进了英国的整套行政管理经验，无论行政组织、人事管理还是征税章程都置于一个严格、统一的管理体系之内。海关的财务制度是由英国财政部官员制定的，数十年里很少发生舞弊行为。各部门的主管人员，一般都有较高的文化水平，有的还是博士、硕士。清朝官员的俸禄很低，主要收入都是依靠职权滥取于民，因而形成无数的官场陋习。海关实行西方的公务员薪金制度，待遇很高，但不能额外支取费用。

经济学家杨小凯在《百年中国经济史笔记》中评论说："过去的很多史书都指称清朝卖国的证据是将海关权利让与外人，其实这种指责是不准确的政治宣传。清末海关虽由英国人赫德管理，但他是作为清政府的雇员行使他的职权。他的管理不但使中国海关迅速现代化，而且使海关成为最有效率、最少贪污的清朝官僚机构。他保证了条约制度对关税率的限制，因而促进了自由贸易及公平税收，他也保证了用有效率的管理和制度为清朝政府提供大量税收。"[①] 参与主编《剑桥中国史》的美国华裔学者刘广京的观点也与杨小凯近似，他认为："赫德管理海关的最大贡献是促进了中国商业的发展，杜绝了清朝腐败制度下贪官对海关的扰乱。"

在将近半个世纪的漫长岁月里，赫德一直是一个摇摆的"中间人"：他一方面是英国等列强的利益捍卫者，竭力为它们在中国的利益最大化不懈努力；另一方面，他也为中国的重振出谋划策。

作为清政府的一名"官员"，赫德对朝廷的改革也很有自己的主张。1865年，在当上总税务司两年后，他呈递了一份名为《局外旁观论》的报告。他以"旁观者"的身份提出了一系列改革建议，包括整顿地丁、盐课、税负，改革官吏俸禄制度，改进军事设施等。同时，他分析了清政府面临的国际环境，提出派遣外交人员等建议，还提出要加快采用铁路、电报以及机器采矿等西方新技术。日后来看，这是一份十分有远见的报告，除了没有提出君主立宪的政治改革主张之外，它几乎涵盖了后来洋务运动、戊戌变法的所有变革内容。总理衙门一方面认为这个外国人对王朝有"轻侮"的嫌疑，不过同时也承认"所陈内政外交各种利弊，无不谈言微中"。恭亲王还把他的报告转发给各地的督抚，令他们"详慎筹划，不可稍涉疏略，是为至要"。

① 经济学家杨小凯应朱学勤之请，给《百年中国史》写一章"中国百年经济史"。为了累积背景材料，他写下了读史笔记《杨小凯：百年中国经济史笔记》，首发于爱思想网杨小凯专栏 http://www.aisixiang.com/thinktank/yangxiaokai.html。

在后来的几十年里，赫德多次上书改革方案，在保存至今的赫德日记中时常可见他对中国前途的担忧与无奈。1883年，他在日记中写道："我现在不像过去那样为中国烦恼了……是因为我麻木不仁了？反正这条杀不死的巨龙会经受住一切的。"①1902年，"庚子国变"后，流亡的慈禧太后回到北京，对列强卑躬屈膝。这让赫德都有点看不下去了，他说："朝廷在礼仪方面做得有些过分，皇太后不仅要接见公使夫人们，还要接见各使馆的孩子们。"②

除控制关税之外，赫德的手还伸到了很多有关中国主权的其他业务领域。1896年，他获准由海关办理邮政业务，到1903年，设邮政总局33处，辖分局309个，全国省城除兰州外都通了邮路，这成为中国邮政体系的雏形。此外，海关还兼管了海务、港务、检疫、引水、气象等事务，甚至还办理专利、版权及商标注册等。在赫德的治理下，海关成为一个地位极其重要、涉足范围惊人广泛的机构。到1906年，海关的扩张终于引起了中国官员们的警惕。在大臣们的一再抨击下，朝廷下令成立独立的税务处，开始逐渐削减海关的特权。晚年的赫德尽管还受到足够的尊重，但是他的权力显然已经在不断缩小。然而，清政府直到灭亡，也没有能够收回关税自主权，甚至民国最初的十多年里，海关的治外格局仍然没变。一直到1928年的南京国民政府成立，才通过艰难的谈判，把海关税务的征收和保管权收了回来。不过，海关总税务司的职务仍是由英国人或美国人担任，这一情况一直持续到1949年。

赫德于1908年离开中国，不过他的总税务司头衔一直被保留着。他在中国前后生活了54年，这几乎就是清政府最后挣扎的时间。他似乎已经很难分辨自己到底是中国人还是英国人了。1911年9月14日，他给自己的继任者安格联（Francis Aglen）写信说："我的身体一直很不好，日益衰弱，所以我担心再也回不到中国了……中国人是很善良的，心胸宽大，

①② ［英］赫德著，《赫德日记：1835—1911》，上海图书馆影印版本。

能很好地一起共事，不要催促他们，要一步一步地来，你就会觉得前进很容易，目标最终可以达到。”6天后，他就去世了，再过20天，武昌爆发了辛亥革命。

77岁的赫德终于没有看到他服务了半个世纪的清政府的灭亡，这也许是上天对他的最后一点赏赐。

1875 买办与商战

非富无以保邦，非强无以保富；

初则学商战于外人，继则与外人商战。

——郑观应：《救时揭要》，1873年

李鸿章看中的两个买办，一叫唐廷枢（1832—1892），一叫徐润（1838—1911）。他们是晚清“四大买办”中的两个。在很多教科书和历史读本上，“买办”是一个遭人鄙视的贬义词，对它的定义是这样的：“外国侵略者从雇用买办从事侵略的活动中得到了好处，逐步形成为一种代理制度，这就是买办制度。以后，外国侵略者与中国人打交道都照例物色代理人，而那些为外国侵略者服务并甘心充当他们代理人的中国人，如为军阀向帝国主义借外债、买军火的经手人，在帝国主义同反动政府之间担任穿针引线、谈判卖国条约的政客，以及贩卖帝国主义腐朽和反动文化的掮客，都称为买办。‘买办’这个名词，在半殖民地半封建的旧中国，便被赋予广泛的意义，成为极不光彩的帝国主义奴才和爪牙的通称。”[①]

“买办”，comprador，原本是葡萄牙语，用现在的通俗说法，就是跨国企业里的中方职业经理人。在当年上海，它被翻译成“糠摆渡”，谓买办介于华洋人之间以成交易，犹借糠片为摆渡之用，既表示其桥梁作用，又含买办赚钱之轻而易举。

1757 年，乾隆二十二年，清政府限定广州为全国唯一正式许可的对外通商口岸，并制定十三家官牙行经营和管理进出口贸易，实行国营的贸易垄断，这就是所谓的“十三行”。“十三行”具有官商的社会身份，它们作为官设的对外贸易特许商，代海关征收进出口洋船各项税饷，并代官府管理外商和执行外事任务。“十三行”中的从业者因此成为第一批从事合法外贸的商人集团。到 19 世纪初期，“十三行”的商人财富已非常惊人。其中有一个叫伍秉鉴的人，他在 1834 年约有家产 2 600 万两白银，几乎相当于清政府 1/3 的年度财政收入，被当时的西方称为“天下第一富翁”。2001 年，美国《华尔街日报·亚洲版》将伍氏评为千年来全

▲晚清街景

① 黄逸峰等著，《旧中国的买办阶级》，上海：上海人民出版社，1982 年版。

球最富有的50人之一。[①]

鸦片战争之后，清政府被迫开放广州、福州、厦门、宁波和上海为通商口岸，取消了“十三行”的贸易专营权。从此，那些财力雄厚、商业经营理念先进，而且拥有特权的跨国银行及贸易公司便成了垄断中外贸易的主要势力。从“十三行”中散溢出来的人开始附依于外商，很快形成了一个新的群体——买办。

晚清一代，很多商人，尤其是广东和上海商人，都是从买办起步的。

由于洋行初萌于广州，继兴于上海，所以两地以及附近县城便成了出产买办最多的地方，其中最出名的有广东的香山帮、江苏吴县的东山帮和浙江的宁波帮等。《沪游竹枝词》谓：“糠摆渡名不等闲，宁波帮口和香山。逢人自诩呱呱叫，身列洋行第几班。”在晚清“四大买办”中，唐廷枢、徐润和郑观应均为香山人，席正甫为东山人。在上海，以宁波人的群体势力最为庞大，朱葆三、虞洽卿等长期把持上海商业总会的会长职务。

很多西方学者在对晚清企业家的研究中，断定他们缺乏“企业家精神”。费维恺在对盛宣怀的专题研究中认为，官僚工业家“固执地缺乏主动性”，因为他们与中国上流社会体制的联系，尤其是他们接受古典儒家教育、参加科举以及担任政府官员的经历，妨碍了他们进行冒险，从而窒息了企业家精神的形成。马里恩·利维则从社会学的角度将这种缺失归咎于中国的家庭结构和家庭观念，他在《近代中国商人阶级的兴起》一书中认为，商人把资本用于追求绅士地位，“最成功的商人的标准，是他和他的后代不再是商人”[②]。其结果是，中国商业领域出现了人才和资金的流失。当工业化机遇到来的时候，与日本相比，中国就缺乏实现工业化进程所必需的“管理人才。”在晚清时期，唯一被认为符合企业家标准的商人群体

① 在这个榜单上有6个中国人，除了伍秉鉴，其余5人是成吉思汗、忽必烈、和珅、刘瑾和民国时期的“官商”宋子文。

② 转引自［美］高家龙著，《中国的大企业：烟草工业中的中外竞争（1890—1930）》，北京：商务印书馆，2001年版。

是买办。郝延平在他所著的《十九世纪中国的买办》一书中用大量事实证明，中国买办“就是杰出的熊彼特[①]式的企业家”。[②]到1900年，有多达1万名买办符合这个标准。

李鸿章所聘的唐、徐两人是当时名望最高的买办，也都在航运上闯出过大名声。唐廷枢是当时最大资本规模的英商怡和洋行[③]的大买办。他的父亲是一个美国传教士的听差。唐廷枢早年就学于一家教会学校，他的同学中就有上章所提到的中国第一个留学生容闳。哈佛学者刘广京在《唐廷枢之买办时代》一文中引用当时人的评语，说他“讲起英语来就像一个英国人”[④]，他在年谱中也自称“受过彻底的英式教育”。青年时期，他还用广东方言编过一本《英语集全》，是最早的中英文学习用书。

▲唐廷枢

30岁那年，唐廷枢进入怡和洋行。当时，美国因南北战争影响了棉花出口，英国、印度等国棉纺厂货源紧缺，转而向中国采购棉花——从这个细节可

① 出生于奥匈帝国的美籍经济学家熊彼特是“创新理论”的提出者。在他看来，企业家的职能就是实现创新，引进新组合。所谓经济发展就是指整个商业社会不断地实现新组合，企业家从事的工作，就是“一种创造性的破坏过程”。

② [美] 郝延平著，李荣昌等译,《十九世纪中国的买办——东西间桥梁》，上海：上海社会科学院出版社，1988年版。

③ 洋行是指外国资本在中国开设的贸易商行或代理行号的通称。在早期，它也从事银行业务，欧美人称之为公司（company），日本人称株式会社。

④ [美] 刘广京著，《唐廷枢之买办时代》，载台北《清华学报》1961年6月号。

见，全球化的景象在19世纪中后期确实已经清晰地呈现了出来。唐廷枢抓住时机，在上海开设“修华号”棉花行，为怡和洋行收购棉花，很是赚了一笔。因才干出众，入行三年后，他就被提升为洋行买办，并获权掌管金库。

1869年，唐廷枢向洋行老板建议投资轮船航运业。在他的主持下，怡和先后开辟了上海至福州的轮船航线和对马尼拉的航运，这一新业务为怡和带来了丰厚的收益，一些轮运的年利润率竟高达60%。唐廷枢一时在商界名声大噪。他的竞争对手美商旗昌洋行老板F·B·福士在一封信中认为，唐廷枢“在取得情报和兜揽中国人的生意方面，能把我们打得一败涂地”。正因此，当李鸿章决意从买办中为招商局寻找领导人选时，第一个就瞄准了唐廷枢。

比唐廷枢年少6岁的徐润，其买办经历也十分相似。他15岁就随叔父到上海，在宝顺洋行当了一名学徒。宝顺洋行为英国大鸦片商人颠地（此人就是1840年鸦片战争时，与林则徐对抗，被林则徐认定“诚为首恶，断难姑容”的英商代表）所创，是南方历史最悠久、最有权势的洋行之一。徐润从月薪10元的小学徒开始，到24岁时已升任主账。

▲徐润

随着清政府被迫开放各个口岸，宝顺洋行在各地迅速“查看形势，立行通商”，徐润就充当了坐镇上海，协调各沿岸分行的重要角色。他很早就预见到长江航运的重要性，竭力开拓长江轮运。在他的建议下，宝顺从香港购进一艘叫“总督”号的轮船，稍事装修后投入长江航运。该轮船客货两用，还可拖带4艘钩船，每艘又可装货600吨，从上海到汉口一个来回，仅货运收入就已将购船、装修的成本收回，获利实在丰厚。此后，宝顺购置多艘江轮，在上海建成了唯一能容纳海轮的宝顺大船坞，还相继开通了上海到日本横滨、长崎的航线。航运业务让宝顺每年的进出口总值达到数千万两，在各洋行中独领风骚。徐润也因此成为宝顺洋行的总买办。

到 1866 年，伦敦爆发金融风潮，所有英商企业都受波及，宝顺的股东们开始拆股收缩，美商旗昌洋行乘机在两年后收购了宝顺全部的航运业务。徐润离开宝顺，开始独立经营茶叶生意。当李鸿章为了招商局向他发出邀请的时候，旗昌的老板福士也看中了他，并许以上海总买办一职。徐润最终决定跟唐廷枢携手投奔草创中的招商局。

李鸿章任命唐廷枢为总办，徐润、盛宣怀为会办。唐、徐两人当即重启盛宣怀所议，大开门庭，广招商股。

买办出手当然与官僚朱其昂完全不同，唐、徐两人浸淫商界多年，都是名震南北一时的翘楚，而且在航运业均有成功的先例。他们很快招到 50 万两民间资本，并仿照外商洋行“以一百两为一股，给票一张，认票不认人”，“以收银日为始，按年一分支息，一年一小结，总账公阅，三年一大结，盈余公派”。唐、徐二人自己也投入资金，成了股东。在此之前，中国的企业组织方式只有独资和合伙两种，轮船招商局公开招股筹资，成为近代中国的第一家股份制企业。而在从前，中国商人做生意从来只能视官府之眼色，哪里有平等对坐的资格，更不要说“总账公阅”了。轮船招商局别开洞天，已经有了很规范的公司产权制度。

轮船招商局成立后，当即在长江航运中与洋商大打出手。当时，势力最大的轮船公司是美国旗昌洋行、英国太古洋行，它们联手订立了“齐价合同”，垄断航运业务。招商局在李鸿章的大力扶持下，先是靠漕运业务保证了公司的基本运作，又得到朝廷的低息贷款，再加上唐廷枢等人的精明管理，让美英两大洋行感到巨大压力，在招商局成立的三年里，原本赚得手顺的洋行竟变得无利可图。太古洋行面值 100 两的股票，到 1876 年只值 56 两，到年底已是无钱向股东发放股息。而实力最强的旗昌洋行也同样陷入困境，它的100两面值股票也跌到70两。在竞争压力下，其股东会最终决定退出航运业，把公司转卖给轮船招商局，开价为220万两白银。

当时的招商局只有11艘轮船，全部资本额75万两，买下旗昌无异于“小鱼吃大鱼”。唐、徐没有办法募得这笔巨款，便与久在官场厮混的盛宣怀商议，盛大为赞许，并愿意挺身出面筹款。可是，朝廷实在是国库羞涩。盛宣怀找到李鸿章，李鸿章表示“费巨难筹”。他又去找两江总督沈葆桢，沈葆桢此时正注力于福建船政局的建设，也以“无款”拒之。盛宣怀奔走于京沪之间，再三向李鸿章晓以利害，李鸿章最后同意从浙江、江西和湖北三省拨银50万两，沈葆桢则从他的藩库中出50万两，这样勉强筹齐了100万两。盛宣怀再与旗昌谈判，软硬兼施，让后者同意先支付120万两，余款分五年还清。就这样，招商局一口吃下旗昌，成为中国水域内最大的轮运企业。日后与盛宣怀终生交恶的徐润在晚年《自叙年谱》中也承认，“商局根基从此巩固，皆盛杏翁[①]之力为多矣”。到1881年，招商局还清所有欠款，还有盈余过百万两，成为当时清政府规模最大、效益最好的民用企业，它的轮船试航英国伦敦及美国的檀香山、旧金山，很是张扬了一番威风。当时有个日本官员在参观了上海的码头和轮船后，对盛宣怀说：“有了这个轮船招商局，你们大清的风雨茅庐中，总算有了两张新桌子。”而李鸿章对此也是十分得意，他在《复刘仲良方伯》一信中言道：“招商局实为开办洋务来，最得手文字。”

在招商局站稳脚跟后，1878年，李鸿章委派唐廷枢北上，筹建开平矿务局。

煤是军舰的动力原料，在军用和民用两方面均意义重大。中国华北煤矿资源丰富，却一直缺乏开发能力，不得不从国外进口。开平矿务局是第一家以现代公司方式投资经营的煤矿企业。唐廷枢等人在几年前就上书李

① 盛宣怀，字杏荪，尊称杏翁。

▲开平矿务局

鸿章，恳请开采开平煤矿。据他计算，在吨煤价格构成中，中国矿工工资所占比例仅为英国矿工的一半，所以，获利空间巨大。

开平矿务局从筹建到投产，非常顺利，这一切俱得力于唐廷枢的精于管理。他在引进设备之前，对煤矿资源进行了仔细的勘察、化验和计划；订购机器则根据开平的矿山地势，力求实用；在聘请国外工程师时，更是亲自面试，务求来者有真才实学。便是在建矿的过程中，为了运送煤石，唐廷枢在李鸿章的默许下，主持修筑了从煤厂到丰润县胥各庄的第一条“国产”铁路。

在唐廷枢的精细经略下，开平矿务局于 1881 年出煤，日产约为 300 吨，第二年总产 3.8 万吨，到 1899 年，产量增至 77.8 万吨，成为中国最重要的煤矿基地。从一开始，开平矿务局就与日本公司展开了天津市场的争夺战。当时日本煤炭在天津占据绝对优势，唐廷枢利用地利之便，以廉价杀之。据海关记载，1881 年，天津进口日煤 1.74 万吨，开平煤入市后，进口日煤当年即减为0.54万吨，三年后又降为566吨，市场基本为中国企业所控制。

▲李鸿章视察唐胥铁路

招商局在长江航运上的两大国际对手，一是美商旗昌，二是英商太古，太古轮船公司的总买办就是晚清“四大买办”中的另外一个香山人郑观应（1842—1922）。郑观应后来也被招揽进了招商局。在近代史上，此公不但以善于经营出名，更是一个堪称伟大的维新思想家。

郑观应是唐廷枢的姻亲，与徐润是“两代相交近百年”的世交，其叔父等人也为多家洋行的买办。少年时，郑观应就游历过越南、泰国和新加坡等地。17岁那年，他也跟很多同乡一样，到上海宝顺洋行做了一名学徒。到1873年，英商太古洋行创办轮船公司，年轻的郑观应被延聘为总买办。他很有经营谋略，曾经总结出办好轮船公司的十条经验，其中包括用人得当、加速船运周期、降低能耗、多揽客货等。为了降低能耗和运输费用，他购买的轮船均为烧煤少、行驶速、装货多的新式轮船。在他的经略下，太古轮船公司后来居上，发展得极为迅速。据他自称，“当太古开办之时，只有旧船三艘，力与旗昌争衡，尚属得手，所以逐年添船，获利更厚”。[1]在唐、徐经营招商局的初期，他们的重要对手就是同乡郑观应。

一个很隐秘的事实是，当初唐廷枢为招商局招股，竟暗中说动郑观应出钱入了股，因此，郑观应也是招商局的一个股东。就在旗昌被击溃的1877年，郑观应与太古的合同也正好到期了，唐廷枢竭力拉拢郑观应入局，太古方面出高价挽留，郑观应再三考虑，还是续签了5年雇佣合同。在他与唐廷枢的协商下，招商局与太古签订了“齐价合同”，从而以“双寡头”的方式垄断了长江航运，两家公司的利润因此连年大涨。

很快到了1881年，郑观应的5年合同期眼看又满了。招商局又打起这位经营奇才的主意，这回是李鸿章亲自出马，他向朝廷上奏恳请将郑观应“一门好善”的事迹载入广东省志和县的县志以示表彰。奏片刚刚写

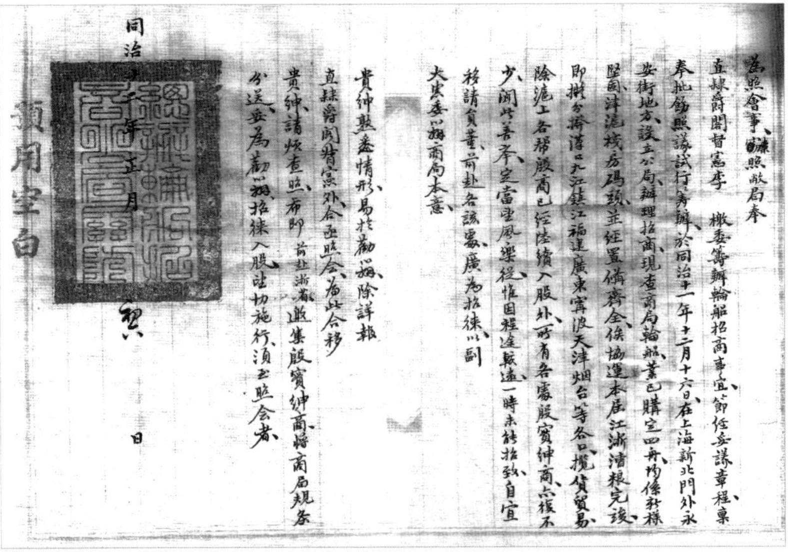
為照會事、案照敝局奉
直隸爵閣督憲李 檄委籌辦輪船招商事宜、節經妥議章程、稟
奉批飭照議試行、籌辦於同治十一年十二月十六日在上海新北門外永
安街地方、設立公局、辦理招商、現查商局輪船、業已購定四隻、均係新様
堅固、津滬棧房碼頭、並經置備齊全、俟協運本屆江浙漕糧完竣、
即撥分擇涉口九江鎮江福建廣東寧波天津烟台等各口、攬貨貿易、
除滬上各幫殷商已經陸續入股外、所有各處殷實紳商、亦複不
少、聞此善舉、定當望風樂從、惟因程途較遠、一時未能招致、自宜
移請貴董、前赴各該處、廣為招徠、以副
大憲委以招商局本意、
貴紳熟悉情形、易於勸導、除詳報
直隸爵閣督憲外、合亟照會、為此合移
貴紳、請煩查照、布即 前赴浙省、邀集殷實紳商、將商局規条
分送、妥為勸導、招徠入股、望切施行、須至照会者
同治十二年正月 日 照
須用空白

▲招商局招股书

① 郑观应著，夏东元编，《郑观应集》，上海：上海人民出版社，1982年版。郑观应的相关资料均引自《郑观应集》，下文不再一一注明。

好，盛宣怀就马上抄录了副本寄给郑观应。这对于郑氏家族实在是一件无比荣耀的事情，郑观应自是感激涕零，在回函中表示“感悚交集，非得笃爱深知，曲为详达，时与春嘘，乌能承此”。不久后，盛宣怀又乘李鸿章南下之机，邀郑观应一同到吴淞口拜见了李中堂大人。接下来，唐、徐和盛三人轮番上阵，劝说郑观应转投招商局。

冰雪聪明的郑观应，此时“心若辘轳，殊难臆决”。太古一向待他不薄，英方总经理冷士唯与他更是私交甚笃。进招商局的利弊在他看来也是明摆着的：就职位而言，他在太古是位居华人之首的总买办，进了招商局肯定将排在唐、徐及盛等人之后；就利益而言，也是大大跌了身价。他在给唐廷枢的一封信中说得很明白，“不计薪水之多寡，唯恐舍长局而就短局，有关名誉”。这些眼前的得失倒还不是他最优先考虑的，让他再三迟疑的，其实还是招商局的官商体制。他的顾虑有二：一是“所虑官督商办之局，权操在上，不若太古知我之真，有合同可恃，无意外之虑”；二则是“虽然我公现蒙李傅相器重，恐将来招商局日有起色，北洋大臣不是李傅相，遽易他人，误听排挤者谗言，不问是非，不念昔日办事者之劳，任意黜陟，调剂私人”。

不幸的是，郑观应所虑竟然在日后一一应验，而且有过之而无不及。但是，他思虑再三还是决定转投招商局。他说服自己的理由是：招商局目前的经营格局尚不稳健，“若不早日维持，恐难自立，我国无轮船往来各通商口岸，更为外人所欺辱”。最后七字，是来自郑观应的内心召唤。

1882 年 2 月，郑观应与太古的合同期满，3 月，他接受李鸿章的委札，就任招商局帮办一职。

三个大买办先后都毅然告别优厚而且能够世袭的洋行生涯，转而为朝廷所用。这在当时商界堪称奇事一桩。日后让人唏嘘不已的是，唐、徐、郑三人自投身于官督商办事业之后，其经历竟是同样的坎坷悲情。唐廷枢逝于 1892 年，据当时人称，“身后萧条，子嗣靡依，未能稍食其报”。也就是说，他没有给子孙留下什么财产。徐润后来被盛宣怀赶出招商局，又经历多年磨难，逝于 1911 年，所积财富不过万两。郑观应逝于 1922 年，家财也十分有限。“四大买办”中，唯独东山席家，一直恪守买办身份，枝繁叶茂，富贵百年。人生运势随国运而动荡，是非得失如此诡异，让后来者真正一言难尽。

在 19 世纪末，全国有 933 家洋行，以每家平均雇有 10 名买办计算，全国买办人数即为 1 万人。[①] 这在当时是一个不小的数字，而且他们基本都聚集在沿海及长江流域沿线的城市，自是一股不可忽视的财富阶层。在近现代史上，他们是第一代脱离了土地、具有独立特征的企业家阶层。

买办阶层有三个鲜明的特点：一是世家化，二是富甲天下，三是思想开化。

“四大买办”都是买办世家。唐廷枢一门四兄弟都是大买办，他的子侄辈十余人也继承衣钵，唐氏家族在英商怡和洋行中服务超过半个世纪。徐润一家，从他的伯父起到众多表弟、子侄共 10 余人，都服务于宝顺、太古、礼和等多家洋行。郑观应一家也大体类似。

最具代表性的是东山席家。席氏的第一个买办是席正甫（1838—1904），他与徐润同岁，19 岁那年到上海的钱庄做学徒，后进英商汇丰洋行当跑街，仅 6 年后就升上了买办。在他的促成下，李鸿章以盐税为担保，向汇丰借款 200 万英镑，开出了清政府最大的一笔商业性外债，也从此开启了汇丰与中国政府的长期政治贷款合作。从 1874 年到 1890 年，清政府向汇丰借款 17 笔，绝大多数都由席正甫一手经办，其中最大的一笔是他与“红顶商人”胡雪岩合作，向左宗棠出借 1 075 万两用于镇压新疆地区的叛乱。这些借款的年息居然在 15% 左右，是不折不扣的高利贷，清政府财政因此更加拮据。从席正甫进汇丰到 1911 年前后，外商在上海开设大小银行

① 据白吉尔的计算，到 1920 年前后，洋行总数为 9 511 家，买办人数超过 10 万人。

34 家，其中 17 家是由席氏家族及其东山亲戚担任买办。席家祖孙三代 14 人，先后在 6 家英商银行、两家美商银行、两家日商银行和法、俄、意各一家银行出任买办，几乎垄断了当时主要外商银行的买办职位。

买办的收入之高，在当时无任何职业可比。席正甫在汇丰的年薪约为 10 万两白银，可换算成 5 万担大米（每担约 150 斤）。除了规定的年薪，另外还有两大块财源。一是洋行给出的佣金。买办无论是组织贷款、买卖外汇还是办理汇票，都有一定比例的回扣，高者达 12%，最低的也有 0.12%。佣金之高非常可观，后来曾经当过段祺瑞北洋政府财政总长的曹汝霖早年也当过买办，他曾经拿出放款所得的佣金，与日商合办了一家中华汇业银行。

比佣金更大的收入来自买办们的自营生意。按当时惯例，洋行不禁止买办创建自己的企业，所以，几乎每个买办都有自营买卖，而且这些生意大多与洋行业务有很强的关联性。譬如，唐廷枢就开有钱庄、当铺、保险公司、茶栈和棉花行，他还跟郑观应合股办了两家轮船公司。徐润则在上海、湖北、江西和广东等地开有连锁商号，专门收购生丝、茶叶和棉花，为宝顺洋行提供货源，赚取差价。因为掌握了洋行的进货权，所以，买办的话语权就特别大。唐廷枢和徐润所服务的怡和、宝顺都是当时最大的洋行之一，他们联起手来做生意，竟可能控制某些紧俏商品的定价权。在进招商局前，两人甚至还创办了上海茶业公所、丝业公所和洋药（鸦片）局，与各口岸的公所“互为维持”，左右了长江流域的茶叶、生丝和鸦片贸易。郑观应的生意做得也很大，他开有茶栈、盐号、杂货号、钱庄和轮船公司。此外，太古在长江及沿海各口岸都设有“代客办货”的揽载行，也就是物流服务公司，郑观应在很多揽载行里拥有股份。席家的投资同样庞大，开有银楼、钱庄和纱厂，在上海繁华的南京路拥有大片地产。1905 年，清政府创办户部银行（三年后更名为大清银行），是为中央银行，席家以多个私人身份投资入股，合计得 1 320 股，大约占银行总股本的 6.6%，是最大的私人股东。

如此错综庞杂的生意，让买办们变得富甲天下，自不是虚言。在他们崛起之前的200年间，国内商业多为晋商和徽商所控制，特别在长江流域，靠贩盐和生丝买卖起家的徽商势力最盛。然而到19世纪末期，买办财势已隐然超越，当时上海便有谚语称，“徽帮人再狠，见了山上帮（指东山帮），还得忍一忍”。

有研究者考据，到1900年前后，席家资产已经超过1 000万两之巨。这是一个怎样的数字，可以与慈禧太后修颐和园做一个比照。1885年，慈禧太后没有钱过生日，硬是挪用海军军费修建颐和园，朝廷因此从1888年开始停止购进军舰，并在三年后停止拨付海军的器械弹药经费。此事被认为是1894年中日甲午海战失利的重要原因。慈禧到底挪用多少海军军费一直有争议。据颐和园管理处的《颐和园》所记载，佛香阁等56处工程估价为318万两左右，以重修水操学堂名义拨款68万两，各地督抚以“海军经费”名义另外集款260余万两。后世学者估算总费用在1 000万~1 400万两，民国史家罗尔纲在《清季海军经费移筑颐和园考》中的计算是：“吾人今日虽无法考出其确数，然必在一千万两以上则可断言也。”[①] 由此可见，1 000万两对于一手掌控帝国的慈禧太后来说也算是一个颇大的数目，且影响到国防，最终导致了国运的陡转。而一个买办家族，其资产就可达到这个数字，不可谓不骇人了。

买办生涯如此稳定而多金，三个香山人却相继弃之转投，究其原因，除了商业利益的评估外，更大的冲动应来自他们对国家的报效之心。

1870年前后，鸦片战争已经过去30年。这期间，一方面洋货大量进口，侵蚀瓦解着中国原有的经济结构和基础，导致中国利源大量外流。另一方面外国势力日益深入中国内地，开矿、行船、办企业，掠夺各种资

① 罗尔纲著，《清季海军经费移筑颐和园考》，载台北《大陆杂志》1952年第4卷第10期。

源，渗透把持中国经济命脉。其情其景，国人莫不忧心。

买办一族，是当时中国人中最早接受“西风”的，也可以说是最先开化的。他们日日与外商接触，有的还从小接受英美教育，对先进的商业理念和现代国家观念有深刻的认识，而同时，他们也对中国的落后和国民之愚昧最有切肤之痛。唐廷枢的同学容闳从耶鲁大学毕业回国后，也在上海宝顺洋行当过一段时间的买办。他回忆说，“买办之俸虽优，然操业近卑鄙”，“以买办之身份，不过洋行中奴隶之首领也”[1]。这种低人一等的屈辱感，深嵌在很多买办的人格中。因此，国家稍有召唤，他们自会义无反顾。唐廷枢在回顾他接掌招商局的心态时就说：“自置轮船揽运货物，以收利权，此正富国便商之要务也。”在一次股东会上，他更慷慨地对众人说：“枢、润不虑资本之未充，亦不虑洋商之放价，惟盼各帮联合，共襄大举，使各口转运之利，尽归中土……此事固创千古未有之局，亦为万世可行之利。”其言辞铿锵，百年后读来犹有金石声。

▲郑观应

这些人中，以郑观应的观念最为先进，他被认为是近代史上最早具有完整维新思想体系的改良思想家。

郑观应在太古当买办的时候，就开始写作《救时揭要》和《易言》两部书。据郑观应研究专家夏东元的考据，《救时揭要》始写于1862年前后，刊刻于1873年。《易言》则完成于1880年，创作的原因是“目击时艰，凡属臣民，

① 容闳著，《西学东渐记》（《走向世界丛书》），长沙：岳麓书社，1985年版。

无不眦裂”，“每于酒酣耳热之下，闻可以安内攘外者，感触于怀，随笔札记，历年既久，积若干篇”。在这两部书中，郑观应第一次提出强国之道除了兵战，还要进行商战，“初则学商战于外人，继则与外人商战”，“非富无以保邦，非强无以保富”。

身为买办，郑观应跟容闳等人一样，对华人地位的低下深以为耻。他写道：“我华人偶有不合例，即禁而议罚，决无宽恕，何以洋人入我中国营生，渔我中国之利，反不循我中国之规矩？此意何意乎？”

要商战，首先要学西方，“效其技艺，臻于富强”。这一观念并不新鲜，自魏源之后，时人俱有此论。这在当时的洋务派已成共识，超人之处在于，郑观应继而从两个方面进行了深入的论述。

第一，他从孟子“国以民为本”的民本思想出发，出人意料地引导出民间资本是商战主角的结论。作为航运业的大家，郑观应早就对洋务派所办实业有冷静的观察。他看到当时两大轮船制造企业——福建船政局和江南制造局的经营都非常不顺利，一是效率低下，二是资金匮乏，三是质量粗糙。而在他看来，如果让民间商人来造船，不独“资用可以源源不穷”，而且技术也易于精良，“商人造，则该事系商人身家性命所关，即无人督责，亦不虑其不造乎精巧”，“同一造轮，而精粗美恶自有天渊之别矣”。这一从产权清晰化的角度来论证企业效率的思想，已深得制度经济学的精髓。今日视之，仍为公理。更让人惊奇的是，郑观应还将国营资本、民营资本与国际资本进行了有趣的比较，得出的结论是：附资于官，勒索很多，以致无利可图，而附资于洋商，则有可靠的利润。恐怕连他也不会料到，这个观察 100 年后依然正确。

第二，郑观应认为徒慕西方的技艺之长是远远不够的，还必须“操泰西立法之大旨本源”。这个大旨本源就是改良政治，“仿泰西之良法”，实行君主立宪。他在《易言·论议政》中对比了中西政制的优劣，明确指出：中国由于信奉“天下有道，庶人不议”，“故于政事之举废，法令之更张，惟在上之人权衡自秉，议毕即行，虽绅耆或有嘉言，末有上达……于是利于上者，则不利于下矣；便于下者，则不便于上矣”。而“泰西列国则不然，其都城设有上、下议院。上院以国之宗室勋戚及各大员当之，以其近于君也。下院以绅耆士商、才优望重者充之，以其迩于民也。凡有国事，先令下院议定，详达上院。上院议定，奏闻国主。若两院意议符合，则国主决其从违。倘彼此参差，则或令停止不议，或覆议而后定。故泰西政事举国咸知，所以通上下之情，期措施之善也”。

郑观应此论可谓惊世骇俗，已算是“异端邪说”。当时的政界和学界仅有少数先知先觉者形成了类似的思想，大臣郭嵩焘在1875年的一份奏稿中提出：“西洋立国，有本有末，其本在朝廷政教，其末在商贾。造船、制器，相辅以益其强，又末中之一节也。”学者王韬则在1879年的《重民》一文中提出中国应实行“君民共主”的主张。从时间上看，买办郑观应的论述早于两人，因而后世学界公论，郑氏是第一个提出在中国实行君主立宪的人。十多年后，在《救时揭要》和《易言》的基础上，他又写出更为轰动一时的《盛世危言》。郑观应的这几部书都由他自费刊刻，分送给亲朋至交们。唐廷枢、徐润均得赠拜读，并深以为然。这种理念上的一致，是他们做出相同选择的思想起源。然而，出乎这些买办意料的是，后来的事实演进却大相径庭。

上海出现的第一家外资银行是丽如银行（Oriental Banking Corporation，又称东方银行、东亚银行），开设于1847年，它进入中国后就开始发行钞票，流通于上海、江浙一带。随后，外国银行相继进入，上海渐渐成为远东最重要的金融重镇。到1890年前后，沿外滩一带，已经集中了众多外国银行，黄浦滩12号为英资汇丰银行，14号为德资德华银行，15号为华俄道胜银行，18号为英资麦加利（又称渣打）银行，24号为日资横滨正金银行，其他还有英资有利银行、法资东方汇理银行等。它们在相当长的时间里控制了中国金融的命脉。

在这些外资银行中，以汇丰银行最为显赫。1865年，汇丰成立于香港。在英资银行中，它的规模并不大，然而，它从一开始就只关心在中国的利益，所有活动都是围绕着中国开展的，所以成了最重要的在华外资金融机构。时人称："盖吾国关税之收入，必解至汇丰，故汇丰操纵金融之势力尤伟。"它长期控制中国对外汇率，一直到1935年，汇丰每日的外汇牌价仍

▲汇丰银行

被视为上海市场的正式牌价。在汇丰的壮大过程中，东山席家的功劳最为突出。从1874年起，席氏祖孙三人——席正甫、席立功、席鹿笙——世袭汇丰大买办的位置前后长达55年，这是一项十分惊人的纪录。

席正甫只在老家东山乡下读过几年私塾，他之崛起全因头脑机灵，善于经略中洋和官商关系。在促成李鸿章的200万英镑盐税担保借款的当年，他就被提升为大买办，从此，汇丰等外资银行代替已显颓势的山西票商成为朝廷的金融合作伙伴。席正甫跟上海道台袁树勋是换过帖的结拜兄弟，这让汇丰在上海官场有了特别的优势。当时，朝廷最炙手可热的两个汉臣是李鸿章和左宗棠，两人关系一向恶劣，席正甫却跟他们以及他们的“钱袋子”盛宣怀和胡雪岩都保持了很不错的交往。在李鸿章的保举下，他还被授予二品衔红顶花翎。正是在席正甫的居中斡旋下，汇丰银行先后经理了沪宁、广九、沪杭甬、津浦、京奉、湖广、浦信等主要铁路干线的贷款，其获利之厚非常惊人。

席正甫为人极其低调，很少参加社会公共活动，即便是东山同乡的联谊也极少参与。马学强在《江南席家》一书中称，他查阅了当年东山同乡会的活动记录，很少看到有关席正甫的记载，仅在光绪九年（1883年）重建静安寺的时候有过一次捐款。这个隐身在幕后的人，数十年中默默编织了一张庞大的家族网络，在上海的外资银行界逐一渗透，形成了一股可怕的席家势力。

除了子孙繁茂之外，席家还与当时上海的一些望族结成了“姻娅联盟”。如席家与另外一个买办世家沈家的关系就盘根错节，不但男女婚姻频繁，甚至席正甫的一个同父异母弟弟席素恒还过继给沈家，改名沈吉成。沈氏三代在沙逊洋行担任大买办长达35年。在19世纪末期，沙逊与汇丰、太古和英美烟草号称英资在中国的四大垄断集团，席家与沈家的结姻让汇丰与沙逊在业务上互通有无，更加强势霸道。

进入民国时期，席家与国民政府显要的关系也是十分复杂亲密。席正甫的孙子席德柄是宋子文在美国的大学同学，还有一个孙子席德懋则把女儿嫁给了宋子文的弟弟宋子良。这使得汇丰在清廷灭亡之后，仍然能够与民国政府保持密切的关系。席氏子弟曾当过中国银行[①]的官股董事、总经理、国际货币基金会中国代表，还出任中央造纸厂的厂长。

几辈人在银行界行走，使得席家子弟在金融专业上的能力独步天下。很多年后，席家后人席与棠回忆小时候看到父辈工作时的景象："他的办公室特别大，里面有一张很大的办公桌，我从来没有见过那么大的桌子。桌上有二十几部电话，还有电传，这是我第一次见到电传。电话不停地打进来，他两只手拿着两三个电话，一会儿对着这个说中文，一会儿对着那个说英文。他还有5个助手，他们的英文也是非常过硬的……当时国际主要货币不是美元，是英镑，英国和上海的时差是6个小时，所以，他们炒卖外汇还不用熬夜。"

席与棠还回忆了席家子弟与宋子文的一段逸事：一次，中国银行行长、"国舅"宋子文到中行上海分行副行长、汇兑经理席颂平的办公室，听到席颂民在抛出英镑，他就大声疾呼："给我买进，买进。"因为他来是为了某项进口贸易需要英镑支付，数额较大。席颂民当即挂断电话，问清了要多少英镑，哪一天要，答应及时筹措，绝不耽误。接着，他拿起电话，继续自顾自地外抛英镑。宋子文走出席颂平的办公室，转身去查了逐年逐月的外汇进出账，发现几乎每月都是赚的。此后，宋子文对中国银行的外汇职工说："你们就听席颂平的，谁也不要插嘴，包括行长、副行长。"

1949年之后，席家子弟大多随外资银行退出了大陆，他们投资的地产和实业股份也全数消失。2000年之后，有一种"席家本帮菜"流行于沪上，它的菜肴典雅而偏甜，口味介于中西之间。喜欢它的时尚人士不少，却已很少有人知道它的前生来历了。

---

① 中国银行的前身就是1905年成立的户部银行，1908年改为大清银行，行使中央银行权力，辛亥革命后的1912年2月，更名为中国银行。

席家子弟的买办列表

汇丰银行	席正甫、席立功、席鹿笙祖孙三代
麦加利银行	席锡蕃、王宪臣（席素恒的女婿）、王叔麟（王宪臣之子）
有利银行	席缙华、席聚星
德丰银行	席缙华
中华惠理银行	王宪臣
宝信银行	席裕光
横滨正金银行	叶明斋（席缙华的女婿）
住友银行	席聚星
花旗银行	王俊臣（王宪臣之弟）
运通银行	席德熏
信济银行	席德逵
德华银行	许春荣（席裕光的岳父）、席缙华
汇兴银行	许承基（许春荣之孙）
华比银行	胡寄梅（席家的联姻）、胡筠秋（胡寄梅之子、席锡蕃的大女婿）
中法工商银行	席锡蕃、叶振民（席锡蕃的二女婿）、席涵秋
华义银行	席德懋
华俄道胜银行	胡寄梅、席缙华、黄振之（席素恒的女婿）、沈志华（席素恒的儿子）

1884 盛宣怀夺权

登楼四望真吾土，不见黄龙上大旗。

——黄遵宪：《到香港》，1885年

1882 年前后，以轮船招商局的兴盛为标志，洋务运动进入了第一个高潮期。连郑观应这样的大买办都转而投靠，不得不让人对洋务事业充满了信心，长久以来使帝国一蹶不振的忧伤似乎开始消散。

这种景象在上海的股票市场上呈现得非常清晰，前些年还无人问津的洋务企业股票，现在成了抢手货。这年 9 月 27 日的《申报》上刊载了一则新闻，列举了洋务企业的股票价格。其中，轮船招商局的票面额为 100 两的股票，市价为 253 两；上海机器织布局、开平矿务局、湖北长乐铜矿、热河平泉铜矿和湖北鹤峰铜矿的股票（票面额均为 100 两），市价分别为 110 两、216.3 两、168 两、256 两和 155 两。郑观应很兴奋地给盛宣怀写信说："现在上海公司股份无一不涨，平泉股本不过数万，其涨尤甚。"

从 1882 年到 1887 年，在《申报》上刊载过股票买卖价格的共有 36 家企业，它们是近代中国的第一批股份制企业。时人评论说："招商局开其端，一人倡之，众人和之，不数年间，风气为之大开，公司因之云集。虽其中亦有成与不成之分，然其一变从前狭隘之规则。"从这些股份制企业的行业分布可见，矿产投资是热点，对能源的争夺一直是中国公司利益格局重组的一个主题。

▲盛宣怀

盛宣怀是最早看到这一商机的人之一。在被任命为招商局会办后，因为有唐廷枢和徐润两人的存在，他在局务上几乎没有插手的空间，所以在 10 年时间里，他一直被李鸿章派到其他一些开创性的实务中历练。光绪二年（1876 年），他在给李鸿章的信函中说："各省现设船、炮局，需煤日多，与其购英美各国及日本之煤，利自外流，不若采中土自产之煤，利自我兴。"李鸿章深以为然，认为"中土仿用洋法开采煤铁，实为近今急务"。他当即委派盛宣怀去湖北负责开采煤铁矿务，盛宣怀带人日行二三十里，在荆州、宜昌一带探煤勘铁，颇为辛劳。之后几年，他奔波各地勘矿，相继勘探了湖北大冶煤矿、山东登州铅矿、辽宁金州铁矿、锦州煤矿等，完成了近代中国第一次全国范围的矿务勘探活动，堪称是矿务开采事业的筚路蓝缕之举。在他的示范下，唐廷枢创办了开平矿务局，朱翼甫开采了平泉铜矿，近代第一批工业化开采的矿产企业集群式地诞生了。

除了矿业上的开创性成就外，前些年一直被妖魔化的电报电话业也实现了突破。1880 年秋，盛宣怀创建中国电报总局，自任为总办，筹划架设从天津到上海的电线。为了办电报，盛宣怀可说是煞费了苦心。他一方面要跟各地的官吏打“太极拳”，说服并诱使他们同意架设电线，另一方面又要解决经费短缺的难题。与创建招商局时一样，他再次提出了官督商办的理念，亲拟章程，筹措民资。与此同时，他还抵制外资的电报投资。在李鸿章的支持下，中国电报总局先后收回了英国大东、丹麦大北公司设在沿海岸上的陆线，中国的电报网络复归中资所有。一直到1908年前后，电报总局共修建电报线2万公里，连接大多数商业和战略中心城市，完成了全国性的电线干线建设工程。经矿务、电报两役，李鸿章对盛宣怀的才能大为赞赏，在给朝廷的奏折中表彰说：“该员才具优长，心精力果，能任重大事件，足以干济时艰。”在他看来，这位与他心意连通的忠诚弟子已经真正成熟了。很快，他做出了一个冒险的决定。

1884年，就当盛宣怀办电报总局初见成效之际，他突然得到机会入主轮船招商局。

在过去的几年里，招商局经营红火，年获利润已过百万两，官家和商家的心思都变得活络起来，官督商办的体制矛盾渐渐变得无可避免。

唐廷枢、徐润两人系买办出身，他们认为“官款取官利，不负盈亏责任，实属存款性质”。自1882年春，郑观应入局后，商办的思潮更加浓烈，郑观应对洋务官僚的警惕比唐、徐更为坚决，他尝言，“官之与民，声气不通”，工厂企业“一归官办，枝节横生，或盈或亏，莫敢过问”。当三人的理念达成共识后，他们便联名给李鸿章打了一份报告，希望将官款“依期分还，币息陆续缴官，嗣后商务由商任之，盈亏商认，与官无涉，请免派员”。

▲李鸿章

此议等于要把招商局民营化，这显然

大大地不合李中堂心思，可以说是脑后生出了反骨。

事实上，在最初创办的那些官商合营企业中，因官本羸弱，启动资金大多来自民间，经营也基本仰赖买办，所以，强调商办原则是一个潮流。从这些企业的章程中，都可以看到经营者在这方面的重视。唐、徐在他们主持制定的《轮船招商局章程》中，即强调轮船招商局“归商办理”，鉴于此前并无这种先例，为减少可能由此带来的麻烦，他们接着表白称：“查商人践土食毛，为国赤子，本不敢于官商二字，稍存区别。惟事属商办，似宜俯照买卖常规，庶易遵守。”开平矿务局的章程同样明确表示：“查此局虽系官督商办，究竟煤铁仍由商人销售，似宜仍照买卖常规，俾易遵守。所有各厂司事，必须於商股之中选充，方能有裨益事。”徐州利国矿务局的章程也明白无误地表明：“矿务以减少成本为首要。一应事宜概照商人买卖常规，撙节核实办理，不得稍涉糜费，以重商本……一切工作事宜，均以中国商民为之。”为商应当去除官场习气，这似乎是当时的一个共识。上海机器织布局便在章程中声明：“事虽由官发端，一切实由商办，官场浮华习气一概芟除，方能持久。”

这些道理，对于一向开明的李鸿章来说并非不可接受。这些章程，写在纸面上也无大碍，可是要据此将企业彻底民营化，却是李中堂大人所决然不允的。他的心思也很容易看透：洋务派大吏办企业，一是为了“强兵”——军事上的需要；二是为了“富国”——增加财政收入，企业一旦民营，便无法直接掌控。从文化心理来分析，千百年间，商人从来“富而不贵”，为九流之末，跟他们一起合资办企业已是迫不得已之计，现在要闹“独立”，在官僚们看来自然是万万不行的。

此外，还有一个让李鸿章不放心的就是，买办们在经营官督商办企业的时候，也按“惯例”经营着自己的私人企业。这中间无疑存在着严重的利益输送的混乱现象。以唐、徐两人为例，他们来招商局后，相继创办了长源泰、长发堆栈等流通企业，此外还办起了中国第一家保险公司——仁济和保险公司。这些公司与招商局有大量的关联交易，难免给人上下其手的观感。[①]

于是，唐廷枢等人的那份联名信成了官商决裂的导火线。

盛宣怀当然看到了这种离心景象，他久窥宝座，自然不会放过此等离间时刻。他密信呈报李鸿章，诋毁唐、徐办事无能，“细审任事诸人，并不加意勤勉，反觉遇事疏忽”。他特别告状具体主事的徐润，说“局内视为无足轻重之人”。具体而言，他认为唐、徐治局有两大罪状：一是任用洋人管事，不合大清体统，所以“急宜及早斥退，以符定章而免后悔”；二是任用私人，局中同事多是亲戚，“始而滥竽，继而舞弊”。他所陈述现象，都是当时买办人物及民间公司的常见之事，不过从国营体制而言，就成不可饶恕之罪了。他还联合朱其昂的胞弟、当时也在招商局任职的朱粹甫，处处为难唐、徐两人。朱粹甫是官派人员，掌管关防印章，他每每不到局里办公，或手握印章“屡请不到”，弄得唐、徐苦不堪言。

到 1884 年，盛宣怀的机会终于降临。这一年，上海爆发金融危机，徐润曾利用主管招商局财务之便，私自挪用 16 万两巨款炒作房地产，这时丑闻东窗事发。李鸿章委派盛宣怀查处这一事件，盛宣怀奏报朝廷，说徐润“假公济私，驯至亏欠局款，实属瞻玩”，所以应该革职处分，并令其照数抵赔。徐润提出，他在招商局 11 年，仅领薪水 2.5 万两，局中存有各项余款 70 万两，作为出资股东，他按照既定章程可提取两成分红，可不可以用这笔分红抵销所欠局款。盛宣怀断然拒绝。徐润“净身出局”。他的职权被夺，股权尽失，不得不变卖所有的地产，以致“家业荡然，生机尽矣”。徐润成为第一个因体制冲突而“牺牲”的国营企业经理人。百年以降，他的名字后面将悲者如云，蜿蜒百里，迄今尚不见尽头。

徐润被拔除后，第二年春夏间，唐廷枢也被调离招商局。盛宣怀终于

---

① 需要注明的是，即便官商盛宣怀接管后，也一样如法炮制，一边以国家为名办企业，一边搞了一大堆私人公司敛聚财富，这一陋习一直延续到民国一代的宋子文、孔祥熙。中国官僚企业家的职业道德和官商文化的恶劣令人感慨。

得到了梦寐以求的督办之职。上任之后，他当即宣布朝廷“派大员一人认真督办，用人理财悉听调度”。唐、徐时期，官派人员很少插手具体的经营事务，而自此之后，盛氏身兼督办、总办双职，终于弄得官商不分。他还暗用政府权势，逼迫其他的私人股东一一撤股，使股权结构全面变色，招商局成了一家官督“盛”办的企业。在之后的数十年间，这个“中国首家现代企业”还将几次上演产权争夺的大戏，可谓产权演变的“缩影”。

盛宣怀的这些行径，既跟唐、徐的民营治理观念全然不同，也跟当初李鸿章“听该商董等自立条议”的思路有大大的出入。为了权力的掌控，他背叛了13年前的那种理念。盛氏风格日后被一路传承，祸害百年。在官督商办企业中，官股与商股完全没有平等的权利与地位。一个叫吴佐清的商人就曾经颇有牢骚地描述过这种所有制上的产权歧视：“若云官办，则实招商股，若云商办，则有总办、帮办、提调名目。商民虽经入股，不啻途人，即岁终分红，亦无非仰人鼻息，而局费之当裁与否，司事之当用与否，皆不得过问。虽年终议事，亦仿泰西之例，而商股与总办分隔云泥。”①

1884年，也就是盛宣怀夺权招商局的同一年，在日本则发生了一件互可参照的公司新闻。明治政府将当时日本最大的造船企业、几乎与招商局同期创办的长崎造船所，仅以1日元的象征价格“出售”给私营企业家岩崎弥太郎，这家企业后来发展为著名的三菱株式会社。

19世纪70年代初期，中国与日本都开始工业化变革，两国均诞生了很多近代工厂，其现代化速度也非常近似。1870年12月12日，日本政府设立工部省，负责“监督和管理一切矿山，建设和保养一切铁路、电报线和灯塔，制炼和铸造各项企业使用的铜、铁及铅矿，并从事机器制造”。

① 吴佐清著，《中国仿行西法纺纱织布应如何筹办俾国家商民均获利益论》，陈忠倚编，《皇朝经世文三编》，卷26。

其后10余年，日本相继建立了横须贺制铁所、横滨制铁所、长崎制铁所、关口大炮制作所、石川岛造船所等诸多国营企业，其景象可以与清王朝的洋务运动相互辉映。

可是在19世纪80年代中期，两国突然走上了两条不同的工业化道路。就在盛宣怀将招商局拉回官僚管制的同时，在日本则出现了一次十分坚决的民营化。日本政府认识到国有官营弊端太大，便毅然改弦更张推行民营化。明治维新启蒙者福泽谕吉疾呼："政府若为了富国，就认为可以做任何事情，与人民从事相同的寻常事业，甚至与人民竞争工商之成败，其弊极矣。"曾出任日本政府首相的著名政治家伊藤博文则阐述说，日本政府创办各种企业的目的之一，就是"示以实利、以诱人民"，当这些工矿企业在引进先进的生产技术和设备以及培养技术工人方面完成了历史使命后，政府就应该把这些官营企业售给民间商社。

正是在这种思路的引导下，日本政府相继把众多国营的工厂转卖给私营企业家，有的甚至类似长崎造船所这样"白送"。日本的这次国企私营化过程也非一帆风顺。大野健一在《从江户到平成》一书中记录说："除军需工厂之外的国营企业均被私营化。此时，对于国有资产被贱卖给一些有势力的商人一事，国内舆论哗然，骂声四起，到1881年竟发展为政治丑闻。但事实是，私营化后的很多企业均通过裁员和追加投资等措施扭亏为盈。"① 私营化运动使日本经济快速成长，自1884年末到1892年，日本股份公司的数字和资金总额分别由2 392家、1亿日元增加到5 444家、2.8亿日元，职工人数从12.3万增加到42万，并出现了三井、三菱、关西铁路等众多财阀型私人企业。与不同的工业化思路相关联的是，两国在政治体制上的演变也南辕北辙。1889年，日本设立国会，颁布宪法，从而确立了君主立宪的新体制。两种不同的路径选择，导致了两国后来截然不同的

① ［日］大野健一著，臧新远译，《从江户到平成：解密日本经济发展之路》，北京：中信出版社，2006年版。

▲洋务运动的同时，欧美均在发生变革，图为美国的汽车生产线

国运。由此我们可以做出一个预断：洋务运动将是一个彻底失败的运动。这一结局是在1884年盛宣怀夺权招商局的那一刻就注定了的。

在遥远的1884年，盛宣怀夺权招商局在当时都算不上是一则新闻，其“官进商退”的历史意义需在相当长的时间后才无比狰狞地呈现出来。在当年中国，最轰动的经济事件是发生在上海的一场大商战，以及因此而导致的大清首富、有“红顶商人”[①]之称的胡雪岩（1823—1885）的破产。

胡雪岩活着的时候，就已经是一个传奇了。他是安徽绩溪人，幼年丧父，家境贫寒，徒步百里到杭州，进了一家钱肆当学徒。他头脑活络，善于经营，很得于姓主人的信赖，主人竟在临终前将钱肆都赠给了胡雪岩。不过，胡雪岩真正发迹却是从结识了左宗棠才开始的。左宗棠与李鸿章、

① “红顶商人”：依清朝官制，二品以上官员戴红顶子，三品以下都是蓝顶子。胡雪岩，名光墉，字雪岩，以字行世。他的官衔是江西候补道，为正四品，朝廷又“破格”赏他布政使衔，为从二品，因此可以戴红顶子，有了“红顶商人”的名号。此谓后来通称官商，或有官家背景的商人，有贬义。

张之洞同为洋务派名臣，他精通兵法，是东南海防和收复新疆的第一重臣。1862 年，胡雪岩因机缘攀上时任浙江巡抚、正在跟太平军作战的左宗棠，此后 20 年里一直当他的采运官，为之筹措钱粮、军饷，成了后者的“钱袋子”。也正是在这个过程中，胡雪岩的财富惊人地暴增。他依仗左帅权势，在各省设立阜康银号 20 余处，成为信用最好、实力最强的徽商钱庄，并经营中药、丝茶业务，操纵江浙商业，资金最高达 2 000 万两以上，拥有土地万亩，在短短 20 年内一跃成为全国首富。他商业直觉超众，注重诚信，为人圆滑，处世周全，在狠狠赚钱的同时还深得朝廷信赖，被授布政使衔江西候补道，从二品顶戴，还是清朝 300 年唯一一个被赐穿黄马褂的商人。胡雪岩从容游走于商场、官场之间，挟官势而谋私利，是一个典型的官商，被认为是一个不世出的商业奇才，在他活着的时候，就有“当官要学曾国藩，经商要学胡雪岩”的说法。

在 1882 年，早已名满天下的胡雪岩面临着事业上的一次重大抉择。他手握 1 000 万两以上的巨额现银，是去办洋务，还是倒卖生丝，竟一时踌躇。

胡雪岩对洋务并不陌生。1868 年左宗棠创办福建船政局的时候，所有购买外商机器、军火事务便都是由胡雪岩一手操办的。后人在马尾遗址修建“中国船政博物馆”，开门可见三尊铜像，分别就是左宗棠、沈葆桢和胡雪岩。他显然看到了洋务事业的巨大“钱途”。1882 年 1 月，他给恩公左宗棠写信，表示愿意出资，独力建设长江沿岸电报设施。他说自己为此可动用的资金在 1 000 万两以上。这笔钱之巨大，我们在上一章已经计算过了，慈禧太后修颐和园以及左宗棠率领千军万马进军西北也不过花了这个数目，它在当时几乎可以买下李鸿章过去

▲胡雪岩

10年辛苦所办的全部洋务企业。可是，最让胡雪岩费思量的是官场上微妙的人事格局。左宗棠与李鸿章都是曾国藩在“剿灭”太平天国时带出来的名将，而且思想开明，同为洋务派重臣。可是，左宗棠是湘军系统，李鸿章则自成淮军一脉，两人是政治上的死对头。当时主管洋务的却是李大人，这让深谙官场门道的胡雪岩十分迟疑。在过去的几年里，他与盛宣怀的关系就十分微妙，盛宣怀在创办招商局时曾亲笔写信恳请胡雪岩入股，胡雪岩爽快答应，然而，几万两股份却始终没有到位，这让盛宣怀怀恨终生。

办洋务，商业前途大好却官场头绪难解。第二条路就是倒卖生丝。自晚明以来，江浙一带就是全国纺织业的中心，所谓“日出千绸，衣被天下”，在历史教科书上被认定是“近代资本主义的萌芽之地”。几百年来，靠丝业致富的巨商大贾比比皆是，江浙终成近代中国最为富庶的地方，仅在湖州一个叫南浔的小镇上，就有“四象八牛七十二黄金狗”，称“象”者，家产需在100万两白银以上。有学者计算，湖州商人的财产总额达到6 000万~8 000万两白银，相当于清政府一年的财政收入。江浙商人俨然与晋商、徽商并称为当时的“三大商帮”。胡雪岩为左宗棠采购军需，自然少不了与丝商打交道。他与“四象”之一的庞芸皋是十多年的商业伙伴，他们合伙做蚕丝生意，还一起倒卖军火。他在杭州开了一家胡庆余堂国药店，庞芸皋就依葫芦画瓢在南浔办了庞滋德国药店。

19世纪60年代之后，江南丝商面临重大危机。当时，英美各国开始在上海创设机械缫丝厂。西方“工业革命”的技术创新就是从纺织业开始的，所以，中国传统手工缫丝的生产效率和质量根本无法与机械缫丝竞争。洋商为了进一步掠夺中国的廉价劳动力和原料，垄断蚕丝出口市场，拼命压低生丝价格，抬高厂丝价格，从中攫取暴利。1868年，生丝每担市值白银517两，到1875年，每担价格已下跌至285两，再过8年，更暴跌至200两。兴旺百年的江南纺织业迅速没落，昔日富可敌国的丝商们顿时都成了“病象瘦牛丧家狗”。

▲古时纺织工人工作图

目睹此景，胡雪岩认为商机浮现。缫丝产业蒸蒸日上，而作为原材料的生丝却价格日跌，这是一种极其不正常的现象。据他观察，主要原因是华商各自为战，被洋人控制了价格权。因此，他决定靠自己的财力，与之一搏。另外，还有消息显示，在过去的两年里，欧洲农业遭受天旱，生丝减产。

正是基于这些判断，首富胡雪岩出手，高调坐庄。百年企业史上，第一场中外大商战爆发了。

1882 年 5 月，他大量购进生丝 8 000 包，到 10 月达 1.4 万包，见丝就收，近乎疯狂。与胡雪岩同时代的晚清学者欧阳昱在《见闻琐录》中详细记录了这场商战的惨烈景象：其年新丝一出，胡即派人大量收购，无一漏脱。外商想买一斤一两而莫得，无可奈何，向胡说愿加利 1 000 万两，如数转买此丝，胡非要 1 200 万两不可。外商不买，过了数日，再托人向胡申买，胡坚持咬定此价。外商认为生丝原料仅操纵在胡雪岩一人之手，将来交易，唯其所命，从何获利？决心不买胡之生丝，等待次年新丝出来再说。胡雪岩则邀请丝业同行合议，共同收尽各地生丝，不要给外商，迫外商出高价收购，这样必能获厚利。

在一开始，胡氏战略似乎奏效。西方学者斯坦利在《晚清财政》一书中记录，1882 年 9 月，上海一级生丝价格已高涨至 17 先令 4 便士，而在伦敦交易所的价格仅为 16 先令 3 便士。国内价格反超国际期货价。到 1883 年 8 月，大商战进入决战时刻，胡雪岩前后已投入资金超过 1 500 万两，继续坚壁清野，囤货坚挺，大部分上海丝商停止营业，屏气而作壁上观。华洋双方都已到忍耐极限，眼见胜负当判，谁知“天象”忽然大变。

变数之一，欧洲意大利生丝突告丰收，欧洲期货市场的紧张顿时缓解，消息传回中国，商心开始动摇。

更大的变数是，中法因越南问题交恶，爆发战争。1883 年 10 月，法国军舰驶抵上海吴淞口，扬言进攻江南制造局，局势紧张，市民提款迁避，市面骤变，金融危机突然爆发。外国银行和山西票号纷纷收回短期贷款，个人储户也紧急提现。当时报刊如此描述此景象：“钱庄逼账急如星火，沪上商局大震，凡往来庄款者皆岌岌可危；虽有物可抵，有本可偿，而提现不能。钱庄之逼，一如倒账。”一般商品无不跌价 30%~50%，所有房地产都难脱手，贸易全面停顿。

世事如此，胡雪岩已无力回天。11 月，江浙丝商的价格同盟瓦解，生丝易烂，不能久储，胡雪岩不得不开始抛售，价格一路狂泄，损失以千万两计。生丝对搏失利，很快影响到“坚如磐石”的钱庄生意。民众排队提款，一些与胡雪岩不和的官员乘机逼催官饷，可怕的挤兑风潮出现了。先是杭州总舵关门，继而波及北京、福州、镇江以及湖北、湖南等地的 20 多个字号，到 12 月 5 日，阜康钱庄宣告破产。

中法战争中的中方主帅正是胡雪岩的恩公左宗棠。1884 年 8 月 22 日，法国海军与清帝国唯一的现代化海军福建水师在福建马尾决战。史景迁在《追寻现代中国》一书中用十分精简的文字描述了这场战争：“中国与发达的工业力量之间的差别再次昭然于世。中国舰队的旗舰在开战的第一分钟就被鱼雷击沉。在 7 分钟内，大多数中国舰只被击中。1 小时内，所有的中国舰只都被击沉或起火燃烧，兵工厂和码头被毁。法国战死5人，中国则有521人阵亡，51人失踪。”由左宗棠首倡、胡雪岩筹款创建的福建水师舰队几乎全军覆没。

第二年9月，左宗棠病逝于福州。11月，朝廷下令对胡雪岩革职查抄，严加治罪。他遣散姬妾仆从，在圣旨到来之前，就非常“及时”地郁郁而死了。他的棺木被一老仆埋于杭州西郊鸬鹚岭下的乱石堆中，一直到整整100年后，才被人偶然发现。

在1884年，盛宣怀的夺权与胡雪岩的死亡，是两件很有象征性且内在关联的事件。

洋务运动自19世纪60年代发起以来，因官库拮据而不得不借重民间资本。经营人才的匮乏也使得职业经理人制度得以尝试，特别是买办阶层的积极参与，让洋务企业呈现出兴盛景象。在这十多年的时间里，从造船业、采矿业、纺织业到航运业、保险业等，出现了众多“中国第一”的新兴企业，铁路、电报等基础工业设施也得到了启动。可是，在气象初显之后，政治家与企业家阶层发生了制度和理念上的冲突，最终，以盛宣怀

▲后来修建的胡雪岩墓

掌权招商局为标志，坚持国营体制的官僚资本主义占据了上风。美国华裔学者郝延平将此视为“官僚资本主义产生的转折点”，他在《中国近代商业革命》一书中评论说：“1884年以后，不幸以盛宣怀为首的官僚紧紧掌握了官督商办企业（它们是中国工业化的早期先锋），在中国工业发展中，官僚主义开始比企业家精神起着更重要的作用。”[①]

尤其值得反思的是，洋务派在实业创办上不遗余力，而在制度设计上却毫无作为，这与邻国日本形成了鲜明的反差。

中国学者杨小凯在《百年中国经济史笔记》中，将几乎同时发生的洋务运动与明治维新进行了一个精辟的对比：洋务运动是在政治、法律、制度、意识形态不能根本变革的约束下进行的，因此以坚持清朝政府的政治垄断，没有司法独立和保护私人企业的法律制度为基础。与明治维新模仿西方的政治、法律、经济制度相反，洋务运动坚持官办、官商合办、官督商办的制度，以此为基础来模仿发达国家的技术和工业化模式。这种方法使得政府垄断工业的利益与其作为独立第三方发挥仲裁作用的地位相冲突，使其既是裁判，又是球员，因此利用其裁判的权力，追求其球员的利益。这种制度化的国家机会主义使得政府利用其垄断地位与私人企业争夺资源，并且压制私人企业的发展。而明治维新时不但在宪法中规定私有财产神圣不可侵犯，并且全面模仿英国和德国的政治、法律、经济制度（却不放弃天皇的实权，不搞虚君共和），除了在人民不知企业为何物时，办过几个模范工厂外，基本上不办国营企业。因此政府可以发挥公平司法、执法的第三者仲裁功能，私人企业得以蓬勃发展起来。加上日本模仿专利法、公司法，使得私人企业可以利用剩余权保护推广西方专利的收益，所以西方的技术得以广泛在日本发展。

自唐廷枢、徐润被无情赶出招商局之后，洋务派官僚与新兴企业家

---

① ［美］郝延平著，陈潮、陈任译，《中国近代商业革命》，上海：上海人民出版社，1991年版。

阶层的“蜜月期”就此结束。在以后10余年中，洋务官僚为工业企业筹集资金变得更加困难。当时清政府的财政来源十分有限，全部税收仅占国民纯收入的2.4%。民间资本的失望，使得洋务派的投资手笔越来越小。

而胡雪岩破产事件以及同时发生的上海金融危机，则无疑是雪上加霜。

“红顶商人”以一种无比莽撞和壮烈的方式挑战英美纺织公司，这应该是传统商业力量在技术和工业模式都处绝对劣势的前提下，进行的一次绝地反击。他的破产，宣告了传统商人阶层的集体陨落，“三大商帮”中的两枝，徽商和江浙商人在此役中损失惨重，从此一蹶不振。萌芽于晚明的纺织业彻底崩盘，江南丝商纷纷转向其他生意。与胡雪岩结盟的南浔富豪庞芸皋甚至在死前留下“遗训”，警告后人绝不可再碰“白老虎”。“白老虎”者，白丝与白人也。中国近代资产阶级改良派报刊出版家、政论家汪康年《庄谐选录》卷十二云：“江浙诸省，于胡败后，商务大为减色，论者谓不下于庚申之劫。”晚清小说家大桥式羽在《胡雪岩外传》的序中更认为：“自君一败，而中国商业社会上响绝音沉者几二十年，正不知受亏几何。”

因中法战争而诱发的上海金融危机，不仅是胡雪岩失利的直接原因，更是脆弱的中国新兴经济体系的一次灾难。

在过去的10年里，上海已成为远东最大的商业中心，工业繁荣，各种商品交易活跃，地产暴涨。李鸿章创办的最重要的四大洋务实业，除了开平矿务局之外，其余的江南制造局、轮船招商局和上海机器织布局都聚集在此。战事突至，棋局顿乱。到1883年年底，上海58家较为重要的钱庄中，有48家破产，上海存银减少了90%，仅为38万两。香港怡和洋行经理F·B·约翰逊在10月29日的信中称，外国银行已从上海转走200万两以上的款项，“中国人说，害怕同法国开战造成商业停滞……这足以说明企业崩溃的原因”。前两年还如日中天的洋务派企业股票如水泄般崩盘，到1884年年初，开平煤矿的股票已从每股200两以上跌到每股29两，招商局股票则跌到每股 34 两，与一年半前相比，平均缩水 87%，投资者损失惨重，10 年之内不敢重燃信心。

此次金融危机是百年企业史上的第一个泡沫经济的破灭。上海的元气许久没有恢复。1885 年 12 月的《北华捷报》上描述了当时的景象："人们仍然可以看到黄浦江沿岸空关的、无用的、被废弃的建筑物，和到处星散的夭折企业的界石，它们是工厂无声的幽灵——才呱呱落地就窒息而毙的企业的坟墓。"1887 年，一个叫李庆云的矿业投资商在信函中仍心有余悸地写道："就上海一隅而论，设公司者数十家，鲜克有终。承办者往往倾家荡产，犹有余累，公司二字，久为人所厌闻。"

自 1884 年之后的 10 年间，洋务派再无大的建树。盛宣怀接手招商局后，虽然全力运作，却再没有超越唐、徐年代的辉煌。据刘广京在《中英轮船航运竞争 1872—1885》中的统计，到 1894 年，招商局的船只数与 10 年前相近，为 26 艘（净吨位 2.32 万），怡和与太古的船数则增加到 22 艘（净吨位 2.39 万）和 29 艘（净吨位 3.45 万），"中国水域轮船航运业的统治地位很快消失了"。[①]

在这段时间里，洋务派最大的手笔，是张之洞创建了汉阳铁厂，其经过则很有讽刺性。

在一个国家的工业化过程中，钢铁产能是一个最重要的基本性指标。1888 年，张之洞在任湖广总督后，上奏《筹设炼铁厂折》，提出"自行设厂，购置机器，用洋法精炼，始足杜外铁之来"。张氏是洋务派名臣，著名的"中体西用"就是他提出的。《清史稿》评论此人曰："莅官所至，必有兴作，务宏大，不问费多寡。"[②] 最后八字，既是赞叹其气魄宏大，却又

① ［美］刘广京著，黎志刚译，《中英轮船航运竞争，1872—1885》，载《经世思想与新兴企业》，台北：联经出版事业公司，1990 年版。

② 赵尔巽等撰，《清史稿》，北京：中华书局，1998 年版。

▲张之洞

嘲讽他不懂投入产出，是典型的国营大佬心态。办厂之初，有人提议官督民办，他则主张官本官办，而且一办就要办东亚最大的钢铁厂。

“政治正确”的张香帅（张之洞号香涛，人尊称香帅），官本官办搞铁厂，结果是步步臭棋。

他把炼铁厂定址在汉阳，而湖北铁矿则在120公里外的大冶，每日产铁百吨，所需铁砂的运费就达60多两白银。而且，汉阳附近无炼铁所用的焦煤，只能用河北开平或国外进口的焦煤，加上运输费用，每吨焦煤要白银16~17两，而进口铁在上海的售价才需30余两。把炼铁厂选在汉阳已经错了，张之洞又坚持将厂建在大别山麓。这里地势低洼而潮湿，必须先垫高地基才能建厂。共填了一丈多高的土，填土用白银30余万两，相当于包括购买机器及运费在内的建厂经费300万两的1/10。建好了厂要买机器。炼铁炼钢用什么设备是有技术要求的，钢的含磷量超过0.2%质量就不高，容易断，因此，要根据所用的铁矿含磷量来决定采用哪种设备。张之洞心急着要开工，不顾专家建议，下令“什么炉子方便就制造什么，我们中国什么矿都有”。结果从英国买来的炼铁大炉完全不适用，汉阳铁厂产的钢铁易脆裂折断，不能用于锻制或铸造。

光绪二十年（1895年），汉阳铁厂的钢铁上市。当时进口钢铁每吨售价30余两白银，汉阳厂的产品每吨23两白银都无人问津。汉阳铁厂开炉生产仅仅4年，已用去官银500多万两，亏损累累，毫无起色。

自19世纪80年代中期之后的10年，正是世界经济出现重大变局的时期。

▲汉阳铁厂

日本在经济体制和政治体制上的诸多革新都是在这段时间完成的。经过10多年的“求智识于世界”，“殖兴产业”的国策推行顺利，丝、茶经西方工艺改良，在国际市场上成为中国的劲敌，绿茶夺去一半美国市场，“每马士丝”超过中国湖州的“辑里丝”，是最受欢迎的亚洲细丝。

远离欧洲大陆的美国开始崛起为一个新兴的经济大国，对铁路的坚决投入，让它的土地和矿产资源优势得以发挥，企业家们开始展现自己的雄心。洛克菲勒的石油和铁路生意、J·P·摩根的金融帝国、卡内基的钢铁工厂都是在这段时间隆隆崛起的。纽约成了除伦敦以外最重要的金融中心，在曼哈顿岛上一条叫华尔街的狭窄街道上，金融家们开始学习着统治世界。1882年，德国哲学家马克斯·韦伯预言说，“欧洲结束的地方正是美国开始的地方”[1]。他后来写出了《新教伦理与资本主义精神》，对现代企

① 转引自［美］托马斯·科斯纳著，《资本之城》，北京：中信出版社，2004年版。

业家精神进行了最著名的论述。

在欧洲，蒸汽机的发明已经超过100年，以此为标志的“工业革命”早已结束。自1873年之后的20年中，整个欧洲大陆陷入大萧条。民族主义运动和工人运动此起彼伏，思想家们开始反思资本主义制度，其中对后世影响最大的，是去世于1883年的德国哲学家卡尔·马克思，他的三卷《资本论》分别出版于1867年、1885年和1894年（后两卷由恩格斯整理），马克思主义及其社会主义理论即将开创一个新的人类纪元。

对于1884年的中国人来说，他们要听到马克思这个名字，还要等35年，而读到《资本论》则要等54年。[①]

① 1919年，北京大学教授李大钊在《新青年》上第一次撰文介绍马克思主义。1938年，王亚南翻译出版《资本论》。

1894 状元办厂

输却玉尘三万斛，天公不语对枯棋。

——陈宝琛：《感春》，1895年

1892 年 2 月 4 日的《纽约时报》登了一则新闻称："中国开始发生该国历史上最大的变化。毫无疑问，这种变化在今后若干年里将对整个中国产生深刻影响，甚至可能进一步打开保守封闭的枷锁，将中国带进人类进步历史的前沿，总之，将超越过去 50 年变化的总和。"

初读至此，人人以为中国有什么惊天动地的大事发生了，其实，被报纸信誓旦旦地认定为"最大的变化"的只是一则花边新闻：20 岁的光绪皇帝开始学英语了。从这一年的 1 月开始，每天由两个受过英美教育的国子监学生负责教授皇帝学英语，这件事情还以诏书的方式告知全国。美国记者的逻辑推演是：皇帝屈尊学英语之后，3 000 年的"老规矩"就会被放弃，国家制度就将被改变，接下来，"中国就应该在文明国家的行列中占据一个适当的位置”。

可惜的是，历史没有耐心等待这种漫长的理性演进。很快，它以一种残酷的方式，让中国人猛地瞪大了充血的眼睛。

1894 年 7 月，中国与日本因朝鲜问题爆发战事，因为这一年是甲午年，史称甲午战争。这两个在 20 多年前同时进行近代化改革的东方国家，决定当面较量。

据《世界军事年鉴》[①] 的统计，当时中国的海军能够排到世界海军实力的第八位，而日本海军则是第十六位。双方舰队中的不少中层指挥者，都是西方军事学校毕业的同学。而在陆军方面，日本的陆军是在明治维新之后才开始兴建的，不超过 10 万人。可是，战事从一开始就呈现一边倒的局面。7 月开战，中方先是败于平壤，清军狂奔 500 里，将朝鲜全境让于日军。继而，清军在黄海的海战中失利。从 9 月到 11 月，战火延烧到本土，82 营数万清军仅三天就

▲登于 1896 年纽约《世界日报》上的李鸿章访问美国图片

① 《世界军事年鉴》编委会编,《世界军事年鉴》，北京：中国人民解放军出版社，2005 年版。

▲甲午海战的纪念像

丢失鸭绿江防线，接着再失重镇旅顺口。1895 年 1 月，中日海军的主力在威海卫一带决战，仅短短十余日，战事便以中方完败告终，主将丁汝昌自杀。李鸿章苦心经略的北洋海军全军覆灭。

甲午惨败，中国被迫签署《马关条约》，赔偿惊天巨款，并割让台湾。日本获赔白银 2.6 亿两，加上掳获的战利品和现金，合银 3.4 亿两，相当于日本全国年财政收入的 6.4 倍。日本得此巨款，竟一时间不知如何使用。时任日本外务大臣后来回忆说："在这笔赔款以前，根本没有料到会有好几亿两，我国全部收入只有几千万两。所以，一想到现在有 3.4 亿两白银滚滚而来，无论政府还是私人都顿觉无比富裕。"此笔巨资被大量用于修筑铁路，发展航运、造船和机械制造，明显提高了日本的交通和工业水平，中日国力差距从此越拉越大。另外一项重要的变革是，日本利用甲午赔款进行了币制改革，建立起金本位制。从 19 世纪 70 年代起，欧美等国相继采用金本位，银价不断下跌，导致银本位国家货币贬值和汇率不稳，这也是当时的两大"白银帝国"——中国与印度衰落的一大原因。所以日本也想建立金本位，但苦于资金不足，一直没能如愿。甲午赔款一举

▲甲午海战油画

▲李鸿章谈判

解决了资金问题，为日本建立金本位奠定了财政基础。日本学者寺岛一夫在《日本货币制度论》中说：金本位是“日本资本主义的一环，与其他列强角逐世界市场的金融标志”。[①]

《马关条约》是在日本马关的春帆楼签订的，双方谈判时，李鸿章坐的凳子竟比日本人要矮半截。后有国人至此游览，莫不视之为“第一伤心

① 转引自辛向阳等著，《百年恩仇：两个东亚大国现代化比较的丙子报告》（第1卷），北京：中国社会出版社，1996年版。

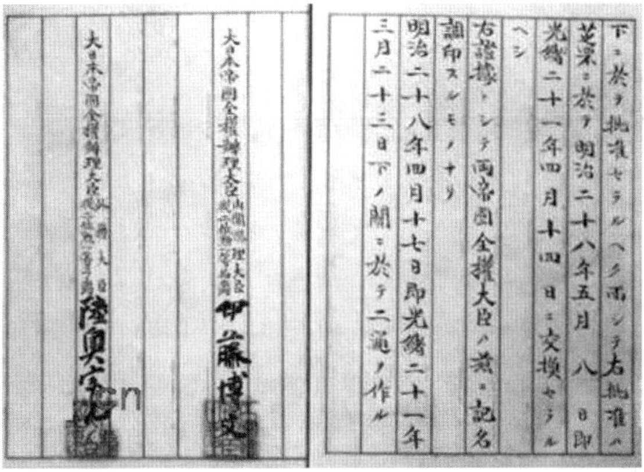

下ニ於テ批准セラルヘク而シテ右批准ハ
芝罘ニ於テ明治二十八年五月八日即
光緒二十一年四月十四日ニ交換セラル
ヘシ
右證據トシテ両帝國全權大臣ハ茲ニ記名
調印スルモノナリ
明治二十八年四月十七日即光緒二十一年
三月二十三日下ノ關ニ於テ二通ヲ作ル

大日本帝國全權辨理大臣内閣總理大臣從二位勲一等伯爵伊藤博文
大日本帝國全權辨理大臣外務大臣從二位勲一等子爵陸奥宗光

▲《马关条约》文本

地”。据基督教广学会《万国公报》报道，签约之际，日本首相、明治维新主将伊藤博文与李鸿章曾有一番对话。两人各主国政，多年相识，堪称老友。伊藤说：“日本之民不及华民易治，且有议院居间，办事甚为棘手。”言下之意颇为炫耀日本“三权分立”的议会制度。李鸿章不明就里地答曰：“贵国之议院与中国之都察院等耳。”伊藤说：“十年前曾劝（中国）撤去都察院，而（李）中堂答以都察院之制起自汉时，由来已久，未易裁去。”李鸿章喃喃无以应答。条约签订后，李鸿章当夜吐血。

正如伊藤所讽，清帝国的制度滞后已是天下共见，可惜统治者一直未

▲伊藤博文

肯直视。

自1840年鸦片战争之后，中国尽管还经历了1856—1860年的第二次鸦片战争、1883—1885年的中法战争，不过，最后的尊严仍未丧失，甲午战败却是半个世纪以来，中国遭遇到的最大失败，而且是最具耻辱性的失败。统治者从此自信心丧失殆尽，因背负巨额赔款，政府的独立财政破产，靠向西方大国举债度日。中国上下，则莫不瞠然，始时莫名惊讶，继而悲愤激狂。

在中国历史上，甲午战败是一个转折时刻，所谓"一战而人皆醒矣"。晚清至民国初年最杰出的改革思想家梁启超尝言："唤起吾国四千年之大梦，实则甲午一役始也。"后世的葛兆光教授也在《中国思想史》中认为："这种深入心脾的忧郁激愤心情和耻辱无奈感觉，大约是中国人几千年来从来不曾有过的。"①

便是在这种历史性的悲凉时刻，三个中国知识分子各自做出自己一生最重要的选择：37岁的康有为选择了变法，29岁的孙中山选择了革命，42岁的张謇选择了实业，他们的终极目标都是救国。

1895年4月，《马关条约》签署的消息传到北京后，举国激愤，人人思变，雪耻强国之声陡然放大。时值18省1 300多名举子在京会试，37岁的广东南海考生康有为在一夜之间赶写万言书，提出"拒和、迁都、变法"，强烈要求光绪皇帝"下诏鼓天下之气，迁都定天下之本，练兵强天

① 葛兆光著，《中国思想史》，上海：复旦大学出版社，2004年版。

下之势，变法成天下之治”。是为震惊天下的“公车上书”。

在接下来的三年半里，中国进入了一段维新变法的时期。自此，以知识分子为主的维新派替代以中高级官吏为主的洋务派，成为中国改革的新主流。

康有为的上书得到了光绪的积极回应。康有为和弟子梁启超、谭嗣同等人先后进入中央核心，成为朝廷最炙手可热的新潮人物。他们向皇帝提出了众多激进的改革方案，其中包括建设现代化军队、提高税收、发展国家银行系统、建立铁路网络、成立现代邮政系统，以及建立培训学校来提高农业水平等，这些设想与洋务派在理念上基本一脉相承。为了向全社会推广维新理想，康、梁等人先后在北京、上海、天津和湖南等地出版了《中外纪闻》《时务报》《国闻报》和《湘报》，全国议论时政的风气逐渐形成。在这以前，全国各地的茶馆大都贴着一张纸条，上写“莫谈国事”。到 1897 年年底，各地已建立以变法自强为宗旨的学会 33 个，新式学堂 17 所，出版报刊 19 种，英国传教士傅兰雅（John Fryer）在他主编的《上海新报》上评论说：“整个中国，书籍生意大幅增长，连印刷机都跟不上这步伐，中国终于苏醒了。”连一些洋务派大员也加入了维新的行列，湖广总督张之洞甚至加入了康有为组织的强学会，还公开认捐 5 000 两白银，并担任上海分会的会长。

维新运动的发起者尽管是一群赶考的意气书生，不过在当时影响最大的维新书籍却是由一个买办写成的，他就是十多年前写过《救时揭要》和《易言》的郑观应。

郑观应在过去的 10 年里，一边忙着为盛宣怀打理各地的实业事务，一边还在完善着他的变革思想。1894 年春夏，就当甲午海战开打的前后，他刊印了五卷本的《盛世危言》。他自称：“时势变迁，大局愈危，中西之利弊昭然若揭。”在这部书中，他继续呼吁“习兵战不如习商战”，提出创办新式银行、平等中外税收、收回海关权、铸造简便通货等切实可行的措施。他更大胆地提出向日本学习：“何不反经为权，转而相师？”这种

▲《盛世危言》

务实气魄绝非寻常书生可比。另外，更为重要的是，他比 10 年前更为清晰地提出了政治改革的要求，内容包括实行立宪、设立议院、进行公开选举。他坚定地写道："政治不改良，实业万难兴盛。"

《盛世危言》一经刊印后，很快洛阳纸贵。一些朝廷官员将之向皇帝进献，光绪看后大为赞赏，命总理衙门印刷 2 000 部散发给大臣阅看。经过皇帝的推荐，此书成了近代第一部真正意义上的时政类畅销书。英文的《新闻日报》刊文说，一些地方的考试常以《盛世危言》中的内容作为考题。该书在当时对中国青年的影响非常大，很多年后的 1936 年，毛泽东在与美国记者斯诺的交谈中说："由于父亲只准读孔孟经书和会计之类的书籍，所以我在深夜把屋子的窗户遮起，好使父亲看不见灯光。"他偷读的书中就有《盛世危言》，此书读毕，"激起我想要恢复学业的愿望"。[①]

① 除了《盛世危言》之外，另一本很轰动的维新书籍是严复翻译的《天演论》。严复是福建侯官人，早年就读于福州船政学堂，后被公派到英国留学，他对达尔文的进化论十分赞赏。1898 年，他翻译出版英国生物学家赫胥黎写于 5 年前的一本著作《进化与伦理》，并定名为《天演论》。该书所提出的"弱肉强食、物竞天择、适者生存"等进化理论应和了当时救亡图存的国民情绪。

同样是在1894年前后，就当康有为、郑观应相继名闻天下的时候，还有一位热血的广东书生也写了一份变革信函给李鸿章，他就是后来被国民党尊为“国父”的孙文（他在流亡海外时，曾用化名“中山樵”，因此又叫孙中山）。

▲ 18岁时的孙中山

孙文跟郑观应一样，也是广东香山人——后来这个县因此更名为中山县（市）。他出身贫寒，早年随母远渡重洋在檀香山的教会学校读书，后回香港学医，在澳门、广州一带行医。1894年4月，就在中日战事将起之际，孙文写出洋洋八千言的《上李傅相书》，6月专赴天津向李鸿章投书。在这封信中，年轻的孙医生对发展农、工、商、学等提出了自己的见解。他写道：“窃尝深维欧洲富强之本，不尽在于船坚炮利，垒固兵强，而在于人能尽其才，地能尽其利，物能尽其用，货能畅其流——此四事者，富强之大经，治国之大本也。我国家欲恢扩宏图，勤求远略，仿行西法以筹自强，而不急于此四者，徒惟坚船利炮之是务，是舍本而图末也。”

鸿文既成，需托人推荐，孙文找到了香山同乡郑观应，郑观应的老家雍陌乡与孙文的老家翠亨村相去仅仅30里。郑观应写函给盛宣怀，请他转达。在推荐信中，郑观应写道：“敝邑有孙逸仙者，少年英俊，曩在香港考取英国医士，留心西学……其志不可谓不高，其说亦颇切近，而非若狂士之大言欺世者比。”盛宣怀接到信后，在信封上写下“孙医生事”和“陶斋”（郑观应的别号）6个字，就转了出去。

史料显示，李鸿章对孙医生的投书毫无反应。一种很大的可能是，正为国际纠纷忙得焦头烂额的他根本就没有看到这封信，当时的投书青年岂止百千人，孙文所论也颇宏大而无具体方策，淹没其中，不足为怪。而对志向高远的孙医生来说，这却是奇耻大辱，他自此决意告别改良，投诸暴力，以血腥革命的激进方式来实现自己的治国理想。就在投书后的4个月，他赴美国檀香山组织兴中会，提出了“驱逐鞑虏，恢复中华，创立合众政府”的口号。1895年年底，他发动“广州起义”，计划尚未正式启动便被镇压，多人被处死，他则被通缉，流亡海外。用他自己的话说，此时“风气未开，人心锢塞……举国舆论莫不目予辈为乱臣贼子、大逆不道，咒诅谩骂之声，不绝于耳”。

1894年7月，中日开战，慈禧太后从颐和园移驾紫禁城，满朝官员都出城迎驾。当日，恰逢暴雨，路面积水颇深，文武百官个个匍匐路旁，衣帽尽湿，两膝泡在水里，顶戴上的红缨流下鲜红的水。其中有一位大臣是张之洞的堂兄张之万，已年过八十，久跪不能起身。慈禧乘轿经过众官时，竟连眼皮也没有抬过一下，眼前视若无物。百官之中，有一人目睹此景，心死如灰。多年后，他说，就在那一刻，“三十年科举之幻梦，于此了结”。

▲张謇

其实满朝文武最不应该有这种念头的就是他了，因为便在三个月前，他刚刚“大魁天下”，成了本年恩科取士的状元。而更让人瞠目的是，一年后，这个叫张謇（1853—1926）的江苏南通人宣布放弃仕途，转而去做一个商人。

状元下海办厂，是千百年来的一个天大的新鲜笑话。自从唐太宗李世民开科取士，自诩“天下英雄尽入吾彀中矣”以来，殿试折桂是中国书生一生中最大的荣耀。然而，张謇经商却颠覆了所有的光荣。他好像是往天下士人心中重重砸下了一个大锤，其震撼效应难以形容。

张謇经商的动机，与赚钱无关。他起自农家，苦读成名，有过10年不得志的游幕生涯，最远还去过朝鲜，当状元时已年过不惑，自然不再年少轻狂。早在1886年左右，他就产生过“中国须振兴实业，其责任须在士大夫”的想法。他还曾替张之洞起草过《代鄂督条陈立国自强疏》，明确提出“富民强国之本实在于工”。他把自己下海经商称为“舍身喂虎”，竟有“我不入地狱，谁入地狱”的悲壮。在《大生纱厂股东会宣言书》中，他回顾说：“张謇农家而寒士也，自少不喜见富贵人，然兴实业则必与富人为缘，反复推究，乃决定捐弃所持，舍身喂虎。认定吾为中国大计而贬，不为个人私利而贬，庶愿可达而守不丧。自计既决，遂无反顾。”[①]

张謇要办一个纱厂，他起名为大生，其意源自《易经》的“天地之大德曰生”。当时，日本商人获准在上海开办纱厂、丝厂，张謇颇有与之争利的意思，而且江苏一带是丝绸之乡，纺布织纱古有传统。他联络了南通当地的6个布庄老板、木材商和典当行商人作为合伙人，商定办一个两万

▲大生纱厂

① 张謇著，《大生纱厂股东会宣言书》，《张謇全集》第3卷，南京：江苏古籍出版社，1994年版。张謇的相关资料基本出自《张謇全集》，下文不再一一注明。

锭的纱厂。

状元办厂，雷声很大，但是实际上却很窘迫。他的创业资金只有区区 2 000 两白银——其中 700 两还是向朋友借垫的，也就是说，并没有大官巨贾在背后支持。在官职上，他也不过是一个虚衔的翰林院编修，没有什么权力可以利用。于是，大生纱厂从一开始就很有现代企业的气息。他拟定了一份《通海大生纱丝厂集股章程》，公开向社会集股 60 万两，分 6 000 股，每股 100 两，预计每股每年可以获利 22 两。他打算以两个月为期，在上海、南通、海门三处完成认购。

然而，尽管投资回报颇为诱人，而且张謇还有一个显赫无比的状元光环，但是，募股却很是不理想，很多人对这个从来没有经过商的书生不信任，还有人问他："什么是工厂？"他去上海招股，数月下来一无所获，还把囊中的钱都花了个精光，只好摆摊卖字才凑齐盘缠回了南通。张謇连寺庙、道观的钱都想到了，有时凑不了 100 两一股，就连半股也收，最小的一笔仅 37 两，集股之难，可以想见。

一年半下来，那 6 个一开始跟着他玩的商人也先后跑了几个，到 1896 年年底，办厂的钱才筹了不到 8 万两。这时候，对张謇颇有好感的两江总督、南洋大臣刘坤一帮了大忙。他提出，国营的南洋纺织局有两万多锭积压已久的纱机没有用处，可以将这些设备折成官股，与张謇搞一个"官商合办"。这批英国造的机器已在上海码头搁置 5 年之久，日晒雨淋，连包装木箱都破了，机器零件锈坏的占了十之三四，仅是搬运和擦锈就需花去 6 000 两。聊胜于无，走投无路的张謇硬是咬牙接下这堆机器。他重修集股章程，大生股本定为 50 万两，其中，两万官锭折价官股 25 万两，他再另筹 25 万两社会资金。

就在这个时候，他还上了一回盛宣怀的当。作为江苏同乡，神通广大的盛宣怀答应帮他筹资金，两人还一本正经地亲笔签了一份《通沪纱厂合办约款》的合同，有当时名士郑孝胥、何眉生做见证人。谁知合同一签，盛宣怀觉得油水不大，就开始甩手不管。张謇写了很多封告急之书，几乎字字有泪，到最后盛宣怀却是一两银子也没有兑现。张謇对此大为恼火，一直不能原谅盛宣怀的言而无信，并从此对官商绝了念想。

终于又过了一年半，到1899年夏，大生纱厂才算筹足资金开了工。5月23日，第一批“魁星”牌白棉纱出了厂，当日开动纱锭6 000锭。到1900年2月，大生纱厂就赚回利润2.6万两白银。

张謇有天生的管理和经商才能。在大生创办之初，他亲自执笔撰写《厂约》，对自己和几个董事做了分工，各人均有明确的职责，奖罚措施、利润分配方式等都有具体规定，每天下午2点各部门主管举行例会，有什么问题及时在这个会上讨论解决。有趣的是，《厂约》细到对招待客人几个小菜都有规定，平常饭菜两荤两素，休息天加四碟，二斤酒。另外每月犒劳两次，逢节日或招待来客，“八碟”“五簋”“四小碗”“一点”，不得超过这个标准。《厂约》之外还有25个章程，规矩达195条，在当时，这恐怕已是中国人自办企业能达到的最高管理水准。

由史料可见，张謇办厂，唯一沾了点政策便宜的是，他在南通注册了“二十年内，百里之内，不准别家另设纺厂”的专利权，算是有了一点垄断的优势，不过这在当时也是很通行的做法。[①] 除此之外，大生的壮大几乎全凭商业上的运作。在纱厂正常生产后，为了降低棉花的收购成本，张謇接着创办了通海垦牧公司，开始自己种棉花。接着，他又陆续开办广生油厂、大兴（复新）面粉厂、资生冶（铁）厂、阜生蚕桑染织公司、泽生水利公司、大达内河轮船公司、大生轮船公司等。这些企业都与纱厂有产业上的关联性：办广生油厂是要利用轧花下来的棉籽，办大隆皂厂是利用广生的下脚油脂，办大昌纸厂最初是想把大生的下脚飞花利用起来，为大生生产包装纸和印刷用纸，办复新是因为大生有富余的动力而且每天浆纱

① 李鸿章在上海杨树浦创办机器织布局时，就要求“酌给十五年或十年之限，饬行通商各口，无论华人洋人，均不得于限内另自纺织”。开平矿务局开办时，他也规定距唐山10里内不准他人开采。

织布需要大量面粉，办轮船公司最初是为了大生的运输需要，办懋生房地产公司是外来人口渐多需要住房，办铁厂则是为了制造织布机、轧花车等设备。

如此完备而精妙的产业链打造，完全是大工业制造的理念，不但在当时中国绝无仅有，百年后视之，仍是商业战略上的正道。当时的英国人曾在一份报告中写道："推张殿撰之意，凡由外洋运来各种货物，均应由中国自行创办。"[①] 比张謇小一辈的天津实业家范旭东后来感慨不已地说："南方的张季直先生（张謇字季直），在科举施毒那种环境之下，他举办的工业，居然顾虑到原料与制造的调和、运输、推销，兼筹并重，确是特色。"

张謇办厂，另外一个大的贡献是"绅督商办"，跟盛宣怀的"官督商办"相比，这是晚清企业的一大进步模式。

作为股份制的大生纱厂，股本中有一半是那堆英国纱机折算过来的官股，所以在一开始它也被称为"官商合办"。不过张謇终其一生，都没有让官府的手伸到企业里，数十年中，官股从来只拿官利、分红，并不干涉厂务。身为"总理"，张謇本人虽也是股东之一，但股金不过区区 2 000 两（在全部资本中只占 0.4%）。他在大生的权威从来都不是靠资本、靠股份，而是靠他的状元头衔、人脉资源和治理才干。他以士绅身份，居官商之间，负责全权办厂，这是他独有的不可替代的优势，官替代不了他，单纯的商也不可能替代他。张謇另外一个伟大的地方是，在事业蒸蒸日上的时候，他并没有凭借自己的权威，将企业一点点地据为己有，这在当年的制度和人文环境中，是多么不容易的事情。在大生事业中，他尽管也有被"神化"的时刻，但是，却始终受到股东的监督，特别是在经营窘迫的晚期，他不得不一次次地面对股东会的指责和压力。

知识分子下海经商——我们称之为"士商"或"绅商"——在甲午战争之后的中国渐成时尚。

---

① 《关册》（中文本），1905 年，镇江口。

在晚清，投身于现代工业的新兴企业家群体，主要由4类人组成：一是盛宣怀式的官办商人，二是郑观应式的买办商人，三是草根起家、面大量广的民间商人——代表人物是后面将重点讲到的无锡荣宗敬兄弟，四就是张謇式的士绅商人。中国学者马敏认为：“在官与商这两大社会阶层之间，士商以其‘兼官商之任’的双重身份，模糊了官商界限。他们往往上通官府，下达工商，即所谓‘通工商之邮’，构成官与商之间的缓冲与媒介，担负起既贯彻官府意图，又为工商界代言的双重使命。”[①] 主编《剑桥中国史》的哈佛学者费正清在谈及“张謇现象”时指出，19世纪末，其实中国还没有资产阶级，“相反，正是这些维新派首创了资产阶级，或者可以说是发明了资产阶级。像张謇等士绅文人，在甲午战败后之所以突然开始投资办现代企业，主要是出于政治和思想动机。其行动是由于在思想上改变了信仰，或者受其他思想感染所致。中国的资本主义，长期以来具有某种出于自愿的理想主义的特点”。

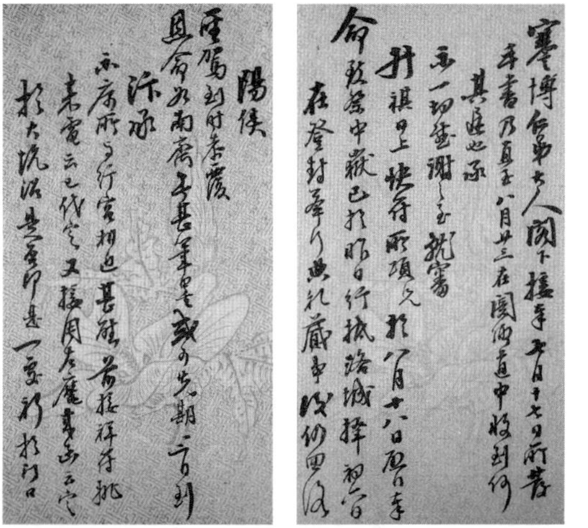

▲陆润庠手札

张謇经商在当时确实引起了轩然大波。在他的感染下，两年后，苏州另外一位状元公陆润庠也宣布下海创办纱厂，还有一位咸丰朝的老状元、已经官居礼部尚书的孙家鼐则命他的两个儿子孙多森、孙多鑫在上海创办

① 马敏著，《过渡形态：中国早期资产阶级构成之谜》，北京：中国社会科学出版社，1994年版。

了我国第一家机器面粉厂——阜丰面粉厂。这些状元公的行动，可以说是史无前例、惊世骇俗的，对于视“工商”为“末业”的中国社会来说，简直不可思议。

这一士商阶层的陡然出现，因其思想、资本与政治资源的多重组合，很快将成为影响中国变革进程的一大力量，他们中的很多人都在日后的社会动荡中扮演了重要而微妙的角色。

▲陆润庠的苏纶纱厂

对日战争的惨败，让洋务派颜面扫地，李鸿章落到“国人皆曰可杀”的地步。他被解除了位居 25 年之久的直隶总督兼北洋大臣职务，投置闲散，住进了京郊虎头峰下的贤良寺。有很多史家认为，甲午战争后，一路曲折的洋务运动便已宣告终结。不过，从事实来看，1895 年之后，洋务事业反倒进入了一个高潮期，之前因意识形态争论而搁浅或迟滞的各项工程都得到了迅猛的推进。

甲午战争以后，国人对新事物的接受已非 20 多年前可比。铁路、工厂影响风水之说终成笑谈。

1896 年 11 月，《纽约时报》在一篇报道中写道：“保守的中国正在觉醒。”该报记者在江苏省的镇江采访了一家新建的丝厂，那里安装了最新型的机器设备，还新树了一个高达 90 英尺的烟囱。“烟囱对中国人的封建迷信是个重大打击，是对所谓风水观念的极大挑战。此前，中国民众是多么崇尚迷信和风水呀！毫无疑问，现在他们连句抗议的话都没有说。”

据学者汪敬虞在《中国近代经济史》[1]中的统计，从1895年到1898年的4年中，全国各省新开设的资本万两以上的厂矿共62家，资本总额1 246.5万两白银，远远超过甲午战争前20余年的总数，从增长速度来看，平均每年设厂数是甲午战争前的7倍，平均每年的投资数则是甲午战争前的15.5倍。

▲孙多森的阜丰面粉公司

在民间投资大热的同时，国营事业也屡有重大突破。在这期间，一直在实业一线操盘的盛宣怀成了最耀眼的人物，他所经手的项目几乎全部关乎国脉。

1896年5月，盛宣怀被湖广总督张之洞招去接手当时国内最大的钢铁企业——汉阳铁厂，张香帅的官本官办实在撑不下去了。一开始，他想到的是交给洋商承办，这当然又是一种典型的官家思维。盛宣怀得悉后，再三去电请缨，力陈“铁政属洋商，利大流弊亦远，属华商，利小收效亦远”。最后，香帅被说动了。

盛宣怀接手铁厂后，当即邀请郑观应担任总办。

郑观应与盛宣怀互相欣赏，是一辈子的好朋友。他们是当世最杰出的实业家，在胸怀抱负、思想高度、战略眼光和经营能力上可谓一时瑜亮。

① 汪敬虞主编，《中国近代经济史》，上海图书馆影印版。

不过，他们在“官督商办”的理念上却始终格格不入，郑观应信仰民本主义，对官商体制从来深有不满，10 多年前唐廷枢、徐润在招商局的下场更是寒透了他的心。可是，他对盛宣怀又有知遇之心，也很想借盛宣怀的官府背景和强势力量振兴国家实业。这种矛盾心态纠缠了他的一生。对于接管汉阳铁厂，他曾十分犹豫，最后决定“义务出山”。他在给友人的信中说：“总理汉阳铁厂，当时声明系当义务，不领薪水。不过欲为整顿，以救危局，而慰知己耳。”

郑观应虽然不领薪水，办起事来却是当仁不让。他一上任后，就宣布招募民股，充足股本。同时，他将化铁炉改建在铁矿产地大冶，大大降低了铁砂长途运输的成本。接着在生产改进上，他提出“觅焦炭，选人才”是拯救铁厂的两大当务之急。汉阳铁的问题是价高质差，英美工厂的生铁每吨生产成本为 15 两，汉阳厂需 25 两，而其关键就在于原材料焦炭的紧缺以及提炼技术落后。为了解决焦炭问题，他派人在较近的江西、湖南等地勘探煤矿，最终选定用最近的萍乡焦炭，“自行设局买煤炼焦”。为了降低运输成本，他还建成由萍乡到湘潭、株洲 180 里的铁路。解决了原料供应问题后，他对炼铁技术再做创新，聘用高水平的英国工程师，还专设学堂，培养自己的技术人才，双管齐下，仅仅一年，汉阳铁厂的生产很快起死回生。

在他的战略调整下，汉冶萍（汉阳、大冶和萍乡）形成了亚洲地区规模最大的钢铁联合体，在中国工业史上地位显赫。

在郑观应十分利落地解决了资本不足、焦炭价高及质量低劣等诸多难题后，接下来就该盛宣怀出手了，他要解决的是产品的销路问题。

在当时，钢铁生产出来主要用途有两个：一是生产枪炮，用汉阳铁造成的步枪史称“汉阳造”，在后来 50 年里一直是中国陆军最重要的基本装备，几乎每战必有，无役不与；二就是建造铁路。

一直到甲午战争之后，从朝廷到地方才开始痛切地认识到铁路之重要。当时，全国铁路才有360余公里，相比而言，美国是18.2万公里，英国是2.1万公里，法国是2.5万公里，连小小的日本岛国，也有3 300公里。铁路在当年对经济之重要程度，宛若今天的互联网。在19、20世纪之交的20多年里，伦敦和纽约两大股票交易所中的公司证券差不多都和铁路有关。美国经济史专家威廉·罗伊甚至认为，铁路公司塑造了公司化美国的早期历史，“简而言之，公司体制结构就是铁路体制结构”[①]。

▲ 1898年，清政府开始修建卢汉铁路

铁路的原材料就是钢铁。盛宣怀接手汉阳厂，与张之洞达成的第一个约定就是，如果在湖广境内修铁路，就一定要用汉阳厂的铁轨。张之洞对此十分认同，他在给朝廷的奏折中说：“当今时势日急，富强大计，首以铁路为第一要图。”那么，举朝之内，谁堪担当？张之洞一言以蔽之曰：“今欲招商承办铁路，似惟该员堪以胜任。”该员，盛宣怀也。

郑观应对此也洞若观烛，他对盛宣怀说：“铁路不归我公接办，铁厂事宜即退手。”他还观察到当时的一个现象，各地官员们非常乐于采购国外公司的铁轨，表面上的堂皇理由是外货质量好，实质则另有猫腻。“盖购于洋行，则用钱浮冒，一切皆可隐秘，购于华官，则恐一旦漏泄，有碍

① ［美］威廉·罗伊著，《社会化资本：美国大公司的崛起》，1997年版。

局员左右辈之自私自利。”可叹的是，郑观应描写的这种景象，百年以降仍未杜绝。

▲张家口火车站

盛宣怀自然深知其中关键，他积极自请出任卢汉铁路公司督办，接着又千方百计成为粤汉铁路督办。1896 年 9 月，也就是接管汉阳厂 4 个月后，光绪皇帝准奏筹建中国铁路总公司，盛宣怀为督办，授少常寺少卿，并享有专折奏事之特权。他上任后的第一份奏章就是，请求“嗣后凡有官办钢铁料件，一律向鄂厂（也就是汉阳铁厂）订购，不得再购外洋之物”。也就是说，把“轨由厂出”定成了国家政策。有一回，他听说广西开建镇南关至百色的铁路，将用法国造的铁轨，他急电张之洞请予阻止，硬是把这单生意揽了下来。

其后 10 年，盛宣怀的全部精力几乎都投注在修路一事上。当时修筑的第一条铁路干线是距京城 10 余公里的卢沟桥（40 年后，此地发生“七七事变”，抗日战争全面爆发）至湖北汉口的卢汉铁路。盛宣怀在谈修路困难时称：“有三难，一无款，必资洋债，一无料，必购洋货，一无人，必募洋匠……风气初开，处处掣肘。”从 1896 年到 1906 年，盛宣怀共修铁路 2 100 多公里，是之前 30 余年的 6 倍，甚至超过民国成立至民国二十年（1911—1931 年）所修铁路的总数。

靠“轨由厂出”的垄断政策，盛宣怀打通了钢铁厂与铁路公司的产业链。但是，他还碰到了另外一个大难题，那就是修铁路的钱从哪里来。

在这一点上，赋闲在家的恩公李鸿章给他的建议是，“洋债不及洋股容易”。当时，几乎所有的洋行和外资银行都对铁路事宜垂涎三尺，如要招募股份，可以说马上会被踏破门槛。然而，盛宣怀则表示万万不可。在他看来，当时中国面对的是一个充满了敌意的世界，在国力羸弱之时，铁路权很可能被洋股控制，到时候，“俄请筑路东三省，英请筑路滇、川、西藏，法请筑路两粤，毗连疆域，初则借路攘利，终必因路割地，后患无穷。若借款自造，债是洋债，路是华路”。他对李鸿章表示，宁可借钱也不能出让股份，唯有这样，主权才不会外泄。尽管困难陡增，不过，“唯有坚忍，力持得步进步，渐图成效”。

▲铸铜元的工人

作为“国企大当家”，盛宣怀对外国资本高度警惕。谁料，10 多年后，他竟因修路事宜被国人“误读”为“卖国求利”，最终导致帝国的覆灭，其情曲折，令人百年感慨。1897 年，也是洋务派名士的容闳提出用法国资金修筑天津至江苏镇江的津镇线，盛宣怀得知后，“恐以后各路事权均属外人，无一路可以自主”，因此急电朝廷，百般阻挠。容闳是曾国藩时代就已成名的人物，为盛宣怀数十年好友，此议且得到李鸿章认同，盛宣怀仍不惜翻脸，直言反对。

洋股不得入，郑观应给他的建议是，创办新式银行。他在信函中说：“银行为百业总枢，藉以维持铁厂、铁路大局，万不可迟。”盛宣怀马上依计而行，他给接替李鸿章出任直隶总督的内阁大学士王文韶写信说：“因铁厂不能不办铁路，又因铁路不能不办银行。”就在出任铁路总公司督办一个月后，他又乘光绪皇帝召见的机会，提出开办银行。

此议很快准奏。1896 年 11 月，中国第一家现代银行——中国通商银行[①]获准成立，盛宣怀受命出任督办。他招募上海、南洋等地的 10 多个民间商人入股得 300 万两，朝廷入 100 万两，银行章程均以英国汇丰银行为蓝本。通商银行成立之际，一度代行了中央银行之职责——清政府正式的央行（户部银行，1908 年更名为大清银行）要到 1905 年才成立——负责铸币及发行货币，其利润当然丰厚，盛宣怀在给朝廷的报告中得意地说：“询诸汇丰开办之初，尚无如此景象。”

建铁厂、修铁路、办银行，盛宣怀在 1896 年前后一口气干成三件大事，而且产业垄断、混业经营、上下游通吃，自然成就为当时最显赫的大实业家。

---

① 中国通商银行：1897 年 5 月在上海外滩 6 号开业，实收资本金 250 万两，100 万两来自盛宣怀主管的轮船招商局和电报局，78 万两来自李鸿章等官员投资，其余为商股；民国成立后，日渐衰落；1934 年，在上海各大银行中排名第 15 位；1935 年，被国民政府收编；1949 年，新中国政府接管；1952 年，公私合营。

企业史人物 | 一代“商父” |

在百年企业史上，盛宣怀被视为“商父”，他是一个绝代的天才型官商。然而，也正是因为他的才华出众和意志坚强，才把洋务事业引向了一个万劫不复的深渊。

盛宣怀每办一实业，必身躬亲为，不嫌其烦。修建铁路时，他已年过五旬，而且时患哮喘、痢疾等恶疾，但他仍然奔波各地，在病榻上处理事务。他交际广泛，据记载，常年通信的人士就多达2 000余人，每有私密重要信函，必亲撰亲写，其精力旺盛实在骇人。

终其一生，盛宣怀的所有事业都是在跟国际资本的竞争中壮大起来的。他所开拓的实务，无论是轮运、矿务、电报，还是铁路、钢铁和银行，都是一个现代商业国家的基础性产业，每一项俱事关国计民生，稍有不慎，都可能动摇国本。更为惊心的是，他身处一个财尽民贫、国家饱受侵略屈辱的乱世，国库空虚，官僚腐败，民众迷信，几乎没有可以依赖的力量，却凭一己之力，以弱者的身份呈现强人之姿态，从列强手中夺回了诸多的国家主权和经济权益。

他对国外资本从来十分排斥，以强悍的姿态与之抗衡。在招商局时期，他跟英美公司在长江航运上打了10年的“水仗”。洋商为了压垮招商局，一度把运费降到过去的一成，他硬是挺身而战，最终把对手逼到谈判桌上签订了“齐价合同”。在办电报局的时候，他顶住压力，通过艰苦谈判，将两家外资电报公司在沿海地区的电线全数拆除，让“洋线不得上陆”，维护了国家的主权。办铁厂和修铁路也是一样，他坚持以我为主，反对洋股介入，甚至因此与李鸿章、张之洞等洋务重臣公开抗辩。在矿务勘探和开采上，他每一听说洋商发现或打算开采某一矿藏，就必定要急急地写信给朝廷，要么阻止要么抢先，总之千方百计要把矿权揽入怀中。数十年间，在很多时刻，盛宣怀的确扮演了国家经济利益捍卫者的角色，这也是他十分值得尊敬和怀念的地方。

盛宣怀与洋人竞争的重要手段，就是充分利用政府垄断资源。早在创办轮船招商局的时候，他就提议用40万石漕运业务来为公司“打底”。在跟洋商打“水仗”的时候，他要求李鸿章给予种种政策上的优惠扶持，譬如减免漕运空回船税、减免茶税、增加运籍水脚以及缓提官本等。办铁厂和修铁路的时候，他更是双管齐下：一方面要求“轨由厂出”，保证了汉阳铁厂的利润；另一方面则全面排斥洋资进入。1893年，上海机器织布局因失火造成重大损失，盛宣怀被派去救局。他以保护民族纺织业为由，提出两大产业政策：一是严禁洋商进口纺织机器而设厂，二是织布局的纺织品销售“免完税厘”。这一卡一免，就给了陷入困境的企业一条活路。

盛氏的这种经营战略，在后来的中国经济学者看来一点也不陌生，它几乎是所有国营垄断型企业的必杀招数。其利在于，垄断能够产生庞大的效益和竞争力；其弊则在于，企业因此患上“政策依赖症”，并没有形成真正的市场竞争能力，就跟百年后的无数国营企业一样，在摆脱了初期的困境之后，国营企业内在的制度弊端必然愈演愈烈，终成不治之症。据当时人士记载，盛氏所属的诸多企业都官气沉沉，同乡遍地，效率低下。费正清在《剑桥中国史》中如此描述盛宣怀主持下的通商银行：“董事们主要关心的，是控制各省与北京之间汇划政府经费这一有利可图的业务，没有向工业提供贷款的打算。其少数的工业贷款，也主要给了盛宣怀自己掌控的企业。”这种垄断型国营企业的利弊，百年以后视之仍然是昭然若揭。费正清因此对他的评价是：“由官员变为官僚企业家的最明显的例子是盛宣怀……他喜欢搞官场上的权术，而不惜牺牲健全合理的商业经营方式。他在那些明显地享受着垄断或者大量官方津贴的企业中无往而不胜，而在有竞争的企业中却往往败北。”

盛宣怀的恩师李鸿章曾用十六字形容盛宣怀：“一手官印，一手算盘，亦官亦商，左右逢源。”这种“一体两面”的官商形象，正是洋务运动的一大特色。在千年的正统儒家思维中，商人天性重利，社会地位排在官士农工之下，与乞丐、妓女为同流。晚清国衰，几乎所有的有识之士都开始改变对商人的观感，“官督商办”既是无奈之举，也有深刻的进步性。可是，在具体的操作中，政府始终无法遏制自己对权力的欲望，情形危急时，商人总是被推在前面，而等到环境稍有更新，当即无情出手，不但揽事争利，而且罗罪逐人，从来不假颜色。

作为“官督民办”模式的首倡者，盛宣怀的基本理念就是：“民资可用，也可欺凌。洋资可用，绝不可信。”

他的所有实业都有一个共同的特点，就是均有民间资本参与。他深信“非商办不能谋其利，非官督不能防其弊”。在拯救汉阳铁厂一案中，盛宣怀的实业理念显然比只知道“政治正确”却从来“不问费多寡”的张香帅务实很多。不过从实践来看，“非商办不能谋其利”或是商业真理，“非官督不能防其弊”却是大大的未必。在官督商办企业中，商股在经营中都没有话语权，仅为可利用者而已。在盛宣怀的经营团队中，多有买办出身的职业经理人，其中不乏像郑观应这样的经营奇才。不过，这些资金及人才在盛宣怀看来，都无非是可以利用之“物”而已。对所有项目，他一直以政府代管人的身份牢牢地掌握着控制权。

盛宣怀到底是官员还是商人，在当时就有争议。1897 年 6 月，正当他的事业如日中天的时候，他的一个下属、上海电报局总办经元善就尖锐地提出了这个问题。经元善早年是一个钱庄商人，与郑观应曾结拜金兰，也是一个改良思想很激进的人，曾在上海创办了中国第一所女子学校——上海经正女学。他在给郑观应的一封信中就直言盛宣怀“身份不明”，“任官督，尚忽于统筹全局之扩张，任商办，犹未能一志专精乎事功”。他还引用一位苏州商人的话说，盛宣怀的做派是“挟官以凌商，挟商以蒙官”。

数十年间，盛宣怀多次被言官弹劾，对其指责大多是“害则归公，利则归己”，此指摘半是诬陷，半是事实所在。盛宣怀所经营企业，往往公私不分，没有回避制度，更没有透明、公开的监管体制。他掌印招商局后，把买办出身的徐润、唐廷枢先后驱赶出局，同时乘人之危将他们的股份据为己有，经多年暗箱操作，终于持股 2.2 万股，值银 440 万两，成为最大的个人股东。接管之初，他在清算产业时发现，并购旗昌洋行时有47处房产约合50万两，没有列入账册，便密函李鸿章，建议派心腹数人另立一家公司收买下来，估计每年可得8%的收益，并询问李鸿章是否愿意附股。在创办通商银行的时候，为了争取朝廷支持，他公然向大学士王文韶行贿，为他在银行中“代留500股”。

正是在这种暧昧不清的经营活动中，他继胡雪岩之后，成为晚清“首富”。在他去世后，盛家请出“世家恩公”李鸿章的长子李经方出面主持清理财产，认定财产总额为白银1 349万两。盛宣怀一生自诩为国经略，尝说：“言者皆指为利权在手，不知此皆千百人之公利，非一人之私利也……不过想要就商务开拓，渐及自强，做一个顶天立地之人，使各国知中原尚有人物而已。”在如此慷慨陈词之下，身处一个民穷财尽的年代，居然能聚敛如此财富，实在是一个天大的讽刺。

盛宣怀这类天才型官商的出现，既是偶然，也为必然，总而言之是中国商业进步的一个悲剧。他以非常之手段完成不可能之事，却始终无法摆脱官商逻辑。在某种意义上，一方面，正是他的强势试验，在暮气重重的晚清掀起了一轮实业建设的高潮，取得了惊人的突破；另一方面，其强势的官商风格，则让洋务运动越来越浓烈地笼罩上了国营垄断的色彩。

1900 国变中的商人

秋风宝剑孤臣泪，落日旌旗大将坛。

——李鸿章：《绝命诗》，1901年

受甲午国耻之刺激，借康梁维新之春风，清朝的洋务事业出现了一个小高潮。可是，仅仅三年后，风云再变。1898 年 9 月 28 日，谭嗣同等“六君子”被问斩于北京菜市口，维新派领袖康有为、梁启超逃往海外，变法维新彻底失败，是为戊戌政变。

▲谭嗣同

变局起于上一年的冬天。11 月，德国强占山东胶州湾，康有为上书，陈述列强瓜分中国，形势迫在眉睫。他随即在北京发起成立保

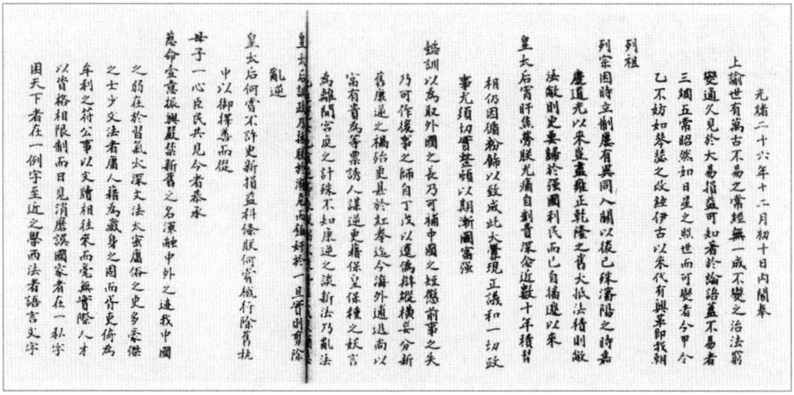
光緒二十六年十二月初十日內閣奉
上諭世有萬古不易之常經無一成不變之治法窮
變通久見於大易損益可知著於論語蓋不易者
三綱五常昭然如日星之照世而可變者令甲令
乙不妨如琴瑟之改絃伊古以來代有興革即我朝
列祖
列宗因時立制屢有異同入關以後已殊瀋陽之時嘉
慶道光以來豈盡雍正乾隆之舊大抵法積則敝
法敝則更要歸於強國利民而已自播遷以來
皇太后宵旰焦勞朕尤痛自刻責深念近數十年積習
相仍因循粉飾以致成此大釁現正議和一切政
事尤須切實整頓以期漸圖富強
懿訓以為取外國之長乃可補中國之短懲前事之失
乃可作後事之師自丁戊以還偽辯縱橫妄分新
舊康逆之禍殆更甚於紅拳迄今海外逋逃尚以
富有貴為等票誘人謀逆更藉保皇保種之妖言
為離間宮廷之計殊不知康逆之談新法乃亂法
皇太后[illegible]於一旦[illegible]剪除
亂逆
皇太后何嘗不許更新損益科條朕何嘗概行除舊執
中以御擇善而從
母子一心臣民共見今者恭承
慈命壹意振興嚴禁新舊之名渾融中外之迹我中國
之弱在於習氣太深文法太密庸俗之吏多豪傑
之士少文法者庸人藉為藏身之固而胥吏倚為
牟利之符公事以文牘相往來而毫無實際人才
以資格相限制而日見消磨誤國家者在一私字
困天下者在一例字至近之學西法者語言文字

▲实行“新政”谕旨

国会。1898 年 6 月 11 日，光绪皇帝颁布《明定国是》诏书，宣布变法。此后三个月，光绪颁布了一系列变法诏书和谕令。主要内容有：经济上，设立农工商局、路矿总局，提倡开办实业，修筑铁路，开采矿藏，组织商会，改革财政；政治上，广开言路，允许士民上书言事，裁汰绿营，编练新军；文化上，废八股，兴西学，创办京师大学堂，设译书局，派留学生，奖励科学著作和发明。

变法的所有内容，俱在之前多年已被反复议论，绝大多数成朝野共识，可是，在执行的过程中，却被保守人士以及王公贵戚视为“人事清洗”，一时间，“帝党”“后党”竟成水火不容的对立之势。9 月，维新派向光绪密奏，建议重用握有兵权的工程右侍郎、山东巡抚袁世凯，由袁世凯去杀掉慈禧最宠信的满人将军荣禄。袁世凯向老上司荣禄告密。9 月 21 日凌晨，慈禧太后突然从颐和园赶回紫禁城，直入光绪寝宫，将之囚禁于中南海瀛台。紧接着，慈禧宣布临朝“训政”，废止几乎所有新政法令，捕杀维新派，从 6 月 11 日至 9 月 21 日，进行了 103 天的戊戌变法宣告失败。33 岁的湖南人谭嗣同在狱中题壁诗曰：“我自横刀向天笑，去留肝胆两昆仑。”临刑前他又留绝命词：“有心杀贼，无力回天。死得其所，快哉快哉！”其志慷慨，其情悲绝，感动全国。

百日维新的血腥收场，意味着变革在清王朝的正常体制内已经难以完成。当洋务派、维新派先后丧失了主导权之后，改革的主流开始从体制内的官僚、士绅、文人等阶层，向体制外的力量转移，改革的方式从和平的渐进式，向暴力、颠覆式革命转移。用梁启超的话说，“革命党者，以扑灭现政府为目的者也。现政府者，制造革命党之一大工场也”[①]。

戊戌政变仅仅一年多后，风雨飘摇中的国家再遭劫难。

1900 年，中国北方爆发义和团运动，数万由贫困农民、小贩和手工业者组成的秘密团体突然发动对在华洋人的袭击。他们捣毁教堂，冲击租界，杀死中外教徒，数十年的深重屈辱转化成民族主义的熊熊烈火。义和团提出的口号是“扶清灭洋”。6 月初，他们捣毁了长辛店铁路和丰台铁路，攻击正在保定修铁路的外国工程师，然后向北京、天津进发，攻打东交民巷的各国使馆。6 月 10 日，英、俄、日、法、德、美、意、奥八国联军共 2 000 余人，从天津向北京进犯，双方在廊坊附近发生激战。义和团的拳民充满了神怪气质，他们宣称穿上一件画有符咒的衣服或喝了一种“神水”后就可以刀枪不入。6 月初，慈禧曾委派军机大臣刚毅和赵舒翘前往涿州，亲自验看义和团各种“神功”是真是假，两个老兄弟经过两天考察，竟认定“神功可恃”，老糊涂的慈禧信以为真，于是下决心与诸国开战。这很像 60 年前林则徐深信英国士兵的膝盖是不会弯曲的，一个误判的细节足可以改变一个国家的命运。慈禧下诏与各国宣战，号召“义民成团，藉御外侮”。8 月 14 日，八国联军两万人攻陷北京，洗劫三日，并冲进紫禁城，掠走大量珍宝，犯下所谓的“文明人”最野蛮、最不齿的罪恶行径。慈禧化装成东北老太太携光绪皇帝仓皇西逃。后世将这一段很哀伤而奇异的历史称为“庚子国变”。

---

① 梁启超，《现政府与革命党》，载《新民丛报》，1907 年。

▲义和团揭帖

北京惨遭洗劫的同时，各国军舰也气势汹汹地游弋在上海港、广州港及长江沿岸，商业富足的南方眼看也难逃一劫。这时候，官商盛宣怀和士商张謇联手演出了一出很精彩的“互保大戏”。

5 月间，义和团进入北京的时候，盛宣怀就觉得大事不妙。他借口到上海“考察货物时价”悄悄南下，一边打理实务，一边密切关注时局。对义和团运动，他力主镇压，认为“拳会蔓延，非速加惩创，断难解散”。他的观点得到洋务派大佬们的认可。当时，李鸿章被派到广东任总督，张之洞在湖广，刘坤一在江浙，袁世凯在山东，也就是说最清醒的官员都不在朝堂，北京任由慈禧胡来。当老太后悍然向八国宣战的时候，四大总督都知道大祸将至，张之洞在圣旨下达同日电奏朝廷，“恳请严禁暴民，安慰各国，并请美国居中调停”。李鸿章更绝，他径直对辖内官员说，北京的电报发错了，“此乱命也，粤不奉诏”。但是，大家对如何解决危机仍束手无策。

这时候，盛宣怀提出“东南互保”方案。具体来说，就是四大总督向各国公使保证，他们将“奉诏”自保疆土，长江及苏杭内地的外国人生命

▲庚子国变时北京外国使馆情景

财产，由各督抚承诺保护，上海租界的中外商民生命财产，则由各国共同保护，“此疆尔界，两不相扰”。

互保方案明显与慈禧的宣战圣旨相悖，若按清律，是大逆不道的灭门大罪。盛宣怀斗胆提出，居然得到李鸿章、张之洞等人的响应。在南通办纱厂的“状元企业家”张謇得闻此议，也非常认可，并积极参与促成。几位总督中，刘坤一最为首鼠两端，他对形势判断不清，与李鸿章、张之洞等人又有心结矛盾。这时候，跟他交情最深的张謇出面劝说，张謇在回忆录中对这一段有精彩的描述：“刘坤一犹豫，复引余问：‘两宫将幸西北，西北与东南孰重？’余曰：‘无西北不足以存东南，为其名不足以存也；无东南不足以存西北，为其实不足以存也。’刘蹶然曰：‘吾决矣。’告其客曰：‘头是刘姓物。’即定，议电鄂约张（张之洞）。”由此可见，刘坤一听了张謇的进言，终于决定提着脑袋搞互保。

张謇搞定刘坤一后，盛宣怀则连日周旋在各国公使之间，“忧心焦思”，力图说服。盛宣怀主商多年，身份亦官亦商，在各国公使看来，是全中国最有信用的人之一。况且，他们也不希望江南战乱，损害自己已有的商业投资。互保动议竟然得到了实施。经过盛宣怀、张謇等人的努力，在北京硝烟满天的时候，南方终于没有发生战事。《清史稿》记录此事，认定“宣怀倡互保议”。

“东南互保”在中国政治史上是一个标志性事件，圣旨被当成“乱命”，意味着中央政权至高无上的权威性已经瓦解，皇权陨落，看来只是一个时间和方式问题了。而让人意外的是，促进此事者，却是一群注重实业的官商和士商。盛宣怀在当时的官阶只是一个二品顶戴的“道员”，而张謇更不过是一个已经下海经商的状元，其他活跃的人还包括汤寿潜和沈曾植等人。汤寿潜当时是浙江一个学堂的校长，后来与张謇合资创办了中国第一家民营轮船企业大达轮步股份有限公司，沈曾植则是南洋公学（后来的上海交通大学）监督（校长），后来创办过造纸厂。

在某种意义上，这是近现代史上，新兴的企业家阶层第一次在政治上展现自己的智慧和能力。他们的成功，得益于开明理念、社会声望、商业实务上的积累以及独特的妥协智慧。

庚子国变后，慈禧被吓破了胆，日后讲出了“倾举国之力，与洋人结欢”，“宁与洋人，不与家奴”等著名混话。为了跟列强谈判，她又想到了李鸿章，于是急命李鸿章复职直隶总督，从广州赴京与列强谈判。

李鸿章奉诏北上，途经上海，专门召见刚刚忙完互保事宜的盛宣怀。两人在位于宝昌路的盛家花园（现在的淮海中路1517号）促膝对话两昼夜。烛火明灭黯淡月，天公不语对枯棋，此情此景，竟比30年前曾国藩与赵烈文的那场夜谈更为凄切。临别，77岁的李中堂与比他小20岁的盛宣怀，执手相看泪眼，留下六字曰：“和议成，我必死。”

1901年冬，李鸿章签下中国历史上最大的赔款条约《辛丑条约》，赔款列强共4.5亿两白银，分39年付清，本息共计9.8亿两。当时清政府的年财政收入约为8 800万两，也就是说，辛丑赔款相当于11年的全国财政

▲清朝签订不平等条约——《辛丑条约》

收入总和。[1]11 月 7 日，李鸿章在京郊贤良寺郁郁而亡，临终时“双目犹炯炯不瞑”。

李鸿章去世，清政府失去了最后一根支柱，凄风苦雨，大厦已是摇摇欲坠。李鸿章曾对自己做如下总结：“我办了一辈子的事，练兵也，海军也，都是纸糊的老虎，何尝能实在放手办理，不过勉强涂饰，虚有其表，不揭破尤可敷衍一时。如一间破屋，由裱糊匠东补西贴，居然成一间净室，明知为纸片糊裱，然究竟不定里面是何等材料。即有小小风雨，打成几个窟窿，随时补葺，亦可支吾应付。乃必欲爽手扯破，又未预备何种修葺材料，何种改造方式，自然真相破露，不可收拾，但裱糊匠又何术能负其责？”[2]

他的死敌、维新派人士梁启超认为李鸿章的局限在于对制度改革缺乏认识和决心，“以为吾中国之政教风俗无一不优于他国，所不及者惟枪

① 赔款数字是按当时中国人口约为 4.5 亿人来计算的，每人被摊派 1 两银子，以此作为对中国人民的处罚。

② 吴永口述，刘治襄笔录，《庚子西狩丛谈》，桂林：广西师范大学出版社，2008 年版。吴永是李鸿章的幕僚，这段话源自李鸿章写给他的信。

耳，炮耳，船耳，机器耳”。梁启超因此说：“吾敬其才，惜其识，悲其遇。”①

李鸿章临终前一日，俄国公使还逼他在条约上签字。他呈慈禧太后《绝命诗》一首曰：“劳劳车马未离鞍，临事方知一死难。三百年来伤国步，八千里外吊民残。秋风宝剑孤臣泪，落日旌旗大将坛。海外尘氛犹未息，请君莫作等闲看。”言辞凄惨，若秋风落叶。

跟恩师曾国藩一样，他倾毕生之才智没有能够拯救这个给他带来无上荣耀和漫天耻辱的帝国。学者刘广京在《剑桥中国史》中对他的基本判断是：“李毕生对外国的意图始终怀疑。他同外国人的所有交道中，都坚持维护中国的利益。”遥想 59 年前的 1842 年夏天，风华正茂的安徽才子李鸿章弱冠赴京。是年，中英《南京条约》刚刚签订，少年李鸿章心忧国难，做《入都》十首，诗内有“一万年来谁著史，三千里外欲封侯”，一时传诵京城。②然而，在其后的将近一个甲子里，他却连续签下《烟台条约》《中法新约》《马关条约》《中俄密约》及《辛丑条约》，成了人人唾弃的“卖国第一人”。1979 年版的《辞海》称他是“中国近代史上媚外卖国的典型人物”。造化弄人，竟可至此。

李鸿章逝后，曾有人预言他的“幕中第一红人”盛宣怀肯定是鸿运到头了。没有想到，他仍然是屡当重任。究其原因固然颇多，而最紧要的一条则是，国内实在没有人比他更会办理实业了。1901 年 12 月，他被加赏为太子少保衔，第二年 2 月，授工部左侍郎，进入中央决策机构。

从戊戌变法失败到庚子国变，中央威严尽失。变革力量从体制内转到体制外，后来 10 年，孙中山的革命党不断起义，激进思潮日渐蔓延。而

---

① 梁启超著，《李鸿章传》，天津：百花文艺出版社，2008 年版。

② 李鸿章另有一首《二十自述》诗：“蹉跎往事付东流，弹指光阴二十秋。青眼时邀名士赏，赤心聊为故人酬。胸中自命真千古，世外浮沉只一沤。久愧蓬莱仙岛客，簪花多在少年头。”

中国企业成长的主流，也从由上而下的洋务运动，转而为由下而上的民间创业热潮。

1900 年之后，张謇的大生纱厂进入全盛期。在义和团运动中，北方大乱，南方却未受影响，而局势动荡，造成洋纱进口明显减少，机纱市场价格挺俏。这年秋天，张謇在日记上高兴地写道："厂事复转，销路大畅。"到年底，大生获纯利达 11.8 万元。从 1901 年到 1907 年，张謇一口气先后创办了 19 家大大小小的企业，赫然成为国内规模最大的民营企业集团。

张謇经商十分成功，不过作为士商代表的他却志不在此。

在"东南互保"中倾尽全力后，他继而起草了一份《变法平议》，提出 42 条具体的改革意见，呈递给朝廷后，竟无任何下文。失望之余，他决心从实业、教育入手，在民间层面实现自己改造社会的理想。他曾对人说："我知道，我们政府绝无希望，只有我自己在可能范围内，得尺得寸，尽可能得心而已。"

▲大生纱厂

▲张謇办的南通师范学校

张謇的精心构思是，靠一己之力量，彻底改造自己的家乡南通县。而实行的办法就是“父教育，母实业”，把南通建成一个带有自治性质的模范城市。

1903 年开春，张謇在南通创办小学。那时一般都叫“学堂”，张謇称“学校”很是超前，10 年后，新生的民国教育部才通令全国一律改称“学校”。张謇的小学分为本科和讲习科。4 月 23 日，本科生复试的试题是他亲自拟的，经义兼国文的题目是“先知先觉释义”，历史题为“三代学制大概”，地理题为“中国生业物产大概”，还有两道算术题。

据记载，考试那天，大雨滂沱，学生都是撑着油纸伞来的。监考的教习中就有以后鼎鼎大名的国学大师王国维，另外还有多位日本籍教习。张謇壁立校门，淋雨迎候每一个学生。学校开学前夜，张謇和一个助理逐一检查学生宿舍，月沉星稀中，助理举蜡烛，他拿锤子，在每个房间门口钉名牌，把钉子敲牢，直到后半夜。他为学校立的校训是“坚苦自立，忠实不欺”。为了提高教师收入，有一年，他在一次股东会上提议，把旗下一家垦牧公司原来的 3 000 多股按 4 000 股分派，多出的近千股作为红股份，给南通师范学校 450 股，公司职员 460 股。

南通原本是个偏处一隅的小城，在张謇办厂之前，城内人口不过 4 万，没有任何工业，只有零星的手工作坊，人们按农业社会的节奏遵循着传统的生活方式。小城被一条叫濠河的河流环绕，千百年来有“富西门，穷东门，叫花子南门”之谓，张謇便把自己的事业都投注在南门之外、濠河以南的荒地上。他立誓要在这里建一座中国最好的模范城。随着他的企业日渐增多，荒芜的城南竟渐成气候。南通旧城内民房矮小密集，街道狭窄，宽不过两间，只能通人力车。南边的新城则道路宽广，可通汽车，沿着濠河和模范路，南通师范、图书馆、博物苑、更俗剧场、南通俱乐部、有斐旅馆、桃之花旅馆，以及女工传习所、通海实业银行、绣织局等企业及公共设施比邻而兴，南通向外界展示出自己最近代的一面。

张謇经商一生，所积财富数百万两，大多用于教育和地方建设。他的平常生活十分俭朴，每餐不过一荤一素一汤，没有特别客人，不杀鸡鸭。1903 年，他应日本博览会之邀去日本考察，买的是最便宜的三等舱客票。有人惊讶于他的节俭，他答曰：“三等舱位有我中国工、农、商界有志之士。一路与他们叙谈振兴实业之大事，乃极好良机，求之不得。”他曾计算，经商 20 多年中，用在公共事业上的工资、分红可计 150 多万两，加上跟他一起办企业的哥哥所捐，总数超过 300 万两。

张謇多有名言留世。他尝言：“天之生人也，与草木无异。若遗留一二有用事业，与草木同生，却不与草木同腐。故踊跃从公者，做一分便是一分，做一寸便是一寸。”斯人的眼光与胸怀，实为百代仅见。

从张謇等人身上，我们看到的事实是，在国难乱世之中，新生的企业家阶层并不是一群只知道维护一己利益的人，也不是一群被改造的、随波逐流的人。他们在很多时候表现出来的勇气和理性是其他阶层的人们所不及甚至不能理解的，他们因自己的事业而形成了一股特别的力量，在有些时候，竟让人觉得他们也许是真正勇敢的人。

在晚清，张謇与盛宣怀是民营企业与国营企业的两大代表人物，对比两人的事业格局，十分有趣。

自 1895 年之后，盛宣怀的注意力全部投注在钢铁、矿产、铁路和银行等领域。这些公司均属于资源性行业，需得到强大的政府政策扶持，因垄断而具有暴利性。张謇的事业则在纺织业、围海养殖等民生产业。在这些领域中，进入已无门槛，国际资本聚集，是一个充分竞争性市场。两人事业，上下游泾渭分明，竟俨然成了规律。在后来 100 年的中国经济中，国营资本大多循的是盛式路径，而民营资本走的正是张謇道路。

1900 年之后，正当张謇的纱厂生意十分兴隆的时候，江浙一带的民间资本也迎势而上，纷纷投入现代的民生产业。其中，对日后影响最大的是无锡荣家兄弟。

1902 年 3 月，一家保兴面粉厂在无锡西门外梁溪河畔的一个土墩上悄悄开业了。它占地 17 亩，工人 30 个，最显眼的是它有 4 套法国造炼的大石磨，引擎 60 马力，磨出来的面粉又细又白，每日夜可出面 300 包。它的主要投资人是荣宗敬（1873—1938）、荣德生（1875—1952）兄弟，共集资 3.9 万两白银。荣家兄弟出身贫寒，太平天国起事期间，无锡遭遇战乱，荣氏一门几乎灭绝，其父因为在上海铁铺当学徒才幸免于难。10 多岁时，两兄弟就背着一个小包裹到广州、上海等地谋生计。因头脑活络、手脚勤快，他们竟慢慢地有了一些积蓄。到 1896 年，他们与父亲一起在上海开了一家广生钱庄，自己当起了小老板。又过了几年，钱庄生意清淡，父亲也因病去世，兄弟俩决定转行去做面粉厂。

▲荣宗敬

当时国内已开业 12 家机器面粉厂，最出名的就是老状元孙家鼐家族开办的阜丰面粉厂，保兴是最小的一家。荣家兄弟的工厂从一开张那天起就不顺利，当地乡绅告荣家兄弟私圈农田，还投诉他们搞了一根大烟囱正对着学宫，有碍风水。一场官司风波打到了两江总督府，幸好总督刘坤一是个洋务派，把讼书给驳了回去。面粉生产出来以后，销路很差，头一个月就积压了上千包，因为江南人以大米为主食，面粉销路在北方。荣家兄弟从来就没有跨过江，对那边的市场是两眼一抹黑。开厂一年多，其他股东就灰心丧气地撤了资，两兄弟只好把名字改成茂新，重新去办了注册。

天下的生意都是咬牙熬出来的。荣家兄弟渐渐显出了经营上的才干。他们先是物色到了营销上的能人，专门去打开北方市场。他们在销售上还动了很多脑筋，比如在面粉包里随机放进一块铜元，作为“彩头”，给消费者带来意外的惊喜，这种促销花样在很多年后仍然有效。1904 年，东北爆发了日俄战争，面粉需求陡然增加，生意一下子就好了起来。两兄弟还十分重视对新技术的投入。1905 年，他们得知英国的制面设备比法国的要好，马上决定购进六部英制钢磨机器，生产能力顿时翻了一番。不久后，他们得悉美国研制出了新的面粉机，性能更加优良，于是又下决心举债采购。

▲面粉车间

荣家兄弟是一对十分奇特的组合。兄长荣宗敬长得浓眉方脸，英气逼人，做起事来雷厉风行，手段霹雳；弟弟荣德生则面圆耳长，慈眉善目，慎思笃行，稳健保守。两人在衣着上的区别也很明显，老大喜欢穿西装，整日发蜡闪闪；老二终年是青衫长褂，一副乡绅打扮。这种截然不同、颇为互补的个性也充分体现在生意上，甚至成为荣氏事业得以壮大的最重要的保证。荣宗敬大胆扩张，见到机会咬住就上，他的经营哲学是“只要有人肯借钱，我就敢要，只要有人肯卖厂，我就敢买”，是一个典型的激进战略痴迷者。在进口美制面粉机时，需12万两白银，茂新根本拿不出那么多钱，荣宗敬力主向洋行借款，先付两成，其余两年还清。荣德生有点迟疑，他则认定，“只有欠入，赚下还钱，方有发达之日”。1905年，就在面粉厂刚上正轨之后，荣宗敬当即提出“吃着两头，再做一局”，再办一家棉纺厂。从此，荣家靠面粉、纺纱起家，“既管吃，又管穿”，构筑出一个惊人的商业王国。当然，他的冒进个性也常常陷企业于巨大的危机。1907年，荣宗敬在上海做金融投机失手，造成数万元的巨额损失，连他先父创办的广生钱庄都搭了进去，钱庄被迫倒闭关门。生死关头，身在无锡的荣德生捧着自家田单及房屋单契，火速赶到上海，以此作保，才把荣宗敬从烂泥中拉了出来。

▲荣德生

后来20多年中，这种危急景象居然发生了多次，荣宗敬舔净伤口，依然猛打猛冲，荣德生则在后面掩护救难，每每把兄长和公司从悬崖边拉回。就这样，荣家事业在激进与保守之间，十分奇妙而迅猛地扩张。

1900年前后，中国商业界还发生了一个很大的事件，那就是洋务派最重要的矿务实业——开平矿务局被英国人骗走了。这个骗局牵涉英、德、美三国，甚至还是由一个后来当上了美国总统的年轻人操盘的。

开平煤矿由李鸿章决策、大买办唐廷枢一手创办。到 1895 年之后，它跟招商局一样，落入了佩着顶戴的官商之手，出任督办的是恭亲王的亲信张翼。煤矿的发展需要不断投入资金，朝廷没有资本注入，而张翼又不愿意让商股在总股本中占据优势，于是他选择了对外举债。1899 年 9 月，张翼通过德国顾问德璀琳向英国墨林采矿公司借款 20 万英镑，以开平矿务局的全部资产作为抵押。代表墨林跟张翼谈判的是一个时年 25 岁、叫赫伯特·克拉克·胡佛（Herbert Clark Hoover）的美国年轻人。他在 30 年后成为美国的第 31 任总统，在他任内爆发了著名的 1929 年美国经济大萧条。

毕业于斯坦福大学地质系的胡佛是一年前来到中国的，他对勘探金矿充满了兴趣。在张翼的帮助下，他曾经在 120 名大清骑兵的护卫下，在华北一带四处探险。他还为自己起了个中国名字：胡华。在成为墨林公司驻天津代表后，他写了一份《开平矿务局报告》，内称："这项产业肯定值得投资 100 万镑，这个企业绝不是一种投机事业，而是一个会产生非常高的盈利的实业企业。"

1900 年 6 月，义和团在天津起事，很快蔓延至北方，京津一带惊恐万状。胡佛和很多外国人一样在天津公馆内被围困了一个多月。而此时，张翼也躲进了英租界的家中。一个多月后，八国联军攻陷北京。某日，英国驻天津领事亲自带兵冲进张宅，以张家养有大量鸽子为由，认定"疑与拳匪相通"，逮捕了张翼，把他关在太古洋行的一个旧厨房里。

当时，慈禧已经西逃，京津被联军控制，"通拳匪"是一个不用审判就可以杀头的罪名，张翼被吓得魂飞魄散。在被关押了两天后，德国人德璀琳出现了。他告诉张翼，天津的煤栈被烧毁了，唐山矿区乱成一片，为了避免战火，他建议将开平煤矿挂上英商的招牌。他随即取出一份事先拟好的"护矿手据"，内容是"委派古斯塔·冯·德璀琳为开平煤矿公司经纪产业、综理事宜之总办，并予以便宜行事之权。听凭用其所筹最善之法，以保全矿产股东利益"。也就是同意德璀琳可以自行处理一切事宜。德璀

▲胡佛

琳说，只要张翼签了字，由他向各国使馆担保张翼性命无虞。张翼签字，第二天就被放了出来。

7月30日，得到“便宜行事之权”的德璀琳跟胡佛坐在了一起，前者代表开平矿务局，后者代表墨林公司，签订了出售合约，价格是象征性的8英镑。根据这份合约，“开平矿务局所有之地产、码头、铁路、房屋、机器、货物，并所属、所受、执掌或应享有之权力、利益，一并允准、转付、移交、过割与胡佛……胡佛有权将其由此约所得的一切权力、数据、利益，转付、移交与开平有限公司”。胡佛把合约带回墨林公司后，得到了5 000美元的奖赏，这在当年是一笔不菲的报酬。接着，墨林又转手将开平卖给一个名为“东方辛迪加”的英国财团。12月28日，新组成的开平矿务有限公司在伦敦注册。在签署正式“移交约”的时候，昏庸的张翼又被耍了一把，中文合同与英文合同存在明显的表达差异，中文为“保管、托管”，英文则为“出售”。为了安抚这个慷慨的大官商，胡佛则答应张翼可以担任终身“驻华”督办，其所持有的3 000股开平老股可换成7.7万新股，此外还给他20万两白银用于打点上下。第二年2月下旬，英军进驻矿区，升起米字旗，胡佛被任命为新公司的总办，并得到8 000股的公司股票。他搞了半年的接管工作，在写给董事会的报告中称：“我们的任务完成得令人满意，而留给我们后任的乃是一个前程远大的企业。”[1]

开平矿务局被骗走后，闯下大祸的张翼一直刻意隐瞒此事。直到1902年11月，因为一次“降旗事件”此事才被捅了出来。当时煤矿悬挂了清朝黄龙旗和英国米字旗，英国人认为转卖事宜已经底定，就强行降下黄龙旗，结果引起矿工的强烈抗议。有人将此事密告袁世凯，骗局才大白天下，顿时引起朝野震惊。清政府责成张翼赴英国起诉墨林公司骗取煤矿一案，随张翼一起去的，是因翻译《天演论》、提倡“物竞天择”“适者生存”而出名的著名学者严复。这场国际官司一直打到1905年年底，张翼花费了百万白银，经过数月14次的开庭审理，法庭最终的判决却是，承认墨林有欺骗行为，但仍然以“无法强制执行”为理由将煤矿判给英方。清政府不敢得罪英国，此事居然不了了之。

就在胡佛操盘骗取开平的时候，唯一提出抗议的是一个比他年长8岁的中国商人，他叫周学熙（1866—1947），时任矿务局总办。根据规定，在“移交约”上需有督办、总办一起签字，周学熙拒绝签字，并因此愤然辞职。在其后10年中，周学熙为了夺回开平，谋篇布局，大开大阖，商战从清朝一直打到民国，最终却还是功亏一篑。

---

① 胡佛后来又在中国待了不少年。1904年，他还曾向南非斯互金矿输出华工，收取了43万银元的佣金。至此，他成为美国第一个在中国发财的百万富翁。1913年，胡佛携大量财产返回美国，在旧金山开设了自己的公司，成为商界知名人士。从1921年开始，他当了8年的商务部长，1928年11月6日，当选为美国总统。

▲周学熙

晚清至民国初，北方最著名的实业家就是周学熙。

周学熙是继盛宣怀之后，声名最隆、成就最大的官商。他出身官宦世家，父亲周馥早年追随李鸿章，官至两广总督，也是一个著名的洋务派大臣。他跟袁世凯关系紧密，一度成为北洋政府的财政操盘手。周氏实业庞大，是民国初期规模最大的实业集团之一，周学熙与江南的张謇并称为“南张北周。”

周学熙30岁时就当上了开平矿务局的总办，一方面是因为他精于商略，另一方面则因周家与张翼是儿女亲家关系。张翼卖局后，周学熙愤然辞职，随后投奔当时正冉冉升起的政治新星、山东巡抚袁世凯。两人气味相投，袁世凯的一个儿子与周学熙的妹妹结婚，于是亲上加亲，结成官商同盟。

周学熙对开平被骗耿耿于怀，发誓要将之收回。他认为能源是一切工业的基础，“煤为制造之根本，根本不立，他事皆无基础”。在张翼伦敦败诉后，他当即向袁世凯提出“以滦制开”的策略，就是在开平矿附近，再开办一个比开平大10倍的滦州煤矿，将开平矿区的矿脉团团围住，然后通过竞争压垮开平，使其就范，最终达到收回的目的。

这个很有创见和野心的想法得到了实施。1907年，滦州煤矿有限公司成立，周学熙出任总理，以50万两官银启动，另募200万两商股，注明“招股权限为华商，概不搭入洋股”。为了表达支持，已经升任直隶总督兼北洋大臣的袁世凯宣布“滦州煤矿三百三十平方里严禁他人采矿”，同时明定该矿是北洋官矿，为北洋军需服务。

周学熙在滦州开矿时，手脚并用，土洋齐上，既使用了最新式的采煤机械，也土法上马挖了很多小煤窑，一时间开平矿区四周星罗棋布，顿成被围之势，十分恐怖。从1908年正式投产到1912年，滦州煤矿产煤130多万吨，在京津市场的销量不断上升。为了形成市场压迫，周学熙一开始就用上了价格战，同样品质的煤硬是比开平的价低。1906—1910年，开平的效益一直非常不错，年均获利有200多万两，股息率年均达12.5%。滦州煤的骚扰战略让英国人大呼吃不消，1911年之后，开平煤也就地降价销售，甚至一度把价格压得比滦州煤还低。周学熙也有点受不了，他向各洋行借款，又遭到开平公司的暗中阻挠，最后不得不发行了150万两的债券。

开平与滦州的缠战，打到双方皮开肉绽，两败俱伤。周学熙与英方就两矿合并事宜多次谈判交涉，双方在公司性质、利润分配和管理权三个敏感问题上争执不下。最后，英商眼看中央政府抱定支持周学熙的态度，争执下去已没有好处，便同意将开平交还中方，代价是要“赎款”270万英镑。周学熙讨价还价，减至178万英镑。英方已决定同意。可是，局势在1911年10月又发生了180度的大突变。

那个月，武昌爆发了辛亥革命，朝廷岌岌可危，北方港口各国军舰拉响警笛，仿佛又重现11年前庚子国变的凶险景象。滦州公司的股东们生怕再次出现当年被洋人枪杆子夺走煤矿的悲剧，匆匆同意再议合并。于是，主客顿时易位。11月，开平、滦州达成“合办条件协议十款”，同意合并成中英开滦矿务有限公司，股权对等平分，利润则由开平得六成，滦州得四成，管理权由英方把持。

开滦合并的得失，在商业史上很有争议。有学者认为，这场合并对于开滦双方都是好事，两大煤矿从此不再打价格战，达到了整合的规模效应，在商业谈判上也算是平等，与当年的张翼卖局已不可同日而语。也有学者认为，开滦合并实质上是“以开并滦”，滦州煤矿以十倍面积只得四成利益，而且管理权尽入英人之手，其结果与周学熙的开办初衷简直南辕北辙。开滦案例再次以最直接而残酷的方式证明了那个道理——国不强，则商不立。此后30多年，开滦煤矿始终被英资公司控制，一直到1948年年底才由新中国收回。

周学熙对开滦合并的结局当然是十分伤感，他拒绝出任新公司的督办。在日记中，他慨然曰："吾拂虎须，冒万难，创办滦矿，几濒绝境，始意谓，将以滦收开，今仅成联合营业之局，非吾愿也。"[1]他还在家中写了一副对联："孤忠惟有天知我，万事当思后视今。"壮士未竟之意，斑驳落寞纸上。

就在滦州煤矿跟英国人大打出手的同时，周学熙利用袁氏背景创办了众多实业。跟盛宣怀一样，他经商的主要手段是谋求官商垄断，而一生最重要的商业对手，则大多是跨国公司。

1906年，他办了启新洋灰厂，是当时唯一的大型国产水泥工厂。当时水泥市场被日本企业垄断，为了挤垮启新，日商采取价格战，一袋日本水泥在日本本土的销售价是2.97两，运来中国的运费平均每袋2.5两，但日商却以每袋3两的价格出售，明摆着每袋亏损2.4两。启新起而应战，将原来每桶的售价从2.25两降到1.55两，袋装水泥则从每袋1两降到0.7两。为了降低制造成本，周学熙要求自己控制的滦州煤矿以七折价格向启新供煤。同时，他充分利用官商优势，包揽了当时几乎所有重要的建筑工程项目，诸如淮河铁路桥、黄河大桥，青岛、烟台、厦门、威海等地的海坝、码头，以及北京图书馆、燕京大学、大陆银行、交通银行、河北体育馆、上海邮政总局等有名建筑，用的都是启新公司的马牌水泥。在修建京张、京汉铁路时，朝廷甚至明令要求使用马牌水泥。双

奏辦
京師自來水公司
此票以宣統二年五月初十日
爲限在此限內每銅元一枚售
憑票取水一挑
票四張無論何處街市龍頭皆
可取水如逾期限即作爲廢紙

▲当年北京水票

① 周学熙著，《东游日记》，1903年7月。

管齐下，周学熙硬是从日本商人手中抢走水泥市场，垄断中国市场10余年，销量达到全国总销量的92%以上。

1908年，周学熙获准在京城建设自来水工程，他用22个月把20万米长的水管铺遍了北京城。1915年，周学熙在天津创办纱厂。他向袁世凯讨得特权，所购机器物料及棉花等原料免除一切捐税，制成的纱布也只征收一道出厂税，之后在各省销售不再征税。这种优惠自然让纱厂获得暴利。此外，他还创办了中国实业银行，投资创办耀华玻璃公司，拥有公路、铁路和运河的运输主动权，逐渐形成了一个庞大的周氏企业集团，其总资本最高时达到4 000多万银元，为全国最大的企业集团之一。

在经商的同时，周学熙还担任了袁世凯的“钱袋子”。1912年，袁世凯出任民国大总统，国库空空如也，周学熙受邀出任财政总长。他跟英、法、美等六国财团洽谈借款事宜，当时国事一日三变，南北貌合神离，以周学熙的手段竟也没有腾挪的空间。在袁世凯的催促下，向英国汇丰、德国德华等五国银行借款2 500万英镑的《善后借款协议》最终达成。这笔贷款以全国盐税为抵押，是财政史上的一大痛事，而且，债券九折出售，八四实收，实际借到不过2 100万英镑，再扣除之前的种种垫款600万英镑、各省已借的280万英镑以及革命期间各国损失赔款200万英镑，政府实得竟不过债面的一半，可是，47年的利息却高达4 285万英镑。周学熙在这场谈判中百般周旋，受尽折磨，条款公布后更是被国人痛骂卖国，他深以为耻，不久就辞去职务。

1915年，他再度被袁世凯请出担任财政总长。当时，张謇担任农商总长，“南张北周”一同入阁，算是报章上的一件逸事。两人都由官绅而成巨商，但是却因路径不同，而有着完全不同的经济政策理念。

张謇在创业过程中深受官僚之害，所以他一直认为官方介入企业只会破坏经营自由，与民争利，必然导致企业的失败。他同情在官僚和外商夹缝中艰难生存的民营企业，用“千万死中求一生”来形容私人企业的困境，所以他愿意代表私人资本发出缩减垄断、扩张民营的呼声。他就任农商总长后就发布公告：“从今天开始，凡隶属本部的官办企业全部停办，改由招商承办；但是有一些大宗的实业，比如丝茶机械等，一两家私人公司是无法经营的，但其重要性关乎社会农商业的进步，那么，可由官方先作规划，引起人民的兴趣，然后交给民营承办。”其思路脉络，与日本明治维新的主张基本吻合。

周学熙则俨然是官商出身，所从事商业都与政府丝缕相关，颇得其利。所以，与张謇的自由商业主义全然不同的是，他在财税经济等各方面都表现出强烈的国家主义。他提出要“实行国家社会主义，使各种产业勃兴，大开利源”[1]。他主导规划了十大实业与交通建设项目，包括云南铜矿、延长石油、利国铁矿、漠河金矿、秦皇岛商埠、海塘船坞、口北铁路、各省铁路，沿江一带实行森林法，开设纺织工厂等。这些项目都带有浓厚的中央计划色彩。

也是在当总长的时候，他谋划在天津办纱厂。他一方面广邀政府中的大员入股，袁世凯的儿子、政府总理、内阁部长及大军阀等多人成为股东；另一方面就是向政府争取种种政策优惠，在取得了税收上的重大减免后，他甚至还提出“在直、鲁、豫三省专办30年”，也就是整个华东地区只能由他老周家独营纺纱厂。此议要得到财政部和农商部的共同批准。周学熙自己就是财政总长，很爽快地盖了“同意”的大印。到了张謇执掌的农商部却卡了壳，这一条硬是被拦

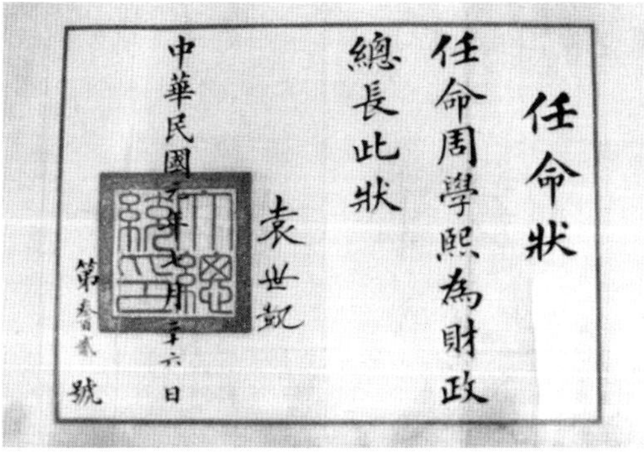

▲任命状

① 周叔媜著，《周止庵先生别传》，民国自印本。

了下来，周、张二人一时闹得很不愉快。

袁世凯称帝未遂，身死北京。周学熙失了靠山，以往优惠一一失去，各家实业更是成了军阀们侵蚀争夺的对象。周学熙急流勇退，到1927年已基本退出商界，这时他不过61岁。其后20年，他一直躲在天津三多里的周公馆里当十分低调的寓公。他在家中设了一个师古堂，整天穿着蓝布袍子，以诵读程朱理学打发时光，他甚至反对子孙上新式学堂。临终时他留下《示儿最后语》诗两首，内有“但愿子孙还积德，闭门耕读续家声”。周氏后人再无大商者，他的儿子周叔迦成一代佛学大师，创办中国佛学院，其孙周绍良是著名的红学家和敦煌学家。

后世，罕有人知周学熙。他极偶尔会被提及，却是因了一则戏剧“八卦”。1934年，出生于天津的清华大学学生曹禺创作了四幕话剧《雷雨》，因鲜明的反封建主题和浓烈的悲剧色彩而轰动一时，曹禺成了中国最杰出的话剧家之一。《雷雨》的故事地点发生在天津，主人公是个大实业家，名叫周朴园，而其居所就叫“周公馆”，因此很多人猜测该剧讲的就是周学熙家族的故事。一直到很多年后，曹禺才在一篇短文中“澄清”说：“周家是个大家庭，和我家有来往，但与事件毫无关系。我只不过是借用了一下他们在英租界的一幢很大的古老的房子的形象。”[①]

① 曹禺著，《曹禺自述》，北京：京华出版社，2005年版。

1905 立宪急先锋

一个人办一县事，要有一省的眼光，
办一省事，要有一国的眼光，
办一国事，要有世界的眼光。

——张謇：江苏省咨议局演讲，1909年

1905 年，是中国近代史上最激进的年份。朝廷以令人炫目的速度推出了各项变革，涉及政治、社会和财经等诸多方面，其力度之大、范围之广、震撼之强早已远远超出百日维新时期提出的所有内容。

然而，正如法国政治思想家托克维尔（Alexis de Tocqueville）所言，“对于一个坏政府来说，最危险的时刻通常就是它开始改革的时刻”。[①]1905 年的晚清留给后世的悬念正是：为什么变法力度如此之大，而最终还是无法避免帝国的覆灭？覆灭是变革导致的结

---

① ［法］托克维尔著，冯棠译，《旧制度与大革命》，北京：商务印书馆，1992 年版。

果，还是变革失败的结果？在改朝换代的过程中，经济变革与政治改革的权重各有多大？它们应该如何协调推进？而且，企业家阶层到底扮演了怎样的角色？

变革的能量其实已经蓄积了30年，它只是不断地被打断，然后又在内部的争乱与外部的侵辱下，再次更猛烈地集结。它如地火在地表层下愤怒地流淌，一有裂缝，就会不可遏制地喷射出来，造成巨大的、难以控制的动荡。在1905年，三种力量角力中国的态势已经十分明显，一是立宪派，一是革命派，一是摇摆迟疑的朝廷执政者。三者之间的力量消长以及妥协合作，将决定中国的命运。企业家阶层在这时还没有构成一支独立的力量，他们因各自理念、利益诉求的不同，而分别选边投靠。

庚子国变后，国民情绪曾经陷入短暂的消极，然后又被极大地激发起来，而刺激点便是1904年爆发的日俄战争。当年2月6日，日本对中国旅顺口的俄国舰队发动突然袭击，两国为了争夺在东北的利益，以中国领土为战场，展开了一场大战，清政府竟然以“彼此均系友邦”为理由，宣布“局外中立”。这一仗一直打到1905年5月，以日本战胜结束，这个东亚小国，在不到10年的时间里先后战胜人口、国土面积均数十倍于自己的两个大国，真正不可一世，崛起为亚洲最强的现代国家。

▲慈禧

在日俄战争中，中国东北变成焦土一片，百万国民生灵涂炭，而主政者却无比屈辱地作壁上观，其无耻低能已无以复加，帝国的威严和信用双重破产。在士大夫和知识阶层，民族主义猛然抬头，求变之声不可阻挡。据日本学者市古宙三的计算，在这一年前后，前往日本留学的青年大大增加，人数很快超过万人，费正清称之为“到此时为止世界史上最大规模的学生出洋运动”[1]，其中不少人成为中国政界、军界、知识界和商界的重量级人物。日本著名教育家松本龟次郎在1927年曾统计说：“今日中国军人中，位居中上将者，有三分之二曾经留学我国。”[2]在国内，一项又一项的变法被提上了日程。

变法的内容，主要涉及财经、社会和政治三大方面。

清政府在财经上的除旧立新显得最为大胆，这一点在后世很少被观察到。因为不涉及政体，所以，晚年的慈禧对财经变革的奏折几乎是“从善如流”。然而，由于缺乏整体性的规划以及国家主义的模式，晚清的经济变革宛如一个怪胎，最终也因为国家资本与民间资本利益链条的崩裂，而直接导致了帝国的灭亡。

早在1903年7月，朝廷就专门设立了商部，作为中央政府制定商事法及相关法律的主要机构，下属设立了商务局、劝业道、商律馆、商报馆、公司注册局、商标局等各级商务行政机构，张謇等商界名流被延聘为商部顾问官。第二年1月，商部颁布《钦定大清商律》，包括《商人通例》9条和《公司律》131条，这是第一部现代意义上的公司法。此后，商部又颁布实施《商会简明章程》等一系列商事法规，1906年颁布《破产律》和《试办银行章程》《大清矿务章程》，等等。这些法律的拟订和发布，建立了第一套比较完整的商法体系，意味着中国公司由沿袭千年的特许主义，进入了现代商业的准则主义。1906年，朝廷进一步将商部改组成农工

---

① ［美］费正清等编，中国社会科学院历史研究所编译室译，《剑桥中国晚清史》，北京：中国社会科学出版社，2006年版。

② ［日］松本龟次郎著，《中华民国留学生教育沿革》，载《留东学报》第1卷第4期，1935年。

商部，同时设立学部。

商部还仿照西方国家和日本的商会模式，倡导各地商人设立商务总会和分会。1904年颁布的《商会简明章程》有26条具体的操作规则，其中第二条规定："凡各省、各埠，如前经各行众商，公立有'商业公所'及'商务公会'等名目者，应即遵照现定部章，一律改为'商会'，以归画一。其未设立会所之处，亦即体察商务繁简，酌筹举办。"这是中国第一次允许民间创建商人组织。

在行政机构创建、法律拟订和商人组织的倡建中，朝廷多次表达了对商业的尊重。在商部成立的章程第一款中，就明文规定："设保惠司，专司商务局、所、学堂、招商一切保护事宜。"1904年的一份上谕中更说："自积习相沿，视工商为末务，国计民生日益贫弱，未始不因乎此。"所以，必须"扫除故习，联络一气，不得有丝毫隔阂，致启弊端，保护维持尤应不遗余力"。这些圣旨语言上传下达，对社会风气和舆论的引导无疑是十分具有震撼性的。

更有趣的是，为了表达重视商业的决心，朝廷算是费尽了脑筋。虽然皇帝手中已经没有"米"了，但还是可以送出一大堆的"帽子"，在专门公布的《奖励公司章程》中就明确写着，"现在朝廷重视商政，亟宜破除成见"，于是规定，奖励之大小视集股之多少而定，集股5 000万元以上者，奖予商部头等顾问官职，并加一品顶戴；集股2 000万元以上者可封一等子爵、一品顶戴及双龙金牌；1 000万元以上封男爵；500万元以上、800万元以下者，则奖予商部四等顾问官，加四品顶戴。一个叫张振勋的商人因集资招股和捐献"贡献尤大"，被授予侍郎衔三品京堂候补、考察外埠商务大臣、太仆寺卿。

这种重商政策，自秦始皇以降，千年一见。民国学者杨杏佛曾感叹地说："中兴名臣曾国藩仅赏侯爵，李鸿章不过伯爵，其余百战功臣，竟有望男爵而不可得者，今乃以子男等爵奖励创办实业之工商，一扫数千年贱商之陋习，斯诚稀世之创举。”[①] 这种用行政等级“吸引”和“奖励”企业家的行为，似乎是中国文化的一个特色，百年以后仍屡试不爽。

清政府在经济领域接二连三地释放出来的变革决心和措施，让中国气象为之一新。费正清在《剑桥中国史》中认为：“只是在 1905—1911 年中国工业出现之后，利润的诱惑才占了上风，经济收益才变成主要动机。”

自《公司律》等法律出台后，中国有了正式的公司数量统计。据张忠民在《艰难的变迁——近代中国公司制度研究》[②] 一书中的计算，从 1904 年到 1910 年，全国正式注册的公司大约 410 家，远远高于 1903 年可能存在的 100 多家公司。另据林增平的统计，前 30 年有据可查的 72 家近代企业中，官办、官督商办占总资本额的 77.6%，商办只占 22.4%，到这一时期前后正好倒了过来，商办资本已占 76.3%。1905—1908 年，全国新设厂 201 家，投资合计达 4 581 万元，年均设厂 50 家，年增资本 1 145 万元。年均设厂数分别超过洋务运动 30 年间所设厂数的 20 多倍与甲午战争后的 2.5 倍，投资额分别超过 5.7 倍与 2.9 倍。投资范围也更为广泛，除原有的缫丝、棉纺、火柴等业有了较大发展外，烟草、肥皂、电灯、玻璃、锅炉、铅笔、化工等业也有了民族资本企业的出现。股份制公司到 1911 年时已达 977 家。

很多学者称，1905 年前后数年，“民之投资于实业者若鹜”，公司创办数量超过了洋务运动 30 年国家投资的总额。日本的中国问题专家安原美佐雄因此断定，1905 年是中国现代工业发展的新起点，即从“国家兴业时代”进入了“国人兴业时代”。

1907 年，创办 8 年的大生纱厂举行第一次股东会。当时，大生对其他企业的投资和资金往来达到了 40 万两，这些投资并未经过股东同意。会议的记录迄今仍较为完整地保存在南通档案馆的大生档案中。在 1904

---

① 杨杏佛著，《五十年来中国之工业》，《东方杂志》1912 年第 7 期。

② 张忠民著，《艰难的变迁——近代中国公司制度研究》，上海：上海社会科学院出版社，2001 年版。

年《公司律》颁布之前，大生的地位可以说是“无限制、无法律之地位”。张謇的好友、官股代表郑孝胥提议“改为有限制、有法律完全之公司”，取名“大生股份有限公司”，全体赞成。至于另外投资的企业，则建议成立一家“通海实业公司”来管理，不与大生发生直接关系，在原有 40 万两以外加拨 20 万两，共 60 万两，算是大生拨给通海的股本，分 12 万股，每股 5 两，股票分发给大生股东。

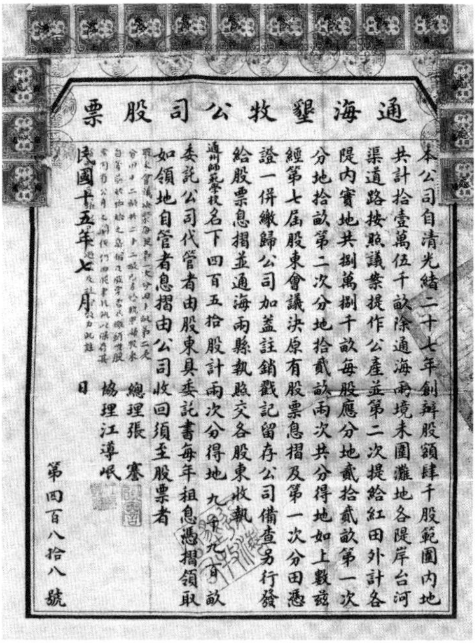
通海墾牧公司股票

本公司自清光緒二十七年創辦股額肆千股範圍內地共計拾壹萬伍千畝除通海兩境未圍灘地各隄岸台河渠道路按照議案提作公產並第二次提給紅田外計各隄內實地共捌萬捌千畝每股應分地貳拾貳畝第一次分地拾畝第二次分地拾貳畝兩次共分得地如上數茲經第七屆股東會議決原有股票息摺及第一次分田憑證一併繳歸公司加蓋註銷戳記留存公司備查另行發給股票息摺並通海兩縣執照交各股東收執

通州師範學校名下四百五拾股計兩次分得地九千九百畝

委託公司代管者由股東具委託書每年租息憑摺領取如領地自管者息摺由公司收回須至股票者

總理張謇

協理江導岷

民國十五年七月 日

第四百八拾八號

▲张謇的通海垦牧公司股票

在股东会上，还发生了一场官股与民股的争论。

会上有股东提议确立股权，1~100 股，每股一权；100~500 股的每 20 股加一权；500 股以上到无限股，每 40 股加一权。股东王绍延当场提出：“商股没有 500 股以上的股东，所定 500 股以上每 40 股加一权，明明是为官股而发。”另有股东则认为：“这样设计，大股太吃亏，特别是官股。”股东张澹如说：“官股股数多，不是商股所能敌，股数多的，权数递减，为保护小股，不能不这样。”股东陆叔同则质疑：“为什么官股一定不能保护小股？”此外，还有一个叫刘厚生的股东给出了其他公司的做法，譬如，浙江铁路公司权数用递加法，江苏铁路公司权数至多不得超过 25 权，两公司都没有官股，但对大股都有限制，“可见这是公例，不是专为官股而定”。

这场争论的焦点是如何规范官股在大生中的决策权力。尽管在张謇任内，官股一直只分红而不参与决策，但是民间股东显然对此还不放心，他们试图用制度的方式来加以明确。

好在官股代表郑孝胥是个开明之士，他说，《公司律》不分官、商，凡是入股的都称股东，股有大、小之别，无官、商之别，会场上不可提“官股”“商股”字眼。在他的支持下，股东会最终通过决议，“将‘500股以上，每40股加一权’删去。1~100股，每股一权，101股以上至无限股，每20股加一权”。这样的制度设计，明显有利于股份较小的民间股东。

跟经济变革上的大刀阔斧相比，清政府在社会变革上的力度稍显不足，而在政治变革上则是迟疑摇摆。

早在1902年，皇帝便下令禁止妇女缠足。1904年，谕令创办新学和颁布教学大纲，同时准许妇女就读新式学堂。所有这些，实际上是从法律上承认了近30年中所发生的一系列变化，包括女权主义、现代化教育。到1905年，最惊天动地的变革法令就是“废科举”。

9月，张之洞、袁世凯等人会衔上奏，要求立即停开科举，理由是：“科举不停，学校不广，士心既莫能坚定，民智复无由大开，求其进化日新也难矣。”当月，慈禧就下旨准奏，宣布从下一年起废除有1 300年历史的科举制度。

“废科举”是一桩具有划时代意义的大事件。它让中国人从落后、刻板的孔孟儒学中彻底解放出来，在知识体系和思想体系上向现代文明靠拢，其深远意义是怎么评价都不为过的。不过，从国家治理上来看，它却成了现有政权被颠覆的前兆。延续千年的科举制具有一定的公平性，是一般贫苦子弟向上层社会跃进的唯一途径。费正清评论说：“在一个我们看来特别注重私人关系的社会里，中国的科举考试却是惊人的大公无私的。每当国势鼎盛、科举制度有效施行时，朝廷总是尽一切努力消除科场中的徇私舞弊。”[①] 它的废除，熄灭了一代知识青年对朝廷的最后一丝眷恋，精

---

① ［美］费正清等编，中国社会科学院历史研究所编译室译，《剑桥中国晚清史》，北京：中国社会科学出版社，2006年版。

▲女子学校

英阶层从科举的既定轨道中散溢出去，很快衍变成一股反对的、无从把控的力量。一个可比照观察的事实是，1978 年，中国进行改革开放之初，最早的一个变革措施就是恢复高考制度。在敏感的社会转轨时期，一废一复，颇可参研。

在政治上，最重要的变革呼声是君主立宪。

在这一点上，洋务派和维新派达成了高度的共识，他们都成了立宪派。6 年前被追杀的康有为、梁启超等人已成主流，谭嗣同临死前的那句“去留肝胆两昆仑”竟成事实。日俄战争被看成是两种体制的较量，立宪派的《东方杂志》在评论中认为，“此非日俄之战，而立宪、专制二政体之战也”，日本的胜利似乎佐证了这个观点。1905 年 6 月，也就是日本获胜后的一个月，张之洞、袁世凯等人连连上奏要求立宪，当时全国八大总督中有 5 人明确主张立宪。朝廷在 7 月发布圣旨，同意委派大臣出洋考察。

站在立宪派对立面的是革命派，他们提出了比君主立宪更为激进的政治主张，那就是暴力革命。1905 年 2 月，年方 20 岁的革命党人邹容病逝于上海监狱中。他之前出版了《革命军》一书，鼓吹推翻现有政权，他痛斥清朝历代皇帝都是“独夫民贼”“无赖之子”，慈禧更是“卖淫妇”。他高呼“革命！革命！得之则生，不得则死，毋退步，毋中立，毋徘徊”。12 月，身在日本的留学生、30 岁的陈天华蹈海自杀，留下《警世钟》《猛回头》两书。他们的思想代表了当时最为激进的革命思潮。还是在这一年，9 月 24 日，清政府委派出洋考察的“五大臣”在北京车站出行前遭到炸弹袭击，27 岁的刺客吴樾被炸裂胸腹，手足皆断，当场身死。他生前与陈天华等人结为至交，推崇“恐怖革命”。①

▲派往欧洲考察宪政的“五大臣”及随行人员

① 吴樾临行前，与安徽同乡陈独秀、赵伯先等人，密谋于芜湖科学图书社小楼上。三人为争北上任务，扭打成一团。吴问：“舍一生拼与艰难缔造，孰为易？”陈答：“自然是前者易，而后者难。”吴曰：“然则，我为易，留其难以待君。”议遂定，饮酒悲歌，以壮其行。陈独秀后来成为中国共产党的缔造者之一，并当选第一任总书记。

我们接下来要观察的事实是，在这种大转型的年代，当立宪派与革命派形成对立，中国命运面临重大抉择的时候，企业家阶层将做出怎样的选择，他们又有过怎样的作为。

我们先从当年的一个新闻说起。1905 年 12 月，上海发生了一起轰动一时的大闹会审公堂案。

当时，一名广东籍的官太太黎黄氏因丈夫亡故，带着 15 名婢女由川返粤，路过上海时被上海英租界巡捕房以贩卖人口罪拘捕。租界会审公廨审理此案时，又发生中英两国会审官对女犯应当关押在何处的争议。英方陪审官德为门粗暴地宣称："本人不知有上海道，只遵守领事的命令。"中方会审官关炯之愤然说："既如此，本人也不知有英领事。"争执之下，德为门喝令巡捕用武力抢夺犯人，并将关炯之的朝服撕破。旁听的中国人对本国官员受辱反应强烈，冲上公堂，四处围打巡捕，还放火烧了巡捕房和德为门的汽车，英巡捕则悍然开枪打死多人，并抓了 500 多个中方民众。血案爆发后，英租界的华人商号纷纷罢市抗议，而洋巡捕也不甘示弱，竟一律罢岗，租界顿时陷入混乱。上海的这起国际纠纷引出一番喧嚣风波。

英人在中国最为势大傲慢，清政府懦弱无能，不敢正面应对，便委请商人出面协调。那些被派出交涉的华商大佬一一出场，却都碰了一鼻子灰回来。这时候，一个不到 40 岁的上海商人虞洽卿（1867—1945）出手，扮演了一个调停者的角色。

自 1843 年上海开埠以来，一向善于经略的宁波商人就是人数最多、势力最大的一个商帮。孙中山曾评述说："凡吾国各埠，莫不有甬人事业，即欧洲各国，亦多甬商足迹，其影响与能力之大，固可首屈一指者也。"虞洽卿的崛起颇得其势。跟上海滩上的许多商人一样，虞洽卿的出身也是一个贫穷的"掘金者"。1881 年，他 14 岁时从宁波乡下来到十里洋场。当日下大雨，他生怕妈妈亲手缝制的新布鞋被雨淋湿，就把鞋抱在怀里，赤着脚去投奔一个开颜料行的亲戚。他仅读过三年私塾，但是干活勤快，头脑灵活。在颜料行里，虞洽卿经常与外国洋行接触，便苦学英语，不多久

▲虞洽卿

就讲得十分流利，这为他日后的洋场生涯打下坚实基础。很快，他未及满师就升为跑街，负责店里的业务联络。店主为了留住这个年轻人，不断用加薪、赠干股等办法笼络他。在颜料行做了 10 年后，虞洽卿进德商鲁麟洋行任跑街，不久升买办。4 年后，他捐了 400 多两银子，从朝廷领得了一个候补道台的顶戴头衔，同年靠自己的积蓄买进闸北升顺里、顺徽里的几十幢房产，组成了一个不大不小的房地产公司，此外他还筹建了一家名叫通惠银号的小银行。又过了 6 年，他跳到华俄道胜银行出任买办，继而又转任荷兰银行买办。荷银是当时远东最大的国际财团之一，虞洽卿一直到抗战时逃离上海才卸任此职。在随后的 30 多年里，虞洽卿一边为洋行当买办，一边操持自己的生意，左右逢源，互不耽误，竟成就一番事业。

与同时代的上海商人比肩而立，虞洽卿的产业并不是做得最大的，不过，他却是影响力最大的一位。在后来的数十年间，他游走在洋人、劳工、资本家、政治家以及黑社会帮派之间，是最为八面玲珑和有斡旋能力的中国商人，有“老娘舅”[①]之称。他以“一品百姓”自居，精明、急利却也有着兼济众生的古典情结。在乱世之中，他始终艰难地坚持商者的独立人格，然而却又在后来一个最敏感的时刻，做出了一个改变中国企业家阶层集体命运的举动。

虞洽卿第一次展露“调解人”才能，是在 1898 年。在当时的上海法

① 老娘舅，上海俚语，对那些有威望、善于调停纠纷的年长者的俗称。

国租界，法国商人以建立医院和屠宰场为由，强行平毁了一处宁波商人的墓地坟冢。华人向以祖坟为最不可侵犯之神地，法人的蛮横当即引起喧天公愤，甬商原本就在上海势力庞大，一怒之下宣布大罢市。谁想法租界当局竟也十分强硬，不肯让步，双方一时僵持不下。便在这当头，虞洽卿跑去找同乡的“短档朋友”，鼓动这些卖苦力的穷人也一起罢工。他特别说动了租界里的女佣们，鼓动她们不去给洋雇主们洗衣烧饭，他则在背后出钱襄补。商人罢市、苦力罢工、女佣罢洗，法租界立即乱成一团，虞洽卿又只身前往当局交涉。法国人只好让步，墓地产权终被归还。经此一役，虞洽卿在上海滩上开始小有名气。

大闹会审公堂案发生后，又是虞洽卿摆平了这场棘手的风波。

虞洽卿的伎俩还是在洋人和民众间玩“危险的游戏”。一方面，他以买办的身份跟英人斡旋沟通，另一方面则又找来那些“短档朋友”，请他们在自己的公寓里聚会暗谋。他鼓动说：“华官尚复侮辱，若不力争，商

▲清朝的巡警

民之受辱必日甚一日。”在他的策划下，各个阶层的租界华人宣布实行无限期的总罢工。当事态闹得不可开交的时候，他转而找到德、俄、法、日、荷等国的驻沪领事馆——他曾经为三个国家的银行当过买办——恳请他们出面协调平息此事。靠着这番纵横捭阖，英租界当局终于退让，被迫撤去滋事的主审官，撤惩殴打华官的巡捕房捕头，向中国官厅公开道歉，并释放黎黄氏和所有被押华人。

过去数十年间，华夷相争几乎都以中方的隐忍和妥协收场，屈辱避让已成惯性，此案得以这种完胜结局收场，当然让朝廷和所有华人大呼痛快。公案了结当日，苏淞太道台袁树勋、公堂公审官关炯之特意携手虞洽卿，三人一道来到上海最繁华的南京路，缓缓步行，沿途大声招呼各家商号大胆开市。虞洽卿顾盼生风，一时妇孺皆识。

“会审案”后，虞洽卿顺势再上。他写信给租界的工部局①，以协调英华商人的各类事宜为由，提议增设华商董事。1906 年 2 月，工部局同意成立华商公议会，虞洽卿等 7 人为首届华商董事。

虞某两次调停得逞，与他善于利用“短档朋友”的力量十分有关。他出身草根，自然跟底层群众有天然的呼应。20 世纪初的上海滩，鱼龙杂处，是一处天大的“冒险场”，除了政客、文人及商人之外，人数最为众多、情绪最容易被煽动的劳工阶级以及底层社会人士是一股不可忽视的势力，每一次社会动荡及革命，他们都是被利用和倚重的最主要的力量。

当时上海底层主要有两大帮会势力。一是黄金荣（1867—1953）。他是虞洽卿的宁波同乡，此人从光绪十八年（1892 年）起任法租界巡捕房包探，后升探目、督察员，直至警务处唯一的华人督察长。他自立黄门，招募弟子过千人，操纵上海滩的鸦片、赌博等黑色生意，是名声最大的“流

① 工部局：存在于上海租界的一个不受中国法律管制的市政机构，1854 年，由英、美、法三国租界联合组成，由 7 人选举产生“工部局”（Shanghai Executive Committee）董事会，中文译成上海市政委员会或上海市政厅。它拥有租界的管理权、行政权、对人的管辖权以及征税权。

氓大亨”。二是杜月笙（1888—1951）。他出生于上海浦东，在十六铺水果行当学徒，后入青帮渐成老大。他开赌场、运鸦片，笼络数千门徒，还以豪爽疏财出名，广结名流，连大学者章太炎、名士杨度、名角梅兰芳都与之私交甚笃。

跟黄金荣、杜月笙二人相比，虞洽卿则是一个正经商人。他深谙在乱世之中，“枪杆子里面出真道理”。于是，在倡议成立华商公议会之后，他顺势提出创办“华商体操会”，组成一个自卫的武装力量以保护华商在租界的利益。此议经他奔走呼吁，竟也得通过。“体操会”的成立让虞洽卿拥有了一支自己的武装组织，这使得他不但在商场和官场上平添了新的话语权，更让他在与黄金荣和杜月笙的交际中，腰板又硬朗几分。此三人用不同的方式，在看上去莺歌燕舞，实质上暗潮汹涌的上海滩各自控制着一股黑色的势力。虞洽卿自此以“一品百姓”自居，他见朝廷官员时必穿西装，见洋人时则一身对襟大衫，见商贾同人和帮会兄弟时，则西装、长衫或道台顶戴按需轮换，从容行走于各色人等中，宛若一条游走自如的“变色大龙”。

虞洽卿与朝廷诸多大臣关系密切，特别是跟皇亲爱新觉罗·载洙、南洋大臣端方私交甚笃。他曾为北洋新军采购军装，很是赚了一笔。1909年，他通过端方向清政府建议筹组“南洋劝业会”，以提倡实业。此会系官商合办性质，是中国第一次国货展览会，经过一年多的筹备，次年在南京开幕。劝业会分设农业、医药、教育、武备、机械和通航等分馆，还专门为外国物品设了三个参考馆，会期三个月，观摩人数达20万之众，各地机巧商品让国人大开眼界，可谓盛况空前。筹办人虞洽卿因此得到朝廷的褒奖，端方甚至保荐他出任正三品的劝业道。

不过同时，虞洽卿又跟革命党人走动十分频繁，尤其是与上海同盟会首领陈其美称兄道弟。便是在这时，他结识了陈其美的结拜兄弟蒋志清。蒋志清比虞洽卿小20岁，因为是宁波同乡，所以很是能谈到一起。此人日后更名蒋中正，字介石。

虞洽卿在1905年前后的种种活动，泄露了两个“线头”：其一，企业家阶层日渐以自觉的姿态，成为新市民社会的主流，在执政机构疲软消极的情形下，他们部分地担负了行政主管的责任；其二，他们游走于各种政治势力之间，在立宪与革命之间摇摆。

在这一阶段，企业家集团的参政意识已经普遍苏醒，甚至得到了理论上的论证。郑观应便认为：“欧美政治革命，商人得参与政权，于是人民利益扩张，实业发达。”早在1904年，上海的《商务报》上便刊文公开宣言：“商兴则民富，民富则国强，富强之基础，我商人宜肩其责。”商人势力的积聚，则与商会组织的兴起密切相关，这一特征在上海、武汉和广州等大城市表现得最为显著。

据史料显示，晚清最早的商业组织是成立于1902年的上海商业会议公所。1904年,《商会简明章程》颁布后，各地商会如雨后春笋般冒了出来。在朝廷的鼓励下，全国各省会和商业繁荣地区设立了商务总会，中小城市设立商务分会，村镇设立商务公所。商会有处理商务诉讼的职权，负责调查商情，处理破产和倒骗，受理设立公所、申请专利、进行文契债券的公

▲晚清的上海

证等职责，部分地承担了政府的经济管理功能。随着各地、各市镇商会的组建，商业势力得以聚集，并从此成为一股不容忽视的公共力量。1907年，全国80个重要的城市商会代表聚集上海，倡议成立了华商联合会，全国商会呼吸相关，连成一体。到1911年，全国各种商人组织近2 000个，会董2.3万人，会员达20万人以上，这几乎是当时中产阶级的全部。①

在一些开放的大城市，商会实际上不同程度地控制了城市的市政建设和管理大权。1905年，上海组建"城厢内外总工程局"，一经创立即以一个初具规模、较为完备的地方自治团体面貌出现。它承担了包括学务、卫生、治安、户籍管理、道路工程、城市建设、农工商务、公用事业、慈善赈济、财政税收以及其他例归地方政府的各项事务，比较全面地担当和掌握了市政建设与管理的责任和权力。在总工程局、上海商会、自治公所以及市政厅这一脉相承的自治组织的经营管理下，上海城市面貌发生了较大变化，展现出类似西欧早期自治城市与市民阶层的某些特点，东方大都市初显宏伟气势。

商会组织除了在维护自身利益以及承担市政管理职能之外，在国家命运上的选择也引人注目。

作为既得利益集团的一部分，企业家阶层是保守而反对动荡的，非万不得已，他们是绝不会选择革命的。这从他们与革命党人的交往便可见一斑。到1905年，孙中山从事革命活动已经10年。该年8月，他在日本东京创建中国同盟会，确定了"驱除鞑虏，恢复中华，建立民国，平均地权"的革命政纲。多年以来，他一直秘密辗转于东京、伦敦和纽约之间，为革命筹措经费。为他提供资金支持的绝大多数是海外华侨，国内著名的大商人或有同情，却很少有实际的资助。唯一稍有知名度的资助者是浙江

① 另据白吉尔在《中国资本主义的黄金年代》一书中的统计，到1911年，全国有商会794个，教育会723个，各省的咨议局和各县的自治会更是不胜枚举，其主持者大多为新式商人。

▲张静江

的张静江（1877—1950），他是南浔“四象”之一张家的后代。自胡雪岩豪赌失败之后，与之结盟的南浔巨豪再无神气。张家当时在国内少有实业，张静江的财富来自他在法国巴黎的贸易公司，其主要生意是把中国的珍贵文物私贩到国外销售。

1905年冬，28岁的张静江在一艘海轮上邂逅孙中山。民国元老、一直追随孙中山左右的胡汉民回忆了这段很富戏剧性的故事。当时，孙中山有戒心，回避他。不意张静江在甲板上拦住孙中山，说：“你不要瞒我，我知道你是孙文，你不要以为我是反对你的，我却是最赞成你的人！”会谈之后双方有了了解，两人约定，将来如果革命起事需要钱，孙中山可拍电报给张静江，并约定暗号，如拍“A”字即是1万元；如拍“B”字即2万元；“C”字则3万元，依此类推即是。孙中山将张静江的地址记在了小本子上，当时并未很在意。两年后，孙中山在河内计划发动起义时，经费没有保障，他忽然想起了张静江，于是对胡汉民说：“我上次在船上碰到一个怪人，脚微跷，说要帮助革命，约定三个字，第一字即1万元，第二字为2万元，我怕此人是清政府的侦探。”胡汉民听了则说：“反正横竖不亏本，拍个电报试试又有何妨？”于是孙中山按张静江留下的地址拍第一个字的电报，不多时果真1万元汇到了。之后，张静江成了孙中山最重要的“金主”之一。他后来当过国民政府建设委员会委员长、浙江省省长等要职，在国民党第一次全国代表大会上，孙中山亲自提名他为中央执行委员候选人，“全场报以经久不息的掌声”。

除了张静江这样的戏剧性故事外，我们再难找到国内大商人对革命的资助事迹。《纽约时报》曾经披露过一封孙中山写给伦敦金融家的私人信函，孙中山在信中恳请他“积极寻求愿为我们提供资金的金融家”。他还透露说：“我已找到了一家愿意提供担保的中国钱庄、三家在曼谷的米厂、一些新加坡商人以及马来西亚的三个煤矿主，他们的资产合计 2 000 万美元，折合 400 万英镑……为了确保成功，我们需要 50 万英镑贷款以完善我们的组织，使我们能够在第一次突然行动中就夺取至少两个富裕的省份。”

共产党元老、早年的同盟会会员吴玉章在自己的回忆类著作《辛亥革命》中，曾经讲述了一个很有代表性的故事。1903 年，农民出身的吴玉章去日本学习明治维新的经验，在轮船上结识了同为四川人的邓孝可，邓父邓徽绩是全国最大火柴公司之一重庆森昌火柴厂的老板。吴玉章记录道：“由于思想上有许多相同之点，我们一路上倒也谈得颇为投契，他约我到日本后，一定和他一起去横滨拜访梁启超，我也就答应了。但是我们自从在轮船上分手后，他一直沿着改革主义的道路走下去，后来一到日本就拜在梁启超的门下，终于成了反对革命的立宪党人，而我却与他分道扬镳，走上了革命道路。”①

吴玉章、邓孝可都是有志的热血爱国青年，因阶层身份迥异，而对国家前途有了不同的抉择。无产者选择革命，有产者选择改良，这就是当年中国的现实。事实上，企业家集团对革命党人的靠拢是在立宪运动失败之后。

从 1905 年到 1910 年，企业家阶层一直是立宪运动中最活跃的一个群体。推动清政府立宪，虽是时代大势，却也要冒无穷的风险。朝中洋务派出身的大员往往顾忌身份，对喜怒无常的慈禧颇有忌惮，不敢出头领衔。维新派的康、梁诸人，虽然名望很高，有极大的舆论引导能力，但是在地方上则没有根基，而且缺乏资金，不能形成大规模的实际行动。于是，多金而理念超前的企业家集团成了唯一的可能。

当时最热烈的立宪运动发生在民营经济发达的上海、江浙一带，而领

---

① 吴玉章著，《辛亥革命》，北京：中国人民大学出版社，1960 年版。

▲代表清朝政府政权的衙门

袖就是“状元企业家”张謇。

随着纱厂的成功，张謇的声望已达顶点。1903 年商部成立后，他被任命为“商部头等顾问官”，俨然就是官方认可的商界最高领袖。1904 年，张謇为张之洞起草了《拟请立宪奏稿》，同时，他主持刻印《日本宪法》，意在为中国变法提供范例，一时间“奏请立宪之说，喧传于道路”。连袁世凯也写信给张謇，用十分自谦的口吻说：“各国立宪之初，必有英绝领袖者作为学说，倡导国民，公夙学高才，义无多让，鄙人不敏，愿为前驱。”①

在朝野的共同推动下，1906 年 9 月 1 日，慈禧终于下达了“预备立宪诏书”。同年 11 月，张謇等人在上海成立预备立宪公会，入会者都是一时精英，东南工商界、出版界、教育界、报界的重要人物几乎囊括其中，比如高梦旦、张元济、狄平子、孟昭常、孟森等，有一半会员都曾投资办企业，包括荣家兄弟、李平书、虞洽卿、朱葆三、周金箴、王一亭、王清穆等。2007 年，历史学者傅国涌在南通档案馆看到当年预备立宪公会交纳

① 张一麐著，《拟复张季直殿撰》，收录于《心太平室集》。

会费的一张收据，印制漂亮，绿色边框，红色印章，百多年后仍光鲜如初。张謇对立宪的前景十分向往，他认定："立宪大本在政府，人民则宜各任实业教育为自治基础；与其多言，不如人人实行，得尺则尺，得寸则寸。"

学者侯宜杰在《二十世纪初中国政治改革风潮：清末立宪运动史》一书中用大量的事实证明，企业家阶层是立宪运动最强大的推动力。在推动立宪的过程中，各级商会形成网络，并逐渐学会英国式商会的自治和民主管理。在预备立宪公会等组织中，商人占明显优势。如侯宜杰所言，企业家们认识到，"今日中国之政治现象，则与股份公司之性质最不相容者也。而股份公司非在完全法治国之下未由发达，故振兴实业之关键在于通过立宪确立法治，限制政权，保障民权来改良政治环境与政治组织"[①]。

在上海的示范下，湖北宪政准备会、湖南宪法政分会、广东粤尚自治会、贵州宪政预备会和自治学社等先后成立，梁启超在日本成立政闻社，杨度等人则在东京组织宪政讲习会，研究各国宪政模式，为以后的参与做准备。据当时媒体报道，预备立宪诏书下达后，全国的许多地方召开了庆祝会，四处张灯结彩，敲锣打鼓，热烈庆贺，莫不"额手相庆曰：中国立宪矣，转弱为强，萌芽于此"。这一年的 11 月 25 日（农历十月十日）是慈禧寿诞，北京各学堂万余人还齐集京师大学堂，举行了庆贺典礼。另外，在天津和江苏南京、无锡、常州、扬州、镇江，以及上海松江等地都举行了立宪庆贺会。在 1907 年 5 月，天津甚至还举行了有史以来的第一次市政选举。在袁世凯的主导下，12 461 人参与投票，选举产生了"天津县议事会"，负责辅助政府处理地方兴办教育、征税、市政建设、公益事业、移风易俗等事宜。盐商李士铭被选为议长。

立宪开局看似大顺，但是其后的推进却非常艰难。1907 年秋，宪政讲习会向政府呈递请愿书，要求速开国会，各省闻风响应，中央政府却无

---

① 侯宜杰著，《二十世纪初中国政治改革风潮：清末立宪运动史》，北京：人民出版社，1993 年版。

动于衷。1908 年 8 月，政闻社因“明图煽动，扰乱治安”的罪名被查禁，同时，朝廷颁布钦定《宪法大纲》，正式宣布预备立宪，预备期为 9 年。立宪派很是不满，觉得预备期太长，郑观应便直接写了一封《上摄政王请速行立宪书》，提出：“早开国会，颁布宪法……决不迟延，斯人心悦服，党祸自消，内乱悉平矣。”继而，他十分尖锐地说：“若不及早立宪，效法强邻，尚自因循粉饰，必致内乱，四面楚歌，悔之无及。”其言辞威胁，已十分露骨。

最大的变数出现在 11 月。14 日，百日维新后就一直被软禁的光绪皇帝去世，一天后，慈禧太后去世，两人死期如此接近引发无数猜测。三岁的溥仪被抱上皇座，其父醇亲王载沣监国摄政，年号宣统。慈禧的去世让清王朝失去了一个铁腕的统治者和“最大公约数”，原本就威严尽失的中央政权面临更为严峻的考验，缺乏政治技巧的载沣等人为了维持满人统治，组建了一个“皇族内阁”，通过种种手法剥夺了汉人总督们的权力，还逼着当时声望最高、继李鸿章之后最有权势的袁世凯交出大权，回老家钓鱼。自此，统治集团内部的洋务派大臣开始对政权产生严重异心。

在野的立宪派的绝望则是因多次请愿运动的失败而酿成的。1909 年 12 月，奉天、吉林、直隶、江苏、湖南等 16 省的咨议局代表在上海聚会，委派代表进京请愿，要求速开国会，清政府以“筹备既未完全，国民知识程度又未划一”为由拒绝请求。第二年的 6 月，请愿团再次北上请愿，清政府仍然拒绝松口。10 月，参加请愿的人数急剧增加，规模扩大，不少省份出现游行请愿行动，政府恼羞成怒，在一些城市进行了强行镇压。张謇等人从此大为失望。朝野破局，渐进的变革道路到此彻底断裂。

就这样，清政府尽管在经济改革上表现得超乎寻常的激进和开放，但是在政治改革上则犹豫摇摆和缺乏远见，它相继失去了洋务派、维新派、知识分子以及工商阶层等几乎所有人的信任，颠覆式革命已成必然之势。然而，即便是这种时候，革命仍然需要一根导火索。

谁也没有想到，点燃导火索、被《清史稿》确认为“误国首恶”的那个人居然会是他。

第二部

1911—1927

唯一的“黄金年代”

1911 在革命的炮火中

孩儿立志出乡关，学不成名誓不还。

埋骨何须桑梓地，人生无处不青山。

——毛泽东：《赠父诗》，1911年[①]

1911年1月，盛宣怀被任命为邮传部[②]尚书。这时候，立宪运动搁浅，社会矛盾极端激化，革命党人四处暴动，各省军阀心怀鬼胎，中国宛若一个一触即发的火药桶。历史的讽刺是，点燃这个火药桶的人，居然就是过去40年间一直为朝廷打造实业

---

① 晚清求变风潮激发了一代青年人的革命热情。1911年春，17岁的湖南湘潭县韶山冲农村青年毛泽东赴省城长沙求学，临行前写下此诗。48年后，他再回韶山，已成为创建中华人民共和国的国家领袖。

② 邮传部是清政府于1906年11月6日（光绪三十二年九月二十日）设立的中央机构，总管邮政、船政、铁路、电政事务。1912年中华民国建立后，邮传部改为中华民国交通部。

基石、期望以此名垂后世的盛宣怀。

其事发端于铁路之争，与盛宣怀历来的国有化理念密切相关。

甲午战争之后，大兴铁路渐成热潮，朝廷将之当成国策，民间看到巨大利益，国际资本也不甘失去机会。于是，铁路成了各方争夺和博弈的最大热点。

盛宣怀坚定地认为，铁路必须国有化。他的逻辑是，铁路既然是事关国家命脉的经济事业，而且有如此丰厚的利益，则自然应该由国家来垄断经营。所以，在过去的7年里，他一直不遗余力地修筑铁路，同时密切关注各条铁路的权益动向。在投资理念上，他的想法是：如果国家有钱，就坚决国家投资，如果没有钱，就只好引进外来资金，但宁可借款而不出让股份，如果借款，宁借外债，不信内资。

1897年，英国公司提出修建从广州到汉口的粤汉铁路。盛宣怀认为这条铁路线至关重要，如果路权为英国人所得，“恐从此中华不能自立”。然而，他又实在拿不出钱来修建。于是，他提议向美国财团借款兴建，由他领导的中国铁路总公司“总其纲领”。在他的主持下，清政府与美国合兴公司草签《粤汉铁路借款合同》，借款400万英镑，年息五厘，九扣，铁路财产作保，借款期限30年。1899年，合兴公司代表来中国议立正约，并提出在韶州、衡州、郴州等处开矿，引起鄂、湘、粤三省地方不满。美国驻华公使康格（E. H. Conge）出面干涉，扬言粤汉铁路“美国必办，断不能让他人”。于是在1900年7月，盛宣怀与之再签《粤汉铁路借款续约》，续约将借款金额增至4 000万美元，并有两条主要补充：第一，进一步扩大美国的路权，规定建筑萍乡、岳州、湘潭等支线，并速造渌口至萍乡路线，从而使美国获得沿线矿权；第二，粤汉铁路及支线所经过地区不准筑造与干线、支线平行的铁路。

盛宣怀的这一决策，被民间资本视为“出卖国家利益”，他则至死不予认同。在修筑京汉、沪宁等干线铁路时，他一再尝试的办法就是向比利时、美国及英国等国际财团大举外债。他曾为此辩解说：“设当日不费美约，则粤汉、京汉早已一气衔接，南北贯通，按照原奏先拼力偿比（比利时）款，继偿美（美国），最后偿英（英国），不逾三十年，京汉、粤汉、沪宁三路，皆徒手而归国有，然后以所赢展拓支路，便利矿运，讵不甚伟！”他的思路表述得非常清楚：先靠外债把铁路尽快建设起来，然后逐笔还债，大不了过个三十年，铁路的所有权就全部归国有了。

可是，现实并非如他设想的那样推进。粤汉线工程命运多舛，其后数年风波不断。随着国内民族主义情绪大涨，要求收回路权的声音不绝于耳。民间资本与国有资本在铁路事务上产生尖锐的矛盾，盛宣怀的国营垄断理念遭到坚决反对。

1903 年，四川总督锡良倡议不借外债，靠民间资本建造川汉铁路，一时应者如云。11 月，朝廷由商部颁布《铁路简明章程》，准许各省官商自集股本建造铁路干线或支线，设立铁路公司。1905 年 7 月，张之洞在武昌召集三省绅商会议，决议向美国合兴公司收回粤汉铁路的修筑权，粤、湘、鄂“各筹各款，各修各路”。美方提出高额的转让价码，张之洞指示“但期公司归我，浮价不必计较”，最终以 675 万美元赎回。此后，全国很快掀起了铁路商营的热潮，从 1904 年到 1907 年间，各省先后成立 18 家铁路公司，其中，13 家商办，4 家官商合办或官督商办，1 家官办。

在中国百年企业史上，能源产业（煤、铁矿及后来的电力、石油）和资源性产业（铁路、银行以及后来的航空、电信业）一直是利益最为集中的领域，对其的争夺及利益配置构成了国家经济政策的所有标志。这一特征在晚清已经呈现得十分清晰。自洋务运动之后，国际公司最早投入这些领域，国营资本紧随其后，民间资本则因散弱且政策不明而作为颇小。一直到 1904 年以后，随着《公司律》等法令的颁布，企业运作及股本权利有了相对的明确界定，特别是股份公司制度的出现，民间资本开始大胆进入能源和资源性产业。

据当时编纂的《湘路新志》记载，在湖北、湖南、四川等省份出现全民入资办铁路的热潮，甚至出现了“倡优乞丐亦相率入股”的壮观景象。“一时大绅富商咸以倡办本省铁路为唯一大事，如风起潮涌，蔓延全国……乃至农夫、焦煤夫、泥木匠作、红白喜事杠行、洋货担、铣刀磨剪、果栗摊担、舆马帮佣，亦莫不争先入股以为荣。”[①]

这种连倡优乞丐都来参与办铁路的景象，在盛宣怀看来却未必是好事。修铁路需要大资本投入，而且投资回报期较长，股散本弱，难成大事。而情况也确实如此，因缺乏规范化的管理能力和修筑技术支持，很多商办铁路都进展缓慢。但是在这一阶段，铁路是民办还是官办，是用民间资本还是借外国资本，已经成了一个敏感的政治问题和民族感情问题，黑白对立，到了难以调和的地步。1909 年，张之洞修筑湖广铁路，在盛宣怀的游说下，他一改 4 年前支持民间资本建铁路的立场，以商股筹集不易为由，与德、英、法三国银行团签订了《湖广铁路借款合同》，借款 550 万英镑。此事公开后，当即激起大规模的反对浪潮，英名一世的张之洞竟在此次风潮中“心焦难堪，呕血而死”。他在临终前的最后一份奏折中，仍然摇摆于官办、民办的矛盾之中：“铁路股本，臣向持官民各半之议，此次粤汉铁路、鄂境川汉铁路，关系繁重，必须官为主持，俾得早日观成，并准本省商民永远附股一半，藉为利用厚生之资，此尤臣弥留之际，不能不披沥上陈者也。”

跟张之洞的摇摆相比，盛宣怀则一力坚持铁路国有化。正是在这个问题上的不妥协，导致了民间的企业家集团与朝廷的彻底决裂。当时著名的工商人士中，除了郑观应，大多对盛宣怀的这一决策不以为然。一向力主企业民办的张謇持鲜明的反对意见，曾与盛宣怀、张謇一起发动“东南互保”的汤寿潜更是与之断交。汤寿潜在 1905 年发动旅沪浙江同乡会抵制英美公司修筑苏杭甬铁路，并在上海成立由民间资本投入的“浙江全省铁路公司”，自任总理。1910 年 8 月，邮传部强行革除汤寿潜的铁路公司总理职，不准干预路政。一向温和的汤寿潜当即倾向暴力革命。在一年多后

---

① 童子谅著，《湘路新志》，湘路集股会出版，1911 年版。

的辛亥革命中，他策动杭州新军起义，被推举为浙江军政府都督。

1911 年 5 月，就在当上邮传部尚书不久后，盛宣怀上奏要求将已经民营化的粤汉、川汉铁路收归国营，朝廷准奏，并委派曾当过直隶总督的洋务派满人大臣端方督办此事。盛宣怀则与英、德、法、美四国加紧洽谈借款事宜。

后世视之，盛宣怀在铁路事宜上，除了国有理念与民间有重大分歧之外，还犯了两个严重的错误。一是，缺乏与民间资本的坦诚沟通。他以多年的政商经验认为，在朝廷的威权之下，民间资本从来都是“软柿子”，招之即来，挥之即去。二是，在股权回收上，明显欺凌民股。根据他公布的方案，政府只还给民间股东六成现银，另四成是无息股票。也就是说，投资人不但没有任何投资收益，还承担了四成的损失风险。他的方案受到好友、当过粤汉铁路董事的郑观应的坚决反对，郑观应分别给端方和盛宣怀发去急信，认为“如政府收归国有，自应本利给还，不能亏本。若不恤人言，挟雷霆万钧之势力，以实行此政策，恐人心解体”。盛宣怀接信后，置若罔闻。

于是，“路权回收令”颁布后，各省商民群起反对。

1911 年 5 月 14 日，长沙举行万人群众集会，接着长沙至株洲的万余铁路工人上街示威，并号召商人罢市，学生罢课，拒交租税以示抗议。紧接着，四川组织保路同志会，推举立宪党人蒲殿俊、罗纶为正副会长，宣誓“拼死破约保路”，参加者数以十万计。当年与吴玉章在日本分道扬镳的邓孝可此时是保路同志会董事，他在《蜀报》上撰文《卖国邮传部！卖国盛宣怀！》，一改之前的温和改良立场。他十分激烈地写道：“既夺我路，又夺我款，又不为我造路。天乎！此而欲川人忍受，除吾川一万万人死尽，妇孺尽绝，鸡犬无存或可耳！否则胡能忍者。有生物以来无此情，有世界以来无此理，有日月以来无此黑暗，有人类以来无此野蛮，而今乃有盛宣怀如此横蛮以迫压我四川之人。”据记载，当时川人“得报展读，

四川保路同志會報告 第一號

四川保路同志會簡章

四川保路同志會報告 第十二號

▲保路同志会报纸

涕泗横流，且阅且哭”。盛宣怀已俨然成川民公敌。[1]

6 月 30 日，郑观应再写信给盛宣怀，紧急提议：“查反对党所说不公者，其意不过要以后之四成给还有利股票，照原议商议，不成，原银缴还而已……恩威并制，迎刃而解。”一意孤行的盛宣怀还是无动于衷。

9 月 7 日，四川总督赵尔丰逮捕罗纶、蒲殿俊等人，枪杀数百请愿群众，下令解散保路同志会。被激怒的四川民众将各处电线捣毁，沿途设卡，断绝官府来往文书。民变骤生，清政府紧急抽调湖北新军驰援四川，导致武汉空虚。10 月 10 日，在同盟会的策动下，数百新军发动起义，星火顿时燎原。这就是推翻了千年封建统治的辛亥革命。督办铁路国有事宜的端方在资州被起事的新军杀死——策动者之一就是已经加入同盟会的吴玉章——脑袋被割下来送到了武汉。

① 辛亥革命成功后，邓孝可任四川军政府的盐政部长。他的弟弟邓孝然继承父业，专心商事。邓孝然有一个大名鼎鼎的外孙，就是当世最著名的经济学家之一吴敬琏。

《清史稿》十分详细地记录了铁路国有化导致帝国覆灭的整个过程。

> 先是给事中石长信疏论各省商民集股造路公司弊害，宜敕部臣将全国干路定为国有，其余支路仍准备各省绅商集股自修。谕交部议，宣怀复奏言："中国幅员广袤，边疆辽远，必有纵横四境诸大干路，方足以利行政而握中枢。从前规画未善，致路政错乱纷歧，不分支干，不量民力，一纸呈请，辄准商办。乃数载以来，粤则收股及半，造路无多；川则倒账甚巨，参追无着；湘、鄂则开局多年，徒供坐耗。循是不已，恐旷日弥久，民累愈深，上下交受其害。应请定干路均归国有，支路任民自为，晓谕人民，宣统三年以前各省分设公司集股商之干路，应即由国家收回，亟图修筑，悉废以前批准之案，川、湘两省租股并停罢之。"于是有铁路国有之诏，并起端方充督办粤汉、川汉铁路大臣。
>
> 宣怀复与英、德、法、美四国结借款之约，各省闻之，群情疑瞿，湘省首起抗阻，川省继之……宣怀又是会度支部奏收回办法："请收回粤、川、湘、鄂四省公司股票，由部特出国家铁路股票换给，粤路发六成，湘、鄂路照本发还，川路宜昌实用工科之款四百余万，给国家保利股票。其现存七百余万两，或仍入股，或兴实业，悉听其便。"诏饬行。四川绅民罗纶等二千四百余人，以收路国有，盛宣怀、端方会度支部奏定办法，对待川民，纯有威力，未为持平，不敢从命……川乱遂成，而鄂变亦起，大势不可问矣。

"意外"酿祸后，朝廷宣布革去盛宣怀所有职务，"永不叙用"，他惶惶然登上德国货轮，逃往日本神户。

《清史稿》最后给出的结论是："宣怀侵权违法，罔上欺君，涂附政策，酿成祸乱，实为误国首恶。"

"误国首恶"四个字道出了历史的无奈与残酷。在任何一个国家的现代化进程中，国有资本的自我瓦解是一个共同的路径，我们至今还没有看到一个例外。后世人读史至此，当惕然自醒。

1911年10月10日深夜，南通的“状元企业家”张謇在汉口登上“襄阳丸”返沪。当时，大生纱厂的湖北分公司刚刚开业，他是来参加开工仪式的。轮船开动时，他站在甲板上，看到长江对岸的武昌城内火光冲天，隐约枪声此起彼伏，没有人知道发生了什么事情。他心生不祥之感，嘱咐水手加速离去。

从留存至今的记录看，他是唯一目睹了辛亥革命爆发的当世大企业家。

在历史的节点上，日本明治维新的结束与清王朝的覆灭无比偶然地巧合在一起。1911年，是明治四十四年，60岁的天皇患上了尿毒症，于第二年的7月去世。而就在明治维新即将结束的时候，中国爆发了辛亥革命。

清政府的倒台，在很多中国人的内心，似乎是一个命定迟早会发生的事情，无喜无悲，只有漠然。在过去的数十年里，天灾人祸，内忧外患，傲慢的王族贵胄们却从来没有显示出一丁点儿处理的智慧，他们看不到时代症结之所在，一切苟延残喘的作为都仅仅为了维护自己那点可怜的利益与尊严。自10年前李鸿章陨亡后，最后的卫道者也消失了，中国已经成了世界上一个最抽象、最做作的空壳。当它终于倒塌的时候，无非是一个悠长的噩梦随晨雾一同消失。在清政府灭亡的过程中，垄断的官僚资本集团的反动性，主要体现在其利益与广大民间资本集团的冲突。因此，执政的合理性受到质疑，如果在这时又发生其他的社会或政治变故——如外来政权的入侵、严重的自然灾害和经济危机或者如清末反对异族统治的暴动——那么，就非常容易爆发革命。

在革命爆发的时候，对清政府已极端失望的企业家集团表现出了顺应时代大势的特征。不过这一点也不奇怪，商人的生存原则就是与强者结盟。

作为立宪派的民间领袖，张謇此前一直反对革命。他感叹：“断言清廷之无可期望，谋国必出他途以制胜。”但是，他想盖新房子，却也不愿意放火烧掉旧房子。10 月 12 日，他从汉口坐船到安庆，得悉武昌爆发起义后，当即赶到江宁，求见驻防将军铁良，建议他派兵增援湖北。但是，随后的形势发展完全出人意料，他的两位最亲密的立宪派同党汤寿潜和程德全相继在浙江、江苏宣布独立，张謇在愕然之余，不得不接受现实。他致电袁世凯说："今则兵祸已开，郡县瓦解。环顾世界，默察人心，舍共和无可为和平之结果，趋势然也。"很快，他与上海同盟会取得联系，由他的三哥出面迎接革命党前往南通，成立通州军政府，宣布和平光复。张謇的内心转折与矛盾，反映了企业家与革命的复杂关系。

在武昌，10 月的起义期间，城市很快因革命而陷入极度的恐慌。《纽约时报》是第一个报道辛亥革命并在标题中大胆预言"清朝统治恐将结束"的国际媒体。它在 10 月 14 日的报道中记录道："革命军无法有效地维持秩序，汉口、汉阳以及武昌的贸易已经完全陷入停顿。劳工阶层失去生计，并且正试图抢劫。城内 50 多万人逃往乡下。让人们更感到危险的是，所有监狱的大门都被打开了，囚犯都获得了释放，他们在这座城市里到处游荡。"

便是在这样的乱景中，武汉的商人们起到了维持稳定的作用。没有史料证明他们曾经直接参与了起义，不过，他们很快积极协助起义军人，维护社会秩序，组织商团，驱赶趁火打劫的暴徒。被起义士兵推选为军政府督军的是湖北新军协统黎元洪，他跟武汉当地的商贾和外国人有良好的互动，更不可思议的是，他竟然能说一口结巴的英语。在黎元洪组建的新政权中，武汉商会会长被任命为警察局长，而商会承诺借款 20 万两白银给起义者。

在东南沿海，国内最重要的两大商业城市上海和广州的独立起到了显赫的示范效应，把清政府推进了绝望的深渊，对立宪失去信心的商人群体是幕后的重要推动者之一。

1910 年入秋以来，李平书、虞洽卿等商人就一直在暗地组织"革命军饷征募队"，为陈其美积极募集钱饷。1911 年 10 月，武昌起义消息传来，李平书、虞洽卿与陈其美天天在同盟会办的《民立报》报馆秘密开会商讨。10月24日，陈其美、宋教仁、蔡元培等同盟会人召开会议，议决以“联络商团、沟通士绅”为上海起义的工作重点，利用《民立报》宣传革命胜利消息，激励民气。11月3日，陈其美率同盟会会员火烧上海道，攻占城门，上海随即宣布光复，陈其美出任沪军都督。在他的军政府中，企业家的比例惊人地高：中国通商银行总董、轮船招商局和江南铁路局董事李平书担任了民政总长，信成商业储蓄银行大股东沈缦云是财政部长，信成银行董事、大达内河轮船公司总董王一亭是交通部长，老买办朱葆三、郁屏瀚和大粮商顾馨一都担任了重要的职务。

其中，虞洽卿是极其活跃的一个。上海光复后，一直参与此事的他自告奋勇，孤身冒险前往苏州策反江苏巡抚程德全，凭他的三寸不烂之舌，说服程德全宣布起义，苏州和平光复。苏州在太平天国运动期间，数次爆发惨烈的攻伐激战，千年锦绣古城累毁战火，工商根基几乎动摇。此次幸赖虞氏斡旋，竟得保全。因襄助有功，他被任命为上海都督府的顾问官和闸北民政长，后来还当过江南制造局代理局长。

广州发生的景象也十分类似，两广总督张鸣岐宣称在内战中保持中立，他还想仿效10年前的“东南互保”，在旁观中选择立场。他下令集中兵力加强广州防务，严禁报纸登载有关革命的新闻。10月29日，由粤商自治会会长陈惠普发起，广州七十二行商总商会等商人组织参与，共百余人在爱育善堂集会，认为“现专制政府万不可恃”，决定“应即承认共和政府”，随即派人向总督府和革命党人两方面表达商人承认共和制度的意思。11月8日，革命军向广州步步推进，张鸣岐弃城出逃。次日，商绅各界代表在咨议局集会，正式宣告“欢迎民党组织共和政府及临时机关”，“宣布共和独立，电告各省及全国”。

1912年1月1日，从美国归来的孙中山在南京宣誓就任中华民国第一任临时大总统。2月12日，6岁的小皇帝溥仪发布《退位诏书》，清王

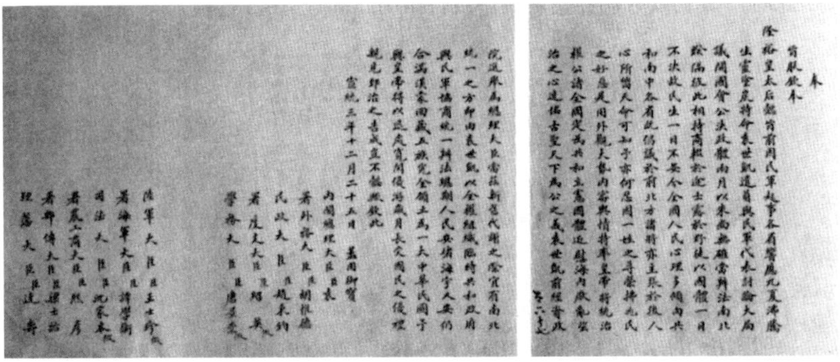

▲清帝退位诏书

朝历时276年后覆亡。第二天，孙中山辞去临时大总统职务，向临时参议院推荐袁世凯接任。

正如德国思想家斯宾格勒（Oswald Spengler）在《西方的没落》中不无悲观地写到的，“一种力量只能为另外一种力量所推翻，而非为一种原则所推翻”。[①] 共和政体在中国的诞生，很像一个匆忙制造的“仿制品”。哥伦比亚大学教授N.佩弗曾评论说：“它在中国的历史、传统、政治经历、制度、天性、信仰观念或习惯中毫无根据地。它是外国的、空洞的，是附加在中国之上的……它只是政治思想的一幅漫画，一幅粗糙的、幼稚的、小学生的漫画。”[②] 正因如此，辛亥革命所具有的某种原则性，譬如对独裁的反抗、对民主的向往以及对国家建设的承诺，在相当长的时间内只是幻觉。

清王朝覆灭，民国新生，那些靠理想和暴力获取政权的政治家到底有怎样的治国蓝图和多大的实务才干呢？

---

① ［德］奥斯瓦尔德·斯宾格勒著，吴琼译，《西方的没落》，北京：生活·读书·新知三联书店，2006年版。

② 转引自［美］斯塔夫里阿诺斯著，吴象婴、梁赤民译，《全球通史》，上海：上海社会科学院出版社，1999年版。

▲袁世凯

张謇被任命为国民政府第一届实业总长。1912年1月3日，他以这个身份与孙中山商谈政策。这也是他们的第一次交谈。他在当天的日记中对孙中山的评价只有四个字："不知崖畔。"历史学者章开沅的解读是："'崖'就是'边际'的意思。这话就是说，他觉得孙中山没有实际办过实业，把事情想得太简单和浪漫。他不知道建设比革命更加困难，以为一革命，就什么问题都解决了。实际上当时政令都不能出南京，军饷都发不出来。"

甚至在大军阀眼中，革命家也是一派"不知崖畔"的印象。

这年8月，孙中山赴北京与袁世凯谈判。两人面晤13次，所谈皆国家大事、中外情形，包括铁路、实业、外交、军事等问题。袁世凯是传统中国里的"治世之能臣，乱世之奸雄"，才大心细，做事扎扎实实，有板有眼，是位极有效率的行政专才。然而，他没有理想，对现代政治思想一无所知。孙中山正相反，满脑子的爱国理想却"道不得行"。他认定当时中国的第一要务是修铁路，因此在密谈中他表示愿"专任修路之责"，希望把全国铁路延长至20万里。袁世凯表面大加赞赏，转身却对幕僚说，孙文是个"孙大炮"。

袁世凯当上了民国大总统，孙中山果然出任中国铁路总公司总理，袁世凯顺水推舟，把他当年专为慈禧太后特制的豪华花车拨给孙总理使用。就这样，孙中山率领大批失业的国民党人，坐着花车到全国各地视察去了。他还拉上只会打仗的大将军黄兴当汉粤铁路督办，甚至写信邀请躲在日本神户的盛宣怀一起来共襄大业。事后来看，铁路总公司花去官银 110 万两，却没有修成一寸铁路。到 1998 年，全中国的铁路还没修到 7 万公里。历史学家唐德刚因此在《袁氏当国》一书中无奈地评论说：“孙中山先生要在民国初年建 20 万里铁路，岂非大炮哉？”[①]

孙中山的经济理念很有国有化经营的倾向。1912 年 4 月 4 日，他曾说了这样一番话：“余乃极端之社会党，甚欲采择显理佐治氏主义施行于中国，中国无资本界、劳动界之争，又无托拉斯之遗毒。国家无资财，国家所有之资财，乃百姓之资财。民国政府拟将国内所有铁路、航业、运河及其他重要事业，一律改为国有。”[②]“显理佐治”（Henry George），后世翻译为“亨利·乔治”，是一位主张土地国有化的美国思想家，他所著《进步与贫困》一书深受孙中山的推崇，被孙中山认为“深合于社会主义之主张”，“实为精确不磨之论”。

孙中山的国有化思想，至少在铁路事务上，与盛宣怀是十分相近的。所以，他写信邀请后者返国襄助修路。他在 1912 年 3 月 15 日的信函中写道：“兴实业以振时局，为今日不可少首。执事[③]伟论适获我心。弟不日解组，即将从事于此。执事经验至富，必有以教我也。”盛宣怀则在回函中为他的铁路国有化辩解说：“民间资本微而利息高，不可使投入铁路股本，须留以办其他实业。语语皆如铁铸，宜乎中外欢呼！”

孙中山的国有化思想在当时并没有形成政策，其得到实践要等到 1927 年之后。

1911 年之后，随着清政府的覆灭，国营的洋务企业大多被民营化。其中最具标志意义的是，当时最大的官督商办企业轮船招商局的股权变革。

---

① 唐德刚著，《袁氏当国》，桂林：广西师范大学出版社，2004 年版。

② 1912 年 4 月 4 日，在孙中山正式解除临时大总统职务后的第三天，答《文汇报》记者问。

③ 执事不是一个职务，而是当时对人之尊称。

招商局一度是洋务运动最显赫的成果，被李鸿章自诩为“开办洋务来，最得手文字”。可是，自从唐廷枢、徐润被逼走之后，官商接手，日渐暮气重重，最后竟落到了严重亏损的境地。

国营企业的一切弊端，在招商局身上都无比生动地一一呈现。首先是体制僵化，管理极度混乱。在国营体制下，没有人真正对企业利益负责，于是，从督办、总办到所有管理者，大都是“豪滑之徒”，“六总办、三董事、一顾问，无一非分肥之辈”，被荐入局内的人，则是一些“不士、不农、不工、不商”的“四不像”。他们挂名企业，坐地分肥，冗员无穷。据 1908 年的统计，招商局总局有各等管理人员 207 个，每年薪水开支 7.4 万两白银。

局内贪污成风，一个叫杨士琦的督办上任不久，干的第一件事情就是主持私分了 10 万两的漕运费用。他还给朝廷写了一份自我表扬的报告，称“官督商办，已著成效”。于是在这种督办的领导下，全局上行下效，互相串通，以贪污为能事，在船运业务中，夹带私货、少报客位、多报开支、偷漏客货、私收仓储费用等，成了公开的现象。这种企业怎么可能有竞争的能力？到 1895 年前后，招商局在长江航运中的优势已经消失殆尽，太古、怡和等外国公司再度横行中国江海，“航路搀夺，主客之势互易”。更为可笑的是，连漕运业务也出现了亏损。为了扶持招商局，李鸿章原本专门给予漕运以政策性扶持，到了后期，漕运业务竟也被洋行争走不少。1897 年，太古就曾经与北洋军私下签订了每年装运军米的合同。1902 年，太古夺走了运河漕运量的 60%。从 1898 年到 1911 年，招商局的漕运竟结亏 98 万余两。

在经营极度混乱的同时，雪上加霜的是，政府还把这家国营企业当成了“提款机”。因中央财政空虚，清政府以各种名目向招商局摊派。1899 年，朝廷规定招商局每年在分配红利之前，需先上缴两成盈余，“以尽报效之忱”。此后，企业所得利润的 68% 作为官利上缴，13% 作为“报效”上缴，其余的 19% 才按股权进行分配。此外，捐款项目更是层出不穷。凡是一个新事业出现，招商局都是重要的出捐对象，仅盛宣怀便以创办北洋大学堂、南洋公学及达成馆为名义，要求招商局每年捐款 8 万两。

到晚清后期，招商局更是成了北洋军队的“免费运输队”。继盛宣怀之后，袁世凯曾经控制招商局长达 5 年之久。在这期间，从接送官兵到运输军需，都是招商局免费承担，甚至连外国官员到华访问，也要招商局出船免费护送。1897 年，总理衙门谕令招商局派轮船专送俄国使节由沪返津，为时 13 天，费银 8 232 两，这笔钱“禀报作为报效”。据民国初年编纂的《轮船招商局节略》记载，“北洋提去用款每年数十万，商情敢怒而不敢言”。郑观应在 1909 年算了一笔账，招商局历年的各类摊派费用高达 130 万两，相当于公司总股本的 1/3。

从 1895 年到 1905 年的 10 年中，外国公司在中国江海航线上的船只总吨位增加了 2.32 倍。作为国内最大轮船公司的招商局则毫无作为，其吨位比例下降到 17% 左右。从 1903 年到 1906 年，是全国经济成长较快的时期，招商局竟然仍然面不改色地连年亏损，“四年之内，产业既有减无增，公积亦有少无多。仰且亏空百万，局势日颓，人人得而知之”。就这样，在长达 17 年的时间里，招商局不仅尽失市场优势，而且毫无积累，反而净亏 45.7 万两，成了一家名副其实的亏损大户。

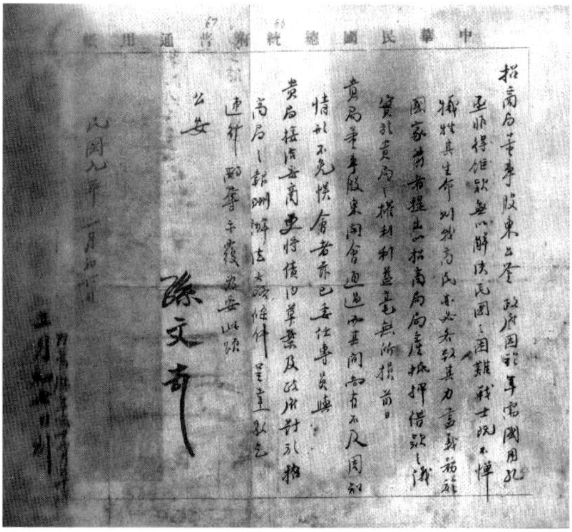

▲孙中山向招商局的借款信

任何一家国有企业，

只有烂到骨子里的时候，管制的手才会不情愿地稍稍松开，这几乎是一条“公理”。到清末，招商局已是百病缠身，官督商办体制完全成为约束企业发展的桎梏，民间的力量开始浮现。1910 年 6 月，在形势飘摇之际，招商局召开第一次股东年会，与会股东 500 余人。会议通过提案，决定“注重商办，所有用人之权即由商主之”。1911 年 8 月，在股东们的争取下，邮传部终于颁布《商办轮船招商局股份有限公司章程》，承认招商局“完全商股”，“悉按商律股份有限公司办理”。两个月后，辛亥革命爆发。又过了 4 个月，皇帝逊位，也就是说，在清政府即将覆灭前的半年，招商局才终于获得了资本上的自由。

然而，商办的招牌油漆未干，招商局很快又成为新政权的争夺之物。

1911 年 12 月，新成立的上海沪军都督府都督陈其美致函招商局，要求“派员驻局为会长”。董事会讨论后决定予以回绝，回函称“毋庸派员”，可以指派一人随时来局交涉，同时还提出了两个条件：一是“以战事停止为度”，二是交涉人员不得干预局务。陈其美后来又几次去函，要求派员入驻，董事会均以“此事关系重大，非本会少数董事所能议决”为借口，婉言回绝。

1912 年 1 月，孙中山在南京组建中华民国临时政府。当时，政权不稳，令不出南京，而且国库根本没钱，急得陆军总长黄兴“寝食皆废，至于吐血”。于是，在临时政府的第一次内阁会议上，革命家们做出了三条决议，其中第二条就是专门针对招商局的：“筹措军饷，拟将招商局抵押一千万两。”抵押的接受国是日本。

第二天，广东北伐军总司令姚雨林以“陆军全体军官将校”的名义致电招商局，发出“抵押招商局，暂借于中央政府以充

中華民國總統府用箋

年 月 日

▲孙中山给招商局的信

军用”的命令，电文限招商局在48小时内做出答复。姚总司令的命令遭到招商局抵制，在董事会上，除了两位广东籍董事表示赞成外，其余人都拒绝表态。22日，招商局复电政府，要求放宽期限为10天。23日，黄兴电令陈其美，如果招商局不立即做出答复，就派军队对该局“下拘获候令”。招商局仍然抵抗，董事会分别致电黄兴和孙中山，提出“中央政府必须有相当担保并相当利益，才可有词宣告各股东，不致临期反对”。为了引起舆论关注，这份电报还被刊登在上海的报纸上。

随后几天，双方仍然拉锯。2月6日，临时大总统孙中山亲笔写函给招商局，说明“政府因于军需国用孔亟，非得巨款无以解决民国之困难”，并对董事会的抵制表示理解，提出委派专员与企业进行更进一步的沟通。4天后，政府特派陈其美、汪精卫参加了招商局的特别董事会，在再三的讨价还价后，董事会最终同意借款，同时提出几项优待条件。其一是“本利俱由中华民国政府担任偿还，不使招商局受丝毫之损害”，还有一条则是要求“扩张其外洋航线，予以相当之补助津贴”。

这场借款风波，政商对立，剑拔弩张，惊险非常，堪称企业史上很奇特的一幕。招商局董事们的行为，表明在当时的氛围中，企业家阶层正呈现出前所未见的博弈力量。这项借款事宜达成后，英美两国担心日本从此控制招商局，便积极阻止，最终以招商局借给沪军都督府50万两了事。

虚惊一场的招商局从此进入完全商办时期，一直到1932年，它又被蒋介石政权以无比强势而血腥的方式收回为国有。①

① 因军饷无着，南京国民政府除了将轮船招商局抵押外，还试图以合办汉冶萍钢铁厂为条件，向日本人借款。实业部长张謇坚决反对，他在给孙中山和黄兴的信中说：“凡他商业，均可与外人合资，唯铁厂则不可。铁厂容或可与他国合资，唯日人万不可！日人处心积虑谋我，非一日矣，然断断不能得志，盖全国三岛，无一铁矿，为日本一大憾事。而我则煤铁之富，甲于五洲，鄙人尝持一说，谓我国铁业发达之日，即日本降服我国旗下之日。”1912年1月29日，中日“合办”汉冶萍草约在日本神户签订。此举引起各方的反对与责难。2月18日，孙中山咨复参议院，宣布此借款已取消。

清王朝的灭亡，在商业世界引起的另外一个连锁效应，是“天下第一商帮”晋商的“殉葬”。

山西商人从明朝中期起就因善于经营而崛起，他们在中国北方以及俄罗斯等北亚地区形成了一个庞大的商业网络，控制了绸缎、茶叶贸易和钱庄生意。而他们最大的商业模式创新发生在1823年，在山西平遥县，一个叫雷履泰的人发明了“通汇通兑”的票号模式。在当年的贸易往来中，商人们遇到的最头痛的难题是异地汇兑，10万两白银的重量就有2.5吨，往来搬运，不但费用高而且风险很大。这一直是千百年来商业贸易最棘手的难题，因此催生了两大生生不息的“衍生行业”，一是押钱的镖局，二是各地的劫匪。雷履泰原本是一家颜料行的掌柜，他发明了“汇银于此，取银于彼”的汇兑模式。他设计了一套完整的汇票防伪办法，能够保证异地兑换的安全性。他将颜料行改成了票号，起名为“日升昌”，挂出的牌匾就是四个字“汇通天下”。在不到20年的时间里，日升昌在国内主要城市开出35家分号，形成了第一个全国性的汇兑金融网络。受其启发，山西商人纷纷涉足票号业，有清一代，全国共有知名票号51家，其中43家为山西人所开，仅平遥、太谷、祁县三地就占了41家。日升昌所在的平遥县城西大街上，一度比肩林立了10多家票号总部，其显赫尊贵，堪比后来的纽约华尔街。因为汇兑灵活，诚信可靠，连朝廷的官银和王公贵族的存款也大多托付于山西票号。可以说，晋商控制了中国的金融业，他们也因此成为富甲天下的第一商帮。

1900年，八国联军攻陷北京，慈禧西逃。在经过山西时，山西票商盛情接待，支付了这个流亡朝廷的所有花销，日升昌因此还得了一块“急公好义”的御匾。然而，战乱给票商造成了惨重损失，京城一带的山西票号分号被抢劫一空，账本被烧。王公官吏们带着存折或银票逃到山西，要求兑现银钱，票号东家们挖出自己窖藏的银子，咬牙兑付。20世纪前10年，帝国摇摇欲坠，与之关系密切的票号也病入膏肓。时局稳定时，生意尚可一做，一旦战乱，票号首先遭殃。1911年武昌起义，各地票号受到散兵游勇的劫掠，仅日升昌在北京等 5 个城市被抢的银子和财物就达 15 万多两。天下更易后，清政府所欠的巨额债务无人承揽，票号遭到灭顶之灾。据计算，晋商因中央财政破产而造成的损失超过 1 200 万两白银。更致命的是，票号模式受到了新兴商业银行的挑战。一些先觉的票号掌柜曾经商议将票号改组为银行，但是，乱局之下重组无术。1913 年，在袁世凯政府财政部的牵线下，山西票号提出向美国银行团借款 500 万元银洋作为本金，以重组票号体系，但终因不能提供抵押，被拒绝借款。这一年，山西 14 家最主要的票号，被拖欠的债权达 3 100 多万两白银，日升昌 17 个分号中债权近 300 万两白银。各地军阀更是催逼甚急，广西军政府端着步枪冲进日升昌的票号，强行提走 10 万两前清官银。

▲上海商业储蓄银行

1914年10月，天津《大公报》刊出了一条轰动中国商界的大新闻，“天下票号之首”日升昌宣布破产。报道描述道：“彼巍巍灿烂之华屋，无不铁扉双锁，黯淡无色；门前双眼怒突之小狮，一似泪下，欲作河南之吼，代主人喝其不平。前日北京所传，倒闭之日升昌，其本店耸立其间，门前当悬日升昌金字招牌，闻其主人已宣告破产，由法院捕其来京矣。”

晋商“殉葬”后，中国的金融中心从平遥县城的青石板大街南移至十里洋场的上海。穿马褂的票号日渐式微，着西装的银行取而代之。

就在日升昌破产8个月后，1915年6月2日，在上海宁波路8号的一个石库门房子里开出上海商业储蓄银行（后简称上海银行），资本7万银元，职工只有8人，总经理是34岁的美国宾夕法尼亚大学毕业生陈光甫（1881—1976）。他问员工：“我们该怎么服务于顾客？”员工答：“不论顾客办理业务的数额是多少，1 000元还是100元，我们都要热情接待。”陈光甫说：“你们只答对了一半，他就是一分钱不办，我们还是要热情接待。”

▲陈光甫

陈光甫办的不是第一家民资银行，但却是第一家与国际金融惯例全面接轨的银行。在之前，所有的票号、银行均将揽资对象定位于政府、企业和有钱人，陈光甫却把目光对准了普通市民。他破天荒地推出了“1元账户”，只要有1元钱就可以在他的银行里开户，上海银行因此被同行讥笑为“1元银行”，但是，正是这种平民理念让陈光甫别开天地。他将西方银行业的经营管理方法和制度逐步引入中国金融业，先后开创了零存整取、整存零取等一系列储蓄种类。他很善于从国人的消费中发现外资银行无法看到的商机。中国人在办红白喜事的时候有送礼的习惯，上海银行因此发行了红色、素色两种礼券，专门用于馈赠。[①]

此外，与传统的钱庄所不同的是，陈光甫敏锐地看到了中国民族工业的前途。上海银行积极向民营棉纱厂、面粉厂放贷，甚至还吸引工厂主成为银行股东，这让它在随即到来的工业化浪潮中大获其利。在此后 20 多年里，陈光甫先后在国内开了 80 多个分行，还在美国、英国设立分支机构，俨然成为最重要的民资银行家。

从雷履泰到陈光甫，中国金融业脱胎换骨。

① 关于银两、银元与银行券：在我国货币史上，白银自汉代起成为货币金属，实行的是银两制。1910 年，清廷颁行《币制条例》，以“元”为货币单位，重量为库平银七钱二分，成色是 90%，名为大清银币。1913 年，袁世凯政府公布《国币条例》，规定重量七钱二分、成色 89% 的银元为货币单位，所铸银元因有袁世凯头像而俗称“袁大头”。在这期间的市面上，银元和银两一直并用。全国约有 20 多家银行拥有发钞权，其发行纸币被称为“银行券”，持券人可随时要求兑换现银。1933 年，南京国民政府宣布“废两改元”，发行全国统一的铸有孙中山头像的银元，1935 年，又实行币制改革，宣布废止银本位，推出全国唯一的纸钞，称为法币。以大米为换算参照，清朝中晚期 1 两银子价值人民币 150~220 元（2008 年）。本书中两、元并用，请读者留意。

1914年，上海南京路被铺上了铁藜木路面。“北京的蓬尘，伦敦的雾，南京路上红木铺马路。”一首童谣传唱沪上。也是在这一年，南京路、浙江路口的西北角开始兴建一座七层高的大楼。它的建筑具有异域的巴洛克风格，底层设骑楼式外廊，外廊内设大橱窗，二、三层间用爱奥尼克立柱支托三层以上部位的弧形出檐，四层为铸铁阳台，五、六层为双扇窗。东南转角立面的六层顶部盖一座摩星塔，基座设大钟，屋顶有花园。这座大楼盖了三年，1917年10月，先施公司开业，这是上海第一家大型百货商场。

先施开业一年后，在它的斜对角出现了另一家六层高的百货公司永安。它的建筑立面用圆柱与贴壁方柱墩做装饰，给人以西方文艺复兴时期建筑的感觉。外墙采用汰石子饰面，陈列窗口采用进口大玻璃，是上海大玻璃橱窗的先例。它也有一个屋顶花园和高耸的塔楼。除了一至四层的百货商场外，其他楼层还设酒楼、旅馆、弹子房、舞厅、游乐场和戏院，其模式类似后世的Shopping Mall（大型购物中心）。

▲上海先施公司是民国时期四大百货公司之一。旁边的东亚大酒店保存至今

先施与永安的开张，是上海繁荣年代开始的标志，南京路因此成为“中国第一商业街”，其商脉延续至今未绝。1926年，先施公司一个叫刘锡基

(1881—1926) 的经理另辟山头，在先施的旁边建成了南京路上的第三家大百货商场新新公司。1936 年，一个叫蔡昌 (1877—1953) 的商人在新新公司的西首开出大新公司。

富有传奇性的是，南京路上的这四大百货公司，其创业者的祖籍竟都来自广东省的一个小县城——香山。在近现代中国，这是一个让人肃然起敬的地方，它诞生了最著名的革命家孙中山，晚清“四大买办”中的三人，最早的留洋学生，以及显赫一时的“百货四子”。

▲马应彪

先施的创办人马应彪 (1864—1944) 早年远赴重洋到澳大利亚做劳工，有点积蓄后就做起了水果铺生意。40 岁那年他回到香港，开出了中国第一家百货公司先施，当时的商场面积只有 500 平方米。马应彪创出了很多第一，如首创了商品标价和“不二价”制度，售货一律开发票，首创了从业人员每逢星期日休息制度，还首次破例雇用了女店员，这在当年都轰动一时。在香港首创成功后，他北上创办了上海先施。

永安公司的创办人郭乐 (1874—1956)、郭泉兄弟也是在澳大利亚开水果铺的。他们跟在马应彪后面亦步亦趋，1908 年创办香港永安，10 年后也到上海，在先施的对面开出了上海永安。永安经销商品 1 万多种，其中八成为世界各国的高档商品，号称“统销环球百货”，一时竟有“销金窟”之称。郭乐还挂出了一幅霓虹灯制成的英文标语“Customers are always right”——“顾客永远是对的”，这几乎是“顾客就是上帝”的翻版。

新新和大新的创办人刘锡基和蔡昌都是先施的旧臣，他们与先施、永安比邻竞争，竟都有后来居上的朝气。新新自行设计、自行装备了上海第一个由中国人创办的广播电台，因电台的房子四周是用玻璃隔断的，俗称“玻璃电台”。1949 年 5 月 25 日上海解放，电台最早向全市人民广播这个重要消息并播放革命歌曲。最后出现的大新公司更是咄咄逼人，它楼高十层，营业面积 1.7 万平方米，是四大百货之冠。蔡昌还率先引进了自动扶梯和冷暖气设备，开张之日，因看热闹的人实在太多，不得不卖票进场以控制人流。大新游乐场布置精巧，内有“天台十六景”，同时开辟京剧、话剧、电影、滑稽、魔术等节目的演出。

四个香山老乡在上海滩上做同一份生意，互相竞争起来却毫不留情，也因此留下无数精彩的商战故事。先施原本要盖五层，后听说永安是六层，于是硬是临时加盖了两层。永安也不示弱，当即决定在屋顶加一个“绮云阁”。先施自然咽不下这口气，马上又加盖一个“摩星塔”。有一年，先施推出优惠礼券，为了刺激消费者的购买冲动，它将香烟、酱油等几类热销商品的价格定得很低，永安就暗中派人拿了现款分批去吃进先施礼券，再以礼券全数购买香烟、酱油，这让先施很是吃了一个大暗亏。1936 年，面积最大的大新公司开业之际，先施等三家公司先是联手威胁国货小

▲上海街道

厂，不得向大新出售产品，否则就集体停止向这些小厂进货，及大新开张之日，又联合举行“春季大减价”，将部分热销商品的价格定得很低。大新则大打薄利多销的广告，它还向厂商定制了独特规格的大新香皂、大新衬衫、大新雪茄，这已是一种很超前的零售模式了。在大新开张一年后，永安盖成了一幢22层的高楼，再次成了群雄中的领先者。

“百货四子”争奇斗艳，把一条南京路闹得花枝招展，国际媒体称之为“地球上最世界主义文化的马路”。抗战期间，上海沦为“孤岛”，大批外省豪门大户、地主逃进租界，寻求避难。一时间人口激增，商业畸形繁荣。1945年之后，内战爆发，因国民党政府的治理无能，上海出现了严重的通货膨胀，四大百货商场遭遇抢购潮。到1949年春季，除了永安，其余三家相继撤离上海。

新中国建立后，四大百货公司命运各异。1952年，先施公司大楼由上海时装公司、黄浦区文化馆、东亚饭店等使用，屋顶花园的纳凉晚会很受普通市民的青睐。1993年，先施公司重返南京路，新址在南京东路479号。1956年，永安公司改名为上海第十百货公司，1987年改建后称“华联商厦”。新新公司则从此歇业，原址改为上海市第一食品商店。1953年，大新公司大楼改为上海市第一百货商店，20世纪80年代前，这里一直是全国最大的百货商店。

1915 作为抵抗的商业

日本欺负我们，自私是它的宣言

是的，抵制所有日货

是每个人永远的责任

——《新闻报》刊登的诗歌，1915年4月1日

民国初立，人人期盼国家重建。但是，政治家们却不做如是想，他们算计的是自己的权力，不同的治国理念很快让脆弱的结盟分崩瓦解。在南方，孙中山就任临时大总统才一个多月，就被迫把职位让给了北京的袁世凯。他承诺去修铁路，可是，国民党不可能改组成“铁路党”，热血沸腾的青年革命党人又怎么甘心集体去当铁路工人？军阀出身的袁世凯更不愿意让人分享权力。在 1913 年举行的众议院选举中，国民党赢得压倒性胜利，盛传将出任内阁总理的国民党领袖宋教仁却被暗杀了。很快，国民党在江西宣布“二次革命”，袁世凯的北洋军在战争中获胜。1915 年，利令智昏的袁世凯居然想当皇帝。12 月，云南首举义旗，南方各省群起响应。这次，北洋军吃了败仗，不得民心的袁世凯不得不于第二年 3 月宣布取消帝制，自己也很快在郁郁中去世。

接下来的 4 年，中国陷入军阀割据。北洋军分裂为皖、直、奉三大派系，分别控制了长江中下游、华北和东北地区。另外，山西、西南又有晋系和滇系、桂系。1917 年，还有一个拥护帝制的军阀带着 3 000 名“辫子军”冲入北京城，搞了一出短暂的恢复帝制的闹剧。这年 8 月，孙中山发动“护法战争”，结果被皖系军阀段祺瑞打败。在后来的 10 年时间里，国民党偏据广东一地，卧薪尝胆，一直到 1927 年才恢复元气，再次宣誓北伐。

在中国历史上，每一次改朝换代便意味着财富积累的推倒重来，唯有那些善于左右逢源者才能够侥幸留存。在民国初年那样的乱世中，企业家要站稳“正确”的政治立场无疑是困难的。逐利和渴望稳定的职业天性让他们总是想跟强者站在一起，最严重的问题却是，到底“谁是强者”？

身处这样的风云变幻之中，就连以“调解人”著称、风舵手腕最为高超的虞洽卿也左右盼顾、不知所依。

某次，他在报刊上吹捧袁世凯是“世界上第二个、中国第一个华盛顿”。当夜，虞宅就被炸弹炸掉一角，人畜无伤，却是惊吓一场，一封匿名信插在门环上，信云：“贵宅被炸，乃我辈为部下所逼，不得已下毒手。希以后对我党计划勿再破坏，以释前嫌。”虞洽卿哭笑不得。为了不得罪任何一方，这位“大调人”索性庭门大开，所有下台的政客，没了军队的将军，落难的前朝遗臣，破了产的商人，但凡找上门来一律来者无拒，绝不使之失望结怨。市井甚至有传言，凡是县知事一级，他都贷给 300 元，凡是道台、师长一级，则贷500元，所立字据，均是贷出有日，回收无期。

政局混乱如此，在很多人想来，民生经济一定低迷不堪。但是，现实却又大大出乎人们的想象。

事实上，自 1911 年之后的 16 年间，由于国家一直处在军阀割据及分裂中，这客观上造成了中央集权政府的弱势，是自“五胡乱华”的南北朝以来，1 400 年间第一次出现“中央真空”。于是，这段时间成了一个绝对自由，而自由又变得十分吓人的时代。

在此 16 年中，中国民营经济迎来了一个“黄金年代”，这也是百年中唯一的“黄金年代”。

在这期间，国营企业体系基本瓦解，民营公司蓬勃发展，民族主义情绪空前高涨，明星企业家层出不穷，企业家阶层在公共事务上的话语权十分强大。中国社会史学会副会长唐力行在《商人与中国近世社会》一书中认为，中国民族工业的基础，就是在这一时期基本奠定的。从经济增长率的数据上看，尽管有不同的统计结果，但是，高速增长是一个不争的共识，国内学者认为工业增长率在 1912—1920 年达到 13.4%，1921—1922 年有一个短暂萧条，1923—1926 年为 8.7%。美国的经济史学者托马斯·罗斯基（Thomas G. Rawski）的计算显示，1912—1927 年的工业平均增长率高达 15%，位于世界各国的领先地位。在百年企业史上，这样的高速成长期只出现了三次，其余两次分别是 20 世纪 50 年代的第一个五年计划（1953—1957）和 1978 年之后的改革开放时期。

“黄金年代”的出现，除了中央集权“真空”的内因外，还有一个重要的外因，即第一次世界大战的爆发。

动荡的欧洲终于需要一场大战来解决所有的恩怨。1914 年 6 月 28 日，一位 19 岁的塞尔维亚青年在萨拉热窝刺杀主张吞并塞尔维亚的奥匈帝国皇储斐迪南大公夫妇。奥匈帝国向塞尔维亚宣战，德、俄、法、意和英很快都卷了进去。战争无比惨烈地打了整整 4 年，一直持续到 1918 年 11 月，6 500 万人参战，1 000 万人丧生，最终以奥匈帝国解体、德国战败结束。

第一次世界大战彻底地改变了世界政治和经济的版图。在政治上，1917 年 11 月，俄国爆发布尔什维克革命，世界上诞生了第一个社会主义国家。在经济上，远在战火彼岸的美国成了新的世界统治者。在过去

200 年中，一直是世界第一经济强国的大英帝国在战争泥潭中耗尽了所有资源，它不得不靠向美国借贷才能支付战争费用。1916 年 10 月，正在英国财政部就职的梅纳德·凯恩斯——他日后因凯恩斯主义而成为一位伟大的经济学家——忧心忡忡地向内阁汇报说：“英国每个月要向美国借贷 2 亿美元。”而一位叫尤斯·泰斯的勋爵大人则写道：“我们的工作是设法让美国人感到心情舒畅，这样他们就能不加限制地向我们贷款。”

在亚洲地区，世界大战的重要结局是，欧洲列强陷入混战，无暇东顾，日本乘机扩大势力，而对于中国来说，中国民族企业家获得了喘息和崛起的机会。①

1912—1917 年，无锡的荣家兄弟一口气开出了 9 家工厂。

茂新面粉厂办了 8 年之后，终于站稳脚跟，到 1910 年，工厂产量比初建时提高了 10 倍，已经是国内数一数二的大厂了。这时候，两兄弟兵分两路，老二荣德生留守无锡，老大荣宗敬去了上海。1912 年，荣宗敬在上海新闸桥开出第二家面粉厂，起名福新。他在股东会上提出，为了扩大再生产，三年内不提红利，所有的钱全部拿出来“滚雪球”。

为了加快“雪球”的滚动速度，以冒险为乐事的荣宗敬采取了新建、租办和收购等多种手段。在上海滩上，他放出风声：“只要有人愿意把厂子卖出来，我就敢买。”1913 年夏，他租下陷入困境的中兴面粉厂（两年后全资收购，改名为福新四厂），到了冬天，在中兴厂东面，新建福新二厂。1914 年 6 月，他又在福新一厂的旁边吃进土地，建起福新三厂。

至此，在上海闸北的光复路上，沿苏州河，一字排开 4 家荣家面粉

---

① 也有学者对这一结论持有异议。如杨小凯在《百年中国经济史笔记》中认为：“使中国民族工业在第一次世界大战期间有机会发展的看法是武断而没有根据的，实际上第一次世界大战使外国对中国的直接投资下降，使很多工业专案因缺乏所急需的设备不得不延缓，外国投资阻碍了中国民族工业的发展之命题并没有实证资料支持。”他的结论，亟待论证。

▲汉口福新公司

厂。其高耸的烟囱日日浓烟滚滚，机器的轧轧声昼夜不绝，苏州河里运麦装面的船只更是川流不息，景象已是十分壮观。1916年，荣宗敬又远赴汉口，建福新五厂，第二年，租办上海老牌的华资面粉厂华兴，改名为福新六厂。从此，无锡荣氏兄弟的名声轰响于中国商界。

▲兵船面粉

荣宗敬是一个疯狂的扩张主义者，他办厂有两大手段，一是求多，一是求新。他的经营哲学在下面这段话中显露无遗：“造厂力求其快，设备力求其新，开工力求其足，扩展力求其多。因之无月不添新机，无时不在运转。人弃我取，将旧变新，以一文钱做三文钱的事，薄利多做，竞胜于市场，庶几其能成功。”在讲求规模效应的同时，他在质量上也是不惜血本，工厂购置的制面设备都是

一九二六年美國費城博覽會贈與本公司之麵粉奬狀
OUR HONOR IN THE SESQUI—CENTENNIAL INTERNATIONAL EXPOSITION
PHILADELPHIA—PENNSYLVANIA

▲面粉奖状

当时最先进的美制机磨和600筒面粉机。他又根据中国小麦的特点，对打麦机、荞子机和圆筛等设备进行了技术改进，使得面粉的质量和产量都高于同期的外国工厂。

荣宗敬在上海等地拳打脚踢，弟弟荣德生在老家也没有闲着。当时无锡有5家面粉厂，1914年，他收购惠元面粉厂，改为茂新二厂，不久又租办了泰隆、宝新两厂，于是，5家工厂有4家归入荣氏旗下。

短短5年中，荣家手握10家面粉厂（其中8家自有，两家租办），每日夜可出面粉4.2万袋，已是无人可敌的“面粉大王”。随着第一次世界大战的爆发，欧洲工业停滞，面粉军需却暴增。中国面粉以价格低廉、产量可观而一跃成为全球新出现的采购市场，荣家的“兵船”牌面粉远销到欧洲和南洋各国，因质量稳定，它成了中国面粉的“标准面”。

在面粉上陡成霸业的同时，荣家的棉纱工厂竟也同步急进。

创办于1905年的振新纱厂到1912年的时候已经很赚钱了，每年可得利润20余万元。1915年，荣宗敬在上海郊外的周家桥开建申新纱厂，购

▲申新纱厂车间

英制纺机36台，第二年投产开工，正赶上欧战期间的需求饥渴。上海的棉纱价格大涨，从每件90余两狂涨到200两，出现了“一件棉纱赚一个元宝”的暴利景象。申新在开工后的三年里，棉纱产量从3 584件增加到9 811件，棉布产量从2.9万匹增加到12.8万匹，盈利更是惊人，从开办当年的2.06万元增加到22.2万元，3年增长10余倍。

荣宗敬还干了一件让中国商界很长脸的事情。1917年，他出40万元买下上海一家原本由日本商人经营的纱厂，改名为申新二厂。自1884年“红顶商人”胡雪岩斗丝惨败后，上海棉纱业先为英美商人控制，后成日本公司天下。如今，中国企业竟有气魄和能力收购日本企业，一时成了埠上让人津津乐道的新闻。

荣家兄弟在这些年所取得的成就，是新一轮工业化浪潮的缩影。

仍以棉纱业为例。在1914年之前，中国每年需从国外进口棉布1 900万匹、棉纱250万担，到第一次世界大战结束时已分别锐减到1 400万匹、

130 万担，仅英国的进口棉织品，就减少了 48%。而在亚洲地区，日本棉纱以细纱为主，中国市场则以粗纱为主，这就造成了巨大的需求空间，使得民族棉纱厂的盈利大增。据严中平等人编著的《中国近代经济史统计资料选辑》显示，在 1916 年，每生产一包 16 支纱可获利 7.61 元，到 1917 年盈利就猛升到 36.93 元，到 1919 年，竟达 70.65 元。

当时在江南一带，除了高歌猛进的荣家产业之外，张謇的大生纱厂是最重要的棉纱生产集团。在 1918 年，大生两家工厂的利润率都超过了 100%。1919 年，两厂的盈利高达 380 多万两，创下最高纪录，拥有纱锭数达 13.7 万枚，为国内第一。当时，上海报纸天天刊登大生的股票行情，大生是最抢手的股票。据时人回忆，“一股 100 两银子，红利最高的时候分红可以达到一股 20 两，一些股金多的投资者，得到利息银子甚至无法靠人力搬动，要用车子推。这就让那些开始不愿意投资的人后悔不及”。从 1914 年到 1921 年的 8 年间，大生两厂的利润累积超过 1 000 万两，这是张謇作为企业家的巅峰时刻。

纺织业的暴利让所有人都垂涎三尺，投资者纷涌而入。专门从事纺织设备引进的慎昌洋行在一份报告中记录了当时的热烈景象：“对于纺织设备材料来说，其需求是如此强烈，以至于那些购买者所关注的只是如何迅速地提货，而不是价格问题。”尤为突出的是，纺织业的暴利甚至把政客、军阀也纷纷吸引进来，这又以天津最为突出。

在第一次世界大战前，天津还只有一家拥有 5 000 枚纱锭的小型纱厂，到 1918 年前后竟冒出 6 家纱厂，投资总额达到 199 万元，纱锭总数 22.3 万枚，成为当时中国棉纺织工业的第二大中心。

而细研天津纱厂的资本结构则非常有趣。以规模最大的 4 家纱厂——华新、恒源、裕元和裕大为例，其 25 个大股东竟有 23 个是民国政府的重量级要员。其中，有三个民国大总统——黎元洪、徐世昌和曹锟，两个政府总理——段祺瑞和龚心湛，五个内阁总长和次长——鲍贵卿、曹汝霖、王克敏、王楫唐和徐世章，四个省长或省督军——张作霖、陈光远、倪嗣冲和田中玉，其余不是部长就是次长。这些人以官僚或军阀之身，组成一群错综复杂的利益集团，投注实业，攫取暴利，实在已难分公私。这些纱厂在经济高涨期当然顺风顺水，成长迅猛，而到了经济危机关口却毫无竞争力，到 30 年代初，四大纱厂已有三家落入日本商人之手。

除了棉纱之外，几乎所有的生产资料和消费品都在战争中需求大增。以有色金属钨为例。1913 年，每磅钨的价格为 7.42 美元，到 1916 年就涨到 25.33 美元。用于军备的皮革、羊毛、面粉，以及英国军人大量消费的红茶等，都是战时紧俏品，中国成了原料的大供应商。还有一个有利的事情是，战争加速了各国的货币铸造量，白银需求大增。在 1914 年，每一盎司白银为 0.56 美元，到 1919 年就上升到了 1.12 美元。作为一个传统的“白银帝国”，中国因此大受其利。据美国商务部的一份报告，1917 年的 7 000 万中国银元就足够偿付上一年所要付的 1 亿元债款，这大大增强了中国货币在国际市场上的购买力。

在大好的经济发展环境下，各种企业立法工作也得到了推进。

1913 年 10 月到 1915 年 12 月期间，张謇担任袁世凯政府的农商部总长。在他的主导下，中央政府推出了商业注册和公司注册规则，颁布了《合股企业法》，这个法律比清政府的《公司律》有了更细致的规范，他还计划使度量衡制标准化。1914 年 2 月，在他和梁士诒等人推动下，民国铸造了统一的银币，这是中国走向币制统一的第一步。这款银元采用的是袁世凯的大人头，因此被民间称为“袁大头”。由于铸造质量好、含银量较高，“袁大头”在 1949 年之前一直是最受欢迎的硬通货币，甚至到了 1978 年前后，东南沿海的渔民仍然在用它跟境外走私集团交换紧俏的手表、牛仔裤和双喇叭收音机。

开始于 1914 年的这一轮实业投资热，被史家认为是中国第二次工业化浪潮，它将一直持续到 1924 年（也有学者认为持续到了 1926 年）。与上一轮的洋务运动时期相比，它有明显不同的特征。

洋务运动是由处于衰落期的清政府自上而下发动的，它的主角是洋务派大臣以及附庸于他们的官商。其工业化的特点是对军事工业的关注，优先发展重工业，以国营资本为主力，以创办大型企业为主轴，到后期则把重点投注到铁路、矿务和钢铁等资源性领域。洋务运动奠定了中国近代重工业的基础。

这一轮工业化则是一次民营资本集体崛起的盛宴，它的主角是以营利为主要动力的新兴企业家。他们投资的产业主要集中于民生领域，以提供消费类商品为主，面大量广的中小企业是最有活力的主流力量。在这期间，中国完成了轻工业的布局。其中，上海是纺织、食品和机械制造的中心。1912—1924年，上海地区出现了202家机器工厂，主要是生产针织机、小型车床和马达、农产品加工设备等，广东地区则是烟草、造纸和火柴工业的集散地。

这些产业有一个共同的特点就是“进口替代型”。在过去的40多年里，外国公司已经在众多民生领域进行了大量的投资并引发了消费的空间，民族资本正是在这一前提下，靠生产成本的低廉以及对本土市场的熟悉而逐步发展起来的。这一特征与1978年之后中国民营公司的成长路径惊人地相似。正如我们在之前的章节中已经发现的，在百年企业史上，国营资本能够依赖政策优势在上游资源性领域形成优势，民间资本则靠灵活的机制和竞争能力，在下游民生领域获得生存空间，这样的格局一直未变。

除了实业界的成功之外，民营企业家们还在金融领域夺回了主动权，其领导者竟是一个只有27岁的青年银行家。

袁世凯政府的财政极为匮乏，为了对付南方的革命军，袁世凯拼命扩大军备，增加军费，而各地的督军大多自立为王，不向中央政府纳税，其财政始终是一个“破落户的财政”。在袁世凯看来，银行有的是钱，开动机器印钞票就是，所以中国银行和交通银行[①]，这两个他控制的官方银行都

① 交通银行成立于1908年，设立之初是辅佐路、电、邮、航四大要政的资金调度，长期被袁世凯的财政大管家梁士诒控制。

不得不印发巨额钞票，为此垫付了巨额资金。中国银行发行钞票，1913 年只有 502 万元，1915 年猛增到 3 844 万元。交通银行更多，1914 年钞票发行为 893 万元，1915 年增到 3 729 万元。为政府财政的垫款，中国银行达 1 000 多万元，交通银行竟达 4 000 万元。钞票发行过多，势必引起银行的信誉动摇。交通银行总办梁士诒是袁世凯的总统府秘书长，这时他出谋划策，主张将中国、交通两行合并，以集中现金，为政府所用。那时，北方早已人心浮动，这一消息传开后，立即引起了市民恐慌，北京和天津地区的两行钞票持有者，纷纷前往银行要求兑现。交通银行的情况尤为严重。在这种情况下，眼看银行库存危急，北洋政府国务院为稳住金融盘子，于 1916 年 5 月 10 日突然下令中、交两行停止兑现，一切存款止付。

法令传到上海，中国银行上海分行的经理宋汉章（1872—1968）和副经理张公权（1889—1979）居然公开抵制。

张公权出生在上海宝山的中医世家，他天资聪慧，15 岁就考中了秀才，两年后赴日本进东京庆应大学攻读经济学，回国后当过北京《国民日报》《交通官报》的总编辑。他与年长两岁的哥哥张君劢均有强烈的立宪情结，后者更是中国国家社会党和中国民主政团同盟（简称民盟）的创建人之一，为民国时期著名的政治活动家。才情洋溢的“两张”都很受梁启超的青睐，在梁启超的举荐下，张公权南下上海就任中国银行上海分行的副经理。上海分行在整个中行系统中占有重要地位，一直是策应总行和各地分行的枢纽。宋汉章和张公权收到“停兑禁提”的命令后，认为事态非常严重。一个银行若不能兑现，等于卡住自己的脖子，今后就无法开门营业，等于自取灭亡。在张公权的竭力说服下，宋汉章决意与他一起“抗命”。一方面，他们寻找相关的法律依据，做到有理有节，同时联络上海银行同人和外资银行，请他们在此关键时刻，一定要为中行撑腰。大家深知中国银行是中国金融的支柱，一旦垮台，整个局面不堪收拾，于是都承诺力挺。

张公权计算了一下，中行当时库存有 200 多万两现银，恐怕不足应付，就与汇丰、德华等10家外国银行订立了200万元的透支契约。他还专程访问了南通张謇，决定成立中国银行商股股东联合会，由张謇任会长，并且登报声明，上海中国银行行务全归商股联合会主持，上海中行的钞票随时可兑现。

5月12日，交通银行服从了北洋政府的命令，停止钞票兑现，老百姓一片怨声。而中国银行因为事先有了充分的准备，来者照样兑现。尽管如此，中行门前还是人山人海，前来兑现的队伍排了几条马路之遥，有数千人之多。张公权在日记中记下了那可怕的局面："余自寓所到行（汉口路三号），距址三条马路，人已挤满，勉强挤到门口，则挤兑者争先恐后，撞门攀窗，几乎不顾生死。乃手中所持者，不过一元钱或五元纸币数张，或二三百元存单一纸。"第一天兑现者有2 000多人，第二天仍不减少。第三天是星期六，下午本来应该休息，银行为了应付兑现，仍然照常开门，来者不拒，并登报公告，人心才稍稍安定，兑现者人数减到400人。第四天是星期日，银行又在报上登广告，宣布仍然开门兑现，而兑现者只有100多人了。到19日，再无挤兑者。

经此一役，宋汉章、张公权声名大振，中外报纸纷纷报道，把两人称许为"有胆识、有谋略的银行家"，是两个"不屈从北洋政府的勇士"。一家银行的分行经理居然敢公开抵制政府法令，而后者居然无可奈何，中央政权的羸弱可以想见。

这场风暴过去之后，中行上海分行的声誉骤然提高。有钱人和生意人立即把钱存入中行，中行吸收的存款反而比挤兑之前大为增加。"抗令"一役大胜后，张公权乘势而进，开始大胆谋求中国银行的民营化。1917年，袁世凯称帝未遂身死，皖系北洋军阀段祺瑞组织新内阁，梁启超被任命为财政总长。在他的全力支持下，张公权着手修改中国银行的"则例"。当时的中行资本额为6 000万元，官商股份各占一半，然而，人事任命全由政府决定，商股股东毫无发言权。1917年11月，张公权提出修订公司"则例"，主要修正两条：一是成立股东会和董事会，总裁、副总裁必须从选举产生的董事中选拔，这就把银行的领导权从政府手中巧妙转移了出来；二是扩大招募商股，实现股本的民营化。

张公权被推选为中行唯一的副总裁，他拒绝到“权力旋涡”的北京上任，常年驻守上海，使中国银行的业务运作日渐南移，实际成了独立的局面。在其后的几年里，北洋政府由于财政困难，先后通过抽资、变卖和抵押的方式缩小股份。商股则三次扩募，到1922年，民营资本已占股本总额的99.75%，昔日的中央银行竟然就此实现了完全的民营化。在张公权的领导下，中国银行成为全国规模最大、实力最强、信誉最好、资本额最高的银行，其资本额一度占到全国银行总资本的1/5强。他日后很自豪地说：“一般舆论认为，中国银行、海关、邮政局并驾齐驱，成为中国组织最健全之三大机关，实亦中国资本最巨与最成功之民营股份公司……在上海金融市场，足以与外国银行相抗衡。”①

如果说荣家兄弟和张公权的成功令人欣喜，那么范旭东（1883—1945）式的崛起则显得更加珍贵。

1914年冬天，31岁的青年人范旭东独自一人到了天津塘沽。这里的海滩边盐坨遍地，如冰雪一般，无边无际。他目睹此景，显得有点激动。日后他对伙伴说：“一个化学家，看到这样丰富的资源，如果还没有雄心，未免太没有志气了。”

这是一个外表温和而内心倔强的湖南人，他的兄长范源濂曾任袁世凯政府的教育总长。世家渊源原本让他可走辽阔的仕途或成为一个轻松的官商，他却甘心以一个科学家的身份投身于艰辛的民族工业。早年，他被家人送到日本读书，一个日本校长对他说：“俟君学成，中国早亡矣。”此言，

---

① 到1922年的6月，另外一家官股银行——交通银行也实现了民营化，新选举出的11个董事均为工商业名流，张謇被选为总理。股东会甚至认定军阀盘踞的北京城“非工商之地”，两年后，将总管理处迁到了天津。

刺激了他的一生。从京都帝国大学理学院应用化学系毕业后，他随即回国，立志于复兴中国的盐业。自秦汉以来，中央政府就对盐、铁实行专营，中国人虽然守着丰富的海洋资源，食用的盐却仍是土法制作的粗盐，制作效率低，纯度低，并且含有很多有害物质。当时，西方发达国家已明确规定，氯化钠含量不足85%的盐不许用来做饲料；而在中国许多地方仍用氯化钠含量不足50%的盐供人食用。因此，有西方人讥笑中国是“食土民族”。实际上，制作精盐并不难，成本也不高，只是中国当时缺少化工人才，无人涉足该领域。精盐市场，长期被英商和日商垄断。

▲范旭东

1915年，范旭东在天津创办久大精盐公司，股本5万元。他在塘沽的渔村开始研制精盐，很快令纯度达到90%以上。久大以海滩晒盐加工卤水，用钢板制平底锅升温蒸发结晶，生产出中国本国制造的第一批精盐。它品质洁净、均匀、卫生，品种主要有粒盐、粉盐和砖盐等，传统制盐方法生产出来的粗盐根本不能与之相比。范旭东亲自设计了一个五角形的商标，起名“海王星”。

久大精盐很快遭到国内外盐商的围剿，日商在报纸上散布“海王星”有毒的谣言，英国驻华公使甚至企图用军舰封锁天津港，阻止运盐船出港。国内的盐商更是群起攻伐。数百年间，全国的食盐产销历来由官商合伙垄断，江淮大盐商们左右着盐的价格，他们形成了一个庞大而错综的利益集团，无论是外国还是中国政府都不敢轻言改革。范旭东一出，显然将改变现状。久大精盐在很长时间内无法销到长江以南，范旭东甚至还被军阀绑架，靠他的总长哥哥四处斡旋才被放了回来。1917年，久大精盐销出1万担，1923年增加到4万多担，1936年达到顶峰，约50万担。

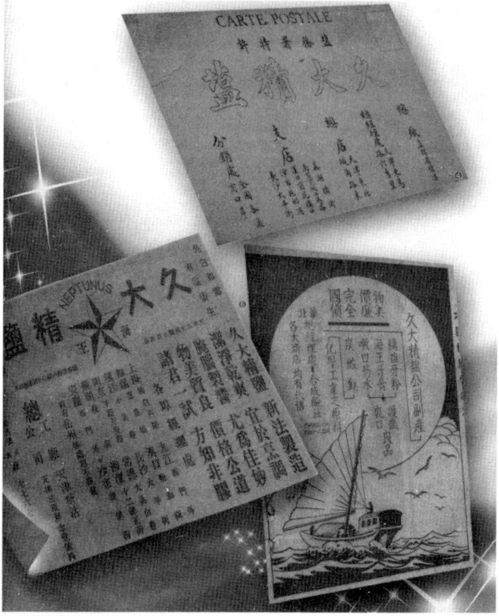

▲久大精盐广告

在精盐上取得突破后，范旭东马上又转战制碱业。

当时国人最常见的装束是粗布长袍，色彩单调，并且不耐磨。印染的布料是一种奢侈品，因为印染需要用碱，而碱十分昂贵。在制碱业，以氯化钠与石灰石为原料的“苏尔维法”是最先进的技术，西方国家在这方面已经形成专利垄断，对外绝不公开。当时在中国垄断纯碱市场的是英国卜内门公司(Brunner Mond)。第一次世界大战爆发后，远洋运输困难。英商乘机将纯碱价钱抬高七八倍，甚至捂住不卖，使许多民族布业工厂陷于停顿。范旭东曾到卜内门的英国本部参观，英国人嘲弄地说，你们看不懂制碱工艺，还是看看锅炉房吧。

范旭东决意雪耻制碱，一群跟他意气相投的青年科学家聚拢在了他的周围，其中有苏州东吴大学化学硕士陈调甫、上海大效机器厂的厂长兼总工程师王小徐、东京高等工业学校电气化学专业毕业生李烛尘和美国哥伦比亚大学化学博士侯德榜。这是企业史上第一个真正意义上的科学家团队，李烛尘日后出任共和国的食品工业部部长，侯德榜因独创的“侯氏制碱法”而闻名世界。

这是一群真正为中国而付出了一切的年轻人，有一年，陈调甫的爱妻潘瑛如去世，当时正值永利财务最紧张的时刻，痛不欲生的陈调甫在讣告中写明："拒收挽联、挽幛等物，如送奠仪，只收现金。"葬礼之后，陈调甫将所收礼金全部交给了范旭东。

1918 年，永利制碱公司在塘沽成立。陈调甫和王小徐在范旭东的家中建起了一座 3 米高的石灰窑，制成一套制碱设备，进行了 3 个多月的实验之后，打通了工艺流程，制出 9 公斤合格的纯碱。

永利经历的磨难更甚于久大，其前后竟长达 8 年之久。在工厂的筹备中，垄断制碱技术的几大国际公司严格保密，几乎无法采购到成套的机器设备，一切都需重新设计、钻研自制。

英国人知道这个范旭东不可轻视，便想方设法欲将永利扼杀在摇篮之中。卜内门公司游说北洋政府财政部，试图通过《工业用盐征税条例》，规定"工业用盐每担纳税 2 角"，这将使每吨碱的成本凭空提高 8 元，让实验中的永利难以承担。时任财政部盐务稽核所的会办是英国人丁恩爵士，他当然竭力促成此事。范旭东愤而上告北洋政府行政院，起诉财政部盐务署违犯政府颁布的准予工业用盐免税 30 年的法令，几经周旋，才得胜诉。

▲永利制碱厂

1924年8月，永利投入200万元，终于产出了第一批成批量的碱制品。可是，令人失望的是，这批碱制品仍是红黑相间的劣质碱。消息传出，英资公司发出一阵嘲笑之声。此时，4台船式煅烧炉全部烧坏，无法再用，全厂一度被迫停产，苦候数年的股东们已经失去了耐心，唯有范旭东仍然咬牙坚持。卜内门公司乘机要求与范旭东会谈，希望入股永利，范旭东以公司章程明确规定“股东只限于享有中国国籍者”为理由，予以回绝。一年多后的1926年6月29日，永利终于生产出纯净洁白的合格碱，全厂欢腾。范旭东眼噙热泪，对身旁的陈调甫说：“这些年，我的衣服都嫌大了。老陈，你也可以多活几年了。”范旭东给产品取名永利纯碱，以区别于“洋碱”。8月，在美国费城举行的万国博览会上，永利纯碱荣膺大会金质奖章，专家的评语是：“这是中国工业进步的象征。”

范旭东的坚持，可谓壮烈。

在“黄金十六年”里，民族企业的崛起是一场与外资企业全面竞争的大商战。在相当长的时间里，洋面、洋布、洋火、洋盐、洋油（煤油）占领了几乎所有的民生市场，民族企业的“进口替代运动”便是在所有的领域内与国外公司展开一场面对面的竞争，进行一一的收复。于是，郑观应在40年前就预言过的“兵战之外的商战”无比激烈地展开了。

▲永利制碱商标

在几乎所有重要的产业领域里，我们都看到了中外企业对峙的景象：棉纺市场上，荣家兄弟、张謇等人的对手是日本的多家棉纺株式会社；纺织机械市场上，华资大隆机器厂的对手是两个美国制造商——萨科－洛厄尔机器厂和维定机器厂；火柴市场，刘鸿生的大中华火柴公司与瑞典火柴公司和日本铃木会社杀得难解难分；出版市场，商务印书馆和中华书局与英资兆祥洋行势同水火；制碱与肥料市场，是天津永利制碱公司与英资卜内门和帝国化学工业之间的竞争；肥皂市场，是五洲皂药厂与英资联合利华的竞赛；水泥市场，周学熙的启新洋灰厂与日本水泥及英资青洲英妮公司打了一场长达10年的对手仗；钢铁市场，汉阳铁厂与日本南满株式会社难分高下。

对于这些中外商战，后世史家的评论各有不同。郑友揆、谢诺等人认为，这是一场“不平等的竞争”，外国公司在“获得资金、尖端技术、管理效率以及政商特权”等方面拥有强大的优势。而侯纪明、邓伯格等人则得出相反的结论，他们认为，中外竞争是平等的，华资企业在“了解本地市场、民族主义、劳动力成本低廉和企业易于转向”等方面更有优势。这些观点各有成立的地方，不过上述学者们都没有注意到另外一个重要的因素，那就是，支撑荣家兄弟、范旭东等企业家们的精神力量是一种民族主义的热情，而这种热情甚至成了一个商业竞争的武器。

按社会学家汉斯·库恩（Hans Kuhn）的定义，民族主义是一种思想状态，国家是政治组织的理想形式，也是文化创造与经济繁荣的源泉。人的至高无上的忠诚就应该献给国家，因为人的生命只有在国家的存在与国家的兴盛中才有意义。在中国近现代史上，民族主义是一个非常复杂的命题，它像一根敏感而脆弱的神经，稍有拨动，就能引发喧天的风潮，其后果甚至让拨动者自己都无法预料或控制。100多年以来，外国人带给中国人的耻辱是如此平常，这些记录包括一切可以想象得到的方式，从巨额赔款到割让国土，从火烧皇家园林到两个外来军队在中国土地上交战，这些足够写成一本厚厚的教科书。

最让近代国人有耻辱感的典型事例是一块“华人与狗不得入内”的牌子。在当时商业最繁华的上海，很多高档的消费场所甚至公园都不让华人进入。1907年，上海士绅李维清在其编写的小学课本《上海乡土志》中记录："黄浦公园尚许洋人之养犬入内，独禁华人，此乃奇耻！"[①] 据上海文史研究馆的高龄馆员姜豪口述，他在1921年从宝山乡间到市区来读书，在外滩的黄浦公园还亲眼看到过"华人与狗不得入内"的牌子，它是长方形的，挂在公园门口的南侧。这牌子如同一块烙在每个中国人脸上的火印，虽死犹记，没齿难忘。

民族主义的狂热便是在这样的土壤上熊熊燃烧起来的。它在1894年的甲午战败后被彻底点燃，在1900年的义和团运动中，它以武力抵抗的方式呈现，却遭到羞辱性的挫折。当国家和民众无法从军事与政治上获得尊严之后，民族主义的"地火"就曲折地向商业领域转移，而它的来势就显得更加猛烈。商战的得失寄托了国民所有的希望。在之后相当长的时间里，带有强烈民族主义色彩的抵制洋货运动一直是民族企业最锋利的武器。

自20世纪以来，第一次大规模的抵制运动发生在1905年，对象是美国货。在这一年，美国政府制定排华法律，在10年内拒绝中国工人进入美国，并对在美华人进行了种种人权上的限制。夏天，在华人劳工输出的基地华南地区爆发了大规模的抗议活动和抵制美货运动，至少有10个省份出现了游行，人们写海报，捣毁库存的美国产品，征集参加抵货运动的签名。一个叫F.W.福斯特的观察者在当年的报纸上评论说："中国人抵制美货，是老大帝国反对外国的不公正和入侵的愤恨情绪在觉醒的显著证据。"国内外专家普遍认为，1905年的这场抵制运动是"第一次跨越了各种社会群体的大众抗议"。在抵制中，第一次出现了团体化和制度化的特征。在上海，创建了20多个专门用以提倡抵制运动的组织，并且有76个行业商会参与了活动。

第二次全国性的抵制运动发生在1908年，对象是日货。这年开春，广州官员以走私武器为理由查封了一艘日本轮船"第二辰丸号"，日本政

---

① 李维清编，《上海乡土志》，上海：上海着易堂，1907年版。

府强势干预，中方迫于压力，释放了日船。这个事件激怒了中国人，他们认为清政府懦弱无能，站在了日本人一边，愤怒很快演变成一场抵制日货运动。广州的商会和同乡会发出公告，号召抵制日货，他们甚至还提出了一个不可能实现的抵制目标——直到所抵制的货物总值相当于对日赔款总额。在商会的鼓动下，各种形式的抵制活动层出不穷，港口码头的工人拒绝给日船卸货，地方船运公司发誓不用日船运输，学生在马路上焚烧日本商品，广州的 72 个知名商人还专门开会商议，想要合资开一家大型的商场，只销售中国制造的商品。这场抵制一直持续了一年多，1909 年，日本加快在东北三省的政治和经济渗透，宣布它将拥有从沈阳到安东铁路的建设权，很快在东三省的城市也爆发了大规模的抵制日货运动。

这些抵制运动直接催生了第一批现代意义上的“非政府组织”（Non-Governmental Organization，缩写为 NGO）。1911 年 12 月，上海成立中华国货维持会，它由绸缎、服装、典质等 10 个行业公所联合发起，沪上几乎所有知名的商人全数参与，最初的宗旨是力图用国货原料制作礼服，后来很快转变成全国性的洋货抵制领导机构。1912 年 12 月，维持会发起召集国内各主要城市的商会代表，在上海召开维持国货大会，就维持国货的重要性和具体方法展开讨论，此后，直隶、湖南等 10 多个省份相继组建国货维持会。①

以民族主义为旗帜的抵制洋货运动，每隔三五年就会大规模地爆发一次，这构成了百年中国企业史上一个十分显著的现象。它似乎受到了国内各个阶层的欢迎。对民众而言，抵制运动能够极大地满足民族自尊心，以

---

① 民国初建时，组党结社成风，各类企业家组织同样如火如荼。据经济史学者虞和平的统计，到 1913 年年底以前成立的全国性企业家组织就有 72 个，名称中带有“实业”二字的有 15 个，属于农工商业的有 33 个，属于交通业的有 6 个，属于矿业、盐业的各 3 个，其他的还有 12 个。仅在 1912 年，就成立了中华民国实业协会、中华民国工业建设会、中华民国农业促进会、同仁民生实业会、西北实业协会、全国铁路协会、中华全国矿务联合会、中华民国盐业协会、经济协会等。

一种非暴力、不合作的方式发泄积压已久的耻辱感。对政府而言，当然乐观其成，他们可以借此转移国内矛盾，甚至将此作为对外谈判的筹码。日后我们即将看到，在重要的抵制运动中，政府是幕后最主要的策动者，使抵制运动不但形成了制度，甚至还成为政策。立足刚定的民族企业家更是抵制运动的积极参与者和推动者，他们可以利用这样的机会合法而富有道德感地驱逐或打击竞争对手。就跟民族主义的复杂性一样，抵制运动对中国商业环境和市场成熟的正面、负面意义，一直是一个十分微妙的课题，它甚至从来没有被认真地讨论过。

自 1910 年之后，中国的抵制洋货运动找到了一个固定的“假想敌”，它就是日本公司和它们的商品。特别在第一次世界大战之后，西方势力自顾不暇，在中国市场上形成激烈竞争的国际对手，就是日本企业。很显然，这是一个恩怨交集的对手。

从数据上看，日本商业势力的涌入是十分猛烈的。在第一次世界大战前夕，日本商品占中国进口商品总额的 15.5%，到 1919 年已经猛然上升到 29.9%，仅纱锭一项，就从 11 万枚增加到 33.2 万枚，上升为原来的 3 倍。自 1917 年开始，日本取代英国成为中国最大的贸易商，而且成为对华工业设备的主要销售者。更让中国人难堪的是，日本商品在传统的“中国货”上也取得了优势，日本茶叶、日本丝绸的国际贸易额相继都超过了同类的中国商品，成为最大的出口国，甚至在中国市场上，日本货也成了颇受欢迎的时髦商品。除了经济上的咄咄逼人之外，日本对中国领土和政治特权的要求也一点没有放松。于是，日本成了中国最重要的军事和经济敌人。

具有标志意义的抵制日货事件发生在 1915 年，这是一次仇恨爆发的总演习。

第一次世界大战开打后，日本乘机争夺中国利益。1914 年 8 月，它出兵占领德国在中国的势力范围——山东半岛。第二年 1 月，日本驻华公使晋见袁世凯，递交了有二十一条要求的文件，并要求“绝对保密，尽速答复”。《二十一条》霸道无理之极，它要求承认日本继承德国在山东的一切权益，准许日本修建自烟台（或龙口）连接胶济路的铁路；要求承认日本在“南满”和内蒙古东部的特殊权利，日本人有居住往来、经营矿产等项特权；旅顺、大连的租借期限及南满、安奉两铁路期限，均延长至99年。其他要求还包括，把亚洲最大的钢铁联合体汉冶萍公司改为中日合办，中国不得自行处理；要求所有中国沿海港湾、岛屿概不租借或让给日本之外的他国；中国政府还要聘用日本人为政治、军事、财政等顾问；中日合办警政和兵工厂。袁世凯为了换取日本政府对他当皇帝的支持，居然同意与日秘密谈判。5月7日，日本发出最后通牒，限令于两日内答复。5月9日晚上11时，袁世凯接受《二十一条》的大部分条款。

《二十一条》在1月就被曝光，立即遭到国内各界的强烈抗议。随之，各地纷纷爆发了抵制日货运动。

3月16日，上海商会组成“劝用国货会”，推举虞洽卿、董少严、王正廷为正副会长。18日，绅、商、学各界联合发起，在张园召开了反对《二十一条》的国民大会，到会者近4万人。大会通过提倡国货、设立公民捐输处等决议。到22日，上海抵制日货声浪日益高涨，福州路、南京路等处日人所设商店一律闭门，暂停营业。巡捕房以“恐人众滋事”为由，加派探捕分头梭巡，“以资弹压”。与此同时，城厢内外街巷各处墙上以及电杆木桩上均贴有抵制日货的传单。4月，一个叫“知耻会”的组织在上海设立基金，宣布将征募5 000万元，用于建立兵工厂，并向国内工业供应资金以“确保民族得以生存”。基金会在短短三周内，就筹集到25万元，到5月，全国出现了70个知耻会的分部，很多政府官员、警察和公司职员自愿捐出一个月的薪水，很快捐款数额超过了1 000万元。

5月9日，当袁世凯接受《二十一条》的消息传出后，举国视为奇耻大辱，这一天，被定为“国耻日”。上海、广东等10多个省份的商会通电反对，农商总长张謇愤然辞职。抵制运动更是到了白热化的地步，抗议集会此起彼伏。商人拒卖日货，人人要用国货。不少学校规定，文具一律用国货。一些大城市的报纸，天天刊登《国货调查录》，鼓动人民选用国货。

▲抵制的标语

上海、天津、广州等地，出现了以反日爱国为题材的戏剧和歌曲。学生走上街头，散发传单，发表演说，进行鼓动。爱国的女学生穿着表示悲痛色彩的白色衣服，她们还号召不要在前额上方高束头发，因为那是日本式发型。

在抵制运动中，中华国货维持会等组织起到了重要的作用，它在5月9日之后迅速发表宣言，并印发10万份广为散发。宣言中写道："如果中国希望像一个人那样生活，我们就绝不能忘记5月9日的羞辱……这些纪念应该被传递给我们的孩子和孙子，代代相传，直到永远。自5月9日之后，我们4万万中国人必须全心全意地奋斗，帮助我们的国家。"在维持会的指挥下，各地学生遍查当地商店，寻找日本商品，如有发现，当场没收或砸毁，全年共进行了383次这样的检查。维持会在前一年只有100多个企业家会员，到年底就增加到了688个。美国参议员沙斯伯雷（Saulsbury）当时正在中国访问，他在回忆录中表示，十分惊讶地看到中国的抵制日货运动有着非常完善的组织。

《洛杉矶时报》则注意到，中国的民族工业打出了“中国人用中国货”的口号，抓住机会进行发展。数以百计的工厂涌现出来，生产中国货以替代流行的日货，例如肥皂、火柴、毛巾以及雨伞等。一家名叫生生烟厂的烟草公司还推出了“5 · 9”牌香烟，在包装盒上赫然写着：“真正国货。请大家激发热忱，用国货挽回权利。请国民每年挽回 4 500 余万之权利。”也是在这一年，国内出版了两种新刊物《国货调查录》和《国货月报》，刊登各类国产物品的清单，宣导“不用国产货，就是不爱国”的理念。

抵制日货运动对袁世凯政权和日本政府显然造成了巨大的压力。日本外贸也遭到重挫，当年上半年，对华出口同比下降 1 790 万美元，锐减幅度相当于 1914 年出口总额的 6%。美国学者的研究认为，《二十一条》对日本经济来说是个亏本买卖，其从中国抵制日货所遭受的巨大损失，或许并不亚于从《二十一条》所得到的好处。更为严重的是，此后每年的 5 月 9 日“国耻日”都成为抵制日货的动员日。抵制日货成为中国社会的常态，中国将日本牢牢地定位为头号敌人。

1915 年的反日货只是一个序幕，一场更猛烈的抵制风暴正在酝酿中。

1916年11月，上海的中华书局出版了一本名为《工厂适用学理的管理法》的小册子。在出版之后的10年里，这本书一共只卖出了800本。不过，它让翻译者成了中国企业界的知名人物。这本书就是全球管理学的奠基之作、美国人弗雷德里克·泰勒（Frederick W. Taylor）出版于1911年的《科学管理原理》。泰勒在本书中提出的科学管理理念，让管理成为一门建立在明确的法规、条文和原则之上的人文科学。翻译者穆藕初（1876—1943）是一个年近40的留美学生，他曾为此几次拜访过泰勒，是唯一跟这位伟大的管理学家有过切磋的中国人。更有意思的是，穆藕初的中文版竟比欧洲版出得还要早。

穆藕初出生在上海浦东一个棉商家庭，19岁就进了棉花行当学徒，终其一生，都与棉花纠缠在一起。他在南洋公学读过书，在赫德的海关就过职，还被张謇请去当过江苏铁路的警察长。33岁的时候，他深感中国棉纺业的落后，下决心到当时棉业最发达的美国得克萨斯州读书，这一读就是整整8年。他的南洋公学同学黄炎培的儿子、著名水利学家黄万里后来纪念说："穆伯伯从怎样种棉花、种好棉花，到棉花怎样纺成纱、织成布，再到怎么办工厂，怎样有效地管理工厂，他是有目的、整套、有计划地系统学习。这样有计划的、跨专业、多学科、成套学的留学生，在他之前没有一个。"

▲穆藕初

穆藕初学成归国后，当即与兄长筹集20万两白银创办了上海德大纱厂。

一年后，德大生产的棉纱在北京商品陈列质量比赛中获得第一名，一夜成名。棉纺织业在当时是中国第一大产业，聚集了张謇、荣家兄弟和周学熙等众多顶级企业家，穆藕初后来居上，居然能迅速崛起，与他在美国学到的棉花专业知识和科学管理方法是分不开的。德大成功后，他很快集资120万两白银，筹建厚生纱厂，几年后，又集资200万两成立郑州豫丰纱厂，该厂拥有职工4 000多人，已是中原地区最大的现代企业。穆藕初回国5年，开出三家工厂，一跃与张謇、荣家兄弟、周学熙并列成为棉纱业的“四大天王”之一。

与其他三位“天王”不同——有趣的是，他们分别是士商、民商和官商的代表人物——穆藕初出身科班，学理深厚，所以，他对产业进步和工厂管理创新的贡献尤为突出。在经营工厂的时候，他先后写成了《试验移植美棉纺纱能力之报告》《纱厂组织法》等长篇文章，对民族纺织业的进步起到了很大的推动作用。他发起“中华植棉改良社”，在江苏、河南、河北、湖北等地买下1 500多亩地，开辟棉花试验场，大力推广种植美国的“脱字棉”。经他倡议，上海华商纱厂联合会设立植棉委员会，买美棉种子送给各省试种，提供植棉技术咨询，印刷改良植棉的小册子，用最通俗易懂的文字向棉农解释改进植棉方法，其中有他自己写的《植棉改良浅说》，1917年8月的一次就印了上万册，还在《申报》发布广告，任何人都可以索要。他的厚生纱厂还有一个棉花测试中心，免费为全国各地送来的棉花做性能测试，厚生引进的美制纺织机器也成为同行参观学习的对象。穆藕初来者不拒，从不吝于指教。

当时中国纱厂的管理还十分原始，一般分为文场、武场，文场是账房，武场是工头，管理方式落后粗暴。穆藕初率先取消了工头制，改为总经理负责制。另外，他还建立新式财务制度，把传统的流水账改为复式结账法，这是西方财务制度在中国的第一次引进。他亲自拟订了许多报表的格式与内容，使工厂的耗材、工时、产量等数据可以及时反馈，一目了然。此外，他还制定《工人约则》《厂间约则》《罚例》等一整套厂规细则，仅总罚例就有81条。在这些规则中也不乏人性化的因素，比如工人偶有过失，不要大声呼斥，使其在众人面前失去体面等。在具体实务管理的基础上，他对泰勒的科学管理法进行了中国式的改良，总结出科学管理的四大原则：无废才、无废材、无废时、无废力。他还概括出当经理的8条标准——会自己找事情做、有能力解决疑难、度量大、有事业心、懂得爱惜机器、恰如其分、节约花钱、善于把握机会。后来，这8条标准又进一步简化为“5个会用”：会用人、会用物、会用时、会用钱、会利用机会。

这些创新对中国企业管理的进步具有革命性的意义。穆氏的三家工厂成为当时国内技术设备最领先、管理最先进的棉纺织企业。

穆藕初还跟当时的思想界进行过一场轰动一时的论战。

1920年，厚生纱厂赴长沙招聘女工。当地的《湖南日报》连续发表文章严厉批评厚生的招工行为，其炮火主要集中在两点，一是劳动工时长达12小时，二是每月工薪只有8元。穆藕初发表文章反驳，认为“予深信欲救中国之贫弱，舍振兴各种主要实业外，无他道”。还嘲讽说：“敢忠告一辈学者，自今以往，脚踏实地，不向空际捉摸，力从实处研究，宁以行胜，勿以言胜。”他的驳文引来朱执信的猛烈抨击，朱当过孙中山的秘书，也是第一个把马克思介绍到中国的理论家。他在《实业是不是这样提倡？》一文中，认为穆论荒谬，实业家不能以救国为理由大赚其钱，只有根除分配不公，才能实现社会进步。这场大辩论把大名鼎鼎的陈独秀也卷了进来。他在《新青年》上刊登《上海厚生纱厂湖南女工问题》的长篇调查，认为厚生纱厂的做法是榨取剩余价值，穆藕初应该“由个人的工业主义进步到社会的工业主义”。这场辩论在当时思想界影响甚大，也是马克思理论在中国工商界的第一次实证性亮相。上海社科院学者钟祥财评论说：“这次分歧实际上是企业家的商业伦理和革命家的社会伦理之间的分歧。实业救国思想和晚清改良主义思想实际上是一脉相承的。在实际效果上它们可能没有社会革命来得那么干脆和痛快，但是它们在制度演进上的作用是很实在的，微观又务实。”

让人惊奇的事实是，尽管穆藕初有如此先进的专业技术和科学管理水平，却还是在1924年的经济大萧条中尝到苦果。在那次因棉花价格暴涨而诱发的产业危机中，他的三家工厂相继陷入困境，德大被荣宗敬收购，厚生因发生股东争吵而清盘，郑州豫丰更是因为地处军阀混战的主战场而受波及，后来被迫抵押给了美国慎昌洋行。穆氏败局似乎表明，中国的确存在一种独特的商业土壤。

1928年，穆藕初被他的美国大学同学、蒋介石的“钱袋大管家”孔祥熙推荐为国民政府的工商部次长，他相继编订了众多的工商法规，包括《工厂法》《工会法》《劳资争议处理法》等。这位深得美式商业理论精髓的实业家认定：“在人事日趋繁颐，社会日趋复杂的现在，无论什么团体，都要以法治为本，然后有一定的轨道可循，有一定的规矩可遵。”

抗战时期，穆藕初担任农产促进委员会的主任委员。为了改善后方棉布极缺的情况，他发明了“七七棉纺机”。这是一种脚踏式的木制纺织机，每机有纱锭32个，每日工作10小时，可纺棉纱1.5市斤。由于该机每台仅需1人操作，生产效率超过旧式手摇纺机数倍，因而在国统区和共产党的西北根据地大为流行。“七七”之名，在于让民众毋忘“七七事变”的国耻。这种“技术创新”跟穆藕初当年在美国大学所学的知识已经相去甚远，却也是这位全中国最懂棉花的人，在专业上的最后一次贡献。

1943年，穆藕初因罹患肠癌去世，简陋的奠堂之上，最醒目的一条挽联是4个字——“衣被后方”。

后世商业界很少有人知道穆藕初了。他的名字偶尔出现，却是在八竿子也打不着的戏曲圈。穆藕初长得风流倜傥，一表人才，平生喜欢昆曲、书法、学佛、养鱼和斗鸟，是一个少见的才子型企业家。1921年，他感于古老昆曲的日衰，便赞助成立了昆剧保存社和昆剧传习所，这些机构在昆曲的流传上居功至伟。昆曲大师俞振飞在怀念他时说：“我国戏剧自清末皮黄崛兴，昆曲日益式微，经先生竭力提倡，始获苟延一脉，至于今日。”[1]

因此，“棉花天王”穆藕初虽在本业被彻底遗忘，却常常为千里之外的戏剧人士所感恩追念，这倒应了昆曲《牡丹亭》里的那句台词：“嗟夫！人世之事，非人世所可尽。”

---

① 见俞振飞1947年在上海举行追悼穆藕初大会期间发表的《穆藕初先生与昆曲》。

1919 广场背后的人

我大清早起，
站在人家屋角上哑哑的啼。
人家讨嫌我，说我不吉利：——
我不能呢呢喃喃讨人家的欢喜！

——胡适：《尝试集·老鸦》，1919年[①]

1918年春夏，袁世凯死后两年，军阀势力一度气馁。在梁启超等人的推动下，控制了北京的段祺瑞政府决定进行国会议员选举。这是百年近现代史上第一次也是唯一一次带有普选性质的全国性政治选举。倡导暴力革命、缺乏兼容性的国民党此时被赶到广东，彻底被排斥在外。有趣的是，三个参与角逐的派系分别代表了三种力量：一是军阀，一是

① 胡适创作的《尝试集》是中国第一本白话诗歌集，1919年8月编成，第二年3月由亚东图书馆出版。面世后，遭到老旧人士的嘲笑讨伐，却大受青年的欢迎，是为“诗体的革命”。

公共知识分子，一是企业家。

代表军阀的是安福系，头面人物自然是段祺瑞，自袁世凯称帝未遂而身亡后，他成了北洋军阀的“大哥大”。跟袁世凯一样，段祺瑞是一个善于谋划的行政长才，他曾留学德国学习炮兵，信奉威权主义，却对现代政治理念一无所知。所谓安福系的名称来源，是段祺瑞的谋士和下属们经常在北京安福胡同的一个大宅子里打牌下棋，互通气息，因此得名。这个派系握有枪杆子，势力强大，无比霸道。

在三大派系中，研究系的政治理念最为清晰，其魁首是早已名扬天下的梁启超。后世史家定论，梁启超的议会政治论大大超越当时所有人。他早在1910年就著有《中国国会制度私议》，对议会的组织、选举、投票、政党等均进行了论述，认定“议院为今世最良之制度”。他先后写过《论立法权》《各国宪法异同论》《立宪法议》等文章，它们后来都被收在《饮冰室文集》中。他倡导政党政治，谓议会的成功运作有两大条件：一是“大多数人有批判政治得失之常识”，一是“有发达之政党”。在他的心目中，最好的仿效对象是英国政体。

▲梁士诒

交通系的领袖是梁士诒（1869—1933）。他时任交通银行董事长，因此围绕在他周围的人便被称为“交通系”。梁士诒也是广东人（他的家乡是广东三水），曾与梁启超在佛山书院做过同学，1903年参加科举，在殿试中赫然名列一等第一，也就是中了状元。当卷子和名单送至慈禧御批时，老太后正恨康梁党，见梁士诒是粤人，又姓梁，怀疑他是梁启超的弟弟，一笔把他划成了第三名榜眼。袁世凯看中他能办实务，便将之拢入帐内，后世流传的《袁世凯兵书》多出于其手。他被任命为铁路总文案，参与缔结中日的东三省条约，以后又设置督办五路总公所。自此，梁士诒开始涉足交通部门。1906年春，朝廷设邮传部，以盛宣怀为大臣，梁士诒任提调，统管全国铁路。他在任内先后督办京汉、泸宁、道清、正太、汴洛、京奉、广九以及津浦、吉长、株萍等铁路，为干线建设立下大功。另外，他于1908年创办交通银行，属官商合办、股份有限公司性质的商业银行，总资本1 000万两，其中官股四成，商股六成，有发钞权。在清末民初，交通银行的规模超过了盛宣怀创办的中国通商银行，地位仅次于中央银行大清银行。以铁路实务和银行金融为核心，梁士诒日渐形成了一个势力庞大的交通系，他本人有“梁财神”之称。细数交通系中的主力，大多均为梁士诒的同乡、北方企业家以及与前朝有千丝万缕干系的“官商”，沪浙一带的民间企业家少有参与。

本次国会选举，棋局微妙，宛若当年三国。安福系好比曹魏，兵力最强且居于中枢，研究系和交通系则如刘汉和孙吴，合则可分庭抗礼，分则被各个击破。其中，交通系的角色最为微妙，因其理念模糊，可左可右，而财力雄厚，不可小觑。它若与研究系结合，就能组合为一个很有声势的政党力量，两党对峙格局或可形成，反之，则天平大倾。

令人无比感慨的事实是，交通系几乎是没有犹豫地选择了与安福系结盟。其原因大抵有三：一是企业家阶层所固有的投机心态，在笔杆子与枪杆子之中，官商情结深重的他们十分轻易地选中了后者；二是现实利益的交错，在1918年前后，交通系与安福系的很多重要人物有纠缠不清的利益关联，其中，交通系的曹汝霖、吴鼎昌与段祺瑞都是天津裕元纱厂的股东，而另一个大实业家周学熙跟段祺瑞的政治盟友徐世昌是天津华新纱厂的股东；三是两大派系领袖梁士诒与梁启超的私人关系，二梁既有同省之情、同学之谊，却也有莫名“夺魁”之幽恨，其心结纠缠，不足与外人道。

台湾学者张朋园在《中国民主政治的困境：1909—1949》一书中曾详

细记述了当时选举的景象。据他记述，安福系为了拉拢梁士诒，许之以参议院议长，交通系则暗中捐钱为安福系助选，其中，梁士诒捐 200 万元，曹汝霖和叶恭焯分别捐 70 万元。段祺瑞还挪用国库资金及盐税为选举之用。相对比，研究系的选举资金则十分有限，仅有与段祺瑞不和的直系军阀冯国璋给了梁启超 40 万元，其他一些地方督军出了数十万元。[①] 安福系捧着钱派人到各地贿选，据当时《申报》报道，很多属于研究系的人经过运作之后，都一起投到安福系旗下。一些军阀更是端着枪杆子搞选举，《盛京时报》记载，东北军阀张作霖把初当选人集中起来，宣布推荐名单，“不准选举限外人员”。而《顺天时报》报道，河南一个赵姓督军索性宣布，某 5 人为中央指派必须选出，“若不在指派之列者，即使当选亦属无效”。除了安福系的军阀明目张胆地贿选之外，商人贿选的“事迹”也见诸报端，《申报》刊文“苏州：众议员初选举之怪状”称，苏州一商人买动 400 余人，投票前以酒席招待，席开 50 余桌，投票人衣衫褴褛，类似乞丐者约居十之六七。

安福系鸭霸，交通系投机，研究系清高，棋局至此已无悬念。

6 月 20 日全国投票。结果，安福系大胜，在参议院和众议院两院中占 335 席，研究系得 21 席，交通系为 5 席，派系不明者 111 席。

企业家阶层在此次选举中的表现令人失望。从当选数据来看，如果交通系与研究系结合，加上被安福系用钱挖去的选票，再算上那些派系不明者，其力量足可与军阀一搏，中国世局或有别样天地。当然，百年后进行这样的“复盘”，徒余一场叹息而已。

1918 年 11 月 7 日，快要过 60 岁生日的前清民政部员外郎、学者梁济问儿子梁漱溟：“这个世界会好吗？”正在北京大学当哲学教授的儿子

---

① 张朋园著，《中国民主政治的困境：1909—1949》，长春：吉林出版集团有限责任公司，2008 年版。

回答说：“我相信世界是一天一天往好里去的。”“能好就好啊！”梁济说罢离开了家。三天之后，梁济在北京积水潭投水自尽，留万言遗书说：“国性不存，国将不国。必自我一人殉之，而后让国人共知国性乃立国之必要……我之死，非仅眷恋旧也，并将唤起新也。”

▲梁漱溟晚年口述回忆录便以父亲的这个问句为书名

梁济试图以死唤醒人们继续变革的决心。半年后的1919年5月4日，他的儿子梁漱溟所在的大学爆发了一场惊天的学生抗议活动，史称“五四运动”。

抗议的导火索还是跟4年前的《二十一条》有关。这年1月，第一次世界大战中的战胜国在巴黎召开“和平会议”。在对德和约上，和会竟明文规定把德国在山东的特权，全部转让给日本。中国作为战胜国受此凌辱，而北洋政府的代表居然同意在和约上签字，一时举国哗然。5月4日，北京大学等三所高校的3 000多名学生云集天安门广场，打出“还我青岛”“拒绝在巴黎和会上签字”“抵制日货”“宁肯玉碎，勿为瓦全”等口号。学生游行到交通总长曹汝霖住宅时，火烧曹宅，还痛打了驻日公使章宗祥。军警予以镇压，逮捕学生32人。北洋政府颁布严禁抗议公告，激起进一步的抗议，到5月下旬，全国主要城市先后宣告罢课。6月11日，曹汝霖、章宗祥等人被免职，总统徐世昌辞职，月底，中国代表拒绝在和约上签字。

“五四运动”后来被认为是中国新文化运动的开始，5月4日被定为“青年节”。

▲“五四运动”时上海街头的抗议标语

二十四史读下来，有一个现象很耐人寻味：当一个中央集权强势出现的时候，往往会带来经济的高度繁荣，而在集权丧失的乱世，却往往是思想和文化的活跃期。中国思想史上的三个高峰，分别是春秋战国——诞生了老子、孔子等诸子百家，奠定了中国哲学的基石；魏晋南北朝——出现了最绚烂的书法、雕塑和诗歌艺术；我们正在讲述的民国初期——爆发了“五四运动”，出现了灿如星河的思想家、文学家。

民国初年是思想至为活跃和自由的时期，对于所有的中国人来说，那是一段很像青春期的日子，明亮、躁动而充满了无边的忧伤。各种思潮在中国交错激荡，新刊物、新思想层出不穷。当年跟吴樾抢着要去暗杀“五大臣”的陈独秀此时已是北大教授，他主编的《新青年》（创办于1915年）举起“德先生”（民主）和“赛先生”（科学）两面旗帜，号召打倒“孔家店”，猛烈抨击旧文化，提倡新文化。以胡适为代表的青年留洋学者在“文学革命”的口号下，提倡以白话文代替文言文。在国之青年中，他们很快成为新的思想领袖，当时正在长沙求学的毛泽东日后对美国记者斯诺回忆说：“《新青年》是有名的新文化运动杂志。我非常钦佩胡适和陈独秀的文章。他们代替了已经被我抛弃的梁启超和康有为，一时成了我的楷模。”在饱受欺辱的黑暗年代里，这个古老东方国家的年轻人最终决心打碎老祖宗的一切坛坛罐罐。美国史学家威尔·杜兰（Will Durant）——他与胡适同为实用主义哲学家约翰·杜威（John Dewey）的门下弟子——在

《世界文明史》中很精辟地论及：“今天中国人最强烈的感情是痛恨外国人，同样，今天中国最有力的行动是崇拜外国人，中国知道西方不值得这样崇拜，但是中国人却被逼得不得不这样做，因为事实摆在眼前，工业化或殖民化二者任由选择。”[1] 这种矛盾的国民情绪在“五四运动”中呈现得非常清晰。

▲“五四运动”纪念章

“五四运动”的划时代意义，当时便被人敏感地预测到了。就在学生运动爆发的那几天，大哲学家约翰·杜威正好在北京访问。他在写于6月1日的信中说：“我们正目睹一个国家的新生，而出生总是艰难的。”

不过，从来没有人从企业史的角度审视“五四运动”。

它的引爆点在北京大学，它的发生地在天安门广场，日后为人们所记忆的先驱者都是学生领袖和知识分子，我们可以轻易地报出他们的名字：陈独秀、胡适、蔡元培、鲁迅、傅斯年、段锡朋、罗家伦、许德珩、周恩来等。然而，正如后世的日本纪实摄影家小川绅介（1936—1991）所说的，在一起重大历史事件爆发的时候，“那些生动的故事、人物，一定在广场的背后”。事实上，在1919年的5月、6月间，如果没有商业团体及工人的支持，“五四运动”仅仅是一场激动人心的学生抗议而已。在青春激荡的天安门广场的背后，以工人和企业家为主体的商业力量就是那些起着重要作用，却不被人注意到的“广场背后”的人。

① ［美］威尔·杜兰著，幼狮文化公司译，《世界文明史》，上海：东方出版社，1999年版。

早在2月，上海的商人就行动了起来，他们以同乡会的名义致电北京和巴黎，反对将德国权益转让给日本。3月，朱葆三等人以上海商业联合会为组织，集合沪上53个会馆公所，协调工厂的抗议活动。5月4日，传来北京学生游行并遭镇压的消息后，商业联合会当即与复旦大学和江苏教育总会联系，一起筹划抗议大会。5月7日，大会在老西门体育场举行，主题是声援学生，抵制日货。6月5日，上海工人开始大规模罢工，以响应学生。上海日商的内外棉第三、第四、第五纱厂，日华纱厂，上海纱厂的工人全体罢工，参加罢工的有2万人以上。其后三日，上海的电车工人、船坞工人、清洁工人、轮船水手也相继罢工，参与工厂43家，工人总数约6万，他们显然得到了工厂主们的支持、默许或容忍，这是开埠以来上海发生的最大规模的罢工活动。

在上海的示范下，抗议很快席卷全国。6月12日，武昌、九江等地商人罢市，京汉铁路、京奉铁路工人及广州的工人相继举行罢工和示威

▲工人大罢工

游行，罢工浪潮波及全国22个省的150多个城市。史景迁在《追寻现代中国》一书中记录这段历史时认为：“工人发动罢工支持学生的爱国运动，象征中国的历史发展迈向新的转折。”正是在工商力量的汹涌援助下，“五四运动”才演变成了一场全民参与、影响深远的历史事件。

企业家阶层在“五四运动”中的作为，并不仅限于声援学生。

就在抗议活动如火如荼的6月初，张謇接受《北华捷报》采访，对企业家在学生运动中的角色进行了阐述：“吾辈之主务，乃为开创国人使用国货之风气，以此促进吾国工商业之发展。现阶段之情形，无疑于此十分有利，因国人爱国情绪十分高涨。”在这一理念的引领下，企业家发动了一场比1915年声势更为浩大的抵制日货运动，甚至还在产业经济的重建中排挤日本势力。

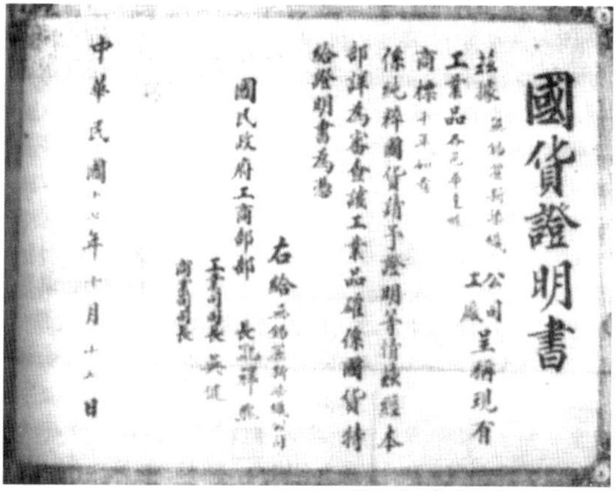

國貨證明書

茲據 公司 工廠 呈稱現有
工業品
商標
係純粹國貨請予證明等情經本
部詳為審查該工業品確係國貨特
給證明書為憑

右給

國民政府工商部部長 孔祥熙
工業司司長
商業司司長

中華民國 年 月 日

▲国货证明书

在“五四运动”爆发不久，日本报纸就已经预言，中国即将开展一场抵制日货运动，不过它以讽刺的口吻写道：“这场示威将是稻草上的火星，燃烧时间不会超过5分钟。”但是，几个星期后，上海的英文报纸《密勒氏评论报》就认定，这5分钟的示威可能会延续下去，并严重威胁日本的在华利益。

在各地的抗议活动中，抵制日货是一个贯穿始终的主题。5月17日，上海8家主要的报纸在同一天发布公告，发誓不再接受日货广告或者发布日本商业新闻。6月5日，上海华商纱厂联合会决定全埠罢业，荣宗敬——他在上一年的国会选举中当选江苏省议员——便在讨论会上提议

“一致戒用日本货”。近年以来一直十分活跃的中华国货维持会等非政府组织印制了数以十万计的宣传国货小册子，各种标语充斥大街小巷。在一份现存于日本外交档案中的小册子里，编辑者写道：“凡是爱国者都必须购买国货。当到处听到这样的呼声：伟大的中华民族和人民所创造的工业社会万岁，伟大的中华民族成员万岁，伟大的中华民族万岁，那就达到了这个长远计划和这种永恒组织的目的，因为抵制运动正是为了抵制某些国家的商品而发动的。”某些国家所指为何，读者无不心知肚明。

在很多城市，经营日货和为日方服务的商人纷纷收到匿名恐吓信，警告他们与日本断绝关系，一些日本商人的店铺也被捣毁。美国的《基督教科学箴言报》在报道中称，学生们成为“运动中的警察”，监督商店和小贩，破坏日本广告牌等。学生们的公告栏上，堆满了草帽、雨伞、热水瓶以及从行人那里收缴的其他日本商品，西方媒体将此形象地称为“草帽战”。一个叫玛加瑞特·莫尼格的美国传教士对西方记者说，她的女佣拒绝购买英国霍利克公司出产的麦芽奶粉，因为它只在日本商人开的商店里才出售。很多地方的商店被要求贴上这样的标语——“自今天起，本店铺决不出售日货”。10月的《新闻报》还刊登了一则报道，江苏省一个县的学生调查队发现，一家商店里的火柴有问题，它的外包装上印有“中华民国万岁”的字样，而实际上却是日本火柴，学生们当场销毁了这批商品。

在沿海城市和湖广地区还出现了一种叫“爱国十人团”的组织形式，它以10人构成一个小组，10个小组再构成一个更高级别的组织，参加者发誓只消费中国货，并确保和监督同组成员也这样做，他们还挨家挨户地发送传单和做鼓动工作。据报道，仅天津一地就有数百个“十人团”。

“五四运动”在7月达到高潮，日本对华出口几乎断绝。抵制效果从后面两年的贸易数据中清晰地呈现出来。1920年，日本对华出口额比1919年下降7.2%，损失达2 915万美元，而其他国家的对华出口却增长33.3%。1921年日本对华出口又同比下降8 696万美元，同期，其他国家的出口则增长30%以上。美国经济学家认为，这说明从1919年开始的抵制日货运动，无论中国付出了什么代价，都已成功地造成了日本在贸易、航运和工业方面的重大损失。据当时观察家的记录，抵制运动在华东地区推动了民族棉纱业的发展，在华南则为烟草和针织业提供了极为有利的市场环境。时任美国驻中国大使保罗·雷恩斯在写给国会的信中就认为："它给中国工业发展带来了巨大的动力，并且给制造商和政府一个提示，即什么是一场刺激国内工业发展的运动应该做到的。"①

与此同时，一个十分有趣的现象是，在震耳欲聋的爱国呼声中，天性反对动荡的商人们还十分注意抵制运动的边界，不使之滑向社会秩序全面崩溃的境地。在整个运动过程中，企业家做了大量的工作，尽量把运动的边界局限在非暴力的范围内。他们多次撰文呼吁，"惟予窃欲警告国民，万不可任令群众再有激烈行动"。

6月，就当纱厂联合会决议联合罢业的时候，荣宗敬曾经为此专门设宴招待欧美商人及外交人士。他解释说："（敝国）历受诸贵国文明感化，虽罢课、罢市、罢工达十天有余，而仍安静如常，绝无一毫暴动，当可邀世界诸大国共谅。"接着，他讲了一番很有技巧性的话："敝国人士，一致戒用日本货，而欧美诸大国之货畅销敝国，至好时机也。欧战四年余，诸贵国销行东亚之货，被日本国争攫殆尽，今公理战胜，诸贵国正可广造物品畅行东亚。今为在席诸公贺，而彼此联络友谊更加密切。"言下之意，中国抵制日货，大大有利于欧美商品回归中国市场，道理所及，当然很是引得欧美人的欢喜认同。

除了推动消费市场上的抵制运动之外，企业家们更利用这股爱国热潮，夺取了产业经济的某些主导权。面粉和棉纱"两料大王"荣宗敬就做

① 据研究资料显示，从1918年到1930年，上海工厂罢工次数最多的是两家日本棉纺工厂——内外棉株式会社和日华纺织株式会社，分别为45次和38次。与众多的本土纺织企业相比，日本工厂的工人待遇和生产条件尚略胜一筹，工人罢工显然带有很强的民族主义倾向。另外一个有说服力的对比是，在这期间，英美烟草公司发生了31次罢工，而同城的南洋烟草只发生了5次。

成了两件很有利于民族产业的大事。

从1919年的夏天开始，荣宗敬就四处奔走，联络面粉业人士，自行组织面粉交易所。当时在上海，日本商人开设了面粉取引所（交易所），经营面、麦的期货交易，基本控制了上海市场的原料和成品的价格，华人企业多年仰其鼻息而无可奈何。荣宗敬乘群情激奋之际，提出自办交易所，摆脱日本人的控制，此议得到同业的一致响应。1920年1月11日，中国机制面粉上海贸易所（后改名为上海面粉交易所）宣告成立，筹集股本50万元，荣宗敬、王一亭等沪上面业大亨均为理事。

同时，荣宗敬积极筹建纱布交易所。作为上海最重要也是那些年赢利能力最强的民族产业，棉纱的原料期货交易也被日商开办的取引所掌控。每年的棉花和纱布交易量非常大，各棉纱厂虽有心挣脱日商控制，但是也很担心操作不当，重蹈当年胡雪岩的覆辙。所以荣宗敬提出，必须协同一心，断流开源。在他的召集下，华商纱厂联合会的所有会员齐聚一堂，通过了两条跟日商决裂的原则：一是各厂不从日商的取引所采购棉花，必坚持到底；二是凡在取引所买卖棉花和纱布的行号或掮客，各厂与之断绝往来，并登报宣布此旨。与会厂商被要求一一举手，以示慎重通过。1921年7月1日，纱布交易所正式开幕，筹集股本200万元，荣宗敬、穆藕初等人为发起股东。

面粉和纱布两个交易所的成立，意味着这两大民族产业的期货价格主导权回归华商。这是企业家阶层借“五四运动”的东风打赢的两场漂亮的商战，特别是纱布交易所的建立，也算是给乱坟堆里的胡雪岩一个迟到了30多年的告慰。

如果说，“五四运动”决定性地改变了中国的文化生态，那么，它对商业生态的影响也是巨大的。就如同胡适等年轻的留洋博士一跃而成为文化领袖一样，一些有现代商业背景的年轻企业家也迅速登上了舞台。这个景象很快在1920年上海总商会的换选风波中呈现出来。

风波仍与“五四”有关。1919年5月9日，就当学生游行被镇压的时刻，上海总商会内一些与段祺瑞政府关系密切的老派商人发出一份电报，主张先在巴黎和约上签字，然后再与日本交涉归还青岛。此电引起公愤。随着抗议风潮渐成主流，总商会内部传出“改良总商会”的呼声，认定现在的总商会“一味与官僚派接洽，暮气太深，官派太重，麻木不仁”，所以必须重选明哲之才。

1920年8月，总商会进行换届选举，原有的33名会董中竟有31人落选，新当选的会董中有1/4的人还不到40岁。41岁的聂云台（1880—1953）被选为总商会会长，而他的前任是73岁的老买办朱葆三。

聂云台是个意气风发的新派企业家，他13岁就中了秀才，后来竟自绝科举，跟外国人学英语、电气、化学工程等新学科，再后来赴美国留学深造，回国后当上了一家纺织工厂的经理。他的身份中最为显赫的是，有一个国人皆知的外祖父——曾国藩，其家传血脉自有别一份的抱负。在1917年，聂云台与黄炎培等人在上海发起成立中华职业教育社，任临时干事，这是中国第一个职业教育团体。他还写了一本薄得只有10页纸的小册子，书名叫《大粪主义》。书中说，在民间，人中了毒可以用大粪灌解，而国家民族的毛病中的毒也一样可以用大粪来解。按聂云台的说法，当世之人有四种毒，一是骄慢，二是体面，三为骄懒，四为奢费。这四毒，浇上一勺浓烈的“大粪主义”，一切就化为乌有了。浇大粪的方法很简单，从教育和政治入手，但是要密切联系公厕和大粪。教坛上，学校的老师带头，跟学生一起挑大粪、洗厕所，浇粪种菜。让学生认识到，大街上挑粪的人，才是最可宝贵的人。而政坛上，则要求从国家元首到各县的长官，每天早上必须到指定的地点亲自刷洗厕所，而且必须刷洗干净。如果担心长官的安全，可以派卫兵四周保卫，长官一边刷洗，还配一个演讲员在旁演讲其意义。其理论虽荒诞，却有着最朴素的民本思想。

聂云台上任后，迅速展开了一系列的革新措施。他集中一批企业家力量，组成了财政、陈列、交通、公证等8个专门委员会，充实和健全了商会的职能。从1921年起，总商会连续三年举办了三次规模宏大的国货展览会，推动了民族工业的发展。聂云台还兴办工商业图书馆和商业补习学校，出版《上海总商会月报》，培养商战人才和发布商人声音。

与焕然一新的总商会很类似的，在上海商界另外一个被年轻人把持的商会是上海银行公会。

这家创办于1918年7月的行业公会由12个银行家发起，他们大多出生于19世纪80年代，此时不到40岁，而且全数受的是现代金融教育。发起人宋汉章和张公权分别毕业于上海中西学院和日本东京庆应大学，其他还有毕业于日本山口高等商业学校（李铭）、英国伯明翰大学（徐陈冕）以及法国巴黎大学（徐新六）的。这些人不屑于陈旧的钱庄模式，渴望摆脱国家的干预，以国际金融法规来管理自己的银行。他们集资创办《银行周报》，在发刊词中很自信且明确地宣告："溯自吾国与外人通商以来，国内商业进而为国际商业，经营之范围日扩，其方法亦日异。为之枢纽机关者，如旧日之钱庄票号，已不能应今日之潮流，所谓银行者乃应运而生。银行者，所以供一国财政工商以及社会经济之运用也。"朝气浩荡的一行字冲过来，就把钱庄票号扫进了历史的垃圾堆。

1920年，在31岁的张公权的倡议下，由上海银行公会牵头，各地公会联合组成了全国银行总会。在后来的7年里，它成为一个可以与中央政府公开博弈、直接影响金融政策的银行家集团。

在伟大的"五四运动"中，企业家阶层的作用与表现长期不被提及。正如我们已经描述的，在时代的重大衍变时刻，"广场背后"的他们以自己的方式演出了同样精彩的一幕大戏。

法国学者白吉尔在评论"五四"时期的企业家时说："那些企业家，都是摈弃旧观念、倡导新思想的超群人物。正是在这种意义上，他们对中国社会现代化所做的贡献，与'五四运动'中知识分子的杰出作用相比，可谓是一珠双璧——尽管他们没有像后者那样慷慨激昂。"她还说："民族企业家与激进的知识分子相比，显得较为实际，与保守的官僚相比，又显得较为开放。”

环视1919年前后的世界，我们可以看到，随着第一次世界大战的结束，全球政治格局十分动荡。在中国的北方，俄国人以暴力革命的方式建立了社会主义国家，而在西南方，另外一个古老的亚洲大国印度则正十分巧合地进行着一场非暴力的民众运动。

在近代史上，印度所遭受的耻辱并不比中国轻。从17世纪开始，印度就受到英国的经济和军事入侵，到1857年，也就是欧洲列强对中国发动第二次鸦片战争的前后，印度被大英帝国正式吞并，屈辱性地改称为“东印度公司领地”。此后数十年，印度人民为了自治和独立不断起义、血流成河。

到1919年11月，一个出生于土邦首领家庭、在英国伦敦大学受过西方教育的律师莫罕达斯·卡拉姆昌德·甘地发起了“非暴力不合作运动”。他宣布了一系列与英国政府“不合作”的内容，包括退还英王所授爵位、勋章，辞去在地方机构中所任公职，不参加殖民政府的一切集会，抵制英国殖民教育等；在经济上，则抵制外国产的商品，特别是英国产品，他号召所有印度人应该穿土布，而放弃英制织布。甘地的非暴力不合作运动成为印度人民反对异族统治的主要手段，它十分曲折而反复地进行，一直到1947年，印度终于宣告独立，甘地因此被视为“圣雄”和“印度国父”。[①]

后世学者常常将1917年的俄国“十月革命”与“五四运动”联系在一起探究，却很少有人观察到几乎同时发生的印度“非暴力不合作运动”。事实上，1919年的中国思想界受到了来自南北两大社会思潮的夹击式影响，至少在经济领域，保守的企业家阶层的选择与甘地的非暴力主张很可参照。

---

① 当时的中国思想界更为熟悉的印度思想家是1913年获得诺贝尔文学奖的诗人泰戈尔。他跟甘地有很近似的东方哲学思想，他在诗歌中吟唱道：“当我们极谦卑时，则几近于伟大。”1919年，他支持甘地的非暴力不合作主张，第一个拒绝了英国国王授予的骑士头衔。1924年4月，他应梁启超、蔡元培之邀访问中国，引起很大的轰动。

回望1919年中国之运动，真可谓轰轰烈烈，就像灯火辉煌的列车在暗夜中一闪而过，给人留下的是若有所失的晕眩感。在此后的四五年里，文化界群星璀璨，思想空前活跃，各种政治力量和主张自由萌生，其中对历史影响最大的事件是1921年7月23—31日，陈独秀、李大钊和毛泽东等人在上海（后转到嘉兴南湖）组建了中国共产党，它不久将崛起为一支强大的力量。而在企业界，雄心勃勃的新兴企业家们开始试验他们的政治理想。

自袁世凯之后，北洋政府因军阀割据和财政拮据，一直显得很弱势，这客观上让企业家有了博弈的空间。1920年秋，中央政府决定发行政府债券。12月，张公权领导的银行公会在上海举行会议，以旧债券清偿不力为理由，拒绝认购所有债券。在北京掌权的段祺瑞十分恼火却也无可奈何，只好派代表与银行家们谈判，最后同意建立统一的国债基金会，将关税余额作为偿债基金，再由英国人掌控的海关总税务司作为第三方管理。这种跟中央政府叫板的事情在当时并非个案。早在两年前，上海总商会还拒绝派人北上参加农商部组织的经济发展研讨会，理由是“鉴于困扰国家的动乱局面，经济和商业陷入混乱，没有必要浪费时间参加此类会议”。

在对中央政权失望的情形下，企业家们接受了空想社会主义和自由主义的思潮，尝试重建中国的社会秩序。其努力的方向主要有两个：一是建设模范城市或试验公社，一是创立城市自治机制。

中国人向来有“修身、齐家、治国、平天下”的济世理想，对企业家来说，天下太大，那就去治理眼皮底下的那片土地吧。在这方面，张謇是一个最值得纪念的典范。从1903年开始，他就致力于家乡南通的城市建设，大生纱厂的很多利润都被他投入到公共事业上。将近20年下来，南通已成当时中国最出名的县城。1920年，一位访问者描写他看到的南通：“在登岸以前，我们就已感受到她的现代气息了。大道旁柳树成行，满载面粉、棉花以及旅客的卡车、汽车在奔驰，高耸林立的烟囱在冒着烟，工厂的机器轰鸣声在回响——一个欢快劳动的日子又宣布开始了。在江岸边建有现代化的码头和仓储设施，通过现代化的公路和运河，运输线四通八达……登上狼山山顶，一幅动人的壮丽图画展开在我们眼前。在南面奔腾着雄伟的长江，它的水上运输繁忙。在西面静卧着南通城，屋顶、烟囱、城门楼依稀可见。到处都显示着满足、快乐和繁华。我们看到每一寸土地都得到了耕种，并由田间小路分割成几何形状……在居住区内有大量精心种植的树木，这也是这里的一个特征，在中国其他地区没有类似的情况。”上海英文《密勒氏评论报》主笔J·B·鲍威尔（John Benjamin Powell）也是在这一年到访南通的，他称之为“中国大地上的天堂”。他在报道中写道：“张謇以及他的兄长张詧、他的儿子简直可以用‘君临天下’一词来形容，除了童话故事中对待臣民就像对待子女一样的慈善君王外，可能无人可与之匹敌，而在南通州这却是事实。”1922年，中国科学社在南通举行年会，梁启超到会，称之为“中国最进步的城市”，文学家鲁迅的朋友、日本人内山完造称南通是一个“理想的文化城市”。同年，北京、上海的报纸举办“成功人物民意测验”，投票选举“最景仰之人物”，张謇得

▲旧时南通景色

票数最高，这一年正好是他 70 岁大寿。让人感慨的是，也正是在这一辉煌的时刻，张謇的企业突然冒出了危机的苗头，他将很快陷入无法自拔的泥潭。

不过在 1922 年，南通模式还是如此的迷人和让人感奋，在很长的时间里它成为企业家的梦想。也是在这一年，老买办朱葆三在上海郊区购置 1 000 亩地，设想建立一个类似南通的试验城。而荣家兄弟则尝试着在自己的工厂里搞了一个“劳工自治区”。“自治区”设在家乡无锡，建有男、女职工单身宿舍和职工家属宿舍，宿舍分区、村、室三级，由工人自己推选各级负责人员进行管理；还兴办了食堂、储蓄所、合作社、医院、工人夜校、子弟学校、图书馆、电影场，乃至公墓、功德祠、尊贤堂，工人从生活、教育、文化娱乐、劳动保险到生老病死诸多方面都得到了一定程度的保障，可谓社会功能一应俱全，宛若一个独立的“公社”。到后来，为了处理各种纠纷事宜，“自治区”内还设了一个工人自治法庭。“自治区”的建立，一方面实践了荣家兄弟的社会理念，另一方面也直接带来了生产效率的提高，荣德生经常在周末集体训话时宣传自己的“自治主张”：“厂方的利益，就是各工友的利益，劳资应该充分合作、团结一致，否则皮之不存，毛将焉附？”

如果说，张、荣等人的试验着眼于家乡的重建，那么，另外一些人则有更大的抱负，他们试图在某些城市建立自治型政府。

企业家的政治热情一方面是被逼出来的，另一方面也是不清晰和幼稚的。1921 年 10 月，在商会联合会的年会上，很多年轻的会员提出了参与政治的呼吁。一个叫唐富福的人在发言中大喊：“我们用不着仰赖某个个人，世上从来没有救世主……现在该是商人面对现实，摆脱陈旧的不参与传统，投身政治的时候了。我们拒绝将我们所主张的开明政治与那种黑暗的政治混为一谈。如果政治是黑暗的，而我们却接受其统治，岂不成了奴才和背叛者了吗？我起誓，我决不！中国商人要拯救这个国家。商会总是以不参与政权为自己的荣誉，但在今天，这种节制却是我们的耻辱。”这番演讲刊登在了当时的《北华捷报》上。唐富福的论点在年会上引起共鸣，穆藕初等人也认为："实业界人士务实不闻政治的陈旧观点，是不值得赞赏的。应团结起来，采取适当的方式，推动政府改善国内局势。"

企业家阶层的参政和自治理念得到了自由派知识分子的呼应，胡适、丁文江等人提出了"好人政府"的概念，就是由"好人"来管理政府，依靠专家解决专门问题。所谓"好人"，就是知识分子和企业家阶层，"即以现身从事农工商业及劳动者执政，而除去现在贵族、军阀、官僚、政客等无职业者执政"。

为了实践商人主政和"好人政府"的主张，各地商会先后都提出过千奇百怪的设想。1923 年 3 月，汉口总商会向国内各主要城市的商会发出了一份《保护商埠安全议案》，提出以中世纪欧洲的汉萨同盟为仿效，建立一个"真正的城市联盟"。汉萨同盟是德意志北部的城市联盟群，起源于 12 世纪中期，鼎盛于 14 世纪。它由富商和贵族发起，拥有军队和金库，极盛时加盟城市多达 160 个。汉口的议案认为："如全国各商埠能实行团结，声气灵通，势力雄厚，举国内外，谁敢予侮？"此案"看上去很美"，却一点也没有操作的可能。

汉口议案提出后不久，上海的企业家更有过十分大胆、闹剧式的行动。

年初，北京政坛出现动荡，直系军阀曹锟打败皖系的段祺瑞，控制了中央政权。在总统选举中，曹锟用钱收买国会议员投票，每人 5 000 元，受贿的议员共有 480 人，曹锟因此"选"上了大总统。6 月，他把现任总统黎元洪赶出北京城。一时间，贿选丑闻臭遍全国，各地抗议声四起。6 月 23 日，上海总商会召开了一次会员大会，一方面通电谴责北京，另一方面宣布上海独立。他们组成了一个由 70 人组成的民治委员会，宣布将以执政者的角色来管理城市。他们发布公开宣言，拟订行政章程，与曹锟政权电报交涉，一时忙得不亦乐乎。

但是，民治委员会显然缺乏合法性和实际的行政能力，只忙乎了两个月，就无疾而终了。企业家们的尝试遭到了舆论的嘲笑，《东方杂志》的一篇评论便讽刺说：“最可笑的是，上海商会妄欲组织商人政府，自认为民治委员会基本会员，一若除商人外无人民者，又若除上海商人外无人民者，更若除上海总商会之商人外无人民者，即此一端，其无知妄作已可悲矣。我们商人向缺乏政治常识，每激于一时热情，殊不知盲从妄作，根本已错。”其言刻薄，却也点出了商人主政的三个缺陷：一是爱搞“小圈子”，二是缺乏民众基础，三是没有明确的执政主张。令人好奇的是，唯一对总商会行动持鼓励态度的是已经成为共产党员的毛泽东。他在《响导周报》上发文《北京政变与商人》，认为：“上海商人业已改变从前的态度，丢掉和平主义，采取革命方法，鼓起担当国事的勇气……”[①]

企业家阶层的自治努力在这之后数年内还将持续下去，每一次都因为缺乏民众基础和宪政理论支持，而显得幼稚和缺乏持续性。在一个现代国家，自治政府及议会制度的真正确立，需要一个自由或稳定的社会环境，在那样的社会内部，各种利益集团以公平协商的方式共存，可是，在20世纪20年代的中国，内乱远未停止，暴力随时可能打断和平的努力。因此，白吉尔把这一时期的失败，称为“一个不自由年代中的自由主义的失败”。她评论说：“资产阶级的作为，通常显得模棱两可，缺乏条理和毫无效力，在某种程度上，是由于它所处的政治地位的性质不那么明确的缘故。”

---

① 早年的毛泽东是地方自治和模范乡村建设的积极倡导者。1919年，他在《湖南教育月刊》第十二期上发表《学生之工作》一文，提出：“合若干之新家庭，即可创造一种新社会。新社会之种类不可尽举，举其著者：公共育儿院、公共蒙养院、公共学校、公共图书馆、公共银行、公共农场、公共工作场、公共消费社、公共剧院、公园、博物馆、自治会。合此等之新学校、新社会，而为一‘新村’。吾以为岳麓山一带，乃湘城附近最适宜建设新村之地也。”40年后的1958年，他的这一理想终于以“人民公社”的方式得以实践。

1920年7月，虞洽卿四方运筹，获准建立上海证券物品交易所，票券、棉花、布匹、粮油等均可在此交易。当时的上海，竟有140个各种各样的交易所，是全世界交易所最多，也是最不规范、投机色彩最为浓烈的城市。虞洽卿的这个交易所是中国第一家正规、综合性的证券物品交易市场。据记载，该所的首倡者是孙中山，他于1916年在北京约见虞洽卿，提出在上海筹建交易所。他对虞洽卿说："交易所既成，亦可为革命聚积资金，诚乃大事矣。"靠办交易所为革命筹钱，孙氏逻辑很能代表当时革命家的经济思想。虞洽卿依计而行，数年乃成。虞洽卿出任理事长，借此成为上海风云一时的期货大亨。①

也是在这段时间前后，陈其美（于1916年5月遇刺身亡）的结拜兄弟蒋介石落魄沪上，也来投奔虞洽卿。虞洽卿慨然收留，安排蒋介石在交易所当上了一名经纪人，另一位浙江老乡、革命党人张静江则出资4 000元，让蒋介石在交易所中占了股份。不料蒋某人"革命有方"，却经营无术，先是在买空、卖空中赚了不少钱，紧接着又全数赔光，还欠下一屁股

▲上海证券物品交易所

① 中国第一家证券交易所于1916年在北京创立，不久，上海也设所交易。

债。百般无奈之下，蒋介石躲到虞洽卿家中避债多日，然后决心南下投奔孙中山。为了躲避债主尾随跟讨，虞洽卿出主意让他投帖拜青帮老大黄金荣为“老头子”。

黄金荣门徒黄振世日后记录当时的场景：虞洽卿到八仙桥钧培里黄公馆后，向黄金荣说明情由，要求录收蒋介石为门生，黄金荣因为虞洽卿在当时商界地位高、势力大，亦很想结交，所以对他提出的要求都无条件答应下来。又因为虞洽卿不熟悉投拜“老头子”的手续，第二天陪同蒋介石到黄金荣处时，只投递了一张写着“黄老夫子台前，受业门生蒋志清”的大红帖子，既没有拜师应有的蜡烛、香，更没有致送压帖的贽敬。还因为黄金荣事先从虞洽卿处知道蒋介石的困难处境和拜师目的，同时也为了讨好虞洽卿，所以非但不计较压帖贽敬，还有心“慷慨”地赠送蒋介石旅费大洋 200 元，并且鼓励他去广州。分别以后，二人互不通信，日久以后也就时过境迁，淡然若忘了。

谁也没有料到的是，仅仅 6 年后，乾坤倒转，这番江湖交情又孽生出一段影响中国走向的历史公案。

不过在讲述这段公案之前，我们要先来到 1924 年的中国，经济萧条在天灾人祸的夹击下突然降临了。

1924 工商决裂

最是那一低头的温柔，
像一朵水莲花不胜凉风的娇羞，
道一声珍重，道一声珍重，
那一声珍重里有蜜甜的忧愁——
沙扬娜拉！

——徐志摩：《沙扬娜拉》，1924年

1924年4月12日上午10时，一艘轮船沿黄浦江缓缓驶进上海汇山码头。船上，一位戴着红帽子，银须白袍、宛若神仙的老者挥手向欢迎的人群致意，他就是第一个获得诺贝尔文学奖的亚洲文豪、印度诗人泰戈尔。在随后的两个月里，泰戈尔掀起了一场甜蜜的中印文化交流热浪。一群年轻的、操着娴熟英语的中国诗人围绕在他的身边，仿佛重新燃起了东方轻灵文化的篝火。其中，最狂热的崇拜者是从剑桥大学留学归来的诗人徐志摩，他每天陪着泰戈尔四处演讲，还随同去了日本。在那里，他写出一组温婉娇羞的新诗，在每一个段落的最后，他都以“沙扬娜拉”为结束。徐志摩的新诗显然比几年前胡适的口水诗要精致得多，却没有了咄咄的时代气息。

沙扬娜拉，日语“再见”。具有讽刺意义的是，1924 年并不像徐诗人所描述的那么甜蜜，却真是一个“再见”的年份。

短暂的和平在这一年被打破了，军阀们再次开战。尤其糟糕的是，此次战火居然烧到了商业繁荣、过去数十年里一直没有重大战乱的江浙一带。1924 年 9 月 3 日，江苏直系督军齐燮元为夺取上海，向盘踞上海和浙江的皖系督军卢永祥、何丰林开战，双方相持于嘉定、太仓、浏河一带，江浙工商业顿时风声鹤唳。紧接着，东北奉系军阀张作霖以援助皖系为由，与直系吴佩孚在山海关开战，双方投入 30 万人，为那些年来规模最大的战事。吴佩孚因为冯玉祥部临阵倒戈而战败，奉皖联手，组成临时执政府。张作霖入关后，粗暴对待知识界和持不同政见者，政局一直动荡不安。人们对北洋军阀终于彻底失去信心，在南方偏据多年的国民党再次成为被期待的力量。1924 年 11 月，孙中山受邀北上共商国是，不料，他的身体状况突然恶化，在第二年的 3 月 12 日因肝癌病逝于北京，终年 59 岁。在遗言中，他告诫全党：“革命尚未成功，同志仍须努力。”

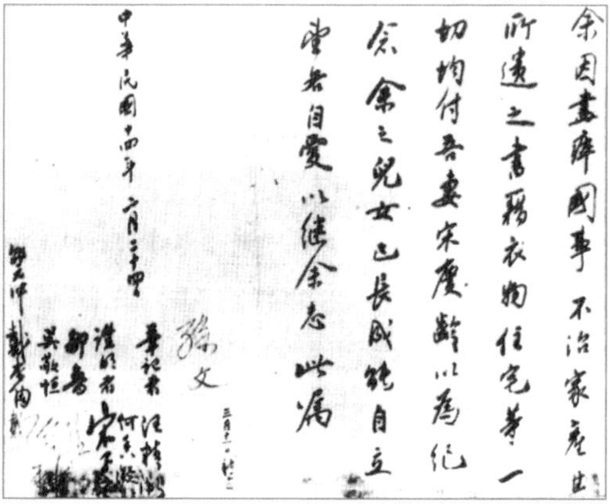
余因尽瘁国事，不治家产。其所遗之书籍、衣物、住宅等，一切均付吾妻宋庆龄，以为纪念。余之儿女已长成，能自立，望各自爱，以继余志。此嘱。

孙文

中华民国十四年二月二十四日

▲孙中山遗嘱之一页

那年的天灾也是不断，长江、汉水并涨，武汉三镇江堤多处漫溃，京汉铁路被大水冲毁，地方志记载，“各项商业无不停顿，萧条情况实为从所未有”。中原和西北一带受气候影响，农产品已经连续多年歉收，河南等省份还发生了饥荒。

▲孙中山灵堂

在产业经济方面，欧洲各国进入战后复兴，中国再成被争夺的市场。日本势力仍然强劲，再加上连年农产品歉收，各种原材料大涨，脆弱的民族产业受到严重冲击。其中，景象最惨的是此前发展最快的棉纺业。从 1922 年 10 月到 1924 年 6 月，上海交易所的棉花平均价格上涨了 73%，厂家不堪其重，爆发了纱厂危机，到 1924 年年初，1/3 的上海纱厂停产歇业。在经济寒流到来的时候，民族工业抵抗风险能力的羸弱毕现无遗，与同在上海的英资、日资企业相比，本土纱厂的管理水平明显落后，生产效率低下，流动资金太少，金融体系的支持也十分不足，因此，在经济繁荣的时候可水涨船高，而当危机到来时，则会率先出局。从数据来看，就在纱厂危机期间，英资怡和纱厂仍然有 30% 的股息可以分配，而日本纺织株式会社的年度利润率也高达 25%。华资的华丰、宝成等大厂相继被日商兼并。

在这场危机中，最轰动的事件是商界精神领袖、“状元企业家”张謇的破产。

晚年的张謇把大量的精力投注于政治事务和南通模范城的建设，他到底有多少时间花在生产经营上不得而知。大生集团在 1919 年创下赢利 380 多万两的最高纪录，到 1922 年就因棉花涨价而出现了亏损，该年亏掉 70

万两，其后更是江河日下。到1924年，大生已欠下400万两的巨额债务，直奉战争爆发后，东北和华北市场已惨不忍睹。更糟糕的是齐燮元与卢永祥居然还在家门口开火，江浙市场一动摇，大生的日子就过不下去了。到1925年，大生集团已经资不抵债，仅是大生一厂的债务就已经高达906万两。张謇被迫把苦心经营将近30年的全部企业交给债权人接办，在陈光甫的安排下，中国、交通、金城、上海4家银行和永丰、永聚钱庄组成债权人团全面接管大生企业。已年过72岁的张謇晚年居然遭遇如此劫难，他不由感叹“不幸而生中国，不幸而生今之年代”。

张謇商业王国的陡然衰落，除了棉纱产业的危机外，还有三个很重要的原因。一是理想主义的沉重包袱。为了南通的公益事业，大生纱厂常年无偿“献血”，已超出企业正常的负担。到1924年前后，大生一厂仅为企业和公益事业的垫款就有70多万两，对其他企业的借款超过112万两，以往来名义被其他企业占用的也接近这个数字，三项合计超过了全部营运资本的45%。企业办社会，最后拖累大生。二是多元化经营失控。张謇晚年反省失误时承认“本小事大”“急进务广”，其中失误最大的投资是垦牧产业。垦牧业带有很强的社会公益性，投资大，周期长，而且受海潮、气候等自然条件的影响。张謇先后创办了近20家垦牧企业，围海400万亩，累计投入资金达2 119万银元之巨。10余年中，所围海堤三次被特大台风袭毁，垦牧项目先后全数失败，纱厂资金被迫去填了大黑洞。三是企业管理混乱。大生虽是中国最早的股份制企业之一，但是在相当长的时间里，张謇的光环太大，晚期更是近乎于“神”，集团内各实业公司都没有基层负责的规定，事无巨细，表面上都要向他请示。而他的大部分精力又在企业之外，对于经营实情并不完全了解，因此，管理弊端丛生，一旦发作，便无药可救。

晚年的张謇从云端上坠下，在最后的岁月里竟饱受煎熬。自企业亏损之后，种种流言四起，每次开股东会他都不得不面对指责，好几次会议不欢而散。在一份写给股东的信中，张謇十分无奈地说，自己已70多岁了，为人牛马30年，也可以结束了，他欠大生的债务，可以从股息和退隐费中分年偿还。他还给自己在狼山之畔选了一块墓地，自拟对联："即此粗完一生事，会须身伴五山灵。"墓上不铭不志，只简单地刻着"南通张先生之墓阙"，没有头衔，没有装饰。在生命的最后一个月，他还去视察江堤，为盐垦事业做最后的努力，因劳累过度，他发起高烧。1926年7月17日，一代"状元企业家"在无限的寂寥和落寞中黯然去世。他的陪葬品是：一顶礼帽、一副眼镜、一把折扇，还有一对金属的小盒子，分别装着一粒牙齿，一束胎发。①

春与人俱老，花随梦已空。张謇的破产和去世，意味着士商时代的一去不返，此后中国商界再没有出现如他这样具有重大公共影响力的全才型人物。胡适为他的传记作序，称他是"中国近代史上一个很伟大的失败的英雄"。毛泽东则说："中国的民族工业有四个人不能忘记……轻工业不能忘记张謇。"② 其实，张謇之应该被记忆，何止轻工业而已。

在1924年前后的中国社会，社会矛盾的纠缠和复杂让人不安。1923年年底，文学家鲁迅在对北京学生的演讲中，流露出了他的悲观："可惜中国太难改变了，即使搬动一张桌子，改装一个火炉，几乎也要血；而且即使有了血，也未必一定能搬动，能改装。不是很大的鞭子打在背上，中国自己是不肯动弹的。我想这鞭子总要来，好坏是别一问题，而且总要打到的。但是从那里来，怎么地来，我也是不能确切地知道。"③ 在这段话中，

---

① 张謇下葬时颇为寂寥，并没有关于他的陪葬品的记录。1966年"文化大革命"爆发，8月24日，张謇墓被红卫兵当作"四旧"砸毁，孙女张柔武目睹墓中葬物。

② 毛泽东说的另外三个不能忘记的人分别是，"重工业不能忘了张之洞，化学工业不能忘了范旭东，运输航运业不能忘了卢作孚"。

③ 摘自《娜拉走后怎样》，是鲁迅先生于1923年12月26日在北京女子高等师范学校文艺会上的一篇演讲稿。本篇最初发表于1924年北京女子高等师范学校《文艺会刊》第六期，后来收入他的杂文集《坟》。

读得出部分知识分子因绝望而产生的对“血”的革命的渴望。在当时中国，正出现了一个十分微妙的景象：人数日渐庞大的劳工阶层与同样新兴的企业家阶层出现了利益和价值观上的矛盾，这种矛盾随着经济危机的爆发渐渐变得尖锐起来。

在洋务运动之前，中国并不存在工人阶层。随着近现代工业的成长，劳工人数迅猛增加。在1913年，中国产业工人有60多万，到1919年达200多万，1924年前后人数已经超过500万。跟所有进入工业社会早期的国家一样，中国工人的生存现状是悲惨的。史景迁在《追寻现代中国》一书中描述道：“微薄的工资、超长的工时，罕见，甚至根本不存在休假。医疗救助或保险总是缓不济急，工人通常住在工厂或矿区所提供、居住条件恶劣到令人作呕的宿舍。工人均被以号码而非名字来称呼。工厂内，管理人员欺凌工人的恶状司空见惯。工资总是会无故被扣减，要求回扣的现象时有所闻。女工的人数多过男工，有些纺织工厂，女工比例高达65%，然而她们的工资甚至远低于同工厂男工。雇用童工的现象非常常见，特别是纺织厂。年仅十二岁的女工赤手在接近沸腾的大水桶里捡拾蚕丝，这类工作经常让她们感染可怕的皮肤病和受到伤害。”

在当年的报章、文学作品中时时可见类似的描述。客观地说，他们不是当时中国社会最悲惨的人——跟农民相比，他们有相对稳定的收入，不必惊恐于匪徒和战乱，但是不人道的遭遇却是不争的事实。因此，反抗性的罢工事件屡见不鲜，可查的数据显示，从1914年到1919年“五四运动”前，全国工人罢工108次，尤其是1916年后，罢工次数逐年增加。仅1919年1~5月，罢工即达19次。特别是在过去10年的抵制洋货运动中，居住于城市而最容易被集中发动的工人群体是一股最主要的抗议力量。

然而，一个很重要的事实是，在1920年之前，工人阶层从来没有被看成是一支完整而独立的力量。一味沉醉于欧美或日本宪政经验或文化的公共知识分子对其非常陌生，甚至可以说是与其完全绝缘。他们所津津乐道的“好人政府”在工人们听来虚无缥缈，不知所云，不但跟他们的生计毫无关系，而且显得非常虚伪。企业家阶层对工人也非常不重视，他们最多也是出于利用或提高劳动效率的考虑，如虞洽卿与他的“短档朋友”们，或荣德生之创办“工人自治区”。自晚清允许商人结会以来，全国已经出现了数千个大大小小的商会。他们的势力非常强大，上海、广州及武汉等城市的商会甚至拥有自己的武装团体。他们高高在上，根本不会弯下腰来跟衣衫褴褛的劳工们进行平等的对话。即便是孙中山的国民党人，也主要活动于士绅、官吏、知识分子、军人乃至华侨之中。

真正把工人当成一股独立力量来倚重的是新成立的中国共产党。1921年8月，就在组党成立的一个月后，中共在上海迅速成立了领导工人运动的机关——中国劳动组合书记部。曾经参与领导“五四运动”的北京大学学生领袖张国焘出任主任。书记部设立5个分部，其中湖南分部主任为毛泽东，在法国参加过工人运动的李立三成为张国焘的得力助手。这个专门机关成立后，马上创办机关刊物《劳动周刊》，其宗旨是“为劳动者说话，并鼓吹劳动组合主义”。每期发行最多时为5 000份。同时，中共还在上海纺织工人最集中的沪西小沙渡，开办了第一个工人补习学校，通过刊物和工人学校唤醒工人的自主意识。张国焘在一篇题为《中国已脱离了国际侵略的威胁么？》的文章中如此写道：“我们只知道我们每年所缴纳的租税，一半是外国政府和银行家强夺走了。因而我们的子弟受不到教育，我们当兵的兄弟拿不到军饷，我们百余万劳苦兄弟在外国资本家的鞭策下做工，洋货深入穷乡僻壤，弄得做手艺的没有生意了……上海市等处公园，是‘华人与狗不得入内’，这些痛苦和耻辱已使我们受够了。”[①] 这样的文章充满了简单而明快的逻辑，它像手术刀一样，一下子把工人阶层从众多的社会集团中切割出来。

接着，张国焘和李立三深入工人中间。他们选中的企业是安源路矿，

---

① 张国焘著,《中国已脱离了国际侵略的危险么？——驳胡适的“国际的中国”》，载《向导》1922年10月第6期。

该矿隶属于著名的汉冶萍公司，由萍乡安源煤矿和株萍铁路局组成。之所以选中这里，主要是因为煤矿劳工集中，生产条件恶劣，反抗情绪容易激发。还有一个原因应该是，张国焘正是萍乡人氏，而李立三的家在附近的湖南醴陵县。张国焘、李立三在安源的工作是卓有成效的，他们创办平民学校和工人补习学校，发展党员，建立中共安源支部。1922 年 5 月 1 日，安源路矿工人俱乐部创立，7 月，成立安源路矿工人消费合作社。于建嵘在《中国工人阶级调查》一书中生动地描述了李立三动员工人与企业主对抗的情景：“李立三当时对工人讲，你们很苦啊，你们很穷啊。那些工人说，我们很好啊，比家里好多了。李立三说，不对，你们苦得不得了，你们不应该这样生活的。李立三说西方有个马克思，这个人说你们创造的财富都叫资本家拿走了。工人说，我们在家里得不到现在这么多钱啊，这里比家里好啊。李立三说，我们可以把钱拿回来。那么怎么拿回来呢？李立三动员工人团结起来，如果你每天创造十块钱却只得到五毛钱，你通过斗争就可以得到更多的钱。”通过这样的教育，9 月 14 日，安源路矿工人举行了第一次罢工活动。安源很快成为中国共产党最早的“党员摇篮”，到

勞動週刊

工友們，我們大家聯合

本週刊特別啟事

評論

中國勞動組合書記部加入上海各工團聯合會所主張的

▲《劳动周刊 · 发刊词》

1924年，中国共产党的党员为977人，其中安源路矿就有270多人，占了将近1/3。

除了在安源扎根之外，工人运动的全国性联盟及行动纲领也渐渐形成。1922年5月，劳动组合书记部发起在广州召开第一次“全国劳动大会”，到会代表173人，代表12个城市、110多个工会、34万有组织的工人。大会接受了中国共产党提出的“打倒帝国主义”“打倒封建军阀”的政治口号。代表们一致赞同在中华全国总工会未成立以前，中国劳动组合书记部为全国总通讯机关。8月，中国劳动组合书记部发布《劳动法大纲》，提出劳动立法的4项原则：保障政治上自由、改良经济生活、参加劳动管理和劳动补习教育。文件中还提出承认劳动者有集会结社、同盟罢工、缔结团体契约、国际联合的权利，实行8小时工作制，保护女工、童工，保障劳动者的最低工资等具体要求。这些严密的组织与纲领的形成，让中国的工人运动上升到了理性的层面。在张国焘、李立三以及从莫斯科归来的刘少奇等人的领导下，各地的矿场、棉纺厂、印刷厂及铁路公司出现了数百个工会。

工商决裂的标志性事件是发生在1923年的京汉铁路罢工事件。1923年，在共产党人的策动下，京汉铁路工人决定成立工会，劳动组合书记部武汉分会的共产党员林祥谦被选为工会委员长。京汉铁路的路权当时控制在军阀吴佩孚手中，是他最重要的财源之一。2月1日，京汉铁路总工会在郑州召开成立大会，吴佩孚派军警到现场驱散集会的工人。三天后，总工会宣布全路总罢工，京汉铁路线上火车一律停开。5月7日，吴佩孚抓捕林祥谦，将他绑到汉口江岸车站的月台上，要求他下令工人复工，林祥谦决然拒绝，军队随之将他当众砍头示众，头颅被悬挂在车站旁的电线杆上。在这场冲突中，35名工人被杀，伤者不计其数。5月9日，工人被迫复工。

当林祥谦的头颅被悬挂在电线杆上的时候，工商决裂的事实就无比血腥地发生了。

▲安源路矿工人大罢工

1924 年 2 月 7 日，铁路工人在北京秘密召开全国铁路工人代表大会，正式成立全国铁路总工会，并发表了《成立宣言》。1925 年 5 月，由中华海员工业联合会、汉冶萍总工会、全国铁路总工会、广州工人代表会共同发起，在广州召开了第二次全国劳动大会，正式成立了中华全国总工会。工人阶层作为一个独立的阶级出现了。

面对工人阶层的这种崛起，企业家阶层的反应是不知所措。

1924 年，上海的商人们还在热衷于内部的权力斗争。这年年初，上海总商会第五届会长改选，之前没有列入预选的虞洽卿竟“意外”当选。

初选之际，对垒双方是现任会长、上海中国银行总经理宋汉章和通商银行行长、招商局总办傅宗耀。宋氏为人仗义，根基颇深，得很多老派人士拥戴。傅氏为新晋翘楚，是前朝商业巨子盛宣怀的螟蛉义子，还跟当时控制上海政局的皖系军阀何丰林打得火热。双方旗鼓相当，各不相让，报章驳讦，相互揭短，律师出场，法庭相见，闹得满城风雨。

在沸扬的局势中，虞洽卿再展火中取栗的绝技。他先是找到 76 岁的同乡前辈，也当过上海总商会会长的朱葆三，竭力挑拨他与宋汉章的关系。朱葆三在报纸上发表函电，洋洋数千言，把宋汉章骂得狗血喷头。后者声望一落千丈。紧接着，虞洽卿又以“调解人”身份，在宁波同乡会礼堂召集总商会的甬籍会员“茶话”，充分放大傅宗耀与军阀的密切关系，引起许多不愿与军界人物过从甚密的同行的不满。甬籍会员占到总商会会员的四成，其临阵倒戈让傅宗耀元气大伤。

宋倒傅臭，躲在幕后的虞洽卿竟水落石出，受众人“拥戴”，候补参选。8 月 21 日选举当日，到会会董 35 人，虞洽卿独得 19 票。矫情之极的是，虞洽卿故意在此前远游天津，得知当选后，还特意发回“辞职电”，称“互选之前，曾一再声明，凡为调解人，概不应选，鄙人亦调解人之一，更应践守前言”。在会董们的再三苦劝恳请下，虞洽卿才勉为其难地答应下来。其做作气派，与袁世凯“劝进”称帝一幕十分相似。

上海总商会在当时中国商业界实力最强、会员最多、影响最大，举国上百家商会唯其马首是瞻。虞洽卿登顶，俨然已是全国性的商界领袖。

就在他当选会长 10 多天后，9 月 3 日，江浙爆发军阀大战。占据上海的卢永祥、何丰林部被孙传芳赶走，上海的行政体系全数瘫痪，几万残兵败将流窜在上海及周边地区，打家劫舍，商民惊惶，局势一时无比动荡。甫为商首的虞洽卿临危行令，以总商会会长的身份，自行代表上海全体商民向直系、皖系军阀分别发出函电，敦请他们停止进攻，切勿闯入租界作乱。同时，他发动了声势浩大的募捐活动，用以接济那些乱军的军需给养。市民生怕战火烧身，积极响应，数日募得 100 多万元。那些愿意离队回乡的游兵都领到了遣散的盘缠，兵祸为之稍解。

由于战火蔓延，各地通往上海的水陆运输频频受阻，市区粮食即告紧缺，可怕的饥荒眼见将至。那几天，虞洽卿因此急得眼睛红肿、口舌生疮。他得知有一大批经上海转口外销的大米正滞留上海，当即领人将这批大米全数扣压，并迅速分发到各个米店。他又召集米界的老板们开会，称“哪位敢在这时哄抬米价，可不要说我虞某不够朋友，勿谓言之不预，切记，切记”。各米店均森然遵令。

兵祸、米荒化解后，虞洽卿提出建立上海非军事区的新倡议，宣称“上海乃全国商业中心，为保护上海商民利益，军方不宜侵扰”。基于此，他明确而大胆地提出“废使、撤兵、移厂”三项主张。这三项主张都可谓胆大包天。所谓“废使”，是指当时有两个军事机构常设上海，一为护军使，一为镇守使，其势同水火，为兵祸之源。虞洽卿提出“废使”，便如同要一并砸掉两个军阀的“金饭碗”。“撤兵”和“移厂”则是要求所有军队和兵工厂都撤出上海，使之成为一个非军事的中立地区。虞议一出，响应之声四起。他还一本正经地给北京的段祺瑞政府发电，敦请“钧座俯顺民意”。

为了展现决心，虞洽卿甚至敢于利用军阀矛盾，出手撩拨虎须。这一年年底，他得悉直系孙传芳部从汉阳兵工厂运送了一批军械弹药停泊上海港。他马上报告上海税务司，要求予以扣押，税务司不敢得罪军方，搪塞称其有北京陆军部的护照。虞洽卿以总商会会长身份带领他的体操会会员亲自登上军火船，不许轮船驶离港口，双方兵刃相向，险些走火。押运军火的人把陆军部护照拿出展示，虞洽卿机敏地发现，这张护照竟是已经推翻的曹锟政府所发。大喜之下的他当即直奔电报局呈报段祺瑞，后者为皖系领袖，很快回电同意所请。孙传芳因此视虞洽卿为死敌，却也无可奈何。

1925 年元月，段祺瑞任命曾担任国务总理的孙宝琦为淞沪商埠督办，虞洽卿为会办。孙宝琦长期留驻北京，虞洽卿一时成上海最高行政首脑，不久他又当选为全国商会联合会候补会长，此时的他已经达到了商人所能达到的最高境界。在他的居中斡旋下，直系孙传芳与奉系张宗昌签署了江浙第二次和平条约，直军退淞江，奉军退昆山，上海永不驻兵，兵工厂交上海总商会接管。

如果说，上海商人在与军阀的较量中暂时取得了胜利，那么在南方的广州，商人们在与国民党政权的较量中则遭到重挫。

1923 年 1 月，孙中山与广东地方军阀陈炯明闹翻。他策动云南和广西的地方军阀进粤，将陈炯明击败并逐出广东。一时间，桂军、滇军及其他“讨贼军”云集广东地区，形成了一股很难控制的“兵祸”。为了给这些军队发军费，孙中山的大元帅府不得不向广东商人不断地摊派。1923 年 4 月，广州市政厅要求各商会和慈善机构 5 天内分别筹集 50 万元军费；要求丝绸、当铺商人分别捐赠紧急军费 20 万元和 10 万元；要求广州电力公司上交 20 万元军费，并批准该公司向用户加收 2% 的电费。

在随后的一年里，为了想方设法增加税源，大元帅府采取了下述迫不得已的政策。一是放开赌禁、烟禁，收取“鸦片专卖捐”。二是通过举报，清理“不合格”企业。政府规定，凡未能交验合格契约的产业一律充公拍卖，并奖励举报人。由于连年战乱，并非每人都能提供“合格”契约。此办法一出，社会上“有产业在市之业主，无不奔走骇汗，人心惶惶，惴惴然不知自己的房屋产权在何时陷入恐怖浪潮之中”。三是由商人承办厘税，就是把一些政府很难收上来的税种“承包”给地方势力。这是晚清劣政，此前已取消多年，承包者均为地方恶霸或“皇亲国戚”，种种苛捐杂税顿时丛生，普通商人苦不堪言。四是扩大征收房屋租捐，如广州为租价的 15%，佛山为 20%，比例之高为全国之最。五是强行征收商业牌照税，规定向全省所有商业公司、店铺一律按其资本额一次性征收 1% 的商业牌照税，以济军饷。六是以“护商”为名，在水、陆两路设立各种名目的“护商机关”，商旅一过必定征收“保护费”。仅韶关到广州，途中便有 20 余处这类关卡。除了这些明令新增的税种之外，大元帅府更是不时以“应军事急需”为理由，发行没有任何抵押、缺乏信用保证的“军用手票”“国库券”“地方短期抵纳券”“广东省金库券”等向企业商贾摊派款项，而且往往要在几天内上缴，否则不是重罚就是查封关门。

苛政如此，政府失去信用，当然引起民众和商人的强烈不满，抗税、罢市之风此起彼伏。1923 年 6 月，广州米行商人集会，抗议政府在无抵押情况下向米商借军粮。9 月，当大元帅府宣布实施《征收广东全省爆竹类印花税暂行章程》时，很多烟花爆竹厂或停产或将工厂迁出广东地区。10 月，广州总商会许多会董因不堪多方索款纷纷要求避匿。仅 1924 年 1~6 月的半年间，就爆发多起政商冲突事件，包括：鱼贩商行对当局加收鲜鱼税罢市，广州火柴公会因当局开征“火柴捐”近 10 家工厂停业，广州各行商人抵制军人强行使用军用手票与军人冲突，东莞万顷沙渔民因渔税承商征税苛例与军警冲突，广州制鞋商人因当局开征“胶鞋捐”罢市，广东银业公会因当局开征“银市买卖捐”所属各银号罢市，东莞当押行商人因驻军强行征收商业牌照费罢市，广州总商会因当局提高地方税和厘金各 20% 和 50% 请愿，广州各药行商人因当局开征“药品特种捐”罢市，小北江一带商会因该地区军人私设关卡请愿，佛山商人因军队开征 20% 军费及 40% 印花税附加捐罢市，广东内河船商公会因当局开征“加二军费”总罢航，南雄纸业商人因滇军在粤北开征 2.5% 土产附加捐罢市，广州和顺德丝商因厘税承商勾结军人欺压商人罢市，广州烟酒商人因当局开征 20% 附加税罢市，佛山酒楼茶居商人因当局开征“筵席捐”罢市，广州糖面业商人因当局开征 2.5%“销场捐”罢市，粤北石矿商人因当局向每担矿石征收 3.5 元附加军费罢业……上述此类事件多得无法一一历数，当地报纸记载：“广州的罢市风潮此起彼伏，已成了司空见惯的事情。”

在这样的严峻形势下，广东商人寻求自保。早在晚清，广州就有商人自卫武装组织“粤商维持公安会”，简称商团，性质类似上海的“华商体操会”。从 1923 年起，商团规模迅速扩大，仅佛山商团就由一年前的 300 多人扩充至 1 600 多人，广州商团人数则达到 1.3 万人。广东各地方商会竞相仿效，到 1924 年 6 月，全省商团实行联合，组织了广东省商团，总人数将近 5 万，英籍华人、汇丰银行买办陈廉伯被公推为商团总长。6 月 21 日，英文《密勒氏评论报》刊登了记者对他的采访。陈廉伯说：“使我们深感恼火的是，商业面临衰落，原料无法运到市场，我们的投资无故受损。广东商团的目的是成为倚重实现地方自保、不带任何政治偏见的军事力量。”

商团成了一股不可忽视的准军事力量，它公开抵制当局的公债发行及各种捐税。孙中山曾委派廖仲恺与陈廉伯彻夜长谈，希望他加入国民党，陈廉伯以“不宜卷入党争、政争”为由予以婉拒。1924 年 8 月 15 日，广东政府成立“中央银行”，宣布发行公债 1 000 万元，并“有发行货币的特权”。两天后，广东银业公会召集同业大会，对多年来政府不仅不下力气恢复停顿中的中国银行广东分行和广东省银行，令持有这两个银行纸币者大受损失，反而又开新银行、发行新纸币感到十分不满，对“中央银行”的 1 000 万元公债不予支持，一致拒绝“此项无兑现纸币发出”。为了表示抗议，公会决定从第二天起全城银业罢市。

由此，矛盾激化。就在 8 月中旬，广东商团通过英国领事馆和汇丰银行等渠道，向国外订购的一批价值约 100 万元的枪械弹药运到广州。大元帅府军政部以私运武器为理由予以扣押。在斡旋无效的情况下，商团议决发动省城及各属商人罢市，以作“消极的抗拒”。8 月 22 日，佛山开始罢市，25 日，广州及附近县镇全面罢市，并拒绝上缴一切税收。一时间，全粤境内商家悉数停业。9 月 1 日，孙中山发表《为商团事件对外宣言》，认定武器订购及罢市事件是英帝国主义干涉中国内政的阴谋，并进行严厉谴责。在苏联顾问的支持下，孙中山决心通过武力方式解决商团问题。当时国民党内意见分歧，汪精卫、胡汉民和廖仲恺等均反对武力解决的主张，廖仲恺因此向孙中山面辞广东省长职，坚持要镇压的是苏联顾问鲍罗廷及黄埔军校校长蒋介石。

10 月 10 日，广东政府发动上千人举行辛亥革命纪念大会，强烈要求打击“反革命商团”。当游行队伍经过太平南路时，游行者与正在起运枪支的商团发生激烈冲突，双方开枪共打死 6 人，伤数十人。10 月 12 日，孙中山成立“革命委员会”，领导解决商团问题。13 日，广州宣布戒严。14 日，革命委员会下令解散商团，蒋介石等指挥黄埔学生军、警卫军、工团军、农团军等同时出动，镇压商团，捉拿骨干分子，收缴商团枪械。15日，双方在广州城西的西关发生战斗，经数小时激战，商团战败，陈廉伯逃往香港，西关的商人住宅区被洗劫一空。17日，广州全市商店一律开业。

在现代中国史的教科书上，这段历史被称为“商团叛乱事件”，其中的是非曲直颇有争议。不过，一个不可否认的事实是，随着暴力革命的思潮渐成主流，企业家阶层与革命党以及有产者与无产者的关系，变得十分紧张与微妙，他们已经无法中立自保。在这次冲突中，工会组织与国民党的军政府结成同盟，站在了商团的对立面，商人阶层的孤立显得非常可悲。

就在广东商团叛乱事件平息后半年，在上海发生了一起更为惊人的大事件。在这次日后被定名为“五卅运动”的事件中，虞洽卿们终于意识到，阶级决裂已经不可避免。

1925年5月30日，上海2 000多名学生在租界的各马路上散发传单，发表演说，抗议半个月前日本纱厂资本家镇压工人罢工、打死工人顾正红，并号召收回租界，英国巡捕逮捕100余人。下午，万余群众聚集在英租界南京路老闸巡捕房门口，要求释放被捕学生，高呼“打倒帝国主义”等口号。英国巡捕开枪射击，当场死11人，被捕者、受伤者无数，造成震惊中外的“五卅惨案”。

6月1日，上海总工会成立，36岁的李立三出任委员长，比他大一岁的刘少奇为总务主任。总工会决定联合学界、商界，发动全市规模的“罢工、罢课、罢市”。其后数日，万人上街游行，租界宣布戒严，租界内禁止三人以上结队行走，装甲车上架着机关枪日日巡街，恐怖笼罩上海滩。风暴迅速席卷全国。6月2日，广州数万工人学生举行示威大游行。3日，北京学生在天安门前举行集会游行。4日，南京亦出现大罢工和示威游行。民众及知识阶层对日本侵略主义和军阀政府的不满被彻底引爆。

惨案爆发时，虞洽卿正在北京与段祺瑞政府磋商事宜。6月3日，他匆匆返沪，随即召开总商会的对策会。前一日，总商会已被1万多人包围示威，各会董噤若寒蝉。唯虞洽卿看上去很是处之泰然。过去10多年里，他一直在各种风波中滚打斡旋，他认为，此次不过是又一处险滩而已。他定下策略“大事化小，小事化无，缩小事态，平息风波”，并向同僚承诺，“凭我在上海滩的脸面，将尽力劝导各商号早日开市”。

▲“五卅运动”

第二天一大清晨，他就上街说劝。他往南京路上一站，迎面冲来一队接一队激昂悲愤地喊着“打倒帝国主义”“打倒军阀”口号的抗议者。他看到一个工人模样的人正指挥着一群人学唱歌曲，他们唱道：“工友和农友，并肩向前走，打倒土豪资本家，打倒列强和走狗。”不远处的另一群人则在唱：“富人坐在家中吃鱼肉，农工劳苦做工喝薄粥，富人哈哈笑，农工个个哭，不分东西和南北，我们要当家，我们要做主。”突然，虞洽卿有了一种巨大的陌生感和无力感。在一个商号前，虞洽卿被一群店员和学生围住。当他自报名号后，不但没有平息愤怒，反而引起了更大的骚动。“帝国主义的走狗”“万恶的大资本家”“作威作福的阔佬”，一顶接一顶的“帽子”压得他喘息不得。在部属的掩护下，他好不容易才脱身，长衫在推搡中被撕破。当夜，虞宅再次被炸弹袭击，后门的一角和一段院墙被轰然震塌。

惊魂甫定，虞洽卿环视局势，终于发觉这一次的事态衍变已经超出了以往的“经验值”。一股庞大的意识形态力量正在快速而清晰地“切割”着各个阶层，他的那些“短档朋友”现在已经完全地站到了对立面，这种对立，事涉“阶级”分野，而与“交情”无关。这似乎已经不是用过去“掏糨糊”的方式能够抚平的。更让他感到惊心的是，这种残酷的、不由分说的阶级切割还拥有了理论上的支持。就在“五卅惨案”后的数日内，几份由左翼文人和共产党人主办的报刊纷纷创办，瞿秋白主编《热血日报》，沈雁冰、郑振铎、叶圣陶等人办起《公理日报》，上海学联则创办《血潮日刊》，这些报刊对事态的进一步激化显然起到了推波助澜的作用。

6 月 7 日，由上海总工会、上海学联和各马路商界联合会联合发起成立上海工商学联合会，宣布将统一领导这次群众运动，以往显赫无比的总商会被彻底排斥在外。联合会明确提出 17 项交涉条件，其中包括：取消

▲“五卅运动”惨案现场

戒严令，永远撤出驻沪之英日海陆军，取消领事裁判权，华人在租界有言论、集会、出版的绝对自由，制定工人保护法，惩凶，赔偿，等等。4 天后，联合会召集了有 20 多万人参加的、规模空前的市民大会。上海的抗议活动得到全国公众的响应。6 月 19 日，广州、香港 25 万工人在中国共产党中华全国总工会领导下举行“省港大罢工”。6 月 23 日，英法军警对游行工人开枪射击，死亡 52 人，重伤 170 余人，制造了“沙基惨案”。中华全国总工会建立省港罢工委员会，组成工人武装纠察队，封锁香港和沙面租界。6 月 30 日，北京 500 多个团体在天安门广场举行“全世界被压迫民族国民大会”，邀请德国、朝鲜、印度、日本和土耳其代表参加，孙中山遗孀宋庆龄扶病出席。南京、天津、济南、武汉等大城市都举行了类似活动，前后参与人数达 1 300 万。

身处暴风眼的虞洽卿此时已是尴尬无比，他当然不甘心自己所代表的商人阶层在这次社会大风暴中被边缘化，甚至被反动化。就在上海工商学联合会提出“17 条”之后，总商会迅速组建“五卅事件委员会”，提出 13 条，其中删掉了取消领事裁判权、撤出英日驻军、承认工人有组织工会及罢工的自由等项内容。

6 月 11 日晚，虞洽卿邀李立三到总商会对话洽商。李立三表示无法接受条款修改，以“事前不知，不能代表本会”为由愤然退出。

总工会的“17 条”与总商会的“13 条”，成为中方内部争论的焦点。左翼人士

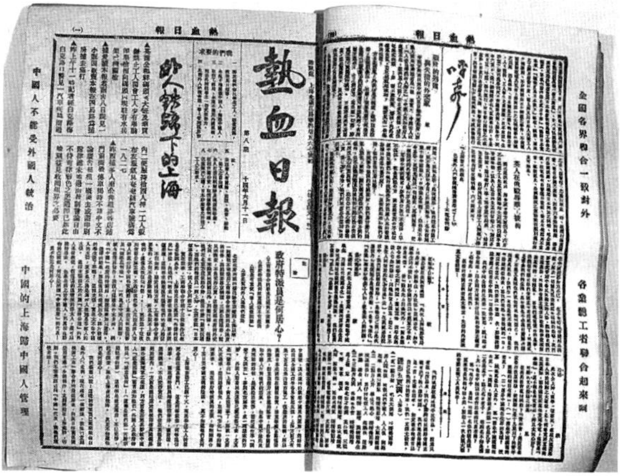
熱血日報

外人鐵蹄下的上海

中國人不能受外國人統治

中國的上海歸中國人管理

全國各界聯合一致對外

各業聯工者聯合起來

政府特派員是何居心？

▲“五卅运动”时的报纸——《热血日报》

认定虞洽卿代表了资本家的投降立场，是可耻的背叛和反革命行动。瞿秋白主编的《热血日报》连续发表4篇社论，分别题为《上海总商会究竟要的是什么？》《全中国都要受外人屠杀了，上海总商会却要反对民众的团结》《警告总商会》和《商阀的勾当》。虞洽卿在文中被点名指责为“走狗”和“商贼”。仅仅半年前，他还被看成是上海市民的“救星”，而翻转之间却又成了人人喊打的“商贼”，善恶瞬息，数十年后仍让人莫名唏嘘。而另一些人士则表示认同。梁启超在北京《晨报》撰文《我们该怎么样应付上海惨杀事件》，称：“所提17条，有些漫天要价，不买拉倒的态度……与其卖不成，宁可吃亏卖。”温和的自由派知识分子丁文江也撰文呼吁：“双方应慎用感情，研究利害，放下理想，讨论办法，少谈主义，专讲问题，外交才可以有成功的希望。”北京政府最终采纳总商会方案，电令外交部次长曾宗鉴、江苏省省长郑谦和虞洽卿等五人组成中国方面的谈判委员，与租界领事团谈判。

6月19日，总商会与总工会继续紧急磋商。李立三提出“继续实行对美日经济绝交、提倡国货、抵制洋货和抽款援助罢工工人”三个条件，虞洽卿一口答应。双方议定于6月26日全面复市，持续近一个月的“五卅”风波告一段落。在善后活动中，总商会发出《劝商界资助工人通函》，虞洽卿带头捐3万元，共募得款项300多万元。在中方坚持下，租界工部局偿付了死伤者的抚恤金，肇事的日本纱厂则同意，以上海总商会作担保，给工人增加10%的工资。

在激荡多变的“五卅运动”中，虞洽卿看上去再次扮演了“调解人”的角色，不过，他显然已经有些力所不逮了。在这场空前的民众怒潮中，商会与工会的分歧和斗争具有分水岭般的意义，在意识形态的强烈引导下，非常脆弱和不成熟的中国市民社会内部出现了分裂。商人阶层与劳工阶层形成了对立的局面，在知识阶层内部也出现了左派与右派的分野。这是中国商业史上非常值得关注的一个事件。虞洽卿以及他所代表的阶层扮演了一个摇摆、尴尬而可疑的角色，阶级裂痕赫然生成，并已难以弥合。

就是在这样的时刻，虞洽卿们开始思考下述问题：企业家与革命之间到底是种什么样的关系？他们将怎样与已经被组织和发动起来并拥有明确的行动纲领的工人阶层共处？是理性沟通，还是感性排斥？是和平妥协，还是暴力对立？他们的选择，在两年后改变了中国政局的走向。

1927 悲剧之月

她默默地远了，远了，
到了颓圮的篱墙，
走尽这雨巷。

——戴望舒：《雨巷》，1927年

1927 年 2 月初，早春寒意料峭。60 岁的上海总商会会长虞洽卿坐小客轮逆水西行，长江两岸列兵森严，一派大战将临前的肃杀气象。虞洽卿是去南昌拜访昔日小老乡、当今的北伐军总司令蒋介石。连他自己也不会想到的是，在当代中国的百年商业历史上，此行竟直接导致了中国企业家年代的彻底终结和一个黄金商业周期的戛然而止。

自 1917 年之后，国民党被赶出权力中心的北京，偏据广东一隅，十年磨剑终成大器。1926 年 9 月 7 日，国民革命军在广州誓师北伐，先是在惠州西湖一带大败北洋军阀吴佩孚，继而于 10 月击溃五省联军总司令孙传芳。12 月，北伐大军抵达南昌，设总司令行辕，剑锋汹汹直指上海。而北伐军总司令就是6年前靠虞洽卿接济、曾拜黄金荣为“老头子”的蒋介石。

新年春节刚过，虞洽卿受上海商人团体的委托，坐船西行去南昌拜见小老乡。此时的上海局势一派混沌。惶惶不可终日的孙传芳军仍盘踞市区，市井已是惊恐萧条。这时候，上海企业家阶层面前有三条道路可以选择。

其一，上海当时的实际控制人孙传芳提出了一个“大上海计划”，建议由军人、文人和商人组成一个治理集团，他还提议由自由派人士丁文江出任总协调人。然而，虞洽卿们对此议没有兴趣。在过去的10多年里，从袁世凯、段祺瑞到曹锟、张作霖，军阀轮番执政北京城，这些人除了把枪杆子握得紧紧的之外，没有一个具有现代民主理想和治国方略，每一次都因无能和暴烈而失去民心。企业家们已经对旧式军阀失去了基本的信任。

其二，由共产党领导的工人组织也在积极活动。上年10月，共产党人周恩来组织发动工人进行武装暴动，起义失利，然而他仍在积极筹划第二次行动。与共产党和工人组织结盟，也是一个可以选择的政治方案。然

▲ 20世纪二三十年代的上海街头

而对此，虞洽卿们也没有信心。在一年多前的“五卅”事件中，上海总商会与总工会在精神理念和行事原则上已南辕北辙。对于无产者来说，在革命中失去的是锁链，得到的将是整个世界，而从商者却可能在可怕的革命中被剥夺掉所有，他们是既有秩序的维护者或维修者，从来没有革命的勇气、冲动和利益需求。

作为既得利益阶层，上海商人理想中的出路是实现上海自治。自1924年提出“废使、撤兵、移厂”三项主张后，这一直是他们坚定不渝的理想，也得到了一些中产阶级和知识分子的认可。于是，就在北伐军大兵压境之际，虞洽卿们天真地期望与同乡蒋介石结盟，以便实现这个目标。早在1924年年底，中国银行的张公权就以上海银行公会领导者的身份与广州方面取得了联系。他借给大元帅府50万元，这是近10年来，江浙财团与国民党的第一次亲密接触。当国民革命军出师北伐时，电令各地，“我军到达各地，当加意维持中国银行”。1926年8月，北伐军攻进江西，当地商民拒绝使用北伐军的临时军用兑换券。张公权又先后秘密汇去30万元和100万元以救急用，这些款项约等于北伐最初阶段所需费用的1/4。很显然，试探性的合作一直没有停止过。

虞洽卿与蒋介石在南昌相晤甚欢。没有确凿的史料显示，他们具体达成了怎样的默契，不过，通过日后事态的演变可对此进行清晰的推测。

虞洽卿回沪后，先是以“调解人”身份函告英法租界当局，宣称：“已承双方（指北伐军和上海总工会）切实声明，对于上海治安完全负责，竭力维持，并保证无轨外行动之虞。深望贵当局在此世局纷扰之际，处之镇静，协力合作。”

2月18日，上海总工会宣布总罢工，转而进行武装起义，遭到孙传芳部队的弹压。3月21日，第三次武装起义爆发。暴动工人分别向警署、兵营发动猛攻，经过30小时激战，终于占领上海。在两次暴动过程中，上海总商会一直冷冷地作壁上观。23日，暴动者组建上海特别市临时政府，19人成为临时政府委员，虞洽卿等商人代表名列其中。对此任命，他们不置可否。

3月26日，蒋介石以高傲的胜利者姿态骑马进城。一周后的美国《时代周刊》将他选为封面人物，称之为“征服了半个中国的伟大征服者”，这是蒋介石第一次受到这个待遇。当晚，虞洽卿即赶到枫林桥公署拜见蒋介石。其后数日，他接连安排上海各界行业公会的大商人与蒋介石一一晤面。他向诸人凿凿宣告：“蒋对本会宗旨极为赞同，表示他本人亦抱维持资本家之主张。”众商人承诺向蒋介石认捐500万元，“用于维持上海安定”。蒋介石则承诺“劳资关系不久将要纳入正轨”。

当时与虞洽卿一起，积极为蒋介石筹款的还有上海的银行家们。蒋介石进入上海后，上海银行的陈光甫多次与之会晤，并欣然出任蒋介石委任的江苏兼上海财政委员会主任一职。虞洽卿出任财政委员，交通银行协理钱永铭则被委任为财政部次长。他们的职责就是借助自己在银行公会和钱业公会的影响力筹措军饷，所筹资金以年利率2.5%的国库券发行，以海关余额作为担保。33年后，陈光甫对美国哥伦比亚大学的口述历史专家朱莉·豪说：“我当时主要的想法是要推翻军阀的统治。我相信国民党能够带来和平和国家的繁荣。我的观点反映了当时上海实业界的看法。”

据时任英文报纸《密勒氏评论报》主编J·B·鲍威尔在回忆录中记述，蒋介石的事变计划还得到了租界方面的支持。后来充当了事变“急先锋”的上海青帮大亨杜月笙要求法国租界当局“至少要支援他5 000支枪，以及充足的弹药”[①]，他还要求公共租界允许他的人通过，因为把人和弹药从中国地界运到另一个目的地，无法不经过公共租界。他的请求都得到了满足。

后来的事实证明，上海企业家阶层与新的军事强人蒋介石达成的政治合约是：企业家向蒋介石提供足够的资金，后者则以武力消灭“暴乱”

---

① 约翰·本杰明·鲍威尔著，邢建榕、薛明扬、徐跃译，《鲍威尔对华回忆录》，上海：知识出版社，1994年版。

的工人组织。在中国现代史上，这是一个具有转折意义的决定。自晚清以来，从洋务派、维新派到立宪派和自由主义学者，从李鸿章、盛宣怀到张謇，从梁启超到胡适，几乎整整两代人试图以渐进变革的方式把中国带入富强的轨道，甚至到北洋军阀政权的袁世凯、曹锟之辈，虽然搞出了称帝和贿选的大闹剧，但也始终没有越出议会制度的体系底线。但是，在1927年的春夏之交，上海的企业家阶层却最终放弃了和平的道路。

在幕后交易达成之后，接下来发生的悲剧就无比血腥和不堪回首。

3月31日，虞洽卿向上海各报投递一份公然反共的公告，内称："名曰共产，实则破产，甚至假借名义，隐图侵占……所举我蒋总司令烛照阴谋，立施乾断，妖雾既消，澄清可待。"4月2日，在国民党中央监察委员会上，与会者提议"取消共产党人在国民党党籍"，吴稚晖发表"弹劾"共产党文告。至此，国民党开始"清党"。4月9日，蒋介石成立上海戒严司令部，禁止罢工、集会和游行。

4月11日深夜，上海总工会委员长汪寿华被青帮杜月笙、张啸林诱至杜宅，进门就用麻袋罩住，活埋于城郊枫桥。第二天凌晨，杜月笙、张啸林门徒臂缠白布黑"工"字徽章，向工人纠察队驻地攻击，国民党部队

▲"四·一二"事变

以“调解工人内讧”为名，强行收缴工人武器枪支1 700余条，死伤300余人，是为震惊天下的“四·一二”事变。

当日，虞洽卿以及陈光甫、钮永新等4位名列上海特别市临时政府委员的知名商人宣布辞职，国共破裂与工商决裂同时昭示天下。在其后的两周内，白色恐怖笼罩上海，超过5 000人被枪杀或失踪，这是自剿灭太平天国以来，60多年中最大规模的城市屠杀。中国共产党和总工会被宣布为非法，从此，共产党的主要活动向农村转移。[①]

“四·一二”事变之后，虞洽卿、陈光甫等人持续筹款资助蒋介石。在初进上海的那段时间，国民政府每月军政费开支达1 100万元，而收入不足300万元，缺口全数由企业界填补，仅4月底前就分三笔输送1 600万元；5月，通过发行“江海关二五附税库券”的方式送上3 000万元；10月，再送2 400万元；1928年1月，又送1 600万元。据《张公权先生年谱初稿》记载：“自民国十六年（1927年）四月至十七年（1928年）六月，此14个月之内，国民政府共发行国库券与公债合1.36亿元，均由金融界承受，先行垫款，陆续发售，其中以中国银行所占成分最大。”[②] 蒋介石得如此巨款襄助，自然如虎添翼。很显然，在这次影响了现代中国进程的重大历史性事件中，虞洽卿、张公权、陈光甫等人在金融援助、拉拢商界以及慰抚租界当局等方面，为蒋介石政权出了大力。这些中国商业界的领袖人士，最终选择用一种暴力血腥的方式来“解决”商人阶层与劳工阶层之间的矛盾，这实在是一个令人切齿黯然的讽刺。他们借蒋氏的枪炮爽快地达到了清除异己的目的。

然而，他们不会想到的是，这竟是另外一出更大悲剧的开幕。

---

① 自“四·一二”事变后，国共彻底决裂。该年8月1日，朱德、周恩来等人在江西南昌发动“八一”武装起义。9月，毛泽东在湖南、江西边界发动秋收起义，两支队伍会师于江西井冈山，建立了第一个武装割据的农村根据地。

② 姚崧龄著，《张公权先生年谱初稿》，台北：传记文学出版社，1982年版。

在中国现代化的进程中，一次接一次爆发的革命，有着必然的合理性，也伴随着与生俱来的悲剧性。它混合了各种动机的诉求与欲望，如同没有河床的洪流，冲决一切羁绊的同时也带有严重的自毁倾向。1927 年发生的景象就是如此。蒋介石集团在夺取政权后，革命迅速转变为自身的敌人，被许诺的自由转变成父权式的专制。企业家在这期间所经历的震惊和痛苦可想而知，他们与政治力量的崛起息息相关，但又与随后的铁血统治格格不入。

蒋介石进上海，海内外曾寄予厚望。《时代周刊》在对他的报道中写道："尽管他衣着简便，不事张扬，但仍表现出一个征服者统领一切的气势。他谨慎运用各种方式来实现其目标，只要它适合于'中国是中国人的'的口号。"在急需支持的那些日子，蒋介石对商人表现出了无比谦逊的低姿态。1927 年 7 月，张公权的母亲去世，蒋介石突然不请自到，出现在张公权家的灵堂里，进门之后纳头便拜，让张公权及在场的商界人士好生感动。1927 年 12 月，他在大华饭店与宋美龄举办了盛大的婚礼。结婚仪式分为中、西两次，先是在宋家举行了西式婚礼，在基督教青年会中国总干事余日章的见证下，蒋介石受洗成为一个基督徒，随后在大华饭店举办了传统的、由教育部长蔡元培主持的中式婚礼，一切都依礼而行，这让虞洽卿们以及传统文化人、欧美派知识分子都颇为欣喜，他们仿佛看到了一个开明而现代、迥异于封建帝王或传统军阀的领导者。然而，这是一个错觉。

在历史上我们经常看到这样的局面，一位富有人格魅力、信念坚定的领袖人物，常常会由于一种自我崇高化的偏执个性，从而将自己的朋友、团队乃至整个国家带入一个充满伤害的世界。蒋介石就是一个这样的政治家。他比之前的任何一个军阀更加强化了政权对一切的控制，其中当然包括商业经济。尤其可怕的是，他这么做，不仅仅是出于个人私利，而是有着强烈的党国意识、坚定的制度理念和治国理想。[①] 美国学者小科布尔（Parks M. Coble）在《上海资本家与国民政府（1927—1937）》一书中提供了一个十分与众不同的观点，他认为："在中国大陆执政时期的国民党，始终没有系统地代表企业家或城市社会阶级的利益，它基本上是一个主要依靠其军事力量而独立存在的力量。南京政府的政策只图谋取政府及其官员的利益，至于除它之外的任何社会阶级的利益，它是完全不管的。"[②] 小科布尔的这一观察，至少在蒋介石政权与企业家阶层、知识分子阶层的关系上是成立的。那种将一党利益置于国民利益之上、为政权稳定而可为所欲为的理念，事实上成了一种政权统治的方法论，它超越了意识形态的范畴。具有深刻讽刺意味的是，它常常会成为政权确立其正当性的最常用的工具和借口。

从洋务运动开始的那一天起，国家及国营资本应该在商业经济中扮演怎样的角色，就一直存在着两种迥然不同的思潮。郑观应、张謇、梁启超及其后的自由主义学者强调市场及民间的力量，而李鸿章、盛宣怀以及后来的周学熙等人，则是坚定的国家商业主义者。蒋介石显然属于后者的阵营，而其思考的起点恰恰正是政权的稳定。

刚刚在上海立稳脚跟的国民政府，其财政之窘迫，与几年前在广东时相比有过之而无不及。

根据估算，扣除负债，政府岁入约为 3 亿元，而军费开支就需要 3.6 亿元，显然入不敷出。要想增加税源，却困难重重。对一个正常的中央政

① 很多年后，思想家顾准曾对"革命家"有过一个精辟的论述："革命家本身最初都是民主主义者，可是，如果革命家树立了一个终极目的，而且内心里相信这个终极目的，那么，他就不惜为了达到这个终极目的而牺牲民主，实行专政。"见《顾准日记》，1973 年 4 月 29 日。

② ［美］小科布尔著，《上海资本家与国民政府（1927—1937）》，北京：中国社会科学出版社，1988 年版。

府来说，最大的税种是所得税，可是当时国民政府实际仅仅控制江苏、浙江、安徽和江西 4 省，全国性征税几乎不可能。之前的段祺瑞北洋政府曾经在 1921 年尝试征收所得税，一年下来仅得 1.031 1 万元，成了一个国际笑话。对外国公司征税更是因种种不平等条约的存在而十分渺茫。

于是，出现的情况只能是非正常的。在其后的将近两年时间里，蒋介石增加财政收入的办法主要跟下面几个关键词有关：勒索、重税、发公债和卖鸦片。而在蒋介石身边，为他操盘敛财的是一个 33 岁的美国哥伦比亚大学经济学博士——宋子文（1894—1971）。

宋子文出生在一个基督徒的家庭，是一个受过美式自由主义经济理论训练的新式企业家。他早年毕业于上海圣约翰大学，后去美国哈佛大学攻读经济学，获硕士学位，继入哥伦比亚大学，获博士学位。众所周知，哈佛和哥伦比亚大学是自由主义经济学最重要的学术重镇。宋子文的家族十分独特。他的父亲宋查理早年经商，是孙中山最亲密的支持者之一。他让自己的大女儿宋霭龄和二女儿宋庆龄先后去当孙中山的秘书，最终，宋庆龄成了孙夫人，宋霭龄则嫁给了山西人孔祥熙，此人后来与宋子文一起成为蒋介石最重要的财政大管家。三女儿宋美龄的丈夫就是蒋介石。宋氏一门在中国近现代史上的显赫地位可以想见。

▲宋子文

1927 年 6 月 14 日，宋子文与 18 岁的张乐怡在上海举办了盛大的婚礼。对宋子文来说，这是一场百味杂陈的婚事。在过去的几年里，他一直与盛宣怀的女儿盛七小姐盛谨如热恋，然而，因为不是传统意义上的官宦世家子弟，竟遭到骄傲的盛家拒绝，理由是“太保的女儿嫁给吹鼓手的儿子，才叫人笑话呢”。绝望之余，宋子文到庐山排遣心情，经介绍与江西九江的木材商人张谋之的女儿相识，于是闪电结婚。也就在他考虑这桩恋爱取舍的同时，他面临一个比婚姻更为重大的抉择。

在蒋介石进城前后，上海企业家已承诺与之“金钱结盟”。不过，这些钱以贷款和发行公债的方式支付，需要一个双方都能接受的人居中担保。这时候，宋子文成了唯一的选择。宋家与孙中山及国民党的渊源天下皆知，而宋子文在商界的声望颇高，他本人的理念与商人相同，况且宋家在上海的面粉业和纺织业中均有大笔投资。

精于谋略与善于妥协的个性，在宋子文身上展现得淋漓尽致。他受正统美式自由主义教育，英语比汉语讲得还流利。在政治理念上，他与二姐宋庆龄十分接近，信奉民本思想，对蒋介石的威权主义颇有微词。自孙中山去世后，国民党分裂成两派，蒋介石与汪精卫分居南京、武汉，均以正统自居。宋庆龄当时站在汪精卫一边，宋子文以国民党中央执行委员、武汉国民政府财政部长的身份长期留居上海，就是为了替汪精卫募集资金。不过，他对劳工运动却有天生的厌恶。宋庆龄的朋友、与他也相熟的美国记者文森特·希安曾记录说：“他对任何真正的革命都感到神经质的恐惧，人群使他害怕，劳工宣传和罢工使他不安，想到富人可能遭到剥夺，他感到惊恐。他极端厌恶群众运动，这种厌恶支配了他的大部分政治生涯，并且最终将他投入了蒋的阵营，尽管他真诚地抱有理想主义。”

就在宋子文举办婚礼前的4月，蒋介石与他见面，邀请他出任南京国民政府的财政部长，并与武汉的汪精卫、宋庆龄断绝政治关系。两天后，宋子文明白地告诉蒋介石，他不愿意在委任书上签字。很快，蒋介石封闭了宋子文在上海的办事机构，同时，命令广州的驻军没收了他在南京政府银行中的所有财产。那些日子里，在上海莫里哀路的宋家花园里，大姐宋霭龄和大姐夫孔祥熙日日对他洗脑规劝，他则躲到宋庆龄的空房子里彷徨不已。拉开窗帘，他可以看到杜月笙的青帮子弟在游走监视，这一切都让他心神不宁。对群众运动的恐惧以及蒋介石无赖般的胁迫，让宋子文最终决定与蒋介石同路。他请文森特·希安告诉武汉的宋庆龄，他将留在上海帮助蒋介石，希安记录了当时的景象："我用一辆轿车送他回家，他像是坐在出殡的柩车里一样，我们两人都没有说一句话。我纯粹是被事情的变幻不定搞得疲惫不堪，他则是非常阴郁沮丧。我以后再也没有见过他。那天夜里的事情给我留下了我对宋子文的最终印象。这一印象既是对他个人的，也是对这一类人的，即在两岸之间不知所措的正直的自由派人物。"

跟蒋介石的合作，使得宋子文成为民国史上最有权势的经济人物之一，他甚至因此还曾成为美国《时代周刊》的封面人物。他个人的财富也因此变得无比庞大，他成为当时中国的"首富"，也是世界上最富有的人之一。在这部企业史上，他成了继盛宣怀、周学熙之后"官僚企业家"的首选典范。

不过他也为此付出了"代价"。这是一个丧失了理想和立场的人，他显然背叛了哈佛大学和哥伦比亚大学灌输给他的自由经济理想，所以，他显得非常不快乐，总是做着言不由衷的工作。他还是一个不"自由"的人，他的多年保镖和司机是一个叫"汤米"的人，他本名董海文，是半公开的军统特务，每当出国，他总是不离左右，"亲自照管着宋子文的行李"。

在有些时候，宋子文甚至还会受到生命威胁。1931 年 7 月 23 日的《纽约时报》便刊出过一则新闻《枪弹未击中宋子文》。报纸引用宋子文本人的自述说："我从车站上走出来，离出口处大约 15 英尺远的地方，突然有人从两侧同时向我开枪……烟雾消散后，人们发现一直走在我身旁的秘书的腹部、臀部和胳膊都中了枪弹。子弹从两侧打进他的体内，他的帽子和公文包满是窟窿，奇怪的是，我比他高许多，竟未伤毫毛。"

很显然，这是一起明摆着的恐吓事件。事后得知，暗杀的主使者是杜月笙。在不久前，杜月笙与财政部有一场交易，他为此支付了 600 万元。后来他突然想要终止这件事情并讨回那笔预付金，宋子文还给他 600 万元公债券，杜月笙当然不满意，于是就有了枪击的一幕。宋子文在弄清事件的内情后，迅速做出了“正确”的决定：把公债券通通换成了现金。

在收服了财技高超的宋子文之后，蒋介石对企业家阶层的压榨就开始了。

先是勒索成风。为了维持华东地区的统治以及继续北上攻伐，蒋介石每月需要数千万元的军费。这好像一头已经张开血盆大口的嗜血猛兽，仅靠企业家们的主动募集显然不够。于是，强制性的“认捐”成了最有效的手段。蒋介石将上海的帮会组织完全地拉拢过去，原本与虞洽卿等气味相投的黄金荣、杜月笙、张啸林等人纷纷效忠于更有权势的蒋介石。他们组成了所谓的“上海锄奸热血团”“铁血团”等秘密团体，专门以赤裸裸的恐怖手段对付不听话的商人。那些不顺从的商人，要么其本人被认定为卖国的“买办型商人”，受到打击或者清理，要么其子女因“反革命分子”或“共党分子”的罪名被捕，需捐献数万到数十万的金钱后才会被保释出来。为了恐吓住在公共租界的商人，他们还在租界的边沿放置了一些囚笼，标明“专为洋奴租用”。《纽约时报》在当时的一篇报道中说：“在上海及其周围的中国商人的处境很惨。在蒋介石将军的独裁控制下，商人们不知明日命运如何，财产充公，强迫借款，流放他乡，也可能

▲杜月笙　张啸林　黄金荣

横遭处死。”《字林西报》的美国记者索克思（George Sokolsky）也在报道中记录：“他们以捕捉共产党人为借口，进行了各种形式的迫害，人们被绑架，被迫付出巨额军事捐款。”

蒋介石第一个拿来开刀的，是时任上海总商会会长（他在不久前接替虞洽卿成为新任会长）、中国通商银行总经理傅宗耀。1927 年 4 月 28 日，蒋介石亲自约见傅宗耀，提出由他出面筹集 1 000 万元的军需贷款，傅宗耀当场予以婉拒。为了杀鸡儆猴，蒋介石第二天就发出通缉令，理由很简单：“上海总商会非法会长傅宗耀助逆扰乱，挟会营私……本军到沪之后，胆敢阳示归顺，阴谋反动。不独投机，实属反动。不亟严缉惩治，无以昭垂炯戒。”通篇通缉令读下来，罪责不轻却无一则实据，是一个地道的“莫须有”罪。傅宗耀的家产被尽数没收，傅宗耀被迫惶惶然出走大连。

荣家兄弟在这期间的遭遇也如出一辙。5 月间，蒋介石发行“江海关二五附税库券”，摊到华商纱厂头上的有 60 万元。荣宗敬当时担任纱厂联合会会长。那些年间，纱业陷入萧条，各厂均度日维艰，荣宗敬以“各厂营业不振，经济困难，实无力担负”为由，只肯勉强认摊 10 多万元。蒋介石大怒，当即将荣宗敬扣上了“甘心依附孙传芳”的罪名，通令各军侦缉。但是，荣宗敬的几家工厂都在租界内，他本人也住在租界，由工部局派警员保护，蒋介石一时竟奈何不了他，于是就下令查封荣宗敬在无锡的家产。5 月 15 日，军队手持军令来到无锡，县政府向委派来的大员申辩，荣家兄弟已经分家，即便老大有罪，也与老二荣德生没有关系。这个意见当然不被采纳，荣家住宅及各面粉厂、棉纺厂都被贴上封条，荣家 20 多人只好在厨房和汽车房里度过了一个惊恐不安的夜晚。到这个时候，荣宗敬才知道闯下大祸，他只好托无锡同乡、国民党元老吴稚晖向蒋介石求情，又以联合会的名义发出“解释误会”的电报，同意承购 50 万元的库券。至此蒋介石才“龙颜大悦”，荣家经过这番曲折，总算过关。

在当时的《字林西报》上，可查阅到的其他被绑架勒索的企业家还有：5 月 14 日，上海最著名的买办世家席宝顺的儿子以反革命罪被捕，五天后，以认捐20万元的国家事业费才被释放；5月16日，上海最大的酒业商人赵继镛被以同样的罪名逮捕，交20万元后释放；棉纺织厂主许宝箴的儿子以共产党的罪名被捕，交67万元后释放；贸易商虞洪英以贩卖日货的罪名被警备司令部关押一周，交15万元现金释放；糖商黄震东以同样的罪名被捕，也是交了15万元才放回；商人郭辅庭因拒绝认购公债而以反革命罪被捕，后来也交出了一笔巨款才保住性命；远东公共运动场董事长的兄弟在法租界被绑架，交赎金得释。最夸张的事件是，先施百货的经理欧炳光的三岁儿子被绑架，后来以捐赠50万元国家事业费才被交回。陈光甫在日记中曾记录了他与蒋介石的一次交谈。他抱怨说，不久前政府没收了中兴煤矿，“甚失人心”。蒋介石径直告诉他：“中兴煤矿之事，缘该公司先已答应借垫政府款，嗣后不肯照付，故特将没收以示惩罚。”陈光甫哭笑不得。[①]

蒋介石严禁媒体对这些勒索行动进行报道。1927年5月底，《新闻报》因刊登了一份国民党当局勒索的贷款数字，被勒令禁止发行。日后，人们对这一时期勒索行动的了解，大多是从国际人士的信函书籍以及英国人用英文出版的《字林西报》和《密勒氏评论报》上查阅到的。驻上海的澳大利亚观察家温·查普曼在1928年出版的《中国的革命：1926—1927》一书中说：“蒋介石凭借这种恐怖手段搜刮的钱财，估计达到5 000万美元，现代以前的政权从未在上海有过如此恐怖的统治。”

勒索之外的第二个办法是重税。国民政府的统治半径在上海和江浙两省，于是这一带的居民和企业大大遭殃。

1927年6月，政府宣布了一个特别税税则，要求居住在租界内的房主立即向政府缴纳相当于他们房产两个月房租的房产税。税则一出，数十万家庭平白多了一笔支出。不久后，政府宣布提高进出口税，公布了新的奢侈品税则，还相继对棉纺织、水泥、面粉和火柴等行业开征“通税”。

① 陈光甫著，《陈光甫日记》，上海：上海书店出版社，2002年11月版。

这是一个类似于已经取消的厘金的额外税种，其中烟草税的增征比例最高，由先前的12.5%猛加到50%。不受蒋介石管制的英美烟草公司抵制了这一税项，其结果是导致了竞争力丧失的中国烟厂大量倒闭。一些消费场所被要求增收特别的印花税。上海的83家钱庄，则被要求每月缴纳3万元的定额税。政府的这种重税政策让商人苦不堪言。

发公债是第三个办法。1927年5月，政府发行月息0.7%的3 000万元短期公债，商人们认为它缺乏切实的信用担保而予以抵制。蒋介石遂派人逐个商店、逐个工厂去摊派收取，如果不从，就扣以各种罪名。其中，上海钱业公会成员认购165万元，闸北水电供应公司认购25万元，华商保险公会认购50万元，永安、新新、先施三家百货公司共认购75万元。半年多后，政府又先后发行4 000万元、1 600万元两笔公债。认购这两笔公债相当于要求上海的企业主支付全体员工一个月的全部薪水。

一个很有戏剧性的细节是，在1927年8月，蒋介石曾经因为国民党内部的权力斗争而被迫辞职下野，接替他的是孙中山的儿子孙科。后者上任后，居然无法征收到足够的军费，蒋介石每月可收2 000万元，孙科只能筹到800万元，他试图发行4 000万元的公债，结果也只推销出去了500万元，之前靠恐怖政策而得逞的地产税也没有办法征收上来，政府运转很快出现了财政危机。10月中旬，孙科命令国民革命军第26军北上打仗，因为没钱发饷，官兵拒绝受命出发。于是，仅仅过了5个月，更懂得恐怖艺术的蒋介石便又被请了回来。

除了以上三项，另外一个更为隐秘的增加税源的办法就是，从事暴利的鸦片生意。

鸦片在中国近代史上是一个“符号化的商品”。在19世纪初期，英国商人就是靠它敲开了封闭的帝国大门，并造成了白银的大量外流，最终在1840年爆发了“鸦片战争”。到19世纪末期，英国政府基本上退出了鸦片生意。而生意犹在，它成了各地军阀最重要的税收来源，在云南、贵州等地，鸦片一度还成为货物交换的官方标准。孙中山在广州时也曾经开征烟馆税，以和缓拮据的财政。蒋介石进上海后，很快成立了全国禁烟局（后来更名为全国禁烟委员会），名为禁烟，实则专营。根据当时的规定，鸦片烟瘾富有者每年要缴纳30元的注册费，一般公民是12元，然后就可以在禁烟局买到鸦片烟并可免被拘留，那些临时吸食的人则每袋征收0.3元。这一“禁烟政策”使得吸食和销售鸦片在华东一带再次成为合法而公开的生意。仅1929年，国民政府从上海、江苏和浙江三地就征得1 600万元禁烟税。据上海警察局的档案显示，1930年，宋子文亲自安排在军队的保护下，从波斯向上海贩运鸦片700箱，以补充国内销售的紧张。《时代周刊》因此在1931年4月的报道中很讽刺地评论说：“如果精明的宋部长真的把鸦片装在他的财政部的战车上，他在未来一段时间内就能找到一种平衡中国预算的方法。”

政府贩毒，当然需要一个商业上的合作者，被选中的人就是活埋了工人领袖汪寿华的上海青帮头子杜月笙。

这是一个很多年后仍然难以准确评价的人。他是中国最大的黑社会头目、政府的忠诚合作者、一个坚定的民族主义者、众多企业的所有者和一个慷慨的慈善家。在1928年，他的名下就有这些显赫的头衔：法租界公董局华人董事，上海总商会监委委员，上海中汇银行和东汇银行董事长，中国通商银行董事长兼总经理，华丰造纸公司董事长，江浙银行、中国纱布交易所、商会商船航运等公司的董事，以及上海急救医院董事长，宁波仁济医院董事长，上海正始中学创建人，等等。唯一当面采访过杜月笙的外国记者伊洛娜·拉尔夫·休斯在《鱼翅与小米》一书中记录了第一次见到此人时的印象：“面容憔悴，溜肩，长长的双臂毫无目的地来回摆动。他身穿一件斑斑点点的蓝色长袍，平板脚上是一双邋遢的旧拖鞋。鸭蛋形的头显得很长，头发却剪得很短，前额好像向后去了一大块，没有下巴颏儿，两只大耳朵像蝙蝠，冷酷的嘴唇包不住那一口黄牙，一副十足的令人作呕的烟鬼形象。他向我伸出一只软弱无力的冷冰冰的手。”[1] 因为在“悲剧之月”中的卖力表现，杜月笙被蒋介石授予少将军衔。全国禁烟局成立后，他被任命为领导者。曾有英国顾问反对这项任命，孔祥熙说服他的理由是：“在上海有上万人对他唯命是从，他随时都可以制造动乱。”

杜月笙的胆大妄为，在后世人看来十分戏剧性。除了曾经枪击威胁宋子文的“创意”之外，他对孔祥熙也有过一次如法炮制的交手。曾经是蒋介石重要经济顾问的英国人弗雷德里克·李滋·罗斯（Frederick Leith Ross）爵士记录了这个故事。1928 年，孔祥熙的夫人宋霭龄在跟杜月笙的交谈中透露，政府将在外汇交易中采取某种应急措施。杜月笙心领神会，回去后当即进行投机操作。谁料，政策突变，杜月笙亏本损失了5万英镑。杜月笙要求赔偿，孔祥熙断然拒绝，“那天晚上，一口头号棺材放在孔博士家门口，周围有五六个穿着黑衣服的送殡的人”。第二天，孔祥熙召集中央银行董事会紧急会议，一致同意补偿最近在外汇市场上蒙受损失的“爱国公民”。

1931 年，杜月笙在浦东的家乡高桥建成杜氏祠堂。这在当时是一件轰动一时的盛事，几乎所有的政要、企业家和社会名流都到场祝贺，据称有 8 万人参加了落成庆典。蒋介石亲送匾额“孝思不匮”祝贺。席尽人散后，这个豪华的祠堂就成了远东最大的地下吗啡和海洛因加工厂。

除了在国内贩售，杜月笙的鸦片生意还融入了全球市场。在这方面，他得到了上海法租界当局的暗中支持。斯特林·西格雷夫（Sterling Seagrave）在《宋氏家族》中描述了这条通畅的“全球销售网络”：杜月笙的很多海洛因都是通过官方渠道进入法国大城市的，由于上海法租界由河内管理，而不是直接由巴黎管理，这就构成了一个从上海到河内、西贡进

---

① ［美］伊洛娜·拉尔夫·休斯著，《鱼翅与小米》（*Shark's Fins and Millet*），英文第一版于 1944 年由利特尔 & 布朗出版社出版，作者以比较的视角描述了国统区与解放区，书名“鱼翅和小米”，盖取二地物质生活的差异而言，书中附有许多延安生活的照片。

而直到马赛黑社会的阴暗交通网，这个网由科西嘉人强大的“科西嘉联合会”控制。这个联合会有一个更通俗的叫法是“黑手党”。伊洛娜·拉尔夫·休斯认为：“杜月笙是强大的国际贩毒集团的中方伙伴，这个集团的活动范围已扩展到太平洋沿岸加拿大、美国和拉美各国。”美国警方曾经收缴到来自中国的毒品，“五盎司一听的海洛因盒子上，都打着全国禁烟局的各种官方印记”。据西格雷夫的记录，有人甚至计算认为，当时全球的八包海洛因中，就有七包出自杜月笙之手。

靠蒋介石慷慨的毒品专营，杜月笙赚到了最多的钱，他以同样的慷慨方式回报前者。在1935年，他出资向美国柯蒂斯－莱特公司（Curtiss-Wright）订购了120架军用飞机，全数捐赠给国民政府。1936年，为了庆祝蒋介石50大寿，杜月笙送飞机一架，并将之命名为“上海禁烟号”。

天下之事，皆有因果。虞洽卿及中国商人阶层的商运沉浮，都可从1927年春季的那次“交易”探出端倪。

后世很多史家往往把上海商人与蒋介石的结盟，看成是一种胆怯的心理——与其面临革命的威胁，莫如求助于独裁者的庇护。不过，事实未必这样简单。正如我们在前面的章节中已经描述过的，在“四·一二”事变发生前几年，企业家阶层出于对军阀统治的失望，已经对强权政治采取了一种明显迁就的态度，并对专制产生了一种怀念之情。他们并不是单纯地由于害怕或走投无路，而投靠蒋介石集团并听从他的任意摆布，而是因为他们对蒋介石和国民党充满了希望。与此同时，新崛起的劳工阶层又让他们感到陌生和恐惧，这更加增强了他们寻求国家强权保护的愿望。

上海企业家在“悲剧之月”的集体抉择再次证明，丧失商业力量的自主权，对政治权力的投靠是危险的，与权力结盟的结局将导向一条必然的被奴役之路。虞洽卿、张公权等人自以为与时俱进，其实是在大踏步地倒退，先是退到出发的地方，最后退至悬崖的边缘。白吉尔评论说：“这些人是资产阶级中最拥护民族主义，也最现代化和较具有民主理念的分子……在 1927 年，中国的资产阶级不仅是对无产阶级的背叛，同时也是对其自身的背叛。由于他们放弃了一切政治权利，便很容易受到国家权力的打击，而这种权力又正是由其帮助才得以恢复的。”斯言悠悠，可谓泣血之论。“理想落空并不可怕，可怕的是它终于成为笑谈。”民国诗人穆旦的这句诗大概可以概括那一代有公共理想的温和的自由主义者们的共同心境。

1927 年的中国企业家，很像杭州诗人戴望舒在那年夏天写的《雨巷》中的那个结着愁怨的女子：“她默默地远了，远了，到了颓圮的篱墙，走尽这雨巷。在雨的哀曲里，消了她的颜色，散了她的芬芳，消散了，甚至她的，太息般的眼光，丁香般的惆怅。”

自清王朝覆灭之后的自由时光，对企业家阶层来说，宛若一场被暴风雨惊醒的春梦。他们不会料到的是，历史只给了他们这一次机会。仅仅 16 年，“中央”又骑着高头大马回来了。它是被呼唤回来的，它被欢呼、鲜花和金钱簇拥，这一切都是自愿的，尽管这些人中的一大半不久后就开始后悔了。

在被彻底“征服”之前，他们也曾经试图反抗。

1927年10月17日，五条大汉持枪闯进上海极司菲尔路（现名万航渡路）的一处民居，绑架了正在吃晚饭的张元济（1867—1959）。绑匪索价30万元。有一个绑匪看见张元济穿的毛衣上面有一个破洞，觉得很奇怪，就问："你这么有钱的人也穿破衣服呀。"张元济真的不是有钱人，被绑架后，全家变卖了股票、首饰，仅凑足5 000元，绑匪的赎金从30万元降到15万元，再降到10万元、5万元、3万元，6日后只好以1万元放人。

穿着破洞毛衣的张元济确实是当时中国最大的出版商人。20世纪20年代，上海的文化产业曾经创造过一个惊人的奇迹：上海一年的图书出版量竟大于美国全年的图书出版量。奇迹的创造者就是张元济和他领导的商务印书馆。

▲张元济

张元济是浙江海盐人，号菊生。他是光绪年间的进士，曾任刑部主事、总理各国事务衙门章京。为官期间，他与比他小一岁的翰林院编修、同年同省进士蔡元培共忧国事，颇为交好。1898年，张元济的官房走进一个刚刚获得任命的新章京，他就是名动天下的维新派魁首康有为。张元济、蔡元培积极参与康梁变法——变法启动后的6月16日，光绪帝曾同时召见了康有为和张元济，戊戌政变后，张元济被朝廷"革职永不叙用"，于是受盛宣怀之邀到上海南洋公学（现在的交通大学）担任译书院主事。蔡元培同样立志教育，后来也到南洋公学担任总教习。1902年，张元济突然辞教到闸北一个小小的印刷工厂——商务印书馆当主管。也是在这一年，朝廷颁布了《钦定学堂章程》。张元济深感新式教育缺乏一套新型而统一的教科书，于是就与蔡元培一起设计新的教育方针。两年后，《最新教科书》国文第一册出版，一面市就销售一空。就是这一册薄薄的教科书把当时只有一个石库门房子的商务印书馆推上了成功的天梯。几个月内，《最新教科书》销售10余万册，成为全国各地学堂代替四书五经的唯一新式课本。到清朝灭亡的1911年，张元济出齐了各年级、各学科课本共375种，共801册，也就是每个月要编出8册，完成了史无前例的文化工程。商务印书馆的经济收益自然十分惊人，它一跃而成为全国最大的出版印刷企业。

民国成立后，张元济顺势推出113种《共和国教科书》，从1919年到1937年，他动用国内外50余家公私藏书影印出版《四部丛刊》《续古逸丛书》《百衲本二十四史》，3种丛书共610种，近2万卷。张元济几乎以一己之力留存了中国传统文化的所有精华。这个工作之前只有下令编著《四库全书》的乾隆大帝曾经尝试过。为了普及新知识，他投资编辑出版大型百科全书式的低价普及系列书《万有文库》，前后出版了2 000卷，还主持编撰我国第一部新式辞书《辞源》，开了现代工具书的出版先河。这些出版物对国民人文精神的苏醒起到了难以估量的启蒙作用。同时，他创办编译所，编著和翻译海内外作品，1925年时会聚各路专家达286人，群星璀璨，几乎囊括了当时文坛的半数豪客。极盛时的商务印书馆占地80亩，资产规模2 000多万元，拥有1 200台机器、4 500名员工和43家分馆，每天都有新书出版。商务印书馆还编辑出版了10多种发行量很大的杂志，如《东方杂志》《小说月报》《教育杂志》《妇女杂志》和《学生杂志》等，形成了图书与杂志两大关联互动产业。

自1919年之后，北京被军阀统治，大量文人南下上海，造就了一个空前繁荣的文化景象。20年代的上海文化界，涌现了多位抱负豪放、精于经略的文化商人。除了张元济之外，还有经营“中国第一大报”《申报》的史量才，拍摄了第一部武侠电影《火烧红莲寺》的张石川和他的明星影片公司，创办了全国发行量最大画报《良友》的伍联德（《良友》创刊于1926年，一直到10年后，亨利·卢斯才创办了全美第一份类似的大型生活类画报《生活》），经营全亚洲最大游乐场“大世界”的黄楚九，等等。正是在这些人的推动下，上海代替北京成为新的文化中心，而它的文化特征又是“对传统文化和外国模式的双重背叛和继承”。到抗战爆发前，上海有30多家广播电台，36家电影院，200多种杂志——几乎相当于全国杂志总数的95%——还聚集了全国86%的出版社。张元济还建成了远东最大的公共图书馆东方图书馆，藏书46.3万册，其中8万册是外版图书。

▲《良友》1926年12月号封面

张元济出身传统的文人世家，在经营上却完全借鉴西方企业的管理模式。商务印书馆有十分健全的管理规章制度。张元济在厂里一贯不苟言笑，对任何人都十分严肃。在日常管理中，他对两件事情抓得最紧：一是技术，二是人才。当时的全球印刷业正处在技术革命的周期里，为了提高效率和竞争力，张元济对印刷技术的每一个细节都非常重视，每次股东开会，讨论最多的就是如何更新设备。他还有一条不成文的规定，就是每个管理高层都要出国考察学习。对于人才，他更是不拘一格，唯才是用。有一次，一个20出头的练习生给他写信，指出新出版的《辞源》里的一些错误。张元济认为他是人才，就破格提拔他担任《小说月报》主编，这个叫沈雁冰的年轻人后来以“茅盾”的笔名成为现代文学史上的重要作家。退休的时候，张元济选中的接班人王云五没有任何学历，是一个自学成才的奇才。作为国内最大的出版机构总经理，张元济数十年提携年轻人无数，日后很多文人在回忆他时都称其为“恩公张元济”。

张元济数次谢绝出仕为官，一生专注于出版一事，这跟游走在教育和政界之间的老友蔡元培颇为不同。他曾在一封致蔡元培的信中说：“盖出版之事业可以提撕多数国民，似比教育少数英才为尤要。”当年的青年章京和翰林院编修，一南一北，分别造就中国最大书局和最重要的高等学府，真正是美事一桩。

张元济一生所嗜唯有图书，他在极司菲尔路的居家门口挂了一个小木牌子，上写四字：“收买旧书”。1932年1月28日，中日军队在上海闸北交战，商务印书馆宝山路总厂被投掷六枚燃烧弹，工厂全部化为灰烬。日军还放火烧毁了东方图书馆。据当时的报纸记录，当时，浓烟遮蔽上海半空，纸灰飘飞10里之外，火熄灭后，纸灰没膝，五层大楼成了空壳，其状惨不忍睹。据统计，商务印书馆资产损失1 630万元，占总资产的80%。东方图书馆的全部藏书，包括善本古籍3 700多种，共3.5万册，与全国最为齐备的各地方志2 600多种，共2.5万册，悉数烧毁，这成为张元济一生最大的痛事。已65岁高龄的他痛不欲生，但很快振作起来，提出“一息尚存，仍当力图恢复”。半年后，印刷工厂就恢复了正常生产。抗战时期，商务印书馆迁至四川，日军抄走上海工厂里的460万册图书和50吨铅字。张元济留居“孤岛”，拒绝与日本人和汪精卫伪政府合作，生活窘迫之际，他宁可以卖字为生。某次，有两位日本学者求见，他在对方的名片背后写下八个字：“两国交战，不便接谈”。又一次，汪精卫伪政府的浙江省长傅式说送来一幅画卷，请他题字，还附有11万元的支票。他退回支票，修书一封曰：“是君为浙省长，祸浙甚深……以是未敢从命。”

新中国成立，张元济受邀参加了开国大典。他跟蔡元培都见过光绪皇帝、袁世凯、孙中山、蒋介石和毛泽东。此时，蔡元培已经在1940年去世了，唯有他身历三朝更迭，目睹五任首脑，无意中留下了一项无人可及的纪录。

张元济逝于1959年8月，时93岁。晚年，有后生问他：“你是文人，还是商人？”张元济面如枯色，不作一语。

第三部

1928—1937

国家主义的回归

1929 商人的抗争

一切的梦想，最好都赶快丢掉，这办法也很不少。最要紧是，要把眼光放大些、放远些，更要放平些、放低些。

——鲁迅：北京演讲，1929年

接踵发生的突变，显然大大出乎企业家们的预料。

在当初送钱的时候，上海商界与蒋“约法四章”，即“保护上海工商业，承认并保证偿还北洋政府所欠之债务，款项要分期归还，所支款项由上海银钱业监管，只能用于江苏（当时上海属江苏省管辖）”。蒋以人格担保，一口应诺。可是后来的情形已不是“保护”，而是收编、欺诈和勒索了。虞洽卿有16艘轮船被军队征用，数月不见归还也没有支付租金，他只好向戒严司令部总司令白崇禧当面索讨，才把船讨回来。傅宗耀被通缉，他出于宁波同乡的情谊向蒋介石求情，结果碰了一鼻子灰回来。

陈光甫在1927年6月11日的日记中，就对蒋介石政府流露出了极度失望的情绪。他将之与暴烈的东北军阀张作霖相比，认定“蒋之政府成立时间尚早，不觉已有七成张作霖之办法”。他所谓的“办法”为：“一，不顾商情，硬向中国银行提款一千万元；二，以党为本位，只知代国民党谋天下，并不以天下为公；三，引用一班无政府之徒扰乱政治。”在财政治理方面，他则抱怨政府只知任用党徒而不信专业人士，“财政等事，古（古应芬）、钱（钱永铭）毫无权柄，全凭张静江，此人为半残废之人，令其主张财政，则前途可想而知矣。如照此办法，不出二三年，江浙又要出事矣”。

失望之余，虞洽卿、陈光甫们不甘受缚，决意抗争。

1927年11月，虞洽卿在报纸上以上海商业联合会的名义发了一个很强硬的公告，曰：“国军莅沪以来，我商民正处在憔悴呻吟之中，乃始而垫款，继而库券，竭商人之全力，以供绞脑沥血之金钱，无非促进政治……乃自清党以还，应有清明之望，而前辙依然，故吾犹是。虽曰训政方当期月，责备未可过严，然人寿究有几何？枯鱼先已入市。”虞洽卿公开指责蒋介石没有兑现承诺，再不改变现状，商人们就要都变成“枯鱼”了，愤懑之气跃然纸上。

▲ 1928年全国经济会议

作为蒋介石的“钱袋子”，性情摇摆的宋子文一开始很想担当政府与企业家们之间的桥梁。没有资料显示他参与了恐怖的绑架勒索活动，商业家族的出身背景和自由主义的美式教育让他对企业家充满了同情，他还是希望通过正常的财经政策重修政商关系。1928 年 6 月，宋子文在上海召开全国经济会议，60 多位上海及江浙最重要的工商及金融界企业家全数与会，包括虞洽卿、荣宗敬、张公权、陈光甫、宋汉章、李铭等人。大家集体炮轰宋子文，提出了两条议案：一是“限制工会和罢工案”，要求“政府必须制定对工会组织管制的劳工法，以防止滋事之徒利用工会组织挑起事端，工会的经费必须公开，并将置于其监督之下”；二是“保护商人财产案”，要求“所有私人财产，如船舶、面粉厂、工厂、矿山，现在仍被政府当局占据者，应一律立即归还，所有非法没收的财产也同样立即归还原主”。这两条议案中，第一条是他们一年多前资助蒋介石集团的最主要初衷，第二条则完全是意料外的“事故”。宋子文在会上承认“战争时期我们曾被迫使用极端手段来筹集经费”。他还同意向中央政府建议裁军，并把年度军费开支限制在 1.92 亿元之内。张公权等银行家表示，如果宋子文的承诺无法实现，他们将不再购买政府的任何公债。报道这次会议的《字林西报》说：“只有计划全部被接受，否则 7 月 31 日之后，掌握了中国财

富的上海银行家们连一分钱也不再贷给国民党政府了。”会后，宋子文当即带着这份报纸去了刚刚被收复的北京，在那里，国民党所有的高级将领正在召开军事会议。宋子文的发言还没有讲完，很快遭到了趾高气扬的将军们的嘲笑，他们一口拒绝了裁军和军费限制，顺便还要求财政部马上再发行 3 000 万 ~5 000 万元的公债。第一个回合，宋子文的努力泡汤，企业家一触即败。

两个月后，国民党定都南京，随即召开二届五中全会。在宋子文的暗示和鼓励下，虞洽卿率领上海商界 100 个代表气势汹汹地奔赴南京请愿。这些人代表了上海总商会、上海银行同业工会和 60 个上海行业公会。他们提出“颁布约法，监督财政，裁减兵额，关税自主，劳资合作”等十大要求，如果不能满足，他们将拒绝支付 8 月的贷款。这是蒋介石进上海后，企业家集团采取的最强硬的一次行动，国内外舆论为之一震。蒋介石当然不能用刺刀、机枪对付这些金主，便将他们请进汤山别墅，派出高官日夜宴请周旋，承诺组建全国预算委员会和中央财政改革委员会，此外还单独许诺虞洽卿，拟聘他为全国交通会议航政股主任。一路软钉子吃下来，请愿团还是无功而返。在这样的过程中，一直试图在政商之间达成某种妥协的宋子文渐渐滑向了政权一边，他很快变成了另外一个宋子文。

10 月，国民政府宣布改组当时国内最重要的两家民营银行——中国银行和交通银行，加入官股，分别占了 20% 的股份，又恢复了官商合办的性质。张公权等人被迫接受现实，他在日记中写道：“军人不明财政，而处处干涉财政，前途悲观在此。”

1928 年 12 月，东北军阀张学良发出通电，表示服从国民政府，国民党在形式上统一了中国。

在国内外舆论的压力下，1929 年 1 月，南京召开军队编遣会议，全国主要的将领除了张学良之外，全部与会。企业家集团发动第三次抗议，潮水般的电报冲向南京，上海总商会和 15 个重要商人团体联名发电，“要求南京政府必须裁遣军队和决定全国预算”。在这次会议上，总算通过了限制军费和将军队从将近200万人裁减到71.5万人的决议。企业家们的抗议好像取得了胜利，后来的事实却是，从蒋介石到东北的张学良、山西的阎锡山、华北的冯玉祥、西南的李宗仁，没有一个将领愿意裁减一个士兵，军费当然还是居高不下。

▲中国公民与外国警察

在半年多时间里连续发动了三次抗议，表明此时的企业家集团尚有抵抗的能力。

就当企业家们频频出动的同时，与之理念相近的自由知识分子也加入了反抗的阵营。1929年年初，国民政府颁布了一道"人权保障"命令，称："世界各国人权均受法律之保障。当此训政开始，法治基础亟宜确立。凡在中华民国法权管辖之内，无论个人或团体均不得以非法行为侵害他人身体、自由及财产。违者即依法严行惩办不贷。着行政司法各院通饬一体遵照。此令。"

很快，胡适在《新月》杂志第二卷第二号上发表《人权与约法》一文，公开反对国民党的"训政"。他写道，在人权的侵犯上，"命令禁止的只是'个人或团体'，而并不曾提及政府机关……但今日我们最感痛苦的是种种政府机关或假借政府与党部的机关侵害人民的身体、自由及财产"[①]。该文被后世很多学者视为胡适一生中最辉煌的文字，是自由主义知

① 胡适著，《人权与约法》，载《新月》1929年第二卷第二号。

识分子和执政体制围绕人权问题的第一次冲突。接着，胡适又写出《我们什么时候才可有宪法》，罗隆基发表《我们要什么样的政治制度》，一场反训政的人权运动由此而生。国民党政客对此进行了猛烈的反击，曾当过孙中山秘书、时任立法院院长的胡汉民撰文驳斥，并发誓不与胡适“共中国”。而后者毫无畏惧，并语气坦荡地反击说：“上帝我们尚可以批评，何况国民党与孙中山？”这场争论持续4年，到1933年6月，以《新月》遭到停刊而告停，到那时，党国体制已成事实。

在这起抗争中，一个值得玩味的事实是另外一类知识分子的态度。就在胡适发表《人权与约法》半年后，同在上海的鲁迅发表《新月社批评家的任务》一文。在他看来，胡适等人所为，不过是“挥泪以维持治安”，“刽子手和皂隶既然做了这样维持治安的任务，在社会上自然要得到几分的敬畏，甚至于还不妨随意说几句话，在小百姓面前显显威风，只要不妨碍治安，长官向来也就装作不知道了”[①]。后世有学者对此颇为不解，邵建在《胡适与鲁迅：20世纪的两个知识分子》一书中便认为：“鲁迅以一贯的语带讥讽，将胡适一班人马判定为‘刽子手和皂隶’，毫不客气地掷以锋利的投枪，这的确为今日的读者所困惑不解。”[②]

实则，在当时中国，确乎出现了两种知识分子：一种是“参与介入”的建构型，一种是“绝不妥协”的批判型。他们之间的分歧与争论在某种程度上让中国的现代化选择变得更加莫测和艰难。

蒋介石当然不会让企业家集团的抗议无休止地进行下去，他们的抗争或抱怨根本改变不了他的既定国策。很快，在他的谋划和宋子文的配合下，企业家集团被彻底打散、击溃。

---

① 鲁迅著，《新月社批评家的任务》，载《萌芽月刊》，1930年1月。

② 邵建著，《胡适与鲁迅：20世纪的两个知识分子》，北京：光明日报出版社，2008年版。

打击是从两个方面展开的：一是彻底瓦解企业家的组织体系，二是用看上去无比优惠的公债政策将之完全“绑架”。

▲登在上海《良友》画报上的蒋介石照片

经过将近30年的发展，上海已经形成了层次分明、结构严密的企业家组织。它以总商会为龙头，各区有分会，各行业则有同业公会，互通气息，联合行动，而且有丰富的公共治理经验。作为一个老练的政治家，蒋介石当然比谁都明白这个组织体系的力量。“四·一二”事变后不久，他即借通缉傅宗耀之机，以国民党上海政治分会名义，下令将上海总商会及会董一体解散。之后，蒋介石委派宋子文等人采取分化和相互牵制的策略，与一个又一个商人组织分别谈判，使其不可能进行反抗，而逐一被吸收进国民党的机构中。

1927年7月，蒋介石颁布法令，宣布上海市政府从此在中央政府直接控制下，享有极其广泛和重要的行政权与司法权，上海市的所有商业组织都要受到上海市社会局的监督。行业间一切职业上的争端，都要由市政府来解决。收集各种经济统计资料，办理各种慈善事业，也都由市政府负责。为了培植自己的商人组织，上海市国民党党部成立了救国会和商民协会，前者是原来的抵制日货运动协会，后者是国民党从广州带来的一个御用组织，它们在1928年春季搬到上海市总商会的办公地点——公共租界的天后宫，实行所谓的“联合办公”。

蒋介石还十分善于利用媒体将企业家阶层彻底地孤立起来。在国民党控制的媒体中，企业家常常被描述成帝国主义的合伙人和走狗，他们为了图谋自身利益而牺牲民族利益。在一个有着 2 000 年中央集权传统的中国社会中，我们的国民性中天然地有着对政权的膜拜与恐惧。政治家利用人们对社会不公的情绪，非常容易引导议题，转移焦点，并达到自己的目的。在这种行为中，激发人们对财富阶级的仇恨，是一种轻而易举的战略，因为它几乎没有任何风险，而且看上去非常“道德”，符合基层人群的感性直觉。1928 年 6 月，就当虞洽卿等人在全国经济会议上对宋子文进行围攻的时候，国民党媒体迅即发表了严厉指责的文章。一个叫药群的作者在《先导月刊》上写道：“当我听到这个消息时，我认为当前处在训政时期，这个会议是很严重、很严肃的……当得知会议参加者绝大多数是资本家而没有包括一个农民和工人，我大失所望。”对于企业家们发出的“最后通牒”，他的评论是：“我们不应让经济会议犯了代表资本家阶级的嫌疑。这个文件抄袭了资本主义国家的东西，而缺乏国民党的革命精神。”

1928 年 12 月，东北易帜后，蒋介石随即宣告“以党治国”，“一切军国庶政，悉归本党负完全责任”。一党独裁局面自此生成，国民党对不驯服的企业家组织的清理加快了步伐。

1929 年 3 月 15 日，在国民党第三次全国代表大会上，上海市党部主任陈德微向大会提出在全国取消商会的动议案。《密勒氏评论报》很敏锐地评论说：“这是政府试图扼杀商业团体和国民党在政治上夺权的斗争，而陈德微特别针对的目标是上海总商会，因为它是中国组织得最早、最重要的一个商业团体。”3 月 23 日，上海主要的商会代表在上海总商会会馆开会，会议通过决议，驳斥取消商会的动议案，并选派了一个以虞洽卿为首的代表团去南京向政府申辩他们的立场。

直接取消不成，蒋介石很快想出第二招。4 月 22 日，在公共租界的天后宫里发生了一场闹剧，国民党培植的救国会和商民协会与总商会为了争夺办公室大打出手，救国会人员把总商会的会议室门窗砸烂，总商会宣布暂时停止办公。两天后，一群青帮兄弟带着辱骂总商会的标语牌闯入天后宫，毁坏器具，抢走文书档案，还把 4 个工作人员打成重伤。总商会当即向政府当局提出抗议，并投诉各界。银行同业公会、纱厂联合会等组织也致电南京，宣称如果不处理凶手，将发动罢市。

国民党市党部严令所有中文报纸均不得刊登总商会的任何声明和对冲突事实真相的说明，而在党报《中央日报》上则连篇累牍地发表了救国会与商民协会斥责总商会的声明和报道，后者被认定是“帝国主义的走狗”，当时具体负责商会事务的两个常务理事冯培禧和林康侯则是“卑劣和可恶的卖国奸商”。

5 月 2 日，国民党中央执行委员会以调查真相为理由，命令上海一切商业团体一律停止活动。一个月后，国民党中央执行委员会以“统一商运”为由，成立上海市商人团体整理委员会，包括上海总商会在内的所有民间商业团体一律停止活动，将一切会务统交“商整会”，国民党员以及被控制的顺从者成了最重要的成员。根据中央执行委员会颁布的改组条例规定，这个新商会“须得遵守上海市党部的指导和训令，并且要受上海市行政当局的管辖”。所有商会成员“必须信仰三民主义”，“凡借助于反革命而对国民党进行过中伤者皆不得为会员”。

5 月 25 日，“商整会”举行就职会议，国民党中央执行委员会、国民党上海市党部、淞沪警备司部、上海市社会局、中央

▲孔祥熙主导的工商会议

工商部成为会议的主角。国民党中央执行委员会的张群将军讲话说，“上海总商会是在国民革命军到达上海以前成立的，那时，总商会的事务操纵在少数人手中，这些人与军阀勾结在一起”，而救国会和商民协会则是“由上海市商人自己建立起来的，完全建立在孙中山的思想理论基础上的”。中央工商部代表许建屏则宣称：“上海商人们曾经是被上海总商会压制着的。现在好了，上海商界将要遵从中央政府的命令，计划组织一个新的统一的商会。”

一年多后的1930年6月，一个新的“上海市商会”诞生了。在公布的理事名单中，原来总商会的代表不到1/3，商民协会的代表成了大多数。一向重视自己独立性的上海民族商人阶层从此被剥夺了自主的代表机构，失去了对地方事务的管理权，并从其传统的活动中被驱逐出来。在上海总商会被瓦解之后，全国其他城市的商会组织相继遭遇了完全相同的命运。很多年后，白吉尔在《剑桥中国史》一书中评论说：“自19世纪以来，商业组织的发展得以掌握各都市社区的管理，现在被粗暴地扭转了。”

如果说蒋介石从组织体系上成功地将企业家阶层打成了一盘散沙，那么，宋子文则以更为巧妙的手段对企业家阶层进行了利益上的“绑架”。

自国民党军队进入上海的第一天起，它就把发行公债当成募资的重要方式之一。而在一开始，由于缺乏确实的信用保证，公债的发行十分困难，银行家们常常以此来要挟政府，蒋介石不得不采取了摊派和绑架勒索的恐怖手段。研究金融投资出身的宋子文对银行家们的心思当然了如指掌，从1928年春季开始，他重新设计了公债发行的游戏规则。

具体的办法是这样的：当政府宣布发行一笔公债的时候，先将这些公债存入认购的银行，以此从银行取得现金贷款。一般来说，政府取走的现金相当于存入债券票面价值的一半。根据上海钱业公会留存的资料看，从1928年3月到1931年11月，该公会总共购入债券3 060万元，而实际贷给政府的款项是 1 562.5 万元。等到公债公开发行后，银行可以将债券直接投放到上海的证券交易所进行投机交易。这种优惠的贴现政策一下子让购买公债成了一个十分诱人的生意，公债的平均年利息是 8.6%，加上大量的贴现，公债的年收益率达到了 20% 以上，有的可高达 40%。当时，银行给工厂的年贷款利息一般是 6%~8%，贷给商业企业的年利息是 10%，与购买公债的暴利空间无法相比。另外，将债券在证券市场上进行炒作交易，还可获得更大的收益。

这简直是一个无法抵挡的诱惑，全中国的银行家们当即进入了宋子文设计好的游戏圈里，特别是资本最为雄厚的上海银行家们纷纷购买公债。此后的 10 年中，中央政府共发行 24.12 亿元的公债，其中七成卖给了这些自诩为全中国最聪明的人。

“公债热”导致了三个结果。第一是公债发行从“天下第一难”顿时变成了人人争抢的香饽饽，政府凭空拿到大笔资金，用于军事活动和工商业投资。第二是形成了一个狂热而危险的投机市场，上海金融业超级繁荣，私人储蓄和民间游资被导入政府行政性活动中。在 20 世纪 30 年代中前期，上海市民人人炒作国库券，用美国学者阿瑟·恩·杨格（Arthur N. Young）的话说，“投机成了上海人的一种生活方式”[①]。

第三是银行家们从此被政府“绑架”。由于新公债可以用一部分抵充旧公债，各银行为了维持旧债，便不断地购买新债，掉进了一个“循环式的陷阱”，而政府只顾借钱应付眼前，根本不考虑偿还。陈光甫、张公权等人在一开始也曾颇为担忧这样的做法将动摇银行信用，但是，在宋子文的强势推导和当前利润的诱惑下，终于不能自拔。据民国学者章乃器在《中国货币金融问题》[②] 一文中的计算，到 1932 年前后，银行所持有的全部

---

① 阿瑟·恩·杨格著，陈泽宪 陈霞飞译，《一九二七至一九三七年中国财政经济情况》，北京：中国社会科学出版社，1981 年版。

② 章立凡选编，《章乃器文集》，华夏出版社，1997 年版。

证券中的80%都是政府公债。因为有那么多钱借给了政府，他们不得不乖顺地坐到同一条船上，平等关系从此终结。台湾的中国经济史专家王业键因而评论说："上海银行家的这种合作不仅解决了政府的经济困难，而且加强了政府对商业界的控制力量。当各个银行的保险柜里塞满了政府的债券时，也就是他们在政治上积极参与了这个政权的表现。"陈光甫、张公权、宋汉章等人一向重视自己的独立性，可是后来相继进入政府服务，大半原因在此。

可是，如果政府真的兑现20%~40%的利率，那也算是一个很不错的生意。在下一个章节中我们即将看到，因政局动荡等，政府强行规定偿还的公债打折扣，有的甚至借故不还——那时候要惩戒一个企业家实在太容易，只要从抽屉里拿一顶"奸商"或"通共"的帽子就可以了。在政局动荡之际，公债的现货和期货市场价格每每上演大跌场景，民营银行损失惨重，从此再也不能与国家力量抗衡。这场政府与民间的"猫鼠游戏"，以后者的鼻青脸肿、投告无门而告终。

除通过改变公债发行规则诱惑银行家之外，宋子文还同时设法控制了上海的证券交易市场，而整顿的对象就是虞洽卿控股的、几年前蒋委员长在这里当过"红马甲"的上海证券物品交易所。该所自1920年创办以来，每一届军阀政权都视之为肥肉，要么扬言取缔，要么层层加税，可怜虞洽卿玲珑斡旋，总算惨淡保全，而现在终于还是逃不出蒋介石政权的手心。尽管这是国父首倡，尽管蒋某人当年也曾在这里厮混，尽管交易所主人是他的恩公兼金主，但是出于"整理金融，牢控财源"的国策，他自然也无法宽容。

1929年10月，国民政府颁布《交易所法》，规定每一地区只准有一个有价证券的交易所，其他的交易所一律合并在内。上海证券物品交易所中交易量最大的棉纱交易率先被并入国营的纱布交易所。虞洽卿奋起挣扎，在给南京政府实业部的信中，他决绝地声称："一息尚存，誓死必为之保全，任何牺牲所不惜也。"可是，大势已然不可逆转，各类交易物品被相继归并，证券部分并入证券交易所，黄金及物品交易并入金业交易所。到1933年秋，已成空壳的证券物品交易所被整体并入上海华商证券交易所。面对一个霸道、强大的国家机器，商人虞洽卿徒呼奈何。

这就是发生在1929年前后的上海故事。在短短两年时间里，蒋介石政权不但用武力统一了中国，而且将实力强大、很有组织性的企业家阶层打得落花流水。自1911年之后出现的民族资本主义繁荣景象到此戛然而止。从此后的中国变成黑白两色，非此即彼，中间的鸿沟里血海翻腾。

也许真是宿命所至，在这几年里，影响过历史进程的大思想家相继凋零。1926年7月，张謇去世。1927年3月21日，维新派头号领袖康有为病逝于青岛。6月2日，国学大师王国维自沉于北京颐和园昆明湖，遗言云："五十之年，只欠一死，经此事变，义无再辱。"王国维之死被看成是中国传统文化没落的象征。晚辈学者陈寅恪在挽词中曰："盖今日之赤县神州值数千年未有之巨劫奇变；劫尽变穷，则此文化精神所凝聚之人，安得不与之共命而同尽，此观堂先生所以不得不死，遂为天下后世所极哀而深惜者也。"他为王国维撰写的墓碑文字是，"自由之思想，独立之精神"。

▲最后的温和立宪派领袖梁启超

1929年1月19日，57岁的梁启超去世了。三年前，他因便血入北京协和医院诊治，诊断结果是一侧肾患结核坏死，需切除。院长刘瑞恒亲自主刀，但刘瑞恒竟判断失误，错取好肾。朋辈悲愤，欲起而诉之。梁启超曰："国人学西医，能够开刀，而令我活到如今，已算是不错，我又何必告他。"遂死。刘瑞恒后来调离医院，到卫生部做了政务次长。梁启超死后，温和的立宪改良派再无精神领袖。

就在梁启超去世的半年后，6月，国民党召开三届二中全会，依据孙中山“军政、训政、宪政”的“建国三时期”理论，宣告“训政时期规定为六年，至（民国）二十四年（1935）完成”。日后的史实是，国民党一再延缓召开国民大会，直到将近20年后的1948年才宣布进入“宪政”，而一年后即失去大陆。

史实讲述到这里，我们看到的都是蒋介石政权强势和恐怖的一面，如果据此认定它的主要经济工作就是勒索企业和贩毒，那么，它就是一个黑社会组织了。历史如同硬币，当然也存在着另外的一面。

我们正在讲述的10年，1928—1937年，在经济史上有时候也被称为“黄金十年”。在这10年里，工业经济增长率平均达到8.7%（也有学者计算为9.3%），为现代中国史上增长较快的时期之一。[①] 不过与前16年不同的是，这是国家强力干预经济的10年，是统制经济的10年，是国营事业和重工业高速成长的10年，是民营资本饱受压抑的10年。

国民政府在经济重建上的建树也有值得记录的地方，其中最可称道的是经济主权的回收。自1928年年底统一了中国之后，政府迅速展开了收回利权的活动。1842年以来，清政府与各国签订了一大堆不平等条约，除了众所周知的巨额赔款之外，还有一个卡住中国经济“脖子”的关税限制。国家的海关管理权长期被英国人把持，进口关税超低，严重影响了财政收入。在过去的10多年里，北洋政府一直想要收回海关自主权和提高关税，却遭到列强的集体抵制。蒋介石一改过去跟列强集体谈判的办法，先是派宋子文与美国交涉。1928年7月，经过艰难的谈判，中美达成协

---

① 按张朋园的计算，工业增长率在1912—1920年高达13.4%，1921—1922年有一短暂萧条，1923—1936年为8.7%，1912—1942年平均增长率为8.4%，整个1912—1949年，平均增长率为5.6%。

议，同意中国关税自立。在随后的几个月里，英、法、日等各国相继宣布承认中国的海关自主权。国民政府随即宣布从 1929 年 1 月起实施新税则，进口商品的关税从 4% 大幅提升到 10%，之后又增到 25%。这一外交胜利，不但恢复了中国的主权尊严，更成为新政府缓解财政危机的主要手段。在 1928 年，年度关税收入为 1.21 亿元，到 1929 年就翻番上升到了 2.44 亿元，到 1931 年则达到 3.85 亿元。

政府在整顿国内金融秩序上的作为也有成效。在北洋政府时期，军阀各立征税门类，厘金制度无比混乱。更糟糕的是，货币没有统一，金块、银元宝、“袁大头”，以及各种成色不等的银元、纸币都在流通，而且没有统一的货币标准和兑换制度。1928 年 7 月，国民政府召开全国财经会议，提出以银元为基本单位、最终实现金本位制的改革方案，10 月，成立中央银行。一开始，宋子文想把前身是大清银行的中国银行就地改组，遭到张公权的反对，于是另组央行，这也为七年后孔祥熙突袭中国银行埋下伏笔。金融改革的推进很艰难，1931 年废除了流弊深重的厘金制度，1933 年取消了银两单位制，同年成立票据交换所，担负起银行间账目结算的职责，之前这一功能由英国汇丰银行承担。最终到 1935 年 11 月，国民政府正式宣布实行“法币改革”，从而确立了统一的货币体制。

在经济增长模式上，国民政府推行的是坚定的计划经济模式和优先发展国营企业的战略。

▲民国货币：银票

▲民国货币：“袁大头”

国民党政府的计划经济思想来源于“国父”孙中山。他历来主张大力发展国营经济，使国家资本在整个社会经济中占主导地位。在《孙中山全集》中处处可见类似的表述：“如欲救其弊，只有将一切大公司组织归诸通国人民公有之一法，故在吾之国际发展实业计划，拟将一概工业组成一极大公司，归诸中国人民公有”；“何谓制造国家资本呢？就是发达国家实业是也”；“中国国民党的民生主义，就是外国的社会主义”；“赶快用国家的力量来振兴工业，用机器来生产，令全国人民都有工作”。[①] 南京国民政府成立后，奉行的正是这一孙氏主张。

不过在1928年前后，在国家主义与自由主义之间，曾经发生过激烈的争论，毕竟在过去的16年里，民营资本得到了很大的发展，如今改弦更张，事关重大的国策变更与利益调整。在当年6月的那次全国经济会议上，各项产业议题的讨论都出现了分歧。当讨论到钢铁、铁路、矿产等重大产业的发展思路时，有人主张“遵总理（孙中山）计划，将钢矿、油矿及各特种矿收归国有，以实谋利益均沾政策”，“厉行收归官办，实为治本办法”。有人则认为“欲铁路发达，政府宜放弃国有政策，除个别重要干路外，悉委诸商办”，“实施矿业自由主义，并力行监督保护政策”。还有一种妥协的方案是，“由政府轫办，一旦办有成效，再行售归商办”。

在讨论设立中央银行的议题时，当场发生了激烈的争执。在存档的《全国经济会议专刊》中，记录了当时的争论景象。姚咏白说，“筹设国家银行，须先筹官股，办有成效后，再改商股”。叶熏说，“国家银行应与人民合作，则股本可由各团体分任”。陈行说，“无论官商合股或纯粹商股，苟政府有力干涉，则无所不可”。李鸣说，“自大清银行以来，均系中央集权制，因政治不良，故其实际不能表现，是政治不良并非银行制度之不良，现在总以国家银行制度为原则”。周亮说，“反对官办，不得已则宜官商合办，取董事制”。还有一个戴霭庐委员索性“捣糨糊”，说“组织股份

---

① 孙文著，《孙中山全集》，北京：中华书局，1985年版。

公司自由买卖，不必表明官商合办”。各人观点之差异，于此可见。

在政府决策层，对国家主义的坚定已经成为一个国策。蒋介石便认为“中国经济建设之政策，应为计划经济”。全国经济会议两个月后，政府发布《训政时期施政宣言》，其中明确写道：“若夫产业之有独占性质，而为国家之基本工业，则不得委诸个人，而当由国家经营之。此类事业，乃政府今后努力建设之主要目标，并将确定步骤，以求实行。以国民急切之需要而言之，必须首谋开发社会经济所赖以为发动之基本工业。”在这段文字中，由国营资本控制重要产业，并进行优先发展的战略已经描述得非常清晰。那么，所谓的“基本工业”又包括哪些产业领域？在与《训政时期施政宣言》配套的《建设大纲草案》中有详尽的列举：“凡关系全国之交通事业，如铁路、国道、电报、电话、无线电等；有独占性质之公用事业，如水力电、商港、市街、市公用事业；关系国家前途之基本工业及矿业，如钢铁业、基本化学工业、大煤矿、铁矿、煤油矿、铜矿等，悉由国家建设经营之。”所列领域，均为能源、资源型的上游产业。很显然，国民政府的思路与晚清盛宣怀的国营理念如出一辙，其未来轨迹及命运竟也毫无意外。

在这样的决策下，理论与口号迅速被文本化为一个个看得见、摸得着的发展计划与运动。在《建设大纲草案》之后，政府又先后拟订“基本工业建设计划”（1928）、《实业建设程序案》（1931）、《国家建设初期方案》、“实业四年建设计划”（1933）、“重工业五年计划”（1935）、《中国经济建设方案》（1937）以及发动新生活运动[①]、国民经济建设运动等。众多大型的冶金、燃料、化工、电气及军工企业在这段时间创建，形成了一个国营工业高速发展的高峰期。

---

① 1934年2月，蒋介石宣布发动“新生活运动”，大意是讲究“忠孝廉耻”，小节到不打麻将、不吐痰，多吃维生素等。蒋氏说：“我现在倡议的新生活运动是什么呢？简单地说，就是要使全国公民的生活完全军事化，这样他们可以培养勇敢和敏捷、吃苦耐劳，特别是统一行动的能力和习惯，最后他们就可以随时为国家牺牲。”

除了种种内因之外，蒋介石的国家主义之所以能够成为主流选择，还与当时的世界形势颇有关系。

在20世纪20年代，处在战后复苏期的欧洲爆发了严重的经济危机，各国经济出现可怕的大滑坡，自由主义的经济理论遭到严峻的挑战。特别是德国，该国经济在1928年前后近乎完全崩溃，全国失业人数高达600万之多，约占全国总人口的10%，希特勒的纳粹党迅速崛起，在4年后很轻易地夺取了政权。希特勒在国内取消民主自由，煽起排犹运动，加强国家对大型企业的控制，发展国家垄断资本主义，在产业政策上，优先发展重工业（特别是军事工业）和基础产业，“熟练的工人进兵工厂，不熟练的工人修筑高速公路”。在这种“大炮代替黄油”的政策下，重工业畸形繁荣，失业人口锐减，一个超级军事强国十分恐怖地诞生了。相比较，新成立的苏联也以强势的国家力量干预经济，大力发展重工业，同样取得了引人注目的经济成就。正是在这样的背景下，主张国家干预经济的国家主义渐成欧洲政商界的主流意识。

大洋另外一端的美国，也在1929年前后陷入了空前的经济危机——这一年在任的美国总统就是30年前与英国人联手骗走开平矿务局的那个赫伯特·胡佛。

在过去的将近10年时间里，没有受到世界大战波及的美国一直处在一个经济高速增长的黄金时代。也正是在这个阶段，美国开始确立其世界霸主的地位。到1929年，美国家庭已经每户拥有一辆汽车，电冰箱、电扇、洗衣机、烤箱、收音机等家用电器迅速普及，股票市场空前繁荣。在不到4年的时间里，道琼斯股票指数上涨了3倍。可是就在这一年的10月24日，纽约证交所突然爆发可怕的大崩盘，史称“黑色星期四”。从此，美国进入持续4年的经济大萧条，8.6万家企业破产，5 500家银行倒闭，失业人数从不足150万猛升到1 700万以上，占所有劳动人口的1/4，整体经济水平倒退至1913年，道琼斯股票指数从1929年9月最高的381点跌到1932年7月的最低点41点，下跌了89%。自由主义的经济理论遭到空前质疑。

发生在德国、苏联以及美国的这些景象，无疑深刻地影响了中国的变革思潮。在晚清40年，强调国家控制的官商逻辑是主流，而民国最初的16年，则是管制宽松的民营经济黄金年代。到1929年前后，随着国内外形势的转变，国家主义再次抬头，中国经济从此进入另外一个新的成长时期。

在对这一国营企业建设热浪的观察中，一个让人很好奇的问题是，国民政府的投入资金是从哪里来的？

一个大规模的工业振兴运动需要巨额的资金投入，这是一个常识。在130多年的中国经济史上，国家在干预经济的初期，资本之匮乏是一个共同的难题，而不同的决策人采取了不同的策略。晚清的洋务运动靠的是对外大举债和鼓励民营资本的参与，因此有了官督商办的体制。1949年之后的新中国，毛泽东靠的是苏联援助、对农业收入的吸取转移和“勒紧裤腰带”。1978年的改革开放初期，邓小平起初也曾寄希望于引入600亿美元的欧美资本，建设120个重大工程，在初衷落空后，被迫转而在南方开放“特区”窗口，试图引进香港华人资本以及扶持乡镇企业的体制外崛起。对于1928—1937年的国民政府来说，资本投入同样乏力。

根据《剑桥中国史》的记录，在这10年中，政府的实际财政收入为57.29亿元，仅占其实际支出总额的79.4%，其余部分不得不举债度日。也就是说，这是一个入不敷出的政府。即使这为数不多的财政收入，也绝大部分用于军事及债务支出。数据显示，10年间政府的军事及债务支出高达53.22亿元，相当于其实际收入的92.9%——在这个意义上，蒋介石政权实际上是一个如假包换的“军政府”。据此可见，财政对国营企业的投入十分可怜。

在引进外资方面，政府的成绩也十分糟糕。在整个30年代，西方世界陷入严重的经济危机，根本无力东投。10年中，国民政府中央一级机构仅借外债 17 项，实际债额 1.61 亿美元，年均 1 600 余万元，比晚清及北洋政府时期所借外债少许多，与其计划利用外资目标相去甚远。

在内财政不足，在外引资乏力，那么，数以千计的国营工厂是靠什么建起来的？国民政府的经济领导者到底有怎样“以小搏大”的财技？秘密埋在下面这些地方：

第一，发行高利率公债，把民间资本圈进来。10 年间发行的 20 多亿元公债成为军事和经济建设的重要血源。用陈光甫的话说就是，“年来国外无新投资，自中央政府成立以来，全恃内债抵充，预算不敷”。

第二，大量接收“逆产”。这又是一个“无本生意”。政府出台《处理逆产条例》，规定将北洋政府所有的国营企业全部收归国民政府所有，连北洋军阀在企业中的个人投资也予以没收充公。据此，政府相继接收江南造船厂、上海兵工厂、汉冶萍钢铁联合体、中原煤矿等众多企业，晚清及北洋政府的所有国营成就全部收入国民政府囊中，一个所谓的“战地政治委员会”还把黎元洪、张作霖、张勋等老军阀在棉纺、煤矿等企业中的私人股份也一一没收。一些已经实现民营化的洋务企业，如轮船招商局也被迫再度国营化。

以零成本的方式收到一大批工矿企业，可还是要有投入才能扩大再生产。这时候，政府又想出一个好办法，那就是把企业再抵押出去，从银行套出资金。如此循环往复，国营资本当然越来越大。国民政府有一个中央直属的“建设委员会”，委员长就是当年捐钱给孙中山的张静江。该委员会在 1928 年成立的时候，只有不到 10 万元的资本金，到 1937 年竟已扩张到 5 000 余万元，其采用的办法就是“接收—抵押—入股”。

第三，利用经济危机，大量收编民营企业。1934 年前后，国内爆发金融危机，孔祥熙、宋子文等人乘机把手伸向民营工业，先后入股或收编众多知名企业。这些“事迹”，在后面的章节中有详细的描述。

第四，出现特殊的区域经济发展模式。国民政府在名义上统一了中国，实际上，一些省份仍然由军阀控制，他们出于“自治建设”理念，也在这10年中取得了很大的经济成就。其中最突出的是阎锡山在山西的建设。阎锡山是近代中国政坛上的一个“不倒翁”，他从辛亥革命起就开始统治山西，前后38年，因而得了一个“阎老西”的外号。他奉行的是“三不二要主义”，即“不入党、不问外省事、不为个人权利用兵，要服从中央命令、要保卫地方治安”，总之，管好山西事，关门当大王。他干的最夸张的事情是，把山西的铁路修得跟其他地方的铁轨规格不一样，山西境内的正太（河北石家庄正定到太原的铁路，后名石太线）和同蒲（大同到蒲州的风陵渡，后来风陵渡划归芮城）两条铁路干线采用的是法国型1米窄轨，而不是全国统一的1.435米宽轨，这造成省外的军事势力和商品无法直接通过铁路进入山西。他还在省内发行一种独有的地方货币“物产证券”，山西商家或企业主生产多少物资就发多少券，然后又以券换物。多年来，阎锡山在山西采取的是休养生息的政策。1930年前后，他提出“造产救国”的口号，成立经济建设委员会，制订了山西省政10年建设计划，组建了山西人民公营事业董事会，大力投资创办公营企业，如山西银行、兵工厂、炼钢厂、机器厂等。他还组建了一家西北实业公司，自任总经理，近10年中改造及创建企业33个，拥有员工2万人，成了一个涉足多个产业的“工业托拉斯”。其平均资本是全国2 800多家最重要工厂均值的6倍，其机器厂工人占全国机器工人总数的40%，炼钢厂可产48种合金钢，技术和产能在全国首屈一指。到1937年，山西形成一个庞大的国营资本体系，资产达到2亿元，成为一个稳定、繁荣的“模范省”。与山西情况相近的是广东省，两省的国营工业资本额竟占到全国地方国营工业资本总额的60%。据许涤新在《中国资本主义发展史》一书中的研究，到1936年，中央政府控制的国营工业资本总额为1.16亿元，地方国营工业的资本额为1.56亿元另加61.6万两白银，后者的成就超过前者。①

---

① 许涤新、吴承明主编，《中国资本主义发展史》（全三卷），社会科学文献出版社，2007年版。

除了山西、广东的实业发展之外，东北是一个更特殊的情况。跟阎锡山一样，奉系军阀张作霖、张学良父子曾经长期统治东三省，号称“东北王”。到 1929 年前后，东北形成了以钢铁、煤炭为中心的重工业体系和以粮食加工、纺织、食品工业为中心的轻工业体系，其规模已经比肩江南。当时国内仅次于上海的国际大都市是哈尔滨，有 34 家外资银行在哈埠开设分支机构，它与巴黎、纽约等国际金融中心直接业务往来，哈埠的金融动态左右远东的金融形势，在哈尔滨的外国商业机构达 1 809 个。在 1928 年，以出超实际利益①比较，哈尔滨的滨江海关稳坐全国六大海关头把交椅，成为全国最大的面粉生产和出口基地、酒精和啤酒生产基地，而辽宁的大连是仅次于上海的全国第二大海港。1928 年 5 月，哈尔滨车站已经可以出售直达欧洲各城市的客票。1931 年，日本悍然发动“九一八”事变，霸占东三省，建立伪满洲国。在后来的 14 年里，日本先后投资 20 亿美元用于交通运输网络和工业化建设，伪满洲国全境的铁路里数达到 6 000 英里，公路约 6 万英里，为全国铁路、公路最密集的地区，煤的产量达 3 000 万吨，鞍山钢铁厂每年能生产 200 万吨生铁和 150 万吨钢，众多的机器、化学制品、汽车甚至飞机工厂建成。大连、长春和沈阳相继成为大工业城市，其中长春是亚洲第一个全面普及抽水马桶和管道煤气的城市。费正清在《美国与中国》一书中认为：“伪满洲国作为一个工业基地，在日本人的开发下，其工业产值超过了中国其他地区的总和。”②

对 1928—1937 年这 10 年进行评价是十分困难的，这在史学界一直众说纷纭。

整体而言，这段时间的经济成就还是显著的。国民政府在收回国家经济主权以及重建金融秩序上的努力值得称道。在中央政府及地方军阀政

---

① 出超实际利益，指海关的进出口贸易量与海关收入的综合利益考评。

② ［美］费正清著，张理京译，《美国与中国》，北京：世界知识出版社，2000 年版。

权的努力下，工业经济得到了一定程度的发展，以扶持国营事业为宗旨的国家主义成为主流的经济思想。强大的国家主导意志，产生了聚集能量的专制力量，并提高了投资的效益和效率。经过这一段集中式建设，中国基本完成了重化工业和全国运输网络的布局，也完成了诸多中心城市的市政建设。

与此同时，私营资本集团受到了压抑和排挤，国营体制内在的制度弊病无法避免。早在1935年，一个叫A·H·约翰的英国人便在《中国的贸易与经济：1933—1935》一书中观察到："中国的工业投资，尤其是在那些享有垄断便利的领域中，官方的参与常常导致企业运营过程中对技术和商业因素的忽视，并因政局的变动而导致企业行政管理的非连续性。"民国经济学家方显廷的评论更是生动："我们国营事业，证诸以往，率皆有始无终，议而不决，决而不行，为政府之惯技。计划迭出，实行无期，堆积案头，徒壮观瞻。"

除了体制的弊端之外，一个更具危害性的流弊是，在国家主义和发展国营实业的大旗下，官僚资本迅猛壮大。国民党政府最主要的经济操盘人宋子文、孔祥熙及张静江等人都拥有庞大的私人资本，由实业而入政府服务的诸多人士也身兼政经两职，他们成为困扰经济健康发展、滋生严重腐败现象的最大毒瘤，最终导致了政权的合法性危机。

1929年之后，国家力量如日中天，群星顿时暗淡失色，中国商业界告别了市场型企业家辈出的时代。此景再现，将在整整50年后的改革开放时期。其间，唯一的"异数"，是一个远离中央控制范围的企业家。

这年开春，卢作孚（1893—1952）从一个叫谭谦禄的商人手里买下一艘轮船，改名"民望"，这是他的民生轮船公司的第三艘船。从此，民生逐步成为重庆长江水段最主要的民营航运企业。这个人有着典型的川人长相，面庞瘦削，个子很小，看上去显得十分文弱，做起事来却干劲儿十足。这一年他才37岁，但是见到他的植物学家胡先骕则在一篇《四川杰

▲卢作孚

出人物卢作孚及其所经营之事业》一文中描述说，“在人眼里已是貌若五旬，须鬓苍白”[①]。胡先骕继而说，一经接触，就能感受到卢作孚的理想家气质，他目光冥然而远，声音清而尖锐，办事的热忱，舍己为人的精神，处处都像个宗教改革家。这是一个乱世中的理想主义者。

卢作孚出身贫寒，父亲是一个麻布小贩。他少年时是一个“爱国愤青”，18 岁就加入了同盟会，能把孙中山的《建国大纲》一字不漏地背下来。他只有小学学历，却当过算术老师、国文教员、《川报》主笔和总编。快到 30 岁的时候，他突然意识到，在这个乱世之中，靠一支笔不但救不了国家，甚至连自己的生命也被虚耗。他曾去南通拜访张謇，目睹“状元企业家”的实业发达及南通面貌的更新，一时颇受鼓舞，终于下定了投身实业的决心。1926 年 10 月，他筹集 5 万元创办民生实业股份有限公司，购船一艘，来往于重庆到他家乡合川县的航运生意。

卢作孚是文人出身，却有惊人的商业天才。当时长江航线上的民营船运业非常落后，航期不固定，往往客满才发，客运与货运也混搅在一起，船上脏乱不已，客户服务更是谈不上。民生在制度设计上有许多创新，比如定期航行，新辟航线，以客运为主，避开以货运为主和船舶拥挤的航线，再就是稳定运价，树立信誉。卢作孚为公司设计了很多基本管理规则，从“经理须知”“船长须知”到“驾驶员须知”“轮机须知”“理货

① 张大为等编，《胡先骕文存》，南昌：江西高校出版社，1995 年版。

须知”“茶房须知”“水手须知”，实际的工作方式、程序，从早到晚，从开船到靠岸，应有的工作都规定得详细无遗，分工明确，责任到位，从一开始就俨然是一个现代的航运企业。长江有一个冬季枯水期，航运往往无法保证四季定期，卢作孚的第二条船就是专门在上海定造的，载重只有34吨，吃水很浅，适合枯水期航运。

当时的四川省被川系军阀刘湘、杨森控制，名义上服从南京政府，却是割据的局面，所以，卢作孚的事业没有受到国民政府的国家主义的影响。到1929年，民生三条船的总吨位不足230吨，还不如许多公司一条船的吨位，但卢作孚却雄心万丈，决心以小搏大、统一整个长江上游的航运业。他实施了有效的兼并策略，将重庆上游至宜宾一线、下游到宜昌一线的华商轮船公司逐步吃掉。民生的原则是，只要愿意出售的轮船，不论好坏，民生一律照价买下。愿意与民生合并的，不论负债多少，民生一律帮他们还清债务，需要现金多少即交付多少，其余的作为股本加入民生。卖船给民生或并入民生，所有船员一律转入民生工作，不让一个人失业。接收一条船，就按民生的制度运转。到1931年前后，民生船只数达到12艘，总吨位扩张到1 500吨，员工人数500多人，已成长江上游最大的民营航运企业。

卢作孚从投身商业的第一天起就怀抱着济世的理想，因而有着特别的焦虑与悲悯。在日后一篇总结毕生经商心路的文章《一桩惨淡经营的事业》中，他写道：“我自从事这桩事业以来，时时感觉痛苦，做得越大越成功，便越痛苦。”[①] 年轻时的他崇尚革命，时刻准备做一颗唤醒民众的“炸弹”，而成为企业家后，却心境大改，愿意以更为建设性的方式来实现改善社会的理想。他自比为“微生物”。他说：“炸弹力量小，不足以完全毁灭对方，你应当是微生物，微生物的力量才特别大，才使人无法抵抗。”张謇式的理念成为他的目标。

① 凌耀伦、熊甫编，《卢作孚文集》，北京：北京大学出版社，2004年版。卢作孚基本引自该书，下文不再一一注明。

▲民生的第一条船

在民生事业规模初具之后，他便仿效张謇在北碚开始社会试验。北碚是重庆附近的一个地区，山岭重叠，交通困难，地处四县之交，兵匪横行，无人管束，城区肮脏混乱。卢作孚就在这么一个地方实践他的理想。从 1927 年起的三年里，他建起了中学、工厂、医院、科学院、公园和植物园，倡导文明、整洁和健康的生活。他没有像张謇那样投入巨额资金改善北碚的硬件设施，却把大量人力、物力投注于人的教育。在所有的新设机构里，他聘请的都是 20 多岁的文化青年，试图以清新的朝气一点一点地改变沉淀千年的陋习。他的工作竟然收到了让人惊奇的成效。到 20 世纪 30 年代初期，北碚已成为四川境内最先进的地区，著名记者杜重远曾到北碚访问。他在重庆时，触目所及的是衣冠不整的军人、乌烟瘴气的鸦片馆和妓院以及萎靡的民众，但一到距离重庆市区仅仅几十公里外的北碚，却全然是另外一番景象。杜重远赞叹说："昔称野蛮之地，今变文化之乡。"[①]

① 杜重远的观察和体验后来以通信的方式刊登在邹韬奋办的《生活周刊》上，他对北碚模式的创造者卢作孚先生的评价令人难忘，说卢作孚"思想缜密，眼光锐敏，处事勤奋，持身俭约"，并说"弟之来川，以得晤卢公为平生第一快事"。

北碚大名从此传闻天下，成了继南通之后的又一个“全国模范之地”。

▲民生的广告画

卢作孚的思想中有十分朴素的社会主义色彩，在《建设中国的困难以及必循的道路》一文中，他曾经很详尽地写道：“我们的预备是每个人可以依赖着事业工作到老，不至于有职业的恐慌；如其老到不能工作了，则退休后有养老金；任何时候死亡有抚恤金。公司要决定住宅区域，无论无家庭的、有家庭的职工，都可以居住。里面要有美丽的花园，简单而艺术的家具，有小学校，有医院，有运动场，有电影院和戏院，有图书馆和博物馆，有极周到的消费品的供给，有极良好的公共秩序和公共习惯。”在后来的 10 余年中，他确实也是这么实践的。

卢作孚的实业和名气越来越大，但他本人却保持着苦行僧式的自律生活。他曾在民生公司的会议上描述自己的作息时间：“我从早上七点半迈进公司的大门，一直要工作到晚上十一二点，才能够回家。”身为企业总经理，他的夫人、孩子坐民生轮船，一样按职工家属买半票的规定买船票，和其他乘客一样排队等候上船，规矩地坐在舱里。有时被船员认出，请他们到经理室去坐，他妻子坚持不肯。民生公司为职工在重庆修建了一个“民生村”宿舍，全部是平房，一家人住一套。但是，卢作孚本人却没有搬进去住。他的家租住红岩村 2 号，那是一栋一楼一底的房子，住了 4 家人，厕所在房子外面的菜地里。美国《亚洲和美国》杂志描述过他的家居环境：“在他的新船的头等舱里，他不惜从霍菲尔德进口刀叉餐具，从

▲民生重庆大楼

柏林进口陶瓷，从布拉格进口玻璃器皿，但是在他自己的餐桌上却只放着几只普通的碗和竹筷子。甚至这些船上的三等舱中也有瓷浴盆、电器设备和带垫子的沙发椅，但成为强烈对照的是，他那被称为家的6间改修过的农民小屋中，围着破旧桌子的却是一些跛脚的旧式木椅。”这段文字，如金如玉，百年不朽，照出了一个中国企业家的锐度和高远境界。

1930年开春，卢作孚出川东行，考察华东、华北和东北等地，历时半年。5月，他再度来到南通，此时张謇已离世四年。他停留三天，参观了张謇所创的学校、工厂和公共事业，斯人已亡，旧景犹在，卢作孚感伤与感奋交集。他对友人说：“我羡慕张先生的精神，羡慕他创造事业的精神，尤其羡慕他在无形中创造出伟大事业的精神。”他还来到无锡，参观了荣家兄弟的面粉厂和棉纺厂。之后，他考察东北，在那里，他目睹了日本人的经营活动，并深深震撼于日人的治理能力。“第一是秩序。从大连码头，沿着南满铁路，凡日本人经营的市场、车站和火车都秩序井然。第二是准确、清楚。从指引方向的地图、路标，到参观时介绍情况，凡数字都准确，凡情况都清楚，事业中的工作人员，都明了事业的全部情况。”

正是在这种“有序”中，曾经当过报社主笔的卢作孚预感到了国家可能面临的磨难。他在游记中写道：“德国已成过去，俄国尚有所未知，日本则方进取未已，为东北最可顾虑的问题，十分紧迫，尤其是我们应该觉悟的。”

东行归来后，他把所写游记感触编成《东北游记》一书，分送亲友政要。他在序言中说，看到日本人在东北的所作所为，才知道他们的处心积虑，才对“处心积虑”这个词有了深刻的理解。

他的这个预感竟很快变成了噩梦般的现实。

1932 救亡的经济

我的家在东北松花江上，
那里有森林煤矿，
还有那满山遍野的大豆高粱。
我的家在东北松花江上，
那里有我的同胞，
还有那衰老的爹娘。
九一八，九一八，
从那个悲惨的时候，
脱离了我的家乡，抛弃那无尽的宝藏。
流浪，流浪……

——张寒晖：《松花江上》，1932年

1931 年 6 月 22 日，美国《时代周刊》以《在轮胎上》为题，报道了沈阳兵工厂制造出中国第一辆载重卡车的新闻。文章称，卡车的发动机、齿轮及其他复杂部件均从美国进口，中国工人能生产钢材、车架和散热器。工厂负责人对记者说："这是

100 型的，计划建立一条生产线，每月生产 5 辆，每辆车的轮胎载重量为 1 万磅（约 5 吨）。我们还将每月生产 10 辆 75 型的，每辆车的轮胎载重量为 7 500 磅。”

仅仅三个月后，这家中国最大的兵工厂和正在建设中的卡车生产线就落入日本关东军手中，同时被“接收”的还有数百架自制的军用飞机。

进入 1930 年之后，战争的幽灵一直如展开翅膀的黑色巨鸟，笼罩着苦难的中国大地。

翅膀的一翼是内战。1930 年春夏之交，全国所有反对南京政府的军事势力集结在一起，阎锡山、冯玉祥、李宗仁以及武汉汪精卫结成同盟，与蒋介石一决雌雄，史称“中原大战”。战事从 5 月打到 11 月，双方投入兵力逾百万，战线绵延数千里，是自太平天国之后最大规模的内战。战事几度胶着，反复诡异，最终蒋介石取得胜利。此后，国内军阀再无人敢于与他正面较量。中原大战刚刚打完，蒋介石迅即将枪口对准江西井冈山的共产党部队。从 11 月到下一年的 6 月间，他前后动用 60 万兵力对苏区发动了三次“围剿”，谁知竟全部以惨败告终，他终于遇到了一生最大的对手——毛泽东。

翅膀的另一翼是外患。正如卢作孚在东北亲眼所见，日本对资源丰富的东三省早已“食指大动”。1931 年 9 月 18 日傍晚，日本关东军在沈阳北面约 7.5 公里处，离东北军驻地北大营 800 米处的柳条湖南满铁路段上炸毁了小段铁路，然后嫁祸东北军，出兵进击北大营。正在北平城里夜宴跳舞的少帅张学良采取“不抵抗政策”。不到半年时间，东三省 100 万平方公里失陷，张家父子在东北苦心打下的工业基础，成为日本日后发动全面对华战争的主要动力源。[①] 关东军游说已经退位的清朝末代皇帝溥仪，北

---

① 张学良的父亲张作霖曾在 1927 年 6 月打进关内，就任北洋军政府陆海军大元帅，成为北洋政权最后一个统治者。1928 年 4 月，在蒋、冯、阎、桂四大集团军的攻击下，惨败的张作霖退出北京。6 月 4 日晨，张作霖的专列在皇姑屯被关东军预先埋好的炸弹炸毁，他当日去世，27 岁的张学良继承衣钵，成为奉军领袖。

▲张作霖被炸现场

上建立傀儡政权——伪满洲国。这就是震惊世界的“九一八”事变。

1932 年 1 月 28 日，日军以保护日侨为由进犯上海，日机轰炸闸北华界。中日军队激战闸北，600 多家工厂、4 204 家商号和 1.97 万座房屋被毁。5 月 5 日，中日在欧美各国调停之下签署《淞沪停战协定》。

“九一八”事变的爆发，让中国再次处于危急的存亡关头。一曲《松花江上》，刺痛四万万国民。反日情绪空前高涨，各地学生纷纷游行请愿，各地再度爆发势不可当的抵制日货运动。1931 年 10 月 26 日的美国《时代周刊》第二次以蒋介石为封面人物，在新闻中，抵制日货成了重要的报道内容。

在上海，那些敢偷偷摸摸卖日货的店主，上周受到由“反日协会”自己任命的中国“警察”的严厉惩罚，哭哭啼啼地被关进临时设立的监狱。

这些不爱国的商人吓得说不出话，跪在反日协会审判者面前不停地磕头求饶。“审判员”处以罚款，惩罚他们卖日货的罪行，“罚金”达1万墨西哥元（2 500美元）。凡是被处以罚款而称无力支付的店主，就被押进反日协会的监狱，在里面挨饿。这种怪异的审判，以各种方式出现，公然违法的行为却在各地得到中国公众舆论的支持——人类1/4民众的舆论。成千上万的城市与乡镇，爱国者汇成一个整体，发出如下神圣的誓言（由中国首都南京的全部师生宣誓过）：“对着青天白日，对着我们的祖国，对着我们祖先的陵墓，我们全体教职员工和学生发出庄严宣誓，只要我们活着，就永不使用日货。如果违反誓言，老天可以惩罚我们，别人可以处死我们！”

全世界的唐人街纷纷抵制日货。在安大略省温莎市的白人，吃惊地看到400名加拿大华人采取与波士顿茶叶党同样的举动，把价值6 000美元的日本茶叶、丝绸和海鲜集中在一起，浇上汽油，由温莎德高望重的李枫（Fong Lee，音译）发表鄙视日本的演讲，然后点燃货物。在太平洋彼岸，美国航运公司高兴地看到日本的公司取消了中日航班，自己则多了生意机会。

正如《时代周刊》所描述的，此次抵制日货运动的激烈和全面超过了以往的任何时期，并出现了新的运动倾向：一是民族主义热情下的准暴力化，二是政府积极参与的制度化。

“九一八”之后的第十天，北平就举行了20万人参加的抗日救国大会，人们烧毁日本商品，要求对日宣战，收复失地。同日，南京、上海的2 000多名学生上街请愿，冲击国民政府外交部，外交部长王正廷被学生打伤，后被迫辞职。其后一月内，超过100个以上的城市都举行了万人聚会抗议活动。在商业和银行业，抵制日货被严格地实施，上海、广州等地的银行断绝与日本的一切交往，搬运和码头工人拒绝装卸日本货物，日资企业的雇员被强烈鼓励辞去他们的工作，否则，就可能遭到殴打。据当时的《申报》报道，“在上海买卖日本产品事实上已是不可能”。

目睹了当时情景的美国记者埃德纳·李·布克记载说，1931 年的抵制运动“对中国这样进行抵制活动的老手来说也是前所未有的”。她看到一个与日本商品有关的商人被扔进木笼，“暴露在众目睽睽之下——就好像是一只销售了日货而背叛他祖国的奇异野兽”。人们对那些采取了过激行动的人持宽容态度，甚至将之视为民族英雄。在武汉，有人因把一枚炸弹扔进一家被认为销售了日本衣物的商店而遭逮捕，他仅仅被处以缓刑就释放了。各地的日本侨民都遭到了不同程度的袭击。1932 年 1 月 18 日，上海三友毛巾厂的激进爱国工人殴打了几个日本僧人，导致一人死亡。两天后，日本侨民放火烧了这家工厂，这成为“一·二八”日军攻击上海的直接导火索。

在此次抵制运动中，民众表现出超乎寻常的高道德标准。日货被定名为“仇货”，也就是仇人生产的商品，是宁可饿死也不能使用的东西。抵制活动到了“逢日必反”的地步，上海市商会收到来自厦门的商人来信，要求澄清朝鲜人参该不该抵制。商会随即展开调查，发现日本三井贸易公司垄断了朝鲜人参的贸易，因此，认定“朝鲜人参是日本产品”。商会当即给厦门的商人团体以及各港口发送电报，并在市民大会上号召大家不要再买朝鲜人参。在天津，一个叫宋则久的商人把自己的“天津工业售品所”更名为“天津国货售品所”，发誓商店只出售国货商品。当地的《庸报》报道说，有人发现售品所出售的女大衣用的是日本纽扣，宋则久当夜查验所有的女大衣，没有发现日本纽扣，第二天他下令再彻查一遍，结果在法租界的一个分所里，真的找到几件使用了日本纽扣的女大衣，宋则久当即开除了分所的主管，并公开

▲《时代周刊》上的蒋介石

登报向市民道歉。

人们还重新定义了“奸商”的概念。在传统意义上，这是指“卑劣、诡计多端的商人”，而在民族危机的语境里，它被升格为“叛国的商人”，所有出售日本商品的商人都成了叛国者，而这是“人人得而诛之”的。在郑州，一个销售日本香烟的中国商人被迫“头顶一张巨大的香烟纸板盒，在一场大型示威中游街示众”。妇女被要求一定要使用国货，否则就形同妓女。在一篇题为《国货与妓女》的文章中，作者以女性的口吻写道：“我认为穿国货是一件最高贵和荣耀的事情，相反，如果让自己全身穿着舶来品，不仅会被认为身体下贱，也是件无比难堪的事情。”

在其后相当长的时间里，对日货的抵制已经成了一种全民性的情绪，在某种程度上超出了理性的范畴。在1932年发表的中篇小说《林家铺子》里，作家茅盾形象地描述了当时抵制洋货的某种现实：“小伙计们夹在闹里骂‘东洋乌龟！’竟也有人当街大呼：‘再买东洋货就是忘八！’……大家都卖东洋货，并且大家花了几百块钱以后，都已经奉着特许：‘只要把东洋商标撕去了就行。’他现在满店的货物都已经称为‘国货’，买主们也都是‘国货，国货’地说着，就拿走了。”[①]

▲战争时期抵制日货

① 茅盾著，《林家铺子》，北京：人民文学出版社，2000年版。

跟以往历次运动的情况完全相似，企业家阶层是抵制日货的积极参与者和得益者。

在坚决的抵制浪潮下，在华日资工厂遭到毁灭性的打击。日本最大的对华实业投资在棉纺织产业，当时有43个日本工厂，其总投资额为1.49亿美元，而重要的华资工厂有81个，总投资额为1.3亿美元，日企占纺纱生产总额的38%、占织布生产总额的56%。“九一八”之后，这些工厂相继陷入停滞。

作为纺织业重镇的上海，在抵制运动开始的前几个月，一些华资工厂曾经因为原料短缺而陷入严重的困境。1932年2月的《申报》报道，全市113家丝厂只有20家仍在开工，针织企业有1/3被迫关闭。从日本纺织工厂主动离职或被辞退的数万工人成了危险的失业群体。但是不久，情况得到了控制，日本工厂失去的市场份额被华资企业抢走。

在天津，一个叫赵子贞的企业家创办了东亚毛纺织有限公司，生产羊毛制成的布料。当时市场上最畅销的同类产品正是日本货，赵子贞给产品起的商标是“抵羊”，也就是“抵制洋货”或“抵制东洋货”的谐音，商标的图形是山海关、长城和两只争斗的公羊，一看就知是中国人制造的布料。在上海，还有一家章华毛纺厂索性将自己出品的毛织品起名为“九一八”牌。

在四川，卢作孚是救国会重庆分会的核心成员之一。他在民生公司轮船的卧铺床单和职工宿舍的床单上都印上了“梦寐毋忘国家大难”的字样，以此激励国人的爱国之心。另外，他还特地制定了一套针对日资轮船的服务标准：“招待乘客和蔼周到的精神要超过日船；保护客货的办法要超过日船；保护船身，节省费用的精神要超过日船；清洁整饬调理秩序的精神要超过日船；对于乘客要随时提起抗日救国的精神。”靠这样的精神和服务质量，民生公司的轮船大受欢迎，许多人宁愿多等几日也不愿搭乘日本轮船。

吴蕴初（1891—1953），是这段时期涌现出来的最出名的爱国企业家之一。20世纪初，日本科学家从海藻类植物中提取出了谷氨酸钠，发明了可以使菜肴更为可口的“味之素”调味品。在20年代，中国的味精市场被日本“味之素”完全垄断。1922年，化工专家吴蕴初摸索研制味精成功，建成上海天厨味精厂，以“纯粹国货”的口号与日本“味之素”竞争。他的出现引起了日商的警惕，生产“味之素”的铃木商社向中国专利局提出抗议，认为“味精”两字是从“味之素”广告当中的“调味精品”转化而来的，要求取消“天厨味精”的商标。吴蕴初把这个事件演化成了一场民族产业的保卫战，他发动国内的食品企业联合请愿，媒体更是大力支持，最后，日商只好不了了之。吴蕴初积极参与了中华国货维持会的工作，他是很多反日组织和抵制活动的主要捐助者。1926年，天厨味精获得费城国际展览会的金奖。“九一八”事变的爆发，让吴蕴初再次得到了打击日本企业的机会。在汹涌而来的抵制日货运动中，天厨味精及其他冒出来的国产味精工厂成为市场的主导者，“味之素”撤离了绝大部分的中国市场，最后只在日军控制的东三省销售。天厨味精的成功让国人士气大振，被认为是国货战胜日货的经典案例。1934年3月，吴蕴初捐赠一架轰炸机给国民政府，3万人参加了在上海虹桥机

▲吴蕴初的天厨味精厂旧址

场举行的捐赠仪式，在飞机的机身上印着两个很大的字："天厨"。

在过去几年，国民政府对于抵制日货运动持一种很暧昧的态度。一方面，它很希望借此形成一股可以凝聚的民族力量，缓解丛生的国内矛盾。此外，决策者也将抵制洋货看成是鼓励民族工业以及贸易保护的一种战略。1928 年，蒋介石在参加一个国货展览会的开幕式时便宣称："国民政府是要提倡国货，要振兴实业，要挽回利权，使外国货在中国没有销路，大家都用国货来打倒帝国主义。"而另一方面，为了维持与日本的外交关系，政府也曾经多次强行解散反日团体。

"九一八"之后，中日虽未正式宣战，但是已形同仇国，政府开始走到前台，国民党的各地方党部都公开地参与到了抗议和抵制活动的组织工作中。抵制活动开始形成制度化，与仇日有关的"五九""九一八"都成为固定的抵制日货活动日。在 1932 年年底，国民政府宣布下一年为"国货年"，1934 年是妇女国货年，1935 年是学生国货年，1936 年是市民国货年，而提倡国货的最重要的主题之一就是呼吁民众坚决抵制日货。

对于政府来说，"九一八"的另外一个结果是，关于经济增长模式的讨论变得别无选择。在过去的几年里，自由经济模式与国家主义模式的争论不绝于耳。自日本占领东三省后，几乎所有人都明白，中日之间，必有一战，于是，国家存亡成了一个超乎一切的命题，国家主义的战略成了政商共识。蒋介石在这一年的讲话中多次强调，"中国之工业发展，应偏重于国防方面"，"中国经济建设只有在军事建设的基础上才能实现"，目前中国最紧迫的任务是"建立一支规模虽然不大，但却有统一装备、第一流的、机动性强的武装力量"。谭熙鸿主编的《十年来之中国经济》(1948)记录道，当时"建设国防经济，发达国营工矿事业的呼声，遍于全国上下"[1]。在这样的大环境中，一个新的名词"统制经济"出现了。它强调国

① 谭熙鸿著，《十年来之中国经济》，上海：中华书局，1948 年版。

家力量对经济的干预，优先发展军事工业和重工业，国营事业的扩张和整合速度大大加快。

1932 年 11 月，洋务运动的仅存硕果之一、国内最大的航运企业轮船招商局再度收归国营。行政院副院长兼财政部长宋子文在呈报行政院的报告中称：“兹与沪上各界领袖协商，均谓非借众力不足以恢复信用，非收回国营不足以根本规划。”

南京政府自成立以来就对私营化的招商局窥视已久。1927 年 11 月，政府成立了招商局监督办公处，由交通部长王伯群亲任监督，“督促董事会自动改组，刷新整理，除弊固本，以尽扶持之责”。当时，招商局董事会的会长是李鸿章之孙李国杰，号称“皖省首富”，因为身份特殊，宋子文等人对其下手还是颇有忌惮。为了维护自身利益，李国杰请来同盟会的老会员赵铁桥担任公司的总办，赵铁桥在 1907 年就加入了同盟会，曾经被孙中山任命为中华革命党的四川支部长，是一个老资格的革命家。1930 年 7 月 24 日晨，赵铁桥在上海招商局的总部大门口被刺客枪击，当场身中数枪，不治身亡，这一血腥事件在国内引起很大轰动。据称，实施暗杀的是当时人人闻之变色、连杜月笙都要花钱“孝敬”的“暗杀大王”王亚樵。然而王

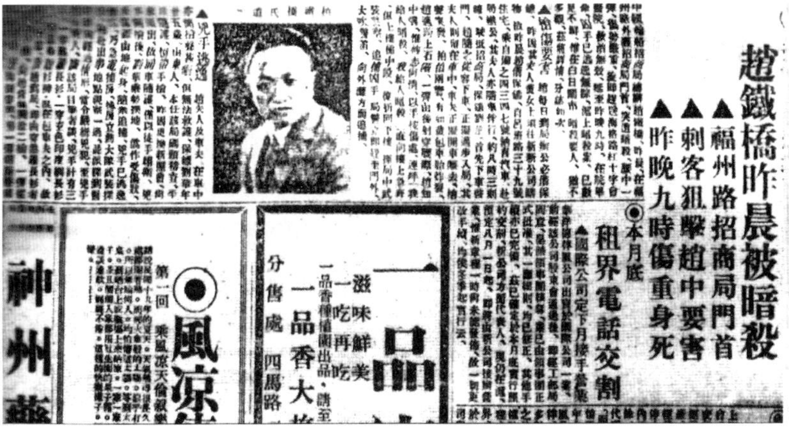
趙鐵橋昨晨被暗殺
▲福州路招商局門首
▲刺客狙擊趙中要害
▲昨晚九時傷重身死
租界電話交割

▲赵铁桥身亡新闻

亚樵到底受谁所托，为何实施暗杀，动机一直不明。三个月后，国民党中央常务会议就做出决议，“招商局应收归国营，关于股权债务之处理，由该局整理委员会妥拟办法，呈请国民政府核定施行”。

到了 1932 年，国事紧迫，招商局的收归很快提速。在很多人看来，战争时期，航运事业涉及军力运输等国防任务，收归国有已是题中应有之义。招商局国有化后，正式更名为国营招商局，隶属于交通部，取缔了董事会制度，成立理事会、监事会和总经理制度，一切经营重回国营体系。

在《招商局收归国营令》中，政府明确宣示，现有的私人股份将“由国家现款收回，以示优惠股东之意”。事实却是，中央银行为购买股权一共花了 212.63 万两白银，而招商局当时的账面资本就为 840 万两，实际资产远远高于此数。据《招商局史》记载，当时企业仅抵押给汇丰银行的五处房产就价值 196 万两，汉口等地的房产价值 367 万两，上海与武汉两埠局的资产合计 2 336 万两，加上江海轮船及其他资产，招商局的总资产超过 5 000 万两，扣除债务 1 700 多万两，实际资产为 3 300 万两。

也就是说，国民政府以不到 1/10 的价格收走了全国最大的航运企业。在过去的 60 年里，招商局几度公私易手，其产权轮回、经营者命运跌荡，堪称中国企业演化的一部“教科书”。

在一个强敌虎视的时期，一国之经济要欣欣向荣，是不可能的事情。“九一八”之后的中国便是如此。随着东三省沦丧、对日贸易萎缩、民众惊恐、消费低迷以及大量资金用于军事工业，中国经济出现了恐慌性动荡。

恐慌首先表现为债券市场的暴跌。在日军 9 月 18 日入侵东北的一周内，上海 5 种主要债券的平均市价急跌到票面值的 60% 以下，到 12 月，所有公债只有在低于票面值 40% 的条件下才能成交，跟战前的 9 月 1 日相比，它们的价值跌掉了一半。上海的银行家们在这次恐慌中损失了几亿元，有两家银行因此倒闭。

1932年1月初，财政紧张的国民政府突然宣布停止支付所有政府债券的本息，这如同火上浇油，13日，上海各银行出现了挤兑情况。当时银行的储备金中，60%是现金，40%是保证债券，而且绝大多数是之前被认为一本万利、如今大大缩水的公债。挤兑一旦成为风潮，中国金融将瞬间崩盘。于是，在2月18日，政府与银行界展开谈判，宋子文提出“削减一半偿付、降低公债利率和延长还本期限”三条建议，这三条等于把公债的偿付腰斩一半以上，4年前那个无比诱人的公债投资现在看上去更像是一个巨大而可笑的骗局。银行家们欲哭无泪，如果接受宋子文的条件，损失可想而知，然而如果不接受，就可能被挤兑风潮淹死。无奈之下，银行家同意了这三个条件，不过他们也希望政府做出承诺，从此以后，这个条件一定不能再变更了，同时，4年内不得再发行新的公债。宋子文一口答应。后来的事实是，仅仅一年后，他的这个承诺就又随风而逝了。

这场金融恐慌，最终以银行家损失惨重而得以缓解，这是上海银行界遭遇的一次新的灾难。根据变更后的约定，宋子文每年可以减少8 000万~1亿元的公债偿付款项——在1932年，政府的年度总收入为6.83亿元，宋子文靠一个协议就“减少”了将近15%的支出。于是最戏剧性的事情发生了，到年底，宋子文十分骄傲地宣布：“中华民国建立后二十一年中，政府第一次能够平衡它的预算。”在他讲话的同时，银行家们却只有苦笑而已，此消彼长，他们已经彻底丧失了与政府博弈的能力。

宋子文靠压榨他昔日的金融界朋友们所取得的财政胜利，并没有持续多久。蒋介石顽固秉持“攘外必先安内”的战略，在日军汹汹压境的情况下，仍然坚持要先消灭江西的共产党部队，军费开支像一个无底洞一般越来越大。1932年秋，他调集50多个师的兵力对江西、湖南和广东等地的共产党根据地实施第四次大“围剿”，谁料还是被击败。他自认“唯此次挫失，凄惨异常，实有生以来唯一之隐痛”。1933年5月，他集结100万兵力卷土重来，展开第五次大“围剿”。这一次，共产党领导人博古放弃了非常有效的运动战策略，而与国民党军队展开面对面的阵地战，红军遭

▲“九一八”事变后，报纸上发表的有关蒋介石不抵抗日本侵略者的消息

受重大损失，中央苏区大部丧失，被迫于1934年10月向西进行“长征”。蒋介石调集军队，一路上围追堵截，必欲全歼而后快。中共中央在1935年1月的遵义会议上，把博古换下，之前被冷落的毛泽东重新掌握了领导权。在毛泽东的指挥下，红军转战11个省，历经无比艰巨的二万五千里长征，最终钻出了蒋介石的包围圈，于1936年10月到达陕甘宁边界，建立了新的延安根据地。

在这场前后长达三年半的对共产党的“围剿”中，蒋介石政权遭到国内舆论的强烈反对，停止内战之声不绝于耳。早在1932年8月，全国商界就组成了一个“废止内战大同盟”，并在上海召开了第一次全国大会。有将近500人参加，他们代表了全国72个商会、10个银行公会、9个钱业公会、104个同业行会，此外还有11个妇女联合会、11个同乡会、50个科学团体和42个工会组织。大会由上海企业家王晓籁担任主席，提出了“反对内战是中国人民自救之路”的口号。

对于宋子文来说，他不得不为蒋介石募集更多的军费，从第四次“围剿”开始，每月的军费开支就达到2 670万元，比预算中的1 500万元多出一大截。因为宋子文已经承诺4年内不得再发公债，于是，钱只好从其他渠道去弄。唯一的办法是贷款，他一方面对银行家们的反内战表示支持，另一方面则千方百计地压迫他们把钱拿出来。1933年，他就贷款8 780万元，这相当于以往4个财政年度的总和，刚刚持平的财政又一下子倾斜了。

在这一年里，企业界仍然表现出了共济国难的觉悟。1933 年 1 月，日军从东北进攻山海关，继而占领热河省，华北门户大开。当时在北方抗敌的是张学良的东北军，不是蒋介石的嫡系部队，正专心“剿共”的蒋介石根本无心支持东北军。2 月中旬，北京和上海两地的银行家开会协商，决定暂时放弃不买公债的决定，向国民政府认购 2 000 万元的“爱国库券”，并且不需要政府以任何关税作保证。不过，他们唯一要求于宋子文的是，这笔钱必须“专用”于华北防务。

宋子文在这一时期也表现得像一个真正的爱国者。他反对蒋介石的内战政策和对日本的软弱态度，日军入侵热河后，他带着支票飞到北方说服张学良坚决抵抗，并声称：“日军如来侵，我决以全国力量应付。”为了遏制日本势力，他在 1933 年 5 月提出了两个针对性的经济政策。一是大幅提高日本进口商品的税率，其中，棉库绸的税率提高 800%，毛织品提高 200%，纸品提高 8%~20%，人造丝、鱼类、烟草和煤的税率也有大幅提高。在这个政策的影响下，短短半年内，日本相关商品的在华销售就降低了一半或 2/3。这当然大大有利于国内的民族企业。二是倡议组建一个由英、美、法等国参与的国际协商委员会，对这些国家的在华投资提供更为优惠的政策。他的计谋是，刺激英美企业对中国的投资，从而增加日本侵华的国际阻力。宋子文的这两项建议受到国内企业界的广泛欢迎，尽管在过去的这些年里，银行家们一再

海河浮屍

"MYSTERY OF THE FLOATING CORPSES"

For the past year, corpses of young and strong-bodied men were found floating on the Hai River near Tientsin. Investigations disclosed the possibility that they were poverty-stricken laborers fallen into the hands of the Japanese who tried to force them to go to "Manchukuo" to do hard labors. Refusing to oblige, they were dumped into the river.

The Tai Chi Kan River near Tientsin where most of the corpses were found.

One of the floating corpses on Hai River. When this kind of horrible sights will stop, nobody knows.

Sign board of the Life-salvation Society, denoting the place where the floating corpses were gathered.

▲战争时期的报纸

上宋子文的当，吃足了他出尔反尔的苦头，可是在整个国民政府的决策层里，他还是唯一的“朋友”。到10月，银行家们再次放弃不买公债的决定，认购了6 000万元的关税库券，并再借给政府1 500万元。

可是，宋子文的反日、亲英美策略与蒋介石的既定想法显然格格不入，日本人更是对宋子文恨得牙痒痒。据《申报》的报道，1933年8月，宋子文访美返国，海轮在横滨中转，日本政府公开声称他是不受欢迎的人，不让他上岸。他们还想尽办法向国民政府施加压力，一定要把宋子文赶下台。10月25日，就在企业界认购了关税库券的半个多月后，宋子文被迫宣布辞去行政院副院长和财政部长的职务，公开理由是“健康不佳”。据胡汉民日后回忆，宋子文在私下对他说：“当财政部长和做蒋介石的狗差不多，从今以后，我要做人不再做狗了。”[①] 宋子文辞职后，上海的公债市场再次爆发恐慌，用《时事新报》在当时的报道描述是“垂直暴跌”。

在这部企业史上，宋子文是一个左右摇摆和难以定义的人，把他与前朝的盛宣怀放在一起比较是一件有趣的事情，他们正是两个时代的官商典范。宋子文对西方的经济制度非常熟悉，有时候表现得很开明，对企业家阶层十分理解和同情，有些西方观察家甚至认为他是国民党中的“资本主义灵魂”[②]。可同时，他又是专制经济制度的执行者，他高超的财政技巧实际上比强盗还有杀伤力。他反对暴力，拒绝用恐怖的方式管理财政，可是同时，他又往往是暴力集团最有效率的合作伙伴。他是一个毋庸置疑的爱国者，可同时他总是不由自主地把私利摆在任何理性选择的第一位。他善于制定秩序，但他自己则每每置身于秩序之外。他的这些个性在日后将继续清晰地呈现出来。

蒋介石用来接替国舅宋子文的，是他的连襟，山西人孔祥熙（1880—

① 胡汉民著，《胡汉民自述》，台北：台湾传记文学出版社，1982年版。

② 这是布尔曼主编的《中华民国人名辞典》中的用语。

1967）。如果说，宋子文当年是因为性格上的怯弱而成了蒋介石的“狗”，那么，这个被称为“哈哈孔”的票商后人则天生是一条“哈哈狗”。

▲孔祥熙

孔祥熙的英文名是H. H. CONG，所以时人叫他“哈哈孔”。他常以笑面示人，看上去庸庸碌碌，哼哼哈哈，但实际上，他一手抓权，一手抓钱，游走于各派势力之间，实则精明到了骨子里。其敛财才能之高，堪称民国第一人，因此有“无孔不入”的“美誉”。他出生在山西太谷县一个小票商的家庭，自诩是孔子的75代裔孙，早年在基督教会的资助下赴美读书，先后在欧柏林大学和著名的耶鲁大学就学，获经济学硕士学位（他后来获得欧柏林大学授予的荣誉博士头衔，因此也被称为“孔博士”）。1914年，他追随孙中山从事革命活动，与宋氏三姐妹中的大姐宋霭龄结为夫妻，就此攀上高枝。他有天生的经商才干，以他的名字注册的祥记公司长期包销美孚石油在华北的总代理。第一次世界大战期间，他把老家山西所产铁砂出口美国，大获其利。秉承山西票商的传统，他还创办了裕华票号，并投资于陈光甫的上海商业储蓄银行。1928年3月，他被任命为工商部长。与宋子文和蒋介石若即若离的关系不同，他铁了心死跟蒋介石。当初蒋介石向宋美龄苦追求婚，宋子文和宋庆龄曾表示反对，他则一力撮合。蒋介石被孙科等人赶下台那阵，他辞去部长职务，与之共进退，更是深得蒋介石欢心。1933年4月，他被任命为中央银行总裁。宋子文辞职后，他旋即接任行政院副院长和财政部长两职，同时仍兼中央银行总裁。从此，他掌握中国财政金融大权长达11年之久，也是在此期间，他让自己成了全中国最富有的人之一。

孔祥熙对蒋介石可谓亦步亦趋。当上财政部长后，他当即改变了宋子文坚持的反日政策。1934年7月3日，国民政府突然宣布一项大大有利于日本的新税则，一年多前被大幅调高的棉布、鱼类等商品的关税率一律下调，有的甚至还低于之前的水平。此外，国民政府还提高很多中国工业必需、主要由欧美国家提供的商品税率，其中，原棉提高43%，金属产品提高20%~25%，矿石类提高4%~55%，煤油提高28%。

这简直是一个亲痛仇快、臭不可闻的“狗屎政策”。中国银行研究部在当年的报告中便直率地认定，“这种新税率的根本目的不是发展或保护中国的工业，而是倒退到1933年之前奉行的歧视中国资本并阻挠其发展的方针上去”。在所涉及的产业中，以民族资本最为集中的棉纺织业受害尤大，原棉关税的提高造成了中国工厂的采购成本大增，而从日本进口的棉成品则关税大降，这无疑让中国的纺织工业遇到了极大的困难。从数据上看，“九一八”之后，在汹涌的抵制日货运动下，日本进口商品占中国总进口的比例逐年下降，到1933年已降到9.9%，可是在新税率执行后，这一比例竟又在三年后反弹上升到了16.6%。①

与宋子文竭力主张减少军费开支不同——这也是他最让蒋介石恼火不已的地方——孔祥熙则无条件地支持蒋介石提出的任何一项财政预算，原本计划投资于经济项目的款项被大量地挪用。台湾学者王业键的观察是，“计划经过调整，首先考虑的是军事目标，强调经济因素在很大程度上只是为了宣传”。

---

① 这一数据不包括东北的伪满洲国。资料来自严中平编写的《中国近代经济史统计资料选刊》。

另外一个很不同的做法是，孔祥熙把企业家阶层全然排除在决策圈之外。宋子文时期曾经组建过一个 40 人的中国经济委员会，张公权、虞洽卿等 10 多位商界领袖受邀担任委员。孔祥熙上任后，这个委员会的决策机制完全变形。《国闻周报》曾经做过一个统计，从 1933 年 10 月到 1934 年 3 月的半年里，委员会没有开过一次会，而由孔祥熙等 5 位政府官员组成的常务委员会则开了 8 次会，企业家阶层被完全遗忘。

从 1934 年开始，中国经济陷入了一场空前的大萧条。

一切大的危机都是内外交困的结果，此次也不例外。内因是已经描述过的种种乱世景象，外因却非常奇特，竟然是受了“罗斯福新政”的影响。当时的中国人中知道罗斯福这个美国总统的大概不会超过 500 人，他却影响了至少 5 000 万人的生计。

美国经济从 1929 年的“黑色星期四”开始崩塌，其后 4 年惨不忍睹。1933 年 4 月，富兰克林·D·罗斯福接替焦头烂额的胡佛担任美国总统。他以“看得见的手”推出了众多强势的国家干预政策，包括禁止私人储存黄金和黄金证券、使美元贬值 40.94%，以及加大重工业和基础设施的投资等，把美国经济拉出了泥潭，这就是著名的“罗斯福新政”。新政中很重要的一项是暂时放弃金本位，这直接导致了世界白银市场的价格大涨，白银每盎司价格从 1932 年的 0.27 美元上涨到 1933 年 4 月的 0.45 美元，到 1935 年更升至 0.67 美元。罗斯福的政策刺激了美国经济的复苏，却“意外”地伤害到了大洋另一端脆弱的中国经济。白银涨价让中国的银元快速增值，直接导致中国商品在国际市场上的价格优势顿失，商品出口大幅减少，而在国内则诱发了金融和工商业动荡，大量白银外泄、原材料价格跌落、消费市场陷入低迷。

民国经济学家刘大钧提供的数据反映了当时的景象：中国商品的净出口从 1931 年的 14.17 亿元猛降到 1934 年的 5.35 亿元，棉纱出口从 1929 年的 34 万担降到 1935 年的 24 万担，生丝从 42 万担降到 18 万担，茶叶从 94

万担降到63万担。出口萎缩首先影响到农产品价格，从1931年到1934年，全国国民生产总值中的农业产值竟下降了47%，农村一片哀鸿萧条。

白银危机在中国的金融业和工商业两个领域造成了不同的后果。

白银的增值和外流，在短期内竟带来银行业的表面繁荣，特别是占据金融中心地位的上海。全国的白银汹汹流向这里，在此交易并通过走私出境，因公债暴跌而十分低迷的投机生意突然又活跃起来，上海几家主要银行的利润在1934年达到了3 120万元的历史纪录，还冒出了11家新银行。当然，这是短期内因投机而造成的虚假繁荣景象。当时就有一个叫漠湮的人在《东方杂志》上撰文评论："一方面是内地的国民经济不断地衰落，另一方面在城市却出现了人为的繁荣假象。"

危机在工业界则呈现得更为直接和惨烈。

在过去的几年里，东北沦丧，华北紧迫，长江中上游又是国共内战不止，对于经营企业的人来说，大半个中国市场已是无可作为。而如今，白银外流造成信贷的空前紧张，外贸萎缩和国内消费市场的萎靡更使得生产能力大量放空，在两面夹击之下，全国工厂顿时风声鹤唳。

在生丝业，由于需求减少和丝价降低，上海的丝厂从1931年的107家减少到33家。在面粉业，到1933年10月，上海所有面粉厂全部停止营业，企业主们紧急上书南京政府，要求提高进口面粉的关税，因为政府对日本面粉的低关税造成了民族工业的绝境。在橡胶业，由于价格猛跌，全国30家橡胶厂中有3/5倒闭关门。在商业领域，倒闭风像瘟疫一样扩散，仅上海一地，在1934年就有254家商业企业倒闭，下一年又有469家倒闭。

纺织业是当时中国最大、最重要的制造产业，纺织业资产占全国工业总资本的36%，纺织工人占全国工人总数的56%，长三角又是纺织业的中心，全国127家纺织厂中有80家开在这一带。危机到来的时候，它受到的冲击也最为巨大。

1934年7月4日，就在孔祥熙宣布对日有利的新税则的第二天，中国最大的民族纺织企业上海申新总公司公开登报，宣告"搁浅"。荣家兄弟陷入创业以来的最大危机，当时的凶险景象竟与12年前发生在南通张謇身上的那一幕惊人相似。

▲申新大门紧闭

就在两年前，荣家事业还处在巅峰。当时申新纱厂约占全国民族资本棉纱厂纱锭数的20%，布机数占28%，茂新和福新的面粉厂规模占全国同行业的1/3左右，占上海市的1/2，其旗下企业总数达21家，赫然是当时国内规模第一的民营实业集团。荣宗敬曾很得意地对友人说：“当今中国人，有一半是穿我的、吃我的。”1933年是他的60岁大寿，在贺寿堂会上，他很兴奋地对济济一堂的宾客说：“烈士暮年，壮心不已，吾今已届六十，纱锭数达到六十万，我还要活到七十岁、八十岁，纱锭要达到七十万、八十万……”堂下，一片欢腾喝彩声。

荣家事业的迅猛发展靠的是疯狂的举债扩张战略。就在荣宗敬讲那番豪言的时候，申新资产共值6 898万银元，而负债达6 375万银元，处在一个十分紧绷的状态中。转眼间，市场突变，荣家首当其冲。到1934年年初，荣家面粉工厂全面停产，申新各厂也风雨飘摇。荣宗敬在给友人的信中说：“花贵纱贱，不敷成本，织纱成布，布价仅及纱价，销路不畅，存货山积。”到1934年3月，上海所有银行已无一家肯对荣家放款，连荣氏参股的16家钱庄也关上了大门。荣宗敬一度急得要自杀，陈光甫和宋汉章两人在荣宅陪他一宿，温言相劝，他才算是没有走上绝路。在申新宣告“搁浅”前几天，陈光甫天天都在申新总公司等到深夜一两点。客观而言，荣家之所以会陷入如此大的危机，与荣宗敬的激进做法有很大关系。很多年后，陈光甫评论说：“荣宗敬的申新企业是全国纺织企业中最大的，为了增加银行存款，巩固我们的地位，我们乐意与他合作；而他当时急需资金来更新扩大，自然也希望与我们合作。结果，没有充分调查他的实际需要和个人性格，我们就提供了大笔贷款给他，导致我们资金周转困难，甚至影响了活期存款的运行。”

好在荣家还有一个稍稍保守的荣德生。6 月 28 日，荣宗敬派人到无锡向弟弟求救，族内有人担心，去救上海申新会把无锡的产业也拖进泥潭。荣德生执一茶壶在手说：“我与哥哥好比这个壶，一经破裂，虽持半壶在手，亦复何用？”他当夜把家中所有的地契和有价证券全部收罗起来，第二天清晨就赶到上海，在陈光甫、宋汉章的斡旋下，中国银行和上海银行联合借款 220 万元，这才稍解燃眉之急。

但是，区区 200 多万元仅够荣家多吸几天的氧气，当时申新总公司每年的通税和利息支出就在 1 000 万元以上。一周后，申新不得不登报宣告“搁浅”。

荣家若垮，中国民族纺织业和面粉业的半壁江山就塌掉了，这是人人皆知的事实。而且，与华商在这两个市场上竞争最激烈的就是日本企业，它们在棉纺织业拥有 1/3 左右的市场份额，几年来的抵制日货运动和宋子文的反日政策曾经让它们元气大伤，但是现在孔祥熙的新税则及经济危机却给了日本企业反扑的大好机遇。很显然，这里正进行着一场没有硝烟的“抗日战争”。

这时候，唯一能救荣家的，只有国民政府了。

1932年1月20日，瘦瘦高高、25岁的哈佛大学研究生费正清乘汽轮到了上海吴淞口码头。他原本打算在这里与新娘费慰梅举办一场东方式的婚礼，谁知道一周后爆发了“一·二八”战事，他仓皇逃到北平，婚礼的规模要比他预想中的小，但充满了更多的神秘气氛。他在日记中记载道：“我带着新娘沿着皇宫的路回家，乘车穿过宫殿的大门，黄昏时抵达我们居住的胡同。在烛光下，我们甜美而亲密地吃西餐，屋外传来中国人举办婚礼的笛声和铜锣声。”① 就在这样的文化交错中，费正清开始了他命中注定的“中国式人生”。

新婚后的费正清在中国断断续续待了7年。他去了许多地方，结识了很多一流的中国学者，他最喜欢的朋友是梁启超的公子梁思成和他美丽无比的妻子林徽因。与记者斯诺和政治家司徒雷登不同，学究气很重的费正清不喜欢轻易地“站边”，他只想用自己的眼睛来看中国。一开始他对中国的未来充满了悲观和怀疑，他甚至认为，如果日本扩大侵略，“农民将会默默地欢迎他们，因为农民的处境不会比现在更坏”。但是，4年后，他渐渐改变了这些观点。

▲费正清

在抗战的相当长时间里，他主持美国国务院的北京新闻处工作，向罗斯福总统汇报中国动态并提出建议是他最重要的工作。从后来公开的信函中可以看出，费正清一直在梳理自己对中国的观察。在一开始，他认为

① 费正清著，陆惠勤、陈祖怀、陈维益、宋瑜译，《费正清对华回忆录》，上海：知识出版社，1991年版。

中国是美国价值观与其他价值观冲突的战场，因而文化上的改造是最重要的课题。几年后，他意识到科学与民主的推广似乎更为迫切。当他接触到一些左翼人士后，他又认为那些能够解决土地和农民问题的、受过西方知识分子教育的中国人才是中国未来的领导者。这都是一些交错在一起的问题，它们从20世纪初就开始呈现在所有关心中国问题的人的眼前。100年来，交织往返、缠缠绵绵，从来以一种混沌的姿态向前寸进。费正清用一个外人的眼睛，时而看得清楚，时而看得模糊，不过由于没有掺杂过多的情感因素，便比绝大多数的中国人要真实一点。

1948年，费正清出版了《美国与中国》，自此他被公认是第一流的中国问题专家，他此后的生命便一直站在美国与中国这个接触点上，左右盼顾。他的观点越来越趋于务实。他是最早主张美国政府与中华人民共和国建交的知名人士。越战一结束，他就建议美国政府通过旅游与中国接触，并力主取消贸易禁运。他说："意识形态上的偏执，正在损害美国和中国的利益。"即便是在学术方面，他也越来越趋于方法论上的讨论。罗德里克·麦克法夸尔（Roderick MacFarquhar）在1973年匆匆出版了《"文化大革命"的起源·第一卷》，他把书稿在第一时间投寄给费正清，希望得到这位最权威的中国问题专家的指教。费正清十分喜欢这个极具天分、对中国问题入迷却从来没有到过中国的青年人，他把麦克调进了哈佛大学的费正清研究中心，并在最后让他接替自己当上了中心的主任。不过他对后者有过一个很有趣的忠告，他告诉麦克："在中国的黄河上逆流行舟，你往往看到的是曲弯前行的船，而没有注意到那些在岸边拉纤的人。"也就是说，你必须站得更高更远，才能看清事实的全部。

晚年的费正清坚信："中国和美国可能处在两条终将相会的道路上，因为我们都在致力于各自的现代化。"

他在1987年出版的《观察中国》中写道："邓小平近几年推行的务实主义，不是使人联想到毛泽东，而是使人联想到约翰·杜威于1919年对中国进行的讲学以及当时‘五四运动’胡适派的改良主义观点。”[①]这种长跨度的、戏剧性的历史衍续在费正清的眼中似乎从来没有断裂过。在另一篇文章中，他告诉人们：“中国可能选择的道路，各种事件必须流经的渠道，比我们能够轻易想象到的更窄。”[②]他之所以说更“窄”，而不是说“更多”或“更广”，确乎有自己的判断，他是位高龄的历史学家，他应该看到了历史的某种必然性，否则不会这样写。

费正清致力于中国问题研究长达60年，直到1991年去世。他被公认是西方思想界的“头号中国通”，甚至是一个“皮美骨中”的西方人。他创建了哈佛大学的东亚研究中心，这个机构到今天还是欧美最重要的中国问题研究重镇，他主编的《剑桥中国史》[③]前后创作时间长达25年，聚集了世界各地12个国家的100多位中国研究专家撰稿，展示了国外对中国史研究的最高水准。1991年9月12日，他把刚刚完成的《中国：一个新的历史》书稿交给哈佛大学出版社，两天后去世。

费正清喜欢用一种俯瞰的视角观察中国，在成名作《美国与中国》的开篇第一段他就如此写道：“中国人民生活的根本问题，常常可以从空中一眼看出：受到侵蚀的棕黄色丘陵、浑浊江河泛滥的平原、小块小块的绿色田地，以及攒聚在一起形成村落的简陋茅屋、错综如网状的银白色水稻梯田和水路，是无数世代折断腰背苦力劳动的见证——这一切都是由于太多的人，过分密集在太少的土地上，从而使人们为了维持生命，耗竭了土地资源以及人的智慧和耐力。”

费正清的眼睛肯定还在天上瞭望着中国，他看见人民币正在持续升值，他看到中国货潮水般涌向全世界并开始遭遇抵制，他看到东亚格局正

---

① [美] 费正清著，傅光明译，《观察中国》，北京：世界知识出版社，2001年版。

② [美] 费正清著，张理京译，《美国与中国》，北京：世界知识出版社，2000年版。

③ 书名很容易被认为是英国剑桥大学的研究成果，其实，这个名字来自哈佛大学所在的小城名字“剑桥”——Cambridge。

在朝新的方向演变，而美国在寻找更均势的平衡机制。如果他回到25岁时登陆中国的吴淞口，他会看到那些消失了半个世纪的外国银行又纷纷搬回原来的大楼，而他回到迎娶费慰梅的西总布胡同，还会看到黄昏下新的婚礼正在举办，新人一边吃西餐一边听屋外悠扬的笛声和喧嚣的铜锣声。

历史在这样的一双眼睛里，似乎没有悬念而只有必经的轮回。

1935 大收编

你站在桥上看风景，
看风景的人在楼上看你。
明月装饰了你的窗子，
你装饰了别人的梦。

——卞之琳：《断章》，1935年

很多年后，法国学者白吉尔评论国民政府在此次经济危机中的表现，她写道：“大量事实证明，国民党政府对于发展私人企业的态度是相当冷漠的，在工商业萧条的年份里，南京政府竟然不愿为濒临绝境的民营企业家提供任何支持，以帮助有关企业克服和度过危机。”[①]

荣家遭遇即是一例。荣宗敬因此很悲愤地说：“上天不令中国人做第一等人。”

---

① ［法］白吉尔著，张富强、许世芬译，《中国资产阶级的黄金时代（1911—1937）》，上海：上海人民出版社，1994年版。

“救荣”的一波三折，实在耐人寻味。1934年7月4日，就在申新宣告“搁浅”的当夜，上海棉纺织业和金融界的大佬们聚集在荣宅召开紧急会议，荣宗敬身患重伤风，言辞之间涕泪纵横，哪里还见一年前那个“烈士暮年，壮心不已”的寿公风采。众人均感棋局棘手，唯有政府出面施援才可能渡过难关。于是，大家公推荣德生赴南京向中央政府求援，具体的方案是准予申新发行500万元的公司特别债券，由政府予以保息。

当时的实业部部长是陈公博，他随即派人赴沪调查，不久就端出了一份《申新纺织公司调查报告书》。报告大意是，认定申新的资产与负债相抵已经倒挂，并指责申新“无组织、无管理”，非速行清理债务和“改换经营组织”不可。因此，报告提议组成临时管理委员会，由政府供给300万元为营运资本，6个月结束，所有盈余或亏损，并入公司债务债券内计算。报告最后认为：“倘今日仍以荣氏为中心，则外间已无信仰，中心无法可以维持。”

荣家对实业部给出的方案大吃一惊。明眼人一看，这就是要用300万元收走荣家数千万元的资产。陈公博还在报纸上公开表态，认为申新唯一的出路就是“收归国有”。这一幕宛若两年前的招商局案重演。

荣家兄弟当然不肯束手就擒，荣宗敬给蒋介石写信，指摘实业部“不言救济而言整理，不言调查而言估计，此中消息，实足令人寒栗”。在给财政部长孔祥熙的信中，他更是哀叹说：“民商何罪，申新何辜？”荣氏的同乡老友吴稚晖也帮着反抗，他在给陈公博的信中讽刺说：“中国吃豆腐者多，故冒险者少，弟虽个人决不敢效，实崇拜之至”，指白了说陈公博是趁火打劫。他进而说：“即如荣先生者，一个莽金刚，难免跌倒在众小鬼之社会也。”吴稚晖是国民党最资深的建党元老之一，陈公博是共产党“一大”代表，后来投靠汪精卫做了贰臣，因此，虽然对吴稚晖的辱骂恼怒已极，却也只好唾面自干。与此同时，全国棉纺织业也对实业部的提议群起反对，大家都知道唇亡齿寒的道理，申新一旦归公，很快就会轮到自己了。无锡、天津、河北等地的纱厂联合会纷纷通电行政院、财政部和实业部，形成了一股强大的社会舆论。到 8 月，陈公博只好畏难止手，不得不将“由实业部整理”改为“由荣氏本人大加整理”，但是，发行特别债券等，一概莫谈。

这就是“救荣”的第一出闹剧，荣氏想请个救援，没有料到却差点招进一个强盗。惊魂未定，第二出闹剧接着上演了。

荣宗敬为了扩张事业到处举债，其中曾向英资汇丰银行贷款 200 万元，以申新七厂为抵押。到 1934 年 12 月，这笔借款到期，荣家无力偿还，于是，汇丰提出公开拍卖七厂，这是一个拥有 5.6 万纱锭、3 000 多工人的大厂。环顾国内棉纺织业，所有华商纱厂个个自保不暇，如果拍卖，申新势必会落到日商手中。荣宗敬大急，他沮丧地对来访记者说：“中国实业到此地步，前途实不堪设想。”接着，他说出了那句无比悲情的感慨，“上天不令中国人做第一等人”。

在这里，有一个疑惑需要说明，在危机骤然到来的时候，为什么华商纱厂均陷困境，而日商纱厂却会活得不错？除了资本雄厚、技术和管理先进之外，有一个很大的原因是税负上的差别，这也是荣宗敬等人对政府至为不满的地方之一。学者严中平在《中国棉纺织史稿》[1]中举例说，如果华商纱厂要用进口棉花，每担先得交 14~15 银元的进口税，当棉花纺成纱后，每担又要交 8.5~11.63 银元的统一税，这样华厂的生产成本加起来就比日厂每担要贵 22~26 银元。据他的研究，华厂所承受的税负和利息将近有日本人的 5 倍之多。

1935 年 3 月 26 日，申新七厂被汇丰公开拍卖，果然华厂无人应拍，日本丰田纱厂以 225 万元一举竞走。消息一见报，顿时掀起轩然大波，国人痛恨日本已久，大有宁可烧掉也不入敌手之慨。第二天，汇丰和日商前

---

① 严中平著，《中国棉纺织史稿》，原名《中国棉业之发展》，于 1942 年刊行初版，1955 年经修订改用现名，并加副题“1289—1937——从棉纺织工业史看中国资本主义的发生与发展过程”。

来贴接收封条，被工人用高压水龙头冲走。又一天，工会召开救急会议，推举10个代表向政府请愿，表示“厂存与存，厂亡与亡，不惜任何牺牲，誓死抗争到底”。

全国实业界再度声援，华商纱厂联合会、上海市和南京市的商会、上海总工会等纷纷表示抗议，上海的中华国产厂商联合会更通过决议，“通告全市国货厂商，即日起，对外商银行实行断绝往来，凡吾国上任，各须以身作则，切实履行”。国内各大媒体也连日发表社论，一致反对。在这种情况下，英国驻沪领事馆出面协调，汇丰被迫同意解除拍卖，荣氏所欠抵押借款延期到1940年年底全部还清。

荣家再逃一大劫难。七厂之困缓解，断血之虞犹在。接下来的第三剧，出场的则是一个更强的人物。

到了1935年4月，国内银行界天地突变——具体情况将在下文细叙——宋子文重新出山，执掌国营化后的中国银行。宋、荣关系一向不错，荣宗敬多次登门求援，甚至写下口吻极其卑微的信函曰：“宗敬有心无力，不能有所主张，请于公暇赐一电话，约定地点与时间，俾得趋前领教，以便遵行。”宋子文诺诺多时，一直不置可否。

转眼9月，两人再次面谈，荣宗敬一如既往地大倒苦水，宋子文倾耳听着。突然，他用十分轻描淡写的口气说：“申新这样困难，你不要管了，你家里每月2 000元的开销由我负担。”荣宗敬当场目瞪口呆。

数日后，宋子文终于拿出拯救计划，这竟是一个比陈公博的办法还要苛刻的方案：中国银行将申新所有9家纱厂全部收下，然后发行企业债券，以新债券还旧债务，所有债务分为营运贷款、不动产抵押借款、银行钱庄无抵押借款、个人储蓄存款和荣家存款五等，依次进行偿还，并内定中国银行总稽核霍宝树为申新总经理。宋子文给出的唯一诱惑是，申新所欠银行和钱庄的借款利息均由1分减为5厘。此案等于把荣家从申新一脚踢出。

这是申新“搁浅”以来最大的危机，也是荣氏创业30多年来最凶险的时刻之一。宋子文的政商势力远非陈公博之辈可比，他蓄谋半年，赫一出手，荣家幸存的机会已经渺茫。当时担任荣宗敬助手的是荣德生的大儿子荣伟仁，他在一封信中披露了家族担忧：“政商合办之事，在中国从未做好，且商人无政治能力策应，必至全功尽弃。事关股东血本，生死问题，非努力理争不可。”荣宗敬四处找人说情，竟没有人敢于出面得罪宋子文。时间很快到了 1936 年 2 月 12 日，宋子文在自己的家里召集申新的三家大债权人开会，决定申新的命运。与会 5 人，分别是浙江兴业银行的徐新六，上海银行的陈光甫，中国银行的宋子文、汪楞伯和霍宝树。这时，荣家兄弟已如盘中之物，颓颓然而任人分食。

会议开时，陈光甫居然称病没有到，替他来的是往来部经理李芸侯。宋子文在桌上特地摆了个大蛋糕，是为庆祝时用的。

70 多年后，荣家后人对历史学者傅国涌追忆当时的情景：会议是下午 2 点开始的，宋子文叫霍宝树把打印好的整理申新的英文文件逐段念，念一段，问大家有没有意见。最后，李芸侯发言，他讲话有点结巴，但是意见却表达得很清楚：“这个办法，敝行不能同意。”宋子文惊问：“光甫已同意了！”李芸侯说：“这笔款子是我放的，所以归我负责。照这办法，我行肯定要亏本，还望宋董事长大力帮助我们渡过难关。”李芸侯所谓的亏本，是指申新欠上海银行 1 200 多万元，年息由 1 分降到 5 厘，每年要亏至少 50 万元。宋子文说：“那么如何办呢？中国银行也是同意的。”李芸侯说：“或者把上海银行借给申新的款项转给中国银行，中国银行是发行银行，问题不大，我们行就承担不了。”众人听了，脸色骤变，宋子文说：“这样就不能再谈下去了。”会议不欢而散，桌上的蛋糕没有人碰过。

就这样，靠着陈光甫的仗义，荣宗敬从宋子文的虎爪下悚然逃生。其后的半年里，申新各厂时开时停，苟延残喘。荣家兄弟如同两个溺水之人，日日拼死扑腾，全靠本能求活。1936 年 10 月 1 日，荣家与中国、上海两行订立《委托经营签约书》，保住了所有权。到秋天，萎靡了两年多的市场终于发生变化，棉花丰收，价格下跌，纱、布价格上扬，市场转暖，停工的申新各厂先后开工，到年底，公司居然扭亏为盈，荣家终于熬出生天。

荣家显然是幸运的，在此次经济危机中，国营事业集团通过接收、控股等手段进入原本以民营资本为主的大量轻工业领域，如烟草、面粉、粮食加工等。仅中国银行一家就控制了15家纱厂，约占华商纱厂锭子总数的13%。

1935年的某日，“火柴大王”刘鸿生因从事多元化经营而导致资金困难。他向多年交好的宋子文求救：“最近银根越来越紧。我有几笔到期的押款，银行追得很急，希望中国银行接受抵押，帮我渡过难关，您看可以吗？”宋子文冷冷地问：“你用什么作抵押呢？”刘鸿生答：“我全部企业的股票。”宋子文以嘲笑的口吻说：“O.S.的股票，如今不如草纸了！”“O.S.”是刘鸿生的英文名字，他日后回忆说，这是他终生最难忘的一刻。

白吉尔说国民政府在危机爆发的时候没有对民营企业施以援手，她其实只说出了事实的一半。事实的全部是，政府居然在这种危急情景下，完成了对民营资本集团的致命一击，这是一场十分残忍而精妙的战役，数十年后复盘，仍让观者手心出汗、唏嘘万千。

在1935年3月之前，中国金融业的主动权仍牢牢握在私人银行家手中。政府直接控股的银行只有中央银行和中国农民银行两家，它们的总资产只占全国银行总资产的11.7%，其余资产中的九成集中在上海银行同业公会的成员手中。其中，资本最雄厚的是中国银行和交通银行，这两家银行的总资产分别为9.75亿元和4.25亿元，占到全国银行总资本的1/3，是中央银行规模的3倍。尽管官股在这两家银行中各有20%的股份，但是经营权仍掌握在私股一边。中国银行的大股东、46岁的总经理张公权俨然是银行业的魁首，他也因此替代虞洽卿成为沪上企业家的新晋领袖。

张公权是百年一出的金融奇才，早在20年前就因领导中国银行脱离袁世凯政府而一战成名。他年富力强、视野开阔，而且很有政治抱负。此时的他不但手拥巨财，而且领导着上海银行同业公会，办有《中行月刊》

等杂志，处处展示出银行家的话语权。他对孔祥熙的赤字财政政策一向不满，经济危机爆发后，他再三呼吁政府应该把财力引导到帮助遭受萧条打击的中国经济上，而不该拿去积压在公债上。他不断在媒体和股东会上发声，认为“在这样的情况下，银行界的金融政策必须彻底改变”，“政府立即停止一切不必要的和浪费的支出，有成效地厉行节约，将储备用于建设，以增加国家的建设”，“投资不应再只是限于商业金融的中心城市，而应该指引到内地地区去”。他的这些言论当然被孔祥熙看成眼中钉、肉中刺，必欲拔之而后快。张公权在行动上更是让孔祥熙十分难受。为了表示对中央政策的愤怒，张公权大幅减少公债储备，从1931年12月的7 200多万元一下子降到1934年12月的2 500多万元，并公开声称要抵制不合理的政府公债。中国银行的资产占全国银行总资产的23%，几乎四分天下有其一。在它的示范效应下，民营银行对公债的热情大大降低，孔祥熙的赤字政策眼看着难行其道。

▲国民党的中央银行汉口分行

就在经济危机最为严峻的时刻，孔祥熙施展合纵连横之术，突袭中国银行。他知道凭一己之力，还很难将张公权击倒，于是暗中联合了两大高手，一是国舅宋子文，一是黑社会老大杜月笙。宋子文在财经界的影响力之大是有目共睹的，他被迫辞职后，不再在政府系统担任职务，而是发起组建了一家名叫“中国建设银”的公司——我们不久就将知晓这家公司的主营业务是什么了。他与孔祥熙的关系很平淡，甚至可以说矛盾重重，不过此次却为了共同的利益又站在了同一战壕中。1935 年 2 月初，孔祥熙与宋子文在汉口召开秘密会议，确定了突袭步骤，此案得到蒋介石的认可。

2 月 13 日，由杜月笙出面发请柬，邀请上海金融界和实业界的大佬们开会商议应对经济危机的策略。有钱又有枪的杜老大邀约，谁也不敢不给面子。会上，作为政府代表出席的孔祥熙突然抛出一个动议，他建议由中央银行、中国银行和交通银行组成一个“三行小组”，对陷入绝境的上海工厂给予“尽可能的贷款援助”。此议一出，当然引来实业家们的一致欢迎，他们如同久旱逢雨，一呼百应全站在了孔祥熙那边，杜月笙更是拍桌子大呼叫好。张公权等人甫闻此议，一时间不知如何应对，如果反对，那就将与工厂主们势同对立，如果同意，却不知道孔祥熙的葫芦里卖的什么药。张公权于是提出，贷款是当然的事情，不过要讨论细节，并且，所筹资金应全数贷给工厂。孔祥熙当场一口答应。

15 天后，实业界与金融界再度开会，还是杜月笙主持。为了形成舆论上的压力，孔祥熙这次没有到场，却通过上海发行量最大的《申报》以电报的方式继续倡议成立“三行小组”。此时，宋子文则利用自己的影响力，在上海市商会、地方协会等组织中频繁活动，还策动一些中小工厂主组成了中国工商业救济协会，对银行家集团形成了强大的催逼压力。就这样，上海企业家被人为撕裂成实业与金融两个阵营，孔祥熙一时间成了上海经济复苏的“大救星”。3 月 9 日，在他的主持下，各方人士第三次聚会，形成决议，由中国银行牵头组成援助财团，提供 500 万元的无抵押贷款和 1 亿元的抵押贷款。3 月 20 日，孔祥熙郑重其事地向中央委员会提交议案，决定发行 1 亿元的以海关税为保证的公债。张公权、陈光甫等人提出，此项公债必须用于援助实业界的抵押贷款，张公权还迅速开始安排贷款的有关细节事宜。

事件如果按这样的逻辑演进，实业界当是最大的受益者，银行界尽管承担了金融风险，也是应尽之责任。可是，接下来的峰回路转却出乎所有人的预料。

就在1亿元公债被确定后，3月23日，孔祥熙突然宣布了一条让人瞠目的决定：政府出于管制的需要，要求中国银行、交通银行增发它们的股票，1亿元公债将不再按原来设想的贷给工商业者作救济之用，而是要用来购买两行的股票。孔祥熙给出的理由是，这样可以增加两家银行的信贷能力，以更好地克服萧条时期的困难。他还以财政部的名义，指定了购买金额的分配，其中2 500万元和1 000万元分别购买中国银行和交通银行的股票，3 000万元作为增加中央银行的资本，剩余的3 500万元作为弥补政府的欠债，对工商业的直接救济贷款则一分钱也没有。

这个方案最荒唐的地方在于：第一，银行的定向增发没有任何的溢价，第二，政府用来购买股票的钱正是它发行给银行的公债。这好比让猪吃自己的蹄。当时，中国银行和交通银行的股本分别为2 500万元和1 000万元，孔祥熙的增发购买计划，让政府一下子成了两家银行的绝对控股大股东。尤为霸道的是，孔祥熙直接宣布，中国银行的董事长李铭、总经理张公权一起被免职。[①] 张公权"升任"中央银行第二副总裁——这是一个专门为他设立的职位，中国银行董事长和总经理之职由宋子文取代。根据中国银行的章程，这两个职务的任罢，需由董事会集体决议，孔祥熙身为财政部长，根本没有这项任命的权限。孔祥熙和宋子文还一本正经地拍电报祝贺张公权升职，张公权以"劳累"为由拒绝到任。他让人带话给蒋介石说，如果孔祥熙这么干，中国银行的钞票可能在一夜之间变得一钱不值。蒋介石当然置若罔闻。

有意思的是，对于张公权的"升职"，在政府系统内唯一表示不同意的是时任行政院院长汪精卫，而他不同意的理由是，这么大的事情，孔祥熙居然在之前没有跟他有过任何商量。斯人跋扈可以想见。

---

① 在之前的中国银行，李铭的董事长职务是象征性的，实际掌控人为张公权。

孔祥熙的最后一个难处是，他的任命最终还是要在董事会上进行表决。一些董事公开表示反对。张公权日后回忆说："既然股东们对这两家银行在私人管理下所取得的成就感到满意，那么，除了采用极端手段胁迫之外，政府是无法使股东们屈服的。"但是，孔、宋和杜月笙还是用各种明暗方式让股东们屈服了。在3月30日的新董事会上，宋子文、宋子良兄弟和杜月笙都被增补进董事会，而代表私股的张公权、荣宗敬和周作民等人则出局。孔祥熙仅有的让步是，答应由宋汉章出任总经理，而董事长还是由宋子文担任。

在强行清理了张公权之后一个月，交通银行董事会改选，孔祥熙的亲信如法炮制地再下一城。就这样，中国、交通两大银行尽入官家之手。

事态演变至此，孔祥熙的棋居然还没有下完。当时上海金融界，除了两大行，还有中国通商银行、四明商业储蓄银行和中国实业银行三家较为重要的民营银行，它们的资产都在1亿元左右。孔祥熙继续鏖战。他拿下这三城的手法就要简单多了，在三个月中，他挟央行、中国银行和交通银行的资金实力，大量囤积通商等三行的通货，然后突然一下子拿出来要求兑现，此举形同挤兑，原本已陷入困境的三行当然无法抵抗，于是只好乖乖投降。

中国通商银行是近代中国的第一家银行，创办人是盛宣怀，此时的董事长是盛家亲信、几年前因拒绝"捐款"而被蒋介石通缉过的傅宗耀。杜月笙亲自找他谈话，后者很知趣地让出了董事长职务，杜月笙取而代之。四明商业储蓄银行是蒋介石老乡"宁波帮"的资产（以宁波的四明山为银行名），董事长为孙衡甫，实际控制人是"四·一二"事变中出过大力的虞洽卿等人。孔祥熙照样不留情面，新任的董事长是财政部国税局局长吴启鼎。三行中资产最多的是中国实业银行，董事长是当过北洋政府国务院总理的龚心湛，孔祥熙强迫他辞职，由国民党人傅汝霖接替。此三行中仍有一些私人股东，在后来的10年时间里，孔祥熙控制的董事会竟然长期不分红利，在最多的年份里，每1万元股本也就分300元利息，随着通货膨胀，私人股东的收益几乎为零。

在这场大收编中，唯一漏网的重量级民营银行是陈光甫的上海银行。这是一个很奇怪的现象。《剑桥中国史》给出的解释是："陈光甫和孔祥熙在美国留学时是同学，有人说两人是亲兄弟。"另外更具说服力的解释有两点。其一，在1927年蒋介石进上海的时候，陈光甫的"募资首功"实在太大，他与蒋介石、宋子文、孔祥熙等人的私交非同寻常。其二，陈光甫与美国政府和金融界的关系十分密切，时任华府财政部长摩根韬是陈光甫的密友。1936年，陈光甫曾率中国财政代表团访美，与摩根韬签订《中美白银协议》。他是中美财经交往的最可靠的渠道，于是他被当成一枚"外交棋子"保留了下来。

半年之内，孔祥熙利用经济危机的"大好机遇"，一举收编上海五大民营银行，张公权等人溃不成军。中国金融格局陡然乾坤逆转，国营资本在全国银行中的资产比例从不到12%猛增到72.8%。孔祥熙的"手术"做得十分彻底。10月，一直是中国金融界最重要的社团组织和喉舌的上海银行同业公会改选，领导权从职业银行家手中被剥夺，杜月笙、宋子良等人被选为理事，公会彻底变色，从此沦为政府的一个附庸。

于是，到11月3日，孔祥熙宣布进行法币改革，规定从次日起，全国的货币统一为法币。改革的主要内容是：一、统一货币发行权，以中央、中国、交通三银行所发行的钞票为"法币"，这三大银行拥有印钞权，其余所有银行都不得再自印钞票；二、所有完粮纳税及一切公私款项之收付，均用法币；三、废除银本位制，禁止白银流通，三个月内，无论个人或企业存有的白银都要兑换成法币，全部白银归国有以充法币准备金；四、法币与英镑、美元挂钩，实行外汇本位。从此，中国确立了统一的现代货币体制和金本位制。

还有一个要记录的细节是，就在启动法币改革的两个月后，孔祥熙又匆匆宣布新增第四家印钞银行——中国农民银行。这也许是中国商业史上最奇特的银行，它的直属上司是国民政府的军事委员会，实际控制者是大家听到名字都要笔直立正的蒋委员长本人。很多资料显示，这家银行的业务并不是为农民服务，而是收取鸦片烟税的主要渠道，它有无限量的印钞权，其资金主要用于军事活动。更离奇的是，从来没有人清查过它的账目。有一次，英国顾问李兹·罗斯爵士提出要看一下账目，他在回忆录中记载了蒋介石当时的反应，后者很生气地说：“难道我有这么一点自由都算是过分的吗？”

▲交通银行货币

▲中国银行货币

在民国金融史上，中央银行、中国银行、交通银行和中国农民银行并称“四大行”，通商、四明、中国实业和陈光甫的上海银行并称“四小行”，国民政府和孔宋家族控制其中7家之后，民间再无话语。在1936年，“四大行”在全国164家银行中，实收资本占42%，资产总值占59%，发行钞票78%，纯利润占44%。其后，国营力量有增无减，到1947年，全国银行存放款总额的90%以上已被其控制。

11月的法币改革之后，陈光甫等人还有过最后一次挣扎。他以“适应金融统制的环境，另辟新途径以谋发展”为理由，集结各民资银行发起成立一个“不动产抵押银行”，试图以各家的不动产为抵押发行债券，参与流通，以形成一个国营体制外的结盟力量。这个方案报到财政部和中央银行后，孔祥熙只使了一个招数就让陈光甫等人知难而退，他提出必须由央行董事宋子良担任该银行的经理，否则立案不能成立。陈光甫不愿作茧自缚，只好悻悻然撤回申请。

把“四大行”“三小行”的印章一把抓到手后，“哈哈孔”再也听不到讨厌的杂音，他可以完全按自己的想法管理国家了。不过，这位财政部长的唯一本事，好像就是不断地发公债和印钞票，同时忘不了往自家的地窖里搬钱。

从 1927 年开始，南京政府就一直不停地靠发公债度日。在 1932 年的公债暴跌风潮中，宋子文曾经公开承诺，公债偿本支付的期限再也不会改变。到 1935 年年底，政府的到期未偿付公债额为 12 亿元，为此支付的本息达 1.26 亿元，孔部长显然不想掏——或者说他也掏不出这笔钱，于是，他想出了一个绝妙的办法。1936 年 2 月 1 日，财政部宣布将要发行 14.6 亿元的“统税库券”。这笔公债要用来将各种已发行的证券兑换回去，它的年息还是 6%，不过偿还期则要更长。

这个方案十分流氓，好听一点是“寅吃卯粮”，难听点就是让猪再吃一次自己的蹄。消息一公布，银行界和持券人大为愤慨，媒体上的讨伐之声响成一片，公债市场的价格应声大跌。2 月中旬，上海银行同业公会召开募债会议，孔祥熙拉来杜月笙和另外一个黑帮领袖张啸林与会，两个大流氓往那里大大咧咧地一坐，与会者只好乖乖地举手同意。让孔祥熙高兴的是，这次公债发行再也不需要跟张公权斗争了，几大银行都已在他的控制之下，它们承购了所有的库券。不久后，他又发行 3.4 亿元的“善后库券”，至此，南京政府的债务高达创纪录的 18 亿元。

除了发公债，孔部长还不断地印钞票。法币的流通量在 1935 年 11 月是 4.52 亿元，到 1937 年 6 月就增加到了 14.77 亿元，新增货币的一半是没有通货作保证的。

没有可靠的政府信用作担保的公债市场是一个无比危险的市场，不过对于孔祥熙等人来说，这却是最好的投机市场。在1935年之后，上海金融界出现了一家人人皆知、没有注册的“三不公司”。

“三不公司”的“董事长”是孔祥熙，“经理人”是财政部次长徐堪、中央银行副总裁陈行和宋子良，徐堪和陈行不但是孔祥熙的亲信，还是宋霭龄的“桥牌搭子”，陈行同时更是宋子文的大学同班同学。这三人的名字各加一个“不”，就是“不堪、不行、不良”，是为“三不公司”。[①]公司的“总部”设在外滩15号中央银行三楼的陈行办公室，陈行负责透露政府信息，徐堪具体电话指挥，宋子良则调拨头寸，他们的主营业务就是散布各种内幕谣言，操纵公债投机。

政府历年来发行的公债种类繁多，而且信用抵押薄弱，政策变更随意，于是给投机带来了巨大的空间。“三不公司”就利用自己的官府背景和中央银行的资金势力，暗中坐庄，时而哄抬，时而打压，让行情数日一

▲家族合影，下中为宋母，后左二为蒋介石，后左三为孔祥熙

① 坊间也有称为“四不公司”，除了徐、陈、宋三人外再加上孔祥熙，是为“不祥、不堪、不行、不良”。

大变，从中牟取暴利。其中，“九六公债”一案就堪称经典。1935 年，“三不公司”通过大陆银行储信部、福大号钱庄对外散布传言，宣称“九六公债”即将停止交易，引起散户大恐慌，公债价格跌到每百元仅值 6 元，创下上海证券交易所黑板上有史以来的最低价。实际上，“三不公司”化成许多户头大量吃进，结果赚到手软。据当年曾参与其事的中央信托局储蓄处经理祝世康、中央银行稽核处处长李立侠和孔祥熙秘书谭光等人回忆，在短短两年多时间里，“三不公司”从公债投机中获利超过 3 000 万元。

从 20 世纪 30 年代中期开始，有关政府大员“善于”捞钱的民间传闻就不绝于耳。1934 年，大教育家，也是国民党元老的蔡元培在他的日记里抄录了该年 12 月 26 日上海《江南正报》的一篇文章，内称：“国府要人之财产多系秘密，而就可调查之范围内调查，则诸要人在本埠所有财产估计为，蒋介石 1 300 万元，宋美龄 3 500 万元，宋子文 3 500 万元，孔祥熙 1 800 万元，孙科 4 000 万元，张静江 3 000 万元。其他要人在上海各中外银行存款及不动产，据中国银行调查，约有 5 亿元，其不动产及公司多用其亲戚名义购置，故实款无法详确云。”据当代学者陈明远的换算，1935 年 1 银元的购买力，约合 2008 年人民币 60 元。《江南正报》属左翼报纸，其数据未必足信，不过严谨的蔡元培将之抄录在日记上，可见事实轮廓大致如此。

在百年企业史上，1935 年 3 月的孔张之役具有非常重要的标志性意义，它甚至可以被看成是国营资本与民营资本的一次大决战。千百年间，自有货币流通以来，中国民间的金融组织就没有被官方控制，特别是明清两代的钱庄、票号十分发达，成为社会自由经济的一个重要组成部分，而自 1935 年之后，政府突然将金融业收入囊中，自由经济之脉从此断绝。

美国学者帕克斯·小科布尔在《上海资本家与国民政府》一书中认定：“这次对银行界的突然袭击，就政府与企业家之间的关系来说，是南京政府统治的十年中最重要和最富有戏剧性的一次大变化。”[①] 民国史专家王业键也有类似的观点，他评论说：“中国几个大银行家曾经是中国商界中最有政治影响的一批人物，如今他们的声望就这样被消除掉了。这个事情不仅表明了政府对中国金融界的完全统治，而且也说明了企业家作为一个有力量的阶层是终结了。”

经此一战，曾经意气风发、十分强大的上海银行家集团被打成一盘散沙，他们在过去30多年中所形成的独立性完全被裁除。张公权被逐出银行界，他后来投靠国民党系统内的政学系，一度当过铁道部长，却与金融再无因缘。很多年后，他在一份《自述往事答客问》中说：“政府当局把银行拿过去并把它们当作国库来利用，而我则认为，银行就是银行。”[②] 一度控制了半壁江山的“江浙财团”风光不再，陈光甫、李铭、吴鼎昌等知名银行家的地位大大下降，他们后来都进入国民政府任职，在孔宋的指导下工作，一直到抗战之后，才再度发挥了一些作用，这当然已是意料外的后话了。在并不遥远的8年前，正是靠了“江浙财团”的鼎力金援，浙江宁波人蒋介石和他的军事集团才得以立足上海，清除异己，确立政权。而在此次大收编过程中，几乎所有帮助过他的同乡和金主全部受袭，伤痕累累，这应该也算是一次命中注定的报应。

收获最大的当然就是以公权力为武器的密谋突袭者。

杜月笙靠“主持公道”换来了通商银行的董事长和中国银行的董事，他自己的中汇银行得以保全，后来成为获利最好的私人银行之一。白吉尔在《上海史：走向现代之路》一书中对这家银行的业务描述是：“它坐落在爱多亚路（后来的延安东路）的一幢豪华大楼里，主要作用是洗钱，把

---

① ［美］小科布尔著，《上海资本家与国民政府（1927—1937）》，北京：中国社会科学出版社，1988年版。

② 《张公权先生自述往事答客问》，载台湾《传记文学》第30卷第2期。

贩卖毒品、赌博与卖淫赚来的黑钱再重新流入正常的商业渠道。”[①] 此外，杜月笙还是三家日报和一家通讯社的董事长，其中包括发行量最大的《申报》，他还进入政府的法币准备管理委员会以及民间的上海物品证券交易所和银行公会。从此，这位神秘的黑社会领袖继虞洽卿、张公权之后，成为上海金融界乃至整个中国商界最有权势的人物，俨然成了民营资本的第一代言人，这种转换实在带有太强的讽刺意味。甚至有专家考证，如果不是两年后爆发了中日战争，杜月笙很可能成为上海市市长，这已经得到了蒋介石的默许。

蒋介石的中国农民银行由幕后而到前台，一跃跻身“四大印钞银行”之一。孔宋更不待言，他们不但成为中国银行、交通银行的实际控制人，而且乘机大大壮大了自己的私人事业。在收编中，他们大肆吃进四明和中国实业银行的私人股份，构成了一个官商不分的经营格局。宋子文跟孔祥熙结盟，不但掠取了“天下第一大行”中国银行董事长的宝座，还顺便拿下了广东银行。这是一家有 22 年历史、广东地区最重要的私人银行，在蒋介石从广东北上时，曾经给予北伐军很大的支持。在白银危机的后期，它一度被迫停业。宋子文承诺组织力量拯救这家银行，而条件则是他必须要当董事长，他的另外一个弟弟宋子安要当董事，他当然如愿以偿了。广东银行得救，它仍然是一个纯粹的私人银行，不过主人则是一个官商难辨的人。跟哥哥的操作手法类似，宋子良得到了中国农工银行。

从孔宋等人身上，人们似乎可以得出这样的观感：一个拥有绝对公权力却怀藏私心的名牌大学经济学博士，对于一国的经济来说，也许是最大的祸害。1935 年 3 月是一个转折时刻，从此，强大的国营资本集团与身份暧昧的官僚资本集团结成了坚不可摧的利益同盟，它时公时私，左右逢源，形成了最恶劣的制度，最终败坏了整个国家的经济纲常。

---

① ［法］白吉尔著，王菊、赵念国译，《上海史：走向现代之路》，上海：上海社会科学院出版社，2005 年版。

中国经济史专家杜恂诚在分析近代中国社会阶层排序时很精辟地论及："在1927年南京国民政府建立到1935年之间的8年中，虽然政府早已有意对国民经济实施全面控制，并已有若干准备措施的实行，但总的来说，国民收入的分配还是以市场化分配为主的。从1935年政府实施金融垄断起，中国城市居民的社会阶层排序发生了变化，其唯一变化是特权官僚单独成为第一等级，上层工商业者变为第二等级，以下的社会层次序列不变。特权官僚之所以单独位列首席，是因为那时的国民收入分配已开始演变为以非市场化分配为主的模式，特权官僚利用对资源和信息的控制权，在制度制约和权力制约双重缺损的条件下，可以有比上层工商业者绝对领先的自利机会。管制权越多，信息越不透明，特权官僚自利的机会越大。"①

孔宋的官商模式，甚至比晚清的盛宣怀模式还要糟糕许多。盛氏靠办实业起家，创建了众多支柱性产业，顺便夹带了不少的"私货"，这大抵算是"建设性腐败"。而孔宋则以金融投机为主业，对实业毫无兴趣，其行径是不折不扣的"掠夺性腐败""破坏性腐败"。

到1936年，罗斯福的新政终于取得了明显的成效，美国经济从谷底爬了出来，国民经济状况得到显著改善，失业人口大幅减少，罗斯福因此在这一年成功连任总统。在艰难的经济转型过程中，美国的公司组织也率先发生了革命性的变化，伯勒和米恩斯通过对200家美国大公司（其中包括42家铁路公司、52家公用事业公司和106家制造业公司）的调查发现，所有权与控制权的分离变得日益明显，一种新型的公司治理制度正在诞生。一些不同于前辈的创业者也出现了。1936年，斯坦福大学的两个同班同学戴维·帕卡德和比尔·休利特在旧金山的一个车库里创办了惠普公司，他们在昏暗的灯光下通宵达旦地工作，发明并生产了各种小玩意儿。50多

① 杜恂诚著，《试论近代中国社会阶层排序》，载《学术月刊》2004年1月。

年后，这个车库被命名为“硅谷诞生地”。在这一年，IBM（国际商业机器公司）在上海设立了办事处，这是IBM在远东的第一个办事处。

罗斯福新政的成功进一步增强了人们对国家干预主义的信心。也是在1936年，英国经济学家J·M·凯恩斯出版了《就业、利息和货币通论》，凯恩斯主义因此成形。这位曾经服务于英国财政部的经济学家批评了以前的工资和就业理论，提出有效需求是预期可给企业主带来最大利润量的社会总需求，而为了增加有效需求，必须由国家实行干预。罗斯福的新政模式与凯恩斯主义互为配套，成为主宰日后几十年西方经济思想的主流。碰巧的是，与凯恩斯主义背道而驰的另一个欧洲经济学家弗里德里克·A·哈耶克也在这一年发表了《经济学与知识》，他提出了“知识分工”的概念，并一如既往地反对计划经济，他相信自由主义经济本身有一种自行趋于稳定的机能，反对国家对于经济生活的干预。哈耶克的声音在当时遭到了讥笑，一直到半个多世纪后的1988年，他写出了《致命的自负》，人们才认同他的观点：对高度计划经济的追求是理性主义者的一次“致命的自负”。

在欧洲，战争的阴霾开始出现。希特勒的纳粹德国崛起成为最强的国家，8月在柏林举办的第十一届奥运会成为希特勒展示国力和倡导雅利安人种优势的最佳舞台。他违背国际公约，出兵强行吞并了非军事区的莱茵兰地区，英、法两国居然视而不管。7月，西班牙爆发内战。德国与意大利签订联盟协约，不久后日本加入，从此形成了一个邪恶的“轴心三国”，它们将改变历史和自己的命运。奥地利作家茨威格很悲观地写道：“在那些决定时代命运的巨大运动刚开始的时候，恰恰是历史本身阻碍了那些同时代人对它们的认识，这仍然是不可抗拒的历史法则。”[①] 两年后，他的国家被希特勒第一个吞并。在中国，偏据西北一角的毛泽东是最早看到这一历史可能性的中国人之一，他在7月15日预言，希特勒将在欧洲发动侵略。

---

① ［奥］斯蒂芬·茨威格著，舒昌善译，《昨日的世界》，南宁：广西师范大学出版社，2004年版。

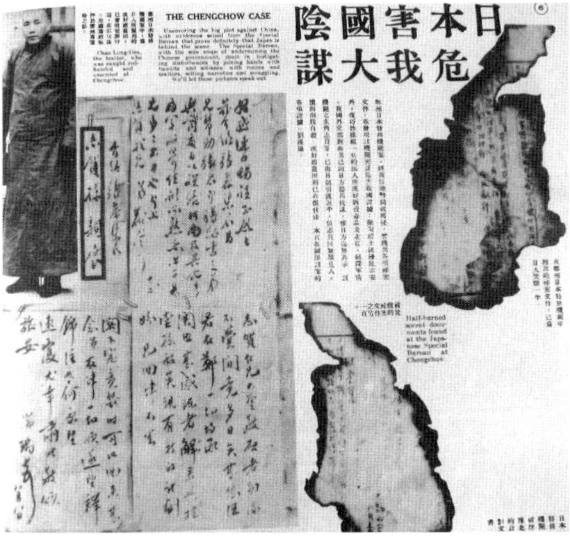

▲报纸报道日本的战争阴谋

美国和欧洲经济的复苏，也影响到了1936年的中国，自入秋以后宏观经济渐渐走出了大萧条的泥潭，开始呈现转暖的迹象。但是，工商业元气大伤，除了投机活跃的上海公债市场之外，其余乏善可陈。

在这一年，最让人担忧的还不是经济，而是越来越恶劣的战乱局势。日本在华北虎视眈眈，随时有南下入侵的可能。而蒋介石却还在全力“剿共”。9月，他在西安设立西北“剿匪”总司令部，亲任总司令，命张学良为副司令，调东北军入陕甘“剿共”。12月4日，蒋介石亲抵西安督战。9日，北京、西安等城市举行纪念“一二·九”的示威游行，学生高呼“中国人不打中国人”“东北军打回老家去，收复东北失地”等口号，张学良向群众表示三日内以实际行动答复学生要求。12日凌晨，张学良、杨虎城发动兵谏，扣留蒋介石，是为震惊天下的“西安事变”。在中国共产党、美、英、苏及其他社会力量的斡旋下，蒋介石于两周后得释。他承诺与中共结成抗日统一战线，国共内战暂告一段落。

1937年1月，胡适为《大公报》撰文《新年的几个期望》。他写道，“多年梦寐里害怕的一九三六，居然度过去了。我们在全国欢呼的喊声里送出了旧年，迎进了新年”，因此他的第一个期望是“今年必须做到宪政的实行”，第二个期望是“蒋介石先生努力做一个‘宪政的中国’的领袖”。

与乐观的胡博士相比，刚刚被赶出银行界的张公权则做出了一个悲观的预测。他把1936年的经济现象称为“螺旋形的通货膨胀”，他预言说，没有节制、不计后果的赤字政策将可能让国家在几年内破产。

不过，他们两人的期望或预言都没有变成事实，因为日本人的侵华战争很快就要全面爆发了。

1934年2月19日，在新加坡的一个米店里，东南亚地区最大的华人实业集团陈嘉庚有限公司宣告在两天后收盘。公司旗下的橡胶厂、饼干厂、锯木厂、砖瓦厂以及菠萝罐头厂等尽数关闭，造成大量工人失业，波及13万工人及其家属的生活维持。

▲陈嘉庚铜像

陈嘉庚（1874—1961）是过去10年里最成功的海外华商。闽南及广东潮汕地区自古就有下南洋求生的传统，很多人因此成为当地的富商。他们成为华人企业家群体中很独特的一支，一直到今天，印尼、马来西亚、泰国和新加坡等国家的首富仍然是华裔企业家。他们对东南亚各国经济的崛起，有着不可取代的功劳。新加坡的英国总督瑞天咸（F. Swettenham）就曾说："政府收入十分之九，皆出华侨之手，对此勤劳、耐苦、守法之华侨之谢意，非言语所可表达。"陈嘉庚出生在福建南部海滨同安县的一个小渔村集美，他17岁时南航7 000海里，到新加坡协助其父经营米店，后因族人舞弊和嗜赌，米店破产。陈嘉庚两手空空，替父还债，先是开办菠萝罐头加工厂，后又在第一次世界大战期间投身风险很大、利益也很高的航运业。他的两艘3 000吨级的海轮先后被德国军舰击沉，却从法国政府那里收到了巨额的保险赔偿。1918年，他拿着120万元保险赔款，倾全力于新兴的橡胶种植业，先后购进数千英亩橡胶园。1922年，欧洲爆发经济危机，股市萎靡，橡胶市价连续下滑，陈嘉庚逆流而上，出资收购了近万英亩橡胶园和10家橡胶厂，建成东南亚地区最大的综合型橡胶制造工厂。

三年后的1925年，市道果然翻转。随着经济复苏，橡胶价格从年初每担30多元暴涨到年底的200元，陈嘉庚一举成为“橡胶大王”。事业鼎盛时期，他开办30多家工厂，100多家商店，垦植橡胶和菠萝园15 000多英亩，雇用职工3.2万人，公司总资本达1 500万元。

陈氏的“橡胶王国”仅仅维持了4年。1929年10月，纽约华尔街爆发严重的金融危机，灾害迅速延及全球。美国是新加坡、马来亚橡胶的主要买主，需求的萎缩导致市场崩塌，橡胶每担仅值七八元，与几年前的抢手光景相比恍若隔世，一双过去卖1元多的橡胶鞋，现在竟跌至2角。1930年3月，陈嘉庚橡胶制造厂发生火灾，如同雪上加霜，遍设各地的商店不时发生倒闭或经理卷款潜逃的事件，所有不动产急剧贬值。到1931年8月，陈嘉庚欠银行债款近400万元，被迫接受汇丰银行等八家债权银行提出的改组要求。在其后的将近两年时间里，银行家们急于减少亏损，将陈氏集团的工厂关停并转，分敲零卖。陈嘉庚万分痛心却无可奈何，终于在1934年宣告解体收盘。

陈嘉庚的经营败局，与他刻意扩张的激进战略有关，当时舆论对他就有“孟浪”之讥。此外，庞大实业缺少金融体系的支持也是败因之一。据华商陈维龙的口述回忆，陈嘉庚的企业发生危机时，华人银行竭尽全力只贷给他100万元，远远不能解渴，陈嘉庚只好被迫接受英资银行的苛刻条件。1933年5月之后，全球经济危机已经得到缓解，欧美订单开始增加，英国人控制的董事会突然做出决定，将陈氏企业所产胶鞋全部归一家英国贸易公司单独包销，陈嘉庚激愤抗辩，不肯在合同上签字，董事会最终竟强行履行此约。一位英国董事说：“我英国之权利不容他国人染指。”

收盘后的陈嘉庚，日后再无大作。他之所以被视为企业家的楷模和海外华人的精神偶像，却是因为他数十年持之以恒的助学热情。他认为：“国家之富强，全在于国民，国民之发展，全在于教育，教育是立国之本。”他在教育上的持续投入可用“痴狂”两字形容。

跟南通张謇一样，陈嘉庚发誓改造家乡渔村。1914年，他创办集美高初两等小学校，此后又相继创办女子小学、师范、中学、幼稚园、水产、商科、农林、国学专科、幼稚师范等，并逐步发展，在校内建起电灯厂、医院、科学馆、图书馆、大型体育场，在昔日偏僻的渔村里建设起闻名遐迩的“集美学村”。在20世纪二三十年代，集美与张謇的南通、卢作孚的北碚是国内知名度最高的三大新式城镇模范。在建设集美的同时，他还在同安县创办40多所小学，先后补助福建20个县市的73所中小学。在新加坡，陈嘉庚竭力倡办华文学校，先后捐资创办崇福女校、南洋华侨中学和南洋女子中学。

1919年，在四处收购橡胶园的同时，他就发起筹办厦门大学。在募款会上，他直言自己助学是“为爱国愚诚所迫”，并当场宣布认捐400万元，其中开办费100万元，其余300万元分12年付清，而当时他积存的资产仅有400万元，相当于倾家办学。

1929年，陈氏集团开始陷入困境，但他仍按时支付集美和厦大所需经费。他的长子陈济民劝他减资自保，他慨然说：“我吃稀饭，佐以花生米，就能过日，何必为此担心？”极困难时，他将三幢大厦抵押给银行借款，做出了“出卖大厦，接济厦大”的惊人决定。1931年，汇丰等债权银行改组公司的时候，英国董事们对陈嘉庚自陷绝境仍助学不止的行为难以理解，他则很明确地说：“宁可企业收盘，绝不停办学校。”双方拉锯，最终议定对厦大和集美两校的经费支持，限定每月为5 000元。随后，陈嘉庚采取化整为零的办法，将几家尚有利润的企业租给自己的女婿和亲信，约定年终分红时，对方所得的一半或三成充为学校经费。他还向族内富商募捐11.5万元，加上自己的16万元，购买橡胶园400英亩，作为厦大的基金，月可入息2 000元。到1936年5月，陈嘉庚实在无力接济下去，只好给国民政府写信，恳请政府将厦大收归国立，他愿将所有产业无条件奉送，并自请取消董事职位。在信中，他十分自责地说：“每念竭力兴学，期尽国民天职，不图经济竭蹶，为善不终，贻累政府，抱歉无似。”两个月后，国民政府批复同意，此时的厦门大学已发展到文、理、法商3个学院9个系，是当时国内科系最多的5所大学之一，鲁迅、林语堂、顾颉刚等著名学者都曾在此教学。

抗战爆发后，陈嘉庚在南洋积极募捐支持抗日。1938 年 10 月，香港、马来亚、印尼、菲律宾等东南亚华侨联合成立“南洋华侨筹赈伤兵难民总会”（简称南洋总会），统一领导海外华人的抗日救国活动，陈嘉庚当选总会主席。在其后几年间，总会先后组建 702 个基层救亡组织，为募兵集资起了很大的作用。据军政部长何应钦 1939 年的报告，全年军费 18 亿元，华侨赈款占了 1/5。1940 年 3 月，陈嘉庚率南洋华侨慰问团返国，先后考察慰问了重庆和延安，大大鼓舞国民士气。一年后，太平洋战争爆发，日军侵占东南亚，出赏 100 万元缉拿陈嘉庚，他辗转避祸于印尼的爪哇诸岛。他把一小包氰化钾藏在怀里，随时准备殉国，当时多有传闻说他已蒙难身亡。1945 年，日本战败，陈嘉庚重返新加坡，消息传回国内，竟成一重大喜庆新闻。当年 11 月 18 日，重庆举行了“陈嘉庚安全庆祝大会”，郭沫若、邵力子、黄炎培、陶行知等 500 多人与会，远在延安的毛泽东也送来单条，题“华侨旗帜、民族光辉”8 个字。与会者都深度认同黄炎培的感叹：“发了财的人，而肯全拿出来的，只有陈先生。”

1949 年 5 月，陈嘉庚受毛泽东的邀请归国定居。1961 年 8 月 12 日，他在北京去世。逝前他留下遗言，遗产 334 万元全数捐于学校及乡社建设，其子女，男子无职业者，每月供给生活费 20 元，女子每月 15 元，如有职业或出嫁就不得支取，每人如逢结婚或丧事，各给费用 200 元。他去世后，北京丧仪极为隆重。周恩来总理、朱德委员长亲自执绋送葬，东南亚各地华侨自动分设灵堂祭奠。在新加坡，300 个社团、近万人与会追悼，大会挂一对挽联，上联“前半生兴学，后半生纾难”，下联“是一代正气，亦一代完人”。

1991 年 1 月，中国科学院将一颗小行星命名为“陈嘉庚星”。所谓与日月同辉，陈公得矣。

1937 沉船与拯救

当今中国最重要的事件之一，

是中国青年知识分子正在重新认识自己的国家。

——美国作家赛珍珠，1937年

1937 年 7 月 10 日，是上海市政府成立 10 周年纪念日。上海市中心举行了盛大的庆祝大会，近万人涌进会场观看庆祝仪式，并参观了 6 个成就展览。这时候的上海正宛若一颗“东方明珠”，全国金融业资产的 3/4 聚集在这里。53% 的对外贸易和 25% 的国内外航运通过这里运转。在现代制造业方面，上海是“民族工业的中心”，全国近 4 000 家现代工厂中，有 1 200 多家开设于此，无论是资本投资额，现代新式机器的使用，还是劳动力的规模，上海都堪称第一。这一天的上海滩，到处洋溢着快乐的激情。但是，一本关注时局的杂志《人民论坛》则刊登了一篇时评，题为《上海成立日庆典的幽灵》。作者写道：“总有一个幽灵游荡在庆祝活动中：战争的幽灵。”

就在三天前，日本军队在北平附近的卢沟桥对中国军队发动了攻击，它被称为“七七事变”，中日战争全面爆发。从这一天起直至其后8年，中国卷入了一场长达8年的艰苦抗战。8月8日，日军攻入北平城，随即长驱南下进击上海，超过400万难民涌进租界。在后面的3个月里，70万中国军队进行了英勇的抵抗，11月12日上海沦陷。12月13日，首都南京沦陷，日军实施了惨绝人寰的大屠杀，超过30万军民丧生。国民政府迁往重庆。日军剑锋直逼武汉，遥望重庆，东京宣称将在3个月内灭亡中国。

战争全面爆发了。一切都变得身不由己。

在国家存亡的重大时刻，企业家们的事业是如此的脆弱，它如蚕丝在大风中飘荡，大大小小的企业家跟那个时代中的每个中国人一样，突然间与民族命运这个大道义站在了一起。

就在这场改变了中国命运的战争到来之前，中国商业界的人们在做些什么呢？

先说宋子文和孔祥熙。就在战争爆发前的一个星期，他们做成了一笔效益超好的生意。7月1日，一家名叫扬子电气的股份公司宣布成立，它收购了当时国内最大的国营电厂——首都电厂。这是孔宋家族不胜枚举的、利用权力、化私为公的经典案例之一。

▲城门公布日本人杀戮中国人的罪行

在1928年，作为新首都的南京城的供电能力十分不足，以至于“灯光黑暗，为全国所仅见”（张静江语）。南京在晚清时建了一家官办的金陵电灯官厂，民国建立后更名为江苏省立南京电灯厂，名为官办，实际由民间资本经营。国民政府定都南京后，当即将电灯厂作为“逆产”无偿没收，改名为首都电厂，被归入建设委员会辖下。随后，政府将电厂抵押，从银行套得资金进行大规模的改造，同时给予了大量的优惠政策扶持，包括享受平价煤、低利贷款，甚至还以改善民生为名义由行政院拨款为电厂新增发电设备。在政策大力输血、市场垄断经营以及“首都效应”等多重利好的刺激下，首都电厂迅速壮大并实现了非常好的效益。在1928年划归国营的时候，电厂的固定资产仅有21万元，到1937年就增至958万元，是原来的足足45倍。在很多年里，企业的年均获利率都在20%~25%，是当时国内效益最好的大型国营企业之一。

到1937年，奇怪的事情发生了。建设委员会以首都电厂需筹措巨额发展资金，而国家一时难以筹措为理由，提出将首都电厂以及无锡的戚墅堰电厂——它在1928年前也是私人企业，后被收归为国营——向社会公开招收商股，“以提高社会投资”。这一建议在该年的4月1日获得国民政府训令批准。仅仅过了一个多星期，建设委员会就完成了首都电厂的资产评估工作。它还迅速拟定了具体招股办法，主要内容为：第一，将首都电厂、戚墅堰电厂合并，组织扬子电气股份有限公司；第二，公司资本均定为1 000万元，除建委会保留20%之外，其余均招收商股。而商股的办理工作交给了一家叫作“中国建设银”公司的民营企业。

奥妙全藏在这家神秘的中国建设银公司身上。它是1934年由宋子文亲自创办的一家股份有限公司，他在被迫辞去行政院副院长和财政部长的职务之后，转身就成立了这家企业。当时他看上去已绝意仕途，他对张公权表示“决计弃官就商，且具做‘中国摩根’意愿”。从表面上看来，公司是根据《银行法》和《公司法》注册的私营公司，但实际情形却远非如此简单。公司初期的发起股份中大部分来自国家银行与最大的十几家商业银行，后来渐渐都转移到个人名下，特别是宋子文和孔祥熙家族的名下，其中，仅宋子文就以敦厚、悦愉、嘉禾等不同户名拥有大额股份。公司的股东乃至董事和监察人不是政府主管财政经济的高官，就是活跃于商界的金融大亨，或者本身就是身兼二任的人物，彼此之间很难划清界限。因此公司自成立之日起就一直与政府保持着一种极为特殊的关系。建设委员会的委员长张静江以及三名常务委员中的张嘉和李石曾二人既是建设银公司的发起人，又是公司的股东，而且张静江还是排名第一的监察人，张嘉和李石曾则都是公司的常务董事。①

建委会招收商股的整个过程，不论是拟具章程，还是吸收股份，一切都是在暗中进行的，既未刊登招股广告，也未对外公开宣传。5月14日，扬子电气公司在上海直接对外宣布资本业已募足。7月1日，两公司正式宣告合并，新组建的扬子公司董事长赫然就是宋子文。就这样，建设委员会将其苦心经营近10年的国营企业，以招募商股的名义出让给了特殊的私人公司。

中国建设银公司、扬子电气公司的创立以及首都电厂的私营化过程，就是一个精彩而典型的官僚资本侵吞国家财产的恶例。其运作方式很具典型性，那就是，先以国家利益的名义进行收购，然后将获得的利益私有化。参与其事的人中，有行政院副院长、财政部长、中央银行行长、建设委员会委员长，他们有的是职业政治家，有的毕业于欧美最好的大学，有的是虔诚的佛教徒或基督徒。可悲的是，在担负国家重建责任的同时，他们的心思却更多地放在了自己的财产积累上，而且采用的是最不光彩的盗窃手段。这与其说是一种道德上的堕落，倒不如说是不良制度必然伴生的罪恶。

---

① 建设银的注册股本金为1 000万元，其中绝大多数并不是出自股东的私人腰包，而是各银行参股的数额。到了抗战后期，宋子文等人以极低廉的价格，从国营银行的手中收购了大部分股份。

这是一段让每个人读来都很不愉快的插曲，它似乎不应该出现在这样的地方。但是，它却无比真实而残酷地呈现出了那个政权的内在荒诞性。在某种意义上，即将开始的8年全面抗战将让中国的现代化进程至少延缓20年，却也让这个政权多活了8年。在战争结束后，它仍然执迷不悟，甚至变本加厉地在原有的制度轨迹上渐行渐远，4年后，它就被人民抛弃了。

与官僚资本集团的肮脏不同，民营企业家们则正在自己的事业里各自奋斗。如果没有战争，他们将迎来一个不错的年份。

荣宗敬正在与工程师们潜心研制新的机器，预计每月可造纱锭5 000枚，每天可造新式布机8台，性能比日本、英国的同类机器还好，价格却便宜一半。在过去的3年里，荣家经历了地狱般的煎熬，好在上苍保佑，终于滚爬了过来，申新事业从上一年秋天开始重回正轨。夏天，荣德生的四儿子、21岁的荣毅仁从圣约翰大学毕业了，上年他刚刚与出身无锡望族的杨鉴清结婚，7月1日，风华正茂的荣毅仁被老荣派到茂新面粉二厂担任助理经理。他兴致勃勃地草拟了一份计划，准备在全国建几十个面粉厂，形成“面粉托拉斯”。荣德生笑着对他说：“你的疯狂劲头不像我，倒像你大伯。”

▲年轻时的荣毅仁

70岁的虞洽卿尽管在商场上已不复当年之勇，却也刚刚度过了生命中的一个风光时刻。1936年10月1日，为了祝贺他的70寿诞，上海市政府与租界当局决定将一条横贯上海闹市区的马路“西藏路”改名为“虞洽卿路”，自上海开埠百年以来，之前只有老买办朱葆三享受过这一荣誉。命名典礼是在热闹的跑马厅举办的，沪上所有名流都盛装与会，由虞洽卿创建的华商体操会还进行了300人的检阅表演。在过去的10年里，这位以“调解人”出名的宁波商人的人生发生了戏剧性的变化。在他的主导下，小老乡蒋介石得到了上海企业家集团的支持，从而打下了天下，可是后来，他的江湖地位日渐被后起的张公权、杜月笙取代，他苦心经略的银行和交易所先后都易手他人。唯一值得欣慰的是，他的三北轮船公司一直发展不错，现在以9万吨位的规模成为全国最大的民营航运企业。

作为上海银行家中的幸存者，陈光甫的上海银行是唯一堪与国营银行抗衡的民营金融机构。到1937年，上海银行的储户共计15.7万人，按当时人口4.8亿计算，每3 000人中就有一人在该行开户。上海银行之所以没有被孔宋吞没，固然有种种传言，不过，它独一无二、面向平民的存储理念也许是孔宋等人无从掌握的理由之一。正是一般公职人员、公司职员、教师、自由职业者、家庭主妇、一般个体经营者等小人物，把上海银行的储蓄存款额从1915年的57万元增至1937年的近2亿元，这个数字

▲ 30年代上海租界“西藏路”更名为“虞洽卿路”

约占全国私营银行存款总额的1/10。在1934年的大萧条中，正是因陈光甫的斡旋和助力，荣宗敬等民族实业家才躲过了灭顶之灾。

在川中，卢作孚的民生公司刚刚举办了创业10周年纪念会。在10年时间里，民生公司靠着精细管理和大胆的扩张战略，由一个只有一艘小汽轮的企业发展成拥有30多只轮船、长江中上游最重要的航运公司，重庆上游至宜宾、下游到宜昌的所有华商轮船公司都被并入了民生系统。到1936年，民生开辟沱江航线，四川境内所有能通航的河流都有民生船只营运。在长江上，民生成了所有外资航运公司敬畏的对手，老牌的太古、怡和公司要求中国买办每周提供民生的航运情报，以研究对策。10年前那个愤怒书生现在已成了一个精于商道的大企业家，唯一不变的是他仍然怀着深重的忧患感。在创业10周年纪念会上，他说："我所见着的还在这些事业的背后，在撑持这些事业的险阻艰难者，为了事业忘却了自己，为了增加事业的成功，忍受个人的困苦。如果整个公司的人有这一种精神，就可以建设一桩强固的事业；如果整个民族有这一种精神，就可建设一个强固的国家。"

▲ 1934年永利铔厂开始办公，图为范旭东（前排右五）和铔厂职工与国民政府实业部、资源委员会来宾合影

化工领域里的范旭东与卢作孚一样，正处在事业的巅峰期。1937年2月5日，由他创办的南京厂正式投产，生产出了第一批国产的硫酸铵。硫酸铵可以生产硝酸，制造炸药。当时国事

已剑拔弩张，消息发布，国人为之一振。在过去的10年里，中国的纯碱产业在他手上孕生。从1927年到1937年，永利的纯碱年产量翻了3番多，“红三角”牌纯碱远销日本、印度、东南亚一带。在天津，永利碱厂、南开大学和《大公报》被合称为“天津三宝”，分别代表了那一时代工业、大学和新闻业的最高水准。永利碱厂的主体厂房南北高楼耸入云天，碳化厂房高32米，共有8层，蒸吸厂房高47米，达11层，不但是华北第一高楼，更是塘沽乃至整个天津的标志性建筑。范旭东的科学救国之心十分炽热，他曾在一次演讲中说：“中国如其没有一班人，肯沉下心来，不趁热，不惮烦，不为当世功名富贵所惑，至心皈命为中国创造新的学术技艺，中国绝产不出新的生命来。”从1930年起，他就想建设中国的硫酸产业。他向南京实业部提出申请，希望财政拨出2 000万，600万办碱厂、800万办硝酸厂、600万办硫酸厂。然而，政府给出的批复公文却句句空话，无一实事，让他的指望完全落空。后来三年，他奔波于各家银行之间，竭力融资促进这个项目，终于在1933年获准成立南京铔厂，设计能力为年产硫酸铵5万吨。1937年2月的投产成功让他非常兴奋，他在日记中写道：“列强争雄之合成氨高压工业，在中华于焉实现矣。我国先有纯碱、烧碱，这只能说有了一翼；现在又有合成氨、硫酸、硝酸，才算有了另一翼。有了两翼，我国化学工业就可以展翅腾飞了。”

▲建设中的永利铔厂（1935年）

在 1937 年 7 月之前，除了中国的企业家们之外，绝大多数外国观察家也对这一年的中国经济充满了乐观的展望。美国驻华大使詹森在 4 月的报告中说："不能不给予中国政府以积极的热情，在农业、工业和交通等所有战线上，发展的计划正在推进。在国民政府的领导下，一个经济发展的时期现已到来。"英国驻中国商务参赞也在报告中说："中国私人资本家是能够使他们适应现代经济需要的，这一点的表现在于私营华人企业，例如面粉工业、纺织工业、电气工业以及其他许多工业数目都见增长。这种增长体现了中国人自己，以及全世界大多数人对于这个国家的未来所抱信心。"

然而，7 月 7 日的炮火打断了这所有的一切。

荣家经略了 30 多年的庞大产业聚集于上海和江苏，全数都在日军的炮火覆盖之下。淞沪会战时，日军与抵抗的十九路军在闸北和沪东一线展开激战，荣家的几家工厂都在战区内，均为日军攻击的目标。

8 月 13 日，申新五厂遭到攻击，中日军队在厂区附近激烈交战，工厂停产，日军占领厂区，所有设施全部被毁。随即，申新六厂、七厂被战火烧毁，多部机器被日军拆毁；福新一、三、六厂被日军强占为办事处和军用材料的仓库。日军轰炸机向设备最为先进的申新一厂、八厂投下了 18 枚炸弹，当场炸死 70 多人，伤 350 多人，荣德生的大儿子荣伟仁险遭不测。日军把纱料当被子，把机器和面粉包当掩体。

11 月，上海失守后，荣家在上海的最强对手日本丰田纱厂——就是两年前竞购申新七厂未遂的那家日资企业——乘乱雇了一批日本浪人和流氓冲进申新八厂，用重磅榔头把残余的 126 台精纺机尽数砸毁，车头、马达、油箱全部敲烂，皮带盘、滚筒也都打得粉碎，还把仓库里的棉花、棉纱、棉布全都掠走。11 月 15 日，无锡沦陷，日军抢走茂新一厂仓库里的 4 万袋面粉，然后放火烧毁厂房机器，大火烧了半个月，荣家的发祥地变成一片瓦砾。申新三厂曾经为国军制造过军用服装，更成日军报复对象，他们用硫黄火药和柴油焚烧了工厂与仓库。

战事中，无锡、上海两地企业设备被毁纱锭18.7万枚、布机2 726台、粉磨36部，荣家产业三去其二。面对惨景，荣家兄弟束手无策，他们唯一能做的事情是，尽量把工人疏散到安全地带，把茂新四厂库存的几万包面粉和数千担小麦，全部运出来给中国军队做军粮。

范旭东的化工厂在战争中也几乎全部沦入敌手。

卢沟桥事变前夕，日本军舰已经开入天津塘沽港，范旭东恐有大变，当即组织人员拆迁设备，撤出工厂。工程师们将留在厂内的图纸有的烧毁，有的秘密保存，以为日后重建做技术准备。工人们拆散了石灰窑顶部的分石转盘及遥控仪表，当时代表最新技术水平的蒸馏塔温度传感器，以及碳化塔的部分管线。拆下来的仪器和图纸分批乘船南下，经香港转道武汉和长沙，之后又陆续转移进川，成为大后方重建的重要财富。

1937年秋，日本军部华北开发公司授意其下属的兴中公司夺取永利碱厂。由于永利碱厂在国际上负有盛名，日本人希望通过合法手续，“名正言顺”地得到产权。兴中公司代表刀根曾几次“拜访”留守的李烛尘，大谈“日中亲善”，企图与永利合作。李烛尘置若罔闻。刀根又请三菱公司出面商谈，提出由三菱以民间财团的名义提供技术和资金，由两家合办永利。李烛尘以公司章程明文规定“必须是华籍人士才能入股”为理由拒绝。日方还不善罢甘休，又几次找到范旭东，要求把永利碱厂买下来。范旭东回答：“厂子我不卖，你要能拿走，就拿走好了。”日本军部终于失去耐心。1937年12月9日，刀根拿着预先拟好的将碱厂交给兴中公司接办的协定文本，逼迫李烛尘在文本上签字。李烛尘忍无可忍，一改往日斯文儒雅风范，怒斥：“世界上哪有强盗抢了东西还要物主签字的道理！你们做强盗也太无勇气了。”第二天，日军下令强行接管永利碱厂，刀根及日本兴中公司的人员进入厂内。范旭东在塘沽的产业就此全部落于日本人之手。

南京铔厂同样没能逃脱被夺厄运。这个刚刚建成的工厂已经达到国际水准，能够生产制作武器所需的化工产品。日军逼近南京时，有意将这个亚洲第一流的大厂完整保存下来。他们通过各种不同渠道，逼范旭东就范，只要他愿意合作，就可保证工厂的安全。范旭东断然拒绝，答复说：“宁举丧，不受奠仪。”

南京战事打响后，范旭东下令将凡是带得走的机器材料、图样、模型都抢运西迁，搬不走的设备也要将仪表拆走，哪怕是搬不走的主要设备，也要或埋起来，或尽可能拆下扔进长江，以免为强寇所用。8 月 21 日、9 月 7 日、10 月 21 日，日机三次轰炸南京厂，厂区共中 87 弹，狼藉一片。与范旭东一起把工厂苦心建起的科学家侯德榜痛不欲生，他每天在被毁的车间里转悠，摸摸这，摸摸那，像疯了似的，人人知他心碎，莫敢劝。直到南京沦陷的前夕，侯德榜才最后一个登上撤离的最后一班船。随同者后来回忆，那天下雨，侯德榜痴痴眺望工厂，全身尽湿，竟浑然不觉。

日军进城后，三井公司将南京铔厂据为己有。1942 年，日人又将该厂的设备拆运到日本，安装在九州大牟田东洋高压株式会社横须工厂，为日军生产炸药。

卢沟桥事变后，日军必将南下进攻上海、南京，国民政府决定内迁至重庆。这时候，局势仍然十分危急，日本军舰一定会沿着长江水路快速西进，攻克重庆也是指日可待。日本军部的“三月灭国论”应是据此推算出来的。于是，如何阻断长江，已成当务之急。如果要靠军队在水面上或沿线狙击日军，几乎没有任何胜算。于是，沉船断流成了唯一的选择。中国的航运企业在这一时刻拯救了国家。

在长江中下游地区，最重要的轮船公司分别是国营的招商局和两家民营轮船公司，即虞洽卿的三北公司和杜月笙的大达公司。早在 8 月 12 日，国民政府就实施了“江阴沉船计划”，三家公司的 24 艘船只，计 4.3 万吨，就被凿沉于江阴黄山下游的鹅鼻嘴，其中，招商局沉船 7 艘，计 1.37 万吨，占公司江海大轮总吨位的 1/4，三北和大达的沉船吨位分别为 2 万吨和 1 万吨。“江阴沉船”原有两个战斗目的，一是隔断航线，让日本军舰无法从东海攻入长江流域，二是将长江内已有的日本军舰“关门打狗”。可惜，这个秘密计划被一个叫黄秋岳的汉奸出卖给了日军，使得日舰趁着江面还没有完全堵塞的时候，连夜逃出长江，计划功败垂成。黄秋岳后被砍头示众。

12 月，日军攻克上海、南京后，政府在江西马当组织第二次沉船。1938 年 4 月，沉船 18 艘，计 2.5 万吨，参与企业除了上述三家外，还有民营的大通、民生等公司。此后，在镇海口、龙潭口、宜昌及武穴田家镇等长江水面又相继实施多次沉船计划。这一惨烈的自毁行动，成功地阻止了日军沿长江快速西进的战略，西部的抗战大后方得以保全。在此过程中，招商局沉船占总吨位的 40%，虞洽卿的三北损去一半，杜月笙的大达全数损失。

在长江沿线，一艘又一艘装满乱石的铁船自凿沉沦，此起彼伏，宛若一幕接一幕的黑色葬礼。“沉船”是一个极富寓意性的事件，中国企业家在家国存亡之际，以自己的方式无比悲壮地展现了自己的力量，这是一次“殉葬”，也是一种拯救。

除了沉船阻敌，航运公司还承担了运输西迁军队和物资的重任。自晚清以来，中国工业大多集中在东南沿海和长江中下游流域。到 1937 年 6 月，全国（东北除外）资本在 1 万元以上的工厂有 3 935 家，其中，约 70% 集中在上海、武汉、无锡、广州、天津五大城市，其中仅上海就有 1 235 家，占总数的 31%。战争爆发，上述地区先后全数沦陷，于是，能够抓紧时间西迁多少企业关乎国运商脉。

各家航运企业原本在长江上为了生意打得不可开交，现在则抛弃前嫌，空前团结，大家在南京成立了“内河航业联合办事处”，并沿上海、镇江、芜湖、九江、汉口和长沙一线设置分处，统筹安排，日夜抢运。虞洽卿的三北公司有 3 万吨轮船被政府无偿征用。上海沦陷前，有 146 家企业以及 1.5 万吨的设备，随同 2 500 名工人，先转移至武汉，后来再入四川。

1938 年 6 月，日军调集 30 万军力攻击中部重镇武汉，中国军队组织

100 万人进行抵抗，这场“武汉大会战”是抗战史上规模最大的战役之一。当时的武汉地区有中国最重要的钢铁企业汉阳铁厂和多家兵工厂，聚集在此准备向西内迁的企业 256 家，占当时全国内迁工厂总数的 55%，各种设备器材 10.8 万吨。就在战事激烈展开的同时，航运公司冒着炮火和空袭，日夜抢运，到 10 月 25 日武汉失守，绝大部分器材被转运，没有落入敌手。

武汉失守后，长江中游航线全部被切断，入川门户宜昌成了下一个被攻击的战略目标。当时堆积在宜昌码头的商用和军用器材超过 12 万吨，此外还有油料 1 万吨，各类公物 6 万吨，等待入川的政府官员、技术工人、大学师生和难民在3万以上。不夸张地说，这里几乎集中了中国兵器工业、各类机器工业和轻工业的命脉，是国家仅存的一口元气。

这时候，日军飞机天天轰炸宜昌，宜昌随时有可能被攻陷。招商局、三北等公司已经精疲力竭，更可怕的是，距离长江上游的枯水期也只剩下

▲沉船抗日油画

一个月左右。情况到了最危急的时刻，西运的重担猛地压到了长江中上游最重要的航运企业民生公司的肩上。身材瘦弱的四川企业家卢作孚走到了一生中最光荣的时刻。

当时，民生公司可用的轮船24只，按平时的运输能力，40天大约只能运1.4万吨，要将10多万吨物资在一个多月内全部运往重庆，几乎没有可能。卢作孚召集人员通宵开会，他们参考以往枯水期分段航行的经验，决定采取分三段运输的办法，按照40天时间，设计出一个严密的运输计划，宜昌到三斗坪为第一段，三斗坪到万县为第二段，万县到重庆为第三段。只有重要而不易装卸的笨重设备才直接运往重庆。对船只航行时间、物资装卸也做出最合理、最紧凑的安排，白天航行，夜间装卸，将运输能力发挥到极限。各单位则清理自己的设备、器材，配套装箱，按轻重缓急，依次分配吨位。

长江三峡，到处是急流险滩，只能白天航行、夜间装卸才可以充分争取时间，航运人员尽量不空耗一天、一个小时，甚至一分钟。搬运装卸工最多时有2 000多人，日后卢作孚回忆当时景象："每晨宜昌总得开出五只、六只、七只轮船，下午总得有几只轮船回来，当轮船刚要抵达码头的时候，舱口盖子早已揭开，窗门早已拉开，起重机的长臂，早已举起，两岸的器材，早已装在驳船上，拖头已靠近驳船。轮船刚抛了锚，驳船即已被拖到轮船边，开始紧张地装货了。两岸照耀着下货的灯光，船上照耀着上货的灯光，彻底映在江上。岸上每数人或数十人一队，抬着沉重的机器，不断地歌唱，拖头往来的汽笛，不断地鸣叫，轮船上起重机的牙齿不断地呼号，配合成了一支极其悲壮的交响曲，写出了中国人动员起来反抗敌人的力量。"

那些日子里，卢作孚日夜守在他的指挥中心，收发报机24小时不停地响着，上游各港口、各轮船发来的电讯日夜不断，工作人员日夜坚守岗位，处理各种电文，所有电文都经卢作孚亲自审阅、批示。他对全部运输情况的每个环节都了如指掌，知道每一小时运走多少吨物资和哪些船在

▲宜昌大撤退

运，知道每只轮船在什么位置，知道哪些物资在哪个港口卸载，知道哪些单位的物资正在装船……深夜时分，他则亲到码头检查装卸情况，为工人、船员解决遇到的困难。他鼓励部下说："这一年我们没有做生意，我们上前线去了，我们在前线冲锋，我们在同敌人拼命。"

整个宜昌大撤退，民生公司的船只担负了90%以上的运输量，为报效国家，卢作孚只收取极为低廉的运费，兵工器材每吨只收30~37元，其他公物40元，民间器材也只收60~80多元一吨，而同时也在参与运输的外国轮船要收300~400元。民生的经营损失在400万元以上。在指挥运输的一个多月里，日夜不眠的卢作孚眼凹如洞，形同槁木。他对公司职工说："我们要以事业报效国家，我们要以身尽瘁事业。我们虽然不能到前方去执干戈以卫社稷，拿起武器打敌人，当就本身职责，要努力去做一员战士，以增强抗战力量。"据经济部调查，这次抢运进来的兵工厂和民营企业机器设备，每月可造手榴弹30万枚，迫击炮弹7万枚，飞机炸弹6 000枚，十字镐20多万把。

此次宜昌抢运的物资、人员，相当于民生公司1936年的总运量。在预定的40天内，他们奇迹般的运完了全部人员，运走了2/3的机器物资。

又过了20天，当长江水位降到没法组织大规模运输时，沿江剩下的只是一些零零星星的废铁。

后来史家将卢作孚组织的这次“宜昌大撤退”称为“中国实业上的敦刻尔克”。[①] 民国作家徐盈在《中华民国实业人物志》中评价：“中国的敦刻尔克撤退的紧张程度与英国在敦刻尔克的撤退并没有什么两样，或者我们比他们还要艰苦些。”[②] 卢作孚也自认：“我们比敦刻尔克还要艰难得多。”他的勇敢得到了军人们的尊重，冯玉祥将军在写给卢作孚的一封信中称赞他是“最爱国的，也是最有作为的人”。冯玉祥写道：“贵公司人才之多，事业之大，有功于抗战，均为其他公司所少有，敬佩万分。”

宜昌大撤退后，民生公司的船仍在抢运物资，做出了极大的牺牲。整个抗战期间，民生船只运送出川的军队共计270.5万人，武器弹药等30多万吨。卢作孚不顾危险，常常亲临现场。1938年以来，民生有9只轮船被炸沉、6只被炸坏，包括最大的“民元轮”，船员共牺牲117人，伤残76人。

尽管招商局、虞洽卿、杜月笙和卢作孚使尽全力，可是因为失地实在太快，大多数工厂并没有来得及迁到四川内地。到1938年10月武汉失守为止，除上海、武汉迁出304家工厂外，苏州、无锡、常州、南京、九江、芜湖、济南、郑州、广州、武昌、太原等地仅迁出42家工厂，青岛、石家庄、广州等地企业全部为敌所有。一直到1941年，各地内迁企业数总共为639家，约占当时全国工厂总数的15%。

自太平天国战乱后，尽管经历了改朝换代、军阀割据及蒋介石的北伐“剿共”等重大的政局变故，尽管中原大旱、长江黄河水祸时有发生，但是近80年来，中国并没有爆发全国性的、持久的战争。这个古老的国家

---

① “敦刻尔克大撤退”发生在“宜昌大撤退”后的1940年5月。当时，德军横扫欧洲，近40万英法联军退缩到法国东北部的港口敦刻尔克，在10天时间内渡过英吉利海峡退到英国本土，为日后反攻保存了实力。

② 徐盈编，《当代中国实业人物志》，上海：中华书局，1948年版。

从来有超强的伤口自我愈合能力，人们总是能够寻找到生活下去的办法和勇气。与曾国藩哀叹“吾日夜望死，忧见宗祏之陨”的时期相比，半个多世纪以来，中国的确发生了巨大的变化：皇帝不见了，共和政体和新的国家治理制度已经确立，洋人不再是一种奇怪的动物，“天朝”的骄傲已经丧失，新的科学技术和人文观念每天都在不断地被引进，摆脱了科举牢笼的青年人和知识分子开始用前所未有的视野和角度思考自己的国家。

在经济建设上，中国也已经变成了另外一个国家。据美国学者阿瑟·恩·杨格在《1927 年至 1937 年中国财政经济情况》一书中提供的数据：到 1937 年，全国拥有了近 4 000 家现代工厂、1 万余公里铁路、11.6 万公里公路、12 条民航空运线路、8.9 万公里的电话线和 7.3 万个邮政局。中国废除了所有的不平等条约，还清了大部分外债，开始独立行使关税主权。中国基本形成了门类齐全、规模可观的重化工业和轻工业产业格局。南京政府还完成了币制改革，由一个“白银帝国”转型成了与国际接轨的金本位制国家。上海成为远东最繁荣的金融和商业城市，北京、广州和武汉都成为百万人口级的大都市。中国的棉稻麦也基本实现了自给，经济学家何廉说：“农业经济发展已步入‘起飞’之路”。中国还是外商投资最活跃的地区之一，据侯纪明在《外国投资与中国经济发展（1840—1937）》一书中的计算，到 1937 年，中国共吸引外资总额达 25.6 亿美元，在发展中国家里仅次于阿根廷和印度—缅甸—锡兰（在当时这是一个统一的英属殖民地）①。

问题当然也是一大堆。在把皇帝拉下马后的第十六个年头，一党独大的中央政府又回来了。军人的势力过于庞大，中央财政被军事支出“绑架”。宪政改革的步伐十分缓慢，渐进式的改革思维总是被颠覆型的热血理念淹没。曾经一度崛起的民营资本集团被强势的国营资本和官僚资本联

---

① 侯纪明著，《外国投资于中国经济发展（1840—1937）》，法萨诸塞州，坎布里奇，1965 年版。

盟打败。国民党与共产党因政治理念的决裂而形成了武装对抗的局面。在广大的农村地区，数以亿计的农民没有享受到任何现代化成果，国家的任何进步或动荡都好像与他们无关。而在城市里，新诞生的工人阶层饱受压榨，生活悲苦。在上海、广州等中心城市，黑社会是公开的“第二政府”。

那是一个充满了希望和挫折感的年代，左翼作家茅盾在1933年出版了一本十分轰动的讲述上海商界和市民百态的长篇小说，书名就形象地定义了当时的时代特征：《子夜》。18年前领导了“五四运动”的自由主义知识分子胡适回顾这段时期说：“平心说来，最近二十年是中国进步最速的时代。无论在知识上、道德上、国民精神上、国民人格上、社会风俗上、政治组织上、民族自信力上，这二十年的进步都可以说是超过以前的任何时代。这时期中自然也有不少怪现状的暴露、劣根性的表现；然而种种缺陷都不能灭损这二十年总进步的净盈余。”从来不会算金钱账的胡博士居然用上了“净盈余”这样的经济学名词，可见他的心里是拨拉了一会儿“算盘”的。

在1937年，西方人对中国的观感也与几十年前大大不同，而且表现得兴趣越来越浓。一个美国传教士的女儿赛珍珠（Pearl. S. Buck）成了新的文学明星，她在一年后获得诺贝尔文学奖，原因是她创作了一部关于中国农村的小说《大地》。

赛珍珠的少女岁月是在江西庐山的一栋美式小木屋中度过的，她像一个中国人那样经历了好年景和可怕的饥馑，经历了血腥混乱的革命以及狂热且不切实际的改革。她在书中写道：“当我生活在中国人民当中的时候，是中国人民给了我最大的愉快和兴趣。当人们问我他们是何种人的时候，我回答不出。他们不是这或者那，他们仅仅是人民。我无法给他们下定义，正如我无法给我自己的亲戚朋友下定义一样。我与他们如此接近，曾与他们如此亲密地一起生活过，无法给他们下定义。”①

然而，随着战争的爆发，中国成了一个被抛弃的巨人。日本侵华被西方舆论认定是一场他们不应该牵涉太深的“亚洲战争”。美国刚刚从大萧条中缓过神来，那时的它并不像20世纪中后期那样，乐于当一个事事插手的“世界警察”，罗斯福政府只是表示了一下遗憾和谴责。英、法两国不敢得罪已经与纳粹德国和意大利结为轴心联盟的日本，它们均做旁观状。西方世界对中日战争的立场转变将发生在整整两年之后，那时候，第二次世界大战爆发了，同盟国需要在远东有一个并肩作战的盟友。

对中国局势一直比较关注的是美国《时代周刊》，这可能跟它的创办人亨利·卢斯出生在山东青岛有关。1937年1月的周刊第一次详细报道了正在崛起中的共产党力量。编辑在“编者按”中说：“中国共产党的军队几乎完全是神秘的，将近10年的时间里，他们行踪不定，与蒋介石委员长的国民政府进行战斗。”向《时代周刊》提供这组报道的记者之一是埃德加·斯诺，他是极少数到延安采访了中共的外国记者。10月，他根据自己的采访

▲南京沦陷，国民政府迁都重庆，此为重庆朝天门码头

① ［美］赛珍珠著，王逢振、马传禧译，《大地》，上海：上海译文出版社，2002年版。

手记，撰写并出版了十分畅销的《红星照耀中国》。《时代周刊》还第一次刊出了斯诺拍摄的毛泽东照片，这是一个头戴八角帽、神情沉重、面容清瘦的中年人，记者对他的介绍很简单："毛是他的名字，他的头值25万美元。"在今后的70年里这家周刊将6次以这个东方政治家为封面人物，最后一次居然是在他去世了29年后的2005年。

到1937年年底，《时代周刊》做出一个更有倾向性的决定，它将1937年的年度人物（Man of The Year）选定为蒋介石，而不是连任的美国总统罗斯福或新登基的英国国王乔治六世。主编们引用瑞典探险家斯文·赫定的一句话作为选择的理由，它听上去非常奇怪，充满了西方人的偏见："中国近来发生的事情，不仅仅构成一个警告，更是一个最后的信号，即白种人的负担将由一个更愿意承担的日本接过去。白种人在远东的统治即将结束。"

1937年11月，上海沦陷后，沪上几乎所有知名的商贾大亨都星夜出逃避难，只有少数人因为各种原因留了下来。

年过七旬的虞洽卿没有走。他思量再三，决意留下。8月淞沪会战的时候，百万难民挤进弹丸之地的租界。虞洽卿再次担当"调解人"，他奔走呼号，发起成立上海难民救济协会，自任会长，英商迈克·诺登（Michael Norden）为副会长。该会设30余处收容点，按期支付代养金，先后收养难民8万余人，发放81期给养，共计970余万元。为了阻止日军西进，虞洽卿的轮船或被沉江或被征用，他全尽了一个公民的责任。日军占领上海后，对港口和海面进行全面封锁，全市陷入米荒。又是虞洽卿出面召集各行业公会开会，倡议成立上海平粜委员会。他恳请各公会先行垫款，以便购买南洋大米，保持物价平稳。为了避免运米轮船被日军击沉，他与意大利商人合开中意轮船公司，船挂意大利和中立国挪威、巴拿马国旗。所运大米均按市价7折出售，差额由各公会捐款补贴，平粜米共办30多期，被颂为善事。

▲国民政府赠给虞洽卿的“输财报国”匾额

也是在这段时间，各方政治力量角逐上海滩，像虞洽卿这样的老牌商界头面人物自然是被拉拢的对象，他又收到了夹有子弹的恐吓信。这是他继1911年的辛亥革命、1925年的“五卅运动”之后，第三次遭到政治势力的生命威胁。在诡异和动荡的乱世，企业家总是被要求选择立场。虞洽卿于1941年春离沪去了重庆。1945年4月26日，他因急性淋巴腺炎突发去世，弥留时遗嘱捐献黄金千两，“用以支持国民政府抗战”。虞氏殒后，国民党政府赠匾额一块，上书“输财报国”四字，此匾迄今仍悬于浙江省慈溪市东郊伏龙山下的虞洽卿故居。数十年后，虞氏事迹寂为人知，其老宅倒是因建筑精巧而成为当地的“重点保护文物”，偶有游人踏春参观，仰见此匾，只当是一块称颂亡者的寻常俗物而已。

荣家兄弟决定一走一留。上海沦陷后，他们的生命面临危险，毕竟在过去的那么多年里，他们一直是日本纺织和面粉企业在中国市场的最大敌人。两兄弟决定分担去留，较为温和、一直驻守无锡的荣德生到上海主持总务，大哥荣宗敬先离开躲避一下。

1938年1月4日深夜，荣宗敬从荣公馆的后门出走，乘上轿车疾驰在黄浦江边，在月色掩护下登上小火轮，悄悄逃往香港。一个月后，65岁的他因焦虑过度，导致脑溢血突发，不治而逝，临终遗言曰：“那些厂子，来之不易，千万不能落到日本人手里……你们好自为之，善自为之。”他的灵柩一直没有入土，直到1943年9月才下葬家乡无锡。战争期间，荣家在上海、江苏的所有面粉、棉纱工厂，除了租界内的申新二厂、九厂之外，或毁于战火，或被日本公司接管，或遭浪人砸毁，全无幸免。

此时，战火由北而南，沿东南海岸线残酷蔓延，这一线正是中国商业经济最为繁华之地。自1870年的洋务运动以来，这个国家所积蓄的商业财富几乎毁于旦夕。

1937年4月，宋子文“受邀”出任南洋兄弟烟草公司的董事长，这是他接管众多知名本土企业的杰作之一。这一天，距离南洋创办人简照南(1870—1923)猝然去世已经有14年了。这家中国最大的民族烟草企业在过去的30多年里，与全球烟草大王英美烟草公司分庭抗礼，取得了引人注目的战绩，最终却还是免不了寥落的下场。

1881年，美国工程师詹姆斯·邦萨克发明了连续生产型卷烟机，这直接带来了现代烟草业的繁荣。据称，一个名叫詹姆斯·杜克的美国企业家在得知这一消息后，说的第一句话就是，“给我拿地图来”。当地图展开之后，他翻看的不是地图，而是下面的说明，很快他发现了一个传奇般的数字，“人口：3.4亿”。杜克说：“那儿就是我们要去推销香烟的地方。”他指的“那儿”，当然就是中国。用人口数量来想象中国市场的辽阔，这是西方企业家的一个习惯。杜克创办了英美烟草公司，它很快成为全球烟草业的霸主。[①]1902年，英美烟草在上海陆家嘴设立工厂，开始了杜克期盼中的远东征服。它在上海、汉口建立了大型的烟草厂，其雇工在1915年达到1.3万人，是西方在中国设立的最大工业企业。它在华北平原种植了数万英亩的美种烟叶，有30万户共约200万农民以此为业。英美烟草还建立了令人吃惊的、细如血管般的销售体系。1907年，一位记者在河南开封采访时看到，“整个城市布满了成千上万张耀眼的广告”。另一个记者则在西安看到，“城门上、城墙上、大街小巷的每一堵墙上，衙门前柱子的砖头底座上，处处都贴满了英美烟草的巨幅广告宣传画”。

第一家本土烟草工厂是盛宣怀于1903年创办的三星烟厂，它很快被英美烟草兼并了。1905年，简照南、简玉阶（1875—1957）兄弟以10万

① 英美烟草是美国烟草公司与英国帝国烟草公司合并后的联合体，它成立于1902年，总部在伦敦，却一直由美国人领导。

元股本在香港创办南洋兄弟烟草，这是一个设备简陋的小工厂，只装备有一台烤炉、一间烘房、一台发电机、两台磨刀机和四台卷烟机。出生于广东南海县的简氏兄弟家境贫寒，自幼就出洋谋生，曾在日本办过瓷器店和航运公司。南洋烟草一创办，就被英美烟草打了一个“下马威”。英美烟草向香港法院指控南洋“白鹤”牌香烟从包装到商标图案都与英美烟草的“玫瑰”牌香烟相似，南洋败诉，被迫公开焚毁所有印好的商标。公司在1908年宣告清理拍卖，之后，简氏兄弟再度筹措资金重新登记开工。在其后的数年里，南洋烟草一直在新加坡、印尼等南亚国家销售。直到1915年，简照南认为时机成熟，开始拓展广州市场，于是，一场针锋相对的商战开打了。

英美烟草使用了一些很恶毒的竞争手段。它暗中买进大批南洋香烟，储藏起来，等到香烟霉坏了，再廉价向消费者抛售，这让南洋的名誉大大受损。英美烟草还投书报纸，指责南洋依赖日本的原料、机器和技师，是由肮脏的日本资本扶持起来的。此外，它还向香港法院指控南洋伪造英美烟草的商标，并散发传单威胁所有的经销商，警告他们如果销售南洋烟将被“拿官究办”。

▲简照南打“爱国”旗号的香烟广告

简照南的对策也颇为强硬，他对付英美烟草的办法就是两条：一是坚决的低价战略，二是猛打“爱国”牌。这几乎是百年以来中外商战的共同逻辑。南洋兄弟的包装和款式跟英美烟草非常相似，而价格却要低三成。简照南提出“中国人应吸中国香烟”的口号。他积极参与慈善捐助活动，广东地区每年都有水灾，简照南组织了10艘救济轮船，上面插满了“南洋兄弟烟草公司救济”的巨幅彩旗，很扎眼地停泊在广东海滨大道的一座戏园前。他还大登广告，提出“难民赈济，孤儿膏大；解悬拯溺，无一不妥；我粤同胞，谁不认可；其理谓何，善因善果；报之以德，振兴土货；好用舶来，不知死所”。最后两句，已近同诅咒。针对英美烟草的谣言战术，他也暗中出钱让人到一些葬礼活动中免费散发英美香烟，还特别收买抬棺人叼着香烟出殡，让人们产生购买英美香烟会带来“不吉利”的印象。在广东地区站稳脚跟后，简照南迅速北上，投资100万元在上海设立了雇工超过千人的卷烟厂。很显然，英美烟草遇到了真正的对手。简照南不但善于市场营销，而且在工厂管理和技术创新上都十分在行。1915年前后，民族工业正处在蓬勃成长的时期，抵制洋货运动此起彼伏，南洋兄弟顺势而上，很快成了“国烟大王”。

在这场烟草大战中，除了令人眼花缭乱的营销对决外，还有一个十分值得研究却被人忽略的事件是，南洋兄弟与英美烟草曾经有过两次隐秘的资本合作谈判。在1917年，英美烟草觉得已经很难在市场上一举扼杀南洋兄弟，于是提出了合并的要求。这在南洋兄弟公司内部引起了一场巨大的风波。

简照南在市场竞争中死力抵抗，然而出人意料的是，他又是合并的积极推动者。在他看来，南洋兄弟身处乱世，仅以自己的这点商业资本很难独存，所以必须有所依靠。一开始，他试图与北洋政府合作，通过“官督商办”的模式取得政府的扶持。然而在几轮接触之后，他大感失望，认为“官场做事鬼鬼祟祟……与官场交，吃一担砂仁，亦难下气”。转而，他对英美烟草提出的合并方案表示了兴趣。南洋与英美的合并在商业上有很多益处：第一，可以免除价格战的压力，形成市场垄断利润；第二，可以学习到最先进的制造技术，并从英美烟草庞大的采购和销售系统中受益；第三，可以享受到外国公司的种种特权。当时，南洋兄弟的纳税压力远远大于英美烟草，前者每箱香烟需纳税3~10元，此外还受到各地军阀政府的杂税盘剥，后者则与北洋政府达成了“包办”政策，每箱只需通算2元。因此，在简照南看来，合并应是上策。①

▲圣诞老人卖的香烟

不过，合并案在南洋兄弟内部引起了强烈的愤慨，简氏家族几乎全数反对，其唯一的理由是“违背爱国原则”。与简照南一起创办企业的弟弟简玉阶是最坚定的反对者。他认为即使这个交易是合法的，而且从长远看也是有利可图的，但它是不道德的。他们的一位堂兄在一封信中写道：“我们的实业正在萌芽，办有成绩者寥寥可数，我公司之货，乃对外竞争，近年蒸蒸日上，不特为个人之荣誉，且为国之光。如因利诱从之，将来必为社会后世所唾骂。”简照南对这些观点不以为然，他以为族内兄弟们的所谓爱国主义是一种受伤的民族自尊心的表现。“试问争气，争气为人所败，国人亦能争气补我损失否？”他自认是一个达尔文主义者和世界主义者，“人之所能为世界社会上造幸福，争国家权利，为国生光者，多是金钱”，“有钱为人敬重，无钱必为人鄙，世俗如此，无可奈何”。为了延续国烟的形象和民族主义广告战略，简照南还跟英美烟草达成了一个默契，两家公司的合并将秘密进行，南洋仍然能在报纸上攻击对手，两家

① 英美烟草在中国市场的获利率非常之高。根据高家龙的研究，在中美两国销售同样牌号的美国香烟，尽管中国市场的售价比在美国低40%，但是利润仍高于在美国的获利。

公司的高层将避免一起参加社交活动。简玉阶等人对这样的“默契”嗤之以鼻，他们召开家族会议决定，如果简照南一意孤行，将被逐出族门，这在当时是最严厉和耻辱性的惩处。

这场合并交易从 1917 年 3 月谈到 11 月，终于流产。到 1919 年的“五四运动”期间，英美烟草再次对南洋兄弟发起舆论攻击。它查到，早在 1902 年，简照南在日本办航运公司的时候曾经加入日本国籍并改名为松本照南。这一事实让南洋兄弟顿时陷入丑闻旋涡，北京的农商部宣布吊销南洋的执照，宣布将之视为日本企业。简照南宣布放弃日本国籍，还邀请广东的 10 多家社会团体到工厂参观，但还是很难打消民众的质疑。于是，他做出了一个冒险的决定，宣布立即在公开市场发行价值 1 000 万元的股票，每股为 20 元，只对国人发行。南洋股票受到欢迎，张謇、虞洽卿、朱葆三等知名企业家纷纷出资入股，股东人数多达 1.55 万户，简氏家族的股份从 94% 稀释到 60.6%，简照南以这一方式化解了危机。在这之后的三年里，南洋兄弟进入成长的巅峰期，年均利润达 400 万元。

有意思的是，到 1920 年，英美烟草再次提出合并。它提出了十分优厚的条件，在合并后的新公司中，英美烟草与南洋兄弟的股权比例为 75 ∶ 25。当时前者的年利润为 1 500 万元，是后者的 4 倍。简照南尽管在不久前差点被整得名誉扫地，但仍然不改初衷。他还专门飞抵美国，与詹姆斯 · 杜克面对面地谈判。1921 年 2 月，双方的合并合同准备就绪，但在最后时刻，简玉阶和简氏家族的其他成员拒绝签字，理由依然是“先敌后降，为社会所唾弃”。1923 年，53 岁的简照南突然去世，合并事宜从此无人再提。

简照南逝后，南洋兄弟的经营日渐下滑，1924 年的利润猛降到 47.9 万元，只有上年的 12%，公司内部出现了管理不善、市场失措和族人贪污的混乱现象。高家龙的研究表明，“简玉阶本人并不贪污，但他却纵容了公司中每一个部门的非法行为”。1927 年，南京国民政府成立，当即宣布将烟草税收大幅上调至 50%，国内烟草工厂顿时倒闭过半，而英美烟草则十分强硬地拒绝这一税收政策。作为最大的国烟企业，南洋兄弟受到的冲击可以想见。英美烟草更是乘机大幅降价，抢夺市场。具有讽刺性的是，南洋兄弟是国民党政权最早的捐助者之一。早在 1911 年，简氏兄弟就捐献了大量现金给孙中山。1922 年，他们向广东的国民党军队赠送了 2 万元的给养。蒋介石进入上海后，南洋兄弟又捐出了 50 万元。但是，它却成了第一批政策牺牲者。学者郑友揆认为："中国关税政策的主要目的是增加财政收入，保护国内工业则尚在其次。"①1928 年和 1929 年，南洋兄弟巨亏 545 万元，后来几年虽然有所复苏，但是年度利润再没有超过 60 万元，仅为简照南时代的一个零头。到 20 世纪 30 年代初期，日军占领东北，日本烟草迅速覆盖东三省和华北市场，南洋烟草进一步遭到挤压。在凶险的生存压力下，简玉阶只好向政府求援，要求将南洋变为"国营企业"。为了躲避官方和非官方的勒索，他还聘请杜月笙和宋子良为南洋董事。到 1937 年，简玉阶找宋子文借钱，后者乘机掠走 27% 的股份，成为公司的董事长。自 1905 年南洋兄弟创立后，简氏家族第一次失去了对公司的控制。

"七七事变"后，南洋在上海的工厂被日本炸毁，大陆市场几乎全数沦丧，而英美烟草一直到 1941 年太平洋战争爆发后才退出中国市场。1945 年，第二次世界大战结束，英美烟草迅速归来，而被宋子文控制的南洋烟草已不复当年之勇，其年产量不到前者的 1/10。

对南洋兄弟研究最深的是美国康奈尔大学历史系主任高家龙。他在《中国的大企业：烟草工业中的中外竞争（1890—1930）》一书中认为，简照南是少见的、拥有企业家精神的"熊彼特式的企业家"。

---

① 郑友揆著，程麟荪译，《中国的对外贸易和工业发展：史实的综合分析》，上海：上海社会科学院出版社，1984 年版。

人物索引

A

A · H · 约翰　1929
阿瑟 · 杨格　1929、1937
埃德纳 · 李 · 布克　1932

B

白吉尔　前言、1919、1929、1935
保罗 · 雷恩斯　1919
鲍贵卿　1915
北岛　前言
比尔 · 休利特　1935
俾斯麦　1870
卞之琳　1935
伯希和　1870
博古　1932

C

蔡昌　1911
蔡元培　1911、1919、1935
曹锟　1915、1919
曹汝霖　1915、1919
陈德微　1929
陈调甫　1915
陈独秀　1919
陈公博　1935
陈光甫　1911、1924、1927、1929、1932、1935、1937
陈光远　1915
陈嘉庚　前言、1935
陈炯明　1924
陈廉伯　1924
陈明远　1935
陈其美　1905、1911、1919
陈天华　1905
陈行　1935
陈彝　1870
陈寅恪　1929

程德全　1911
茨威格　1935
慈禧太后　前言、1870、1884、1894、1900、1905

D

大野健一　1884
戴望舒　1927
戴维·帕卡德　1935
德璀琳　1900
德为门　1905
邓伯格　1915
邓徽绩　1905
邓孝可　1905、1911
丁恩　1915
丁日昌　1870
丁汝昌　1894
丁文江　1919、1927
董海文　1927
董少严　1915
杜威　1919
杜恂诚　1935
杜月笙　1905、1927、1935、1937
端方　1905、1911
段祺瑞　1915、1919、1924
段锡明　1919

F

范旭东　前言、1915、1937
范源濂　1915
斐迪南大公　1915
费维凯　前言、1875
费正清　前言、1894、1905、1932
冯国璋　1919
冯培禧　1929
冯玉祥　1924、1929、1932、1937
弗雷德里克·李滋·罗斯　1927
福泽谕吉　1884
傅国涌　1905、1935
傅兰雅　1894
傅汝霖　1935
傅斯年　1919
傅宗耀　1924、1927、1929、1935

G

甘地　1919
高家龙　前言、1937
龚心湛　1915、1935
辜鸿铭　1870
顾馨一　1911
顾正红　1924
关炯之　1905
光绪　1894、1900、1905
郭乐　1911

H

哈耶克　1935
汉斯·孔恩　1915
郝延平　前言、1875、1884
何丰林　1924
亨利·卢斯　1937
侯德榜　1915、1937

侯纪明　1915、1937
侯宜杰　1905
胡佛　1900
胡汉民　1905
胡适　1919、1924、1929、1935
胡先　1929
胡雪岩　前言、1870、1875、1884
黄金荣　1905、1919、1927
黄秋岳　1937
黄仁宇　前言
黄万里　1915
黄兴　1911
黄振世　1919
霍宝树　1935

J

J·P·摩根　1870、1884
吉田茂　1870
简玉阶　1937
简照南　1937
姜豪　1915
蒋中正　1905、1919、1927、1929、1932、1935、1937
金岳霖　前言

K

卡尔·马克思　1884
卡内基　1870、1884
凯恩斯　1915、1935
康格　1911
康有为　1894、1900、1905、1929
孔飞力　前言
孔祥熙　1915、1927、1929、1932、1935、1937

L

雷履泰　1911
雷颐　前言
黎黄氏　1905
黎元洪　1911、1915、1929
李大钊　1919
李福泰　1870
李国杰　1932
李鸿章　前言、1870、1875、1884、1894、1900
李立三　1924
李立侠　1935
李铭　1919、1929、1935
李平书　1905、1911
李石　1937
李芸侯　1935
李烛尘　1915、1937
李宗仁　1929、1932
利维　1875
梁济　1919
梁启超　前言、1870、1894、1900、1905、1915、1919
梁士诒　1919
梁漱溟　1919
梁小民　前言
廖仲恺　1924
林彪　1937
林康侯　1929

林肯　1870
林祥谦　1924
刘大钧　1932
刘广京　前言、1875、1900
刘鸿生　1915、1935
刘厚生　1905
刘坤一　1870、1900
刘铭传　1870
刘瑞恒　1929
刘少奇　1924
刘锡基　1911
刘湘　1929
卢永祥　1924
卢作孚　前言、1929、1932、1937
鲁迅　1919、1929
陆润庠　1894
陆叔同　1905
罗家伦　1919
罗隆基　1929
罗纶　1911
罗曼·罗兰　前言
罗斯福　1932、1935、1937

M

马克斯·韦伯　1884
马敏　1894
马应彪　1911
玛加瑞特·莫尼格　1919
毛泽东　1894、1919、1924、1932、1937
茅盾　1932、1937
梅兰芳　1905
明治天皇　1870、1911
摩根韬　1935
漠湮　1932
墨林　1900
穆藕初　前言、1915

N

N·佩弗　1911
迈克·诺登　1937
倪嗣冲　1915
聂云台　1919
钮永新　1927

O

欧阳昱　1884

P

庞芸皋　1884
蒲殿俊　1911
溥仪　1905、1911

Q

瞿秋白　1924
齐燮元　1919
钱永铭　1927
乔治六世　1937

R

日意格　1870
荣德生　前言、1900、1915、1924、

1932、1935
荣禄　1900
荣伟仁　1935、1937
荣毅仁　前言、1937
荣宗敬　前言、1894、1900、1915、1919、1927、1929、1932、1935、1937
容闳　1870、1875

S

赛珍珠　1937
沈葆桢　1870、1875
沈涛　前言
沈雁冰　1924
盛谨如　1927
盛宣怀　前言、1870、1875、1884、1894、1900、1911
史景迁　前言、1870、1884、1924
斯宾格勒　1911
斯诺　1894、1919、1937
斯坦利　1884
斯文·赫定　1937
寺岛一夫　1894
松本龟次郎　1905
宋霭龄　1927、1935
宋查理　1927
宋汉章　1915、1919、1924、1929、1932
宋教仁　1911、1915
宋美龄　1927、1935
宋庆龄　1927
宋则久　1932
宋子安　1935
宋子良　1935
宋子文　前言、1927、1929、1935、1937
孙宝琦　1924
孙传芳　1924、1927
孙衡甫　1935
孙家鼐、孙多森、孙多鑫　1894
孙科　1927、1935
孙文　1894、1900、1905、1911、1915、1924、1929

T

泰戈尔　1924
谭光　1935
谭嗣同　1894、1900
谭熙鸿　1932
唐德刚　1911
唐富福　1919
唐力行　1915
唐廷枢　1875、1884、1900
田中玉　1915
托克维尔　1905
托马斯·罗斯基　前言、1915

W

汪精卫　1911、1927、1935
汪敬虞　1894
汪楞伯　1935
王伯群　1932
王国维　1929
王楫唐　1915
王克敏　1915
王清穆　1905

王绍延　1905
王石　前言
王小徐　1915
王亚樵　1932
王业键　前言、1935
王一亭　1905
王正廷　1915、1932
威尔·杜兰　1919
魏斐德　前言
魏源　1870
温·查普曼　1927
文森特·希安　1927
沃尔特·李普曼　1937
吴鼎昌　1919、1935
吴佩孚　1924、1927
吴玉章　1905、1911
吴樾　1905
吴蕴初　1932
吴稚晖　1927
伍秉鉴　1875

X

西乡隆盛　1870
希特勒　1929、1935
锡良　1911
席正甫　1875
小艾尔弗雷德·D·钱德勒　前言
小川绅介　1919
小科布尔　1927、1935
谢诺　1915
徐陈冕　1919
徐堪　1935
徐润　1875、1884
徐世昌　1915
徐世章　1915
徐新六　1919、1935
徐盈　1937
徐志摩　1924
许德珩　1919
许建屏　1929

Y

严复　1900
严中平　1935
岩崎弥太郎　1884
阎锡山　1929、1932
杨度　1905
杨虎城　1935
杨鉴清　1937
杨森　1929
杨士琦　1911
杨小凯　前言、1884
杨杏佛　1905
姚咏白　1929
姚雨林　1911
叶恭焯　1919
叶圣陶　1924
伊洛娜·拉尔夫·苏丝　1927
伊藤博文　1870、1894
殷海光　前言
于建嵘　1924
余英时　前言
虞洽卿　前言、1905、1911、1915、1919、1924、1927、1929、1932、

1937
郁屏瀚　1911
袁世凯　1900、1905、1911、1915、1919

Z
载沣　1905
载洙　1905
曾国藩　前言、1870
詹姆斯·杜克　1937
詹森　1937
詹天佑　1870
张澹如　1905
张公权　前言、1915、1919、1927、1929、1932、1935、1937
张国焘　1924
张嘉　1937
张謇　前言、1894、1900、1905、1911、1915、1919、1924、1929
张静江　1905、1929、1935、1937
张君劢　1915
张乐怡　1927
张鸣岐　1911
张朋园　1919
张群　1929
张啸林　1927、1935
张学良　1929、1932、1935
张勋　1929
张翼　1900
张元济　1927
张之洞　1870、1884、1894、1905、1911
张忠民　1905
张宗昌　1924
张作霖　1915、1919、1924、1929
章开沅　1911
章乃器　1929
章太炎　1905
章宗祥　1919
赵尔丰　1905
赵烈文　1870
赵铁桥　1932
赵子贞　1932
郑观应　前言、1875、1884、1894、1905、1911
郑谦　1924
郑孝胥　1905
郑友揆　1915
郑振铎　1924
周恩来　1919、1927
周金箴　1905
周学熙　前言、1900、1915
朱葆三　1905、1911、1919、1924
朱学勤　前言
朱翼甫　1884
朱执信　1915
邹容　1905
左宗棠　前言、1870、1884

声　明

来信请寄：杭州市下城区西文街琥珀中心 12 楼

邮编：311106

电话：0571–86535601